THEOLOGIA CRUCIS – SIGNUM CRUCIS

Erich Dinkler

THEOLOGIA CRUCIS – SIGNUM CRUCIS

Festschrift für Erich Dinkler
zum 70. Geburtstag

Herausgegeben von
Carl Andresen und Günter Klein

1979

J. C. B. Mohr (Paul Siebeck) Tübingen

CIP-Kurztitelaufnahme der Deutschen Bibliothek

Theologia crucis, signum crucis: Festschr. für Erich Dinkler zum 70. Geburtstag / hrsg. von Carl Andresen u. Günter Klein. – Tübingen: Mohr, 1979.
ISBN 3-16-641892-X

NE: Dinkler, Erich: Festschrift; Andresen, Carl [Hrsg.]

 Printed in Germany. Satz und Druck: Gulde-Druck, Tübingen. Einband: Heinrich Koch, Großbuchbinderei, Tübingen.

Lieber Herr Dinkler!

Der Hochblüte, derer sich das Genre der Festschriften in unserer Zeit erfreut, haftet fraglos etwas nicht ganz Geheures an, – und sei es nur deshalb, weil der davon angezeigte massierte Generationenschub von niemandem, dem die Zukunft seiner Wissenschaft am Herzen liegt, ohne Betroffenheit wahrgenommen werden kann. Doch darf ja, wie gerade in der Schule Rudolf Bultmanns sich unvergeßlich einprägen konnte, glaubende Einstellung zur Zukunft sich unter allen Umständen statt von der Sorge von Dankbarkeit bewegen lassen. Der Dank für Ihr vielfältig verzweigtes Wirken sowohl als Forscher und Lehrer in gleich zwei wissenschaftlichen Disziplinen wie als Glied der christlichen Gemeinde ist es denn auch, der diesen Band als Gabe zu Ihrem 70. Geburtstag am 6. Mai 1979 zustandegebracht hat. Der mit Bedacht an Ihre Aufsatzsammlung anknüpfende Titel (ebenso übrigens auch die der Disziplinengrenzen nicht achtende Anordnung der Beiträge) will als ein Echo verstanden sein auf Ihr wissenschaftliches Werk, das in der Arbeit an der literarischen und archäologischen Hinterlassenschaft des frühen Christentums stets zwei Brennpunkte hatte, dabei nie die interdisziplinäre Balance verlor, sondern in der Ausrichtung auf das Kreuz von Golgatha und seine Wirkungen in Zeit und Geschichte stets seiner einheitsstiftenden Norm verpflichtet geblieben ist. Daß dieses Werk zum weit überwiegenden Teil erst nach neunjähriger, zum Schluß lebenszerrüttender Kriegs- und Gefangenschaftszeit in Angriff genommen werden konnte und einer oft labilen Gesundheit abgerungen werden mußte, vermerken wir mit besonderem Respekt.

Doch gilt unser Dank auch noch anderem, verschwiegenerem Einsatz. Was Ihre selbstlosen Bemühungen um das Vermächtnis Rudolf Bultmanns austragen, ist wirkungsgeschichtlich gar nicht hoch genug zu veranschlagen. Was die Zeitschrift für Theologie und Kirche und ganz besonders die Theologische Rundschau sowie die dritte Auflage der RGG Ihrer arbeitsintensiven (Mit-)Herausgebertätigkeit verdanken, läßt sich in wenigen Worten nicht umreißen. – Dem Vermächtnis des zweiten Marburger Lehrers H. v. Soden getreu, waren Sie in den letzten Jahrzehnten um Ausbau und Integrierung der Christlichen Archäologie in die theologischen Fakultäten bemüht. Ohne Ihre Initiative wäre die Beteiligung der Christlichen Archäologie an der Deutschen Nubien-Unternehmung 1967ff. nicht zustandegekommen. Sie trugen das Ihre durch eigene Grabungen dazu bei. In Zusammenarbeit mit K. Michałowski, dem Direktor des »Centre d'Archéologie mediterranéenne« der Warschauer Akademie der Wissenschaften, und mit westeuropäischen Gelehrten waren Sie federführendes Mitglied eines Ausschusses für Nubienforschungen, aus dem sich die »Society for Nubian Studies« entwickelte, zu deren Vorstand Sie seit Bestehen der Gesellschaft in verschiedenen Funktionen gehören. Ihrer Aktivität hatten wir die Faras-Ausstellung in der Villa Hügel–Essen (1969) mit der abschließenden Arbeitskonferenz zu danken, deren Vorträge Sie unter dem Titel »Kunst und Geschichte Nubiens in der christlichen Zeit« (schon 1970) herausgaben. Ihr internationales Ansehen als christlicher Archäologe führte endlich zu Ihrer Mitwirkung bei der Vorbereitung und dem Katalog zur »Exhibition: Age of Spirituality, Late Antique and Early Christian Art« des Metropolitan-Museum of Art, New York 1977. – Ihre engagierte Tätigkeit auf allen kirchlichen Ebenen, von der Ortsgemeinde bis zur Ökumene, findet darin ihren Widerhall, daß zehn deutsche Landeskirchen mit einem namhaften Druckkostenzuschuß zum Erscheinen dieser Festschrift beitrugen. – Last not least sei Ihrer Bemühung um die Förderung des wissenschaftlichen Nachwuchses gedacht. Dem jüngeren der beiden Herausgeber bleibt unvergeßlich und für immer vorbildlich, wie Sie in einer wegen angeblicher »Ordinarienherrschaft« heute vielfach geschmähten Zeit im Verhältnis von Lehrstuhlinhaber und Assistenten nur ein Interesse gelten ließen: das an der gemeinsamen Aufgabe. Die Erfahrung daraus erwachsender sachlicher Unbefangenheit und menschlicher Vertrautheit immunisierte von vornherein gegenüber den alsbald einsetzenden Versuchen, den Gliedern der Universität ein jeweils partikulares Interesse einzureden und sie in dessen Namen zu zerklüften.

Die Reichweite Ihrer Ausstrahlung ist mit alledem nur andeutungsweise umschrieben. Symbolisch mag sie illustriert sein von Herkunft, Fachrichtung und wissenschaftlichem Standort der Mitarbeiter an dieser Festschrift, deren Schar nur deswegen nicht noch wesentlich zahlreicher ist, weil dann jeder technisch mögliche Rahmen gesprengt worden wäre.

Göttingen und Münster, am 10. Januar 1979

Carl Andresen Günter Klein

Bei der Redaktion der neutestamentlichen Beiträge dieser Festschrift waren die Münsteraner Assistenten Frau Angelika Reichert, die von Anfang an die Manuskripte aufs sorgfältigste mitgelesen hat, und Herr Pastor Jens Taeger, der sich mit ihr in die späteren Korrekturarbeiten teilte, eine unschätzbare Hilfe. Für ihren unermüdlichen Einsatz und ihr kritisches Mitdenken sei ihnen an dieser Stelle herzlich gedankt.

Inhaltsverzeichnis

Zur Exegese von Römer 7 bei Bultmann, Luther, Augustin

WILHELM ANZ

Kann ein Philosoph hoffen, dem Exegeten zu seinem eigensten Gegenstand, der Auslegung eines Textes der Schrift etwas sagen zu können, das seine Aufmerksamkeit verdient? In einer Hinsicht wenigstens, wie mir scheint. Er kann den Gesichtspunkten nachgehen, denen der Exeget folgt, und ihrer Bedeutung für dessen konkrete Verständnisentscheidungen. Er muß dabei nicht notwendig zu demselben Schluß kommen wie Hegel, der seine spekulative Konstruktion dogmatischer Texte durch den Hinweis legitimiert, daß sie bewußt leiste, was die Exegese als eine Art hinterlistiger Philosophie ohne methodische Legitimation faktisch vollzieht: ihre Konstruktion nach Prinzipien. Die fundamentale Differenz liegt darin, daß die kritische Exegese, wie Hegel sie sieht, einem Text nur den Aspekt läßt, den die räsonierende Subjektivität ihm zugesteht: die historische Konstruktion empirischer Zusammenhänge, daß die Philosophie dagegen die absolute Voraussetzung der Idee hat, der, wie jede Wirklichkeit, so auch die religiöse Vorstellung in ihrer eigenen Bewegung folgt und der also auch die religiösen Texte gehorchen (vgl. ed. Lasson XII 37ff, XIV 24ff).

Auch wer die Alternative Hegels nicht für zwingend hält, wird ihm darin zustimmen, daß von der Exegese Rechenschaft über ihre Prinzipien, d.h. über die sie leitenden Hinsichten zu fordern und deren Angemessenheit an das in den Texten Ausgesagte zu prüfen ist, derart, daß sich ein Spielraum der »Gesprächsführung« in der Vergleichung von gegenwärtiger Erfahrung des Textes und vollzogener Auslegung ergibt. Der Philosoph wird *der* Exegese seine besondere Aufmerksamkeit zuwenden, die im Hinblick auf die im Schrifttext intendierte Aneignung die umfassendste hermeneutische Bewußtheit erreicht hat, d.h. in der die Einsicht Schleiermachers zu ihrem Rechte kommt, daß wie jeder Text so auch der der Schrift in einen ihm vorausgehenden »Lebenszusammenhang« verweist, der in ihm in ein bestimmtes Licht gerückt und von daher neu bestimmt worden ist. Die Dimensionalität dieses Zusammenhanges muß mitgesehen sein, wenn der aneignende Leser sich in seinem Verhältnis zum Text verstehen soll. Weil jede Exegese auf ihren Rückgang in den Zusammenhang und auf die sich daraus motivierenden Sinnentscheidungen befragt werden kann, ist sie philosophisch kommensurabel.

I

An diesem Maßstab gemessen verdient die Exegese von Röm 7 durch Bultmann besondere Beachtung[1]. B. geht davon aus, daß der ego, der hier spricht, der »alte Mensch« »unter dem Gesetz« ist. Dieser alte Mensch, der der Mensch als solcher, also jeder ist, wird von dem übergreifenden Bewußtsein des Apostels (dem Menschen des neuen Aion, Röm 8) in seiner objektiven Struktur konstruiert. Paulus wird zur vollen Identität mit der Methode der existentialen Interpretation gebracht, deren Aufgabe es ist, vom »Selbstverständnis« des Glaubens aus die Bewegung des nichtgläubigen Daseins darzustellen. Nach B. beschreibt Paulus nicht Zustände des subjektiven Bewußtseins etwa der Reue oder der Verzweiflung über existentielles Versagen, sondern eben die existentiale Struktur, die Grundbewegtheit des Wollens, die allem Bewußtsein voraus ist. Paulus zeigt vom Glauben her, daß die transsubjektive Tendenz des Wollens, die Frage nach der Eigentlichkeit, in ihrer Konsequenz gesehen, sich gegen den Menschen selbst wendet. Der Wille verwirklicht nicht das Gute, das er eigentlich sucht, das Leben aus Gott. Was dem frommen Juden als Ausweis seiner Gerechtigkeit gilt (wie ich hinzufüge, dem frommen Heiden entsprechend als Ausweis seiner Einsicht in das »Erkennbare Gottes« Röm 1,19), das ist von der Erkenntnis des Glaubens aus geurteilt Abfall von Gott in Formen der Selbstbehauptung: vorweisbare Werke (beim Heiden leidenschaftliche Weltverfallenheit) die – weil sie von Gott trennen – zum Erweis des Todes werden. Indem Paulus der Seinsverfassung des Unglaubens ein Bewußtsein von sich gibt, das sie zwar potentiell, aber faktisch nicht hat, und sie in eine Auslegung bringt, die ihr faktisch konträr ist, treibt er »natürliche Theologie«[2]. Das Eigentümliche des Verfahrens dieser natürlichen Theologie ist, daß sie beim Menschen ein Gottesverhältnis voraussetzt und in seinem Lichte an der Grundbewegung des menschlichen Daseins zwei sich widersprechende Tendenzen aufweist, das Grundverhältnis und seine Verbergung. Dadurch wird das Dasein als »wahr« (nach Wahrsein im Gottesverhältnis ausgreifend) und »unwahr« (es verbergend) vor sich selbst gestellt. Der im Unglauben die Wahrheit Gottes niederhaltende Mensch (Röm 1,18) bedarf der Überführung durch das »Wort«, um seiner Freiheit als der ihm von Gott zukommenden und zugesprochenen Möglichkeit überhaupt inne und dadurch des Hörens fähig zu werden.

---

[1] Römer VII und die Anthropologie des Paulus 1932, abgedruckt in »Exegetica«, hrsg. von E. Dinkler, 1967, 198–209.

[2] So der etwa gleichzeitige Aufsatz, 1930, »Das Problem der natürlichen Theologie«, »Glauben und Verstehen« I, 294–312.

Dieser Gedankengang stimmt in der Anerkennung der iustitia passiva mit der Exegese Luthers überein. Er weicht von Luther ab in der verschiedenen Ansetzung des ego und der daraus folgenden Bedeutung, die das methodische Verfahren des theologischen Bewußtseins erhält, das die Aussagen der Texte an der existentialen Struktur zur Ausweisung bringt, während bei Luther der homo spiritualis den Gegensatz von Geist und Fleisch in ihm selber erleidet. Zur Tradition des Christlichen gehört immer auch das theologische Denken, das das in der Glaubensaussage (dem Kerygma) Behauptete an den Ort seiner möglichen Ausweisung und Erfahrung in der Existenz bringt. Insofern ist Röm 7 ein Stück Urtheologie und ist Paulus von Grund auf Theologe.

Für die gegenwärtige Untersuchung wesentlich ist das hermeneutische Problem, daß die historisch richtige Erkenntnis, der zufolge Paulus von dem Menschen unter dem Gesetz, d.h. von dem Aion des Alten Testamentes spricht, auf ein zeit- und geschichtsloses Absolutum, die existentiale Struktur, zurückbezogen wird. Diese Tatsache läßt fragen, ob das theologische Bewußtsein in dem methodischen Verfahren der existentialen Interpretation nicht selbst von dem Orte weggetreten ist, den es erhellen will: dem sich Bekennen im Gottesverhältnis – und was diese reflexive Distanz bedeutet. B. würde sie wohl als die der Theologie angemessene Bewußtseinsstellung ansehen; denn »Theologie ist indirekte Anrede«[3]; aber – das auch zugegeben – ist noch nicht geklärt, wie es kommt, daß die Indirektheit der Mitteilung von Existenzmöglichkeit, die B. als Theologe zu Recht in Anspruch nimmt, auf eine von ihm nicht geklärte Weise mit der Indirektheit existential-anthropologischer Interpretation, letztlich mit der obliquen Darstellungsweise der Geistesgeschichte zusammenläuft[4]. Die Reduzierung auf die existentiale Struktur ist es, die die Exegese von Röm 7 von der Luthers und auch von der Augustins unterscheidet. –

II

Die Exegese des 7. Kapitels im Römerbriefkommentar Luthers (1515/1516) ist ohne das Vorbild Augustins nicht denkbar[5]. Das zeigen die zahlreichen und umfangreichen Zitierungen aus »de spiritu et littera«, über-

---

[3] S. »Kirche und Lehre im Neuen Testament«, 1929, in: »Glauben und Verstehen« I, 153–187.

[4] »Das Urchristentum im Rahmen der antiken Religionen«, 1949.

[5] Luthers Vorlesung über den Römerbrief 1515/1516, hrsg. von Johannes Ficker, 3. Aufl. 1925.

haupt aus den antipelagianischen Schriften. Luthers Exegese ist gleichwohl in ihrem hermeneutischen Vollzuge von der Augustins verschieden. Zuerst freilich fällt die Gleichheit der inhaltlichen Aussagen auf. Luther bestimmt die Grundstellung des Menschen zwar in einem historisch anderen Zusammenhang, aber doch in voller Übereinstimmung mit Augustin. Er gebraucht selbstverständlich und mit Recht die ausgustinische Lehre von der Ohnmacht des Willens zum Guten. Dabei ist von beiden, von Luther und Augustin, Wille verstanden als Zustimmung zum Gesetz, d.h. zu der im Gebot geforderten Gottesliebe (dilectio Dei). Luther nimmt auch in Übereinstimmung mit Retr. I,23 an, daß der Apostel in seiner eigenen Person spricht (168,21ff; 175,20ff; 178,18). Für diese Annahme sprechen drei Gründe. 1. Allein der geistliche Mensch ist der inneren Zustimmung zum Gesetz fähig (aaO.). Nur für ihn, in seiner Gottesliebe, fallen Verstehen (intelligere) und Tun (facere) zusammen; nur sie ist im Geist. 2. Zugleich gilt die andere Aussage: nur der geistliche Mensch in der innersten Sammlung auf den actus der Zustimmung ist fähig, den Grundwiderspruch im Willen zu entdecken, von dem Paulus im 7. Kapitel handelt. Er erfährt in sich den Gegenwillen zu Gesetz und nimmt ihn ausdrücklich auf, um ihn in sich aufzuheben (auferre, tollere). Sein Leben ist ständiger »labor contra passiones«, ein Kampf des »inneren Menschen« gegen die immer neu vollzogene Identifizierung des Willens mit dem »Fleisch« (caro), d.h. mit seinem Willen zum Selbstsein vermöge der Welt. Der geistliche Mensch in seiner Selbstbeurteilung muß also zu der Aussage kommen: »totus homo est caro« (173,3f); aber mit dem Unterschied, daß der homo carnalis sich nicht wie Paulus von seinem Zustande unterscheiden kann, – genauer sich unterscheiden *wollen* kann –, da sein Wille ja gerade mit der Begierde identifiziert ist (». . . est idem cum carne per consensum in concupiscentiam eius«). 3. In dieser Selbstverurteilung spricht das neue Sein mit der Stimme der Demut (perfecta ... humilitas perfecta sapientia est, perfecta sapientia perfecta spiritualitas est« (175,23ff). Nur der vollkommen geistliche Mensch kann Röm 7,24 sprechen (vgl. 39,25f). Nur in ihm hat die für Luther so wesentliche Aussage des »simul iustus et peccaor spiritualis et carnalis« Realität. Erst im neuen Sein kommt der Kampf des Gewissens, das den Widerspruch des Wollens in sich selbst nicht nur erleidet, sondern im »Feuer des Unwillens« (indignationis ignis) oder im Selbsthaß (odium sui) zutiefst verwirft, zur unverdeckten Wirklichkeit.

Diese Aussagen decken sich in etwa mit denen Augustins. Gleichwohl ist der Gang der Denkbewegung ein anderer. Die Erfahrung des eigenen Zustandes steht in einem anderen Licht. Anzeichen dafür ist, daß der in de libero arbitrio oder in der Folge der ersten zehn Bücher der confessiones sichtbare

Vorrang der *Frage* nach der Wahrheit vor der direkten Bestimmung des Willens für Luther kein Gegenstand der Reflexion ist. Das hat seinen Grund darin, daß das Problem des Platonismus (der ontologische Charakter des bonum, des malum als der privatio boni, seines Entzuges, der Begriff der veritas illuminans) ausfallen, vor allem aber, daß für das besondere Anliegen Augustins, die Freiheit zu fragen (libertas quaerendi) Sinn und überhaupt der Ort fehlt.

Der historische Grund für diese Tatsache läßt sich zwar leicht angeben, aber weniger offen liegt, was sie bedeutet. Luther steht an einem geschichtlichen Ort, an dem der fragende Rückgang des Denkens auf die in ihm verborgene, doch mit ihm gehende Wahrheit als das gemeinsame Dritte, in dem die Theologie ihr Gespräch mit der Philosophie führt, nicht mehr zum Thema werden kann. Das verhindert die durchgängige, teils polemische, teils im Gebrauch naive Bindung an das nominalistische metaphysische Bewußtsein.

Luther bestreitet dem nominalistischen Bewußtsein das Recht, aristotelische ontologische Kategorien unvermittelt auf das christliche Leben anzuwenden. Was von Aristoteles aus dem Bezuge auf die dem »äußeren Menschen« bereitstehende Welt gedacht ist: die logische Bestimmung des Seienden durch die Setzung des Akzidenz an der Substanz, das ist im Verhältnis des »inneren Menschen« zu sich sinnwidrig und daher auszuschließen (165,23f); denn damit wird das Prinzipien und Begriffe setzende Subjekt des Weltverhältnisses zum anthropologischen Korrelat des theologischen Denkens. Ein solches Subjekt – als seiend gedacht – vermag kraft der Verfügungsgewalt über sich entgegengesetzte Intentionen (contrarii appetitus) zu setzen. Es kann in seiner abstrakten Freiheit durch hinzutretende Einflüsse zur Setzung eines Prädikates oder einer Qualität an ihm selber veranlaßt werden, aber es kann sich in seiner Struktur und der darin angelegten Tendenz auf Selbstsetzung prinzipiell nicht verändern. Die substantiale Gleichheit, die Selbigkeit des als Substanz definierten Subjektes ist der sich durchhaltende Seinscharakter und liegt unveränderlich jedem »Geformt-werden« (esse formatum) voraus. Daraus folgt für das Problem der Sünde: so wie das Subjekt jedes Prädikat an ihm selber setzen kann, so kann es es auch aufheben und wegnehmen, auch seine Sünde. Der Nominalist ist der geborene Pelagianer.

Mit diesem Subjekt in die geistliche Disziplin eintreten, hat notwendig den Gedanken der Werkgerechtigkeit als der Setzung einer akzidentiellen Qualität durch das Subjekt zur Folge (164,5ff), das der Mensch per definitionem ist.

Wenn der Mensch an den Ort gelangen soll, von dem Paulus in Röm 7 spricht, muß er, vom Wort getroffen, eine sozusagen ontologische Veränderung seiner selbst wagen; er muß wagen, den Grund seines Selbstseins aus sich weg in das göttliche Wort, hier in das Gesetz Christi zu verlegen und von daher in den Kampf des Gewissens um Wahrheit und Demut eintreten. Der Mensch, der »geistlich«, sich aus dem Wort verstehend und »fleischlich«, sich als Subjekt wollend ist – das ist das nominalistische Erbe –, muß in einer Handlung innerer Paradoxalität selbst die Entgegensetzung in sich vollziehen. Er muß verstehen, wie es der Apostel will, daß Geist und Fleisch nicht zwei nebeneinander vorkommende Größen sind, sondern daß der Wille zur Selbstsetzung die Wunde des Lebens ist. Es ist darum verkehrt zu denken: »spiritum et carnem esse quaedam duo, sed (sunt) unum omnino, sicut vulnus et caro sunt unum« (179,13ff; vgl. 176,8f). Das Gewissen gesteht im Vollzuge von Glauben und Selbstverurteilung ein, das eine und das andere zumal, beides zugleich zu sein. Nur so ist der Mensch davor bewahrt, entweder aus sich selbst gerecht oder aber verzweifelt zu sein. Er steht in jener Mitte, die Luther als zugleich von gerecht – und Sündersein beschreibt. Diesen Ort hat Luther nicht wieder verlassen: das vor sich selbst gebrachte, seines Nichtkönnens überführte Gewissen bleibt die Stelle, an der mit der Heilsgewißheit, die im Worte gründet, die Freiheit im Gebrauch der Welt gewonnen ist.

III

In dem Zusammenhang von Wort, Zusage (promissio) und Freiheit des Gewissens scheint die Theologie eine Systematik gewonnen zu haben, die alle Abhängigkeit von Philosophie und Metaphysik hinter sich gebracht hat. Man kann darin den entscheidenden Vorzug der Theologie Luthers vor der Augustins sehen, die dem Platonismus noch weitgehend verhaftet bleibt.

So gewiß Luther als Prediger – und auf Predigt bezogen als Exeget – von der Zusage des Wortes her denkt, so unbestreitbar ist auch, daß er als systematischer Theologe vom nominalistischen Gottesbegriff her argumentiert. Um das paulinisch-augustinische Verständnis der Freiheit (Ich-sein und Wille) unter der Voraussetzung des nominalistischen Gottesbegriffes denken zu können, ist Luther genötigt, in einer Art von Antilogik der göttlichen Allmacht in bezug auf die Bewegung des Ganzen die freie Setzung zuzusprechen, die in der Logik der Aussage zukommt: die Zuweisung eines Prädikates an das Vorliegende, damit seine Bestimmung (Qualifizierung), und da in der Allmacht die Setzung unbegrenzt ist, den immanenten ontologischen Zusammenhang des Wesens zu zerbrechen[6]. Der transzendente Gebrauch der

[6] Hierher gehört die Argumentation über »necessitas consequentis« und »necessitas conse-

aristotelischen Logik bei Luther hat zur Folge, daß der Glaube, der die freie Setzung Gottes appliziert, sie als das aussagen muß (asserere), was aller Erfahrung entgegen Wirklichkeit ist (fides extra experientiam). Gerade so, indem der Glaube auf diesen Punkt gestellt ist, ist die Allmacht Gottes gerechtfertigt.

Auf diese Seite der reformatorischen Theologie hat Heidegger aufmerksam gemacht[7]. Er findet in der begrifflichen Ausprägung der Rechtfertigungslehre bestätigt, daß sie insgesamt sich noch innerhalb einer ihr wesensfremden Systematik entfaltet. Er nennt als Beleg die extreme Betonung der Heilsgewißheit und sieht diese in dem Willen zur Rechtfertigung des Absoluten im Medium des Glaubens begründet. Es geht nicht nur um die Rechtfertigung des Sünders, sondern immer auch darum, daß Gott recht behält. Iustificatio ist für Heidegger ein wesentlich metaphysischer Begriff.

Heidegger will seine Äußerungen als Hinweis auf ein Problem verstanden wissen, dessen Klärung seit Overbeck ansteht[8]: die Rückbezogenheit aller Theologie auf die Tradition der Metaphysik, deren sie seit dem Eintritt des Christentums in die antike Welt bedarf, um der eschatologischen Verkündigung den Raum ihrer Sagbarkeit zu gewinnen. Die Frage ist, was dieser Vorgang zu bedeuten hat.

Verglichen mit der Exegese Luthers hat die existentiale Interpretation von Röm 7 durch Bultmann den Vorzug, den nominalistischen Gottesbegriff (Gott als das absolute Subjekt) endgültig weggearbeitet und in die existentiale Genese der Metaphysik aufgelöst zu haben. Der Preis der methodischen Folgerichtigkeit ist jedoch hoch. Das Subjekt, das bei Luther der anthropologische Gegenbegriff zum geistlichen Menschen war, ist zum theologischen Grundbegriff geworden. Die Setzungsmacht des Subjektes – in existentialer Radikalisierung verstanden als Selbstbehauptung der Vernunft gegen Gott im Abgrund der Existenz – ist die Seinsweise des als solchen ungläubigen Daseins. Dieses Resultat kommt dadurch zustande, daß das theologische Bewußtsein zwei sich ausschließende »Daseinsverständnisse« aufeinander bezogen hat: das des vorgläubigen Daseins und das des Glaubens, und vom Glauben her das vorgläubige Dasein als Unglauben qualifiziert, indem es dieses existential interpretiert. In der dialektischen Aufhebung der einen Seins-

---

quentiae« in »de servo arbitrio« und entsprechend die Kritik des essentia-Begriffes im Kommentar zu Röm 8; auch der confessorische Gebrauch des an sich formal logischen Begriffes asserere (Das assertorische Urteil ist das affirmative Wirklichkeitsurteil).

[7] Vgl. Vorträge und Aufsätze, 1954, 85; Holzwege, 1950, 225f; Nietzsche II, 1961, 414.

[8] Vgl. den Vortrag »Phaenomenologie und Theologie« (gehalten 1927 Tübingen, 1928 Marburg, erschienen 1970).

weise durch die andere ist die Theologie an die Grenze der Verstehbarkeit gelangt; das theologische Bewußtsein hat den Ort verlassen, den Luther noch mit Augustin teilt: die Selbstprüfung des angefochtenen Gewissens vor Gott. Dagegen hat B. in der »Frage nach der Eigentlichkeit«, interpretiert als »Gottesfrage«, die Voraussetzung bewahrt, die der »homo spiritualis« Luthers in seiner Beurteilung des »homo carnalis« preisgegeben hat: den fragenden Bezug des Menschen zur Wahrheit.

Die Aktualität Augustins beruht darauf, daß die Denkbarkeit des christlichen Glaubens als der vera religio bei ihm zur Sache der Theologie gehört und eigens Thema wird. Der »Platonismus« Augustins – gemeinhin durch eine vorschnelle historisch-doxographische Klassifizierung abgewertet – inhaltlich gesagt: die Gründung des Wollens in der ihm vorgängigen Wahrheit, also der die „Confessiones" bestimmende Zusammenhang von »veritas« und »velle« wird das Element, in dem der Gedanke bis ins Zentum der Schriftexegese gelangt.

Das Denken Augustins setzt, analog dem Platos, innerhalb eines Grundverhältnisses ein: in dem Bezug zu der im Menschen gegenwärtigen und in der Besinnung des Denkens auf sich erkennbaren »Wahrheit« (Conf. VII Kap. 10 n16). In der Konkretion dieses Verhältnisses erreicht er die Bestimmungen von Röm 7, denen er sich verschlossen hatte, solange er sie nicht direkt aus dem Vollzuge des Wollens heraus, d.h. aus dem Verhältnis der Freiheit zur Wahrheit hatte sichtbar machen können. Den methodischen Zugang gewinnt Augustin in einer durch den Glauben ermöglichten und geforderten Verinnerlichung der platonischen Frage nach dem Guten[9]. In der Durcharbeitung der einen Potenz gelangt er an den Ort, an dem die andere zu Hause ist; andererseits kann er die eine nur durchdringen, weil die andere die Möglichkeit dazu gibt, die Frage nach der Wahrheit neu zu stellen. In dieser Verschränkung von »Platonismus« und »Paulinismus« liegt das Problem der Exegese von Röm 7.

IV

Es ist gut platonisch, daß in der Bestimmung des Fragens das Sehen einen prinzipiellen Vorrang vor dem Tun, das Wahre also Vorrang vor dem Guten hat. Fragen ist »Zwischensein« (de beata vita Migne tom I, Kap. 3 n19–21).

[9] Die Frage nach dem Guten führt in die Sorge um die Wahrheit. Die Wahrheit als die Bedingung des rechten Gebrauches aller Güter ist das höchste Gut. (Vgl. de libro arbitrio I, Kap. 9 n. 26.)

Der Fragende »weiß« nicht; sonst müßte er nicht fragen. Aber er weiß die Möglichkeit, das Gefragte zu erkennen; er hat vom Gefragten her die Richtung des Blickes auf ein Ziel hin. Fragen steht also von vornherein in einem es steuernden Licht. Augustin nennt dieses Licht die Wahrheit. Wahrheit ist »veritas illuminans«, erleuchtende = sehen machende Wahrheit. Sie macht sehend dafür, daß dem Fragenden von ihr her Weisung oder auch »Gesetz« zukommt, sofern das Seiende in seinem Wesen und in dem Maß (modus), das der Mensch im Umgang mit ihm (usus, uti) nötig hat, in ihr enthalten ist[10]. Gesetz gründet in der Wahrheit; sofern es für die im Seienden liegende Ordnung (ordo) und deren Maß (modus) steht, ist es selbst Wahrheit. Wie bei Plato und Plotin ist Wahrheit als Sichtgeben und als In-der-Sicht-stehen des Menschen der Erkenntnis vorgeordnet, die selbst wiederum Wahrheit oder Irrtum, wahr oder falsch ist. Weil das Fragen seiner Intention nach in die Wahrheit hineinführt, die den rechten Gebrauch der Dinge, d.h. Freiheit ermöglicht, gehören Freiheit zu fragen und die eigentliche Freiheit, das liberum arbitrium als Zustimmung zum Gesetz zusammen.

Augustin spricht von der sichtgebenden Wahrheit als der »veritas praesidens« (conf. X Kap. 6 n9; vgl. de libero arbitrio II Kap. 12 n33,34 Migne tom I). Alle Aussagen über die Welt und über den Menschen beruhen auf dem, was in ihr sichtbar wird. Dieses in seinen Verschränkungen gegliederte Gefüge der Wahrheit als eigene Potenz erfahren heißt Weisheit (sapientia). Weisheit ist zuerst menschliches Wissen; aber sofern es in der den ordo des Seins gebenden und ihn zeigenden Wahrheit gründet, ist Weisheit, in ihrem eigentlichen Sprachgebrauch genommen, göttliche Weisheit, der die menschliche folgt. Weisheit waltet zuerst als sie selbst und bringt sich im Menschen zur Erfahrung (d.l.a. II Kap. 9 n25,26).

Weisheit begegnet Augustin zuerst ausdrücklich in ihrer im weiteren Sinne stoischen Ausprägung im „Hortensius" Ciceros. Aber das auf seine Vernünftigkeit gestellte, seiner Einheit mit der Vernunft des Ganzen gewisse Bewußtsein (conf. III Kap. 4 n6–7; Aug. spricht in d.l.a. I Kap. 10 n20 von der arx conscientiae) ist unvermögend, die Gebrochenheit des christlichen Welt- und Selbstverhältnisses in sich aufzunehmen. Daher wendet er sich dem Manichäismus zu als einer Weisheitslehre (conf. III Kap. 5 n6), die beide Momente, die ursprüngliche Göttlichkeit der Vernunft und die rationale Verstehbarkeit des Weltlaufs mit dem christlichen Gedanken der Erlösung auszugleichen verspricht. Bei ihr kann Augustin nicht bleiben, weil Gut und Böse als kosmische Substanzen gotthafter und widergöttlicher Natur auftreten, also nicht

[10] Zu »uti« vgl. Quaest. ad Simplicianum LXXXIII (Migne tom. VI n30).

aus dem Wahrheitsbezuge der Freiheit verstanden werden können, auf den der Mensch im Christlichen angesprochen ist. Das Gesetz begegnet notwendig als eine dem Menschen von außen gesetzte Größe, die ihn auf welthaftes Tun verpflichtet, dadurch unter die Welt knechtet und auf das Böse festlegt. Erst der platonische Wahrheitsbegriff macht es möglich, Gesetz als Konkretion der den Menschen in sein (potentielles) Wahrsein weisenden Wahrheit und den Menschen als das nicht nur zum formellen Gehorsam, sondern zur innersten Zustimmung fähige Ich zu verstehen. Unter dieser Bedingung wird es möglich, die bestimmten anthropologischen Aussagen des Paulus denkend zu erreichen und sie aus, der im christlichen Gottesverhältnis vorausgesetzten Freiheit zu verstehen. Sie begegnen Augustin besonders eindringlich im Römer- und im Galaterbrief. Röm 7 und Gal 5,17 werden immer dann zitiert, wenn es darum geht, den Selbstwiderspruch des Willens im Gottesverhältnis, sein Handeln als von sich selbst abfallende Bewegung (motus defectivus), das Zugleich von Wahrheit und Verdunklung (Verbergung) im Wollen ins Wort zu bringen (vgl. z.B. d.l.a. III Kap. 18 n51; conf. VII Kap. 21 n27, VIII Kap. 5 n11, Kap. 10 n22; der Sache nach ebenso Kap. 8 n20 zu Gal 5,17, Kap. 9 n21; X Kap. 23 n33 innerhalb der »memoria«-Analyse bis in die antipelagianischen Schriften, z.B. de spiritu et littera [tom X 1] Kap. 1).

Ohne den vorgängigen Raum von Wahrheit (Weisheit) und ohne die Frage nach der Stellung des Menschen in ihm wäre der Weg in die Selbsterkenntnis des glaubenden Ich nicht begehbar und könnte der Glaubende sich nicht denkend einholen wollen. Der Glaube schließt das Ich als Wollen des Guten unter der Bedingung der Wahrheit für sich selbst auf, indem er es unter die Forderung stellt, sich als Ich-selbst (ego ipse) vor Gott zu bekennen[11]. Das Wahrheitsverhältnis, in dem der Mensch steht, ist im Glauben bis in einen Grund hinein bestimmt, der bisher verschlossen war; insoweit ist es ein anderes geworden. Erst jetzt wird es sinnvoll, von gut und böse und von Sünde zu sprechen und sie dem Menschen als sein Tun zuzurechnen[12].

Das Denken Augustins bewegt sich von Anfang an innerhalb eines Wechselverhältnisses, in dem die von jeher seiende Voraussetzung (Wahrheit, Gesetz, Weisheit) und die geschichtlich hervorgetretene Instanz (die geschicht-

---

[11] Die Rede des Paulus vom Nichtvermögen des Guten ist für Augustin nur sinnvoll, wenn der Wille ursprünglich auf es aus ist und, vom Glauben belehrt, sich in seinem Grundsein erfassen kann. Das ist ein wesentlicher Unterschied zu Luther. Wenn der Mensch ganz Fleisch ist und sein Wille mit dem Willen zur Subjektivität zusammenfällt, dann ist er ganz in der Unwahrheit; er muß von Jenseits her durch das Wort in das Verhältnis zur Wahrheit erst versetzt werden.

[12] Damit ist der platonische Mythos der transzendentalen Tat aufgehoben. (Vgl. Pol. X 617 d 6–621 b 7.)

liche Faktizität des Christus und des Glaubens an ihn) einander verlangen. Die eine gibt den Raum vor, in den die andere eintreten kann.

Damit, daß das im kosmischen Mythos Gesagte in den Wahrheitsbezug der Freiheit zurückübersetzt ist, ist die innere Bewegung erreicht, von der Paulus in Röm 7 spricht[13].

Die Exegese des 7. Kapitels (ich halte mich vor allem an de div. quaest. ad Simpl. Migne tom VI, 102ff) entspricht der Bewegung der ,,Confessiones". Der Apostel hat sich »übersetzt« (transfigurare) in die Person des alten Menschen (n 1,4,9,11). Er hat sich an die Stelle des Überganges von Weltverfallenheit zum Hören auf das Gesetz gestellt und spricht die Erfahrungen aus, die sich an diesem Punkte ergeben. Das jüdische Gesetz nimmt den Willen zur vollen Zustimmung zum Gebotenen in Anspruch; es erweist sich darin identisch mit dem Gesetz Christi, das Gottesliebe (dilectio dei) als vorbehaltlose Zustimmung des Willens zur Wahrheit Gottes gebietet und auch zumutet. Auch das Gebot Christi, als »doctrina« oder als »littera« genommen, ist Gesetz, das den Zustand in der Unfreiheit aufzeigt und die Sorge um das eigene Heil weckt (sollicitudo). Was bisher verborgen war, der Zustand des inneren Todes in der Verfallenheit an die Begierde (s. u. zu regnum cupiditatis) wird als solcher erfahren. Sofern die Erkenntnis des Gegensatzes an ihrem Ort aushält, steigert sich das Bewußtsein vom schlechten Umgang mit dem Gesetze (male uti lege), d.h. dem ständigen Abfall von dem, was es bejaht. Das, wovon der Mensch weiß, daß es nicht der Herr des Bewußtseins sein darf (nicht anerkennen = ignorare, n8), eben das hält in der Verzauberung der Leidenschaft (fallacia, dulcedo) den Willen besetzt, so daß er sich ihm hingibt (frui, amplecti), übt seine Herrschaft aus (principatus, dominatus; habitare, wohnen = herrschen), hält ihn in der Sünde fest und hindert ihn, im Wollen des Guten durchzuhalten (velle bonum adjacet mihi, perficere non; volens, non valens). Gäbe sich der Wille der Wahrheit, die das Gesetz ist, hin, so wäre er verwandelt und im Heil.

Die Exegese hält immer mitberücksichtigt das hermeneutische Grundproblem, das Verhältnis von Altem und Neuem Testament. Sie hat Sinn für den

---

[13] Es ist hier nicht möglich, dem Gang der »Confessiones«, bes. der Darstellung der »memoria« in Buch X nachzugehen. Dafür, daß Augustin sich dessen bewußt war, in der Umsetzung mythisch-kosmischer Aussagen in eine Bewegung der Freiheit denkend den Ort erreicht zu haben, an den der Glaube den Menschen gestellt sieht, genügt es auf de vera religione Kap. 38 n.69 zu verweisen und vor allem auf retr. I, 9, wo Augustin die Aussagen von »de libero arbitrio« bestätigt, daß der Wille im Wollen, d. h. im »actus« der Zustimmung liegt und daß er allen pelagianischen Mißverständnissen zum Trotz gleichwohl als der verfallene und daher geteilte Wille seiner Selbst nicht Herr ist.

biblischen Sprachgebrauch, verfährt aber frei argumentierend, ohne sich im einzelnen an den Ablauf des Textes zu binden. Augustin greift einzelne Momente auf und zeigt, daß sie sich in den Zusammenhang des Textes – die Frage nach dem Sein des »ego ipse«, entfaltet aus dem Verhältnis zu dem als Wahrheit verstandenen Gesetz – natürlich einfügen.

V

Augustin hat dem platonischen Denken eine Dimension hinzugewonnen, in der er als »Platoniker« (nicht obwohl, sondern weil er in besonderer Weise Platoniker ist) diesen zentralen paulinischen Text realisieren kann. Das Neue an Augustin läßt sich in abhebender Vergleichung seines christlichen Denkens von der sokratischen Gesprächsführung verdeutlichen. Plato weiß, daß sokratische Gespräche als ihre Bedingung brauchen, was ihnen in der gemeinsamen Öffentlichkeit der Polis vorausliegt. Das sind einerseits die Leitgedanken der Aufklärung, Techne als das Vermögen, auf das bezogen die Frage nach der einheitlichen Lebensführung möglich wird; die Selbstprüfung des Logos auf die Übereinstimmung von Gesagtem und Gemeintem hin, aus der die Dialektik hervorgeht, – und andererseits eine Voraussetzung des menschlichen Lebens schlechthin: die Gegenwart der Idee des Guten in der Praxis (Pol. VI 505a1ff); dazu als Stachel, sie im Begriff zu erfassen, die Erfahrung ihrer ständigen Verbergung nicht nur in den Verwirrungen des Lebens durch Sinnlichkeit und Leidenschaft, sondern auch im aporetischen Ausgang der Frage nach ihr (Pol. VI 505a5,e1). Die Bedingungen, obwohl allen gehörig und insofern wahrhaft allgemein, sind jedoch nicht jederzeit gleich zugänglich. Es bedarf des Fragenden, der der Schwierigkeit von Logos und Techne gewachsen ist und der sich im Bezuge zur Idee nicht vom Schein beirren läßt, weil er im Verhältnis zu ihr als in einer religiösen Voraussetzung ruht, die ihn im rechten Sehen und Urteilen hält, in der »eusebeia«. Nur er ist fähig, das von allen »Gewußte« denkend zur Gegenwart im unverwirrten Wort zu bringen[14]. Die Möglichkeit sokratischer Gespräche hat also zugleich eine Bedingung, die Epoche ist, die geschichtliche Existenz von Sokrates selbst.

Daran ist zu erinnern in einer Lage, in der die griechische Philosophie an der durch den Glauben qualifizierten und von Augustin selbst erfahrenen

[14] Das wird greifbar zuerst im Euthyphron, ist Thema von »Politeia« VI; es ist die überall erscheinende Voraussetzung in »Phaidon« und »Symposion«.

Wirklichkeit versagt, – einer Wirklichkeit, die in der kosmisch-mythologischen Auslegung, die sie in Gnosis und Manichäismus erhält, jeden Bezug zur menschlichen Freiheit verleugnet. Der Mensch kann sich aber in seiner Unfreiheit nur verständlich werden bezogen auf Freiheit. Augustin geht es darum, die Dimension zu erreichen, in der der Ursprung des Bösen (malum) aus der Freiheit gedacht werden kann. Die Möglichkeit dazu gibt ihm eben die Macht, die ihn in die Krise getrieben hatte, dadurch, daß sie das Bei-sich-selbst-sein der Vernunft bestritt und die Einheit von Vernunft und Freiheit zu einem unlöslichen Problem machte: die »doctrina christiana« und die in ihr behauptete Unfreiheit als Sünde.

An dieser Stelle erhält die unterscheidende Vergleichung Bedeutung. Die Bedingungen, die die Freiheit zu fragen bei Plato möglich machten, sind durch die Auslegung der Welt im gnostischen Mythos verloren gegangen oder doch unzugänglich geworden. Aber in der real durchlebten und auch gelehrten Präsens der göttlichen Wahrheit in einem Menschen, die im Leiden ihre Unbeirrbarkeit durch die Sünde erwiesen hat, ist ein neuer Ausgangspunkt gesetzt. Schon das Faktum, daß die Offenbarung den Menschen als Sünder schuldig spricht, enthält in sich die Voraussetzung der Freiheit. Der Mensch kann sich als Sünder nur verstehen bezogen auf Freiheit. Daß die Offenbarung – um verständlich zu werden – dem Menschen Freiheit zutraut, macht sehend für einen Sachverhalt, der alle Verhältnisse durchdringt, und fähig, ihn fragend aufzuschließen: daß alle faktische Wirklichkeit auf dem Bezuge der Freiheit zur Wahrheit beruht und daß diese Tatsache durch keine Verkehrung (perversitas) und durch keinen Abfall (defectus) widerlegt werden kann. Die Selbstbegründung der Freiheit in der Autarkie ist zwar ausgeschlossen, aber damit ist die Freiheit als solche nicht aufgehoben. Augustin ist unerschöpflich im Aufspüren bestätigender Beobachtungen. Kein Gespräch z. B. ist ohne den freien Bezug zur Wahrheit möglich; aber auch Spiele rechnen mit ihr, etwa das des Taschenspielers im Zirkus. Augustins eigenste Leistung ist, das im Manichäismus kosmisch-mythologisch Ausgelegte »regnum cupiditatis« als Bereich der von sich selbst abfallenden, an Welt und Zeit verfallenden Freiheit verstehbar zu machen und so in der Erfahrung des »Nichtseins« (nequitia, vergere ad nihilum) das »Sein« als Gehaltensein in der Wahrheit sichtbar zu machen, ohne doch im geringsten den griechischen Gedanken der Autarkie der Vernunft zu repristinieren (de vera religione Kap. 38 n69).

Augustin hat in einer der sokratischen Dialektik vergleichbaren Weise die Freiheit zu fragen als Zugangsproblem erfaßt, im Ausgang von einer neuen Bedingung und also in einer neuen Dimension (de libero arbitrio II Kap. 2

n4). Erst durch die mit der Autorität des Glaubens behauptete Voraussetzung des Ich-selbst ist der Fragende in die Möglichkeit gelangt, sich als dieses Ich zu sehen und nach dem eigenen Sein in der Freiheit zu fragen. Ihm fehlt die Sicherheit des Ironikers, er kann nur im Vertrauen auf die paradoxe Zumutung, daß er als der Unfreie frei ist, sich auf den Weg machen. In Augustins Denken hat die Leidenschaft, die Wahrheit der im Glauben anerkannten Wirklichkeit denkend zu erreichen, eine ganze Epoche ins Ziel gebracht. Er stellt die Exegese der Schrift so in sein Fragen hinein, daß beide einander wechselseitig bestätigen[15].

Exkurs. Die hier versuchte Auslegung Augustins widerspricht dem seinerzeit von H. Jonas gemachten Ansatz einer existentialen Augustin-Interpretation, die dann in einer transzendentalen Konstruktion des Menschen unter dem Gesetz entsprechend der Bultmannschen »theologischen Logik« weitergeführt ist[16]. Jonas beschreibt den Glauben Augustins als den problematischen Versuch, den Abfall der Bewegung des Wollens von sich selbst, die ihrerseits als existentiale Struktur vorausgesetzt ist, durch eine Theorie der objektiven Gnade zu überwinden. Der Wille ist, existential gedacht, das Fundament, der Glaube die Verstellung seiner ursprünglichen Bewegungsrichtung durch die kirchliche Autorität, die den übernatürlichen Prozeß der Heilsgeschichte in Gang gesetzt hat. Ich behaupte dagegen, daß es seine christlich verinnerlichte platonische Voraussetzung ist, die Auslegung des Wahrheitsbezuges durch den Glauben, die Augustin die Erfahrung und Darstellung der Bewegung des Wollens in der Wahrheit auf die Wahrheit zu erst möglich macht.

H. Blumenberg[17] ist in der von Jonas eingeschlagenen Richtung weitergegangen, insofern er die Überformung einer gnostisch abgewerteten Rationalität (A. ist terminologisch selbst Pelagianer!) durch die objektive Autorität der Gnade zum leitenden Gesichtspunkt macht; das bedeutet, daß Blumenberg das – wie mir scheint – eigentliche Zentrum Augustins, die durch die »Autorität« in Gang gebrachte »Psychologie« der Freiheit, damit die »hermeneutische« Klärung des Grundbezuges nicht in Betracht zieht.

Eine religionskritische Destruktion Augustins führt in eine Position an-

---

[15] Vgl. de utilitate credendi (tom VIII), die Darstellung der »vitia« als »perversa imitatio dei« in conf. II.

[16] H. Jonas, Augustin und das paulinische Freiheitsproblem, 1930; ders., Philosophische Meditationen über Paulus, Römerbrief Kap. 7, in »Zeit und Geschichte«. Dankesgabe an R. Bultmann, hrsg. von E. Dinkler, 1964, 557–570.

[17] H. Blumenberg, Die Legitimität der Neuzeit 1966, bes. Zweiter Teil »Theologischer Absolutismus und humane Selbstbehauptung«, 75–200.

thropologischer Aufklärung, in der die genealogische Konstruktion der menschlichen Wirklichkeit als die wahre Alternative zur Theologie geltend gemacht wird. Vorher müßte sich m. E. die philosophische Kritik an dem hermeneutischen Sinn der Freiheit zur Frage, den sie bei Augustin hat, erprobt haben.

The Cross in the Old Testament According to Athanasius, Cyril of Jerusalem and the Cappadocian Fathers

GREGORY T. ARMSTRONG

From a very early date the Christian Church sought out anticipations of the Cross of Christ in the Old Testament. These anticipations commonly took two forms. First, there were those things which represented or resembled the Cross and which, because of the historical circumstances of their use or association, or simply because of their material substance or shape, were designated types of the Cross. That is, early Christian writers found a correspondence or parallel between certain Old Testament objects and events, on the one hand, and the Cross and crucifixion, on the other, in the New Testament. Typology has been well defined by R. P. C. Hanson to mean: »the interpreting of an event belonging to the present or recent past as the fulfilment of a similar situation recorded or prophesied in Scripture.« He goes on to define allegory or, as I would prefer, allegorical interpretation to be: »the interpretation of an object or person or a number of objects or persons as in reality meaning some object or person of a later time, with no attempt made to trace a relationship of ›similar situation‹ between them.« Clearly there remains between these two definitions the borderline case of objects possessing the »similar situation« characteristic but appropriated out of the original event in which they occur in the Old Testament to signify a New Testament object, and most of the types of the Cross fall into this category. Hanson himself subsequently acknowledges the overlapping of allegorical interpretation and typology in this regard in much of early Christian exegesis[1]. The essential underlying assumption is that both event or object and its fulfilment or true meaning are divinely given.

[1] R. P. C. HANSON, Allegory and Event: A Study of the Sources and Significance of Origen's Interpretation of Scripture (1959) 7 for the definitions, and 36 where he observes that: »Christian allegory is essentially an allegory of realization, of types finding their consummation and oracles their fulfilment and events their ordained re-enactment, just as Christian eschatology is an eschatology that largely has happened or is happening. This is one reason why the early Christians apparently found it so easy to interpret their Scriptures in an allegorical or typological way. In their view, what was to happen *had* happened, and each detail could be found foreshadowed in the Scriptures if the Christian set about finding it in the right way.« Cf. also ARMSTRONG, Die Genesis in der Alten Kirche, BGH 4 (1962) 6–10.

In other cases, the anticipations of the Cross took the form of prophecies which seemed to point to Jesus' death by crucifixion. These are different from the types of the Cross in that an object in the form of a cross is not necessarily present in the Old Testament (types are usually found in historical narrative), but the prophecies may be ranged alongside the types as examples of the same kind of christological exegesis. Already by the end of the second century, a fairly well defined group of texts from the Old Testament was in use among Christian authors in order to proclaim and explain the meaning of the Cross. Some of these texts were regularly combined to reinforce and illuminate one another, and most became part of the teaching or catechetical tradition of the church so that they could be taken for granted by later writers. They merit our attention not only because of the importance of the Cross itself for the church but also because they reflect changing emphases in Christian thought and exegesis.

Since the earlier stages of the development of this aspect of Christian interpretation of the Old Testament have already been explored by others, the focus here will be on Athanasius, Cyril of Jerusalem and the three major Cappadocian Fathers. Each of them deserves at least a chapter in the study of the patristic exegesis of the Old Testament, a field which has surely not been exhausted. At the same time they have to be seen in relationship to their predecessors, and therefore I shall draw freely upon some of the many studies of second and third century biblical interpretation.

The Cross of Christ and the crucifixion are obviously a central concern of theology and exegesis, indeed the central problem over against both Jew and Greek as Paul makes clear in 1Cor 1,23. How does one explain the ignominious death of the Saviour, the Messiah? How does one understand it? A clear and helpful answer is at hand if the Cross can be shown to be a part of the plan of God laid out in the Old Testament. If it is anticipated in some fashion, then it is not a stumbling block, it is not foolishness, at least not to the same degree or in the same way. In the apologists of the second and third centuries, the Cross can even become a part of the defense of Christian faith on the basis of the Old Testament anticipations of it and thus be affirmed in polemics against the Jews. Certainly it finds a place in the grand conception of the divine economy of salvation based on Old Testament history and prophecy which we find worked out by Irenaeus of Lyons in the later second century.

The anticipations of the Cross which are found in the Old Testament not only serve the needs of Christian apologetics and catechetics but become part of the answer to another question faced by the early church: »What shall we do with the Jewish Scriptures?« Obviously the writings which anticipate the

Cross of Christ in type or prophecy cannot be discarded. Such anticipations tend rather to strengthen the Christian claim to be the true heirs of the Old Testament. This line of argument is found in several authors of the second and third centuries, especially Justin Martyr and Tertullian.

The Old Testament references to the Cross also contribute to the development of a *theologia crucis* stressing the glory and power of the Cross and its efficacy. Jean Daniélou has described this in some detail for Jewish Christianity, and it should be highlighted here as being more than an explanation or defense of the crucifixion and as being quite distinct from a reason to keep or claim the Old Testament. The Cross is a mystery, a sign and symbol full of meaning, a trophy of victory as later writers such as Eusebius of Caesarea will term it. To cite Daniélou: »Its shape suggests a cosmic symbolism in which it expresses the universality of the redemptive action, unifying all things, consolidating the new creation, distinguishing what belongs to Christ from what is foreign to him.«[2]

From the emphasis on mystery and symbolism, it is but a short step to the more allegorical interpretations of Origen. In the texts which I have surveyed and in the studies of his exegesis, it is evident that the same passages of the Old Testament, which have been used earlier for their typological or prophetic anticipation of the Cross and which are, of course, so acknowledged by Origen, become the springboard for a far-reaching spiritual or moral interpretation which is independent of any historical correspondence or fulfillment. For instance, the rod of Aaron in Numbers 17,1–11 is not merely a type of the Cross of Christ, but its fruit, namely the ripe almonds, represents the three forms or senses of Scripture: the letter or literal sense, moral teaching, and the knowledge or science *(gnosis)* of God which restores and nourishes the souls of the saints, now and in the future life[3]. Obviously there is no connection between the three senses of Scripture and the Cross although both happen to be suggested by the same passage; moreover, for Origen the typology of the Cross is incidental.

The third century is also the period in which some of the prefigurations of the Cross of Christ set forth in Christian exegesis appear in the art of the catacombs. The wood of Noah's ark had been interpreted as a type of the Cross in Justin Martyr, as had the rod of Moses with which he strikes the

[2] Daniélou, The Development of Christian Doctrine before the Council of Nicea, I: The Theology of Jewish Christianity, trans. J. A. Baker, 1964, 291. The cosmic symbolism of the Cross of Christ as evidenced by objects in nature or man-made objects having the shape of a cross could be the subject of another essay. Examples are found at least as early as Justin Martyr.

[3] Origen, Homilies on Numbers, 9,4 (SC 29, 1951, 179).

rock to bring forth water[4]. Both these episodes, understood as acts of redemption comparable to God's act of redemption in Christ, are frequently depicted in the Roman catacombs[5]. In the fourth century other scenes such as Jacob's ladder and Moses dividing the waters of the sea with his rod or staff, both cited as types of the Cross in Justin, are part of the repertory of catacomb painting[6]. Nevertheless, certain other Old Testament episodes which occur frequently in the writings of the church fathers as prefigurations of the Cross of Christ are rare in the art of the church, e.g., Moses with his arms raised in the form of a cross against the Amalekites in Exodus 17,10–12 and the bronze serpent on the pole or standard in the wilderness in Numbers 21,8–9[7].

Athanasius, the great defender of orthodoxy in the decades after Nicaea, points to the power of the Cross of Christ in his *Against the Heathen,* »1. For if, now that the cross has been set up, all idolatry has been overthrown, and by this sign all demonic activity is put to flight, and only Christ is worshipped, and through him the Father is known, and opponents are put to shame while he every day invisibly converts their souls – how then, one might reasonably ask them, is this still to be considered in human terms, and should one not rather confess that he who ascended the cross is the Word of God and the Saviour of the universe?«[8]

But in this work he does not choose to use typology or prophecy from the Old Testament to undergird his apologetic. In *On the Incarnation* 25, however, he cites Deuteronomy 21,23 in the same form as it is used by Paul in Galatians 3,13: »Cursed is he who is hanged on wood (or on a tree: ἐπὶ ξύλου).«[9] Paul is, of course, concerned with the curse of the law in Galatians 3

---

[4] Gen. 6,14ff; Ex. 17,5,6; JUSTIN M., Dialogue with Trypho, 138 and 86; cf. Appendix for table of other references.

[5] Noah in the Ark, Catacomb of Priscilla, Capella Graeca, reproduced in: E. BOCK and R. GOEBEL, Die Katakomben, 1961, frontispiece; Noah in the Ark, Moses striking the Rock, and two New Testament miracles, Catacomb of Peter and Marcellinus, in: ibid., plate 1; Noah in the Ark, Catacomb of SS. Marcellinus and Peter, in: J. LASSUS, The Early Christian and Byzantine World, 1967, fig. 11.

[6] Jacob's Vision at Bethel, New Catacomb of the Via Latina, Cubiculum B, in: A. FERRUA, Le pitture della Nuova Catacomba di Via Latina (Vatican City, 1960), tav. 97; Passage of the Red Sea, New Catacomb, Cubiculum O, in: P. DU BOURGUET, Early Christian Art (London, 1972), 141.

[7] See Appendix.

[8] ATHANASIUS, Contra gentes and De incarnatione, ed. and trans. R. W. THOMPSON, Oxford (Early Christian Texts) 1971, 4–5.

[9] Ibid., pp. 194–195; the Revised Standard Version translates Dt. 21,22–23: »And if a man has committed a crime punishable by death and he is put to death, and you hang him on a tree, his

and not with the Cross directly, but Athanasius is interested in the symbolism of the Cross. He declares: »For only on the cross does one die with hands stretched out. Therefore the Lord had to endure this and stretch out his hands, that with the one He might draw the ancient people and with the other those of the Gentiles, and that he might join both in himself.«[10]

He takes up the theme of Christ's death on the cross again in section 35 and combines three Old Testament passages which are often cited in the apologists and other fathers as prophecies of the crucifixion.

»But perhaps having heard the prophecy about his death, you wish to learn also what has been indicated about the cross? For neither was this omitted, but it was revealed most clearly by the saints. For Moses was the first outspokenly to foretell and say: ›You will see your life hanging before your eyes, and you will not believe.‹ [Dt 28,66] And the prophets after him again bear witness to this and say: ›But I, like an innocent lamb being led to be slaughtered, was ignorant of it. Against me they plotted wickedly and said: »Come let us cast wood in his bread, and efface him from the land of the living.«‹ [Jer 11,19] And again: ›They pierced my hands and my feet; they numbered all my bones. They divided my garments among themselves, and for my vesture they cast lots‹ [Ps. 21,17b–19 LXX]. But the death in the air and which takes place on wood could be none other than the cross; in no other death are the hands and feet pierced save only on the cross.«[11]

The patristic use of Deuteronomy 28,66 has been thoroughly examined by Jean Daniélou, beginning with the text itself as it appears in the Septuagint and continuing through its rather free application in the fathers from Melito of Sardis to Augustine[12]. The first writer to employ this text as a prophecy of Christ on the Cross is Melito, and he gives it in the same form as Athanasius in *On the Incarnation,* 35 and 37[13]. In subsequent sections Melito introduces Psalm 2,1, Jeremiah 11,19 and Isaiah 53,7. Athanasius in section 37 cites Isaiah 53,8. Gregory of Nyssa and Hilary of Poitiers give Deuteronomy

---

body shall not remain all night upon the tree, but you shall bury him the same day, for a hanged man is accursed by God; you shall not defile your land which the LORD your God gives you for an inheritance.«

[10] Ibid.

[11] Ibid., 218–219.

[12] Daniélou, »Das Leben, das am Holze hängt: Dt 28,66 in der altchristlichen Katechese«, Kirche und Überlieferung, Festschrift für Joseph Rupert Geiselmann, ed. Johannes Betz and Heinrich Fries, 1960, 22–34.

[13] Melito of Sardis, Paschal Homily, 61, 443–446 (SC 123,94–95, 1966); cf. also Daniélou, »Figure et événement chez Meliton de Sardes,« Neotestamentica et Patristica: Eine Freundesgabe, Herrn Professor Dr. Oskar Cullmann zu seinem 60. Geburtstag überreicht, Supplements to Novum Testamentum VI, 1962, 282–292.

28,66 with the same reading, »You will see your life hanging before your eyes,« and Gregory groups it with the same texts from Psalm 21 and Jeremiah 11 as Athanasius. Hilary cites only Jeremiah[14].

Deuteronomy 28,66 appears in a different form, »Thy Life shall hang before thine eyes,« in Clement of Alexandria and Irenaeus (three times), and it is cited by Origen in *Contra Celsum* in reference to the Jews' disbelief in Christ without the same reference to other prophecies of the Cross[15]. Irenaeus in the *Demonstration of the Apostolic Preaching*, 79, also cites the text from Psalm 21 as well as Isaiah 65,2, »I spread out my hands all the day,« and both he and Clement take up the correspondence between the Cross of Christ and the tree of life in Genesis 2,9 which is found also in Justin, Tertullian and many others and was surely a part of the church's catechetical tradition. Deuteronomy 21,23 belongs to the same collection of texts. Tertullian in *Adversus Judaeos* 10 and 13 can be added to the list with both Deuteronomy texts and with Psalm 21 and Isaiah 65, and Cyprian with these and Jeremiah 11,19. Thereafter follow Lactantius and five other Latin authors according to the citations by Daniélou. Cyril of Jerusalem is in the same tradition as far as his reading of Deuteronomy 28,66 is concerned, and he combines it with Jeremiah 11,19 in *Catechetical Lecture* 13, 19. Some of Daniélou's conclusions about the patristic use of Deuteronomy 28,66 are worth repeating here. »Daß es sich konstant in einer ganzen Traditionslinie findet, und zwar in einer von der LXX abweichenden Version, bezeugt seinen archäischen Charakter und seine Selbständigkeit. Die Beifügung ἐπὶ ξύλου bei manchen Autoren rührt von einer Christologisierung her, für die noch weitere Beispiele bekannt sind, und die ebenfalls den frühen liturgischen oder katechetischen Gebrauch bestätigt.« Irenaeus developed a whole theology based upon it, and this was picked up in turn by Clement and Tertullian who are literarily dependent on him. The text in the collection of testimonies to which it belonged became important for the elaboration of the doctrine of redemption, and it entered into Christian iconography in the image of the crucified Christ with open eyes who is joined to the living Word. Yet the meaning of the church fathers has nothing to do with the literal meaning; it is simply a verbal analogy from the word κρεμαμένη (literally »hung

[14] Gregory of Nyssa, Testimonia adv. Judaeos, 6 and 7 (PG 46,213); Hilary, Tractatus Mysteriorum, I, 35 (SC 19,130–132, 1947).

[15] Clement, Stromata V, 11,72,2f (GCS 52,374f); Irenaeus, Adversus Haereses IV, 10,2 and V,18,8 (SC 100,496–497, 1965 and SC 153,244–245, 1969), and Demonstratio, 79 (Ancient Christian Writers 16,97, 1952); Origen, Contra Celsum, II,75 (GCS 2,196; Engl. trans. H. Chadwick, 1965, 123).

up as a votive offering«), which connects the text with the Cross of Christ. Augustine defends this spiritual sense or interpretation of the text, even if Moses did not have it in mind, but Daniélou cannot. »Aber wenn dieser Doppelsinn auch zulässig ist, insoweit die zweite Bedeutung nur die Verlängerung der ersten ist, so scheint er doch unannehmbar zu sein, wenn die zweite Bedeutung mit der ersten nichts mehr zu tun hat.« Thus, the catechetical interpretation is not that of the Bible, and it is not because these verses have become separated from their biblical contexts. Already in the fourth century some Christian teachers came to see the need to explain each passage from its context, and many of the traditional proof texts became problematical[16].

The Christian reading of Jeremiah 11,19 as found in Athanasius, Cyril of Jerusalem and Gregory of Nyssa is at variance with the Hebrew text and was a point of controversy with the Jews as early as Justin Martyr's *Dialogue with Trypho,* ch. 72. The Septuagint misinterpreted the Hebrew »destroy« (»Let us destroy the tree with its fruit,« presumably a proverbial saying) by ἐμβάλωμεν, »let us place or cast the tree (wood) in or on his bread (fruit).« Bread could, of course, be taken as a symbolic or sacramental reference to the body of Christ, and the wood was the Cross.

We have already noted that Athanasius repeats Deuteronomy 28,66 in *On the Incarnation* 37, along with Isaiah 53,8. He also alludes to Psalm 21,16–18. Here the uniqueness of the crucifixion of Christ is stressed. Some of the great men of the Old Testament died natural deaths and some suffered shamefully, but none died on a cross. Moreover, Christ is called the Life of all in Deuteronomy 28,66 according to Athanasius[17]. A somewhat similar emphasis is found in the *Four Discourses Against the Arians* II, 15, 16, on the basis of the same text and Isaiah 53,7[18]. David and the prophets died and their tombs are still to be seen, but Jesus has been resurrected and thus must be »the expected Christ.«

Cyril of Jerusalem in *Catechetical Lecture* 13, 19, not only cites the verse from Deuteronomy and Jeremiah 11,19, as indicated above, but he also draws the typological comparison between paradise in Genesis 2 and 3 and the garden in which the crucifixion occurred. In particular, he connects the tree by which sin came and the tree by which it was overcome, and again the phrase »thy life«, although now with the singular possessive pronoun, is un-

[16] DANIÉLOU, »Das Leben das am Holze hängt,« 31–33.

[17] ATHANASIUS, Contra gentes and De incarnatione, 222–225.

[18] ATHANASIUS, Orationes contra Arianos (GCS 26,180; Engl. trans., Nicene and Post-Nicene Fathers, Second Series, 4,396).

derstood to be representative of Life in a universal sense[19]. In section 20 of this lecture he presents to his hearers several of the traditional types of the Cross of Christ beginning with the brazen serpent on a cross from Numbers 21,9. This figure is, of course, the one type of the Cross found in the New Testament itself, namely, in John 3,14. Cyril declares: »Does then the brazen serpent save when crucified, and shall not the Son of God incarnate save when crucified also? On each occasion life comes by means of wood.« Then he cites Noah and the ark of wood by which life was preserved from destruction in the flood. Likewise Moses' rod drove back the sea and saved the people; it also sweetened the water at the springs of Marah just as »from the side of Jesus the water flowed upon the wood.« Certainly the Cross must have as much power[20]. In section 35 he declares that Christ himself is the tree of life, an identification found also in Methodius[21]. Here the theme is the burial of Christ so that it is more appropriate to speak of his person being planted in the earth than his Cross. Altogether Cyril's use of typologies and prophecies of the Cross in teaching his catechumens is quite restrained and traditional. He himself says in section 20, »But I pass by the greater part of the types, to keep within measure.«

Basil of Caesarea, the first of the three great Cappadocian fathers, makes even less use of types and prophecies than Cyril. In *On the Holy Spirit* 14,31, he speaks of typology in general and prefers to use New Testament examples:

»The nature of the divine is very frequently represented by the rough and shadowy outlines of the types; but because divine things are prefigured by small and human things, it is obvious that we must not therefore conclude the divine nature to be small. The type is an exhibition of things expected, and gives imitative anticipation of the future.«[22]

Besides Adam, the rock, water, and manna as types of Christ, he cites the serpent on the standard (σημεῖον which corresponds to the Septuagint) from John 3,14 and Numbers 21,9. This figure is a type »of the passion of salvation accomplished by means of the cross, wherefore they who even looked thereon were preserved.« Clearly, the type involves several corresponding terms: there is a figure, the serpent, on a standard or cross just as Christ was placed on the Cross; there is deliverance from death for those who would

---

[19] Cyril, Catechetical Lectures (PG 33,795–798; Engl. trans., NPNF, Second Series, 7,87).

[20] Ibid.; Gen. 6,11–12; Ex. 14,16; 15,23–25.

[21] Ibid. (PG 33,816; NPNF, 7,92); Methodius, Symposium, 9,3 (GCS 27,117f; Engl. trans., Ante-Nicene Fathers, 6,346).

[22] Basil, De Spiritu Sancto, 14,31 (PG 32,121; SC 17,163, 1947; NPNF, Second Series, 8,19–20).

otherwise have died; and there is the element of beholding, perhaps even meditating upon, the figure upon the cross.

In another place, Letter 260, Basil uses the same passage from Numbers in a discussion about the »sign that shall be contradicted«[23]. The sign is, of course, the Cross, but the discussion is not about the crucifixion directly nor is it a defense of the Cross such as one might have found in earlier apologists. The object of contention is the incarnation or the kind of body which Christ assumed, or it is his preexistence. In other words, this traditional type finds a place in the Arian controversy because of the verbal coincidence between »sign« in the Lukan saying and in Numbers 21.

The key word in a third writing sometimes attributed to Basil is also »sign«, namely in the *Commentary on Isaiah* where the author takes up Isaiah 11,12[24].

> »He will raise an ensign (σημεῖον) for the nations,
> and will assemble the outcasts of Israel,
> and gather the dispersed of Judah
> from the four corners of the earth.«

This sign is »the sign of the Son of man« (Mt 24,30) which is, in fact, »the Cross of our Lord Jesus Christ,« according to this commentator. Through it »the world has been crucified to the saints, and they to the world.« Through the Cross the economy of the incarnation is perfected. The form of the Cross also suggests the four corners of the earth from which the scattered Jews will be gathered. It is the sign by which principalities and powers can be destroyed, as Paul has declared[25]. Like Paul, the writer here glories in the Cross of Christ and uses the verse from Isaiah as the occasion to expound the meaning of this powerful Christian symbol in respect to Gentiles, Jews and worldly powers. Clearly for him the prophecy has been fulfilled. This commentary thus presents a modest and traditional use of typology and prophecy grounded completely in the New Testament. The writer does not want or need to heap up multiple types or obscure allusions to the Cross. The theological issues of this generation did not require the explanation of justification of the Cross which Justin Martyr and Tertullian found necessary, nor did the exegetical method of the author permit the allegorical flights of Origen.

---

[23] BASIL, Ep. 260 in: The Letters (text and trans. R. J. DEFERRARI, Loeb Classical Library 4,68–71); the basis of the discussion is Luke 2,34–35, and the verse used is Num. 21:8.

[24] BASIL, Commentary on Isaiah, 249 (PG 30,557–558); it is the judgment of Johannes Quasten, *Patrology* III, 1960, 219, that this work is not authentic.

[25] Gal. 6,14 and Col. 2,15.

Gregory of Nazianzus makes somewhat more frequent use of one of the traditional types of the Cross but in fact only as a sort of rhetorical commonplace. The type, Moses with his arms outstretched before the Amalekites in Exodus 17,10–12, appears in *Oration* 12, 2, which is addressed to his father on the occasion of Gregory's being entrusted with the care of the church of Nazianzus. Aaron and Hur support the hands of Moses just as Gregory is to assist his father in the work of the episcopacy, and the episode is a type of the Cross with the element of deliverance from an enemy. But in this sermon it is judged »not very suitable or applicable to us« because Moses did not share his work as lawgiver with Aaron and Hur whereas Gregory's father intends to share his office fully with his son[26]. Again in *Oration* 18,14, »On the Death of His Father,« Gregory draws a comparison between his father and Moses, this time without rejecting it as inappropriate; yet the particular episode of the outstretched arms with its type of the power of the Cross is only one of a half dozen notable events in the life of Moses and has no intrinsic significance as far as a theology of the Cross is concerned[27].

A somewhat similar use, which I would label rhetorical, is found in the earlier *Oration* 2, 88. In the English edition it bears the long title: »In Defence of his Flight to Pontus, and his Return after his Ordination to the Priesthood, with an Exposition of the Character of the Priestly Office.« The passage in question speaks about appropriate preparation for the challenges of the priesthood and cites several Old Testament models.

»For my own warfare, however, I am at a loss what course to pursue, what alliance, what word of wisdom what grace to devise, with what panoply to arm myself, against the wiles of the wicked one. What Moses is to conquer him by stretching out his hands upon the mount, in order that the cross, thus typified and prefigured, may prevail? What Joshua, as his successor, arrayed alongside the Captain of the Lord's hosts? What David, either by harping, or fighting with his sling, and girded by God with strength unto the battle, and with his fingers trained to war? What Samuel, praying and sacrificing for the people, and anointing as king one who can gain to victory? What Jeremiah, by writing lamentations for Israel, is fitly to lament these things?«[28]

The Cross as prefigured by Moses is a symbol of strength and power, but the author's aim in this context is not to defend or proclaim the Cross. The type has become simply a stock reference in the orator's repertory of biblical

---

[26] Gregory of Nazianzus, Oration 12,2 (PG 35,844 NPNF, Second Series, 7,245).

[27] Idem., Oration 18,14 (PG 35,1001; NPNF, 7,259).

[28] Idem., Oration 2,88 (PG 35,492; NPNF, 7,222); biblical references include Eph. 6,11; Ex. 17,11; Josh. 5,14.

topoi, familiar to himself and his hearers from repeated use in the church's catechetical teaching. We must acknowledge that Old Testament typology in this setting no longer has the same freshness and force as it did when it served a more direct apologetic function.

In a later sermon, *Oration* 45, 21, »The Second Oration on Easter,« Gregory employs the same verses from Exodus 17 in a series of references to the events which followed upon the departure from Egypt. Here the mood or the usage is much less rhetorical and instead more clearly biblical as he traces the mighty acts of God in connection with the mystery of the Passover. Indeed, he stresses the importance of the biblical history and the correspondences between Old and New Testament in a spirit reminiscent of Irenaeus and Paul, declaring: »Such are the mysteries sketched by the Law and fulfilled by Christ, the Abolisher of the letter, the Perfecter of the Spirit who by his Passion taught us how to suffer, and by his glorification grants us to be glorified with him.«[29] In this context the reference to Moses and the Amalekites seems more pertinent and more meaningful. »Amalek shall be conquered, not with arms alone, but with the hostile hand of the righteous forming both prayers and the invincible trophy of the Cross.« This last expression, σταυροῦ τρόπαιον τὸ ἀήττητον, is a popular one in the fourth century, appearing frequently in Eusebius of Caesarea, and is drawn from Roman imperial and military usage[30]. Erich Dinkler has already traced out for us the appearance of the Cross in the form of a τρόπαιον or as a sign of victory in the art of the later fourth and the fifth centuries[31]. Gregory was a contemporary of these developments and could even have been consulted by the emperor in Constantinople about public monuments displaying the Cross. By this time, the scandal of the Cross is no longer the church's concern in apologetics; rather the church must, as Dinkler has observed, teach the full meaning of suffering and discipleship represented by the Cross to counterbalance the disproportionate emphasis on victory and on the acceptance of the Christian religion by

---

[29] Idem., Oration 45,21 (PG 36,632; NPNF, 7,431); biblical references include Ex. 14,21; 14,28; 16,15; 17,6; 17,10–11; Josh. 3,15–16; 10,13; 6,20.

[30] EUSEBIUS OF CAESAREA, Ecclesiastical History, 9,9,10, (text and trans. J.E.L. Oulton and H. J. Lawlor, LCL 2,362–363; GCS 9/2,832); Vita Constantini, 1,28; 1,32; 1,40; 2,6; 2,7; 3,1; 3,2; 3,3; 4,21 (GCS 7,21, 22, 26, 76, 77, 78, 125; NPNF, Second Series, 1,490, 491, 493, 502, 502, 519, 520, 520, 545); De laudibus Constantini, 6,21; 9,8; 9,14; 9,16 (GCS 7,212, 219, 220, 221; NPNF, 1,589, 593, 594, 594); still other references are to church buildings and to the resurrection as trophies. In almost every section trophy – τρόπαιον is used interchangeably with sign – σημεῖον. See also G. W. H. LAMPE, A Patristic Greek Lexicon (Oxford, 1976), *s. v.*, 1411–1412.

[31] E. DINKLER, »Das Kreuz als Siegeszeichen«, Zeitschrift für Theologie und Kirche 62, 1965, 1–20, reprinted in: Signum Crucis, 1967, 55–76.

the imperial house. The church had to bring out again »den Charakter des Kreuzes als scheidend-entscheidendes Zeichen.«[32]

Gregory of Nazianzus is not yet the one to carry out this last role. He is engaged in setting forth the victory of the Cross. In the next section of the Second Oration on Easter, he argues for a reverse typology or negative relationship between the brazen serpent and Christ, unlike his predecessors[33].

»So much we have said of Christ; the greater part of what we might say shall be reverenced with silence. But that brazen serpent was hung up as a remedy for the biting serpents, not as a type of Him that suffered for us, but as a contrast; and it saved those that looked upon it, not because they believe it to live, but because it was killed, and killed with it the powers that were subject to it, being destroyed as it deserved. And what is the fitting epitaph for it from us? ›O death, where is thy sting? O grave, where is thy victory?‹ Thou art overthrown by the Cross; thou art slain by him who is the Giver of life; thou art without breath, dead without motion, even though thou keepest the form of a serpent lifted up on high on a pole.«

Thus death and the grave are like the serpent vanquished by the Cross. Yet one must remark a departure from Paul who, however much he glories in the Cross, is proclaiming his belief in the resurrection in 1 Corinthians 15. To this extent, the Cross as a sign of triumph may be said to distort the message of the church by absorbing or obscuring the resurrection event.

Unquestionably traditional is Gregory's use, although slight in itself, of the tree of life from Genesis 2,9 (and perhaps 3,22) as a prefiguration of the Cross in *Oration* 29, 20. »He is lifted up and nailed to the tree, but by the tree of life he restores us.«[34] This may also allude to the tree of life in the new Jerusalem (Rev. 22,2). In any event, the New Testament does not employ this type, and one may wonder whether it is not arbitrary since the correspondence is a material one at best as opposed to an historical one between events on or at the tree of the Cross and the tree of life. Indeed, no action takes place at the tree of life in the garden.

The minor role which traditional typology plays for Gregory of Nazianzus may well be suggested by a section of the Second Theological Oration[35]. The

---

[32] Ibid., 19/74.

[33] GREGORY OF NAZIANZUS, Oration 45,22 (PG 36,653; NPNF 7,431); besides Num. 21,9 biblical references include Hos. 13,14 and 1Cor 15,55.

[34] Idem., Oration 29,20 or Third Theological Oration (PG 36,101; English trans. in: Library of Christian Classics 3,175).

[35] Idem., Oration 28,18 (PG 36,49; LCC 3,148); biblical references include Gen. 4,26 (LXX); 5,28; 6,8 and 14–15; 15,6; 22,1–14; 18,8; 28,10–22; 32,24–30.

theme is the knowledge of God; Enos, Enoch, Noah, Abraham, and Jacob are cited as Old Testament worthies who found favor with God but did not fully comprehend him. The familiar types of Noah's ark and Jacob's ladder as prefigurations of the Cross of Christ are not introduced although the ark and ladder are themselves mentioned. Only Abraham's offering of Isaac is cited as »the type of the great sacrifice,« perhaps the most classic type of all[36]. Yet it is not explicitly a type of the Cross or crucifixion here. Would Gregory's hearers have automatically recognized the other types of the Cross from their catechetical training? Would a second or third century writer have failed to note them? I think we may conclude that the types are no longer very important in the church's thought. Since they are not relevant to Gregory's theme here, they deserve no mention. Moreover, he seems to show a healthy sense of the different historical and religious situation of the Old Testament people; they did not and could not understand God in the same way as those who have known Christ. It would be tempting to go the next step and say that because of this difference, Gregory did not expect the Old Testament writings to include specific prefigurations and prophecies of the Cross, but to do so would be to forget the doctrine of inspiration held throughout the whole ancient church and indeed up until quite recently (and in many quarters still). The whole text has been divinely given; every incident, every word is pregnant with meaning.

Gregory of Nyssa was the younger brother of Basil and the friend of Gregory of Nazianzus. He is generally considered to have been a more penetrating theologian than either and to stand in closer relationship to Origen. In his writings we do not find the traditional New Testament and patristic typological interpretation of Old Testament events and objects. Rather, he offers a spiritual interpretation or an allegorical one in the manner of Origen and of Philo before him. A case in point is the *De vita Moysis* which recounts the life of Moses first on the level of ἱστορία with »une exégèse littérale édifiante,« as Daniélou puts it, and on the level of Θεωρία which is the essential part of the work where the life of Moses becomes »le symbole de l'itinéraire mystique de l'âme.«[37] The same pilgrimage of the soul is also found in the *Homilies on Exodus* of Origen.

---

[36] D. LERCH, Isaaks Opferung christlich gedeutet: Eine auslegungsgeschichtliche Untersuchung, BHTh 12, 1950, 27–119; ARMSTRONG, Die Genesis in der Alten Kirche, 84–85, 132; DANIÉLOU, From Shadows to Reality: Studies in the Biblical Typology of the Fathers, trans. Dom Wulstan Hibberd, 1960, 121–149; C. K. BARRETT, From First Adam to Last: A Study in Pauline Theology, 1962, 26–30.

[37] GREGORY OF NYSSA, La vie de Moïse, intro. and trans. JEAN DANIÉLOU, 2nd ed., SC 1 bis (Paris, 1955), p. XIV.

The first explicit reference to a type of the Cross of Christ is the wood cast into the water at the springs of Marah (Ex 15,23–25). This wood is the Cross, and the typology is taken for granted.

»The text corresponds with what actually happens: when a man has given up the Egyptian pleasures to which he had been enslaved before crossing the water, his life seems at first bitter and disagreeable now that his pleasures have been taken away. But once the wood is cast into the waters, that is, once he unites himself to the mystery of the resurection, which had its beginning in the wood (and by wood here, you surely understand the Cross), then the life of virtue becomes sweeter and more refreshing than all the sweetness that makes the sense tingle with pleasure, because it has been seasoned by our hope in the things to come.«[38]

This is not just a prefiguration. The whole exegesis is on a different level, and it is anticipated in Philo for whom the wood represented the hope of immortality[39]. Daniélou has also observed that the catechetical tradition found a figure of baptism in the plunging of the wood into the water, and this symbolism is carried forward in recent Catholic liturgies for the blessing of the baptismal water where the Easter or Christ-candle marked with the sign of the Cross and with the Alpha and Omega is plunged into the water in the font. The water has already been divided symbolically by the priest in the form of a cross and blessed »in the name of the living God, the true God, the holy God, with the victorious sign of the cross.« Moreover, the water is understood as the virginal or immaculate womb of Mother Church so that there is an explicit sexual symbolism[40]. In the Orthodox Churches of Rumania, Bulgaria and elsewhere the great blessing of the waters at Epiphany is accompanied by the casting of the Cross into the water – often outdoors into a river through a hole cut in the ice from which it must then be retrieved by a swimmer[41]. All of this is worlds apart from Justin Martyr and Tertullian.

Gregory continues his exposition with a comment on the oasis at Elim with its springs and palm trees (Ex 15,27):

---

[38] Idem., De vita Moysis, II,132 (Gregorii Nysseni Opera 7/1,74–75; SC 1 bis, 70; Eng. trans. HERBERT MUSURILLO in: From Glory to Glory: Texts from Gregory of Nyssa's Mystical Writings, selected with intro. by JEAN DANIÉLOU, 1961, 94). The parenthesis is Gregory's own.

[39] Note 1 from DANIÉLOU, SC 1 bis, 70; Philo, De migratione Abr., 8,36–37 (text and trans. F. H. COLSON and G. H. WHITAKER, LCL 4,152–153).

[40] Ibid.; The Easter Vigil Service, trans. and arranged, with commentary and musical notation by the Monks of Conception Abbey (Conception, Mo., 1952), 27–28; DANIÉLOU, From Shadows to Reality, 93, 170–171.

[41] Oral communication from Dr. Ileana Marculescu; the theme could be pursued in Byzantine and other Eastern Orthodox liturgical traditions, cf. GEORGE P. FEDOTOV, The Russian Religious Mind, 1960, 33.

»The mystery of the wood, which had made the water of virtue a pleasant drink for the thirsty, leads us to the twelve springs and the seventy palm trees, that is to the message of the Gospel. The springs are the twelve Apostles . . . And the seventy palm trees would, of course, be those apostles who were chosen over and above the Twelve and sent out into the whole world.«[42]

Exactly how the mystery of the wood is found in this episode is not explained; perhaps it is the staff of Moses. In any case, the play on numbers is typical of allegorical interpretation.

A distinctly different approach is evidenced by Gregory of Nyssa in his sermon *In diem luminum*, commonly called *On the Baptism of Christ.* Here the emphasis is on how God makes use of the common things of the world. The rod of Moses and the Cross itself are ordinary wood despite the miracles wrought by them. Likewise, the water of baptism is »nothing else than water« yet it »renews the man to spiritual regeneration, when the grace from above hallows it.«[43] This is good orthodox sacramental theology.

In *The Life of Moses,* Gregory takes up another traditional type, Moses with his arms extended before the Amalekites (Ex 17,8–13). His first concern is not the type, however. »The raising of Moses' hands toward the sky signifies the spiritual understanding of the Law, but their lowering toward the ground is the material and literal interpretation and observation of the Law.«[44] The figure of the Cross made by the outstretched arms is the clue to the observer that the true object of the Law is the mystery of the Cross which appears throughout it. »This sign which is beheld in Moses, who is the figure of the Law, is erected as a trophy and giver of victory to those who contemplate it.«[45] Thus Gregory can conclude that »the soul has triumphed over strangers by means of the extended hands of the Lawgiver who prefigures the mystery of the Cross.«[46] The same picture of Moses is also alluded to earlier, but without a specific textual reference[47].

The brazen serpent of Numbers 21 is also found in *The Life of Moses.* To behold the serpent on the staff is to meditate on the Passion of Christ or the

---

[42] Gregory of Nyssa, De vita Moysis, II, 133–134 (GNO 7/1,75; SC 1 bis, 70–71; From Glory to Glory, 94–95); cf. Luke 10,1.

[43] Idem., In diem luminum (GNO 9/1,226–227; NPNF, Second Series, 5,519).

[44] Idem., De vita Moysis II, 149 (GNO 7/1,81; SC 1 bis, 76). This passage is cited by Monique Alexandre, »La théorie de l'exégèse dans le De hominis opificio et l'In Hexaemeron,« in: Écriture et culture philosophique dans la pensée de Grégoire de Nysse: Actes du colloque de Chevetogne (22–26 Septembre 1969), ed. Marguerite Harl, 1971, 87, n. 1, but she does not deal with prefigurations of the Cross.

[45] Gregory of Nyssa, De vita Moysis, II, 151 (GNO 7/1,82; SC 1 bis, 76–77).

[46] Ibid., II, 153 (GNO 7/1,83; SC 1 bis, 77–78).

[47] Ibid., II,78 (GNO 7/1,56; SC 1 bis, 53).

Cross. Echoing Paul in Galatians 6,14 just as Basil of Caesarea had done, Gregory declares that those who turn to the Cross are crucified to the world and their souls are made invulnerable to sin. »Indeed, those who look toward the Cross are no longer subject to the wretched death of their sins, but the desire which is at work in their flesh against the Spirit is not entirely destroyed.«[48] Daniélou points out that the serpent as a symbol of fleshly desire is also found in Philo[49]. It should also be noted that Gregory takes the trouble to cite the New Testament warrant for this interpretation of the brazen serpent, John 3,14. Here he is in the mainstream of typological interpretation.

In *The Catechetical Oration* or *Address on Religious Instruction,* Gregory discusses the shape of the Cross and its significance in the same fashion as Athanasius and even attributes his interpretation to tradition. »In shape it is divided into four parts in such a way that the four arms converge in the middle. Now he who was extended upon it at the time God's plan was fulfilled in his death is the one who binds all things to himself and makes them one . . . The eyes of all creation are set on him and he is its center, and it finds its harmony in him.«[50] None of the Old Testament types or prophecies are cited in this section. Srawley has well explained this absence in an address for those being brought into the church. »The argument from prophecy and Old Testament types, which played such an important part in earlier apologies, does not find a place in his treatment. But he states in the clearest way, when treating of the Incarnation, the moral argument. Again and again he appeals to the moral glory exhibited in God's plan of redemption.«[51] Nevertheless, he does employ on occasion in this work spiritual or allegorical interpretation.

In one other sermon of Gregory of Nyssa, *De tridui inter mortem et resurrectionem Domini nostri Iesu Christi spatio,* commonly called *On the Resurrection of Christ,* we find references to three of the types and prophecies of the Cross. The first is the sacrifice of Isaac in which both Isaac and the lamb (ram) point to aspects of the mystery of Christ's passion and to the Cross. Isaac bears the wood as the only begotten son, and Christ is borne up on the

---

[48] Ibid., II, 272–277 (GNO 7/1,126–128; SC 1 bis, 118–119).

[49] Note 5 from DANIÉLOU, SC 1 bis, 119; Philo, Leg. All., II, 19–21, 76–85 (LCL 1,272–279).

[50] GREGORY OF NYSSA, The Catechetical Oration, 32, ed. JAMES HERBERT SRAWLEY, Cambridge Patristic Texts (Cambridge, 1903, repr. 1956), 119 (Eng. trans in LCC 3,311). DANIÉLOU, »Orientations actuelles de la recherche sur Grégoire de Nysse« in: Écriture et culture philosophique, 11–12, stresses the relation between Melito and Irenaeus on the one hand and Gregory on the other and observes that the symbolism of the Cross in various passages seems to issue directly from Irenaeus' *Demonstration of the Apostolic Preaching*. »Par ailleurs Irénée est le seul auteur avant Grégoire chez qui je trouve l'idée que l'homme progresse toujours dans la possession de Dieu.«

[51] SRAWLEY, p. xviii.

wood of the Cross. The lamb from the wood (thicket) is held by its horns which seems to be a double allusion to the Cross. He also seems to resolve the ambiguity of this typology which arises from the ram being substituted for Isaac by letting the lamb signify the mystery of death while the only begotten son signifies the life which cannot be sundered by death[52]. The second is Moses extending his arms before the Amalekites which is a well-established type of the Cross in patristic exegesis, as we have already noted. Gregory adds that Amalek falling down before the Cross is in truth the type[53]. Finally, he cites the reading of Jeremiah 11,19 which we have encountered before, namely that the enemies of the bread and the wood cast wood on the bread, i.e., on Christ. Yet he acknowledges that Jonah gives a far clearer prefiguration with his three days and three nights in the belly of the great fish or sea monster[54]. Altogether these references add only a little to the sermon and to our understanding. They give an Old Testament warrant for the Cross and the suffering of Christ and suggest the divine plan and mystery surrounding his death and resurrection.

In these major writers of the fourth century then, it appears that only Cyril of Jerusalem in his *Catechetical Lectures* finds it worthwhile to recite any great number of Old Testament typologies and prophecies of the Cross, and even he consciously limits himself. Athanasius and the Cappadocians know them but do not feel the need to use them as the core of their arguments, whether engaged in apologetics or theological exposition. In particular, Gregory of Nyssa carries on the discussion of the traditional passages at a different level, namely the spiritual or allegorical, in the one writing which presents a sequential commentary on the Old Testament text, *The Life of Moses*. Virtually all of the other uses of the types and prophecies are supplementary, helpful but not essential. Mariette Canévet has reached a similar conclusion: »Ainsi, l'idée que l'Ancien Testament est figure du Nouveau, qui en est la réalité, n'est plus un principe fécond d'exégèse chez Grégoire, bien qu'elle soit présente dans son commentaire à titre d'interpretations reçues.«[55] No longer does the Cross require explanation or justification, rather it is the symbol of triumph, the trophy of victory; nor is the authority of the Old Tes-

[52] Gregory of Nyssa, De tridui spatio (GNO 9/1,275); Gen. 22,1–13. Both Isaac and a sheep (the lamb or ram) are mentioned as types of the passion of Christ in Basil, On the Holy Spirit, 14,32, and so are the three days and three nights of Jonah in the great fish which are introduced subsequently in this sermon.

[53] Ibid. (GNO 9/1,275); Ex. 17,11.

[54] Ibid. (GNO 9/1,277).

[55] M. Canévet, »Exégèse et théologie dans les traites spirituels de Grégoire de Nysse« in Écriture et culture philosophique, 159.

tament in question, rather it is the church's book for teaching and preaching and a storehouse of illustrations and deeper meanings. These writers are concerned to cultivate the relationship between the believer and the crucified and resurrected Christ. It is thus a pastoral role in which they, all of them not by chance bishops, read and interpret the Old Testament.

Appendix

A Preliminary and Partial Catalog of Old Testament Texts Interpreted by the Church Fathers as Types or Prophecies of the Cross and Crucifixion

Genesis 2,9
- Justin Martyr, *Dial.* 86,1 (Goodspeed, p. 199)
- Tertullian, *Adv. Jud.* 13,11 (*CChrL* 2,1387)
- Cyril of Jerusalem, *Catech. Lec.* 13,35 (*PG* 33,816)
- Gregory of Nazianzus, *Oration* 29,20 (*PG* 36,101)

Genesis 3,1–7,11–12,17
- Justin Martyr, *Dial.* 94,2 (Goodspeed, p. 209)
- Cyril of Jerusalem, *Catech. Lec.* 13,19 (*PG* 33,796)

Genesis 3,22
- Cyril of Jerusalem, *Catech. Lec.* 13,35 (*PG* 33,816)
- Gregory of Nazianzus, *Oration* 29,20 (*PG* 36,101)

Genesis 6,11–12 and 7,7
- Justin Martyr, *Dial.* 138 (Goodspeed, pp. 260–261)
- Cyril of Jerusalem, *Catech. Lec.* 13,20 (*PG* 33,797)
- Gregory of Nazianzus, *Oration* 28,18 (*PG* 36,49)

Genesis 14,14
- Barnabas 9,8 (Funk-Bihlmeyer, p. 21)
- Ambrose, *De fide* 1, Prologue (*CSEL* 78,5)

Genesis 18,1
- Justin Martyr, *Dial.* 86,5 (Goodspeed, p. 200)

Genesis 22,6
- Melito of Sardis, Fragment IX (*SC* 123,234–235)
- Irenaeus, *Adv. haer.* IV,5,4 (*SC* 100,434)
- Tertullian, *Adv. Marc.* III,18,2 (*CChrL* 1,531–532)
- Tertullian, *Adv. Jud.* 10,6 and 13,20–21 (*CChrL* 2,1376 and 1388–89)
- Origen, *Homilies in Genesis* 8,6 (*PG* 12,206)
- Gregory of Nazianzus, *Oration* 28,12 (*PG* 36,49)
- Gregory of Nyssa, *De tridui spatio* (GNO 9/1,275)

Genesis 22,13
- Melito of Sardis, Fragments XI and XII (*SC* 123,236–237)
- Gregory of Nyssa, *De tridui spatio* (*GNO* 9/1,275)

Genesis 28,11–13a
- Justin Martyr, *Dial.* 86,2 (Goodspeed, p. 199)
- Irenaeus, *Dem.* 45 (*ACW* 16,77)

Genesis 30,37–39
  Justin Martyr, *Dial.* 86,2 (Goodspeed, p. 199)
Genesis 32,10
  Justin Martyr, *Dial.* 86,2 (Goodspeed, p. 199)
Genesis 38,25–26
  Justin Martyr, *Dial.* 86,6 (Goodspeed, p. 200)
Genesis 48,14
  Tertullian, *De Baptismo* 8,2 (*CChrL* 1,283)
  Novatian, *Trin.* 19,19–20 (*CChrL* 4,50–51)
Exodus 4,2–5,17,20; 7,9–10,17–20; 8,5–6
  Justin Martyr, *Dial.* 86,1 (Goodspeed, p. 199)
  Gregory of Nyssa, *In diem luminum* (*GNO* 9/1,226)
Exodus 12,3–11
  Justin Martyr, *Dial.* 40,3 (Goodspeed, p. 137)
Exodus 12,13
  Cyprian, *Ad Quirinum* 2,22 (*CChrl* 3,61)
Exodus 14,16
  Justin Martyr, *Dial.* 86,1 (Goodspeed, p. 199)
  Justin Martyr, *Dial.* 138,2 (Goodspeed, p. 260)
  Cyril of Jerusalem, *Catech. Lec.* 13,20 (*PG* 33,797)
  Gregory of Nyssa, *In diem luminum* (*GNO* 9/1,226)
Exodus 15,23–25a
  Justin Martyr, *Dial.* 86,1 (Goodspeed, p. 199)
  Tertullian, *De Baptismo* 9,2 (*CChrL* 1,284)
  Tertullian, *Adv. Jud.* 13,12 (*CChrL 2,1387)*
  Cyril of Jerusalem, *Catech. Lec.* 13,20 (*PG* 33,797)
  Gregory of Nyssa, *De vita Moysis* II,132 (*GNO* 7/1,74–75; *SC* 1 bis, 70)
Exodus 15,27
  Justin Martyr, *Dial.* 86,5 (Goodspeed, p. 200)
  Gregory of Nyssa, *De vita Moysis* II,133–134 (*GNO* 7/1,75; *SC* 1 bis, 70–71)
Exodus 17,5–6 (parallel in Numbers 20,8–13)
  Justin Martyr, *Dial.* 86,1 (Goodspeed, p. 199)
Exodus 17,9–12
  Barnabas 12,2 (Funk-Bihlmeyer, p. 25)
  Orac. Sib. 8,251 (*GCS* 8,157)
  Justin Martyr, *Dial.* 90,4–5; 91,3; 97,1; 111,1–2; 112,2 (Goodspeed, pp. 204, 205, 211, 227, 228)
  Irenaeus, *Dem.* 46 (*ACW* 16,78)
  Tertullian, *Adv. Marc.* III,18,6 (*CChrL* 1,532)
  Tertullian, *Adv. Jud.* 10,10 (*CChrL* 2,1377)
  Origen, *Homilies on Exodus* 3 and 11,4 (*PG* 12,316 and 377; *SC* 16,116 and 234–235)
  Cyprian, *Ad Quirinum* 2,21 (*CChrL* 3,59–60)
  Cyprian, *Ad fort.* 8 (*CChrL* 3,197)
  Gregory of Nazianzus, *Oration* 2,88; 12,2; 18,14; 45,21 (PG 35,844, 1001, 492; 36,632)

Gregory of Nyssa, *De vita Moysis* II,78 and 149–153 (*GNO* 7/1,56 and 81–83; *SC* 1 bis, 53 and 76–78)
Gregory of Nyssa, *De tridui spatio* (*GNO* 9/1, 275)
Numbers 17,1–11
Justin Martyr, *Dial.* 86,4 (Goodspeed, p. 199)
Origen, *Homilies on Numbers* 9,4 (*PG* 12,632; *SC* 29,179)
Numbers 19,1–10
Barnabas, 8,1 (Funk-Bihlmeyer, p. 19)
Numbers 21,6–9
John 3,14–15
Barnabas 12,5–7 (Funk-Bihlmeyer, p. 25)
Justin, *Apol.* I,60,3 (Goodspeed, p. 69)
Justin, *Dial.* 91,4; 94,1; 112,1 (Goodspeed, pp. 206, 209, 228)
Irenaeus, *Adv. haer.* IV,2,7 (*SC* 100,412–413)
Tertullian, *Adv. Marc.* III,18,7 (*CChrL* 1,533)
Tertullian, *Idol.* 5,4 (*CChrL* 2,1105)
Tertullian, *Adv. Jud.* 10,10 (*CChrL* 2,1377)
Clement of Alexandria, *Stromata* VI,11,84 (*GCS* 52,473)
Cyprian, *Ad Quirinum* 2,20–22 (*CChrL* 3,58–61)
Cyril of Jerusalem, *Catech. Lec.* 13,20 (*PG* 33,797)
Basil, *Ep.* 260 (Deferrari, *LCL* 4,68–71)
Basil, *De Spiritu Sancto* 14,31 (*PG* 32,121; *SC* 17,163)
Gregory of Nazianzus, *Oration* 45,22 (*PG* 36,653)
Gregory of Nyssa, *De vita Moysis* II,272–276 (*GNO* 7/1,126–128; *SC* 1 bis, 118–119)
Numbers 23,19
Cyprian, *Ad Quirinum* 2,20 (*CChrL* 3,59)
Lactantius, *Inst.* 4,18 (*CSEL* 19,358)
Deuteronomy 21,23a
Galatians 3,13
Justin Martyr, *Dial.* 94,5 (Goodspeed, p. 209)
Trenaeus, *Adv. Haer.* V,18,3 (*SC* 153,244–245)
Tertullian, *Adv. Marc.* III,18,1 (*CChrL* 1,531)
Tertullian, *Adv. Jud.* 10,1–2 (*CChrL* 2,1374–1375)
Athanasius, *Incarn.* 25 (*OECT*, pp. 194–195)
Deuteronomy 28,66
Melito of Sardis, *Paschal Homily* 61,443–446 (*SC* 123,94)
Irenaeus, *Adv. haer.* IV,10,2 and V,18,3 (*SC* 100,496–497 and *SC* 153,244–245)
Irenaeus, *Dem.* 79 (*ACW* 16,97)
Tertullian, *Adv. Jud.* 11,9 and 13,11 (*CChrL* 2,1382 and 1387)
Clement of Alexandria, *Stromata* V,11,72,2f (*GCS* 52,374f)
Origen, *Contra Celsum* II,75 (*GCS* 2,196; *PG* 11,911–912)
Cyprian, *Ad Quirinum* 2,20 (*CChrL* 3,57–58)
Novatian, *Trin.* 9,5 (*CChrL* 4,25)
Lactantius, *Inst.* 4,18 (*CSEL* 19,358)
Athanasius, *Incarn.* 35 and 37 (*OECT*, pp. 218–219 and 224–225)

Athanasius, *Orationes contra Arianos* II,15,16 (*GCS* 26,180)
Cyril of Jerusalem, *Catech. Lec.* 13,19 (*PG* 33,795–798)
Gregory of Nyssa, *Test. adv. Jud.* 6 and 7 (*PG* 46,213)
Hilary of Poitiers, *Tract. Myst.* I,35 (*SC* 19,130–132)
Firmicus Maternus, *Consulationes Zacchaei et Apollonii* (*Flor. Patr.* 29,57)
Rufinus, *Comm. Symb.* 19 (*PL* 21,361B)
Ambrosiaster, *Comm. 1Cor* (*PL* 17,261A)
Augustine, *Contra Faustum* XIV,4,5,22 and XV,5
Evagrius Monachus, *Altercatio Simonis et Theophili* (*CSEL* 45,28)
Isidore of Sevile, *Var. Quaest.* 33,1
Commodian, *Carmen Apol.* 132,11; 137,4 (*CChrL* 128,83 and 85)

Deuteronomy 33,13–17
Justin Martyr, *Dial.* 91,1–3 (Goodspeed, p. 205)
Tertullian, *Adv. Marc.* III,18,3 (*CChrL* 1,532)
Tertullian, *Adv. Jud.* 10,7 (*CChrL* 2,1376)

2 Kings 6,1–6
Justin Martyr, *Dial.* 86,6 (Goodspeed, p. 200)
Tertullian, *Adv. Jud.* 13,17–19 (*CChrL* 2,1388)

Psalm 1,3
Barnabas 11:1,6–8 (Funk-Bihlmeyer, p. 23f)
Justin Martyr, *Dial.* 86,4 (Goodspeed, p. 199)
Tertullian, *Adv. Jud.* 13,11 (*CChrL* 2,1387)

Psalm 21,17b–19 LXX
Justin Martyr, *Apol.* I,35,5–7 (Goodspeed, p. 50)
Justin Martyr, *Dial.* 97,3–4 (Goodspeed, pp. 211–212)
Irenaeus, *Dem.* 79 (*ACW* 16,97)
Tertullian, *Adv. Jud.* 10,4 and 13,10 (*CChrL* 2,1375 and 1386)
Cyprian, *Ad Quirinum* 2,20 (*CChrL* 3,58)
Lactantius, *Inst.* IV,18 (*CSEL* 19,359)
Athanasius, *Incarn.* 35 and 37 (*OECT*, pp. 218–219 and 224–225)
Gregory of Nyssa, *Test. adv. Jud.* 6 and 7 (*PG* 46,213)

Psalm 21,22 LXX
Justin Martyr, *Dial.* 105,1–2 (Goodspeed, p. 221)
Tertullian, *Adv. Marc.* III,19,5 (*CChrL* 1,534)
Tertullian, *Adv. Jud.* 10,13 (*CChrL* 2,1378–1379)

Psalm 22,4 LXX
Justin Martyr, *Dial.* 86,5 (Goodspeed, p. 200)

Psalm 91,13 LXX
Justin Martyr, *Dial.* 86,4 (Goodspeed, pp. 199–200)

Psalm 95,10 LXX
Justin Martyr, *Apol.* I,41 (Goodspeed, p. 55)
Justin Martyr, *Dial.* 73,1 (Goodspeed, p. 182)
Tertullian, *Adv. Marc.* III,19,1 (*CChrL* 1,533)
Tertullian, *Adv. Jud.* 10,11–12 and 13,11 (*CChrL* 2,1378 and 1386)

Isaiah 9,6
Justin Martyr, *Apol.* I,35,2 (Goodspeed, p. 50)

Irenaeus, *Dem.* 56 (*ACW* 16,84)
Tertullian, *Adv. Marc.* III,19,2 (*CChrL* 1,533)
Tertullian, *Adv. Jud.* 10,11 (*CChrL* 2,1378)
Cyprian, *Ad Quirinum* 2,21 (*CChrL* 3,59)

Isaiah 11,1
Justin, *Dial.* 86,4 (Goodspeed, p. 199)

Isaiah 11,12
Pseudo-Basil, *Comm. in Isa.* 249 (*PG* 30,557–558)

Isaiah 65,2
Justin Martyr, *Apol.* I,35,3 (Goodspeed, p. 50) conflated with Isa. 58,2
Justin Martyr, *Dial.* 97,2 (Goodspeed, p. 211)
Irenaeus, *Dem.* 79 (*ACW* 16,97)
Tertullian, *Adv. Jud.* 13,10 (*CChrL* 2,1386)
Cyprian, *Ad Quirinum* 2,20 (*CChrL* 3,57)

Jeremiah 11,19
Justin Martyr, *Dial.* 72,2–3 (Goodspeed, p. 182)
Melito of Sardis, *Paschal Homily* 63, 453–458 (*SC* 123,94)
Tertullian, *Adv. Marc.* III, 19,3 (*CChrL* 1,533)
Tertullian, *Adv. Jud.* 10,12 (*CChrL* 2,1378)
Cyprian, *Ad Quirinum* 2,20 (*CChrL* 3,57)
Lactantius, *Inst.* IV,18 (CSEL 19,357)
Athanasius, *Incarn.* 35 (*OECT*, pp. 218–219)
Cyril of Jerusalem, *Catech. Lec.* 13,19 (*PG* 33,795–798)
Gregory of Nyssa, *Test. adv. Jud.* 6 and 7 (*PG* 46,213)
Gregory of Nyssa, *De tridui spatio* (*GNO* 9/1,277)
Hilary of Poitiers, *Tract. Myst.* I,35 (*SC* 19,130–132)

The Problem of the Gnostic Redeemer and Bultmann's Program of Demythologizing

WILLIAM BAIRD

In recent times the pre-Christian origin of the gnostic redeemer myth has been brought into question. Carsten Colpe, for instance, concludes that »It cannot be assumed that the Gnostic Redeemer doctrine is as explicit in pre-Christian times as it is claimed to be«[1]. If this criticism should prove to be valid, much exegetical work which has presupposed the existence of the gnostic myth – for example, Bultmann's famous interpretation of the Fourth Gospel – would appear to be in need of extensive revision[2]. Yet, beyond the modification of exegetical details, does not the problematic character of the redeemer myth raise fundamental questions concerning Rudolf Bultmann's entire hermeneutical program? »Lassen sich der vorchristliche Ursprung und der bestimmende Einfluß des ›gnostischen Erlösungsmythos‹ nicht aufrechterhalten«, claims Rudolf Schnackenburg, »so bricht einer der tragenden Pfeiler des Bultmannschen Gebäudes weg.«[3] In short, is it possible to demythologize the NT proclamation if a pre-Christian gnostic myth never existed?

I

There can be no doubt that Bultmann has accepted the pre-Christian origin of the gnostic redeemer myth. In doing so, he largely follows the work of Reitzenstein and Bousset. For Bultmann, the myth fits a single, unified pattern which had its origin in the ancient east and was widely used throughout the hellenistic world. This myth tells the story of the origin of the souls of men as splinters or sparks of the Primal Man. »They know they are in an alien world, and that this world is their prison, and hence their yearning for de-

---

[1] C. COLPE, New Testament and Gnostic Christology (in: Religions in Antiquity – Essays in Memory of E. R. Goodenough [SHR 14], ed. J. NEUSNER, 1970, 227–243), 235. See G. VAN GRONINGEN, First Century Gnosticism – Its Origin and Motifs, 1967, 17.

[2] W. A. MEEKS, The Prophet-King. Moses Traditions and the Johannine Christology (NT Suppl. 14), 1967, 15: ». . . the whole ›model‹ of the ›redeemer myth‹ in the form that Bultmann and his pupils have employed it has to be thoroughly revised.«

[3] R. SCHNACKENBURG, Von der Formgeschichte zur Entmythologisierung des Neuen Testaments. Zur Theologie Rudolf Bultmanns (KuM 5, 1955, 83–100), 90f.

liverance. The supreme deity takes pity on the imprisoned sparks of light, and sends down the heavenly figure of light, his Son to redeem them. This Son arrays himself in the garment of the earthly body . . . He invites his own to join him, awakes them from their sleep, reminds them of their heavenly home, and teaches them about the way to return . . . After accomplishing his work, he ascends and returns to heaven again to prepare the way for his own to follow him.«[4] According to Bultmann, this myth is presupposed by Paul in the formulation of his Christological statements, and by John in the presentation of his portrait of Jesus.

The arguments for and against the pre-Christian origin of the redeemer myth need not be rehearsed in detail[5]. On the one hand, the critics note that the sources used in the Bultmannian reconstruction – material like the Hermetic literature and the Mandaean texts – are post-Christian in date[6]. These critics also fault Bultmann and his friends for their effort to fabricate a single myth from patches of material found scattered about the hellenistic world[7]. At the same time, the advocates of pre-Christian gnosis are charged with mistaken methodology and spurious reasoning. They seem to suppose, for example, that parallel ideas imply common source and historical continuity[8]. Following a circular argument, they identify NT concepts as gnostic and then use their interpretation of these concepts to support the existence of a pre-Christian gnosticism[9]. Moreover, material which has been interpreted as

[4] R. BULTMANN, Das Urchristentum im Rahmen der antiken Religionen, 1949, 178; English translation (ET), Primitive Christianity in its Contemporary Setting, 1956, 163f. For an earlier summary of the myth, see R. BULTMANN, Die Bedeutung der neuerschlossenen mandäischen und manichäischen Quellen für das Verständnis des Johannesevangeliums (ZNW 24, 1925, 100–146), 104.

[5] A summary of the arguments (with negative conclusions) is presented by E. M. YAMAUCHI, Pre-Christian Gnosticism, 1973. The same author reaffirms his conclusions and up-dates his argument in: Some Alleged Evidences for Pre-Christian Gnosticism (in: New Dimensions in NT Study, ed. R. N. LONGENECKER and M. C. TENNEY, 1974, 46–70).

[6] R. MCL. WILSON, Response to G. Quispel's »Gnosticism and the New Testament« (in: The Bible in Modern Scholarship, ed. J. P. HYATT, 1965, 272–278), 274: »In the entire chapter devoted to Gnosticism in Bultmann's *Primitive Christianity* there is not a single reference to any document which can be dated prior to the NT.« See R. P. CASEY, Gnosis, Gnosticism and the New Testament (in: The Background of the New Testament and Its Eschatology – In Honour of Ch. H. Dodd, ed. W. D. DAVIES and D. DAUBE, 1956, 52–80), 79f; K. PRÜMM, Gnosis an der Wurzel des Christentums?, 1972, 421ff.

[7] See C. COLPE, Die religionsgeschichtliche Schule (FRLANT 78), 1961, 191; J. MUNCK, The New Testament and Gnosticism (in: Current Issues in New Testament Interpretation – Essays in Honour of O. A. Piper, ed. W. KLASSEN, G. F. SNYDER, 1962, 224–238), 224ff; H.-M. SCHENKE, Der Gott ›Mensch‹ in der Gnosis, 1962, 19.

[8] See R. MCL. WILSON, Gnosis and the New Testament, 1968, 7.

[9] This charge is frequently made against W. SCHMITHALS. See his Die Gnosis in Korinth

evidence for the early existence of the redeemer myth – for example, the tradition about Simon Magus – is open to other interpretation[10]. In view of the predicament of the pre-Christian gnostic hypothesis in recent discussion, some scholars like Ernst Käsemann, once devotees of the redeemer myth, have been led to modify their position[11].

On the other hand, the advocates of pre-Christian gnosticism remain unconvinced by these arguments. They also believe their position has been strengthened by the discovery and continuing publication of the Nag Hammadi texts[12]. Formerly they argued that one should not expect to find primitive written documents for a movement which was secret and cultic in character and which conserved its cryptic teachings in a long period of oral tradition. Now, with original gnostic sources in hand, they have abandoned the idea of a long tradition of gnosticism in favor of a theory of more recent origins – a gnostic movement perhaps originating in heterodox Judaism and possibly contemporaneous with the rise of Christianity[13]. To be sure, none of the new texts can be dated prior to the time of Christian beginnings, yet some of them seem to provide evidence for the existence of a non-Christian gnosticism[14]. Although this does not prove the existence of a pre-Christian gnosticism, it does appear to refute the older thesis that gnosticism represents the extreme hellenization of Christianity[15]. Moreover, some of the new texts

(FRLANT 66), 1956; ET, Gnosticism in Corinth, 1971. However, Schmithals has argued that the presupposition of pre-Christian gnosticism provides the basis for the proper use of a »hermeneutical circle« (see nt. 17, below).

[10] The attempt to demonstrate pre-Christian gnosticism in Simon Magus was presented some years ago by E. HAENCHEN, Gab es eine vorchristliche Gnosis? (ZThK 49, 1952, 316–349). This essay had wide influence; see, for example, E. FASCHER, Christologie und Gnosis im vierten Evangelium (ThLZ 93, 1968, 721–730), 723. An extensive argument against Haenchen's position is presented by K. BEYSCHLAG, Simon Magus und die christliche Gnosis (WUNT 16), 1974. See W. A. MEEKS, Simon Magus in Recent Research (Religious Studies Review 3, 1977, 137–142); Meeks concludes, »The use of reports about Simon Magus as evidence for a *pre*-Christian gnosticism has been effectively refuted« (141).

[11] This modification can be seen by comparing E. KÄSEMANN, Leib und Leib Christi (BHTh 9), 1933 with his more recent Das Theologische Problem des Motivs vom Leibe Christi (in: Paulinische Perspektiven, 1969, 178–210); ET, Perspectives on Paul, 1971, 102–121. See also his essay, The Problem of a New Testament Theology (NTS 19, 1973, 235–245), 238. Although he has modified his position, Käsemann has not abandoned the hypothesis of pre-Christian gnosticism.

[12] For a summary of the research and reaffirmation of the argument, see K. RUDOLPH, Gnosis und Gnostizismus, ein Forschungsbericht (ThR 37, 1972, 289–360), 310ff.

[13] See P. POKORNÝ, Der soziale Hintergrund der Gnosis (in: Gnosis und Neues Testament, ed. K. W. TRÖGER, 1973, 77–87).

[14] As an example of the attempt to detect non-Christian gnosticism in the Nag Hammadi texts, see F. WISSE, The Redeemer Figure in the Paraphrase of Shem (NT 12, 1970, 130–140).

[15] This point seems to be missed by YAMAUCHI, Pre-Christian Gnosticism, 181–184. See R.

seem to indicate that the gnostic myth has priority and that the inclusion of Jesus in the myth is a secondary and insignificant accomodation[16]. This observation could be used to support a hermeneutical approach which asserts that the assumption of the prior existence of gnosticism provides a proper presupposition for interpreting some Christian texts[17]. On the other hand, recent students of gnosticism are convinced that the idea of an ancient, single, unified myth of redemption (Reitzenstein, Bousset, and Bultmann) is a fabrication of modern scholarship. Instead, the myth is varied in form and relatively recent. It is, nevertheless, recognized by many to be pre-Christian and presupposed by Paul and John in their Christological formulations[18].

The purpose of this essay is not to arbitrate the on-going dispute about the origins of gnosticism. Regardless of one's conclusions, the debate has demonstrated that the pre-Christian origin of the gnostic redeemer myth is at least open to question. This problem gives rise to a larger question: What are the implications of the debate about gnostic origins for a NT hermeneutic, and more specifically, what is the significance of the question of the redeemer myth for Rudolf Bultmann's program of demythologizing? Actually, much of the dispute about pre-Christian gnosticism appears to be related to the controversy about Bultmann[19]. Some of the bullets fired at the gnostic redeemer are aimed to ricochet in his direction. The destruction of the hypothesis of pre-Christian gnosticism is thought to be a decisive battle in the ultimate defeat of Bultmann's theology. According to his foes, Bultmann has mistakenly attributed many features of early Christianity to gnosticism. His identification of NT material as mythological impugns the biblical record, and his attempt to interpret the myth in terms of existentialist philosophy distorts the biblical message. From this critical perspective, much of what Bultmann calls myth is sound doctrine and solid history. Indeed, Bultmann's

---

McL. Wilson, Nag Hammadi: A Progress Report (ET 89, 1974, 196–201): ». . . it may be that Yamauchi does not make sufficient allowances for the possible existence of embryonic or rudimentary forms of Gnosticism at an earlier stage« (199).

[16] See H.-M. Schenke, Die neutestamentliche Christologie und der gnostische Erlöser (in: Gnosis und NT, 205–229), 211; Berliner Arbeitskreis für koptisch-gnostische Schriften, Die Bedeutung der Texte von Nag Hammadi für die moderne Gnosisforschung (in: Gnosis und NT, 13–76), 17f.

[17] So W. Schmithals, Die gnostischen Elemente im Neuen Testament als hermeneutisches Problem (in: Gnosis und NT, 359–381); Das Verhältnis von Gnosis und Neuem Testament als methodisches Problem (NTS 16, 1970, 373–383).

[18] See Schenke (in: Gnosis und NT), 210f; K. M. Fischer, Der johanneische Christus und der gnostische Erlöser (in: Gnosis und NT, 245–266).

[19] This is true for the works of Yamauchi and Prümm, cited above. See also A. K. Helmbold, Redeemer Hymns – Gnostic and Christian (in: New Dimensions in NT Study), 72.

supposed disinterest in doctrine and history is thought to betray a certain affinity with gnostic thought. According to some critics, Bultmann's theology is closer to heretical gnosticism than to the basic faith of the Bible[20].

II

It must be acknowledged that gnosticism plays an important role in Bultmann's hermeneutical program. Indeed, many of the elements which Bultmann believes to be basic for early Christianity find parallels in gnostic thought. For one thing, gnosticism, like Christianity, raises the proper question: What is the situation of man in the world? In answering this question, the gnostics and the Christians display considerable agreement. »The situation of natural man in the world,« writes Bultmann, »appears to Christian eyes very much as it does to Gnosticism.«[21] From this common perspective, »the *utter difference of human existence from all worldly existence* was recognized for the first time in Gnosticism and Christianity«[22]. Rather than being at home in the world, man is a captive within it. In the words of the old gospel hymn he sings,

I am a stranger here,
within a foreign land.

»Both systems agree,« says Bultmann, »that empirical man is not what he ought to be. He is deprived of authentic life, true existence.«[23]

Since he has lost his authentic being, man must be redeemed. Moreover, since his situation is serious, man's redemption must come from outside. »Man is incapable of redeeming himself from the world and the powers which hold sway in it . . . Man's redemption – and at this point Primitive Christianity and Gnosticism are in agreement – can only come from the divine world as an event.«[24] For Christianity and for gnosticism, this event »is inaugurated by the appearance of the redeemer on earth«[25] – a redeemer whose origin is not in the world, but whose manifestation is in the human sphere. This event,

---

[20] W. Rordorf, Die Theologie Rudolf Bultmanns und die Gnosis des 2. Jahrhunderts (in: Oikonomia, O. Cullmann zum 65. Geb., ed. F. Christ, 1967, 191–202); G. L. Borchert, Is Bultmann's Theology a New Gnosticism? (EvQ 36, 1964, 222–228).

[21] Urchristentum, 206; ET, 189.

[22] R. Bultmann, Theologie des Neuen Testaments, 1953, 164; ET, Theology of the New Testament I, 1951, 165.

[23] Urchristentum, 208; ET, 191. See Theologie d. NT, 164; ET, I. 165.

[24] Urchristentum, 213; ET, 196.

[25] Ibid., 218; ET, 200. See R. Bultmann, Das Evangelium des Johannes (KEK II), 1959[16], 38f; ET, The Gospel of John, 1971, 61.

in order to be available to man, must somehow be understood as taking place in the present. »Christianity thus agrees with Gnosticism,« claims Bultmann, »in placing the eschatological event in the present.«[26] The redemptive event, however, cannot be wholly identical with any objective historical happening, for if it were, it would be merely another worldly, therefore non-redemptive event. The event must appear in the historical present without being imprisoned by historical limitation so as to forfeit its transcendent reality.

In spite of these parallels, Bultmann believes gnosticism and early Christianity display striking differences. Gnosticism views human nature in the light of a cosmic dualism. Man's essential being is spirit – a divine spark imprisoned in an evil body. This cosmic view of man's essence assumes that »the Self must be placed in the category of substance (as a spark of light)«[27]. In sharp contrast, early Christianity sees man as a whole person, »body and soul, the creature of God«[28]. Rather than seeing man's essential being as a divine substance trapped in an evil body, Paul understands man as a »living unity«[29]. »To be a man or to live a human life,« comments Bultmann, »means to strive for something, to aspire after something, to will.«[30]

The tragic situation of man, therefore, is not as in gnosticism the result of cosmic fate, but the product of man's responsible decision. »The world and man are creations of God, and hence not evil by nature; they have been corrupted by sin, and sin is not a condition of nature, but the evil will of man.«[31] Consequently, early Christianity does not view redemption as an escape from the world, but a call to obedience within it. By way of contrast, the gnostics could not find a positive solution to the problem of the unworldliness of the self, since gnosticism understands the essential man as substance and redemption as a cosmic event. This means that man can find no positive meaning in this life and that redemption is construed negatively as escape. In Christianity, on the other hand, the authentic self is understood as the responsible self which can be freed from sin for life in the world, for historical existence. Yet, authentic existence becomes no objective datum of the world, since it belongs to the future, constantly encountering man as a possibility in his on-going decisions.

Not only does Christianity differ from gnosticism in its understanding of the nature and situation of man, its anthropology, it also differs in its cosmology, its understanding of the world. For gnosticism, the world is a cosmic

---

[26] Urchristentum, 218; ET, 200.
[27] Ibid., 181; ET, 166.
[28] Theologie d. NT, 167; ET, I. 168.
[29] Ibid., 205; ET, 209.
[30] Urchristentum, 196; ET, 180.
[31] R. BULTMANN, Jesus, 1951³, 117; ET, Jesus and the Word, 1934, 137.

dualism where good and evil are built into the ontological structure. For Christianity, *»the world is the creation of the one true God«*[32] where all that God has made is essentially good. Although both systems agree that »there is a great gulf between God and the world«[33], transcendence is differently conceived. In gnosticism, transcendence is construed ontologically and has only a negative meaning. The transcendent good is totally absent from the material world and can have no positive relationship to it. In Christianity, on the other hand, »the gulf between God and man is not metaphysical«[34]. God is the creator of the world and continues to exercise his sovereignty over it. The presence of evil, which has been introduced by the will of man, does not mean the absence of God from the world, but indicates that his relation to the world is paradoxical as the God of judgement and grace[35]. According to Bultmann, the gnostic penchant for cosmologizing, the constant effort to objectify the transcendent, is the original sin of gnosticism. The gnostic notion that man's situation is the result of a cosmic fate and that redemption is a cosmic escape represents an understanding of sin and salvation which fails to touch the depths of human existence; it becomes instead a trivial tinkering with the mechanics of an imaginary metaphysical structure.

As Christianity differs from gnosticism in cosmology, so it also differs in Christology, its understanding of the redeemer. For gnosticism, the redeemer is a supernatural being, an other-worldly, cosmic figure who merely masquerades as a man. For Christianity, the redeemer is an historical being, a particular human person, Jesus of Nazareth. »These differences entail a contrast in *christology,*« writes Bultmann, »since Gnosticism cannot acknowledge the real humanity of Jesus.«[36] For Bultmann, as for Paul, the most certain historical event in the record of Jesus' career – the crucifixion – becomes the most decisive. The purpose of demythologizing is not to make faith easier for modern man, but to clear away the false stumbling blocks, the undergrowth of gnostic trivia, so that a person may encounter the true *skandalon,* the stark reality of the cross of Christ[37]. In response to the relativizing Christology of the Swiss liberals, Bultmann insists that »revelation does not occur

---

[32] Theologie d. NT, 167; ET, I. 168. See R. BULTMANN, Der Glaube an Gott den Schöpfer (EvTh 1, 1934/35, 175–189); ET, Existence and Faith, ed. S. M. OGDEN, 1960, 171–182.

[33] Urchristentum, 211; ET, 194.

[34] Ibid., 212; ET, 194.

[35] See Urchristentum, 212f; ET, 195.

[36] Theologie d. NT, 167; ET, I. 168.

[37] K. JASPERS – R. BULTMANN, Die Frage der Entmythologisierung, 1954, 61; ET, Myth and Christianity, 1958, 59.

in imparting an idea of God . . . but in a concrete historical man«[38]. Although he is not pleased with some aspects of the »new quest« of the historical Jesus, Bultmann continues to insist on the necessity of the *Daß* – the fact *that* God acted in the particular historical event of Jesus[39].

Bultmann's insistence on the historicity of revelation demonstrates how Christian eschatology differs from the eschatology of the gnostics. While both agree that the eschatological event occurs in the present, they differ on the nature of the event and the understanding of the action of God implied in it. According to gnosticism, the event is a cosmic occurrence which provides an escape from the world. According to Christianity, the event has taken place in history in the death-resurrection of Christ and is represented in the proclamation of that event – a word of preaching which calls for responsible decision in the world. Thus, in gnosticism, God's action is identified as a cosmic event, an other-worldly happening, which has no positive relation to history. In Christianity, on the other hand, God's action is related to history paradoxically. »Faith insists not on the direct identity of God's action with worldly events,« says Bultmann, »but . . . on the paradoxical identity which can be believed only here and now against the appearance of non-identity.«[40] This means that while the believer cannot say, »Lo there, Lo here,« identifying historical events absolutely as the action of God, he can perceive that God is acting in and through concrete historical events. Thus God acts in history to redeem mankind, providing a redemption which can come to grips with the historical situation of humanity while maintaining at the same time its effective significance as action of God.

Therefore, while Christianity accepts the gnostic identification of the basic question, it advocates answers which are sharply antithetical to gnosticism. The parallels which Bultmann discerns between gnosticism and early Christianity serve more to present contrast than accord. Indeed, gnosticism functions as a foil for Bultmann's presentation of authentic Christianity. Critics commit a serious error, therefore, when they attribute Bultmann's »reduction« of the gospel and his supposed lack of interest in history to the influence of gnosticism[41]. On the contrary, it is precisely Bultmann's concern with his-

---

[38] R. BULTMANN, The Christological Confession of the World Council of Churches (in: Essays, trans. by J. C. G. Greig, 1955), 287.

[39] R. BULTMANN, Das Verhältnis der urchristlichen Christusbotschaft zum historischen Jesus (SHAW. PH 3) 1962³; ET, The Historical Jesus and the Kerygmatic Christ, ed. C. E. BRAATEN and R. A. HARRISVILLE, 1964, 15–42.

[40] R. BULTMANN, Jesus Christ and Mythology, 1958, 62.

[41] The charge that Bultmann has neglected the historical and reduced the gospel has been frequently made. For example, H. RIDDERBOS (Bultmann, 1960, 38–42), speaks of »the great re-

tory and his intent to interpret the gospel historically which provoke his stern opposition to gnosticism. Bultmann's view of history, of course, assumes the perspective of existentialism, yet this existentialist standpoint provides the ground for his attack on gnostic cosmologizing. If demythologizing actually eliminates anything (as the critics charge), much of what is eliminated has to be classified as gnostic cosmological material. The error of gnosticism, according to Bultmann, is its flight from history into cosmology – its understanding of both sin and salvation as cosmic rather than historical events. To be sure, Bultmann's existentialism precludes a positivistic understanding of history and promotes a view point which values *Geschichte* at the expense of *Historie*. The resulting »reduction« of the historical, however, is not inspired by gnosticism, but by an anti-gnostic (anti-objectifying, anti-cosmological) perspective.

If Christianity stands in bold opposition to gnosticism, why did the early Christians employ gnostic concepts? Bultmann believes the answer is clear: Gnosticism, assuming a widely dispersed and thoroughly syncretistic world-view, provided the Christians with a language fund which could be expended in the communication of their message. »In the hellenistic world,« writes Bultmann, »it was a historical necessity that the gospel should be translated into a terminology with which that world was familiar.«[42] In particular, the myth of the gnostic redeemer was helpful in conveying the Christian idea of redemption through Jesus Christ. »That myth,« says Bultmann, »offered a terminology in which the redemption wrought in the person and work of Jesus could be made intelligible as a present reality.«[43] Does this mean that Christianity is merely another product of hellenistic syncretism? Though Bultmann can describe »primitive Christianity as a syncretistic phenomenon«[44], he understands Christianity to be unique, independent of any of its hellenistic formulations. The syncretistic features, therefore, belong not to the *essence* of Christianity, but to the various formulations of the Christian confession, to its language, thought-forms, and mythological expressions. To distinguish the essence of the Christian message from its syncretistic formulation is the primary goal of Bultmann's program of demythologizing.

---

duction«. See also, E. ELLWEIN, Rudolf Bultmann's Interpretation of the Kerygma (in: Kerygma and History, ed. C. E. BRAATEN and R. A. HARRISVILLE, 1962), 34; E. KINDER, Historical Criticism and Demythologizing (in: Kerygma and History), 71. The notion that Bultmann has reduced the gospel by relegating much of its content to gnostic origins is implied by scholars like Yamauchi, Prümm, Borchert, Helmbold, and Rordorf (see nts. 19 and 20, above).

[42] Theologie d. NT, 163; ET, I. 164.

[43] Urchristentum, 216; ET, 198.

[44] Ibid., 191; ET, 175.

III

In the attempt to distinguish the essence of Christianity from the syncretistic formulation of its message – to distinguish the kerygma from the myth – demythologizing focuses attention on the mythological elements of gnosticism and on the myth of the gnostic redeemer. According to Bultmann, »Mythology is the use of imagery to express the other worldly in terms of this world and the divine in terms of human life, the other side in terms of this side.«[45] Again, by way of definition, he writes, »It may be said that myths give to the transcendent reality an immanent, this-worldly objectivity.«[46] Myth, in terms of content, includes such cosmological concepts as the world depicted as a three-storied structure, the notion that the cosmos is populated by supernatural beings, and the belief that natural events are caused by divine or demonic intervention. Myths are also concerned with features of Jewish apocalyptic – the vision of the literal end of the world, involving such dramatic events as the rule of Satan, the raising of the dead, the triumph of the messiah. Most important for our purposes, the idea of redemption is given mythological expression. This includes the coming of the redeemer from the higher realm, the divine action which destroys the evil powers, and the disclosure of the way of salvation – all summarized in the fully-developed and widely dispersed myth of the gnostic redeemer.

As we have seen, the early Christians employed this mythological material in order to communicate their message. This procedure, according to Bultmann, belonged to the conscious and intentional design of the biblical writers. This can be seen in the fact that these writers themselves are engaged in the process of demythologizing. Paul, for instance, declares that the apocalyptic expectation of an other-worldly future has been accomplished in this world, in the past, in the historical event of Jesus. The author of the Fourth Gospel, in his prologue, adapts a gnostic source to his own purpose of presenting Jesus of Nazareth as the redeemer – the word made flesh. This latter example indicates how consciously and intentionally the NT authors enlist gnostic terminology in the service of non-gnostic, even anti-gnostic, concepts. Nowhere does Bultmann suggest that the early Christians understood Jesus as a myth; nowhere does he assert that the *essence* of the kerygma is to be classified as mythological. For the early Christians, Jesus is an historical being through whom God has acted for man's redemption, and the kerygma

[45] R. BULTMANN, Neues Testament und Mythologie (KuM 1, 1951², 15–53), 22, nt. 2; ET, Kerygma and Myth, ed. H. W. BARTSCH, 1953, 1–44, 10, nt. 2.

[46] Jesus Christ and Mythology, 19.

is a dynamic proclamation in which God's saving action is re-presented in history. This understanding of their confession, however, is perceived by proper interpretation of its mythological formulation, that is, by demythologizing. At the same time, demythologizing avoids the risk of a false interpretation whereby the formulation of the Christian message – quite contrary to its original intention – is objectified. According to this false interpretation, the kerygma is misconstrued as a collection of data about the redeemer whereby such matters as descending and ascending represent an objectification of God's redemptive action in a way which distorts both the Christian idea of transcendence and the Christian understanding of history.

The assumption that the early Christians made use of a fully developed pre-Christian myth of the gnostic redeemer helps to illuminate Bultmann's hermeneutical program. If the Christians borrowed an already existing pagan myth for their presentation of the gospel, it is clear that there is nothing distinctively Christian about the mythological form of that presentation. Besides, the account of the activity of the redeemer – his heavenly origin, his descent and ascent – provides the interpreter with a clearly recognizable myth. Here is no mere collection of mythological elements, but a complete myth, the unified story of a divine being. Since this story is not distinctively Christian in form, its meaning for faith cannot be equated with the details of the myth. This ought to be apparent on other grounds, too, since the NT does not confine itself to the redeemer myth for presenting the idea of redemption. Paul, for instance, describes the salvation occurrence in a variety of ways including the use of terminology borrowed from the Jewish cult. When exegetes acknowledge that this cultic language cannot be harmonized with the details of the gnostic myth, they are able to perceive that the meaning of redemption is not identical with the formulation of any of these expressions. »Clearly Paul found none of these thought-complexes and none of their terminologies adequate to express his understanding of the salvation-occurrence.«[47]

The distinction between the form of expression and the essence of the message has led Bultmann to observe that Paul sets forth two different ideas of faith: faith as belief (»willingness to consider true . . . the facts reported of the pre-existent Son of God«), and faith as »self-surrender to the grace of God.«[48] For Bultmann, the first idea is inadequate, while the second indicates what faith ought to be. Belief in the mythological data can be a false substitute for faith, since it can represent a search for objective security. The sec-

[47] Theologie d. NT, 295; ET, I. 300. [48] Ibid., 295f; ET, I. 300.

ond sort of faith is demanded by the central feature of the kerygma – the proclamation of the crucifixion, the word of the cross. To accept this message is to abandon the quest for easy security, to understand faith as radical risk. Yet, when one recognizes that the myth of Christ's pre-existence is not the proper object of faith, then one can interpret the meaning of that myth for authentic faith. The myth of the incarnation of the pre-existent one means that the crucified one is really Lord, that the event of Christ is really *God's* action in history, that God's transcendent action is available to human existence[49].

All of this shows how salutary is the presupposition of the pre-Christian origin of the redeemer myth for Bultmann's theological endeavor. This understanding of the myth serves to indicate that the kerygma is not to be identified with any of its particular expressions, that the kerygma is not essentially an objective phenomenon. The presupposition of the myth's pre-Christian origin also serves to show what faith is and what it is not. Faith is not intellectual assent to the details of the mythological formulation of the kerygma. One need not believe in the pre-existence of Christ, the nature miracles, or the physical resurrection of Jesus. For modern man, belief in things of this sort would demand a sacrificium intellectus in which the responsible self could not participate. But in a deeper sense, authentic faith requires a more radical risk – it means to reject the search for cosmic security and accept the crucified one as Lord. It means to discern the difference between kerygma and myth, and to commit one's life to the God of the kerygma rather than the data of the myth.

IV

Suppose, however, that a pre-Christian gnosticism never existed, that gnosticism, and the redeemer myth in particular, could be shown to be a post-Christian phenomenon? What would be the effect of this supposition on the hermeneutical approach of Rudolf Bultmann? As we have seen, the hypothesis of the pre-Christian origin of gnosticism is not without its ardent defenders. However, those who defend the hypothesis have largely abandoned the view of the gnostic myth adopted by Bultmann. For them, the myth is no ancient story, rooted in Iranian religion, pruned into a unified pattern, and flourishing everywhere in the hellenistic world. Instead it is a relatively recent formulation, springing up in heterodox Judaism and growing side by side with early Christianity. This reassessment, if true, would call

[49] See Theologie d. NT, 299; ET, I. 304.

into question the assumption that the early preachers simply took over a widely dispersed and readily recognizable myth in their effort to communicate the gospel. If the myth were not so ancient nor widely known, then hellenistic auditors would be less likely to recognize it for what Bultmann supposed it was intended to be – a pagan form, used to present a totally different message. Similarly, hellenistic readers, without knowledge of the ancient, unified myth, would find it difficult to discern that Paul and John were consciously engaged in demythologizing.

For the sake of argument, however, let us go a step further; let us suppose that the redeemer myth is not pre-Christian, that it is nothing more than a reconstruction of modern scholarship[50]. Would this supposition destroy one of the supporting pillars of Bultmann's theological structure[51]? At least, some of the details of Bultmann's program would need to be modified. The notion that the early Christians borrowed whole-cloth a ready-made myth from the pagans would have to be scrapped. Forfeiture of this ready-made myth with its graphic story of the descent and ascent of the redeemer would tend to make the understanding of mythology more difficult to visualize. Without the pre-Christian origin of the gnostic myth, it would also be more difficult for Bultmann to show that the shape of the Christian proclamation was a pagan import rather than a Christian product, that the form of the kerygma was non-Christian in character and secondary in significance. Conversely, it would be easier for the foes of Bultmann to argue that the design of the proclamation was woven on Christian looms, that the shape of the kerygma was cut according to an original Christian pattern. From this critical perspective, one could ask: Is it so clear, after all, that the writers of the NT were merely borrowing a pagan formula to say something quite different, that they were not really interested in the doctrinal formulation of the Christian proclamation? In short, the collapse of the pre-Christian redeemer myth might appear to undermine the wall which Bultmann had erected between the form and essence of the proclamation – the distinction between myth and kerygma.

Yet, although the demise of the pre-Christian redeemer myth would demand modification of details and expose some weaknesses in Bultmann's argument, it would not destroy his whole hermeneutical program. Bultmann's hermeneutic can function without the presupposition of the gnostic myth. For his basic method to function, Bultmann needs only to detect in the for-

---

[50] So R. McL. Wilson, Some Recent Studies in Gnosticism (NTS 6, 1959/60, 32–44), 43.

[51] See nt. 3, above.

mulation of the biblical message elements which are pre-Christian or non-Christian in origin and nature. That is, he simply has to show that the formulation of the Christian message makes use of signs and symbols, terms and concepts which are not distinctively Christian. That this requirement erects no insurmountable obstacle is evident in the fact that most students of the gnostic question are ready to acknowledge the existence of a pre-gnosis or »incipient gnosticism« in the NT period[52]. Thus, Wilson concludes that »there were in existence in pre-Christian times various themes and motifs, conceptions and ideas, which later were incorporated into Gnosticism.«[53] When these motifs appear in the gnostic systems of the second century they are widely recognized to be the products of hellenistic syncretism. Their appearance in the NT would seem to support the conclusion that the construction of the biblical message makes use of materials which are not uniquely Christian, and that Bultmann is justified in developing a hermeneutic which attempts to interpret the meaning of these non-Christian elements in the context of the Christian proclamation.

Moreover, Bultmann's program does not demand the identification of the components of the kerygmatic formulation as features of incipient gnosticism. Within Bultmann's hermeneutic, apocalyptic Judaism functions in much the same way as hellenistic gnosticism. »The mythology of the New Testament,« he writes, »is in essence that of Jewish apocalyptic and the Gnostic redemption myths.«[54] Indeed, Bultmann's description of his method gives much attention to the »mythological« understanding of the kingdom of God, that is, the understanding of the kingdom as apocalyptic phenomenon[55]. His argument that Paul and John have consciously practiced demythologizing is supported by evidence that these two biblical writers have reinterpreted Jewish apocalyptic imagery. Thus, when Paul claims that the decisive eschatological event has occurred in history in the death-resurrection of Christ, or when John asserts that the time of judgement is the »now« of encounter with Jesus, then demythologizing has been accomplished. That a particular pattern of apocalyptic imagery is not essential to Paul's proclamation is suggested by the fact that he uses a different set of symbols in 2Cor 5 from what he has used in 1Thess 4. To be sure, Paul continues to employ apocalyptic language to describe the future consummation,

---

[52] See U. BIANCHI (ed.), The Origins of Gnosticism (Numen Suppl.: SHR 12), 1967, xxvii; F. V. FILSON, Gnosticism in the New Testament (McCQ 18, 1965, 3–9).

[53] Gnosis and the NT, 59.

[54] NT u. Mythologie, 26; ET, 15.

[55] Jesus Christ and Mythology, 14–18.

but, according to Bultmann, this vestige of apocalypticism is eliminated from the Christian message by the consistent demythologizing eschatology of John. While the reliability of Bultmann's reading of early Christian eschatology is open to question, one thing seems clear: »de-apocalypticizing« is a feature of demythologizing, and much of Bultmann's program can be accomplished on the assumption of Jewish backgrounds without resort to the presupposition of pre-Christian gnosticism.

If Jewish apocalyptic is so important for the shape of Christian eschatology, is it possible that other non-gnostic sources are significant for the formulation of the Christian proclamation? For instance, is it possible to find the background for Paul's Christological pattern in Judaism rather than in the gnostic myth? W. D. Davies has argued that the sources for understanding Paul's statements about Christ are to be detected in hellenistic Judaism's speculation about Wisdom combined with the idea of the pre-existent Torah[56]. Even a text like Phil 2,5–11 can be explicated in the light of ideas found in I Enoch, the Qumran texts, and rabbinic speculation about Gen 6[57]. Paul's understanding of Christ as last Adam can be interpreted in terms of Jewish speculation about Adam[58], while the roots of the idea may be as deep as the ancient near eastern view of Man as royal hero[59]. Quite apart from the gnostic myth, it has recently been argued that the idea of a descending and ascending redeemer is attested in such Jewish sources as Sirach and the Wisdom of Solomon. Thus, Talbert concludes, »A myth of a heavenly redeemer who descended and ascended in the course of his/her saving work existed in pre-Christian Judaism . . .«[60] While some scholars may take comfort in the possibility that the elements used in the Christian formulation are borrowed from Jewish rather than pagan sources, the implications seem clear: the formulation of the Christian message makes use of non-Christian elements, and the interpretation of that message demands a method which can discern the meaning of these elements in their Christian context. In short, something much like Bultmann's demythologizing is necessary[61].

---

[56] W. D. Davies, Paul and Rabbinic Judaism (SPCKLP 5), 1948, 147–176. See also, M. J. Suggs, ›The Word is Near You‹: Romans 10:6–10 within the Purpose of the Letter (in: Christian History and Interpretation: Studies Presented to J. Knox, ed. W. R. Farmer, C. F. D. Moule, R. R. Niebuhr, 1967, 289–312), 299ff.

[57] So J. A. Sanders, Dissenting Deities and Philippians 2:1–11 (JBL 88, 1969, 279–290), 279ff.

[58] See R. Scroggs, The Last Adam, 1966.

[59] See F. H. Borsch, The Son of Man in Myth and History (NTLi), 1967, 240–256.

[60] Ch. H. Talbert, The Myth of a Descending-Ascending Redeemer in Mediterranean Antiquity (NTS 22, 1975/76, 418–440), 430.

[61] H. Riesenfeld, The Mythological Background of Christology (in: The Background of the

To arrive at this conclusion does not mean to endorse Bultmann's entire theological enterprise. Indeed, raising the question of pre-Christian gnosticism is helpful in clarifying some of the hermeneutical issues in Bultmann's program which are important for the post-Bultmann era. For one thing, the possibility of discovering the biblical backgrounds in some provenance other than gnosticism raises the question of terminology. Should the material out of which the Christian message is composed be characterized as »myth«? To be sure, Bultmann's usage need not construe myths as fanciful stories about the gods, but can include mythological elements derived from cosmic speculation or apocalyptic imagination. Yet, if the source of these elements can be traced to Judaism rather than paganism, then a Jewish-Christian continuity between materials and meaning may be implied. If such a positive continuity can be established, is »myth,« with its inevitable pejorative connotations, a proper term to designate these materials? The real issue, however, has to do with Bultmann's belief that mythological expression falsely objectifies the transcendent, or in Pauline terms, that it confuses the creation with the Creator. Theologically, the question is whether the implicit Kierkegaardian dialectic of the infinite qualitative difference between time and eternity, or the Barthian understanding of the relation of God to the world, is ontologically valid[62]. Hermeneutically, the question is whether the kerygma-myth dialectic represents a pre-judgement supporting Bultmann's meaning-content dichotomy. Before we answer these questions too quickly, we need to note that Bultmann's qualms about objectifying the content (negatively assessed as »myth«) rest not only on a dialectical ontology, but also on his conviction that faith cannot properly be understood as assent to data and doctrine, and that demythologizing is a hermeneutical method which attempts to apply the Pauline-Reformation idea of justification by faith in the sphere of epistemology[63].

In any event, the problem of the pre-Christian origin of the redeemer myth serves to illuminate other facets of the relationship between myth and kerygma. If it can be shown that the early Christians did not borrow a fully-developed myth, but only made use of »mythological« elements, then it might

New Testament and Its Eschatology – In Honour of C. H. Dodd, ed. W. D. DAVIES and D. DAUBE, 1956, 81–95), 95: »The study of the mythological background of the christology of Jesus and of the primitive Church is therefore necessary for a thorough understanding of the gospel itself.«

[62] See S. M. OGDEN, Introduction (in: Existence and Faith, 14–18).

[63] R. BULTMANN, Zum Problem der Entmythologisierung (KuM 2, 1952, 177–208), 207; ET, Kerygma and Myth, 1953, 211; Jesus Christ and Mythology, 84.

be argued that, though the materials were non-Christian, the form of the message was a unique Christian composition. Here, however, Bultmann would still seem to be instructive, since the NT presents a variety of kerygmatic formulations[64]. Paul in his preaching sometimes decides »to know nothing . . . except Christ and him crucified« (1Cor 2,2), while on other occasions he preaches »Jesus Christ as Lord« (2Cor 4,5). To respond that these two expressions really *mean* the same thing is simply to underscore Bultmann's point. No one, of course, would want to claim that the various formal categories – for example, poems, hymns, letters – represent Christian creation ex nihilo. Nevertheless, it would be a mistake to suppose that the formulation of the kerygma involved no Christian creativity. While the formulations display variety, the forming of the various expressions of the kerygma did involve a process of selection and composition – a process whereby some elements were chosen rather than others, and whereby the elements were put together in particular ways. For meaning to be communicated, some forms had to be adopted, and these forms had to be able to convey the Christian message. The hermeneutical question here is: What is the nature of this process of selection and composition? By what criteria did it operate? What was the norm of meaning which allowed and limited the variety of kerygmatic expression? When these questions are raised, the distinction between form and meaning may be less acute than Bultmann has led us to believe – a point frequently made by interpreters who approach the NT from the perspective of literary criticism[65]. This perspective will call attention to another danger – the tendency to miss the rich variety of literary expression and to rationalize the meaning of the kerygma too narrowly in terms of abstract philosophical categories[66].

This latter point raises a final question: Has Bultmann's theological program been based on an appropriate philosophical framework? No one will deny, of course, that Bultmann is correct in his conclusion that exegesis without presuppositions is impossible[67], and that Bultmann has displayed

---

[64] See W. BAIRD, What is the Kerygma? (JBL 76, 1957, 181–191).

[65] See, for example, A. N. WILDER, Early Christian Rhetoric – The Language of the Gospel (NTLi), 1964, 126ff. The view that mythological language is essential to religious expression is presented by L. GILKEY, Religion and the Scientific Future, 1970, 65ff; J. KNOX (Myth and Truth, 1964), 35ff argues that kerygma and myth cannot be separated. P. RICOEUR (Preface to Bultmann [in: The Conflict of Interpretations, ed. Don IHDE, 1974], 381–401) insists that Bultmann needs a fuller theory of language.

[66] See G. AULÉN, The Drama and the Symbols, 1970, 126ff.

[67] R. BULTMANN, Ist voraussetzungslose Exegese möglich? (ThZ 13, 1957, 409–417); ET, Existence and Faith, 289–296.

considerable candor in his willingness to expose his own. Nevertheless, it is a serious question as to whether the ontology of the early Heidegger provides an adequate basis for performing the hermeneutical task today. Schubert Ogden, for instance, has made the claim that demythologizing can better be accomplished on another ontological ground[68]. At any rate, to raise the question about pre-Christian gnosticism serves to sharpen the issue. Bultmann, as we have seen, believes that gnosticism, though inadequate in its answers, has properly put the decisive question – the question of the meaning of human existence. The parallel between gnosticism and existentialism at this point is apparent. Moreover, the putting of the question, as no one knows better than Bultmann, is crucial for the discerning of the answer. This is seen in Bultmann's interpretation of the Christian answer in terms of authentic self-understanding. But, if the gnostics were not around to put the question, or if the question was actually put by someone else in a different way – the advocates of Jewish apocalyptic, for instance – would the answer actually be the same? In any event, Bultmann's way of putting the question and construing the answer, while displaying considerable cogency in the mid-1950's, will appear somewhat less convincing today. No doubt an urgent task for biblical hermeneutics in our time is the quest for an adequate ontological base. Those who pursue this task in new directions will want to look over their shoulders from time to time at Rudolf Bultmann. He will remind them that the chief duty of the interpreter is to translate the ancient message into terms which can be heard and understood today – terms which are faithful to God's once-for-all and open to the possibility of responsible faith.

---

[68] S. M. OGDEN, Bultmann's Demythologizing and Hartshorne's Dipolar Theism (in: Process and Divinity – Philosophical Essays Presented to Charles Hartshorne, ed. W. L. REESE and E. FREEMAN, 1964), 511.

Wisdom and the Cross in 1 Corinthians 1 and 2

ROBIN S. BARBOUR

I

In his essay ›Das Kreuz als Siegeszeichen‹[1] Professor Erich Dinkler has written: »Gerade an der Tatsache der Kreuzigung am Holze des Fluches, an der Niederlage und dem Scheitern, stieß sich der Glaube an die κυριότης und δόξα des Gottessohnes, und deshalb setzte hier die theologische Reflexion an.«[2] We see a vital moment of theological reflection on the scandal of the cross in 1 Corinthians 1 and 2, and it is with one aspect of those chapters that the comments which follow are concerned.

Much recent study of Paul, and of the Corinthian epistles in particular, has been directed towards establishing the distinctive beliefs and practices of his readers and opponents. In regard to 1 Corinthians the work of U. Wilckens, W. Schmithals, J. C. Hurd, L. Schottroff and others comes immediately to mind. It is obvious that Paul had to deal in Corinth with a theology (or wisdom, or gnosis) that paid little attention to the cross; why this was so, and in what way, has of course been the subject of a great deal of discussion. Another question, no less important, has received less attention in recent years: what was the precise origin of Paul's own emphasis upon the cross, and on Christ crucified? The question is not an idle one; his Christian existence began with God's revelation of his Son (Gal 1,16) in heavenly or eschatological glory (Acts 9,3; 22,6.11; 26,13, corroborated by 1Cor 9,1; 15,8.43–47). The triumph of the risen Lord continued to be a central theme of his thought and no doubt of his missionary preaching; what was it that saved him from the *theologia gloriae* or the *gnosis* to which, according to much modern study, his readers in Corinth and elsewhere fell victim?

One answer, especially relevant to our passage, starts from Paul's pre-Christian messianic beliefs[3]. A crucified Messiah had been for him a scandal (Dtn 21,23; Gal 3,13), as it remained for the Jews (1Cor 1,23); from the central paradox that a man cursed by the law was the Messiah, which he inter-

---

[1] ZThK 62, 1965, 1–20 (reprinted in: Signum Crucis, 1967, 55–76).

[2] P. 17 (71).

[3] See P.-H. MENOUD, Révélation et Tradition. L'influence de la conversion de Paul sur sa théologie (VC 7, 1953, 2–10); ET: Interp. 7, 1953, 131–141.

preted to mean that Christ had ›become a curse‹ for us, Paul had to rethink all his messianic ideas and the crucified Messiah remained for him the very centre of his life, the power and wisdom of God. Or again, it may be argued that the apocalyptic/eschatological framework within which Paul understood his conversion prevented any gnosticizing ›apotheosis of the mind‹[4] and, similarly, any one-sided understanding of the exalted Christ. Another type of answer, which can be stated in varying forms, stresses the importance of Paul's experience as apostle to the Gentiles and Christian missionary, rather than the impact of his conversion or the presuppositions with which he came to it. The persecutions and other sufferings which he had to endure, together with the overwhelming sense of the presence of the Lord throughout them, led him to a conviction of life-in-death, of rejoicing in sufferings and of strength manifested in weakness, which meant that the cross and its strange power could never be lost behind any ›weight of glory‹. Others have pointed to the effects of Paul's consistent emphasis on the cross as historical event over against all purely mythological interpretations – but they have pointed to that emphasis more often than they have sought to explain it.

Whatever answers to the question just raised may commend themselves, the importance of the cross, with all that it stands for, in Paul's letters can hardly be overemphasized. The evidence is too familiar to need citation; though we should notice that some of the passages in which Paul's language appears at its most ›dualistic‹ are those concerned with the cross, e.g. 1Cor 1,18ff and Gal 6,14 (›the world‹ here, according to Luther, »doth not only signify . . . ungodly and wicked men, but the very best, the wisest and holiest men that are of the world«[5] – and some would extend the significance of the word kosmos more widely still). Alongside this, and equally familiar, is the way in which death and life, weakness and strength, suffering and glory, sorrow and joy intertwine with one another in Paul's understanding of the Christ-event[6]. And not only of the Christ-event in any narrower sense; the whole account of apostolic existence, which itself is the pattern for all Christian existence, especially as it appears in the Corinthian epistles, is determined for Paul by the paradox of the message of life-in-death and strength-through-weakness which comes from and reinforces his under-

---

[4] P. Stuhlmacher, Glauben und Verstehen bei Paulus (EvTh 26, 1966, 337–348).

[5] WA 40², 174, 30; ET, Galatians, 1953, 561.

[6] »Wenn Paulus . . . in seiner Verkündigung immer erneut betont, daß *nicht trotz* des Sterbens, sondern *im* Sterben sich das Leben als ζωή offenbart, *in* der Schwachheit sich die Kraft Gottes erweist, so ist gleichwohl sein Ringen als Theologe an der Frage orientiert: Wie kann *der Tod* des Gottessohnes, des gekreuzigten Christus, *Heil* bedeuten?« (Dinkler, ibid., 17 [72]; the italics are the author's.)

standing of the cross. Again the evidence is too familiar to need citation. It is arguable that participation in Christ's death to the power of sin and to the world and in his new life is the fundamental soteriological category for Paul (rather than any idea of atonement, sacrifice or substitution)[7]; it is certainly the fundamental category in his understanding of his own existence as an apostle, which is a participation both in death and in life, in weakness and in strength. What is true of the apostle is true also of his Lord: he is the crucified one who lives only from God's power, although he has also to be described as Lord and source of all power. U. Wilckens has written about our passage: »Kreuzigung und Auferweckung, Schwachheit und Macht sind in Christus untrennbar und *prinzipiell* eines.« And from God's side that means »daß Gott als Gott, daß die Macht Gottes ihren Bereich im Geschehen der Kreuzigung Christi hat. Dies ist der eigentliche Nerv der Verkündigung des Paulus; erst diese Umkehrung zeigt sein innerstes theologisches Anliegen«[8].

The paradox of power made perfect in weakness, of the death of Christ as God's mighty act of salvation, is closely related in 1Cor 1 and 2 to the theme of wisdom. The ramifications of that theme – theological, cosmological, Christological, mythological, anthropological, epistemological – are so great that only a bold man will touch it. *Religionsgeschichtlich* it is also a very difficult theme to handle[9]. Our concern must be solely with one small aspect of it: how are we to understand the relationship of ›Christ crucified‹ (or ›a crucified Messiah‹, 1Cor 1,23) to ›Christ the wisdom of God‹ (1Cor 1,24; cf. v. 30)? Is this simply a polemical formulation, occasioned by the Corinthians' devotion to σοφία, or is there more to it than that? Even to answer this question in a provisional way we must make a number of assumptions and refrain from raising many questions which would be relevant in a larger study.

II

What then of Paul's usage of the term ›wisdom‹ in 1 Corinthians? It may be taken for granted that he is influenced by the Corinthians' use of the term (as they may have been by his – a supposition less often examined in recent

---

[7] Cf. most recently E. P. SANDERS, Paul and Palestinian Judaism, 1977, 447–474.

[8] Weisheit und Torheit (BHTh 26), 1959, 219. Cf. id., Kreuz und Weisheit (KuD 3, 1957, 77–108), 87.

[9] From a vast literature we may cite four works: W. L. KNOX, St Paul and the Church of the Gentiles, 1939; H. RINGGREN, Word and Wisdom, 1947; A. FEUILLET, Le Christ Sagesse de Dieu d'après les Epîtres Pauliniennes (EtB), 1966. For Judaism: M. HENGEL, Judentum und Hellenismus (WUNT 10), 1973², 275–394.

years). But what were the influences at work on them both? Some, e.g. H. Windisch[10], W. L. Knox and A. Feuillet, have argued that Paul applied to Christ, quite explicitly and deliberately, what was said of the divine wisdom in the Old Testament and Judaism, either directly or (as W. D. Davies has argued[11]) via the identification of wisdom with the Torah (especially Sir 24). Even if this be agreed, there is still room for difference of opinion as to its relevance for 1 Corinthians 1 and 2. Others have started from the Corinthians' views and have seen wisdom as a treasured possession understood in Hellenistic or Hellenistic-Jewish categories[12]. Recently E. E. Ellis[13] and R. Scroggs[14] have turned to Jewish apocalyptic and wisdom teaching (or to apocalyptic-wisdom teaching, for our two modern categories overlap in surprisingly large measure), including Qumran, for illumination of this wisdom claimed, they argue, in different ways by Paul himself as well as by the Corinthians whom he criticizes. But most distinctive, in the last generation, has of course been the view that the Corinthians had adopted a mythological gnosis incorporating the idea of a divine wisdom, with or without a specific redeemer-myth, against which Paul polemizes in 1Cor 1–4[15]. It is impossible in a few pages to adjudicate between these theories; the attitude here taken to some of them will become clear in what follows. At all events it is clear that the Corinthians (or some of them, 4,18) gloried in the possession of a σοφία which in Paul's view ›emptied‹ the cross – presumably of its power.

Thus the immediate context for the appearance of wisdom in 1Cor 1,17ff is not a Christological controversy (although that was certainly involved) but a contrast between the λόγος τοῦ σταυροῦ which is foolishness to those who are perishing but is in fact the power of God on the one hand, and on the other the σοφία λόγου (compare the equivalent phrases in 2,1 and 4) practised by the Corinthians. The starting-point is a contrast between two forms of language or speech; this contrast then passes over from form to content, and

---

[10] Die göttliche Weisheit der Juden und die paulinische Christologie (in: Neutestamentliche Studien für G. Heinrici [UNT 6], 1914, 220–234).

[11] Paul and Rabbinic Judaism (SPCKLP 5), 1955², 147–176.

[12] For the former: J. MUNCK, Paulus und die Heilsgeschichte, 1954, 127–161. For the latter: B. A. PEARSON, The Pneumatikos-Psychikos Terminology in I Corinthians (SBLDS 12), 1973; R. A. HORSLEY, Wisdom of Word and Words of Wisdom in Corinth (CBQ XXXIX, 1977, 224–239).

[13] »Spiritual Gifts« in the Pauline Community (NTS 20, 1974, 128–144); Wisdom and Knowledge in I Corinthians (TynB 25, 1974, 82–98). Cf. HENGEL, op. cit., 319–394.

[14] Paul: Σοφός and Πνευματικός (NTS 14, 1967, 33–55).

[15] W. SCHMITHALS, Die Gnosis in Korinth (FRLANT NF 48), 1956; WILCKENS, op. cit. (n. 8 above); id., σοφία, ThWNT VII 497–529; L. SCHOTTROFF, Der Glaubende und die feindliche Welt (WMANT 37), 1970; E. DINKLER, Korintherbriefe, RGG³ IV 17–23.

places the crucified Christ who is proclaimed over against the signs and the wisdom sought by Jews and Greeks. But then, in 2,6–16, it appears that Paul »plötzlich ganz wie ein Gnostiker spricht«[16] – at any rate, a quite different kind of language is used. In both sections it would be risky to assume (as has often been done) that Paul is identifying Christ with the pre-existent heavenly wisdom known to Judaism. Our aim cannot be to give an exegesis of this whole section but simply to make some observations based in the main on the contrast of language and content between 1,18–2,5 and 2,6–16.

We may refer here to some observations on chaps. 1–3 made by W. Wuellner[17] and E. E. Ellis[18]. These scholars have shown that the pattern of argument in 1,18–3,21a is similar to that found in some Rabbinic expositions of scripture. In particular, Ellis has argued that 1,18–31 and 2,6–16 display similar exegetical patterns, each beginning with a composite quotation (1,19f; 2,9f) and ending with a further citation picking up a point made in the exposition (1,31; cf. 1,29; 2,16; cf. 2,14). These two passages, he claims, are midrashim which probably existed prior to the writing of the letter[19]. The pattern of the whole passage he states as follows:

1,18–31 Midrash
2,1–5 Application (beginning »And I, brothers . . .«)
2,6–16 Midrash
3,1–17 Application (beginning »And I, brothers . . .«)
3,18–23 Concluding text and application.

From the point of view of content, if not of the use of scripture, it is arguable that we should take 1,18–25 (rather than 1,18–31) as the first basic unit, with two applications following it, the first relating to the Corinthians (1,26–31) and the second to Paul himself (2,1–5). In any case, an analysis of this kind would make it easier to understand and account for the contrasts and apparent contradictions between 1,18–31 and 2,6–16. These two midrashim or examples of *Schulbetrieb*, it may be claimed, begin from different presuppositions and have different aims in view. Both are of course related to the Corinthian situation and the false valuation of wisdom at Corinth. We cannot evaluate this theory here, nor can we enter into the whole complex

---

16 Wilckens, Weisheit und Torheit, 60.

17 Haggadic Homily Genre in I Corinthians 1–3 (JBL 89, 1970, 199–204).

18 Exegetical Patterns in I Corinthians and Romans (in: Grace upon Grace. Essays in Honor of L. J. Kuyper, ed. J. I. Cook, 1975, 137–142).

19 From a different point of view H. Conzelmann, Paulus und die Weisheit (NTS 12, 1966, 231–244), supports this conclusion, especially in regard to 2,6–16, where he discerns clear »Merkmale vorgeformter Schularbeit« (238).

debate about the relation of these two midrashim (if that is what they are) to one another. But the theory is a useful tool with which to isolate some of the distinctive characteristics of the two passages.

1Cor 1,18–25 (–2,5)

The abrupt introduction of the phrase οὐκ ἐν σοφίᾳ λόγου in v. 17 makes it clear that the Corinthians practised a ›wisdom of speech‹ which somehow ›emptied the cross‹. Whether the phrase ›wisdom of speech‹ refers primarily to the form or to the content of the Corinthians' utterances has been disputed. We may agree that the latter is mainly in view, but the former should not be ignored, as R. A. Horsley has recently emphasized[20]. No doubt the one passes over into the other. In any case, Paul's fundamental theme in this section is revealed by the thrust of the Biblical quotations: God destroys all human wisdom and eliminates all human boasting. That on the negative side; on the positive side the theme is the same as that of Rom 1,17ff: *the Gospel as the power of God for salvation.* In Romans this is expounded in terms of righteousness and wrath, in 1 Corinthians in terms of wisdom and foolishness, and both are, no doubt to different extents, determined by the situation which Paul is addressing. If a distinction can be drawn between ›power‹ and ›wisdom‹ here (and in Hellenistic Judaism they are often very close in meaning[21]) then it is power which is fundamental (v. 18), and wisdom is introduced in the main because of the Corinthians' use of the term. 1,18 refers not only to two types of human verdict upon the word of the cross but also and primarily to the power of that word in *krisis* to bring salvation and destruction. This power of the word is identified with the power of God (1,18; 2,5), just as Christ himself is identified with that power (1,24). To make his point Paul no doubt draws to some extent on Jewish wisdom-traditions, and especially on the ascription of wisdom to God alone (Sir 1,1–10, esp. 8)[22] and on that aspect of wisdom-traditions which stressed the limits of human wisdom, even when considered as a gift of God. But it is more than the limits of wisdom that is involved here; it is the destruction of all human wisdom that is brougth about by the word of the cross, a theme which is celebrated (but under the rubric of revelation and concealment) in the wisdom-saying of Matt 11,25/Luke

---

[20] Loc. cit. (n. 12). HORSLEY adduces important evidence from Sap Sal and Philo. Cf. the same author in NT XX, 1978, 203–231.

[21] Cf. (e.g.) H. HEGERMANN, Die Vorstellung vom Schöpfungsmittler im hellenistischen Judentum und Urchristentum (TU 82), 1961, index, s.v. Sophia-Logos-Dynamis.

[22] CONZELMANN, loc. cit., 236.

10,21. Paul finds this foretold in the quotations from the prophets and the Psalms of 1Cor 1,19.31.

We owe it to G. Bornkamm that we can see how far this is from any irrationalism or from any questioning about the possibility of a reasoned knowledge of God[23]. But it is clear that the total unexpectedness of God's act of salvation in the cross has not only made foolish or cancelled out all ›man-made‹ worldly wisdom on the subject of salvation or redemption, but has even set a sharp question against that kind of wisdom which had assuredly hitherto been believed to be the gift of God: the knowledge of his law as the means of salvation. The language of vv. 19,20 in particular introduces a note of universality which is strengthened if Wilckens (ad loc.) is correct in supposing that the rhetorical questions of v. 20 refer to the wise man in general, the Jew and the Greek respectively. Insofar as God's law represents his purpose ›from the beginning‹ that purpose is put in question. The exegesis of 1,21 is of importance in this connexion. For our purposes the key phrases are ἐν τῇ σοφίᾳ τοῦ θεοῦ and διὰ τῆς σοφίας. Exegetes in Britain, from J. B. Lightfoot to C. K. Barrett, have tended to argue that in the first phrase σοφία refers to »a scheme, or plan, prepared and enacted by God for the salvation of mankind«[24] and that in the second phrase it refers to the σοφία τοῦ κόσμου of the preceding verse. Lightfoot's interpretation called forth from J. Weiß the protest that the meaning of ἐπειδή and εὐδόκησεν was thus weakened: »Wenn schon jenes Nichterkennen eine göttliche Fügung ist, so ist nicht einzusehen, wie Gott dadurch zu einem neuen Entschluß veranlaßt werden konnte«[25]; to use the language of later theology, Paul is here concerned not with the antecedent but with the consequent will of God (John of Damascus), not with a prelapsarian but a postlapsarian decree (in Calvinist terminology). Weiß' successor in the Kritisch-Exegetisch Kommentar, H. Conzelmann, points out that »Jewish wisdom can expound biblical narratives in a way that dehistorizes them« (Comm., ad loc.) and compares Paul's treatment of the story of Adam in Romans 7. He considers that while those exegetes are correct who deny a temporal interpretation of the verse that relates to epochs of history (Schlier, Bornkamm, Wilckens et al.) »ἐν τῇ σοφίᾳ τοῦ θεοῦ meint von Hause aus den Urzustand, ist also zeitlich konzipiert; aber dann folgte die Reduktion des Zeitfaktors im Stile der Weisheit.«[26] God's wisdom is, so

[23] Faith and Reason in Paul (in: Early Christian Experience, 1969, 29–46).

[24] C. K. Barrett, The First Epistle to the Corinthians (BNTC), 1968, 53. J. B. Lightfoot, Notes on Epistles of St. Paul, 1895, 161. Cf. A. J. M. Wedderburn, Ἐν τῇ σοφίᾳ τοῦ θεοῦ – 1Kor 1,21 (ZNW 64, 1973, 132–134), who reviews recent interpretations.

[25] Der erste Korintherbrief (KEK V), 1925[10], 30.

[26] Loc. cit. (n. 19), 238.

to speak, ›there from the beginning‹; but in view of the world's failure to know him it incarnates itself in the foolishness of the preaching, which is the power of God; and ›foolishness‹ here is not purely or simply ironical; as Wilckens has written: »Im Kreuz Christi, inmitten der töricht gewordenen Welt, rettet Gott, *selber töricht geworden,* die Toren und Schwachen.«[27] It is the consequent will of God that is primarily in question here, for that is the wisdom we know under the form of foolishness.

There is then at least an indirect reference here to the wisdom of God in creation portrayed in differing ways in Job 28; Prov 8; Sir 1,24; Baruch 3–4 and Sap Sal. But wisdom is not being hypostatized here. The question of hypostatization is in any case a difficult one; the careful discriminations, and the sensitivity to varying aims on the part of the writers, which characterized H. Ringgren's Word and Wisdom have not always been equalled in subsequent work. That apart, it has to be affirmed that Paul did not make the sharp distinction between God's purpose in creation and his purpose in history which most people have tended until very recently to make. Thus if the wisdom of God in 1,21 can indeed be said to refer to God's purpose or plan in or for *history* (history ›after the Fall‹) that does not rule out a reference to the ›wisdom which was with him in the beginning‹, but it remains true that the reference here is to the consequent will of God in the first instance. From within the foolishness of the *kerygma,* and only from there, can we see what God's wisdom in creation is really like. We shall return to this point later; meantime, we have to notice that 1Cor 1,19–20 and 27–28 in particular express the power of God in action and election which reveals the nature of this wisdom; and in verses 24 and 30 wisdom is no longer simply the Heilsplan Gottes but also its embodiment in the Heilsgut which he bestows on those whom he calls. The ›from him‹ of v. 30 recalls the ›from him‹ of 8,6; cf. 2Cor 5,17; Rom 4,17, and v. 28 of this passage once more: the thought of creation (at least in the sense of calling into life) is never far away.

Paul's immediate target is the false view of wisdom held by the Corinthians; but his proclamation of the power of the Gospel in its foolishness goes much further than that. God's wisdom is that he has shut up all (not only Corinthian wisdom-practitioners) into disobedience (Rom 11,32f) and made the created universe the victim of frustration (Rom 8,20). Everything seems to be overthrown here, including that wisdom which was associated with the Torah and, by implication if not explicitly, the whole »tremendous scheme of

---

[27] Op. cit., 38. Wilckens italicizes the whole sentence; I have italicized the three words which make my point.

world history and saving history«[28] which was bound up with that Jewish theology of wisdom. But if that is so, and if the crucified Messiah is thus for us the power and wisdom of God, how can it also be true that it is Christ »through whom are all things« (1Cor 8,6)? Surely it is he through whom all things are overthrown. If Jewish wisdom-tradition relating primarily to creation is being used here we have only received a few hints as to how it is to be related to the death of Christ. Paul's answer to the analogous problem raised within the context of the righteousness of God is found in Rom 1–11. Does he say or imply anything similar in the wisdom-context?

1Cor 2,6–16

At this point we turn to a brief consideration of a passage which seems to sit extremely ill in its context. The contrasts with what precedes are obvious. The foolishness of the preaching is public; here we have a hidden, secret wisdom. The word of the cross is available for all without respect of persons or categorization; here we apparently have a distinction between two grades of Christians, the τέλειοι and the others (later, it seems, expounded as a distinction between the πνευματικοί and the ψυχικοί) but elsewhere in Paul all who are in Christ have received the gift of the Spirit. The wisdom of God in 1,18–25 is his wisdom in view of the world's failure to know him; here it is a wisdom ordained before the ages for our glory and unknown to the (supernatural) powers which rule the present world or age. In 2,2 Paul is determined to know nothing but Jesus Christ and him crucified, and this he proclaims in ›demonstration of Spirit and power‹; here there is a wisdom which seems to form a second, higher level of teaching, in which the Spirit operates in a different way (2,10ff)[29]. We cannot tackle these contrasts in detail here; suffice it to say that the extent to which Paul is using ideas current among the Corinthians, and the extent to which the ideas are his own, is the subject of a debate which is very far from having been completed[30]. In any case, we are dealing here with the secrets of the last days, on the model of much that is found in Jewish apocalyptic and at Qumran, as well as with Hellenistic-Jewish concepts in the πνευματικός-ψυχικός terminology, etc. We are also dealing with mythological ideas which do not yield easily to logical inquiry,

[28] G. VON RAD, Old Testament Theology, 1962, I. 445; cf. 451.

[29] Cf. R. BULTMANN, K. Barth, »Die Auferstehung von den Toten« (in: GuV I, 1966, 38–64), 42ff.

[30] See for example the works of Wilckens and Schottroff on one side, and the articles by SCROGGS and EIIIS (nn. 14 and 13 above) on the other. Also CONZELMAN, loc. cit., 239: »der Abschnitt [ist] nicht aktuell-polemisch entworfen«.

as can be seen if we ask the question »what is the content of the wisdom referred to in vv. 6–8?« If it is God's redemptive purpose in the cross, then the rulers of this world could only have forwarded it whatever they did; they would still have had to crucify the Lord of glory if they had known it, for a purpose foreordained before the ages cannot be gainsaid. And if it is not God's redemptive purpose in the cross, but some further secrets of the outworking of his purpose, those too all depend upon his purpose in the cross, and so the same dilemma applies. The powers are caught both ways, and cannot win.

In 1,18–2,5 the fundamental thought is that of the power of God, paradoxically manifest in the foolishness of the preaching and the word of the cross. Christ crucified stands, indeed hangs, in the centre of the picture, the whole exemplification of the power of God. In 2,6–16, on the other hand, the fundamental thought is that of *the knowledge of God's hidden purpose,* the apocalyptic secret(s) now revealed in accordance with the ›revelation-schema‹ which appears in the later Pauline writings[31]; again the import of the quotations in vv. 9 and 16 reveals this central theme very clearly. The cross is referred to (v. 8), as are the gifts thereby bestowed by God's grace (v. 12 – notice that it is a question of *knowing* those gifts, and compare all the verbs in vv. 10–16). But it is the cross, not of the crucified Messiah but of the Lord of glory, no doubt a title used by the Corinthians, and one familiar from Jewish apocalyptic; especially from the Book of Enoch (22,14; 25,3.7; 27,3.5; 36,4; 40,3; 63,2; 75,3) where of course it refers to God (63,2, where God is ›the Lord of the mighty and the Lord of the rich, the Lord of glory and the Lord of wisdom‹, is in fact the kind of dirge that the doomed rulers of this age might be expected to utter once their fate was known to them). Apart from Gal 6,14, where there may be special reasons for his use of language, this is the only passage where Paul connects the kyrios-title with the cross, and it appears to derive here from the thought-world of the passage as a whole; the reference to the cross is brought in to illustrate the theme of ›eschatological knowledge‹ and not vice versa. There seems to be little or nothing here of the paradox of power-in-weakness, and of the subtly ironical use of ›foolishness‹ and ›wisdom‹, which characterizes 1,18–2,5; at most we can say with Lührmann: »Die Verborgenheit der Weisheit Gottes wird durch die paradoxe Verbindung κύριος-Kreuz radikalisiert.«[32]

---

[31] D. LÜHRMANN, Das Offenbarungsverständnis bei Paulus und in paulinischen Gemeinden (WMANT 16), 1965, 113–117. This is not to argue that the schema existed in a literary form as a Vorlage for Paul (see PEARSON, op. cit., 31f).

[32] Op. cit., 137.

What then of the relation between the cross and wisdom in this passage? Wilckens, whose views about the Sophia-Christology of the Corinthians we have not been able to explore, argued that they identified the wisdom of God and the Lord of glory[33]; but that seems unlikely, and the most that we can say is that wisdom here is the divinely revealed understanding of God's deep purpose for his elect, a purpose which has existed since before the worlds began (therefore ›antecedent‹ to the Fall), hitherto hidden, and involving – and perhaps we can say ›culminating in‹ – the crucifixion of the Lord of glory. Whatever the precise antecedents of that last phrase, we can say that a crucified Lord of glory is an even greater scandal and foolishness than a crucified Messiah, but of reflection on this extraordinary state of affairs there is no hint in this passage.

It remains probable that Paul (like others who may possibly have been involved in midrashic work lying behind this passage) was familiar with the identification of the divine wisdom with Jesus; but if so, he (or they) made no further use of that identification here so far as an understanding of Christ himself or of his cross was concerned. W. L. Knox argued that the sudden transition from ›wisdom-language‹ to ›Spirit-language‹ in 2,10 showed that the Messianic figure of Jesus, identified with the cosmic wisdom which was with God in the beginning of creation, was also identified with the divine Spirit immanent in the cosmos and bestowed upon Christians[34]; but the transition can be explained in other ways, and in any case no further light is thereby thrown on our specific question about the relation of wisdom and the cross. The purpose of this section lies elsewhere. Where it lies can be seen at least in part from what follows. Paul has introduced 2,6–16 partly because he wants to explain to his readers why he has had to make the distinction between two categories of Christians, and why he must treat them not as πνευματικοί but as σάρκινοι (3,1ff). The shift in terminology from πνευματικός/ψυχικός to πνευματικός/σάρκινος may betray the fact that 2,6–16 did not belong in this context originally; the two contrasts are not the same, although they are related to one another. But these questions do not need to be pursued further here, since they are not directly relevant to our theme.

---

[33] Op. cit., 71. See especially H. Koester's argument against this in Gnomon 33, 1961, 590–595.

[34] Op. cit., 118.

III

We turn now to a brief consideration of these two passages against a broader background. We have accepted as indubitable the general hypothesis that Paul identified Jesus, at least in some measure and for certain purposes, with the wisdom of God present with him or active alongside him or on his behalf in creation and in history, as we see her especially in Prov, Sir, Baruch and Sap Sal. But it is not clear that this identification has played any very large part in 1Cor 1 and 2, although it undoubtedly lies in the background; and this is a matter of some significance for Pauline theology. We should remind ourselves here of the very close links which exist between those Pauline texts where wisdom-theology is most evident (especially 1Cor 8,6 and Col 1,15–20; Phil 2,6–11; possibly also 1Cor 10,4 and Rom 10,6–8) and the more numerous Pauline texts where Adam and Gen 1 have played a part (especially the εἰκών-texts, 2Cor 3,18; 4,4; Col 1,15; also Phil 2,6–11). Both groups are of course in turn closely related to – indeed are a part of – the raw material for consideration of the much-disputed question of the myth of a descending-ascending redeemer which according to Schmithals and Wilckens was prominent in Corinthian theology[35]. Texts like Gal 4,4, and other passages relating to the Son, are relevant here too. In all this material, mythological as it is necessarily is in form, we see differing types of linkage expressed between the historical phenomenon of Jesus and that which was, or he who was, ›in the beginning‹. The processes of thought by which Paul and his predecessors and companions may have made these linkages have often been considered and cannot be reviewed here. But it is worth noticing that many of the texts suggest a liturgical or doxological background or origin[36]. In the rehearsal in worship of the blessings of salvation brought about through Christ he who is the Lord, and the last, is seen to be also of necessity the first; thus in 1Cor 8,6 the concluding phrase καὶ ἡμεῖς δι' αὐτοῦ describes the new life, the new creation, and the new orientation towards God (ἡμεῖς εἰς αὐτόν) brought about through Christ, and the words τὰ πάντα in the phrase δι' οὗ τὰ πάντα refer in the first instance to the new creation in Christ, but almost certainly also to Christ's mediatorship in creation; as Thüsing says, commenting on this verse: »Paulus denkt entsprechend seiner sonstigen Verkündigung zuerst

---

[35] See recently C. H. Talbert, The Myth of a Descending–Ascending Redeemer in Mediterranean Antiquity (NTS 22, 1976, 418–440), which has the merit of setting the question in a broader context than do many treatments of the subject.

[36] For 1Cor 8,6, in many ways the most revealing text for us, see W. Kramer, Christos, Kyrios, Gottessohn (AThANT 44), 1963, 91ff; W. Thüsing, Per Christum in Deum (NFA NF 1), 1965, 225–232.

an die Mittlerschaft Christi im Heilsgeschehen; er denkt diese Mittlerschaft aber so universal, daß sie sich notwendig auch auf die Schöpfung ausdehnen muß, schon weil Schöpfung und Heilsgeschehen für ihn ein untrennbares Ganzes bilden.«[37] In any case, the use of πάντα-formulations in connexion with creation in Hellenistic as well as Jewish hymns has been fully documented by W. Pöhlmann[38], and his material strengthens the conclusion that mediation in creation is here being brought together with mediation in redemption.

It is here that the worship-context is important. Worship is nothing if it is not praise of the risen Lord who is present in the congregation. It is also praise of God who raised him from the dead; and this act of God is most often expressed in terms which connote *power* (a tendency which reaches its culmination, so far as the New Testament is concerned, in Ephesians). Praise of God who has acted powerfully in the resurrection passes over into praise of the creator, and of him through whom creation has come about. This in turn, as Pöhlmann has pointed out, reacts on the understanding of God's act in Christ; it is worth quoting Pöhlmann's words with regard to Col 1,15–20:

> Nicht erst der Verfasser des Kolosserbriefs, sondern schon der urchristliche Hymnendichter von Kol 1,15–20 ist letztlich soteriologisch ausgerichtet. Er kann sich freilich von der ihn prägenden Schöpfungstheologie aus Erlösung nur als Versöhnung des ganzen Kosmos vorstellen. Damit wiederholt sich, was bereits bei der Aufnahme griechischer Schöpfungs- und Allprädikationen ins Judentum geschah: Dort mußte sich die Schöpfungstheologie dem Bekenntnis zu dem in der Geschichte wirkenden Gott Israels unterordnen, nun wird der als Schöpfungsmittler gepriesen, der als der Auferstandene seine Macht bezeugt hat. Von hier aus erscheinen die Zusätze in 1,20b, die auf das Kreuz zurückverweisen, als folgerichtige Entwicklung im Zusammenhang des urchristlichen Kerygmas von Tod und Auferstehung.[39]

The phrase »making peace through the blood of his cross« (Col 1,20b) is very widely regarded as a Pauline addition to the hymn, and the similar reference in Phil 2,8 has been almost universally, and surely correctly, so regarded since Lohmeyer[40]. Some have held the same to be true of the phrase διὰ τοῦ σταυροῦ in Eph 2,16, but that seems much more questionable. In any case, the death of Christ on the cross and the salvific significance of the cross are celebrated in these passages as part of a large event described in language denoting the exercise of divine power on a cosmic scale. This is true even of the

---

[37] Op. cit., 229.
[38] Die hymnischen All-Prädikationen in Kol 1,15–20 (ZNW 64, 1973, 53–74).
[39] Loc. cit., 74.
[40] Kyrios Jesus (SHAW.PH 1928), repr. 1961, 44.

metaphors which derive from personal relationships, of which reconciliation and peacemaking are the most important. These activities too are instances of the exercise of the supreme divine power, and the close connexion with the resurrection, so often understood in the ›power-terms‹ of Ps 110,1, carries the same tendency further. It is true that the references to the incarnation (2Cor 8,9 – not necessarily a ›hymnic‹ passage; Phil 2,7f) use language that denotes the opposite of any exercise of power, but that does not do much to alter the fundamental impression created by the material to which we are referring. It is a case of the *sequence* ›power – weakness – power‹ (or ›glory – humiliation – exaltation‹, etc), rather than of any *dialectic* of these contrasts. Much the same can be said of the brief Pauline insertions referred to above: they speak of the cross without explicitly alluding to the ›mode of working‹ of the λόγος τοῦ σταυροῦ of 1Cor 1,18. The Pauline dialectic of power-in-weakness finds no place in all this wisdom-material. It seems likely that investigation would show the same to be true of much other material to which Christian tradition has turned as of central doctrinal importance.

The dialectic of power and weakness is explicitly applied to the cross and to Christ himself in 2Cor 13,3f (cf. 12,9); there the cross is associated with weakness and the risen life with the power of God. By contrast in 1Cor 1,18ff there is no mention of the resurrection and its power; the dialectic is here at its sharpest[41]. If we compare these passages with (e.g.) 2Cor 4,7–16, where the (crucified-and-risen) life of Jesus is revealed in the human existence of the apostles who are always »being handed over to death« (v. 11), we begin to see not only the subtlety and complexity of the Pauline conception but also the necessity for clarifying its relationship to what I have called the ›power-language‹ of the hymnic and other material. How are we to relate the ›foolish wisdom‹ of the word of the cross to that primal word and wisdom of God of which 1Cor 8,6 certainly speaks and which some have also discerned in chaps. 1 and 2? The author of the Fourth Gospel has his solution to this problem, but it may be doubted whether he has preserved the dialectic of power-in-weakness which is so central a part of the heritage left us by Paul; and without it, it is doubtful how far any of us can meaningfully speak of the Christ whom we actually know.

How are we to bring together the cosmic-wisdom theology of the hymnic passages and the existential and dialectic wisdom theology of 1Cor 1,18–2,5? 2,6–16 provides the beginnings of an answer, in terms of the presuppositions of Paul's day. The eschatological/revelation language of 2,6–16, the truth of

---

[41] On this point see SCHOTTROFF, op. cit., 195f, and the literature there cited.

which is itself guaranteed by the Spirit (another essential element in the whole matter which cannot be touched on here) guarantees the *ultimacy* and *finality* of God's purpose in Christ, and offers the first beginnings of an explanation of what happened at the cross in universal or cosmic terms. This type of language leads easily to the cosmic assertions of the hymnic language, which guarantee the *universality* (universal efficacy) of God's purpose in Christ. But it can also be related in a number of ways (including antithesis) to the dialectical wisdom-language of 1,18ff, the assertions of which guarantee the *newness*, the *sufficiency* and the *redemptive impact* of God's act in Christ over against all human claims. Of course the very general propositions here set out could only be made convincing by a detailed exposition (somewhat along the lines of R. W. Funk's discussion in Language, Hermeneutic and Word of God, ch. 11). But perhaps enough has been said for us to begin to see how it is true that ›Christ crucified‹ (1,23) is ›wisdom of God‹ (1,24): not by a simple identification in the processes of polemic, nor yet by the identification of Christ with an already-known pre-existent figure of wisdom, but in the process of asserting that the very heart of God's purpose is the cross of Christ; not just Christ, but Christ crucified. This is God's wisdom made known to us in accordance with the revelation-schema, and so capable of being fitted into the whole context of theology and worship (from which so much early theology came); it is also God's wisdom made known to us in the all-too-ambiguous phenomenon of our lives – the *justificatio stultorum*. This wisdom must extend back to the beginning of all things and forward to their end: the triumphant Christ still bears the marks of his passion, and creation must somehow bear something of those marks too – yet not in such a way as to obliterate the particularity of the Roman-Jewish scandal of the crucified Messiah.

In other words, when we put our two passages (1,18ff; 2,6ff) together in the context of the hymnic and other wisdom material in the Pauline letters we can, via the concept of wisdom, have an understanding of the cross which asserts its finality and universality without detracting from the scandal of its power. But a premature fusion or confusion of the different types of language with one another or with utterances of Pauline theology in general will fail to reveal the complex nature of the language-event which they jointly constitute and of the Christ-event to which they refer. Either the cross will be submerged in the universality of the myth or the cosmic significance of the myth will be lost in a concentration on the strange foolishness of God which the word of the cross proclaims.

Theologia Crucis – in Acts?

CHARLES KINGSLEY BARRETT

Long before the discussion of Lucan theology entered upon its most recent phase, which we may take to have begun with the publication in 1954 of H. Conzelmann's Die Mitte der Zeit, J. M. Creed wrote, »There is indeed no *theologia crucis* beyond the affirmation that the Christ must suffer, since so the prophetic scriptures had foretold«[1]. These words were written in the first instance with reference to the Third Gospel, but Creed recognized clearly the interrelation of the two books, gospel and Acts[2], and there can be no doubt that he would have applied his proposition to both. It is clear from the context, in which he refers to »the entire absence of a Pauline interpretation of the Cross« (op. cit., lxxif) that by a theologia crucis Creed meant a doctrine of the atonement, a theological account of the way in which forgiveness, justification, redemption were won for the human race by the crucifixion of Jesus Christ. Creed drew attention to the absence of the words λύτρον ἀντὶ πολλῶν in Lk 22,27, a partial parallel to Mk 10,45, and to the fact that in the shorter text (which he accepted)[3] of the Lucan account of the Supper, the cup is not related to the »blood of the covenant«. It has often been observed that in Acts the only verse that ascribes positive redemptive significance to the death of Jesus is the problematical 20,28; elsewhere the crucifixion is sometimes a crime, sometimes a blunder, on the part of Jews and Greeks, which God speedily put right by means of the resurrection.

In view of these familiar facts it is not surprising that many have echoed Creed's words. So for example H. Conzelmann in the work I have already referred to: it is primarily with reference to the gospel that he declares, »daß weder von einer Passionsmystik etwas zu bemerken ist noch eine direkte Heilsbedeutung des Leidens oder Sterbens ausgeführt wird. Eine Beziehung zur Sündenvergebung ist nicht hergestellt« (p. 175). Of Acts he writes, »daß der Begriff des Kreuzes für die Verkündigung keine Rolle spielt« (ibid.). I.

[1] J. M. CREED, The Gospel according to St. Luke, 1930, lxxii.

[2] »The interpretation of either part must take account of the theme of the other . . . The evangelist looks back upon the Gospel history across the events which he is to relate in the Acts of the Apostles. So also in the Acts of the Apostles the Gospel narrative is presupposed« (CREED, op. cit., xii).

[3] CREED, op. cit., 263ff.

H. Marshall, who – rightly – emphasises the importance and centrality of salvation as a Lucan theme, and makes as much as anyone could of Luke's references to the Cross, is obliged to conclude: »The atoning significance of the death of Jesus is not altogether absent from Acts, but it is not the aspect which Luke has chosen to stress . . . What is lacking is . . . a full understanding of the significance of the cross as the means of salvation.«[4] More recently E. Franklin observes that only at Acts 20,28 does »Luke give any saving value to the death of Christ«[5], and asks: »Why has Luke avoided all references to the redemptive significance of the death of Jesus and the vicarious expressions that should have been suggested by his use of the Servant idea?« The cross proves the folly and guilt of the Jews; salvation is to be sought elsewhere. »Jesus saves by virtue of his exaltation and it is from this that his saving work proceeds as it enables men to come under his sway in the present. The cross is not the means of salvation; what comes nearest to being that is the act of exaltation accomplished at the ascension« (ibid.)[6].

It is fair to say that Marshall and Franklin have recognized even while they have slightly qualified the proposition that Luke presents no doctrine of the atonement. But is this (if one who as an undergraduate heard Creed's lectures with great admiration may dare to question his teacher's use of words) the true meaning of the term theologia crucis? No doubt Luther when he used it intended to convey the truth that it is in the wounds of Jesus that God is encountered. The theologus gloriae »dum ignorat Christum, ignorat Deum absconditum in passionibus«[7]; over against this Luther declares »Deum non inveniri nisi in passionibus et cruce«, and this implies a doctrine of the atonement. It is in Christ crucified that we find a gracious God. But it also implies more than this; it implies a way of life. The theologus gloriae »praefert opera passionibus et gloriam cruci, potentiam infirmitati, sapientiam stulticiae et universaliter bonum malo. Tales sunt quos Apostolus vocat ›Inimicos crucis Christi‹«. The theologus gloriae and the theologus crucis each practise a way of life corresponding to their beliefs. »The ›theology of the Cross‹ means not only that Christ's humanity and extreme humiliation are the way by which we know God: not only that his work ›for us‹ is the ground of our salvation,

[4] I. H. MARSHALL, Luke: Historian and Theologian, 1970, 175. Marshall refers to Acts 20,28 (173f), and to the use of παῖς (171f).

[5] E. FRANKLIN, Christ the Lord, 1975, 66.

[6] Similarly U. WILCKENS, Die Missionsreden der Apostelgeschichte (WMANT 5), 1963², e. g.: »Es findet sich vor allem keine Aussage über eine unmittelbare Heilsbedeutung des Todes und der Auferweckung Jesu« (185).

[7] The quotations are taken from the Heidelberg Disputation of 1518, Probatio XXI (BoA 5, Berlin 1955²), 388f.

and his work ›in us‹, that we too are to conquer sin, death and the devil. The Christian man and the Christian Church must also share the sufferings of Christ, that ›form of a servant‹ which brings an ambiguity and contradiction into all their earthly existence.«[8] »As von Loewenich has said, ›The Cross of Christ and the Cross of the Christian are inseparable.‹ The Christian man, and the Christian Church militant here on earth are called upon to share this contradiction, of poverty, weakness, shame, humiliation, suffering« (Rupp, op. cit., 223). »Life in the Church means life ›under the Cross‹« (Rupp, op. cit., 254). Hence the last two of Luther's Ninety Five Theses[9]:

»94: Exhortandi sunt Christiani, ut caput suum Christum per penas, mortes infernosque sequi studeant,

95: Ac sic magis per multas tribulationes intrare celum[10], quam per securitatem pacis confidant.«

If theologia crucis may be taken to mean not, or not only, a doctrine of the atonement but a way of life, we may take a second look at the Lucan writings; there is no doubt that Luke was more interested in the ways people lived than in formal theology[11]. Before studying Acts, however, we turn to Lk 9,23.

In the paragraph 9,23–27 taken as a whole Luke follows Mark more closely than usual. There is scarcely a word in the whole section that is not derived directly or indirectly from Mark. Such changes as are made clearly arise out of straightforward editorial motives. If for the moment we set verse 23 aside the following editorial changes may be noted:

24: οὗτος is inserted to pick up the relative clause as subject of σώσει.

25: ὠφελεῖ is replaced by ὠφελεῖται (a linguistic improvement), and participles (κερδήσας, ζημιωθείς, with the addition of ἀπολέσας) replace infinitives. The Semitism τὴν ψυχὴν αὐτοῦ is interpreted as ἑαυτόν.

26: τοῦτον is inserted to pick up the relative clause as object of ἐπαισχυνθήσεται, and the addition of two καί's divides up »his glory«, »that of his Father«, and »that of the holy angels«.

27: ἀληθῶς stands in place of the semitic ἀμήν, and αὐτοῦ in place of ὧδε.

These changes are significant only of a concern for minor stylistic improvements. In verse 23 however three changes are important. (1) The words that follow are addressed πρὸς πάντας, who are presumably contrasted with οἱ μαθηταί in verse 18. They are intended not for the small group consisting

[8] G. Rupp, The Righteousness of God, 1953, 208. [9] BoA 1, 1950[4], 9.

[10] Thus Luther sums up what he has (at this early stage) to say about the theologia crucis in the words of Acts! See Acts 14,22.

[11] On Luke's practical and pastoral concerns see especially S. G. Wilson, The Gentiles and the Gentile Mission in Luke-Acts (MSSNTS 23), 1973.

of the Twelve (9,10.12.16) but for all Christians. (2) The aorist infinitive ἐλθεῖν is changed into the present ἔρχεσθαι – what is in mind is not the once-for-all decision to follow Jesus to the cross but the regular, continuing life of discipleship. (3) This is doubly underlined by the addition of καθ' ἡμέραν. There is much to be said for the view that in the tradition behind Mk 8,34 there lay a challenge to the disciples to accept crucifixion with Jesus in the literal sense; whether this be so or not Mark took the words to refer to the decision of faith which a man must take if he is to be a Christian; he must in some sense be crucified with Christ. Luke deliberately extends the decision of faith through a lifetime of daily following, described in terms of cross-bearing.

The image of cross-bearing appears also in Lk 14,27, where there is a Matthean parallel. This occurs towards the end of the Matthean mission charge (10,37ff), where Matthew uses three times the formula οὐκ ἔστιν μου ἄξιος: the man who loves father or mother more than me, who loves son or daughter more than me, who does not take his cross and follow me, is not worthy of me. In similar (but not identical [see below]) sentences Luke uses twice the formula οὐ δύναται εἶναί μου μαθητής. Again it is clear that he is dealing with the continuous life of discipleship. This corresponds with the fact that where Matthew has ὅς οὐ λαμβάνει τὸν σταυρὸν αὐτοῦ, Luke has ὅστις οὐ βαστάζει τὸν σταυρὸν ἑαυτοῦ. Matthew is thinking of the moment of decision in which a man resolves that he must be a Christian even though this means turning his back on father or mother, son or daughter, and once for all picks up the cross. Luke is thinking of the man who, having come to Jesus, firmly relegates his family and his own life to second place and continues carrying the cross. To make this distinction is not to deny that behind both λαμβάνειν and βαστάζειν may lie the Aramaic š-q-l, which could bear both meanings; this is indeed probable[12]. The significant fact is that Matthew has one, Luke the other Greek rendering. The context confirms that Luke is thinking of continuing effort. A man about to build a tower must consider whether he has adequate resources εἰς ἀπαρτισμόν; if he begins and cannot finish he will be mocked (14,28–30). A king contemplating a military campaign must consider whether he can carry it through to a successful conclusion; if he cannot he would do well to make peace with the enemy at once (14,31f).

Other passages in which Luke, sometimes in contrast with the other evangelists, brings out the continuity as well as the cost of discipleship, include the following.

---

[12] See M. BLACK, An Aramaic Approach to the Gospels and Acts,1967[3], 195f.

At 8,15, in the interpretation of the parable of the sower, those represented by the productive seed are those who hold fast (κατέχουσιν) the word and bear fruit in patient endurance (ἐν ὑπομονῇ). The same word (ὑπομονή) occurs in Lk 21,19.

In 9,57–62 there are two points to note. (a) The purpose of leaving the dead to bury their dead is that the disciple may continue to spread (διάγγελλε, present imperative) the news of the kingdom of God (not in the parallel in Matthew); (b) in verse 62, Luke (not Matthew) gives the saying about the man who having set his hand to the plough looks back.

A very important passage is 22,28, where the disciples are described as those who have continued (οἱ διαμεμενηκότες) with Jesus in his trials (πειρασμοῖς). The Matthean parallel (19,28) contains neither of these words.

The description of Simon in 23,26 suggests that Luke is using the incident to illustrate 9,23. Instead of αἴρειν he uses φέρειν, and notes that Simon carried the cross ὄπισθεν τοῦ 'Ιησοῦ.

23,34.46, when compared with Acts 7,59.60, suggest that the disciple may and should imitate the suffering and dying Jesus.

These observations do little more than illustrate and amplify the point already made regarding Luke's editorial work at 9,23, but they do add some clarity and force to it. And it is in these terms that the thesis of the present paper may be briefly stated. The evidence to support it will follow. The story told in Acts may be regarded as the working out of the saying of 9,23 in its Lucan form. The Marcan version of the saying is more closely related to Paul: the believer takes up the cross with a view to dying with Christ; this is a fundamental presupposition of the Christian life[13]. For Luke, this fundamental definition – fundamentally theological, though it has mystical and sacramental elements – becomes a pattern of daily life, in which the believer practises the daily discipline (in the strictest sense of the term) of cross-bearing.

This transposition of the theological into the practical and ethical is entirely characteristic of Luke, who, as has very often been observed, is not a theologian of Paul's depth. Rather, he is a pastor with a practical concern for the instruction and development of his readers[14]. It must however be added that his emphasis is not unpauline, even in its mode of expression. Thus Rom 6 begins with the past indicative of theology: ἀπεθάνομεν (2); συνετάφημεν (4); συνεσταυρώθη (6); ἀπεθάνομεν (8) – with other similar expressions. The chapter however continues with imperatives, describing what should be the continuous condition of the Christian life, including the present imperative

---

[13] For Paul's position see especially Rom 6.

[14] See WILSON (note 11).

λογίζεσθε ἑαυτοὺς εἶναι νεκρούς (11). Aorist imperatives, however, such as παραστήσατε (13.19), are not irrelevant, since they are addressed to Christians, who, having already presented themselves to God, are urged to do so again – and again. Paul's own experience is a perpetual living death, or dying life: καθ' ἡμέραν ἀποθνήσκω (1Cor 15,31). This is said in a context that refers to circumstances of physical hardship and danger directly comparable with the story of Acts (I fought with wild beasts in Ephesus [15,30.32]). The matter is put in more theological terms in 2Cor 4,10f (We are always carrying about in the body the killing of Jesus . . . continually being handed over to death for Jesus' sake), but the same epistle suffices to show that the theology was not divorced from practical experience (1,8–10; 11,23–27). Paul depicts the practical result briefly, but with a vividness that springs from personal participation in it, and he never forgets the theological foundation on which the practical superstructure rests. He works out the relation between the two – between the mercies of God (demonstrated in Jesus [Rom 5,8]) and the self-offering in which man responds to them (Rom 12,1f). Luke, who is telling a story, is content to show the result, without either the presuppositions or the connecting working. This is the main (though not indeed the only) difference between him and Paul.

This Paulinism of Luke's, his version of the theologia crucis, is made harder to perceive by other interests that he develops[15]. (1) It is undoubtedly Luke's intention to show the triumphant progress of the Gospel from its beginnings in Jerusalem to its arrival in the capital city of the world. If it can reach Rome there is nowhere from which it will be excluded (1,8). Neither Jew, nor Greek, nor Roman can stop it. Luke's theme is the victory of the word of God, but as a man with an instinctive gift for narrative he finds it hard to draw a sharp line between the message and the preachers, and finds it most natural to express the victory of the word in the victory of those who proclaim it, who win their arguments and, as a rule, escape from persecution. (2) Because he intends his story to edify his contemporaries he dwells on the virtues of the early decades and to a great extent (though not completely) allows the controversies, which play so prominent a part in Paul's letters, to fall out of consideration. If only Christians at the end of the century would preach like Peter and Paul, and live like Joseph Barnabas, all would be well! It is easy

[15] Some of these I have drawn attention to elsewhere; see e.g. Luke the Historian in Recent Study, 1961, 13ff. 59f; The Signs of an Apostle, 1970; 1972, 52f; New Testament Essays, 1972, 77f. 82f. 96. Parts of these passages I should now wish to reconsider in the light of what I have written here.

for him to include a negative moral example, like that of Ananias and Sapphira; a negative theological example would be much harder to handle. (3) In telling his story Luke shows his acquaintance with the kind of story-telling common in the Hellenistic romance and with the kind of person described by the term θεῖος ἀνήρ. These two influences concur; the Hellenistic romance favoured the happy ending and success was the normal lot of the θεῖος ἀνήρ, who could be counted on to defeat his opponents in argument, persuade men of the truth of his message, heal obstinate illness, and on occasion escape disaster by vanishing into thin air, or by some equally convenient device. Luke's picture of the apostles (especially when we compare it with Paul's picture of himself) shows traces of these models: the apostles are never silenced in argument, they perform miracles, they are released from prison by angels or earthquake, they escape the violence of mobs and of the sea[16]. (4) Luke was impressed by the supernatural manifestations that accompanied the work of the early Christians, and considered it to be an important part of his task to show that the preachers were guided on their way by the Holy Spirit, and that both miraculous action and supernatural speech proved that they were truly following the leading that had been given them. These interests undoubtedly made it harder for Luke to depict discipleship as cross-bearing.

Notwithstanding these interests, which were congenial to him and commanded much of his attention, Luke does make it clear that the road his heroes were travelling was the way of the cross. The point is made most explicitly by Paul and Barnabas as they return through the churches of Lystra, Iconium, and Pisidian Antioch: it is διὰ πολλῶν θλίψεων that we must enter the kingdom of God (14,22)[17]. It corresponds with this that though the first and perhaps the chief impression made by the journey of chapters 13;14 is of a triumphal procession, yet, in the course of it, Paul and Barnabas have suffered persecution and expulsion at Pisidian Antioch (13,50), and the threat of insult and stoning at Iconium (14,5), and Paul has been stoned and left for dead at Lystra (14,19). Everywhere the word has found acceptance, but everywhere too it has met with resistance. This mixed reception is to be found throughout the book, from Jerusalem to Rome, and the only major character who appears to escape the θλίψεις that mark the way to the kingdom is James.

At this point I may briefly mention two special topics which have led me to the present theme and have caused me to modify some of my earlier views of

[16] But this is not the whole story; see also below, pp. 82–84.
[17] See the 95th of Luther's These, quoted on p. 75.

Acts. I have recently had occasion[18] to discuss Paul's address to the Ephesian elders (Acts 20,18–35). So far as Paul here looks into the future he sees that δεσμὰ καὶ θλίψεις await him (20,23), and that the church will be rent by disturbances it has not hitherto known (20,29). He also in this farewell speech looks into the past; he recalls the opposition and suffering that he has endured (20,19), and also the fact that he has coveted no one's gold, silver, or clothing (20,33), but worked with his own hands to supply his own and others' needs (20,34). Such self-vindication is a characteristic of farewell speeches[19], but in this one its main purpose is exhortation and instruction. From Paul's example, and his exposition of it, the elders whom he addresses must learn how to conduct their own ministry. He commends to them his own manner of life, or rather commands it, supporting it with a quotation from the words of Jesus (20,35). So far from claiming support from the church the minister must work so as to be in a position to support others. This duty can hardly be called crucifixion, but it is the sort of unselfish living, of self-denying living, that Luke would understand by carrying a cross daily. The Christian minister follows in the steps of the Crucified by working double hours and so maintaining himself – and others – rather than waiting for the church to maintain him. He is not an authoritarian figure who imposes himself upon his fellow believers; he is among them as one who serves (Lk 22,27)[20].

The second topic is the encounter of Philip, Peter, and John with Simon Magus (Acts 8,9–24)[21]. Here we may see a powerful assertion of the independence of the Holy Spirit, who is certainly not to be controlled by Simon's money (8,18–20), but equally is not manipulated even by Christian rites practised by an eminent Christian, – Philip baptizes the Samaritans, but even so they do not receive the Spirit (8,15–17). There is indeed a θεῖος ἀνήρ in this story. He is Simon, and Luke does not approve of him. He is roundly rebuked, and is virtually sentenced to hell; he leaves the stage penitent (and, according to the Western text, in tears). The true missionary, and true apostles, are men of a different stamp.

This observation will enable us to take another step. In an important and

---

[18] In: God's Christ and His People. Studies in Honour of N. A. Dahl, ed. J. JERVELL and W. A. MEEKS, 1977, 107–121.

[19] See J. MUNCK, Discours d'adieu dans le Nouveau Testament et dans la littérature biblique (in: Aux Sources de la Tradition Chrétienne. Mélanges offerts à M. M. Goguel, 1950, 155–170).

[20] It is a corresponding fact that Acts makes no provision for succession in the ministry; see the article cited in note 18, 118.

[21] On this topic I read a paper at the Colloquium Biblicum Lovaniense in 1977; this will be published in the Proceedings of the Colloquium (ed. J. KREMER).

rightly influential essay[22], H. Koester writes: »Nowhere else is the ›divine man‹ motif used so effectively as in Luke, both in his Christology[23] and in his description of the missionary. Luke's missionaries are as proficient as Paul's opponents in 2 Corinthians with respect to the performance of miracles (Acts 3 and passim), the inspired interpretation of the Old Testament (cf. the speeches in Acts), and various spiritual experiences. In Luke-Acts, Paul himself reports his own vision twice to an astounded public (not to speak of us who are aware of 2Cor. 12.1ff.). Without doubt, Luke, in all his admiration of the great Apostle of the Gentiles, was a student of Paul's opponents rather than of Paul himself.« It may be said, with all respect, that this is a very dubious proposition.

I do not linger over the fact that the paragraph quoted assumes what I take to be an incorrect interpretation of 2Cor 10–13. D. Georgi's assessment of Paul's opponents[24] as θεῖοι ἄνδρες is, I believe, mistaken, though it has often been uncritically accepted. I have discussed the matter in some detail in my commentary on 2 Corinthians and elsewhere[25]; there is no need to discuss it here, since the question before us is not whether the false apostles of 2 Corinthians are rightly taken to be divine men, but whether Luke described Paul and the Twelve in this way.

I have already said[26] that Luke's description was to some extent affected by the conventional picture of the divine man. This could hardly be avoided by a Hellenistic writer whose task was to write of the homo religiosus – one might say, with Paul and the apostles in mind, of the homines religiosissimi. Luke was moreover free of the late twentieth century's pathological dread of anything that could be called triumphalism: God, Christ, and the Gospel would triumph, and indeed were triumphing already, and the evangelists were the instruments of their triumph. Nothing had stopped the Gospel, and nothing would ever be able to stop it; God's servants could count on his protection in all circumstances. These convictions were bound to affect Luke's account, and even if the sceptical reader thinks them false he must acknowledge that

[22] GNOMAI DIAPHOROI (in: H. KOESTER, J. M. ROBINSON, Trajectories through Early Christianity, 1971, 114–157). The quotation is on p. 153.

[23] One might be inclined to say that here Koester is right; that for Luke there is one divine man, Jesus, and that this is Luke's Christology. But it is not quite so simple. Acts 10,38 shows that Luke could also evaluate Jesus' miracle-working activity in eschatological terms – the overthrow of the devil.

[24] D. GEORGI, Die Gegner des Paulus im 2. Korintherbrief (WMANT 11), 1964.

[25] The Second Epistle to the Corinthians, 1973; also: Christianity at Corinth (BJRL 46, 1964, 269–297); Paul's Opponents in II Corinthians (NTS 17, 1970/71, 233–254).

[26] See p. 79.

Luke believed them to be true. This fact makes the following data the more significant.

Luke's account of the divine man Simon (the Great Power of God [8,10]) has been noted[27]. A second, Elymas-Bar Jesus, is as roundly condemned and even more severely punished (13,10f). The sons of Sceva, in Ephesus, who essay to make illicit use of the name of Jesus in exorcism, also receive instant punishment (19,14–16). It may be said that all these are μάγοι or γόητες rather than θεῖοι ἄνδρες; but since this designation does not actually occur in Acts, and since Simon at least is given a divine title, the narratives must be regarded as strictly relevant. On the other hand, the missionaries explicitly and vigorously repudiate divine honours. When Cornelius falls at Peter's feet to do reverence to him (προσεκύνησεν [10,25], perhaps to worship him), Peter will have none of it. »Get up; I myself also am a man (like you, the Western text adds)« (10,26). Similarly, when the priest of Zeus at Lystra makes preparations to offer sacrifice to Paul and Barnabas, who are taken by the people to be Hermes and Zeus, the two missionaries cry, »Men, why are you doing these things? We too are men of like feelings with yourselves, and we bring you good news that you should turn away from these vanities to the living God« (14,15). The Christian missionaries could hardly be made to assert in plainer terms that they are men as other men are. Acts 3,12 is only a little less clear, and that because it is placed in a context, in Jerusalem, in which a divine man was unthinkable; Peter and John assert that it is not by their own power or piety that the lame man has been cured. It is the name of Jesus that has raised him up.

It is no exaggeration to say that passages such as these constitute a plain denial that the apostles are θεῖοι ἄνδρες; and there is much confirmatory evidence. At 1,7, in a programmatic passage of great importance for the structure of the book, the ignorance of the leading figures is underlined. In chapter 6, the Twelve, so far from assuming authority, invite the whole company of their followers and associates to nominate seven men to undertake the care of widows[28]. A summary of Paul's career is provided by 9,16: I will show him what things he must suffer. If »der leidende Apostel«[29] is a valid description of Paul it is Luke who coined it. Chapter 12 narrates the miraculous escape of Peter; here, indeed, is a characteristic θεῖος ἀνήρ story; but the same chapter

---

[27] See p. 80.

[28] And 6,6 may mean that the whole company laid their hands on the Seven when they were set apart for their work.

[29] I allude of course to the book by E. GÜTTGEMANNS, Der leidende Apostel und sein Herr (FRLANT 90), 1966.

recounts the death of James, for whom there was no escape. There can be little doubt that chapter 17 was one of Luke's great »set pieces«, in which he describes his hero's appearance in Athens itself. The result of the great man's oratory is that some mocked, though others expressed a desire to hear him again; no more. It corresponds with this that the last public comment on Paul is Festus' μαίνῃ, Παῦλε· τὰ πολλά σε γράμματα εἰς μανίαν περιτρέπει (26,24). Of course, the reader knows very well that this is not Luke's own view; but it is Luke's account of the impression Paul made. Perhaps the impression of the mad scholar is a somewhat more respectable one to have made than that of the Egyptian leader of the Sicarii (21,38).

»Divine men« certainly were in their own way (or in their own estimation) benefactors of the human race, but it could hardly be claimed that the emphasis laid by Acts on service and generosity is characteristic of the pagan models. In 20,35 there is attributed to Jesus the saying: It is more blessed to give than to receive. The book as a whole documents this claim. In the earliest years of the church (Acts 2,44f; 4,32.34f) believers practised a community of goods in which no one claimed the right of private property; positive (4,36f) and negative (5,1–11) examples are provided. Chapter 6 opens with an instance of neglect, but it presupposes the daily administration of charity, and steps are immediately taken to remedy the neglect. In chapter 9 it appears that the church at Joppa also practises a fairly developed form of charity. By the end of chapter 11 the church at Antioch has developed so far as to be able to send relief to the mother church (11,27–30; cf. 12,25). It is surprising that 24,17 seems to be the only reference to Paul's great collection for the saints (see Rom 15,25–28.31; 1Cor 16,1–4; 2Cor 8; 9; Gal 2,10); it is possible that the account of 11,27–30 is misplaced and should be referred to Paul's final visit to Jerusalem. I have suggested elsewhere[30] that Luke may have omitted the collection because it made Paul look too much like a mendicant philosophical preacher.

It would take too much space to add here a detailed list of the sufferings – caused by persecution and otherwise – that befell the Christians and are described in Acts. They are arrested, imprisoned, beaten, stoned, killed; they suffer mockery, poverty, shipwreck, public riots and private plots. It is Luke's belief that the Lord is able to deliver the righteous out of all his afflictions, but the process as seen in Acts, though expressed in narrative rather than epigram, is not unlike Paul's paradoxical description: »We commend ourselves as God's servants should, in much endurance, in afflictions, in an-

[30] In my paper at the Colloquium Lovaniense (see note 21).

guish, in distresses, beaten, imprisoned, mobbed, labouring, sleepless, hungry, . . . in the word of truth, in the power of God, . . . through glory and disgrace, through good report and ill, . . . as dying, yet see – we are alive, as undergoing punishment yet not put to death, as sorrowing but always rejoicing, as poor yet making many rich, as having nothing yet possessing all things« (2Cor 6,4–10).

It would destroy the argument of this paper if at the end of it an attempt were made to claim too much. Luke is not Paul; but it would be dangerous and misleading to modify a familiar saying[31] and allege that Luke cannot be a theologian because his Christian cheerfulness keeps breaking in. He is not out to swamp the Gospel in a sea of institutionalism; quite the reverse. He does know – and says – that the kingdom of God lies on the further side of a sea of troubles. Like Paul, he knows that nothing in heaven or earth, in life or in death, can separate the believer from the love of God, though he is apt to express the fact in such practical terms as release from prison or escape from shipwreck. It would perhaps be wrong to describe him as either a theologus gloriae or a theologus crucis: he is not sufficiently interested in theology (beyond basic Christian convictions) to be called a theologus of any colour. But he knows that to be a Christian is to take up a cross daily, and what this meant in the first century he has described in vivid narrative. This strictly practical theologia crucis is not contradicted by the fact that his pilgrims can »shout as they travel the wilderness through«[32].

---

[31] Mr. Edwards, who had known Dr. Johnson many years previously at Oxford, said to him (17 April 1778), »You are a philosopher, Dr. Johnson. I have tried too in my time to be a philosopher; but, I don't know how, cheerfulness was always breaking in.« (J. BOSWELL, The Life of Samuel Johnson, 1906, vol. II, 218).

[32] A line of Charles Wesley's.

Die Schule des Paulus

HANS CONZELMANN

I. *Vorbemerkungen*

Die Formulierung des Themas suggeriert zunächst: Paulus, der Lehrer und seine Schüler. Es kann aber auch die Schule meinen, die Paulus selbst durchlief, sogar zwei solche Schulen, eine jüdische und eine christliche.

Natürlich versuchen wir nicht, diese »archäologisch« zu rekonstruieren: Schulräume, Lehrplan, Klassenarbeiten, Zeugnisse[1]. Aber daß Paulus ein geschulter jüdischer Theologe war, wird nicht bezweifelt[2]. Es wäre von hohem Interesse zu wissen, welche Kenntnisse er besaß und mit welchen Methoden er vertraut war, als er in eine christliche Fakultät übertrat, wie er sie modifizierte, was er aufgab, was er weiterpflegte. Er bleibt ja Jude. Das Bekenntnis zum *einen* Gott und die Bibel sind konstant. Faßbar und oft analysiert sind seine Methoden der Schriftauslegung[3].

Eine Feststellung ist vorauszuschicken, die auf Widerspruch stoßen wird: Der Stil des Umgangs des Paulus mit der Schrift ist nicht »heilsgeschichtlich« geprägt[4], und gerade darin wird hellenistisch-jüdisches Schulerbe sichtbar.

Wo Paulus mit geschichtlichen Daten aus dem AT arbeitet, da sind diese fragmentarisch und ziemlich beliebig austauschbar: Adam – Mose (– Christus); Abraham – Mose; Abraham ohne geschichtlichen Rahmen. Wo er einen Geschichtsabriß gibt[5], da zieht er keine kontinuierliche Linie durch (Röm 9–11), stört diese sogar und hebt einseitig auf die Beständigkeit des Verhaltens Gottes ab, konzentriert auf sein freies Erwählen und – zur linken Hand – Verwerfen. Die Pointe ist nicht »Heilsgeschichte«, sondern die Rechtfertigung sola gratia – sola fide[6].

---

[1] Vgl. immerhin HELGA LUDWIG, Der Verfasser des Kolosserbriefes – Ein Schüler des Paulus, Diss. Göttingen 1974, 213–229.

[2] Paulus selbst: Phil 3,5f; die Nachricht Apg 22,3, daß er von Gamaliel (I.) ausgebildet wurde, wird von vielen für zuverlässig gehalten.

[3] PH. VIELHAUER, Paulus und das Alte Testament (in: Studien zur Geschichte und Theologie der Reformation. Festschrift für E. Bizer zum 65. Geb., 1969, 33–62); U. LUZ (s. die folgende Anm.) 41–135.

[4] Umfassend zum Problem U. LUZ, Das Geschichtsverständnis des Paulus (BEvTh 49), 1968.

[5] Eine traditionelle jüdische Form.

[6] Zu dem scheinbaren Sonderfall, der die Regel bestätigt, s. LUZ, aaO. 204–211; P. V. D. OSTEN-SACKEN, Röm 8 als Beispiel paulinischer Soteriologie (FRLANT 112), 1975, 166f.

An anderen Stellen herrscht eine völlig vom Zeitfaktor absehende Auslegung, Allegorese (Gal 4), Typologie (1Kor 10)[7]. Wie erklärt sich das bei Paulus, dem Eschatologen (der sich gerade am Schluß des genannten »typologischen« Abschnittes nicht verleugnet)?

Mit seiner Exegese hat Paulus keine Schule gemacht. Wenigstens ist im erhaltenen Schrifttum davon nichts sichtbar. So kann dieser Faden nicht weiter verfolgt werden. Aber es gibt einen anderen: *Neben* der ausdrücklichen Bibelerklärung, jedoch im Kontakt mit ihr, findet sich eine Reihe von Abschnitten, in denen hellenistisch-jüdische Schultradition erscheint. Es gibt Passagen, in denen spezifisch Christliches fehlt oder über einem vorchristlichen Substrat lagert. Dazu gehören z.B. die kosmologischen Reihen in 1Kor 11. Andere sind offenbar nicht erst bei der Abfassung eines Briefes konzipiert, sondern lagen – vielleicht als Entwürfe – im Archiv bereit. In Frage kommen etwa 1Kor 1,18ff; 2,6ff; 10,1ff; 11,2ff; 13; 2Kor 3,7ff; Röm 1,18ff; 7,7ff; 10,1ff.

Wo man auf Spuren griechischer Popularphilosophie (mehr ist bei Paulus nicht zu finden) stößt, da ist deutlich, daß Paulus dieses Gut nicht direkt aus der griechischen Schule überkommen hat, sondern durch Vermittlung des hellenistischen Judentums, also aus einer jüdischen Schule; Paradigma ist Röm 1f (M. Pohlenz, G. Bornkamm). Auf diese Schule weisen auch die an manchen Stellen kompakten Elemente des jüdischen Weisheitsstils (in den angeführten Stellen). Auch hier herrschen »zeitlose« Denkformen, so in der Emanationskosmologie 1Kor 11. Wenn daneben auf die Schöpfung zurückverwiesen wird, so nicht im Sinne einer zeitlichen Distanz, sondern eines Urbildes und überzeitlichen Tatbestandes.

Ein entsprechender Denkstil ist nicht nur bei Philo zu finden, sondern beherrscht weithin die Weisheitsliteratur. Bei Paulus sind sogar noch die drei traditionellen Typen der jüdischen, hypostasierten Weisheit zu entdecken: der nahen, der verborgenen und der entflohenen[8].

Traditionen dieser Art sind nun in auffallender Häufung bei den theologischen Erben des Paulus gesammelt.

---

[7] Diese *kann* zeitlich entworfen sein, ist es aber an der genannten Stelle nicht; die Zeit wird gerade christologisch eliminiert.

[8] Daß diese Typen in ntl. Zeit noch bewußt sind, zeigt B. L. Mack, Logos und Sophia. Untersuchungen zur Weisheitstheologie im hellenistischen Judentum (StUNT 10), 1973.

II. Die christliche Schule des Paulus[9]

Am besten ist der Umgang des Paulus mit dem ihm vorgegebenen *christlichen* Erbe und damit seine eigene Intention da zu fassen, wo er das Glaubensbekenntnis der Gemeinde aufgreift und interpretiert[10]. Worauf es dabei ankommt: Die frühen Formulierungen des »Glaubens« sind nicht ein ungeschichtliches »Urdogma«. Sie sind geschichtlich, nicht nur in dem Sinn, daß ihr Vorstellungsmaterial – die christologischen Titel, Vorstellungen wie die von der »Auferstehung« – geschichtlich bedingt ist[11], sondern in einem tieferen Sinn: Sie sind so formuliert, daß durch das Bekennen eine geschichtliche Begegnung hergestellt wird – und darin entsprechen sie der Geschichtlichkeit der Offenbarung selbst. Sie bestimmen den Angeredeten sowohl, wenn er die Botschaft annimmt, als auch, wenn er sie ablehnt.

Auf diesen Charakter der Bekenntnisse weist, abgesehen von ihrem positiven Inhalt und ihrem Stil, ein negativer Befund: In ihnen fehlt Kosmologie. Ein Weltbild ist nicht Gegenstand des Glaubens. Auch die Parusie wird in ihnen nicht erwähnt. Nicht als ob man sie nicht erwartet hätte! Aber sie hat eine andere Stellung als der Glaube in seinem ursprünglichen, strengen Sinn: Dessen Inhalt ist ausschließlich das geschichtliche Heilswerk. Dadurch ist in ihm ein Regulativ für die Eschatologie gegeben[12].

Es wird gern betont, daß der Inhalt fast aller frühen Formeln ausschließlich christologisch sei; sie enthalten sozusagen nur *einen* Artikel, den »zweiten«. Das ist formal richtig. Aber man sollte gegen kurzschlüssige »systematische« Konsequenzen vorsichtig sein[13]. Gerade durch seine christologische Konzentration konkretisiert er die vorausgesetzte Wahrheit des »ersten« Artikels, des Bekenntnisses zum *einen* Gott.

[9] Nämlich die, aus der er selbst kommt.

[10] K. Wengst, Christologische Formeln und Lieder des Urchristentums (StNT 7), 1972; Ph. Vielhauer, Geschichte der urchristlichen Literatur, 1975, 9–57; kritisch H. v. Campenhausen, Das Bekenntnis im Urchristentum (ZNW 63, 1972, 210–253); zum Verhältnis des Paulus zur Tradition: D. Lührmann, Rechtfertigung und Versöhnung. Zur Geschichte der paulinischen Tradition (ZThK 67, 1970, 437–452).

[11] Wie das Christentum überhaupt als geschichtliches Phänomen; R. Bultmann, Das Urchristentum im Rahmen der antiken Religionen, 1949, 7f.

[12] Die Zukunft wird nicht »geglaubt«, sondern erhofft. Es wird kaum beachtet, daß Paulus πίστις und πιστεύειν nicht auf den Titel κύριος bezieht (Phlm 5f ist nur scheinbar eine Ausnahme). Als »Herr« wird Jesus nicht »geglaubt«, sondern angerufen und proklamiert. Beachtet man die Konsequenz des Sprachgebrauches, so zeigt sich vielleicht ein deutlicherer Umriß der Trias Glaube–Liebe–Hoffnung.

[13] Solche werden gelegentlich in der »dialektischen Theologie« gezogen: Der ntl. Befund drücke den Primat der Christologie aus, den sachlichen Vorrang des zweiten Artikels vor dem ersten. O. Cullmann, Die ersten christlichen Glaubensbekenntnisse (ThSt [B] 15), 1943, 34: Man hat »den eindeutigen Eindruck, daß in einem *christlichen* Glaubensbekenntnis der Glaube

III. Paulus und seine Schüler[14]

Im folgenden wird angenommen, daß Kol, Eph, 2Thess, Past nicht von Paulus selbst verfaßt sind.

Unter dieser Voraussetzung besitzen wir den Nachlaß (bzw. Teile daraus) von fünf Schülern. Denn zu den Genannten kommt noch »Lukas« hinzu, ob er nun Schüler erster oder zweiter Hand ist. Wenn zweiter, wird er sogar noch interessanter, weil dann der Traditionsprozeß noch länger zu verfolgen ist. Lukas kennt auch (noch) den Sitz der (eigenen) Schule des Paulus, zu dessen Lebzeiten, in Ephesus (Apg 19,9), und offenbar auch nach dem Tod des Paulus, zu seiner eigenen Zeit, ebenda. Den Ältesten dieser Gemeinde übergibt ja Paulus sein Vermächtnis (Apg 20)[15].

Leider wissen wir über die persönlichen Beziehungen der Schüler zueinander so gut wie nichts; sie pflegen nicht übereinander zu schreiben[16]. Die wenigen vorhandenen Hinweise sind nicht ergiebig. Immerhin: Ein Herz und eine Seele scheinen sie nicht gewesen zu sein. Außer den in Anm. 16 angeführten Fällen erscheinen in den Past gewisse Differenzen: 1Tim 1,20; 2Tim 4,10; Demas bekommt einen Seitenhieb[17].

Wie steht es mit ihren *sachlichen* Beziehungen a) zu Paulus, b) zueinander? – Es gibt Gemeinsamkeiten. Die wichtigste, leider quasi negative, ist das Zurücktreten der Lehre von der Rechtfertigung und dem Gesetz – auch dort, wo paulinische Formulierungen aufgegriffen werden[18]: Eph 2,5.8; den Stilwandel läßt Eph 2,15 erkennen[19].

---

an Gott in Wirklichkeit eine Funktion des Glaubens an Christus ist.« – Nein! Sondern (wie übrigens Cullmann kurz vorher selbst feststellt): Unter Juden ist der »erste« Artikel einfach als selbstverständlicher Grundsatz des Glaubens voraus-gesetzt; vgl. den Gebrauch des jüdischen Credo 1Kor 8,6; Röm 3,30 (im Zentrum der Rechtfertigungslehre!).

[14] H.-M. SCHENKE, Das Weiterwirken des Paulus und die Pflege seines Erbes durch die Paulus-Schule (NTS 21, 1975, 505–518).

[15] J. GNILKA, Der Epheserbrief (HThK X, 2), 1971, 6. 11. 46; SCHENKE, aaO. 516: Ephesus ist Ursprungsort von Kol (dazu LUDWIG, aaO.), Eph, 2Thess, 1Petr, Past.

[16] Lukas übergeht sowohl die echten Briefe des Paulus als auch die der Schüler. Titus übergeht er ganz. Auf Markus ist er schlecht zu sprechen (Apg 15,38). Titus fehlt auch in der Grußliste des Kol, allerdings, weil er im echten Phlm ebenfalls fehlt.

Hypothesen über Lukas als Verfasser der Past sind abwegig; dies ergibt sich aus Theologie und Stil. Natürlich mag man phantasierend fragen, ob nicht der eine oder andere Autor in einer Grußliste steckt. Zu den Grußlisten des (Phlm und) Kol s. E. LOHSE, Die Briefe an die Kolosser und an Philemon (KEK IX,2), 1968, 246–249. Jedenfalls sind die wichtigsten Mitarbeiter des Paulus, Silas und Timotheus (sowie der übergangene Titus), nicht als Verfasser von Briefen zu identifizieren.

[17] Vgl. dagegen Phlm 24, Kol 4,14.

[18] Oder bei Lukas einmal anklingen; Apg 13,38f.

[19] A. LINDEMANN, Die Aufhebung der Zeit. Geschichtsverständnis und Eschatologie im Epheserbrief (StNT 12), 1975, 166–181.

In den Past finden wir eine neue, bereits in festen Formulierungen geprägte Tradition, die auf Paulus (als *den* Apostel) zurückgeführt wird, aber nicht von ihm stammen kann, da sie seinen Tod voraussetzt.

Ein interessantes, fast der ganzen Paulusschule gemeinsames Indiz ist das »Revelationsschema«[20].

Gemeinsam ist auch der Einbau des Apostels in die Glaubenstradition[21], die Pflege des Bildes vom *leidenden* Paulus: Kol, Eph, 2Tim geben sich als »Gefangenschaftsbriefe«; vgl. auch das Bild der Apg (9,16) mit dem Schlußteil (21–28).

Die Tendenz der inneren Entwicklung ist am besten am Kol[22] und am Eph[23] zu studieren. Sie knüpfen am deutlichsten an denjenigen Komplex in den Paulusbriefen an, der aus der jüdischen Weisheitsschule stammt. Ein Indiz sind z.B. die Stichwörter σοφία, δόξα, εἰκών[24].

Warum ist gerade diese Linie ausgezogen und nicht die für unser modernes Verständnis zentrale: Rechtfertigung und Gesetz?

Man kann diesen Befund pragmatisch zu erklären suchen: Für die heidenchristliche Kirche sei das Problem des Gesetzes nicht mehr aktuell gewesen. Aber immerhin sind doch den Verfassern die Briefe des Paulus bekannt und Autorität[25]. Der Kol befindet sich zwar in der Tat in erbittertem Kampf nicht gegen Gesetzes-, sondern gegen Weisheitslehrer. Aber auch das erklärt den Stilwandel noch nicht vollständig[26].

Eph ist nur noch latent polemisch. Er kennt gerade noch das Thema des Gesetzes, aber in einer schon nicht mehr paulinischen Fassung (2,15)[27]. Und bei ihm ist der sapientielle Stil am stärksten ausgeprägt[28].

---

[20] N. A. DAHL, Formgeschichtliche Beobachtungen zur Christusverkündigung in der Gemeindepredigt (in: Neutestamentliche Studien für Rudolf Bultmann [BZNW 21], 1954, 3–9); D. LÜHRMANN, Das Offenbarungsverständnis bei Paulus und in paulinischen Gemeinden (WMANT 16), 1965.

[21] Past: 1Tim 1,15;2,6f; 2Tim 1,8ff; Tit 1,1ff.

[22] S. die Kommentare von LOHSE, aaO. 249–257 und E. SCHWEIZER, Der Brief an die Kolosser (EKK) 1976, 20–27; LUDWIG, aaO.

[23] LINDEMANN, aaO.

[24] Vgl. 1Kor 2,7; 11,7 (15,40); 2Kor 3,7ff.18; 4,4.6.17; Kol 1,11/Eph 3,16; Kol 3,4; zu εἰκών und δόξα s. LINDEMANN, aaO. 34–38.

[25] Von dem Sonderfall des Lukas abgesehen; aber auch er hat von der Gesetzesproblematik noch einige Kenntnis (Apg 15) und von der Rechtfertigungslehre wenigstens läuten hören (Apg 13,38f).

[26] Kol sieht sich genötigt, die Thematik des Gesetzes wenigstens zu streifen (2,14) und in der Polemik auf Gesetzlichkeit und Freiheit einzugehen.

[27] Das Gesetz erscheint als Vielheit von δόγματα (vgl. Kol 2,14); GNILKA, aaO. 141; LINDEMANN, aaO. 171f: Eph hat das dialektische Gesetzesverständnis des Paulus nicht mehr verstanden.

[28] Für das Gesetzesverständnis der Past genügt der Hinweis auf 1Tim 1,8.

Sind vielleicht Anregungen wirksam, Ideen, die Paulus im engeren Kreis seiner Schüler pflegte und die bei diesen nachwirken, ja, eben als esoterische Schullehre ins Zentrum rücken[29]?

Es wird als Arbeitshypothese (mehr ist nicht möglich) vorgeschlagen: Es gab eine Schule des Paulus, die von ihm selbst gegründet wurde und über seinen Tod hinaus bestand. In ihr wurde »Weisheit« gepflegt. Die Deuteropaulinen spiegeln Themen und Denkstil, Kol und Eph auch einen ausgeprägten Sprachstil.

Versuchen wir ein Gedankenspiel (oder eine zusätzliche Arbeitshypothese[30]): Sollte es in der Schule nicht auch Kontroversen gegeben haben[31]? Einen rechten und einen linken Flügel[32]? 2Tim 2,18 polemisiert gegen Irrlehrer, die behaupten, die Auferstehung sei schon geschehen[33]. Es ist verwunderlich, daß es sich die Forscher mit der Suche nach diesen Personen etwas leicht machen. Warum recherchieren sie in der Ferne und nicht in der unmittelbaren Nähe? Offenbar sind sie durch die Kanonisierung einiger Schriften gehemmt. Die von 2Tim bekämpfte Irrlehre findet sich ja der Formulierung nach in der eigenen Schule, und dort nicht als Irrlehre, sondern als Lehre: Kol 2,11ff; Eph 2,4ff[34].

Wie ist diese Lehre in der Gefolgschaft des Paulus, der so erbittert um die Künftigkeit der Auferstehung kämpft, möglich? Polemisieren die Past bewußt gegen Kol und Eph? Wird der Streit also innerhalb der Schule und – für uns – innerhalb des neutestamentlichen Kanons geführt[35]?

Zunächst ist das Verhältnis der beiden Stellen des Kol und Eph zu Paulus selbst zu bestimmen. Beim (älteren) *Kol* ist trotz seines eigenen Stils deutlich, daß er sich an Röm 6,4ff anlehnt.

Auch die Past haben für die Freiheit gegen Observanzen, asketische Praxis als Heilsweg, Verstellung des Heils durch kultische und asketische Vorschriften zu kämpfen, also gegen eine Form von Gesetzlichkeit. Sie tun dies nun nicht mit der paulinischen Rechtfertigungslehre, sondern mit der Einschärfung der paulinischen, formalisierten Tradition, der »gesunden Lehre«.

[29] Ein solcher esoterischer Schulbetrieb ist für die Antike ja charakteristisch: Plato (das heute viel diskutierte Problem seiner ungeschriebenen Lehre!), Philo. In diese Richtung weist das Zweistufenschema der Belehrung: 1Kor 2,6ff; Joh 3; Hebr. Auch hinter dem johanneischen Schrifttum wird die Arbeit einer Schule sichtbar.

[30] Die ich nicht für richtig halte, die aber helfen kann, das Problem schärfer zu sehen.

[31] Daß es Differenzen gab, ist ohnehin klar. Auf Streitereien weist das Schweigen der Apg über Titus; polemische Bemerkungen finden sich in den Past: 1Tim 1,20; 2Tim 4,14: Hymenaios und Alexander werden ja nicht von Paulus, sondern von Ps-Paulus aus der Schule ausgeschlossen. Demas (Phlm 24; Kol 4,14) wird 2Tim 4,10 ins Zwielicht gerückt.

[32] Wie in der Schule Hegels, in der »dialektischen Theologie«.

[33] Vgl. die korinthischen Enthusiasten, 1Kor 4,8.

[34] Zur Sache vgl. Joh 3,18f; 5,24f.

[35] Es ist an W. Bauer zu erinnern: Was Orthodoxie, was Häresie ist, steht nicht von vornherein fest. Die Maßstäbe müssen erst gefunden werden.

Für das Verständnis dieser letzteren Stelle ist es wesentlich, daß Paulus für die Interpretation der Taufe auf das Credo zurückgreift: Christus ist gestorben (gekreuzigt), begraben, auferweckt (V. 4.6.9.10)[36]. Erst von hier aus wird seine Intention voll sichtbar. Das Credo, vollends zusammen mit dem σύν, suggeriert doch: Wenn Christus gestorben ist und wir »mit ihm«, dann sind wir auch mit ihm auferweckt. Das ist in der Tat das enthusiastische Selbstverständnis eines Teils der Gemeinde in Korinth. Röm 6,4, in Korinth und kurz nach den Korintherbriefen geschrieben, zeigt, wie entschlossen Paulus diese mögliche Konsequenz aus dem Credo (auf das sich nach 1Kor 15 auch die Korinther berufen) abwehrt[37].

So erkennt man in Röm 6 bereits zwei Phasen einer theologischen Entwicklung: die des noch unreflektierten Credo und dessen reflektierte Aktualisierung durch Paulus. Die dritte Phase liegt nun im Kol vor. Hier wird aus dem paulinischen Futurum der (einst schon in Korinth propagierte) Aorist in bezug auf unsere Auferstehung. Wie ist dies zu beurteilen? Ist der Verfasser harmlos der Suggestion des »mitgestorben – miterweckt« erlegen? Handelt es sich also lediglich um eine verbale, nicht aber sachliche Änderung? Oder will er Paulus bewußt korrigieren? Ist er also – an Paulus gemessen – ein Häretiker, der Bundesgenossen in Korinth und anderen paulinischen Gemeinden sucht und wohl auch besitzt?

Gesichtspunkte sind: Er befindet sich im heftigen Kampf gegen eine Häresie mit gnostisierenden Einschlägen. Nun könnte er trotzdem von gnostischen Ideen beeinflußt sein (wie Paulus trotz seines Kampfes gegen ein mysterienhaftes Erlösungsverständnis von Mysterienideen).

Aber bevor man ihm den Ketzerhut aufsetzt, wird zu bedenken sein: »Häresie« muß ebenso wie »Orthodoxie« als geschichtliches Phänomen erfaßt werden, nicht als ein formales Schema. Die Ideen und Denkformen jedes Theologen sind jeweilig zeitbestimmt (wobei die Feststellung von Geschichtlichkeit scharf von einem historisch-relativistischen Geschichtsbild zu unterscheiden ist; der Unterschied liegt im Problem der Sachkriterien). Es kann – aufgrund der Geschichtlichkeit der Offenbarung – keine von Weltideen chemisch reine, zeitlose christliche Theologie geben. Die Forderung einer solchen wäre – häretisch. Die Sachfrage ist doch: Welche Botschaft wird in die-

---

[36] N. GÄUMANN, Taufe und Ethik. Studien zu Römer 6 (BEvTh 47), 1967. Das Mittel für die Synthese von Sakrament und Credo ist die »Formel« »mit (Christus)«; P. SIBER, Mit Christus leben (AThANT 61), 1971.

[37] In Röm 6 haben wir einen Niederschlag der Reflexionen, die 1Kor 15 konzipiert sind: Wir haben die Auferstehung noch vor uns. Es ist eine vergebliche Ausflucht, die Futura von Röm 6 als »logische« eliminieren zu wollen. In 1Kor 15 ist die Zukünftigkeit der springende Punkt.

ser und jener zeitbestimmten Begrifflichkeit vorgetragen? In welches Gottesverhältnis werden wir eingewiesen? Wie wird die Heilstat aktualisiert?

Im Fall des Kol also in einem gegenüber Paulus veränderten Gebrauch der Tempora. M. E. läßt sich das Urteil begründen, daß Kol dennoch in der Linie des Paulus bleibt und sie selbständig in seine Situation weiterzieht, und daß er in dieser sachgemäß prozediert. Für diese Annahme sprechen folgende Gründe:

1. Die Art und Weise, wie er die von Paulus bereitgestellten Denkmittel verwendet[38].

2. Er argumentiert nicht lediglich formal (wie dies i. w. die Past tun), sondern kommt zu sachlichen Abgrenzungen und positiven Weisungen. Er durchschaut das Heilsverständnis der Gegner, sowohl seine theoretischen Grundlagen als auch die Konsequenzen für das Verhalten in der Welt[39]. Er lehnt die mythisch-spekulative Verklärung der Welt ebenso ab wie Tabuisierungen (zwei Seiten derselben Medaille) und dringt vielmehr auf ihre Bewältigung in christlicher Freiheit. Wenn Christus ihr Haupt ist, so bedeutet dies die Entgötterung ihrer »Elemente«. So sehr Christus für den Kol eine kosmische Potenz ist, so klar ist doch die Orientierung am geschichtlichen Heilswerk.

3. Für die Umsetzung der Tempora ist das gesamte Zeitverständnis und Weltbild des Verfassers zu berücksichtigen. Er entwickelt es nicht aus seiner Theologie, sondern bringt es als eine an sich neutrale Vorstellungsform mit.

Wenn Paulus thematisch Christologie und Eschatologie treibt, denkt er primär in der Vorstellungsform der Zeit. Daß er daneben in »Weisheits«-Abschnitten auch »zeitlos« denken kann, ist oben vermerkt. Im Kol herrscht nun fast ausschließlich der *Raum*-Aspekt[40]. Der Blick richtet sich nicht auf

---

[38] Anders als die Past entwickelt er keine »paulinische« Traditions*methode*. Aber er stellt seine Leser in die Nachfolge des Paulus und übernimmt das Dispositionsschema des Gal und Röm, in dem sich das Verhältnis von »Indikativ« und »Imperativ« darstellt. Einem »gnostischen« Mißverständnis der umgesetzten Tempora beugt er so vor, daß er hinter συνηγέρθητε 2,12 zufügt: διὰ τῆς πίστεως, und den Aorist συνεζωοποίησεν 2,13 durch χαρισάμενος ἡμῖν πάντα τὰ παραπτώματα erläutert und diese Erklärung durch 2,14 nachdrücklich verstärkt; damit ist auch 2,15 abgesichert.

Diese Sicherungen entsprechen sachlich den Klammern um den Christushymnus in Kol 1: 1,12–14 und 1,20ff.

[39] Zu den Gegnern: G. Bornkamm, Die Häresie des Kolosserbriefes (in: Das Ende des Gesetzes [BEvTh 16], 1958², 139–156); H.-M. Schenke, Der Widerstreit gnostischer und kirchlicher Christologie im Spiegel des Kolosserbriefes (ZThK 61, 1964, 391–403); Lohse, aaO. 186–191; Schweizer, aaO. 100–104.

[40] Lindemann, aaO. 40–44; für Eph 49–66.

Auch die Gnosis sieht die Welt räumlich. Doch ist dieser Aspekt nicht schon an sich gnostisch.

die *künftige* Welt (nur noch beiläufig in einer traditionellen Wendung, 3,4), sondern auf die *obere.* Erlösung ist Versetzung aus der Finsternis in das Licht, das himmlische Reich, 1,12–14[41]. In concreto ist diese Versetzung nicht eine mythische Himmelsreise, sondern die Vergebung der Sünden. Das Erlösungsverständnis ist ausgesprochen ungnostisch[42].

Dies bestätigt sich in der Christologie, wie sie in den Interpretamenten erscheint, die der Verfasser dem von ihm zitierten Lied 1,15–20 hinzufügt: 1,18.20.21–23.

4. Wie die Freiheit verstanden ist und praktiziert werden soll, steht in der Paränese mit der Grundlegung 3,1–4[43]. Die beiden ethischen Kataloge 3,5ff gewähren Einblick in das anthropologische Vorstellungsmaterial[44]. Der Aufruf, zu suchen, was oben ist, wird durch zwei volle Kapitel erläutert.

Fazit. Wenn der Verfasser der Past mit 2Tim 2,18 auf den Verfasser des Kol gezielt haben sollte, was wir nicht wissen, aber für möglich halten müssen, dann können wir zwar sein Urteil in der damaligen Lage verstehen. Er hätte die Ausdrucksweise seines einstigen Schulgenossen mit der Sprache der »Gnostiker« seiner Umgebung verglichen und im Kol einen Abfall zu jenen gesehen. Aber objektiv wäre sein Urteil nicht zutreffend gewesen. Das Denken des Kol ist als Erschließung von Glauben bestimmt, nicht von γνῶσις in dem qualifizierten Sinn, daß das erlöste Selbst zum Gegenstand der Theologie würde. Die Welt ist als Gottes Welt und Werk des Schöpfungsmittlers Lebensraum und der Ort, in dem die Erlösung geschieht, nicht Gegenstand kosmologisch-mythischer Spekulation und nicht Faktor zu erlösender (oder wenigstens mit-erlösender) Potenz. Christliche Existenz spielt sich in der Kirche ab, nicht in einem mythischen Hohlraum. Der Existenzsinn der paulinischen Trias Glaube – Liebe – Hoffnung (1,3–5) ist in der Substanz erhalten.

Wir stellen dieselben Fragen an den *Eph.* Er ist ja dem Kol ähnlich, stammt aber nicht vom selben Verfasser. Darauf weisen die Unterschiede in der

---

Allerdings wird von der Gnosis der Weltraum mythisiert: Er wird zur – negativen – soteriologischen Potenz.

[41] Anders LOHSE, aaO. z. St.; doch s. auch SCHWEIZER, aaO. z. St.

[42] Der Gnostiker braucht keine Vergebung, wohl aber Warnung vor der Gefährdung durch die Welt (Thomasevangelium!). Das gnostische Selbst hat keine Geschichte in der (von Gott geschiedenen) Welt. Es kann nicht durch eine geschichtliche Tat erlöst werden. Eben auf diese legt Kol den Nachdruck.

[43] Mit der paradoxen Formulierung: Wenn ihr auferstanden = oben seid, suchet, was oben ist.

[44] Tugenden und Laster als Glieder: Das ist iranischer Stil. Im Kol fehlt aber das iranische mythische Symbol dieser Anthropologie, die Gestalt des himmlischen Doppelgängers. Denn *Christus* ist unser Leben.

Sprechweise und Gedankenwelt. Die einfachste Annahme ist, daß Eph den Kol kennt, im Kontakt mit ihm arbeitet, aber eine eigene Thematik selbständig ausführt[45]. Ganz anders als Kol ist er nicht polemisch angelegt. In ihm herrscht die grundsätzliche Gedankenentfaltung. Die Forschung stellt für ihn einen noch größeren Anteil gnostischer Motive fest[46] als für Kol.

Uns kommt es wieder vor allem darauf an, daß auch der Eph, und zwar besonders intensiv, die Weisheitslinie aus Paulus weiter auszieht. Auch in ihm ist die Zeit- durch die Raumanschauung ersetzt, noch konsequenter als im Kol.

Einerseits scheint damit die gnostische Gefahr noch näher gerückt zu sein, da Eph seine gnostisierenden Denkformen in weiterem Umfang dazu benutzt, die Situation des Menschen in der Welt und unter den Mächten zu beschreiben. Andererseits reflektiert er im Umgang mit diesen Motiven bewußter als sein Vorgänger über ihre Gefährlichkeit. Vor dem Hintergrund des Kol zeichnen sich Übereinstimmung und Fortschritt der Weisheitsreflexion ab[47]. Das vielleicht beste Beispiel ist der Umgang mit den Begriffen σῶμα/κεφαλή[48]. Was im Kol angelegt ist, der Weg vom kosmologischen Sinn von σῶμα zum ekklesiologischen, wird jetzt systematisiert.

In dem oben erwähnten Kol-Text 2,11ff und seiner Verarbeitung durch Eph 2,4–10 haben wir einen direkten Beleg für Arbeitsweise und Tendenz. Eph 2 kennt sowohl Kol 2 als auch Röm 6. Eph übernimmt den Aorist des Kol, ja verstärkt noch: συνεκάθισεν ἐν τοῖς ἐπουρανίοις. Der erste Eindruck ist: Die Reise in die Gnosis ist eine Station weiter fortgeschritten. Doch gilt es auch hier mit dem Urteil vorsichtig zu sein. Dem Verfasser des Eph ist noch klarer als dem des Kol bewußt, daß das Regulativ das Credo ist. Auf dieses und damit auf die Kirche ist das συνήγειρεν in erster Linie bezogen. Auch Eph deutet den Glauben nicht als Einladung zur Selbstbetrachtung des erleuchteten Gnostikers, sondern zum Fortschreiten im Verstehen der Offenbarung an die Kirche, ihres Lebens und Kampfes in der Welt und des ihr verheißenen Zieles.

Daß in der kosmologischen Bildersprache des Eph die Kirche weltweite Dimension hat, bedeutet unmythisch, daß sie durch ihre Verkündigung jede Weltmacht transzendiert.

Wie bewußt die Situation der Auseinandersetzung ist, läßt sich an einem

---

[45] LINDEMANN, aaO. 44–48.

[46] H. SCHLIER, Christus und die Kirche im Epheserbrief (BHTh 6), 1930.

[47] Übereinstimmung nicht nur in wörtlichen Anklängen, sondern auch in der Nachahmung des Aufbaus mit demselben Gleichgewicht der beiden Hauptteile.

[48] GNILKA, aaO. 34–38.99–111.

kleinen Indiz beobachten: Der Verfasser merkt, wie gefährlich die Änderung des Tempus sein kann. Darum setzt er durch zwei Notizen ein Warnsignal. Sie stehen hart im Kontext und wirken eben deshalb als Ausrufezeichen; sie enthalten eine geraffte Zusammenfassung paulinischer Stichwörter, 2,5.8.9f. Es folgt 2,11ff eine Phänomenologie der Kirche; in ihrem Zentrum ist das Kreuz genannt, der geschichtliche Fixpunkt des Heilsgeschehens.

IV. Ergebnis

Durch die Analyse erschienen vier oder sogar fünf Stadien einer Tradition:

1. Das frühe Kerygma von Tod und Auferstehung Jesu.

2. (hier im Referat ausgeklammert:) Eine wohl schon vorpaulinische mit Hilfe von Mysterienideen entwickelte Deutung der Taufe als Teilhabe am Schicksal der Kultgottheit.

3. Die Interpretation des Paulus im Stil seines »mit Christus«. Das Credo ist das theologische »Materialprinzip«, das »mit Christus« das Mittel der existentialen Interpretation. Die Tendenz des Paulus erscheint in der konsequenten Unterscheidung von Vergangenheit, Gegenwart und Zukunft.

4. Der Kol ersetzt den temporalen Aspekt durch den räumlichen. Die Umsetzung der paulinischen Tempora ist daher nicht zu überschätzen.

5. Im Eph wird die Raumvorstellung zum Gegenstand der Reflexion, im Ausbau des Kirchengedankens, der zum festen Bestandteil der Aussagen über das Heilsgeschehen wird.

Als ein weiteres, von Kol und Eph nicht beeinflußtes, Beispiel der Schulentwicklung kann der 2Thess dienen[49]. Er führt die eschatologische Problematik in eine neue Phase der Reflexion. Im eschatologischen Abschnitt des 1Thess dominiert die Naherwartung der Parusie. Eben vor dieser wird im 2Thess gewarnt. Anlaß sind Schwärmer, die lehren, der Tag des Herrn stehe unmittelbar bevor[50], und sich dafür auf Paulus berufen.

Wenn ihnen nun 2Thess das Recht dazu bestreitet: Formal sind die Gegner im Recht. Sie sind offenbar orthodoxe Pauliner und haben den 1Thess für

---

[49] Zur Echtheitsfrage: W. TRILLING, Untersuchungen zum zweiten Thessalonicherbrief (EThS 27), 1972; A. LINDEMANN, Zum Abfassungszweck des Zweiten Thessalonicherbriefes (ZNW 68, 1977, 35–47): »2Thess ist von seinem Vf bewußt als Fälschung konzipiert worden« (46); er sollte den 1Thess verdrängen.

[50] ἐνέστηκεν: s. BAUER, WB s. v. Die oft aufgestellte Behauptung, das Wort könne nur bedeuten »ist schon da«, stimmt nicht. S. H. CONZELMANN, Der erste Brief an die Korinther (KEK V), 1969[11] zu 1Kor 7,26; LINDEMANN (s. Anm. 49), 41. Vulg.: quasi instet. Es bleibt bei der Bedeutung: imminet.

sich. Und dennoch ist theologisch für den 2Thess zu votieren: Die Gegner wiederholen zwar die Sätze des Paulus. Aber ihren Sinn haben sie offensichtlich nicht kapiert. Sie vermögen die eschatologischen Aussagen des Paulus nicht in eine neue Situation zu übertragen. Sie haben nicht den geschichtlichen Sinn der Eschatologie als Auslegung der jeweiligen Zeit begriffen. Sie sind nur noch formal orthodox und sind aus Orthodoxie Schwärmer geworden. Auch das ein Stück Wirkungsgeschichte der Schule des Paulus.

Fides occidit rationem

Ein Aspekt der theologia crucis in Luthers Auslegung von Gal 3,6

GERHARD EBELING

Unter den vernunftfeindlichen Äußerungen Luthers ist die schockierendste die, daß der Glaube die Vernunft tötet. »Was bedürfen wir weiteres Zeugnis?«, könnte es in dem Prozeß heißen, zu dem sich das angeblich finstere Mittelalter und die vermeintlich aufgeklärte Moderne zusammenfinden, um gegen ein anscheinend unmenschliches Verständnis des christlichen Glaubens Anklage zu erheben und ihm gegenüber die ratio zu verteidigen. Das entspricht auch den vagen Vorstellungen, die bei dem Schwund des Geschichtsbewußtseins im Durchschnittswissen über Luther noch anzutreffen sind[1]. Ganz anders klingende Aussagen Luthers über die Vernunft[2] wären wohl in Erinnerung zu rufen. Aber das ist wenig erhellend, solange nicht der Sinn jenes unverantwortlich anmutenden Diktums vom Vernunftmord des Glaubens klargestellt ist. Allerdings ist das Glaubensverständnis nicht minder davon betroffen als das Vernunftverständnis. Findet sich doch jenes anstößige Wort in einem Zusammenhang, in dem es allein um eine Erläuterung dessen geht, was Glauben heißt, in der Galaterbriefvorlesung von 1531[3] bei der Erläuterung von Gal 3,6[4]: Quemadmodum Abraham credidit Deo, et reputatum est illi ad iustitiam[5]. Die folgenden Darlegungen beschränken sich

---

[1] Vgl. K. BORNKAMM, Der fremde Luther, in: Der fremde Luther und die fremde Konfessionalität. Im Lichte der Reformation, Jahrbuch des Evangelischen Bundes XVII, 1974, 5–23.

[2] Zur Thematik bei Luther: B. LOHSE, Ratio und Fides. Eine Untersuchung über die ratio in der Theologie Luthers, 1958. B. A. GERRISH, Grace and Reason. A Study in the Theology of Luther, 1962. R. KUHN, Luthers Lehre von der ratio. Diss. masch. Erlangen, 1957.

[3] WA 40,1 und 40,2; 1–184. Dazu: G. SCHULZE, Die Vorlesung Luthers über den Galaterbrief von 1531 und der gedruckte Kommentar von 1535. ThStKr 98/99, 1926, 18–82. K. BORNKAMM, Luthers Auslegungen des Galaterbriefs von 1519 und 1531. Ein Vergleich. AKG 35, 1963. – Im folgenden werden die Zitate aus der Nachschrift Georg Rörers und die aus der ebenfalls von Rörer stammenden Druckbearbeitung, dem 1535 erschienenen Kommentar, durch die Angaben Hs und Dr unterschieden. Seitenangaben ohne Bandzahl beziehen sich stets auf WA 40,1.

[4] 359,7–373,2. Diese Auslegung gehört in die am 28. August, ab 370,1 in die am 29. August 1531 gehaltene Vorlesung, vgl. 346,6.

[5] So entgegen Vulgata (Sicut scriptum est: Abraham . . .) und der Wittenberger Vulgata-Revision von 1529 (Sicut Abraham . . ., WADB 5; 678,24f) 359,15f (Dr), aber ansatzweise auch 359,8 (Hs).

auf eine Untersuchung der exegetischen Bemerkungen Luthers zu diesem Vers, der als solcher nicht von der Vernunft, sondern nur vom Glauben spricht.

I. Quid fides

Paulus hat die Auseinandersetzung mit seinen Gegnern in Vers 5 auf die Alternative zugespitzt, ob die galatischen Gemeinden den Geist ex operibus legis empfangen haben oder ex auditu fidei; ob daraufhin, daß sie sich durch strenge Observanz dem Gesetz gemäß betätigten und auszeichneten, oder daraufhin, daß ihnen eine Botschaft aufgegangen ist, die ihr Herz ergriff und ihre Gottesbeziehung ganz auf den Glauben stellte. Zur Verdeutlichung dieses Sachverhalts verweist Paulus in Vers 6 auf Abraham, indem er Gen 15,6 zitiert: »Er glaubte Gott, und das wurde ihm zur Gerechtigkeit angerechnet.« Das heißt: Damit kam zwischen Gott und Abraham alles ins reine. Er mußte sich nicht erst durch religiöse Leistungen vor Gott Anerkennung verschaffen und des göttlichen Wohlgefallens versichern. Er durfte vielmehr von der Zusage dieses Wohlgefallens und dem Angenommensein durch Gott ausgehen. Was ist solcher Glaube[6]? Diese Frage muß der Exeget beantworten, um durch die Worte des Textes zur Sache des Textes vorzudringen.

Auch wenn es an der jetzt in Betracht gezogenen Stelle nicht ausdrücklich erwähnt wird, steht doch Luthers Interpretation dessen, was Paulus hier unter Glaube versteht, in kritischer Auseinandersetzung mit dem scholastischen Glaubensverständnis. In der reformatorischen Perspektive verlieren die diesbezüglichen innerscholastischen Richtungsunterschiede an Bedeutung, weil sie nun durch eine fundamentale Differenz relativiert werden. Sie läßt sich – schon im Hinblick auf unseren Text – folgendermaßen bestimmen. Das Verhältnis zwischen dem Glauben und seinem Gegenstand wird von Luther unter Berufung auf Paulus anders gefaßt als in der Scholastik. Zwar entfällt auch bei Luther nicht die für die scholastische Behandlung des Themas wichtige Unterscheidung zwischen dem obiectum fidei und dem actus fidei[7]; doch verändert sie bei ihm ihren Charakter und weist infolgedessen tatsächlich eine stark integrierende Tendenz auf. Das Auseinandertreten in zwei weitgehend voneinander unabhängige Bereiche und die daraus folgende Pluralisierung auf beiden Seiten, der Objekt- wie der Aktseite, werden bei

---

[6] 360,2f (Hs): Explica istum locum; vide, quid fides: . . . Vgl. 360,18f (Dr): Qui Rhetor est, exaggeret hunc locum, et videbit, quod fides sit . . .

[7] Vgl. Thomas von Aquin, S.th. 2,II q.1 und q.2ff.

Luther überwunden. Diese Konzentrationsbewegung im Verständnis des Glaubensgegenstandes wie des Glaubensaktes und damit zugleich in bezug auf die Relation zwischen beiden zeichnet sich überdies durch folgendes aus. Der nun so intensiv erfaßte Geschehenszusammenhang des Glaubens erlaubt es Luther, eine Aussage über die Kraft des Glaubens mit Nachdruck aufzunehmen, die für Paulus fundamental ist und uneingeschränkt gilt, von der Scholastik hingegen mit Vorbehalten versehen werden muß und nur abgeschwächt vertreten werden kann: Abraham credidit Deo et reputatum est illi ad iustitiam (Gal 3,6) oder: hominem iustificari fide absque operibus legis (Röm 3,28).

II. Virtus fidei

Die formalisierende Kennzeichnung der fundamentalen Differenz im Glaubensverständnis zwischen der Scholastik und Luther sei durch kurze Hinweise erläutert. Der eine Schwerpunkt der scholastischen Lehre vom Glauben liegt in seiner psychologischen Ortung innerhalb einer umfassenden Lehre von den menschlichen Seelenkräften[8]. Außer der Beziehung zum Erkenntnis- und zum Strebevermögen wird dabei die Reflexion auf die Unterscheidung zwischen actus und habitus wichtig. In diesem Rahmen wird durchaus der Glaube als eine übernatürliche virtus von den moralischen Tugenden abgehoben: Er ist übernatürlich vermittelt und richtet den Glaubenden auf ein übernatürliches Ziel hin aus. Dennoch unterliegt der so bestimmte Glaube dem inneren Gefälle einer anthropologischen Konzeption, die den Menschen seinem Wesen nach als in Selbstverwirklichung begriffen versteht[9]. Das Problemfeld, das sich hier auftut, kündigt sich darin an, daß sich der Glaubensbegriff nach verschiedenen Hinsichten auffächert: Die Unterscheidungen zwischen fides als actus und fides als habitus, zwischen fides

[8] Vgl. mein Buch: Disputatio de homine. Erster Teil: Text und Traditionshintergrund. Lutherstudien Bd. II, 1977, 136–142: § 15 Das theologische Interesse der Scholastik an der Psychologie.

[9] Thomas von Aquin, S.th. 1,II Prol.: Quia, sicut Damascenus dicit, homo factus ad imaginem Dei dicitur, secundum quod per imaginem significatur ›intellectuale et arbitrio liberum et per se potestativum‹; postquam praedictum est de exemplari, scilicet de Deo, et de his quae processerunt ex divina potestate secundum eius voluntatem, restat ut consideremus de eius imagine, idest de homine, secundum quod et ipse est suorum operum principium, quasi liberum arbitrium habens et suorum operum potestatem. Es versteht sich von selbst, daß hier diejenigen Implikationen von Selbstverwirklichung fernliegen, die diesem Stichwort heute Anziehungskraft verleihen. Dennoch besteht ein Zusammenhang analoger Art. Vgl. meinen Aufsatz: Das Leben – Fragment und Vollendung. Luthers Auffassung vom Menschen im Verhältnis zu Scholastik und Renaissance. ZThK 72, 1975, 310–336.

acquisita und fides infusa, vor allem zwischen fides informis und fides formata, sowie ferner zwischen fides implicita und fides explicita, zwischen fides generalis und fides specialis beherrschen die Lehre vom Glauben. Von den scholastischen Voraussetzungen des Glaubensbegriffs her sind diese Distinktionen zwar sinnvoll und notwendig. Wie tief aber Luthers Einspruch dagegen ansetzt, verrät seine Feststellung, daß Paulus eben deshalb, weil er dem Glauben die Rechtfertigung zuschreibt, unmöglich von einer solchen Pluralität des Glaubens reden könne[10]. Die Erklärung dafür liegt nicht einfach nur darin, daß – was auch für die Scholastik unbestritten galt – die Rechtfertigung nicht von einer fides acquisita, sondern allein von der fides infusa ausgesagt werden könne[11]. Entscheidend ist vielmehr der Anstoß an einem Verständnis der fides infusa, das sich durch die Unterscheidung von fides informis und fides charitate formata expliziert[12] und deshalb die iustificatio sola fide bestreitet[13]. Wird von diesem Herzstück scholastischer Glaubensauffassung abgegangen, so entfallen auch alle anderen Anlässe zu einer Pluralisierung des Glaubensbegriffs. Das zeigt sich dann auch an der Kritik gegenüber dem anderen Schwerpunkt der scholastischen Lehre vom Glauben. Die Aufgliederung in eine Vielzahl von Glaubensartikeln wird durch Luther zwar keineswegs bestritten[14]. Sie wird aber vor einem positivistischen Mißverständnis dadurch bewahrt, daß unbeschadet der Mehrzahl von Glaubensartikeln Jesus Christus selbst das eine obiectum fidei schlechthin ist[15]. Ihn anzublicken, ihn in die Arme zu schließen[16], das ist Glaube. Von diesem seinem Bezugspunkt her ist der Glaube einer, indem der Glaubende mit Jesus Christus geradezu eins wird[17]. Eben darin geschieht, was der Glaube glaubt. Man könnte zwar

---

[10] WA 39,1; 45,11–13: Cum vero Paulus prolixe tribuit iustificationem fidei, necesse est ipsum de istis fidebus (ut sic dicam) acquisita, infusa, informi, formata, explicita, implicita, generali, speciali nihil dicere.

[11] WA 39,1; 44,5–45,2. Luther stellt allerdings in seinen Thesen de fide die fides infusa im scholastischen Verständnis, auf den Effekt gesehen, mit der fides acquisita gleich, während er die (von ihm explikativ so genannte) fides apprehensiva Christi als vere infusa versteht: 45,21–34.

[12] Vgl. z.B. 421,1–423,4.

[13] Vgl. 241,7–11.

[14] Vgl. WA 40,2; 47,3–48,7.

[15] 164,6–14 (Hs): Ratio habet obiectum legem: hoc feci, hoc non; fides nihil videt, non, quid sit charitas, quando est in suo officio proprio, sed habet coram se, in conspectu suo Iesum Christum filium dei . . . Qui ex isto obiecto kompt, non habet veram fidem sed fucum, opinionem, non fidem, quia sua fides vertit oculos ad charitatem.

[16] WA 39,1; 46,3f: Fides vera extensis brachiis amplectitur laeta filium Dei pro sese traditum et dicit: ›Dilectus meus mihi et ego illi‹ [Cant 2,16].

[17] 285,5–286,2 (Hs): . . . fides facit ex te et Christo quasi unam personam, ut non segregeris a Christo, imo inherescas, quasi dicas te Christum, et econtra: ego sum ille peccator, quia inheret mihi et econtra. convincti per fidem in unam ›carnem, os‹ [Eph 5,30f] multo arctiore vinculo quam masculus et femina. Ergo illa fides non otiosa . . .

einwenden, auch für die Scholastik gelte eine solche Konzentrik der Glaubensgegenstände sowie der Aspekte des Glaubensvollzuges kraft der Beziehung auf den Gnadenbegriff. Aber dennoch wiederholt sich in der Scholastik gerade auch hier die Tendenz zur Pluralisierung. Dagegen eröffnet die schlichte Erfassung des Glaubens als der fides Christi und eben deshalb als einzig angemessener Weise des Gottesverhältnisses[18] eine Art, vom Glauben zu reden, die von der Scholastik tief verschieden ist.

Ohne polemisches Eingehen auf die Sprache der Scholastik unternimmt es Luther nun, in der Auslegung von Gal 3,6 das Wesen des Glaubens so elementar wie möglich auszusagen. Er gelangt dabei zu Formulierungen von ungewohnter Einfachheit und Kühnheit. Sie durchbrechen die Schemata der traditionellen Lehre vom Glauben, indem sie alles, was über ihn zu sagen ist, darin zusammenfassen, was er vermag und wirkt, was er leistet. Die Verbindung, die das Textwort zwischen dem Glauben und der Gerechtigkeit vor Gott herstellt, wird darauf befragt, welche Macht damit dem Glauben zugesprochen ist. Dadurch verändert sich die Zuordnung des Glaubens zu den menschlichen Fähigkeiten, und es verdichtet sich zugleich der Inhalt des Glaubens zu einer denkbar schlichten Formel. Statt von der virtus, die der Glaube innerhalb der menschlichen Seelenvermögen ist, wird nun – in umstürzender Veränderung gegenüber der Scholastik – von der virtus gesprochen, die der Glaube hat. Und statt von einer Reihe von Glaubensinhalten ist nun von dem einen die Rede, worauf im Glauben alles hinausläuft, von dem Sachgehalt, der in ihm zum Vollzug kommt: dare gloriam Deo[19]. Mit der Erläuterung dieser allzu leicht abgegriffen anmutenden Formel setzen wir ein, um uns von da aus die Aussage über die virtus des Glaubens erschließen zu lassen.

III. Dare gloriam Deo

Die Wendung dare gloriam Deo stellt sich hier nicht von allein als eine geläufige theologische Phrase ein. In einer nicht auf den ersten Blick erkennbaren Weise legt sie sich vom exegetischen Zusammenhang her nahe. Gleich bei

---

[18] Vgl. meinen Aufsatz: »Was heißt ein Gott haben oder was ist Gott?« Bemerkungen zu Luthers Auslegung des ersten Gebots im Großen Katechismus. In meiner Aufsatzsammlung: Wort und Glaube II, 1969, 287–304.

[19] 360,3f (Hs): Est [fides] incomparabilis res et eius virtus inestimabilis, Dare gloriam deo. Hs schreibt deus, Dr Deus. Nur dort, wo Hs unmittelbar zitiert wird, übernehme ich die Kleinschreibung. Zu der Umfunktionierung des virtus-Begriffs schon beim jungen Luther s. R. Schwarz, Fides, spes und caritas beim jungen Luther. Unter besonderer Berücksichtigung der mittelalterlichen Tradition. AKG 34, 1962, vornehmlich 76ff.

Beginn der Interpretation von Gal 3,6 weist Luther auf die Parallele in Röm 4 hin[20], jedoch so, daß er hervorhebt, was der Zitation von Gen 15,6 in Röm 4,3 (Quid enim dicit Scriptura? Credidit Abraham Deo: et reputatum est illi ad iustitiam) als negative Formulierung vorangeht: Si enim Abraham ex operibus iustificatus est, habet gloriam, sed non apud Deum (Röm 4,2)[21]. Die Deutung des Gerechtfertigtseins als eines gloriam habere, wie es aufgrund von Leistungen coram hominibus gilt, also im Sinne des καύχημα, das Paulus hier antithetisch zur Gerechtigkeit vor Gott einführt, veranlaßt dazu, entsprechend auch das Gerechtfertigtsein vor Gott durch den Begriff der gloria zu erhellen. Obwohl sich die Rede von einem gloriam habere vor Gott durchaus auch als Wiedergabe von καύχησις bei Paulus findet (Röm 15,17: Habeo igitur gloriam in Christo Iesu ad Deum), macht sich doch Luther hier die Tatsache zunutze, daß gloria ebenfalls für δόξα stehen kann. Die nähere Ausführung über Abraham in Röm 4 gibt Luther dazu ein Recht, da Paulus selbst das Verhalten des glaubenden Abraham als ein dare gloriam Deo kennzeichnet (Röm 4,20: In repromissione autem Dei non haesitavit diffidentia, sed confortatus est fide, dans gloriam Deo; als Übersetzung von δοὺς δόξαν τῷ θεῷ)[22]. Und schließlich folgt Luther auch darin Röm 4, daß er unter Hinweis auf 4,23f betont, dies sei nicht bloß um Abrahams willen, sondern auch um unsertwillen geschrieben; die Gleichsetzung mit dare gloriam Deo stelle also eine Grundbestimmung des Glaubens überhaupt dar[23].

---

[20] 359,8f (Hs): Amplificatio huius loci [sc. Gal 3,6] Ro. 4 [Vers 2]: . . .

[21] 359,9–11.

[22] 359,11f (Hs) ist die zusätzliche Bezugnahme auf Röm 4,20 nicht leicht erkennbar: Iste dignus textus [Röm 4,3] et Paulus dignissime tractat dans gloriam deo. Um den Telegrammstil der Nachschrift richtig zu verstehen, müßte man schreiben: . . . tractat: ›dans gloriam deo‹ [Röm 4,20]. 359,32–360,14 (Dr) ist diese Anspielung richtig ausgeführt. Der Herausgeber hat aber in WA das Zitat weder hier noch dort vermerkt.

[23] Auch diese Bezugnahme auf Röm 4,23f wird 359,12 (Hs) nur angedeutet (im Unterschied zu WA hier korrekt als Zitat gekennzeichnet), um damit den Übergang zur generellen Anwendung auf den Glauben zu vollziehen, 359,12–360,2 (Hs): ›Non [. . .] propter ipsum‹, quod fides in deum sit Sanctus cultus dei, Sanctum obsequium dei, obedientia dei et gloria. Fidele cor dat deo gloriam. Vgl. 360,15–18 (Dr): ›Scriptum est autem non solum propter ipsum, quod reputatum est illi, sed et propter nos‹ etc. [Absatz] Et Paulus hic ex fide in Deum summum cultum, summum obsequium, summum obedientiam et sacrificium facit ex fide in Deum. Abgesehen von der versehentlichen Wiederholung von: ex fide in Deum, und von der wohl absichtlichen Auflösung des S in Hs statt in Sanctus in summus, fällt auf: In Dr wird der Zusammenhang etwas gelockert, der die folgende Beschreibung des Glaubens mit der vorangegangenen Interpretation von Gal 3,6 durch Röm 4 verbinden sollte. Darum verschwindet in dem Überleitungssatz auch das Stichwort gloria und wird durch sacrificium ersetzt, was nicht bloß zu cultus, obsequium und obedientia besser zu passen scheint, sondern auch schon auf die künftige Aussage über die Tötung der ratio vorausweist, vgl. 362,7 (Hs). 22 (Dr).

Wenn der Glaube als »Gott Ehre geben« beschrieben wird, ist zum einen das nach Röm 4,2 zunächst zu erwartende gloriam habere gemäß Röm 4,20 durch ein gloriam dare ersetzt. Zum andern wird der Glaube nicht auf seine gedanklichen Inhalte, sondern auf sein Handeln hin expliziert. Es wäre aber irreführend, wenn man so akzentuierte: Mit der Wendung dare gloriam Deo sei nicht ausgesagt, was der Glaube denkt, sondern was er tut. Vielmehr wird in ihr das, was der Glaube denkt, mit dem identisch, was er tut. Sein Denken vollzieht sich als Tun. Oder noch schärfer: Sein Tun vollzieht sich als Denken – denken dann nicht im Sinne eines isolierten intellektuellen Aktes, vielmehr als Lebensvollzug, als die Einstellung, die man zu etwas einnimmt, als die Art, wie man darüber denkt, als das Urteil, wie man es einschätzt.

IV. Reputare

Luther verwendet dafür das Verbum reputare[24]. Das credere ist ein reputare, nicht ein putare, ein bloßes Meinen oder Vermuten. Die Vorsilbe »re« bringt zum Ausdruck, daß hier eine Gegenrelation im Spiel ist, ein Reagieren auf ein Agens, ein Widerspiegeln dessen, was einem begegnet. Wir gebrauchen das Fremdwort Reputation im Sinne von: der Ruf, das Ansehen, in dem jemand steht, die Einschätzung, die einem vom andern her entgegengebracht wird. Das griechische Äquivalent λογίζεσθαι ist ein von Paulus bevorzugtes Wort, das in der Vulgata freilich außer durch reputare je nach Bedeutungsnuance auch durch andere Verben wiedergegeben wird[25].

Luthers Rückgriff auf das Verbum reputare wird man jedoch an dieser Stelle weder aus dem allgemeinen lateinischen Sprachgebrauch noch aus der paulinischen Vorliebe für das Wort λογίζεσθαι herleiten können, sondern wiederum aus Luthers exegetischem Vorgehen erklären müssen. Die Vokabel reputare läßt er sich hier durch den von Paulus Gal 3,6 und Röm 4,3 zitierten Vers Gen 15,6 zuspielen: Abraham credidit Deo, et reputatum est illi ad iustitiam. In Röm 4 führt die breite Darlegung über Abraham zu einer Häufung der Vokabel reputare[26]. Während es nun aber hier um die Reputation geht, die Abraham als Glaubendem von Gott her zuteil wird, kehrt Luther die Ausrichtung um auf die Reputation, die durch den Glauben Gott zu-

[24] 360,4f (Hs): sed fides, quia credit, deo reputat sapientiam, bonitatem, omnipotentiam, dat ei omnia divina.

[25] Accepto ferre (vgl. Röm 4,6), aestimare, arbitrari, cogitare, deputare, existimare, imputare.

[26] In Röm 4 verwendet die Vulgata 8mal reputare, zweimal imputare.

teil wird. Das ist eine ganz ungewöhnliche Ausdrucksweise, deren Ableitung als spiegelbildliche Umkehrung der Reputationsaussage in Gen 15,6 durch eine grammatikalische Beobachtung bestätigt wird. Die Konstruktion von reputare mit einem Dativ der Person samt einem Akkusativobjekt ist eigentlich nur in der Bedeutung von anrechnen, zurechnen sinnvoll[27]. In der Aussage über Abraham, der als solcher nicht gerecht ist und dem auch als Glaubendem nur dank des göttlichen Urteils Gerechtigkeit zugesprochen wird, tritt darum noch die präpositionale Relation ad iustitiam hinzu. In der Beziehung des Glaubens zu Gott wäre es dagegen sinnlos, diese Ausdrucksweise zu gebrauchen: Deo reputare aliquid ad . . . Es erschiene aber ebenfalls unangemessen, sich jener anderen Ausdrucksweise zu bedienen: Deo reputare aliquid. Luther hat dies laut der Nachschrift dennoch getan, was kaum auf ein Versprechen oder auf einen Hörfehler zurückzuführen ist. Allerdings bedient sich die Druckfassung der theologisch anscheinend korrekten Form, wenn für (fides) Deo reputat sapientiam etc. gesagt wird: reputare eum esse veracem etc.[28] Durch diese sachliche Glättung geht jedoch verloren, daß entsprechend dem kreativen reputare Gottes dem Glaubenden gegenüber der Glaube selbst als ein kreatives reputare Gott gegenüber bezeichnet wird. Obwohl Luther also von der sprachlichen Konstruktion in Gen 15,6 abweicht und nicht sagt: fides reputat Deo aliquid ad iustitiam, sondern – jetzt in angeglichener Formulierung –: fides reputat Deo iustitiam, ist diese Ausdrucksweise dennoch nur als eine von dort hergeleitete Umbildung zu verstehen, da sie in sich selbst theologisch nicht angemessen erscheint.

Ohne den Einblick in diese Zusammenhänge könnte man sich mit der naheliegenden Antithetik zwischen dem Trachten nach eigenem Ruhm und der Bereitschaft, Gott die Ehre zu geben, begnügen und den Glauben als äußersten Selbstverzicht verstehen. Daran ist unbestreitbar etwas Richtiges. Hier berührt sich der Glaube mit menschlicher Erfahrung. Der Mensch ist auf Anerkennung und Geltung, auf Ansehen und Ehre angewiesen. Man darf dies nicht sogleich zu Eitelkeit, Ruhmgier und Geltungssucht vergröbern, wie sie allerdings leicht die Grenzen des moralisch Zulässigen und des konventionellen Anstands verletzen. Jedoch ist vom Menschsein das Urbedürfnis unabtrennbar, im Urteil anderer zu bestehen, Lob zu erfahren, angenommen zu sein, sogar in seinen Schwächen geliebt zu werden. Das gehört

---

[27] Z.B. 2Kor 5,19: non reputans illis delicta ipsorum . . .

[28] 360,21–23 (Dr) (vgl. o. Anm. 24): Tribuere autem Deo gloriam est credere ei, est reputare eum esse veracem sapientem, iustum, misericordem, omnipotentem, in summa: agnoscere eum authorem et largitorem omnis boni.

zu jenen Grundnotwendigkeiten, die notfalls zu Surrogaten flüchten lassen, während ohne das Minimum an Erfüllung das Leben unerträglich wird und erlischt. Daran hat der Glaube seinen Erfahrungsbezug, der aber nach paulinischem Verständnis in der Tat eine antithetische Umkehrung erfährt: Der Glaube ist dieser Sorge des Menschen um seine eigene Geltung enthoben. Ihm ist es um die Geltung Gottes zu tun. Das ist das Gegenteil dessen, wozu es den Menschen von Natur treibt. Nun wäre es aber eine gefährliche Vergewaltigung des Lebens, wenn man es daraufhin in eine Eindimensionalität zu zwingen versuchte: Da Glaube heiße, Gott die Ehre geben, müsse alles ausgemerzt werden, was sonst an Geltung und Anerkennung als lebensnotwendig empfunden wird. Der Mensch müsse sich einer Radikalaskese unterwerfen, die ihn gegen menschliche Anerkennung völlig gleichgültig macht. Es wäre ein verheerendes Mißverständnis der Ehre, die Gott zukommt, sie als zerstörende Konkurrenz dessen aufzufassen, was im menschlichen Zusammenleben gegenseitige Achtung und auch unterschiedliche Geltung erforderlich macht. Was in dieser Hinsicht notwendig und angemessen ist – »Ehre, dem Ehre gebührt« (Röm 13,7) –, darf keinesfalls vermeintlich Gott zum Opfer gebracht werden. Allerdings wird es unter ein Vorzeichen gestellt, das die wirkliche Konkurrenz zur Ehre Gottes ausschließt. So wirkt sich das dare deo gloriam zweifellos auf die Art und Weise aus, wie unter den Menschen mit Ehre und Geltung umgegangen wird.

Nun hat aber die Einsicht in die Beziehung zwischen dem reputare, das Gott dem Glaubenden zuteil werden läßt, und dem reputare, das der Glaube Gott zuteil werden läßt, die Bedingung erkennbar werden lassen, unter der es überhaupt erst zu einem dare Deo gloriam kommen kann. Auch wenn es dabei, wie es scheint, allein um ein agnoscere[29] geht, ein bloßes Hinnehmen und Geltenlassen Gottes, wird dieser Vorgang von Luther doch mit Recht als etwas Unvergleichliches verstanden, als Sache einer unermeßlichen Stärke, als Vollzug einer gewaltigen Aktivität und mit entsprechenden Verben des Wirkens umschrieben wie tribuere[30], dare[31], offerre[32] und facere[33]. Der Glaube, der Gott Ehre gibt und damit Gott als allmächtig anerkennt, ist selbst etwas Allmächtiges[34]. Wir geraten damit in ein Gedankengefälle, das auf die befremdendste Aussage in diesem Zusammenhang hintreibt: Fides est creatrix divinitatis[35], – nicht minder erschreckend als die Aussage: Fides oc-

[29] 360,23 (Dr).

[30] 360,10 (Hs).21.29 (Dr).

[31] 360,3.5 (Hs).

[32] 362,7 (Hs).

[33] 360,8 (Hs).24 (Dr).

[34] 360,18–20 (Dr): Qui Rhetor est, exaggeret hunc locum, et videbit, quod fides sit res omnipotens quodque virtus eius sit inaestimabilis et infinita.

[35] 360,5 (Hs).

cidit rationem[36], auf deren Verständnis wir hinarbeiten und zu der offenbar jener andere Satz unabdingbar gehört. Es ist ratsam, einen derartig schwindelerregenden Denkweg nur zögernden Schrittes nachzuvollziehen.

V. Facere Deo – facere Deum

Den Rückverweis auf das göttliche reputare könnte man zunächst dazu dienen lassen, die unerhörten Aussagen über den Glauben als »Gott Ehre geben« dadurch zu mäßigen, daß an ihren Grund als an ihr Maß erinnert wird. Alle bekannten Maßstäbe werden hier deshalb überstiegen[37], weil sich der Glaube dem Wunder aller Wunder verdankt, der Bejahung durch Gott teilhaftig zu sein. Daraufhin könnte man als schlechterdings einzigartig dies hervorheben, daß fides und dare Deo gloriam ineinsgesetzt werden – religionsphänomenologisch betrachtet, eine erstaunliche Reduktion auf ein Grundeinfaches: Gott Ehre geben –, das kann nur als Glauben und nicht anders geschehen. Und Glauben besteht in nichts weiterem als darin, Gott Ehre zu geben. Der Mensch kann also für Gott gar nichts anderes tun als glauben. Ein facere Deo ist damit ausgeschlossen[38]: etwas zu wirken, herzustellen, zustande zu bringen, sich abzuringen, zu leisten, womit der Mensch zu Gott etwas hinzubrächte, ihn bereicherte, sein Vermögen vermehrte. In dem faktischen religiösen Verhalten dominiert freilich die entgegengesetzte Meinung: Es komme darauf an, für Gott etwas zu tun, ihm Opfer zu bringen, vor ihm Leistungen aufzuweisen, sich vor Gott in das rechte Licht zu setzen und durch das Licht, das man selbst auf diese Weise verbreitet, gewissermaßen den finsteren Gott aufzuhellen, ihn zu erfreuen, ihn gnädig zu stimmen, seiner gewiß zu werden. Im Gegensatz dazu ist es Sache des Glaubens, um Gottes willen nichts für Gott zu tun, nichts als ihm Ehre zu geben. Mehr wollen hieße weniger tun oder gar das Gegenteil tun, nämlich Gott dessen berauben, was ihm gehört. Entgegen dem Wahn, man gäbe ihm etwas, nähme man ihm etwas, und nicht nur etwas, sondern alles, spräche ihm seine Göttlichkeit ab[39]. Das einzige, was Gott zu geben angemessen ist, besteht darin, ihm das zuzuerkennen, was er auch ohnedies hat und was ihm, weil es sein Wesen betrifft, anscheinend auch niemand nehmen kann[40].

---

[36] 362,6 (Hs).

[37] S. o. Anm. 19.

[38] 360,4 (Hs): non facit [sc. fides] deo.

[39] 360,6f (Hs): Extra fidem amittit deus suam iustitiam, gloriam, opes etc., et nihil maiestatis, divinitatis, ubi non fides.

[40] S. o. Anm. 24.

Diese mäßigende Interpretation scheint das, was maßlos tönt, auf ein »nur« zu reduzieren. Aber indem dieses »nur« im Text tatsächlich anklingt, wird zugleich das Höchste und Unmögliche gefordert: deus non requirit, quam ut faciam deum[41]. Man möchte mit Nietzsche sagen: »Ist nicht die Größe dieser Tat zu groß für uns?«[42] Er bezieht dies freilich darauf, daß Gott getötet wird. Auch von dieser Tat wird in unserem Text noch die Rede sein als der äußersten Tat der ratio: quae negat deum, eius sapientiam, potentiam et occidit Deum[43]. Aber wäre es nicht eine noch größere Tat: facere Deum? Ist nicht das Schaffen unendlich mehr als das Vernichten? Die Wendung facere deum erinnert nun allerdings an etwas Unüberbietbares: das peccatum maximum, sich eigene Götter zu machen[44]. Und damit erinnert sie zugleich an das Trivialste im Menschsein: an alle Formen des Irrglaubens, Unglaubens und Aberglaubens. Was sich hier an widersprüchlichen Assoziationen einstellt, kommt jedenfalls darin überein, daß ein solches facere deum mit dem occidere deum identisch ist und daß die Übermacht dieses Tuns in all den ohnmächtigen Versuchen des Menschen, Gott in den Griff zu bekommen, wirksam ist. Sollte etwa auch der Glaube von dieser Struktur sein, nichts anderes als ein facere Deum? Luther bringt tatsächlich in der Auslegung des ersten Gebots im Großen Katechismus den Glauben und den Aberglauben und damit doch auch alle Erscheinungsweisen des Unglaubens auf eben diesen gemeinsamen Nenner des facere Deum[45]. Anstatt sie jedoch nivellierend einander gleichzustellen und dadurch den Glauben einer rationalen Religionskritik zu unterwerfen, bestimmt Luther auf diese Weise den gemeinsamen

---

[41] 360,8 (Hs). Dr meidet diese gefährliche Formulierung 360,28–30: Neque postulat Deus ab homine aliquid amplius, quam ut tribuat ei suam gloriam et divinitatem, Hoc est, ut eum habeat non pro idolo, sed pro Deo qui respiciat, exaudiat, misereatur, iuvet etc.

[42] Die fröhliche Wissenschaft Nr. 125 (»Der tolle Mensch«).

[43] 362,4f (Hs). Die Wendung occidit deum fehlt in Dr.

[44] Ex 32,1.23: fac nobis Deos. Dies wird als peccatum maximum bezeichnet: 32,21.30.31. Vgl. ferner Ex 20,4: non facies tibi sculptibile; sowie Jes 40,18–20 44,9–20 mit Ausdrücken wie: cui . . . similem fecistis Deum? (40,18); plastae idoli (44,9); quis formavit Deum? (44,10); operatus est Deum (44,15); reliquum autem eius Deum fecit (44,17); de reliquo eius idolum faciam? (44,19).

[45] WA 30,1; 133,2–4: »Also das ein Gott haben nichts anders ist denn yhm von hertzen trawen und gleuben, wie ich offt gesagt habe, das alleine das trawen und gleuben des hertzens machet beide Gott und abeGott.« Durch eine Marginalglosse wird dies ausdrücklich hervorgehoben: »Glaube und trawen machet ein Gott.« Vgl. die lateinische Übersetzung, BSLK 560,15–21: . . . ita ut Deum habere nihil aliud sit quam illi ex toto corde fidere et credere. Quemadmodum saepenumero a me dictum est solam cordis fidem atque fiduciam et Deum et idolum aeque facere et constituere. Zur Interpretation s. meinen o. Anm. 18 genannten Aufsatz. Die äußerste Steigerung dieses gottlosen facere Deum 363,6–8 (Hs): Sic meipsum facio deum et statuo in locum divinitatis et rationem vivifico, hostem atrocissimum.

Ort, an dem der Streit zwischen Glauben und Unglauben zum Austrag kommt. Dann muß aber das facere deum je nachdem einen grundverschiedenen Sinn haben. Für Luther erhält das facere Deum seine präzise Bestimmung aus dem Gegensatz zu dem facere Deo[46]. Man könnte dies geradezu das Kriterium für das Verständnis des facere Deum sein lassen. Überall da, wo sich das facere Deum als Produktion von idola vollzieht, verbindet es sich mit dem facere Deo, mit der Meinung, für diesen Gott etwas tun zu müssen und zu können, ihn als vom Menschen abhängig anzusehen und entsprechend den Menschen als von seiner Leistung für Gott abhängig, insofern aber gerade als von Gott unabhängig. Dagegen spricht Luther das facere Deum als Erfüllung der Forderung Gottes der fides in dem Sinne zu, daß dadurch jedes facere Deo ausgeschlossen ist. Gott bedarf keines Dinges. Er ist sich selbst genug. Wenn er wirklich hat, was er ist, dann hat er das, über das hinaus ich ihm nichts geben kann[47]. Aber verhält es sich mit Gott wirklich so, daß er unversehrt das hat, was er ist? Damit ist der Weg zum Verständnis der anstößigsten Formel in diesem Gedankengang gebahnt, welche die fides als creatrix divinitatis[48] bezeichnet.

VI. Fides creatrix divinitatis

Den Sinn der Aussage: Fides est creatrix divinitatis, kann nur diejenige Deutung der so gewagt klingenden Aussage treffen, die Gottes Gottheit nicht verletzt, die vielmehr ihm allein das Schöpfersein zuspricht. Daß der Glaubende in seinem Menschsein als solchem und nicht minder in seinem Angenommensein, seinem Gerechtfertigtsein creatura dei ist, das kann durch jene Formel nicht übersprungen und außer Kraft gesetzt, muß vielmehr gerade dasjenige sein, um dessentwillen die so widersinnig scheinende Aussage gemacht wird. Und wenn in der Formulierung e contrario behauptet wird, daß Gott extra fidem seine iustitia einbüße[49], dann kann dies nur der Unterstreichung dessen dienen, daß – umgekehrt – der Mensch extra fidem seiner iustitia verlustig geht. Man beruhige sich also nicht vorschnell mit der Auskunft,

---

[46] S. o. Anm. 38.

[47] 360,8–10 (Hs): Econtra. deus non requirit, quam ut faciam deum. si habet suam divinitatem integram, illesam, tunc habet, quidquid possum ei tribuere.

[48] 360,5 (Hs). 25 (Dr). Vgl. H.-M. BARTH, Fides Creatrix Divinitatis. Bemerkungen zu Luthers Rede von Gott und dem Glauben. NZSThuRPh 14, 1972, 89–106. W. MOSTERT, »Fides creatrix«. Dogmatische Erwägungen über Kreativität und Konkretion des Glaubens. ZThK 75, 1978, 233–250.

[49] 360,6f (Hs): s. o. Anm. 39.

hier werde paradox geredet. Der ratio erscheint es in der Tat paradox, wenn die Rede von der fides als creatrix divinitatis etwas anderes besagen soll als die platte blasphemische Behauptung, daß das Göttliche das Geschöpf des Menschen sei. Aber wenn diese Äußerung tatsächlich in einem höheren Sinne wahr sein soll – und diesen Anspruch verbindet Luther mit ihr –, dann muß sie als sonnenklar und grundeinfach gelten. Allerdings erscheint allein schon die Wortverbindung creatrix divinitatis als eine contradictio in adiecto. Wie könnte vom Ungeschaffenen das Erschaffenwerden aussagbar sein? Indessen muß man sich wohl in der Tat darauf einlassen, daß dort, wo vom Glauben die Rede ist, wo also Jesus als der filius Dei incarnatus und dieser als crucifixus bekannt wird, das Ungeschaffene und das Geschaffene in einer Weise ineinandergreifen, daß man diesem Geschehen mit der Logik formaler Begriffsbestimmungen nicht beikommt. Macht man daraus einen metaphysischen Prinzipienstreit, ob: finitum capax infiniti, oder finitum non capax infiniti, so betreibt man ein Vexierspiel, das beiden Seiten recht und beiden unrecht gibt. Der christliche Glaube jedoch steht und fällt damit, daß in Jesus Christus und von ihm her im Glauben an ihn kreatürliche Humanität und ungeschaffene Divinität in einer Kommunikation stehen, die den Unterschied, statt ihn aufzuheben, allererst wahrmacht. Von daher könnte man sich fragen, ob nicht an der scholastischen Rede von einer gratia creata – während doch die gratia als solche increata ist – etwas Richtiges sei. Luther geht aber unendlich weiter und spricht hier von der fides nicht als gratia creata, sondern als creatrix divinitatis.

VII. Non in persona, sed in nobis

Nun war sich Luther natürlich dessen bewußt, welches Mißverständnis dem völlig ungewohnten Reden von der fides als creatrix divinitatis drohe. Um ihm zu begegnen, fügte er sogleich erläuternd hinzu: non in persona, sed in nobis[50]. Die Druckbearbeitung hat noch zusätzlich durch ein »sozusagen«[51] die naheliegenden Einwände gegen diese Ausdrucksweise abzufangen versucht und die Einschränkung auf das, was in nobis gilt, auch in der Formulierung desselben e contrario wiederholt[52]. Dennoch hat auch der Druck-

[50] 360,5f (Hs): Fides est creatrix divinitatis, non in persona, sed in nobis.

[51] 360,24f (Dr): ea [sc. fides] consummat divinitatem et, ut ita dicam, creatrix est divinitatis, non in substantia Dei, sed in nobis.

[52] 360,25–27 (Dr): Nam sine fide amittit Deus in nobis suam gloriam, sapientiam, iustitiam, veritatem, misericordiam etc.

text am Entscheidenden nichts korrigiert[53]. Der Vorbehalt: non in persona (oder: non in substantia) begegnet bei Luther wiederholt, und zwar in verschiedener Anwendung. Christus stirbt nicht erneut in persona sua, wohl aber in nobis[54]. Die Abkehr einer Fehldeutung in das Substanzhafte kann aber auch umgekehrt akzentuiert sein: Der Gerechtfertigte hat das neue Leben nicht in sua persona, in sua substantia, nicht in se, sondern in Christo[55]. Die Intention solcher Abgrenzungen läßt sich nicht ohne weiteres in das Alternativschema metaphysischer oder theologischer Betrachtungsweise zwingen. Denn wie sollte Luther die theologische Relevanz des einmaligen Todes Christi in persona sua bestreiten wollen oder die Wichtigkeit des Eigenstandes jedes Menschen in der ihm zukommenden Rolle, wenn es um die Frage der Werke geht? Ebenso darf in Sachen Gottes aus theologischen Gründen der Gesichtspunkt seines Seins in se keineswegs beiseite geschoben werden, ob nun durch in substantia Dei erläutert oder, der Terminologie der Trinitätslehre nicht konform, durch in persona (sc. Dei). Dennoch kommt in jedem Fall das theologische Thema erst dann voll zur Geltung, wenn der Sachverhalt – sei es in Hinsicht auf Gott, sei es in Hinsicht auf Christus, sei es in Hinsicht auf den Glaubenden – jeweils unbeschadet des In-sich-selbst-Seins auf das Sein in dem andern hin betrachtet wird: das Sein des Glaubenden als Sein in Christus, das Sein Christi und das Sein Gottes als Sein in nobis. Das extra nos und das in nobis stehen in einer voneinander unablösbaren Korrelation, wenn der soteriologische Geschehenszusammenhang bedacht wird. Ob dann das, was von Gott in substantia oder in persona sua gilt und zu sagen ist, durch metaphysische Aussagen zu gewährleisten ist, ob also auf diese Weise die Gottheit Gottes in ihrem »objektiven« Sein gegen eine subjektivistische Interpretation gesichert werden kann oder ob sie nicht gerade so verloren geht, das sei vorläufig dahingestellt. Jedenfalls liegt es Luther unabhängig davon völlig fern, nun etwa umgekehrt das, was in bezug auf Gott in nobis ge-

[53] 360,27f (Dr): In summa: nihil maiestatis et divinitatis habet Deus, ubi fides non est.

[54] 327,1 (Hs). Zu Gal 3,1 gibt die Vulgata-Lesart: . . . ante quorum oculos Iesus Christus praescriptus est, in vobis crucifixus, zu dieser Bemerkung Anlaß. Verdeutlicht 327,14–18 (Dr): Et hanc particulam: ›In vobis‹ expresse addit, quia Christus in sua persona amplius non crucifigitur aut moritur, Rom 6 [Vers 9f], sed in nobis, cum videlicet abiecta pura doctrina, gratia, fide, remissione peccatorum gratuita quaerimus per opera electitia aut etiam in lege praecepta iustificari. Ibi tum Christus in nobis est crucifixus.

[55] Zu Gal 2,19 (. . . ut Deo vivam) 279,13f (Hs): Si conscientia libera, est iusta persona, non in sua substantia, in se, sed in Christo. Ideo quia credit in Christum . . . Zu Gal 2,20 (vivo autem, non iam ego) 282,3–7 (Hs): i. e. non in persona, substantia mea. Iusticia Christiana quae sic dicit. Quando volo disputare de Christiana iustitia, oportet abiicere personam. Si servo, faciam opera, quia persona subiicitur legi. In conspectu meo non maneat nisi Christus crucifixus et resuscitatus. Si me respicio et sepono ex oculis Christum, so bin ich da hin . . .

schieht, als eine ebenfalls metaphysische Aussage zu der metaphysisch begründeten Substanzaussage über Gottes In-sich-selbst-Sein in Konkurrenz treten zu lassen. Man darf also nicht vorschnell die positive Intention der Verwahrung Luthers gegen das Mißverständnis, die Rede von der fides als creatrix divinitatis beziehe sich auf Gott in persona bzw. in substantia sua, als Bejahung eines metaphysischen Gottesbegriffs deuten.

Diese Interpretation läßt sich noch durch weitere Beobachtungen und Überlegungen stützen.

VIII. Creatrix

Das Deum facere kann doch wohl nicht eine Erschaffung aus dem Nichts meinen. Dies träfe schon gar nicht für das Herstellen von allerlei Art von Gottesersatz zu. Daß man zu dessen Fabrikation Materialien benötigt, wird in der Bibel drastisch geschildert[56]. Aber auch dann, wenn das Erwählen und Erheben zum Idol irgendwelche leiblichen oder geistigen Güter[57] betrifft, liefern bestimmte Gegebenheiten das Material dazu. Demgegenüber scheint der Begriff des creare für das facere Deum, wie es der Glaube vollziehen soll, nun doch nicht ohne Grund gewählt zu sein. Was da geschieht, ist sozusagen dem Nichts abgerungen: nihil maiestatis, divinitatis, ubi non fides[58]. Dennoch unterscheidet sich das creare, um das es hier geht, von der creatio des im strengen Sinne ex nihilo Geschaffenen dadurch, daß Gott darin sich selber gibt. Das facere Deum, wie es der Glaube vollzieht, ist, genau formuliert, ein Deum facere Deum: den ins Sein zu rufen, der ist; wie denn das dare Deo gloriam allein darin besteht, ihm alles zu geben, was zum Gottsein gehört[59]. Deshalb ist ein Weiteres hervorzuheben.

IX. Divinitas

Luther drückt sich nicht so aus: Fides est creatrix Dei, sondern er spricht von der divinitas[60], und zwar nicht metonymisch, indem das abstractum das concretum ersetzt. Vielmehr bezieht sich der Ausdruck divinitas auf die göttlichen Vollkommenheiten wie sapientia, bonitas, omnipotentia oder iusti-

---

[56] Jes 40,19f 41,7 44,12–17.
[57] Vgl. WA 30,1; 133,18–134,6.
[58] 360,7. Vgl. o. Anm. 49 und 53.
[59] 360,5. Vgl. o. Anm. 24.
[60] Darauf weist H.-M. Barth (s. o. Anm. 48) 98 mit Recht hin.

tia[61], durch die als Weisen des Wirkens Gottes Gott selbst allererst konkret und unter den Bedingungen der Geschöpflichkeit erfahrbar wird. Obwohl sich nach der klassischen Gotteslehre Gottes Wesen und Gottes Sein völlig decken, treten doch die Gottesprädikate, in denen Gottes Sein im Hinblick auf sein Zusammensein mit der Schöpfung sagbar wird, nicht an die Stelle Gottes selbst. Sie sind vielmehr nur dann als Gottesprädikate ernstgenommen, wenn durch ihre Unterscheidung von Gott selbst das Gegenüber gewahrt bleibt, das für das Gottesverhältnis konstitutiv ist und das dazu anhält, in der Sagbarkeit Gottes seiner Unsagbarkeit bewußt zu sein. Wenn Luther von der fides als creatrix divinitatis spricht, so richtet sich dabei der Blick darauf, wie Gott konkret, wie er sagbar wird, wie er sich in der Welt zur Geltung bringt. Das geschieht nicht so, daß der Mensch spekulativ durch die ratio die göttliche maiestas von der Welt abstrahiert[62], vielmehr ist es in Jesus Christus als dem Deus incarnatus et humanus[63] Wirklichkeit geworden. Was hier an konkreter Anschaulichkeit vorliegt[64], ist freilich seiner Intention nach nur dann erfaßt, wenn es auf die wirkliche Weltsituation, die Situation des Kampfes mit Sünde und Tod, ja mit Gott bezogen wird, also auf die Anfechtung des Gewissens[65]. Nur dann erscheint die Welt in ihrer wahren Konkretion, wenn diese Kampfsituation in den Blick kommt, von der die ratio allerdings nichts

[61] 360,4f.6. S. o. Anm. 24 und 39.

[62] 75,10f (Hs): . . . ut debeamus abstinere a speculatione maiestatis . . . 76,9–77,1 (Hs): non debes ascendere ad deum, sed incipe ibi, ubi incepit: in utero matris ›factus homo et factus‹ [Gal 4,4], et prohibe sensum speculationis.

[63] 78,6 (Hs).

[64] 78,2f (Hs): Ideo nasci voluit et omnibus modis in oculos nostros se coniicere et oculos cordis in se figere. 79,7–80,1 (Hs): Paulus semper connectit Iesum Christum cum patre, quia vult docere Theologiam christianam quae incipit non a summo, ut omnes aliae religiones, sed ab imo. Ascendendum per scalam Iacob, in qua deus nititur, cuius pedes tangunt terram iuxta caput Iacob [Gen 28,12f]. Quando vis agere, cogitare de salute tua, omissis omnibus cogitationibus legis, traditionibus philosophiae rapias te in praesepe et gremium matris et spectes eum suggentem, crescentem, morientem; tum entlauffen potes omnibus pavoribus, erroribus et hoc spectaculum retinet in recta via.

[65] 77,3–10 (Hs): In ista causa, quomodo agendum cum deo et erga deum, lasse faren maiestatis speculationem. Et in actione contra peccatum et mortem, las Gott faren, quia iste intolerabilis hic. Si interposueris te cum tuis cappen, platten, tum conscientia dicet: ipse immensurabilis; las yhn faren et dic: nos iam versamur in alia caussa, disputamus scilicet de iustificatione et inveniendo deo iustificante, acceptante; qui ubi quaerendus est, complectere hanc humanitatem sonst nichts; ego expertus maxime ista duo. 78,8–79,6 (Hs): Sed in re iustitiae contra peccatum, mortem, diabolum vel pro satisfactione et remissione peccatorum, pro reconciliatione et salute nostra, tunc est abstinendum simpliciter ab omnibus cogitationibus et speculationibus maiestatis et simpliciter in homine Christo herendum qui se proponit mediatorem, qui dicit: halt dich an mich. Tum videbo maiestatem meo captui attemperatam, tum omnia inveniam in isto speculo, ›omnes sapientiae thesauri in eo absconditi‹ [Kol 2,3]. mundus non videt, quia respuit ut hominem. Vgl. auch Anm. 68.

weiß und der gegenüber sie auch nichts vermag[66]. Nur so wird Gottes Majestät konkret, daß in dieser Situation die göttlichen Eigenschaften als göttliches Wirken zur Geltung kommen, als das schöpferische Handeln Gottes in Jesus Christus und durch ihn[67]. Die rationale speculatio maiestatis muß man fahren lassen[68], um in Christus die maiestas creatrix am Werke zu sehen, in diesem Menschen, der doch die Werke des Schöpfers vollzieht[69].

X. Fides

Der Verweis auf die Christologie ist notwendig, um den Sinn der Wendung creatrix divinitatis richtig zu erfassen. Dennoch ist der Schritt von der Aussage über Christus zu der über die fides Christi noch einmal mit aller Sorgfalt zu bedenken. Zunächst ist, obwohl zum Überfluß, hervorzuheben, daß nicht der Mensch als animal rationale, also auch nicht die ratio und das liberum arbitrium als das Subjekt in Betracht kommen. Sie sind es zwar in der Tat bei dem facere Deum im Sinne von facere idola. Jedoch wird das facere Deum im Sinne des dare deo gloriam allein von der fides ausgesagt, wie denn allein

[66] 73,4–7 (Hs): Philosophia humana nihil docet de vincenda morte et conscientia. Solum christiani habent hoc doctrinae genus quo armantur ad victoriam contra peccatum et mortem. Estque doctrinae genus divinitus datum, nullo arbitrio [darüber geschrieben: libero, sapientia humana] repertum. 83,10f (Hs): . . . quod peccata nostra nulla ratione auferantur nisi per traditum filium dei in mortem. Vgl. auch Anm. 67 und 69.

[67] 81,4–9 (Hs): Dare autem gratiam et remissionem peccatorum et vivificationem, iustificationem, liberationem a morte, peccatis non sunt opera creaturae sed unius, solius maiestatis. Angeli non possunt iustificare, liberare a morte, peccatis me, remittere ea. Ea omnia pertinent ad gloriam summae maiestatis, creatricis, et tamen Christus habet eadem dare et creare, ergo oportet hunc esse verum deum.

[68] S. o. Anm. 65. Man beachte, daß die speculatio maiestatis nicht einfach für nichtig erklärt wird. Sie fahren lassen heißt, den in ihr für das Gewissen unerträglich werdenden Gott fahren lassen. Das geschieht aber allein in der Zuwendung zum deus incarnatus. 78,3–6 (Hs): hoc ergo debemus studere, ut cum ad argumentum iusticiae, gratiae ventum, ubi res cum morte, peccato, lege, cum quibus habet christianus agere, de nullo deo sciendum, sed apprehendendus deus incarnatus et humanus deus. 78,25 (Dr) gibt den Sinn richtig an: . . . nullum Deum cognoscendum esse praeter hunc incarnatum et humanum Deum.

[69] Durch die Abkehr von der speculatio maiestatis findet also keineswegs eine Abkehr von der maiestas Gottes statt. Gerade das, was durch Christus geschieht, sind opera solius maiestatis und geschieht ad gloriam summae maiestatis, creatricis: s. o. Anm. 67. Ferner 82,9–11 (Hs): . . . quod Christus non sit perfectissima creatura, sed est verus deus, quia facit quae deus, habet opera quae non sunt creaturae sed creatoris: gloriam et pacem dare. Est mortem destruere et peccata damnare et diabolum etc. Haec nullius creaturae et tamen huic attribuuntur. Entsprechend kann man von Christus als Gottmenschen durchaus sagen: iste homo creavit stellas, was über ihn allein secundum faciem humanam zu sagen sinnlos wäre, wie Luther in einer Präparationsnotiz bemerkt: 19,19–21 20,29f. Vgl. auch 416,1 (Hs): . . . is infans in matris gremio creavit coelum et terram.

sie auch als creatrix divinitatis prädiziert wird. Wie nun aber ihr reputare in bezug auf Gott gewissermaßen Gottes reputare in bezug auf sie zum Vorschein bringt und wie das, was sie Gott gibt, nur der Widerschein dessen ist, was Gott ihr gibt, so beruht auch ihr facere Deum auf der über Gott ausgesagten, weil von ihm ausgeführten Menschwerdung: Deus homo factus (Gal 4,4, Joh 1,14)[70].

Nun könnte man freilich Luthers personifizierendes Reden von der fides ebenso wie das von der ratio – beide treten als Subjekte des Tuns und des Redens auf[71] – als rein rhetorisch abtun und darum nicht zulassen, aus solchem Sprachgebrauch theologische Schlüsse zu ziehen. In beiden Fällen sei es eben der Mensch, der da redet und handelt. Gewiß ist es der Mensch, der mit der ratio umgeht. Sie macht ja seine differentia essentialis aus. Und ebenfalls ist es doch der Mensch, der glaubt: Abraham credidit Deo – das liegt bei der Auslegung von Gal 3,6 allen Aussagen Luthers über die fides zugrunde. Demgemäß kann sehr wohl in beiden Fällen auch einfach die Ich-Form an die Stelle treten[72]. Aber daß die andere Ausdrucksweise überwiegt und sie wiederum vornehmlich in bezug auf die fides gebraucht wird, dürfte kein Zufall sein. Zum einen spricht sich darin allgemein die Auffassung aus, daß der Mensch von dem bestimmt wird, woran er partizipiert, welcher Macht er sich überläßt. Zum andern – und das ist hier entscheidend – stellt der Machtbereich der ratio denjenigen Horizont dar, innerhalb dessen der Mensch in sich selbst gefangen bleibt, während die fides ihn extra se versetzt[73]. Deshalb vollzieht sich in ihr ein Geschehen, dessen der Mensch nicht Herr ist, sondern dem gegenüber als einem Gnadengeschehen er sich empfangend verhält. Obwohl er Subjekt des Glaubens ist – es glaubt nicht ein anderer für ihn oder in ihm –, so bringt er doch den Glauben nicht aus sich hervor und trägt ihn auch nicht als eine ihm gnadenweise zuteilgewordene Fähigkeit in sich, sondern befindet

---

[70] Vgl. Anm. 62.

[71] Besonders häufig erscheint in diesem Zusammenhang die fides als Subjekt von Tätigkeitsaussagen: reputare (360,4), dare (360,5 363,1f), tribuere (360,11), iustificare (360,11), reddere (361,1), dicere (361,2), credere (360,4 361,2 363,1), occidere (361,8 362,1.3.6.10), mortificare (361,8), sacrificare (362,3.7), offerre (362,7). Entsprechend von der ratio: dicere (361,7.9), negare (362,4), occidere (362,5).

[72] Für die ratio vgl. 363,6f (Hs), s. o. Anm. 45. Für die fides 360,8 (Hs): ut faciam deum; 360,9f (Hs): quidquid possum ei tribuere; 362,5f (Hs): sacrifico, occido meam rationem. Vgl. auch die Wendungen 360,2 (Hs): Fidele cor dat . . .; 364,10 (Hs): ex cordis fide . . .

[73] 371,3–6 (Hs): Apprehendere illum filium et hoc credere corde, quod donum dei est, – hoc facit, quod deus reputet illam fidem pro iustitia. Iam sum extra rationem, mundum; nihil disputatur, quid faciam, quo genere operum merear, sed sum in divina theologia . . . Vgl. 589,8–10 (Hs): Ideo nostra theologia est certa, quia ponit nos extra nos: non debeo niti in conscientia mea, sensuali persona, opere, sed in promissione divina, veritate, quae non potest fallere.

sich in einer total veränderten Situation, die den Quell seines Lebens als einen externen in ihm wirksam sein läßt[74]. Deshalb kann man vom Glaubenden nur so reden, daß ein und derselbe Mensch als duplex homo in Betracht kommt, als derjenige, der handelt, der also das vollbringt, was aus ihm selbst hervorgeht, und als derjenige, der glaubt, der also das vollzieht, was Gott in Jesus Christus für ihn getan hat[75]. Nur kraft dieser Unterscheidung zwischen dem operans und dem credens und nur kraft dieser Relation der fides zu Jesus Christus kann es von der fides, muß es aber auch von ihr heißen: Sie ist fides iustificans, weil Gott Deus iustificans ist. Sie ist creatrix divinitatis in nobis, weil sie an der virtus Dei selbst teilhat, die sie Gott zuschreibt, indem sie ihm die Ehre gibt[76].

XI. Fides iustificans

Die Wendung fides iustificans, die von dem reformatorischen Sprachgebrauch her so geläufig ist, bedürfte einmal genauerer Untersuchung. Im Neuen Testament begegnet sie nicht. Dort wird der aktive Gebrauch von iustificare, sofern es sich nicht um den abusus in Gestalt der Selbstrechtfertigung handelt, nur von Gott ausgesagt und im übrigen vom Menschen die passive Aussage des iustificari gemacht. In beiden Fällen wird der Glaube damit

[74] 282,12–283,9 (Hs): (zu Gal 2,20) . . . ille mea vita, iustitia, nihil aliud scio, audio nihil de peccato, ira, iudicio, lege, sed hereo intentus in isto obiecto, Christus. tunc ista fiducia facit me letum, servat me, et dicit fides ad legem, peccatum: vade! Das heist ›Non ego‹: non inspicio me. ›Ego vivo‹ quidem sonat personaliter, quasi suam personam inspiciat; mox ergo corrigit, quod habeat gratiam: sed ›non ego‹. Quis ille ›ego‹? qui debet operari, qui est una persona distincta a Christo: pertineo ad infernum, legem. Sed quod Christus sit mea forma, sicut paries informatur albedine. Sic tam proprie et inhesive, ut albedo in pariete, sic Christus manet in me et ista vita vivit in me, et vita qua vivo, est Christus. 284,5–7 (Hs): Mirabilis ratio loquendi: totum, quod in me vitae, gratiae, salutis, est ipsius Christi per conglutinationem, inhaesionem fidei, per quam reddimur quasi unum corpus in spiritu. Vgl. auch Anm. 17.

[75] Vgl. 386,15–17 (Dr): (zu Gal 3,9) Emphasis et tota vis est in verbo: ›Cum fideli Abraham.‹ Manifeste enim distinguit Abraham ab Abraham, ex una et eadem persona faciens duas, Quasi dicat: Alius est Abraham operans, alius credens. Daß dies nicht als Schizophrenie (in übertragenem Sinn) gemeint ist, sondern als Unterscheidung zweier fundamentaler Relationen des einen Personseins, daran braucht hier nur erinnert zu werden.

[76] Vgl. noch einmal den ganzen Textabschnitt 360,2–361,1 (Hs): Fidele cor dat deo gloriam. Explica istum locum; vide, quid fides: – Est incomparabilis res et eius virtus inestimabilis, Dare gloriam deo. non facit deo; sed fides, quia credit, deo reputat sapientiam, bonitatem, omnipotentiam, dat ei omnia divina. Fides est creatrix divinitatis, non in persona, sed in nobis. Extra fidem amittit deus suam iustitiam, gloriam, opes etc., et nihil maiestatis, divinitatis, ubi non fides. Vides, quanta iustitia fides. Econtra. deus non requirit, quam ut faciam deum. si habet suam divinitatem integram, illesam, tunc habet, quidquid possum ei tribuere. Das ist sapientia sapientiarum, religio religionum. Das macht die maxima maiestas quam fides tribuit deo. Quare fides iustificat, quia reddit quod debet; qui hoc facit, est iustus, Ut etiam iuristae.

dativisch oder präpositional verbunden. Als Subjekt des iustificare wird er nicht eingeführt. Als Subjekt eines Aktivs begegnet Glaube nur selten, der Rechtfertigungsaussage am nächsten kommend in der Verbindung: ἡ πίστις σου σέσωκέν σε (Mt 9,22 parr.), fides tua te salvam fecit[77]. In der Scholastik kommt die Aktivform iustificans als Attribut der gratia vor, jedoch nicht der fides, es sei denn der fides charitate formata. Daß sich zusammen mit der Auffassung der Rechtfertigung als iustificatio sola fide die Wendung fides iustificans einstellt, mag in der Polemik gegen die scholastische Gnadenlehre sowie gegen die Werkgerechtigkeit spätmittelalterlicher Vulgärfrömmigkeit einen Grund haben. Der Sachverhalt wird aber nur dann richtig erfaßt, wenn die tiefe Veränderung des Glaubensbegriffs berücksichtigt wird, durch die eine Interpretation von fides iustificans im anthropologisch-ontologischen Rahmen der Tradition schlechterdings ausgeschlossen ist. Weil die Rechtfertigung sola fide ganz als Gottes Werk und darum auch der Glaube selbst als opus Dei verstanden ist, muß der entsprechend neu gefaßte Glaubensbegriff Gottesprädikate geradezu auf sich ziehen. Damit wird der Weg zu der Aussage fides creatrix divinitatis zwar nicht automatisch gebahnt, wohl aber ermöglicht. Als Gottes Werk ist der Glaube die Weise, wie Gottes Gottheit in der Welt zur Geltung kommt, so daß man sagen kann: Der Glaube macht Gott zu Gott, indem er ihm zukommen läßt, was er ihm schuldet, nämlich seine Gottheit. So kann Luther in überraschender Weise den Begriff der distributiven Gerechtigkeit, der sonst aus dem reformatorischen Verständnis von iustitia Dei ausgeschlossen zu werden pflegt, mit der radikalen Bejahung der iustificatio sola fide in Einklang bringen[78].

XII. Fides abstracta – fides concreta

Die gewaltigen Aussagen über die virtus des Glaubens, wie sie in der Prädizierung des Glaubens als creatrix divinitatis, aber auch als fides iustificans gipfeln, lassen noch einmal die Frage nach der Konkretion akut werden. Dieses Problem meldete sich zuerst in Verbindung mit dem Stichwort divinitas an[79]. Dabei ging es nicht nur darum, wie sich das substantivum abstractum divinitas zu dem substantivum concretum deus verhält. Vielmehr drängte sich vor diesen logischen Gesichtspunkt der ontische, wie denn Gott konkret

---

[77] Die Negation dieser Formel Jak 2,14. Vgl. ferner Act 3,16 1Joh 5,4 Jak 2,22 (ἡ πίστις συνήργει τοῖς ἔργοις αὐτοῦ; fides cooperabatur operibus illius) sowie vor allem Gal 5,6 (πίστις δι' ἀγάπης ἐνεργουμένη; fides, quae per charitatem operatur). Zur letzten Stelle s. u. S. 117ff.

[78] 360,11–361,1. Vgl. Anm. 76.

[79] S. o. S. 111f.

und sagbar werde. Dafür ergaben sich zwei Hinweise. Zum einen sind gerade die abstracta wie Gottes divinitas, sapientia, bonitas, omnipotentia oder iustitia als die Weisen seines Wirkens dasjenige, wodurch Gott selbst allererst konkret und unter den Bedingungen der Geschöpflichkeit erfahrbar wird. Zum andern führt aber nicht die rationale speculatio maiestatis, die auf dem Wege der Abstraktion von der Welterfahrung her jene göttlichen Eigenschaften in ihrer Absolutheit zu denken versucht, zur Erfahrung ihrer Konkretion. Diese Konkretion eröffnet sich vielmehr ihrer Wahrheit und Fülle nach in dem Geschehen der Inkarnation. Hier wird nicht nur von bestimmten göttlichen abstracta der Weltbezug ausgesagt, sondern von der zweiten Person der Trinität die Menschwerdung, so daß das concretum Gottes und das concretum des Menschen in diesem Menschen Jesus Christus voneinander prädizierbar sind. Ob und wieweit infolgedessen auch abstracta der göttlichen und der menschlichen Natur in diese gegenseitige Prädizierbarkeit einzubeziehen sind, ob also z.B. die Allmachtsaussage auch in bezug auf den Menschen Jesus[80] oder die Ohnmachtsaussage in bezug auf Gott in Christus[81] zu verantworten ist, darum geht es in der Lehre von der communicatio idiomatum, die schon in der altkirchlichen Christologie entwickelt worden ist und dann in den innerreformatorischen Auseinandersetzungen erneut eine erstaunliche Brisanz erhalten hat. Nach modernem Empfinden möchte man über den anscheinend abstrakten und spekulativen Charakter solcher christologischer Reflexionen klagen. Es stand darin jedoch – wenn auch in einer uns schwer zugänglichen Weise – die gerade nach modernem Verständnis so brennende Frage nach der Konkretion des Christusgeschehens in Hinsicht auf die Welt zur Debatte. Das kommt darin zum Ausdruck, daß das Kriterium dessen, was hier wahrhaft konkret sei, nicht die selbstverständliche Vorgegebenheit der Welt ist, sondern ihre Strittigkeit, die durch das Christusgeschehen erst vollends aufgedeckt wird.

Das Verhältnis von abstrakt und konkret, das fast verwirrend unter verschiedenen Aspekten auftaucht, wird von Luther auch auf die fides angewandt[82]. Den exegetischen Anstoß dafür liefert Gal 5,6, dieser Hauptbeleg der scholastischen Lehre von der fides charitate formata[83]: fides, quae per

---

[80] Vgl. Anm. 69.

[81] Dazu s. u. S. 122ff.

[82] Zum Folgenden 414,5–417,9 (zu Gal 3,10 unter Bezugnahme auf 5,6). Ferner aus den Vorlesungspräparationen: 19,1–21,2, sowie eine weitere handschriftliche Vorarbeit zu Gal 5,6: 22,13–23,22. Die Ausführungen über fides abstracta und concreta finden sich weder in Hs noch in Dr zu Gal 5,6 (vgl. WA 40,2; 31,15–39,2).

[83] Vgl. z.B. Thomas von Aquin, S. th. 2,II q.4 a.3 s.c.: . . . unumquodque operatur per suam formam. Fides autem ›per dilectionem operatur‹ [Gal 5,6]. Ergo dilectio caritatis est forma

charitatem operatur. Wie ist damit die Lehre von der iustificatio sola fide in Einklang zu bringen? Das läuft auf die Frage hinaus: Wie verhält sich die virtus des Glaubens, deren Wirken bisher beschrieben worden ist und die es erlaubt, von der fides iustificans zu reden, zu demjenigen operari des Glaubens, von dem Gal 5,6 die Rede ist? Luther nimmt die Frage grundsätzlich in Angriff, um zugleich für alle Schriftstellen, die von den Werken und vom Lohn handeln, eine Lösung zu finden[84]. Für das moderne Empfinden, dem hier das Thema ontischer Konkretion des Glaubens verlockend erscheint, ist es enttäuschend, daß Luther die Sache offenbar distanziert als eine Frage des Sprachgebrauchs behandelt. Wie jeder Sachverständige von seinem Stoff in verschiedener Weise spricht, so ist dies auch dem heiligen Geist nicht verwehrt. Zuweilen spricht er vom Glauben abstractive, zuweilen concretive[85]. Luther stellt dabei ausdrücklich die Beziehung zu der Rolle dieser Alternative in der Christologie her[86]. Das wirkt sich terminologisch darin aus, daß für fides concreta auch fides incarnata oder composita eintritt, während als Wechselbegriff für fides abstracta fides absoluta gebraucht wird[87]. Der christologische Hintergrund, auf den er sich dafür beruft, ist an dem Adjektiv incarnatus ohne weiteres erkennbar, verrät sich aber auch an dem Beiwort compositus, das an die zwei Weisen christologischer Aussagen erinnert: entweder von Christus allein seiner menschlichen oder seiner göttlichen Natur nach zu reden – das fiele unter das Stichwort absolut oder abstrakt – oder von ihm als ganzer Person zu sprechen, der einen Person in zwei Naturen, die nach der klassischen christologischen Terminologie nicht unproblematisch als eine persona composita bezeichnet wird. Dieser Ausdruck könnte zu dem Mißverständnis verleiten, als handele es sich um eine Zusammensetzung etwa gar aus zwei Personen oder auch nur aus zwei Naturen, während doch die hypostatische Union in der Person des Sohnes Gottes die beiden Naturen unvermischt, aber auch ungetrennt allein personhaft vereint. Wie nun von Chri-

---

fidei. Die Wittenberger Vulgata-Revision von 1529 übersetzt mit Erasmus: fides, quae per charitatem est efficax, WADB 5; 680,26 vgl. WA 2; 567,20. Luther bedient sich aber auch noch der ursprünglichen Vulgata-Fassung, vgl. z. B. WA 40,1; 22,28. Im Septembertestament von 1522 war ihm der später korrigierte lapsus calami unterlaufen: »die liebe, die durch den glawben thettig ist«, WADB 7;186, vgl. dazu die Anm. WADB 7;592. Auf Luthers Auseinandersetzung mit der scholastischen Lehre von der fides charitate formata kann ich hier nicht in extenso eingehen. Vgl. dazu K. Bornkamm (s. o. Anm. 3), 316–320.

[84] 19,1: Ad omnes auctoritates de operibus et mercede.

[85] 19,2–8.

[86] 19,18–21: Sic in theologia: Si Christum inspicias secundum faciem humanam non secundum compositam, nihil habebis nisi hominem; et absurdum est dicere: iste homo creavit stellas. Ferner 19,26f 415,1–3 415,8–416,5.

[87] 19,3f.25f 22,14f 415,1.3f.6 416,6.8f.

stus je nachdem verschieden gesprochen werden kann: entweder abstractive in Hinsicht auf die beiden zu unterscheidenden Naturen oder concretive in Hinsicht auf ihre Vereinung in einer Person, so bestehen auch für das Reden vom Glauben beide Möglichkeiten einer abstrakten und einer konkreten Ausdrucksweise.

Welche Funktion hat nun aber dieser Rückverweis auf die Christologie für eine Sprachlehre vom Glauben? Handelt es sich nur um eine formale Analogie oder um einen Wirkungszusammenhang? Und worin unterscheidet sich der Sachverhalt des Glaubens vom christologischen Sachverhalt? Gewiß besteht darin eine logische Entsprechung, wie in beiden Fällen die Begriffe abstrakt und konkret verwendet sind. Nach damaliger gängiger Schulformulierung nennt das abstractum die forma rein als solche, während im concretum die Form zusammen mit ihrem Substrat zum Ausdruck kommt[88]. Nun kann aber kein Zweifel daran bestehen, daß diese logische Unterscheidung in beiden Fällen um eines inneren Sachzusammenhanges willen angewandt und die Beziehung zueinander betont wird, die zwischen beiden Aussageebenen besteht. Weil es sich um die fides Christi handelt, weist die fides in bezug auf das menschliche Leben ihrerseits ein Kommunikationsgeschehen auf, das zu der communicatio idiomatum in der Person Jesu Christi eine Entsprechung darstellt. Damit meldet sich aber zugleich ein fundamentaler Unterschied an. Die Differenz zeigt sich daran, daß in bezug auf das Christusgeschehen der Hauptakzent auf denjenigen Aussagen liegt, die concretive davon sprechen, während in bezug auf das Glaubensgeschehen der Hauptakzent auf der Aussage liegt, die abstractive von ihm spricht. Diese verschlüsselte Ausdrucksweise meint folgendes: Die Inkarnationsaussage ist eo ipso auf die Vereinung beider Naturen gerichtet, die Rechtfertigungsaussage hingegen auf das, was sola fide geschieht. Damit verschiebt sich das Interesse von der formal-logischen Distinktion zwischen abstractum und concretum zu einer – so möchte man sagen – geschichtlichen. Denn unter den christologischen Aussagen sind auch diejenigen, die von der nach der göttlichen Natur benannten Person nur Göttliches aussagen und von der nach der menschlichen Natur benannten Person nur Menschliches, am Inkarnationsgeschehen gemessen abstrakt und in dieser ihrer Abstraktheit im Grunde irrelevant. Christologisch wesentlich ist vielmehr, daß gemäß der Inkarnation vom Gottessohn die Niedrigkeits-

---

[88] Vgl. I. ALTENSTAIG, Vocabularius theologiae, 1517, s. v. Abstractum: Abstractum et concretum differunt, ut clarum est secundum logicos. Quia abstractum dicit solam formam in se, sicut castitas, veritas, albedo etc., sed concretum dicit duo, sc. formam cum substrato vel cum subiecto simul, sicut castum, verum, album. Vgl. auch W. OCKHAM, Summa logicae, pars prima, cap. 5–9.

aussagen der menschlichen Natur und vom Menschen Jesus die Hoheitsaussagen der göttlichen Natur gemacht werden können. Beides läuft letztlich auf denselben Skopus hinaus, so daß das genus maiestaticum der communicatio idiomatum, anstatt Ausdruck einer theologia gloriae zu sein, der Intention der theologia crucis entspricht. Wenn im Unterschied dazu in bezug auf das Glaubensgeschehen die fides abstracta die entscheidende Aussage darstellt, weil sie die iustificatio sola fide betrifft[89], so könnte dies wiederum nach modernem Verständnis als Abwertung aufgefaßt werden, während die fides concreta, die in bezug auf die tota vita christiana ausgesagt wird[90], als das Eigentliche erscheint – der scholastischen Einschätzung ganz entsprechend. Man verstünde dann aber nicht, warum nach Luther dennoch gerade der fides abstracta, der Aussage über die iustificatio sola fide, das entscheidende Gewicht zukommt.

Am Vergleich mit der Christologie kann man sich dies wiederum verdeutlichen. In beiden Fällen zielt das Interesse auf die Person: die Person des Gottmenschen sowie die Person, die der Glaube gerecht macht und von der es sogar bei Luther heißt: fides facit personam[91]. Daran tritt wiederum der tiefe Unterschied in Erscheinung. Bei Jesus Christus ist die Person das Gan-

---

[89] Zum Folgenden vor allem 19,22–34 (im Anschluß an das Zitat in Anm. 86). In bezug auf Textanordnung und Interpunktion weiche ich von WA etwas ab:
Sic fides
 abstracta est, ubi loquitur de iustificatione;
 et econtra, ubi de iustificato [dies ist im Gegensatz zu WA wohl schon zu fides concreta gehörig], ubi de premiis et operibus, ibi loquitur de fide concreta, composita, incarnata.
Sicut de Christo
 ut { persona tota, / humanitate, deitate sola, } varie
Fidei abstractae sunt epistola ad Romanos et Galatas.
Fidei concretae sunt illa:
 ›fides per dilectionem efficax‹ [Gal 5,6],
 ›Omnia munda mundis‹ [Tit 1,15]
 ›Qui fecerit‹ [Gal 3,12]
 Iusticia [sc. operum]
 Opus bonum.

[90] 22,13–21 (Handschr. Vorarbeit Luthers zu Gal 5,6): Summa, Sicut supra dictum est de iustificatione operum: quod hic locus et similes sunt intelligendi de toto composito seu de fide incarnata et concreta. In qua phrasi non hoc agitur: quid sit fides, quae eius differentia propria. Nam hoc egit per totam Epistolam probans et urgens, quod sola fide sine lege et operibus iustificemur. Hic autem complectitur totam vitam Christianam, qualis sit intus coram deo et foris coram hominibus. Et dicit esse fidem, quae per charitatem operatur. Non dicit quid sit fides, neque quid sit Charitas, Sed quod utraque requiratur in Christiano. Nam observa verborum vim: Non dicit ›fides quae per charitatem iustificat‹.

[91] WA 39,1; 282,16 283,1.18f. Vgl. WA 40,1; 285,5 (Hs): . . . fides facit ex te et Christo quasi unam personam.

ze, mit der sich alle Lebensäußerungen Jesu Christi in vollkommener Dekkung befinden. Bei dem homo peccator dagegen sitzt der Schade in der Person, die als der Gerechtigkeit vor Gott entbehrend im Grunde ihr Personsein eingebüßt hat, so daß der Glaube es ist, der die Person gerecht macht und somit überhaupt erst im theologischen Verständnis die Person konstituiert. Jedoch befindet sich bei dem Glaubenden das Leben keineswegs in voller Dekkung mit dem Glauben, der sein Personsein bestimmt. Das schließt freilich nicht aus, daß einzelne Lebensäußerungen des Glaubenden von dem Glauben her so bestimmt werden, daß sie zu Liebesäußerungen werden. Dabei ist der Glaube – wie die göttliche Natur in Jesus Christus – in dem Werk der Liebe die divinitas[92], das schöpferische Zur-Geltung-Kommen der Gottheit. Kann doch alles facere des Menschen nur als ein fidele facere[93], d. h. allein um des Glaubens willen, vor Gott bestehen, nicht aber der Mensch um der Tat als solcher willen. Wenn es sich so verhält, dann muß zwischen der virtus des Glaubens, der die Person gerecht macht, und dem operari des Menschen, auch des Glaubenden, streng unterschieden werden[94]. Selbst das operari des Glaubens durch die Liebe in den opera des Glaubenden wird nur dann recht aufgefaßt, wenn es darauf zurückbezogen wird, was allein der Glaube als fides iustificans wirkt. Auf dieses rechtfertigende Wirken gesehen, ist der als

---

[92] 417,25–418,11 (Dr in sachlicher Übereinstimmung mit der hier sehr knappen Hs): Theologicum opus est fidele opus. Sic homo Theologicus est fidelis, item ratio recta, voluntas bona est fidelis ratio et voluntas, Ut fides in universum sit divinitas in opere, persona et membris, ut unica causa iustificationis quae postea etiam tribuitur materiae propter formam, hoc est, operi propter fidem. Ut regnum divinitatis traditur Christo homini non propter humanitatem sed divinitatem. Sola enim divinitas creavit omnia humanitate nihil cooperante; Sicut neque peccatum et mortem humanitas vicit, sed hamus qui latebat sub vermiculo, in quem diabolus impegit, vicit et devoravit diabolum qui erat devoraturus vermiculum. Itaque sola humanitas nihil effecisset, sed divinitas humanitati coniuncta sola fecit et humanitas propter divinitatem. Sic hic sola fides iustificat et facit omnia; Et tamen operibus idem tribuitur propter fidem.

[93] 412,20–24 (Dr): Ergo facere in Theologia intelligitur semper de fideli facere, Ut facere fidele sit alius circulus ac novum quasi regnum a facere morali. Itaque cum nos Theologi loquimur de facere, necesse est nos loqui de fideli facere, quia in Theologia nullam rectam rationem et bonam voluntatem habemus nisi fidem. 20,29–31 (Präp. Luthers): Et recte opera tunc iustificant scil. deificata, fideificata, Sicut homo creat stellas sed deificatus. Scriptura autem loquitur de operibus nullis nisi πιστολικοις [sic! ein Unwort!] seu fidelibus seu fide, Sicut de Abraham fideli.

[94] 22,26–23,5 (Handschr. Vorarbeit Luthers zu Gal 5,6): Paulus vero non oscitanter sed vigilanter, non temere sed diserte, non confuse sed proprie dicit: ›fides per charitatem operatur‹, scilicet ut iustificationem reservet soli fidei, opera vero charitati tribuat; Licet et ipsi fidei opera tribuat et charitatem velut organum fidei faciat, per quod ipsa operetur, ut sic non solum iustificet fides personam sed opera personae efficiat, ut sint omnia fidei, tam iustificatio personae quam opera eius, tam nativitas quam conversatio, Sed iustificationem sine charitate, opera per charitatem efficit. 23,9–12: . . . esse malos dialecticos qui locos scripturae de fide operante non discernunt a fide iustificante; seu ea quae dicuntur de fide simpliciter et proprie, non discernunt de fide concreta; seu de toto composito vitae Christianae non de parte.

fides abstracta bezeichnete Glaube allerdings keineswegs vom Leben abgezogen, sondern das concretissimum des Lebens überhaupt. Ebensowenig wie die communicatio idiomatum in der Christologie ist die Unterscheidung, ob vom Glauben abstractive oder concretive die Rede ist, eine bloße Erklärung verschiedenen Sprachgebrauchs. Vielmehr gibt sie Anweisung für das wahre Verständnis von Leben. Als iustificans ist der Glaube fides vivificans[95]. Damit wird dem Leben, wie es der Mensch ohne den Glauben in seinen Lebensäußerungen tätigt und fristet und wie es von der ratio als Leben eingeschätzt wird, abgesprochen, wahres Leben zu sein[96]. Dem Menschen wird statt dessen Christus, dieses ihm externe Leben, als wahres Leben zugesprochen[97]. Dieser am Leben orientierte Gegensatz zwischen fides und ratio, der zu einem Streit auf Tod und Leben wird, ist nun zu bedenken.

XIII. Omnipotentia – omniinfirmitas

Es mag als willkürlich und als verhängnisvoll erscheinen, die ratio zum Gegenpol der mit so hohen Prädikaten versehenen fides zu erklären. Eine bedenkliche Folge dessen ist augenscheinlich die, daß der eine Extremismus dem andern ruft und die Explikation des Glaubens mit göttlichen Prädikaten dazu verführt, die ratio als den Widerpart zu verteufeln. Dadurch scheint genau das zu geschehen, wovor zu warnen und wogegen zu kämpfen Sache der Vernunft ist: ein irrational fanatisches Urteilen, das sich dem differenzierenden und distanzierten Urteil der ratio entzieht, indem es ihr selbst Unfähigkeit oder gar Besessenheit unterstellt. Die Ausführungen Luthers müssen deshalb daraufhin befragt werden, mit welchem Recht überhaupt die Interpretation eines biblischen Textes, der allein vom Glauben handelt, mit derartig scharfer Antithetik die ratio einführt, was dabei eigentlich unter ratio verstanden ist und unter welchen Bedingungen sich ein tödlicher Gegensatz zwischen fides und ratio behaupten läßt. Der Versuch einer Klärung hält sich

---

[95] 426,11f (Hs): Fides perpetuo vivificat, iustificat, non manet otiosa, sed incarnatur et fit homo. Vgl. 421,6–9 (Hs): Ficta [sc. fides], quae audit de Christo, deo, mysterio, incarnatione et redemptione, et novit pulcherrime loqui, concepit opinionem, – sed mera opinio et auditus, qui relinquit bombum in corde suo, sed revera non fides, quia non immutat eius cor, vitam, non generat novum hominem. Man beachte, daß Hab 2,4 (Röm 1,17 Gal 3,11) – neben Gen 15,6 der andere alttestamentliche Hauptbeleg des paulinischen Rechtfertigungsverständnisses – Glaube und Leben zueinander in Beziehung setzt und damit zum Nachdenken darüber nötigt, was denn hier leben heißt: iustus ex fide vivit.

[96] Sehr prägnant in bezug auf den Gegensatz zu wahrem Leben 253,11f (Hs): Si non iustificamur, ergo peccificimur.

[97] 283,3–9 (Hs): s. o. Anm. 74.

wieder möglichst eng an den inneren Duktus von Luthers Exegese und folgt den für sie charakteristischen Hauptstichworten.

Daß es sich bei dem Gegensatz um einander widersprechende Urteile handelt, ist offensichtlich. Gegenüber dem, was der Glaube denkt, sagt und tut, wird als Gegeninstanz das Urteil der ratio eingeführt[98], von Luther geradezu stilisiert als Rede und Widerrede[99], freilich nicht als ein methodisch diszipliniert argumentierender Disput, sondern als ein konfessorisches Votieren, dessen Unversöhnlichkeit alsbald in Mord und Totschlag endet[100]. Man muß genauer hinsehen, um sich des Eindrucks grobschlächtiger Primitivität zu erwehren. Dazu hilft zunächst folgende Beobachtung: Der Streit der Urteile beschränkt sich hier keineswegs auf bloße Vorstellungen und Meinungen, die einander ausschließen, so daß der eine schwarz nennt, was der andere für weiß hält, der eine verneint, was der andere bejaht. Allerdings besteht ein Verhältnis gegenseitigen Sichausschließens, sogar in solcher Radikalität, daß es die Partner darauf hintreibt, einander zu vernichten und auszulöschen. Was jedoch als Zeichen von Ungeduld erscheint und als Unfähigkeit, Gegensätze auf vernünftige Weise auszutragen, darin verrät sich in Wahrheit die Strittigkeit des vom Tod gezeichneten Lebens selbst, in dem die hier anstehenden Gegensätze miteinander präsent sind. Zwar geht es in der Tat um widerstreitende Urteile; aber beide haben ihr fundamentum in re. Die Wirklichkeit selbst – als geglaubte und als rational eingeschätzte – steht im Zeichen des Widerspruchs. Es ist nicht so, daß für den einen nur das eine, für den andern nur das andere besteht, worüber dann von einem neutralen Zuschauerstandort aus definitiv zu befinden wäre. Wenn in Sachen des Glaubens das Glaubensurteil selbst auf Allmacht lautet und das Gegenurteil der ratio auf Ohnmacht, so besteht trotz des Kontradiktorischen durchaus nicht ein simples Entweder-Oder, sondern ein vom Glauben selbst anerkanntes Zugleich. Denn was für ihn Allmacht heißt, ist tatsächlich mit Ohnmacht gepaart. Und was für ihn Leben ist, schließt tatsächlich den Tod in sich. Entsprechendes, obschon anders gewichtet, ließe sich auch vom Standpunkt der ratio her sagen, für die ebenfalls, aber in anderer Weise, Allmacht und Ohnmacht, Leben und Tod beieinander sind. Jedoch zeigt sich eine Eigentümlichkeit des

---

[98] 361,3f (Hs): Si rationem consulis. 11 (Hs): secundum rationem. 20 (Dr): si iudicium rationis sequi voles. 21 (Dr): videtur rationi. 28 (Dr): iudicat ratio usw.

[99] 361,1f (Hs): Fides dicit sic . . . 7 (Hs): dicit ratio. 9 (Hs): Illa [sc. ratio] sic dicit.

[100] Vgl. z. B. den Schlagabtausch 361,7f (Hs): Monstra sunt, dicit ratio; dicit ista diabolica. Fides hanc rationem occidit et mortificat istam bestiam . . . Oder 362,3–6 (Hs): [Abraham] occidit rationem . . . quae negat deum, eius sapientiam, potentiam et occidit deum. Econtra sacrifico, occido meam rationem: volo, ut sis stulta, taceas. Ibi fides occidit rationem . . .

Glaubens darin, daß es für ihn nicht bei einem Nebeneinander sein Bewenden hat, sondern sich ein Ineinander aufdrängt. Dadurch befindet er sich in einer Situation, in der die Gegensätze ein und dieselbe Person treffen, und zwar in einem Zugleich, das jedoch nicht den Charakter eines ausgewogenen Gleichgewichts hat, sondern die Turbulenz einer Bewegung aufweist, die sich mit der Bewegung des Lebens überhaupt verbindet. Das ist die Situation der Anfechtung, wie sie nur der Glaube kennt und zu der es auf seiten der ratio keine Entsprechung gibt.

An der Schroffheit, mit der die Gegensätze Allmacht und Ohnmacht aufeinanderprallen – Luther bildet analog zu omnipotentia kühn das Wort omniinfirmitas[101] –, befremdet, was den Glauben selbst betrifft, vornehmlich die Omnipotenz-Aussage, während die Schwachheitsaussage naturgemäß leicht eingeht[102]. Aber erst dann erfüllt sich die Situation der Anfechtung, wenn die Ohnmacht nicht als selbstverständlich hingenommen[103] und auch nicht als ein bloßes Moment im Auf und Ab des Glaubenslebens angesehen wird, wenn sie vielmehr den Erfahrungshorizont der Macht Christi und des heiligen Geistes bildet[104], so daß die Ohnmachtserfahrung das rechte Ver-

[101] Mit Sicherheit findet sich diese Wortbildung erst in der Druckbearbeitung 583,15–17: (zu Gal 4,6) Est enim Christus tum vere omnipotens, tum vere regnat ac triumphat in nobis, quando nos, ut sic dicam, sumus ita omniinfirmi, ut vix gemitum aedere possimus. Aber sehr wahrscheinlich ist schon die Nachschrift entsprechend zu lesen 583,1f: Das heist ›infirmitas nostra in potentia Christi‹ [2Kor 12,9], ibi Christus omnipotens in omniinfirmitate [der Herausgeber A. Freytag schreibt getrennt: in omni infirmitate; der handschriftliche Befund müßte geprüft werden] nostra . . .

[102] Außer 360,3–6 (Hs), s. o. Anm. 76, vgl. 360,19 (Dr): . . . quod fides sit res omnipotens quodque virtus eius sit inaestimabilis et infinita. Dagegen 364,8 (Hs): propter istam infirmam fidem . . . 368,5 (Hs): . . . quia [fides] infirma est . . . 370,30f (Dr): praeter illam imbecillem fidem . . . 581,7 (Hs): Fides est infirmissima, quo ad sensum nostrum.

[103] Der Gesichtspunkt der infirmitas legt sich von Röm 4,19f her nahe: Et non infirmatus est fide, nec consideravit corpus suum emortuum, cum iam fere centum esset annorum; et emortuam vulvam Sarae: In repromissione etiam Dei non haesitavit diffidentia, sed confortatus est fide, dans gloriam deo . . . Obwohl hier gerade das Schwachwerden im Glauben verneint ist, war es doch angesichts der Impotenz Abrahams das Nächstliegende. Und nur zusammen damit kann dem Glauben Omnipotenz zugeschrieben werden.

[104] Vgl. o. Anm. 101 sowie 584,3–9 (Hs): Ergo non iudicandum secundum sensum cordis nostri, sed spiritus sanctus non dicitur, quod vincamus sine labore et dolore. Sic Papistae, qui putant Sanctos habuisse sic spiritum sanctum, quod nunquam habuerint tentationem. So ists nicht. Oportet assuescere: spiritus sanctus est ille, qui in infirmitate nostra adest et hilfft. Si potens es, hat spiritus sanctus suum officium ausgericht; sed quando officium [sc. im Schwange ist o. ä.], ghets ut Moses, habet mortem in aqua . . . Gut 584,23–30 (Dr): Ergo tum maxime habemus opus Spiritussancti auxilio et consolatione tumque maxime adest nobis, cum maxime sumus impotentes ac desperationi proximi. Si quis forti ac laeto animo mala perfert, in eo iam fecit officium suum Spiritussanctus. In his autem proprie exercet opus suum, qui vehementer conterriti sunt et appropinquaverunt, ut Psalm. [9,14] ait, usque ad ›portas mortis‹, Ut de Mose iam dixi, qui videbat praesentissimam mortem in aquis et quoquo vertebat vultum.

ständnis der Macht des Glaubens bedingt und allererst ermöglicht. Erstaunlicher noch als dieses Bei- und Ineinander von Macht und Ohnmacht des Glaubens ist es, daß Luther die Omnipotenz Gottes selbst mit dem Aspekt der Ohnmacht gepaart sieht[105]. Während in dieser Hinsicht die Omnipotenz-Aussage – sogar gegebenenfalls für die ratio – den Anschein des Selbstverständlichen hat, grenzt die Behauptung an Blasphemie, daß Gott vom Glauben abhängig und auf ihn angewiesen sei, um seine Majestät unversehrt zu haben, und daß er ohne den Glauben ihrer verlustig gehe, zumal dann, wenn man an die omniinfirmitas der Glaubenden denkt, an der demnach Gott selbst partizipieren soll. Daß hier die theologia crucis nicht auf die christologischen Aussagen beschränkt bleibt[106], sondern anscheinend ganz ungeschützt das Gottesverständnis selbst durchdringt und, wie man befürchten könnte, zersetzt, muß der ratio höchst anstößig sein. Sie kann schwerlich akzeptieren, was Luther von jenem Ausgeliefertsein Gottes an den Glauben sagt: »Das ist sapientia sapientiarum, religio religionum.«[107]

XIV. Deus loquens

Bevor wir auf die nach Luther theologisch gebotene und von ihm mit schlimmsten Verbalinjurien bekräftigte Disqualifizierung der ratio näher eingehen, dürfen wir der Frage nicht ausweichen, ob diese Verurteilung nicht zum Schaden der Theologie Sicherungen beseitigt, die gerade gegenüber den problematischen Aspekten oder zumindest den möglichen Mißdeutungen von Luthers Äußerungen über die fides eine Schutzfunktion versehen könnten. Die Gefahr einer Subjektivierung der theologischen Aussagen und eines Verlustes ihres objektiven Wahrheitsgehalts ist nicht von der Hand zu weisen. Daß Gott extra fidem seine Gottheit verliert[108], läßt sich leicht in fideistischem Sinne deuten, wodurch Luther offensichtlich entgegen seiner Intention auf die Seite neuzeitlicher Religionskritik geriete. Die scholastische Theologie war bemüht, durch die ratio das Sein Gottes extra fidem festzustellen und so der Theologie das objektive Fundament zu sichern. Nun hat Lut-

[105] 360,6f.8–10 (Hs), s. o. Anm. 39 und 47.

[106] Sie klingen im Textzusammenhang gelegentlich an: 361,6 (Hs) 365,12 (Hs) 367,1 (Hs) 371,6 (Hs) 372,9 (Hs). Die Druckbearbeitung fügt ausdrücklich unter Hinweis auf 1Kor 1,18.23 den Gesichtspunkt der theologia crucis ein 361,26–28: (Paulus enim Evangelium de Christo crucifixo vocat verbum crucis et stultitiam praedicationis, quam Iudaei scandalosam, Gentes stultam doctrinam iudicent etc.).

[107] 360,10 (Hs).

[108] 360,6f (Hs), s. o. Anm. 39.

her durchaus nicht geleugnet, daß auch die ratio um Gott wisse. Er hat aber ganz entschieden bestritten, daß damit die neutrale Basis eines praeambulum fidei bereitgestellt werde. Von der Indienstnahme der ratio zu Gottesbeweisen oder allgemeiner: von einer rationalen Grundlegung des Redens von Gott auch ohne strengen Beweischarakter würde nach Luther ebenfalls gelten, daß hier Gott, weil extra fidem, seine Gottheit verliere. Gewiß könnte man einwenden, Luther habe zugunsten des dominierenden soteriologischen Interesses die Reflexion auf eine theologische Erkenntnistheorie vernachlässigt. Aber was auch immer dazu geschichtlich als Erklärung angeführt oder als Versäumnis angekreidet werden mag, darf weder übersehen lassen, was bei Luther an ontologischen Ansätzen impliziert ist, noch kann es zu der Erwartung Anlaß geben, daß sich jene scharfe Antithetik von fides und ratio als eine bloße theologische Übertreibung erledige. Die Differenz hat mit der Situation zu tun, die mit dem Gottesbezug gegeben ist.

Was schon in bezug auf die Situation der Anfechtung anklang[109], wird nun in seiner grundsätzlichen Relevanz deutlicher. Für das Verhältnis der ratio zur Gottesfrage ist charakteristisch, daß die Situation des Redens von Gott als das Sein vor Gott abgeblendet wird. Dementsprechend bleibt das eigene Ich als das Subjekt der ratio ausgeklammert, als wäre es in seinem Verhältnis zu Gott ein unbeschriebenes Blatt. Und Gott kommt als ein schweigendes X, eine erst zu erforschende terra incognita in Betracht. Für den Glauben dagegen ist konstitutiv, daß er in die Situation des eigenen Angeredetseins durch Gott eingesenkt ist. Luther kennzeichnet darum treffsicher den Glauben von der Sprachsituation her, in der sich der Mensch Gott gegenüber befindet, wobei Gott als sprechend und der Mensch als antwortend bestimmt sind. Fides dicit sic: Egó credo tibi deo loquenti[110]. Dieses Sein gegenüber dem Deus loquens will nun aber nicht als eine punktuelle und somit im Grunde zeitlose und ungeschichtliche Situationsbestimmung verstanden sein. Wie darin der Mensch selbst mit seiner Geschichte präsent wird, so ist auch Gott mit der Geschichte seines Wortes darin anwesend. Die Situationsbestimmung, die im Unterschied zur ratio durch die fides akut wird, meint Geschichte in äußerster Verdichtung. Darin ist Abraham für das Verständnis des Glaubens exemplarisch[111]. Glaubender ist er als der, der sein Leben lang vergeblich auf Nachkommenschaft gewartet hat und diese Hoffnung nun angesichts des Alters und seiner unausweichlichen Symptome eigentlich begraben sollte. Das

---

[109] S. o. S. 124.

[110] 361,1f (Hs).

[111] Vgl. den Übergang zur Auslegung von Gal 3,6 359,7 (Hs): Iam ghet ad exemplum Abrahae et furt scripturam mit ein . . .

ganze vergangene Leben und das über kurz oder lang eintretende Sterben sind also gegenwärtig, Hoffnung und Enttäuschung eines befristeten Daseins. Zugleich ist aber auch die Geschichte des Deus loquens gegenwärtig: die schon lange zurückliegende Berufung Abrahams auf den Weg in die Fremde samt der Verheißung von Landnahme und Nachkommenschaft. Diese Zusage wird nun unter aussichtslos gewordenen Verhältnissen wiederholt. Abraham wird zugemutet, etwas, was einst schon unter normalen Bedingungen kaum zu glauben war und was nun unter verunmöglichenden Umständen unglaubhaft geworden ist, dennoch für wahr zu halten und sich mit ganzer Zuversicht darauf zu verlassen. In diesem seinem geschichtsgesättigten Lebensbezug ist der Glaube Abrahams maßgebendes Beispiel für die Situationsbestimmtheit des Gottesbezugs, wie sie dem Glauben überhaupt zukommt. Im Gegensatz zu der Abstraktion rationaler Gotteserkenntnis liegt deshalb das ganze Gewicht der Wirklichkeit auf der Seite des Glaubens.

XV. Verbum Dei – secundum rationem: diaboli verbum

Nicht der Gottesgedanke als solcher, sondern das Wort Gottes ruft den Widerspruch der ratio hervor. Ebenso präzis, wie Luther die Situation der fides von ihrem Verhältnis zum Deus loquens her bestimmt, markiert er den Punkt, an dem der Gegensatz zwischen fides und ratio entbrennt. Die ratio vermag nicht, die Situation des Redens von Gott als Sein vor Gott wahrzunehmen. Sie sträubt sich aber auch dagegen, dieses ihr Unvermögen wahrzuhaben. Deshalb reagiert sie auf das Ja der fides zu dem Deus loquens mit dem entschiedenen Nein zu dem, was Gott sagt. Fides dicit sic: Ego credo tibi deo loquenti. Quid loquitur? impossibilia, mendacia, stulta, infirma, abhominanda, heretica, diabolica, – Si rationem consulis[112]. Die ratio reißt somit das Wort Gottes aus seiner Situation heraus. Sie läßt es weder auf den Menschen selbst in der Unverfügbarkeit seiner Lebenswirklichkeit gerichtet sein noch denkt sie es mit Gott so zusammen, daß er als der Autor dieses Wortes auch der Garant von dessen sich erfüllender Wahrheit ist. Das vernichtende theologische Urteil über die ratio bezieht sich allein auf diese ihre kompetenzüberschreitende Stellungnahme zu der Äußerung des Deus loquens. Kommt dagegen die ratio in den Grenzen ihrer Zuständigkeit in Betracht, so kann von ihr nicht hoch genug gedacht werden[113]. Diese Unterscheidung – sosehr

[112] 361,1–4 (Hs). 361,15 (Dr) fügt hinter infirma noch absurda ein.

[113] Vgl. WA 39,1; 175,9f: Et sane verum est, quod ratio omnium rerum res et caput et prae ceteris rebus huius vitae optimum et divinum quiddam sit.

sie noch zu Fragen Anlaß gibt – muß man im Auge behalten, wenn aus Luthers in der Tat fürchterlich klingenden Sätzen über die ratio in ihrem Gegensatz zur fides nicht ein kruder Irrationalismus herausgelesen werden soll. Wird jedoch an der Ausrichtung ausschließlich auf die Sache des Glaubens festgehalten, so weisen Luthers Aussagen über die ratio in eine Dimension, in der sich der Mensch auch und gerade seinen höchsten Fähigkeiten nach allerdings in erschreckender Weise zu erkennen gibt. Zunächst freilich sind Gesichtspunkte zu bedenken, die das Einverständnis mit Luther zu erschweren scheinen.

Im Falle Abrahams war es ja wirklich nicht so abwegig, in nüchterner Einschätzung der natürlichen Gegebenheiten die Verheißung eines Sohnes für lächerlich zu halten[114]. Daß sich die vernünftige Rechnung dann doch als falsch erwies, gehört nun eben, so könnte man argumentieren, zu den unvorhergesehenen Zufällen und den Irrtumsmöglichkeiten in bezug auf den künftigen Geschichtsverlauf. Man könnte daraus zwar die Lehre ziehen, anstatt in solchen Fällen dezidiert zu urteilen, sich skeptischer Zurückhaltung zu befleißigen. Der ratio bleibt es aber auf jeden Fall verwehrt zu sagen: Ego credo tibi deo loquenti. Eine solche Glaubenshaltung allem Augenschein zum Trotz einzunehmen, mag dennoch auch dem vernünftigen Denken als etwas Großartiges imponieren. Sie grundsätzlich zu verurteilen, wäre Ausdruck eines engstirnigen Rationalismus, der dem Unberechenbaren in aller Lebenswirklichkeit nicht Rechnung trägt. Nur wird man es dem Einzelnen anheimstellen müssen, ob er sich dazu aufschwingen kann, gegebenenfalls dem nicht zu folgen, was rational evident erscheint. Man wird ihn sogar nachdrücklich davor warnen müssen, Glauben mit illusionären Wünschen zu verwechseln. Und eine theologische Berechtigung wird solcher Haltung nur dann zukommen, wenn der Glaube das vorgestellte Hoffnungsziel auf den Deus loquens selbst hin transzendiert (vgl. Röm 4,17), so daß er es von daher auch contra spem (Röm 4,18) Gott überläßt, in welchem Sinne und in welcher Weise sich die Verheißung erfüllt. Nur wenn der Glaube Gott gilt und nicht einem von Gott losgelösten Wunschgebilde, ist er Abrahams Glaube. Als solcher aber ist er in jener Konkretion nicht imitierbar. Und es mag jeder sehen, wie er die Übertragung auf eine entsprechende Konkretion zu verantworten sich getraut.

Nun wird aber der Konflikt mit der ratio erst dadurch in ganzer Schwere heraufbeschworen, daß von dem Sonderfall Abraham her der Regelfall des christlichen Glaubens beschrieben wird. Ebenso wie mit dem, was Abraham

---

[114] 361,4f (Hs) 362,2f (Hs).

zugesagt war, soll es sich mit allen Glaubensartikeln verhalten[115]. Wenn dies an den christologischen Grundaussagen erläutert wird, so tritt eine bemerkenswerte Verschiebung des Sachverhalts ein. An die Stelle einer Aussage über die Zukunft mit ihren irgendwie immer noch offenen Möglichkeiten treten jetzt perfektische Aussagen, die es mit bereits Geschehenem und Entschiedenem zu tun haben und deren Glaubwürdigkeit darum einem viel empfindlicheren Maßstab unterliegt. Wenn nun das Moment des rational Unwahrscheinlichen oder gar Unmöglichen und Absurden von der futurischen auf die perfektische Aussage transponiert und dort als Wesenskennzeichen der Glaubensaussage festgemacht wird, so scheint der Protest der ratio in der Tat unausweichlich und für die fides höchst kompromittierend zu sein. Die ratio gerät nun geradezu in die Rolle der Beschützerin Gottes gegen den Glauben, der sich in seiner Leichtgläubigkeit als Irrglauben erweist und für Gottes Stimme hält, was die ratio als die des Teufels entlarvt[116]. Nicht weil sie von Gott nichts wissen will, sondern weil sie von Gott sehr genau zu wissen beansprucht, was ihm angemessen ist, tritt die ratio gegen die fides auf.

Es klingt zwar sehr glaubensstark, wenn Einspruch dagegen erhoben wird, an Gottes Majestät den Maßstab der Vernunft anzulegen und nach rationalen Möglichkeiten Gottes Möglichkeiten zu begrenzen[117]. Anderseits wäre es verheerend, dem Gedanken der Absurdität die Zügel schießen zu lassen und den formalen Gesichtspunkt des Unglaubhaften unkritisch zum Kennzeichen des Glaubens zu machen. Daß für Luther der Glaube nicht des Verstehens entbehrt, zeigt ja allein schon die theologische Intensität dieser seiner Interpretation eines kurzen alttestamentlichen Zitats in der Verwendung durch Paulus. Daß der ratio die Glaubensartikel, die Luther zentral christo-

---

[115] 361,4–7 (Hs): Ut Abrahae dictum, quod generaturus ex emortua carne Mulieris filium, – hoc erat stultum, ridiculum etc. Quia deus, quando obiicit articulos fidei, talia etc., Ut: filius dei incarnatus homo deus est; ille mortuus. Si ista vera, – Monstra sunt, dicit ratio; dicit ista diabolica. 10f (Hs): Si deus loquitur, est diaboli verbum, quia non videtur ei congruere. Ausführlicher 361,19–25 (Dr): Sic semper Deus, cum obiicit articulos fidei, simpliciter impossibilia et absurda, si iudicium rationis sequi voles, obiicit. Ut certe ridiculum et absurdum videtur rationi, in Coena nobis exhiberi corpus et sanguinem Christi: Baptismum esse lavacrum regenerationis ac renovationis Spiritus sancti; Mortuos resurgere in extremo die; Christum filium Dei concipi, gestari in alvo virginis, nasci, pati mortem indignissimam crucis, resuscitari, sedere nunc ad dexteram Patris et habere potestatem in coelo et terra. Ferner 365,10f (Hs): quia deus loquitur nobis stulta, absurda, quae non conveniunt cum ratione . . .

[116] 361,10f (Hs): s. vorige Anm. Ferner 361,1–4 (Hs): s. o. S. 127 bei Anm. 112.

[117] 361,11 (Hs): Sic Erasmiani metiuntur dei maiestatem secundum rationem. Bei der Druckbearbeitung entfiel die polemische Anspielung auf Erasmus (vgl. dort im Apparat Anm. 2). Es wurde daraus eine pauschale Bemerkung gegen Scholastiker und Sektierer aller Art 362,13f: Eiusmodi est Theologia omnium Sophistarum et sectariorum qui metiuntur verbum Dei ratione. In den späteren Ausgaben des Galaterkommentars ab 1538 fehlt dieser Satz überhaupt.

logisch von Inkarnation und Kreuz her charakterisiert[118], widersinnig und gottwidrig erscheinen, liegt doch nur daran, daß sich die Art, wie Gott sich zu verstehen gegeben hat, trübe und verzerrt in dem Unverstand derer spiegelt, die besser zu wissen meinen, was ihnen frommt und was Gott ansteht. Daß Gott Mensch ward und Jesus Christus am Kreuz gestorben und vom Tode erstanden ist, das sind weder sinnlose Sätze noch bloße Vergangenheitsaussagen ohne Zukunftsdimension und darum auch nicht tötende Glaubensgesetze, die das sacrificium intellectus fordern, vielmehr Aussagen von höchst erleuchtender Kraft gerade dann, wenn das eigentlich Anstößige an ihnen bewußt wird. Die Weise, wie hier dem Menschen zugemutet wird, Gott die Gottheit zuzuerkennen, widerspricht deshalb der ratio, weil sie Gott nicht anders will als so, daß der Mensch ihm gegenüber im Recht ist. Was sie erwählt, soll Gott gefallen[119]. Gott soll durch den Menschen und seine Leistungen zufrieden gestellt, damit aber zugleich beseitigt werden[120]. Gott nach der ratio messen heißt, nicht ertragen können, daß sich der Mensch mit Gott nicht messen kann. Der Mensch will vor Gott nicht im Unrecht sein[121]. Gottes gloria, maiestas und iustitia sollen die gloria, maiestas und iustitia des Menschen nur bestätigen und verstärken. Die ratio, die zur fides in Gegensatz tritt, findet darum ihre symptomatischste Repräsentation in religiöser Gestalt: Turca, Papa, Moses, nemo vult videri errasse[122]. Es erscheint uns seltsam, daß die Religionen typischster Ausdruck der ratio sein sollen. Sie sind es jedoch in der Tat, insofern sie das Gottesverhältnis des Menschen zum Gegenstand des Rechnens und Rechtens machen. Das ist die Denkweise des Gesetzes, die dem engen Bündnis von ratio und lex entspricht. Die fides dagegen hat ihr obiectum, weil an Christus, am Evangelium[123]. Nur dann ist der Widerspruch zwischen ratio und fides rein erfaßt, wenn nicht irgendwelche Absurditäten der Stein des Anstoßes sind, wenn vielmehr erkannt ist, daß das schlichte, lautere Evangelium dasjenige ist, was dem Menschen nicht eingeht. Dem Menschen, der sich auf seine Macht als animal rationale stützt, geht das Evangelium deshalb nicht ein, weil es nicht ihm, sondern Gott die

[118] S. o. Anm. 115.

[119] 361,9f (Hs): Illa sic dicit de deo: quae ipsa eligit, placent deo.

[120] 363,4–7 (Hs): . . . cor intus dicit: isto opere volo dei iram placare; ibi consulo edere et eligo mihi quod mihi bonum videtur, mag deum talem qui placetur operibus a me inventis. Sic meipsum facio deum et statuo in locum divinitatis . . . Vgl. die breitere Fassung 363,16–25 (Dr).

[121] 366,1–5 (Hs): Ibi ratio: Ergo stulta frustra laboravi? Matth. 20 [Vers 11f]. Et ostendit suam inimicitiam contra deum. Ergo damnantur monasteria et universae religiones sub coelo; omnes cultus damnantur, quatenus volunt parare iustitiam. hoc non vult ferre mundus.

[122] 366,5 (Hs) im Anschluß an das Zitat in der vorigen Anm.

[123] Z.B. 164,6–8 (Hs): S.o. Anm. 15.

divinitas zuspricht. Freilich erhält dann gerade durch den Glauben der Mensch in Wahrheit an der divinitas Gottes teil. Deshalb ist die fides die zur Wahrheit gebrachte Religion[124]. Der Glaube Abrahams ist dafür dann das Vorbild, wenn er dem Evangelium gemäß verstanden wird.

Auf diesem Hintergrund werden Luthers ungeheuerliche Schmähungen der ratio verständlich. Sie gelten nicht der ratio in ihrem rechten Gebrauch, sondern der zur Selbstrechtfertigung des Menschen pervertierten ratio. Selbst wenn sie für Gott eintritt, und gerade dann, wird sie zum hostis dei pestilentissimus[125]. Obwohl sie das Höchste im Menschen ist, was ihn vom Tier unterscheidet, wird sie doch in einem horrenden Oxymoron als bestia tituliert, als die verwilderte Fähigkeit des Menschen, als eine Macht, der keine Macht der Welt gewachsen ist und die noch durch das unsagbare Elend, das sie anrichtet, ihre Größe verrät[126]. Die ratio, die Luther selbst als omnium rerum res et caput et prae ceteris rebus huius vitae optimum et divinum quiddam rühmen kann, – als inventrix et gubernatrix omnium artium, medicinarum, iurium, et quicquid in hac vita sapientiae, potentiae, virtutis et gloriae ab hominibus possidetur[127], – wird nun zum fons fontium omnium malorum[128], der Ursprung von so viel Gutem in diesem Leben zu der alles vergiftenden Quelle des Bösen. Diese Anklagen ließen sich sogar schon durch eine Fülle von Beispielen veranschaulichen, wie anscheinend ganz unabhängig vom theologischen Aspekt im Namen und mit den Mitteln der Vernunft höchst unvernünftig agiert wird und Größe und Elend der ratio dicht beieinanderliegen. Jedoch setzt Luther tiefer an, wenn er die Perversion der ratio von der Sünde her bestimmt und sie dementsprechend als Unglauben und Unreinheit des Herzens[129] versteht, als Mangel von Furcht Gottes und

---

[124] Vgl. o. S. 125 bei Anm. 107. Ferner 363,3 (Hs): Quomodo potest unctio et religio [sc. maior] inveniri fide? 363,14f (Dr): Ideo nulla maior, melior aut gratior religio cultusve inveniri potest in mundo quam fides.

[125] 362,4 (Hs) 356,7 (Hs) 362,9f (Hs): hostis maximus et pertinacissimus. 363,7f (Hs): hostis atrocissimus.

[126] 361,8f (Hs): . . . istam bestiam quam coelum et terra non possunt occidere nec omnes creaturae. 362,6f (Hs): . . . bestiam toto mundo maiorem.

[127] WA 39,1; 175,9–13.

[128] 365,5f (Hs): . . . nos agimus rem cum pestilentibus capitibus ut ratio quae est fons fontium malorum . . .

[129] 364,5f (Hs): . . . manent adhuc in me concupiscentia, omnes fructus carnis et infidelitatis, quia non occiditur in hac vita tota ratio, infidelitas. 364,10–365,4 (Hs): Sophistae relinquunt cordis immundiciem, non considerant pestes cordis: non diligere, timere; sed tantum scortum, cedes, furtum, mala ista crassa. Istas capitales bestias, fontes crassarum voluptatum von vident, sed tantum rivos procedentes ex fonte omnium malorum.

Freude an Gott[130], als Nichtwollen, daß Gott Gott sei[131], als die prudentia carnis, die Gott feind ist und ihm nicht Ehre gibt[132]. Dieses Zusammenrükken von peccatum und ratio beseitigt das Mißverständnis, als sei die Sünde nichts als die sinnliche Konkupiszenz, die durch den geistigen Teil des Menschen, die ratio, in Schach zu halten wäre. Vielmehr wird der Mensch als animal rationale gerade in seiner differentia essentialis als peccator verstanden[133].

XVI. Sacrificium rationis

Das Getötetwerden der Vernunft durch den Glauben korrespondiert dem Getötetwerden Gottes durch die Vernunft und hat seinen theologischen Grund im Christus mortuus und in der mortificatio der Glaubenden als dem Mitgekreuzigtwerden mit Christus. Ist man sich dessen bewußt, wie zentral diese anscheinend exzentrische Aussage über die ratio im Gesamtverständnis des christlichen Glaubens verankert ist, so sollten sich törichte Mißverständnisse von selbst erledigen.

Bei dem Töten der ratio kann es sich nicht um einen Akt geistiger Selbstverstümmelung handeln, der aus Haß oder Angst entspringt. Es ist überhaupt nicht die Tat des Menschen, sondern das Wirksamwerden des Glaubens[134] und somit die Folge einer alles Negative überwindenden Bejahung. Die ratio wird zum Schweigen gebracht[135], weil der Deus loquens Gehör gefunden hat. Das occidere rationem erfolgt durch die virtus fidei[136], die sich als creatrix divinitatis in nobis erweist. Diese beiden extremen Pole in Luthers Auslegung von Gal 3,6 fügen sich zu einem einzigen Sachverhalt. Denn indem Gott zu seinem Recht kommt, wird auch die ratio zurechtgebracht, ihre Perversion vernichtet und der Mensch zu dem gottgewollten usus rationis befreit. Indem ihrem Dasein als Feindin Gottes ein Ende gemacht wird, nimmt sie wieder ihren Charakter als Gabe des Schöpfers an. Weil die Bestie, zu der

---

[130] 365,5–7 (Hs): . . . ratio, quae est fons fontium omnium malorum, quia non timent etc. non letatur in eius verbis et factis, hostis pestilentissimus dei. Vgl. 367,4f (Hs).

[131] 362,4f (Hs): . . . rationem quae negat deum, eius sapientiam, potentiam et occidit deum. 9f (Hs): . . . hostem maximum et pertinacissimum qui negat virtutem, iustitiam, maiestatem et divinitatem.

[132] 365,7–9 (Hs): ›Est inimica dei‹, Ro. 8 [Vers 7], quia non dat ei gloriam. cum illa agimus, ut occidamus odium, incredulitatem, contemptum dei, murmurationem contra dei iram, contra verba et facta dei.

[133] 370,5f (Hs): . . . non possunt exuere rationem quae dicit: voluntas iusta, recta est iustitia.

[134] 362,1f (Hs): Abraham non potuit occidere, [nec] universa creatura; illam occidit sua fides.

[135] 362,6 (Hs): volo, ut sis stulta, taceas.

[136] 361,7f (Hs): Fides hanc rationem occidit ... Vgl. 362,6.10f (Hs) 365,10 (Hs).

sie entartet ist, umgebracht wird, kann die ratio zu dem gottgemäßen Herrschen des Menschen dienen.

Wie die Perversion der ratio geistlich verstanden ist als das Verhältnis zu Gott betreffend, so ist ebenfalls das occidere und mortificare geistlich zu verstehen als auf Gott ausgerichtet. Deshalb wird es auch als ein Gott dargebrachtes Opfer bezeichnet[137]. Zwar erweckt die Rede von einem zum letzten entschlossenen Feind und von einem gräßlichen Tier, dem niemand in der Welt gewachsen ist, die Vorstellung äußerster Selbstverteidigung in einem Vernichtungskampf. Aber die Tatsache, daß hier nicht der Mensch mit seinen Kräften und Mitteln, sondern allein der Glaube den Kampf führt, der an Gottes Allmacht teilhat, und daß sich die Sprache dabei apokalyptischer Symbole bedient, läßt aus dem, was als ein brutaler Akt der Verzweiflung erscheinen könnte, einen gottesdienstlichen Vorgang werden, der im Zeichen des Sieges und der Überwindung steht.

Die Opferung, die sich hier vollzieht, muß, wie schon angedeutet[138], gegen ein sacrificium intellectus scharf abgegrenzt werden. Es geht nicht um jenen Kadavergehorsam, durch den der Mensch kraft Selbstvergewaltigung eine Gott wohlgefällige Leistung zu erbringen sucht, um doch noch die Selbstbehauptung vor Gott zu erzwingen. Obwohl die Kategorie des Gehorsams nicht überhaupt ausgeschaltet ist[139], wie dies bei ihrer Verkümmerung zu pejorativem Gebrauch unvermeidlich wäre, sondern in Verbindung mit dem Glauben den vollen Sinn des mit der Tat sich erweisenden Hörens und Gehörens annimmt[140], kommt dem Glauben dennoch als letztlich maßgebende Bestimmung nicht der Begriff des Gehorsams zu, sondern der der Freiheit. Der Glaube ist nicht Entmündigung, sondern ein Mündigwerden, nicht Knechtschaft, sondern Sohnschaft, nicht eine schlechte, mit Widerwillen erduldete Abhängigkeit, sondern die schlechthinnige Abhängigkeit, die mit wahrer Befreiung eins ist. Das Opfer, das sich der Glaube nicht abringt, sondern das er als Lebensvollzug selber ist[141], besteht darum nicht im Verzicht auf das innerste Ja-Sagen – »von ganzem Herzen, von ganzer Seele, von allem Vermögen«[142] –, so daß die zustimmende Gewissensüberzeugung un-

---

[137] 362,3.5.7 363,1 364,1f 369,5.9 (Hs).

[138] S. o. S. 130.

[139] Vgl. 359,12–360,2 (Hs): . . . quod fides in deum sit Sanctus cultus dei, Sanctum obsequium dei, obedientia dei et gloria.

[140] Man könnte in Luthers Auslegung der fides auf die occisio rationis hin eine Variante zu Röm 12,1 sehen: . . . ut exhibeatis corpora vestra hostiam viventem, sanctam, Deo placentem, rationabile obsequium vestrum.

[141] 369,5 (Hs): quantum est fidei, tantum sacrificii.

[142] Dt 6,5.

terbleibt. Vielmehr folgt gerade die Opferung der widerwilligen ratio aus dem völligen Ergriffensein.

Dieser priesterliche Akt in königlicher Freiheit ist nicht mit einem Mal abgetan. Er durchzieht das gesamte Leben und vollendet sich erst im Tode[143]. Wie denn der Christ in diesem Leben sehr unvollkommen und im Werden bleibt: Sic Christianus simul peccator et Sanctus, inimicus et filius dei[144]. Sein Leben ist die Existenz in diesen zwei contradictoria[145]. Er beharrt zugleich in pura humilitate und in pura et sancta superbia[146]. Die Vorstellung, daß der Christ in vollkommener Heiligkeit leben sollte, kann nur zur Verzweiflung treiben, also zum Verlust des Glaubens[147]. Vielmehr lebt der Glaube – diesen für das Rechtfertigungsverständnis wesentlichen Gesichtspunkt entnimmt Luther der Unterscheidung zwischen fides und göttlicher reputatio in Gal 3,6[148] – in der Spannung zwischen einem vom Glauben gewirkten anfänglichen Gerechtwerden im Lebensvollzug, wenn auch in höchst unvollkommener Weise, und der im Glauben ergriffenen vollkommenen Annahme durch Gott um Christi willen[149]. In dieser Spannung zu leben, macht den täglichen

[143] 364,1f (Hs): Sacrificium incipit in Abraham, sed in morte consummatur. 364,3–6 (Hs): Fides est adhuc infirma, vix scintilla; fides incipit deo tribuere divinitatem propter istas ›primitias spiritus‹ [Röm 8,23]. Cum nondum X [= decimae] adsint, manent adhuc in me concupiscentia, omnes fructus carnis et infidelitatis, quia non occiditur in hac vita tota ratio, infidelitas.

[144] 368,8f (Hs).

[145] 372,14–18 (Dr): Quomodo igitur simul vera sunt ista duo contradictoria: Habeo peccatum et sum dignissimus ira et odio divino, et: Pater amat me? Hic nihil omnino intercedit nisi solus Mediator Christus. Pater, inquit, non ideo amat vos, quia digni estis amore, sed quia amastis me et credidistis, quod a Patre exivi [Joh 16,27].

[146] 372,19–23 (Dr): Sic Christianus manet in pura humilitate, sentiens re vera peccatum et propter hoc se dignum ira, iudicio Dei et morte aeterna, ut humilietur in hac vita. Manet tamen simul et in pura et sancta superbia, qua sese vertit ad Christum et per eum sese erigit contra hunc sensum irae et iudicii divini et credit se amari a Patre, non propter se, sed amatum Christum.

[147] 368,9–12 (Hs): Sophistae non intelligunt; ipsi urgent, ut sic sancte vivamus, ut nullum peccatum in nobis. multos vidi factos amentes, et sic factus fuissem. Volebam ante nihil peccati in me renumerare. hoc est homines adigere ad desperationem.

[148] 363,8–364,1 (Hs): Ideo dicit: ›Abraham credidit deo‹, et est gloria. Et addit: ›Reputatum ad iustitiam.‹ Quare addit? Fides est iustitia formalis, sed non esset satis ad iustitiam, quia adhuc reliquium peccati in carne.

[149] Diese Polarität durchzieht Luthers Auslegung des Verses. 362,7f (Hs): . . . sacrificat maximum sacrificium; deinde offert ei totam divinitatem. Die Zählung setzt dann erneut 362,9 (Hs) ein: 1. occidere hostem maximum . . . Sie wird 363,1–3 (Hs) wieder aufgenommen und fortgesetzt: Das ist 1. sacrificium. 2. da[t] deo gloriam, potentiam, credit omnia posse, quae loquitur esse vera, viva, sancta, et dat Summa summarum divinitatem. 364,1–10 (Hs): Sacrificium incipit in Abraham, sed in morte consummatur. Ideo accedit altera pars iustitiae quae est reputatio divina . . . Das spil ist angefangen, habemus primitias, propter istam infirmam fidem non finitur. fides ergo incipit, reputatio perficit usque ad illum diem. Ergo iustitia conflatur divinitus ex cordis fide et dei imputatione. 366,6–367,3 (Hs): Christiana iustitia coram deo est credere in filium. Sic Abraham in semen. vel fides est fiducia cordis per Christum in deum. mach differentiam nu: quae

Gottesdienst des Christen aus: das Stundengebet, dessen Vesper in der occisio rationis als dem sacrificium maximum[150] und dessen Matutin in dem tribuere deo laudem besteht[151]. Sic Christianus est in quotidiano sacrificio. wie kund man doch Christianum hominem hoher loben[152]? Obwohl der begonnene Kampf lebenslang im Gange ist – die Situation der Anfechtung bleibt –, wird doch schon jetzt dank Gottes reputatio der volle Ton der Gewißheit in dem täglichen Gottesdienst des Glaubens angestimmt: Iam sum extra rationem, mundum . . . sum in divina theologia[153].

---

fides ei reputatur ad iusticiam propter Christum. 1. fides est donum divinitus datum, qua credo in Christum. 2. pars: quod deus reputat istam imperfectam fidem ad iustitiam perfectam. Ipse proponit in oculum suum filium suum passum, in quem cepi credere. Interim dum vivo in carne, est peccatum in me, sed propter fidem in Christum non videtur. 367,5–7 (Hs): . . . nescit [deus] de eis peccatis, sed sum apud eum, quasi non essent peccata. hoc facit reputatio. quae? propter fidem in perfectam iustitiam, cum sit imperfecta. 368,5–8 (Hs): sed quia [fides] infirma est, sequitur altera pars: quod deus nolit imputare, et dicit deus: quia credis, nolo ista peccata numerare, punire, damnare sed ignoscere et facere tecta, non propter te, opera tua, dignitatem, sed Christum in quem fides. quia in istum credis, ideo ista fides facit omnia. Schließlich noch zum Begriff reputatio 370,8–11 (Hs): Res non sunt inanes. verba quidem exilia, – quando dico: ›reputatio‹, – quod pendeat nostra iustitia non formaliter in nobis, ut rem Aristoteles disputat, sed extra nos in estimatione divina et nihil in nobis formae, iustitiae praeter fidei primitias, quod cepi apprehendere illum et propter.

[150] 362,7 (Hs).

[151] 369,5–8 (Hs): quantum est fidei, tantum sacrificii. Reliquum peccati condonabitur et non imputatur, quia credis in eum. Et sic quisque Christianus est Pontifex Summus: suam rationem semper mortificat et tribuit deo laudem. das [sc. ist] vespertinum – occisio rationis – et matutinum deo. Während zur Matutin die laudes gehören, verbindet sich mit der Vesper die Erinnerung an das Leiden Christi am Abend des Karfreitags. Vgl. Art. Vesperbild LThK^2 10, 1965, 755.

[152] 369,9f (Hs) als Fortsetzung des Zitats in der vorigen Anm.

[153] 371,4–6 (Hs). – In diesem Aufsatz, der sich im wesentlichen an einen eng begrenzten Text hielt und selbst diesen nicht völlig ausschöpfte, konnte ich weder Luthers Auffassung von der ratio noch sein Rechtfertigungsverständnis samt der Rolle des Reputations- bzw. Imputationsgedankens umfassend erörtern. Beides soll – ebenfalls in dieser Verbindung – bei der Kommentierung von Luthers Thesen de homine auf breitere Basis gestellt werden. Vgl. den bisher erschienenen einführenden Band, s. o. Anm. 8.

Das Kreuz auf spätantiken Kopfbedeckungen (Cuculla – Diadem – Maphorion)

JOSEF ENGEMANN

1. Kreuzzeichen auf der spitzen Mütze ägyptischer Frauen der Spätantike und auf der Mönchskapuze

Im Jahre 1910 veröffentlichte C. M. Kaufmann eine Sammelaufnahme (Abb. 1) von Statuettenfragmenten und Kopfgefäßen aus den Grabungen in Abu Mena/Ägypten[1]. In der obersten Reihe dieser Abbildung sind fünf Terrakottaköpfe dargestellt[2], deren unregelmäßige Bruchlinien am Hals erkennen lassen, daß diese Köpfe von Figuren abgebrochen sind. Alle tragen eine spitze Mütze oder Kapuze, an deren Vorderseite ein kleines erhabenes Kreuz zu sehen ist. Kaufmann schrieb zu diesen Köpfen anläßlich der »Frage, ob sich unter den sonstigen anthropomorphen Figuren und Statuetten der Menasstadt weitere Menastypen befinden« folgendes: »Mit Sicherheit kann einstweilen nur die durch die obere Kopfreihe unserer Fig. 72 repräsentierte Gruppe für Menas beansprucht werden, und zwar für den Heiligen in der alten Mönchstracht (cuculla), in der die dem vierten Jahrhundert zuzuweisenden Heiligenfigürchen der Menasstadt sogar die Madonna wiedergeben.«[3]

Bezüglich der zu frühen Datierung muß ich mich hier auf den Hinweis beschränken, daß nach meinen leider noch auf Veröffentlichung wartenden Keramikstudien und stratigraphischen Arbeiten in Abu Mena[4] die Produktion dortiger lokaler Werkstätten, zu der alle diese Terrakottafiguren gehören, frühestens im letzten Viertel des 5. Jh. einsetzte[5]. Näher eingehen möchte ich dagegen auf die Identifizierung der Terrakottaköpfe mit kreuzgeschmückter Spitzmütze oder Kapuze als angebliche Bilder des hl. Menas in Mönchstracht.

Kaufmann gab zu der von ihm erwähnten Mönchstracht (cuculla) keine nähere Erläuterung, doch dürfte er hierbei an den bekannten Text des Palla-

---

[1] C. M. KAUFMANN, Zur Ikonographie der Menas-Ampullen, 1910, 129 Abb. 72.

[2] Dieselben Köpfe s. auch: C. M. KAUFMANN, Die Menasstadt und das Nationalheiligtum der altchristlichen Aegypter, 1910, Taf. 74,2/6; außerdem dort noch zwei weitere Köpfe dieser Art: ebd. Taf. 74,1. 7.

[3] KAUFMANN, Ikonographie, aaO. 125f.

[4] Durchgeführt in den Jahren 1965–1970 und seit 1976.

[5] Der überwiegende Teil des von Kaufmann geborgenen Keramikmaterials stammt aus Füllschutt des 7. Jh. und dem Abfall von Töpferwerkstätten derselben Zeit.

dius gedacht haben, nach dem Pachomius auf den Mönchskapuzen Kreuzzeichen anbringen ließ[6]. Der Passus belegt den Schmuck der Cuculla mit einem Kreuz zumindest für die Zeit des Palladius[7]. Östliche Denkmäler belegen diesen Brauch seit dem 6. Jh. Wir besitzen Darstellungen von Mönchen, deren Kapuze mit einem Kreuz geschmückt ist (Abb. 2)[8] oder auch mit vier kreuzförmig angeordneten Punkten, wie dies in Parallele zum Schmuck des Maphorions der Madonna (Abb. 16)[9] bereits das Rabbula-Evangeliar zeigt (Abb. 3)[10]. Dieses Punktkreuz findet sich auch häufig verdoppelt auf der Kapuze[11]. In einer durch das Thema seines Buches verursachten übermäßigen Fixierung auf das Mönchsgewand fragte Ph. Oppenheim sogar in Zusammenhang mit einer Kindertunika aus Akhmim[12], deren Kapuze auf jeder Seite ein aufgesetztes rotes Kreuz besitzt, ob das Gewand nicht vielleicht einem Mönch in kindlichem Alter gehört habe[13]. Man wird demgegenüber F. J. Dölger zustimmen müssen, der hierzu schreibt: »Viel natürlicher ist die Annahme, daß es sich um die Kindertracht der koptischen Christen aus dem Laienstande handelt.«[14] Das Kreuz auf der Mönchskapuze dürfte seinen Ursprung in dem auch von Laien geübten Brauch haben, an ihrer Kopfbedekkung ein Kreuzzeichen anzubringen, einem Brauch, der nicht nur durch dieses Kindergewand angedeutet wird, sondern m. E. noch durch eine weitere Denkmälergruppe auch für koptische Frauen belegt wird – nämlich durch die

---

[6] Pallad. hist. Laus. 32 (90 Butler; 152 Bartelink); Ph. Oppenheim, Das Mönchskleid im christl. Altertum, 1931, 144f; F. J. Dölger †, Beiträge zur Geschichte des Kreuzzeichens VIII: JbAntChrist 8/9, 1965/66, 7/52, bes. 38f.

[7] Nach R. Draguet, Le Muséon 57, 1944, 110 fehlt τύπον σταυροῦ im Codex O und gehört daher zur Revision des Textes.

[8] Säulenheiliger und dienender Mönch auf syrischem Basaltrelief in Berlin: V. H. Elbern, Eine frühbyzantinische Reliefdarstellung des älteren Symeon Stylites: JbInst 80, 1965, 280/304 Abb. 1.9.

[9] S. u. S. 150.

[10] C. Cecchelli/ J. Furlani/M. Salmi, The Rabbula Gospels, 1959, fol. 14r (Mönchskapuze mit vier Punkten), fol. 14v (Maphorion Mariens mit vier Punkten); vgl. K. Weitzmann, Spätantike und frühchristliche Buchmalerei, 1977, Abb. 37 (fol. 14r) 38 (fol. 14v).

[11] Vgl. z.B. im 9. Jh.:Die Miniaturen der Sacra Parallela in Paris (Bibl. nat. gr. 923): K. Wessel, Die Kultur von Byzanz, 1970, 779 Abb. 110 (fol. 146r); A. Grabar, Les Manuscrits Grecs Enluminés de Provenance Italienne (IXe–XIe siècles), 1972, Taf. 7 Abb. 21 (fol. 159v); Taf. 8 Abb. 24 (fol. 208) und die Bilder zu Predigten Gregors v. Nazianz in Mailand (Ambros. cod. 49–50): ebd. Taf. 4 Abb. 13 (S. 119).

[12] R. Forrer, Reallexikon der prähistorischen, klassischen und frühchristlichen Altertümer, 1907, 854, Taf. 255; H. Leclercq, Art. Capuchon: DACL 2,2, 1925, 2127/34, bes. 2130, Abb. 2075.

[13] Oppenheimer, aaO. 145.

[14] Dölger, Beiträge, aaO. (Anm. 6), 39. Zu diesem Urteil kam Dölger zweifellos durch seine Beschäftigung mit Kreuzen als Kleiderschmuck und Amulett, vgl. ebd. 34/7; außerdem ders., AntChrist 1, 1929, 32f; 3, 1932, 81/116.

angeblichen Terrakottaköpfe des hl. Menas, mit denen diese Überlegungen begannen und auf die nun näher eingegangen werden soll.

Im Jahre 1921 schrieb Kaufmann einen kleinen Aufsatz über »Altchristliche Frauenvotivstatuetten der Menasstadt und ihre paganen Vorbilder«[15], in dem er es bemerkenswert fand, daß den Frauenstatuetten aus Abu Mena[16] keine männlichen Figuren entsprechen. Dieser Hinweis Kaufmanns ist sicher richtig (wenn man von den zahlreichen Fragmenten von Figuren eines Reiters mit Rundschild und »phrygischer« Mütze absieht, die seit dem frühen 6. Jh. in Abu Mena hergestellt wurden[17]) – doch müssen dann nicht eigentlich auch die eingangs erwähnten angeblichen Köpfe des hl. Menas zu Frauenstatuetten gehört haben?

In den Depots des Liebieghauses in Frankfurt befanden sich, von Kaufmann dort hinterlassen, im Jahre 1965[18] etwa 400 Rümpfe von Frauenstatuetten in lokaler Ware aus Abu Mena, außerdem etwa 50 Terrakottaköpfe gleichen Materials, unter ihnen auch einige Beispiele der eingangs erwähnten Kapuzenträger. In der Tat paßte nun einer der fraglichen »Menasköpfe« mit kreuzgeschmückter Kapuze[19] so eindeutig an einen der Frauenkörper an (Abb. 4), daß an der Zusammengehörigkeit nicht zu zweifeln ist. Da beide Bruchflächen sauber sind, dürfte die Figur, die noch Reste der Augen- und Gewandbemalung besitzt, bis zu den Ausgrabungen vor 70 Jahren mit Ausnahme des fehlenden linken Armes noch intakt gewesen sein. Sie zeigt, wie alle ihre Schwestern, soweit sie nicht Fehlformungen oder -brände sind, eine eindeutige Vorwölbung des Leibes zum Zeichen der Schwangerschaft.

Die Frau hält mit beiden »Händen« einen schüsselartigen Gegenstand vor der Brust. Die Statuette gehört also nicht zum Haupttypus der Frauenstatuetten aus Abu Mena, der eine Frau mit auf den schwangeren Leib gelegten »Händen« wiedergibt, sondern zu den etwa 10 Prozent des Gesamtbestandes

---

[15] C. M. Kaufmann, Byzantin.-Neugriech. Jbb. 2, 1921, 303/10.

[16] Beispiele: ebd. Abb. 1f; ders., Menasstadt, aaO. (Anm. 2), Taf. 73/5; ders., Die heilige Stadt in der Wüste, 1924, Abb. 179/81; O. Wulff, Königliche Museen zu Berlin, Beschreibung der Bildwerke der christl. Epochen 3,1: Altchristliche Bildwerke, 1909, 282f, Nr. 1474/83, Taf. 71; L. Kybalová, Die alten Weber am Nil, Koptische Stoffe, 1967, Abb. S. 47.

[17] Beispiele: Kaufmann, Menasstadt, aaO. (Anm. 2), Taf. 77,1/3; ders., Heilige Stadt, aaO., Abb. 183; Wulff, aaO., 285, Nr. 1497f.

[18] Dem damaligen Leiter der Städtischen Galerie im Liebieghaus und jetzigen Direktor des Schnütgen-Museums in Köln, A. Legner, danke ich herzlich für die Erlaubnis zum Studium und Fotografieren der Funde.

[19] Es handelt sich aus der Sammelaufnahme bei Kaufmann, Ikonographie, aaO. (Anm. 1), Abb. 72 (hier Abb. 1) um den Kopf ganz oben links; besser zu identifizieren nach der Abb. in: ders., Heilige Stadt, aaO., Abb. 179 ganz links. Seit 1924 sind an der Unterkante kleine Stücke ausgebrochen.

umfassenden Sonderformen schwangerer Frauen, die ein Kind, ein Huhn, einen Teller, eine Schüssel oder sonstiges Gerät tragen.

Zu den Frauenstatuetten aus Abu Mena, die gewöhnlich etwa 15 cm hoch sind und in sehr kümmerlicher Qualität in Formen[20] als Massenfabrikat hergestellt wurden, gebe ich noch einige Anmerkungen.

Kaufmann stellt sich im oben genannten Aufsatz nach Behandlung der paganen Vorläufer für diese Frauenstatuetten die Frage, warum sie »nicht ein so zugkräftiges Motiv – und zugleich ein so dem Urchristentum geläufiges – aufgriffen wie das der weiblichen Orans«[21].

Er konnte diese Frage m. E. deshalb nicht beantworten, weil er davon ausging, der häufigste Typus dieser Statuetten zeige eine »Frau mit in die Seiten gestützten Armen«[22]. In Wirklichkeit läßt sich trotz der äußerst mäßigen Ausführung dieser Terrakotten feststellen, daß die »Hände« der Frauen auf oder an den schwangeren Leib gelegt sind oder gelegt sein sollen. Es läßt sich daher als Antwort auf die Frage, warum die Frauen nicht als Oranten dargestellt sind, die Vermutung äußern, daß für den Verwendungszweck dieser Statuetten der Hinweisgestus auf die am Wallfahrtsort des hl. Menas erbetene Schwangerschaft[23] (Abb. 5) wichtiger war als die Gebetshaltung.

---

[20] Vorder- und Rückseite wurden jeweils in der entsprechenden Form hergestellt und dann zusammengefügt; im hohlen Inneren der Figuren sind oft die Fingerabdrücke vom Eindrücken des Tons in die Formen zu sehen.

[21] KAUFMANN, Frauenvotivstatuetten, aaO. (Anm. 15), 310. – Nach Durchsicht der einschlägigen Literatur zu den meist »Totenbräute« oder »-konkubinen« genannten Terrakotten läßt sich die Feststellung treffen, daß diese zwar oft geschlechtsbetont dargestellt sind, aber nicht schwanger. Gegen die Benennung als Totenbräute vgl. z. B. P. GRAINDOR, Terres Cuites de l'Égypte Gréco-Romaine, 1939, 108f zu Nr. 36; W. Kaiser (Hrsg.), Staatliche Museen Preußischer Kulturbesitz, Ägyptisches Museum Berlin, 1967, 105f zu Nr. 1012f.

[22] KAUFMANN, Frauenvotivstatuetten, aaO. 305f.

[23] WULFF, aaO. (Anm. 16), 282, sprach von »Weihegaben . . . aus Anlaß von Sterilität«, und Kaufmann fügte als Argumente hierfür an (Frauenvotivstatuetten, aaO. 307), daß die Gruppe dieser Frauenstatuetten im sonstigen Material von Abu Mena isoliert stehe, und daß sie vorzugsweise in sakraler Umgebung auftauche. Nimmt man jedoch an, daß diese Statuetten ebenso Pilgerandenken waren wie die Menasampullen (zu diesen zuletzt Z. KISS, Les Ampoules de St. Ménas Découvertes à Kôm el-Dikka [Alexandrie] en 1969: Études et Travaux 7, 1973, 137/54), so stehen die Statuetten keineswegs isoliert. Die Fundumstände der »sakralen Umgebung« sind ein aus den Zeitumständen und der Vorbildung Kaufmanns zu erklärendes Mißverständnis: er erkannte nicht, daß er bei der Freilegung von Thermen (vermeintliches Heiliges Bad) und Wohnhäusern (vermeintliche Koinobien) nicht Benutzungsreste barg, sondern überwiegend Füllschutt in vorzeitig aufgegebenen Gebäuden. Die Betonung des schwangeren Zustandes bei den Frauenstatuetten hat auch für entsprechende Pilgerandenken ihren Sinn: man nahm das Wunschbild der am Wallfahrtsort erbetenen Schwangerschaft in diesen Statuetten mit nach Hause, die den erhofften Zustand bildlich schon vergegenwärtigten. In diesem Zusammenhang ist außer auf die Sterilitätsheilungswunder an Mensch und Tier in den Menas-Wunderlisten (H. DELEHAYE, L'Invention des Reliques de Saint Ménas à Constantinople: AnnalBoll 29, 1910,

Bei den Statuetten schwangerer Frauen mit kreuzgeschmückter Kapuze (oder spitzer Mütze) kann das Kreuz als Relief gegeben (Abb. 4) oder auch aufgemalt sein (Abb. 6). Daneben gibt es auch Frauen aus Abu Mena mit verschiedenartigen spitzen oder rollenförmigen Aufsätzen auf der Frisur[24], oder solche, bei denen den Kopf ein bis auf die Schultern reichender Ring umgibt (Abb. 5f), der bei den besser erhaltenen Stücken ebenso wie die Gewandsäume (Abb. 5) mit bunten Punkten oder Strichgruppen bemalt ist (Abb. 6)[25]. O. Wulff[26] bezeichnete diesen Ring als Nimbus, Kaufmann[27] sprach von »nimbusartiger Erweiterung der Frisur«. Es handelt sich m.E. hierbei um einen mehr oder weniger vereinfachten, bisweilen aber auch dekorativ stark verbreiterten Schleier, wie er des öfteren auch auf koptischen Grabsteinen um den Kopf der Verstorbenen herumgeführt ist (Abb. 7)[28]: Die Statuetten stellen also wie die Grabsteine ganz »gewöhnliche« Frauen dar, allerdings im Unterschied zu den Verstorbenen in schwangerem Zustand.

Man sollte also die Terrakottaköpfe mit kreuzgeschmückter Mütze oder Kapuze (Abb. 1.4.6) nicht nur nicht dem hl. Menas zuschreiben, sondern auch nicht irgendwelchen weiblichen Heiligen: Es muß im 6./7 Jh. koptische Frauen gegeben haben, die an einer spitzen Mütze[29] oder Kapuze eine Kreuzverzierung trugen.

Bei dieser Feststellung erinnert man sich sogleich an ein leider verstümmel-

---

117/50, bes. 130; KAUFMANN, Frauenvotivstatuetten, aaO. (Anm. 15), 307; J. DRESCHER, Apa Mena, 1946, 110f, 116) auf den Umstand zu verweisen, daß Menas selbst erst nach Gebet und Vision von seiner Mutter Euphemia empfangen worden sein soll (vgl. KAUFMANN, Ikonographie, aaO. (Anm. 1), 34, 45; DRESCHER, aaO. 132f.)

[24] KAUFMANN, Menasstadt, aaO. (Anm. 2), Taf. 73,9; 74,14/6; 75,2f,7,10,12f; DERS., Heilige Stadt, aaO. (Anm. 16), Abb. 181.

[25] Die Herstellung erfolgte in der Weise, daß nach Zusammenfügung der in Formen gewonnenen Vorder- und Rückseite der Figuren die Arme und dieser Ring um den Kopf angesetzt und angedrückt wurden. Der Ring bricht daher auch besonders leicht ab (Abb. 5).

[26] WULFF, aaO. (Anm. 16), 282f.

[27] KAUFMANN, Frauenvotivstatuetten, aaO. 306.

[28] Vgl. z.B. WULFF, aaO. Nr. 74/6; W.-E. CRUM, Cat. Gén. du Musée du Caire: Coptic Monuments, 1902, Nr. 8685/7, 8691, 8698, 8702; K. WESSEL, Koptische Kunst, 1963, Abb. 4, 80; A. EFFENBERGER, Koptische Kunst, 1975, Abb. 33f, 36; vgl. auch die Schleier der Frauen bei: A. BAUER/J. STRZYGOWSKY, Eine alexandrinische Weltchronik, Denkschr. Akad. Wien, Phil.-hist. Kl. 51,2, 1906, Taf. 7; jetzt bei A. GRABAR, Christian Iconography. A Study of Its Origins, 1968, Abb. 64.

[29] Vgl. auch H. RANKE, Koptische Friedhöfe bei Karâra, 1926, 4: »Eine weibliche Leiche trug auf dem Kopf die Reste einer engmaschigen Zipfelmütze aus schwarzem Leinen; darunter war das natürliche Haar, zu einem starken Zopf geflochten, noch erhalten.« – Merkwürdig der dachartige Aufbau über den Gesichtern der Leichen (ebd. 2f Taf. 1f); im Giebeldreieck ein Kreuz, an den Seiten Pfauen.

tes koptisches Relief des 5./6. Jh. in Kairo (Abb. 8)[30]. Es stellt die Waschung eines Kindes durch zwei Hebammen dar; in die unbeschädigt erhaltene spitze Mütze der einen Frau ist vorne ein Kreuz eingemeißelt, drei weitere kleine Kreuze zieren den Kamm, der neben anderen Geräten in die Fläche gebreitet ist. Von den zahlreichen Vergleichsbeispielen für Darstellungen des Ersten Bades in Verbindung mit der Geburt Jesu her läßt sich annehmen, daß auch das Relief in Kairo in diesen Zusammenhang gehört. Der Einwand, daß die Darstellung dann für den ägyptischen Raum ein Unikum wäre[31], wiegt als Argumentum e silentio nicht schwer, zumal andere Deutungen[32], etwa aus mithräischen oder gnostischen Vorstellungen, ebenfalls nicht überzeugend sind. Doch selbst dann, wenn die Kreuze in der Hebammenmütze und im Kamm nur eingemeißelt worden wären, um die Szene »in orthodox-christlichem Sinn aufnehmbar zu machen«[33], wäre das Kreuz auf der Mütze der Hebamme eine Parallele zu demjenigen der Statuetten von Abu Mena und damit ein weiterer Hinweis auf das zeitgenössische Gewand koptischer Frauen. Ebenso stimmt auch der im Relief dargestellte Kamm mit den drei Kreuzen mit einem Fund aus Ägypten[34] überein.

Soll man abschließend noch eine Antwort auf die Frage nach der Bedeutung des Kreuzdekors auf der Kopfbedeckung von Frauen versuchen, so kann nach unseren heutigen Kenntnissen über Enkolpien, Reliquienkreuze und Kreuzamulette[35] nur gesagt werden, daß die Bedeutung solcher Kreuzzeichen in der Polarität von religiösem Segenszeichen und magisch-apotropäischem Schutzzeichen liegen dürfte.

2. *Das Kreuz auf dem Diadem byzantinischer Kaiser*

Während die Bedeutung des Kreuzzeichens als religiöses Segenszeichen keines Kommentars bedarf, soll zur Erläuterung der soeben erwähnten magisch-apotropäischen Bedeutungskomponente des Kreuzdekors auf spätan-

---

[30] Ausführlich hierzu: A. HERMANN †, Das erste Bad des Heilands und des Helden in spätantiker Kunst und Legende: JbAntChrist 10, 1967, 61/81, Taf. 1a.

[31] M. CRAMER, Das christlich-koptische Ägypten einst und heute, 1959, 70.

[32] Ebd. 71; HERMANN, aaO. 62f, 80f.

[33] Ebd. 80.

[34] J. STRZYGOWSKY, Cat. Gén. Musée du Caire: Koptische Kunst, 1904, Nr. 8833 (Beschreibung ungenau, aber nach Abbildung einer Hälfte in Taf. 8 sind beidseitig auf dem Mittelstreifen je drei Kreuze anzunehmen).

[35] Vgl. F. J. DÖLGER, Das Anhängekreuzchen der hl. Makrina und ihr Ring mit der Kreuzpartikel: AntChrist 3, 1932, 81/116; O. NUSSBAUM, Das Brustkreuz des Bischofs. Zur Geschichte seiner Entstehung und Gestaltung, 1964; E. DINKLER/E. DINKLER-VON SCHUBERT,

tiken Kopfbedeckungen noch auf eine in diese Richtung weisende Äußerung des Ambrosius in seiner Rede anläßlich der Totenfeier für Theodosius I. eingegangen werden.

In Zusammenhang mit der Kreuzauffindungslegende und mit der übelabwehrenden und schützenden Funktion der für das Pferdegeschirr und das Diadem Kaiser Konstantins verwendeten Nägel vom Kreuze Christi[36] weist Ambrosius darauf hin, wie sinnvoll es sei, das Nagelapotropaion gerade am Kopf anzubringen: »Mit Recht ruht der Nagel auf dem Kopf, damit dort, wo der Verstand ist, auch der Schutz sei.«[37] Die durch die Hervorhebung der Lokalisierung der Reliquie bereits nahegelegte magisch-übelabwehrende Deutung der Stelle wird durch eine Seligpreisung gesichert, die in derselben Rede enthalten ist: »Selig war Konstantin wegen einer solchen Mutter, die ihrem kaiserlichen Sohn die Hilfe einer göttlichen Gabe verschaffte, damit er durch sie auch in Schlachten sicher war und keine Gefahr zu fürchten hatte.«[38] Schließlich läßt Ambrosius die Juden, die Christus kreuzigten, die Macht der Nagelreliquie beschreiben: »Seht, selbst der Nagel wird geehrt; der, den wir zum Tode eingeschlagen haben, ist ein Mittel zum Heil und peinigt mit einer gewissen unsichtbaren Macht die Dämonen.«[39]

Bei einer früheren Interpretation dieser Stelle[40] habe ich eine damals nebensächliche, für das Thema des Kreuzdekors auf der Kopfbedeckung jedoch wichtige Fragestellung beiseite gelassen: Läßt sich feststellen, wie die Reliquie des Kreuzigungsnagels am kaiserlichen Diadem angebracht war oder wodurch auf diese Reliquie im Diadem hingewiesen wurde? Wir müssen doch wohl davon ausgehen, daß zur Zeit des Ambrosius eines der kaiserlichen Diademe mit dem angeblichen Nagel vom Kreuz Christi versehen war – woran war das Vorhandensein dieser Reliquie erkennbar?

Art. Kreuz: LexChristlIkonogr 2, 1970, 562/90, bes. 577; J. ENGEMANN, Zur Verbreitung magischer Übelabwehr in der nichtchristlichen und christlichen Spätantike: JbAntChrist 18, 1975, 22/48.

[36] Zur Zauberkraft von Nägeln, besonders auch solchen von Kreuzigungen, vgl. ebd. 24 Anm. 10; 37 Anm. 115; spitze Waffen zur Bekämpfung des Bösen Blicks ebd. 31; vgl. auch die meist spitzen Miniaturwaffen und Geräte als Anhänger einer Halskette des 4./5. Jh. in Wien: G. LÁSZLÓ, The Art of the Migration Period, 1974, Abb. 19/21.

[37] Ambros. obit. Theodos. 47 (CSEL 73,396): Recte in capite clavus, ut ubi sensus est, ibi praesidium; die Parallelüberlieferung hierzu zitiert F. TAEGER, Charisma. Studien zur Geschichte des antiken Herrscherkultes 2, 1960, 680 Anm. 36.

[38] Ambros. obit. Theodos. 41 (aaO. p. 393): Beatus Constantinus tali parente, quae imperanti filio divini muneris quaesivit auxilium, quo inter proelia quoque tutus adsisteret et periculum non timeret.

[39] Ebd. 49 (aaO. p. 397): Ecce et clavus in honore est, et quem ad mortem inpressimus, remedium salutis est atque invisibili quadam potestate daemones torquet.

[40] ENGEMANN, aaO. (Anm. 35), 23f.

Für die Verwendung von Reliquien des angeblich gefundenen Kreuzes Christi als Enkolpion ist seit dem 5. Jh. die Kreuzform der Amulette gesichert[41]. Es liegt daher nahe anzunehmen, daß auf die Nagelreliquie des Kaiserdiadems ebenfalls durch Anbringung eines Kreuzes hingewiesen wurde. In der Tat könnte man aus dem Satz bei Ambrosius »Weise handelte Helena, die das Kreuz auf dem Haupt der Herrscher anbrachte, damit das Kreuz Christi in den Herrschern angebetet werde«[42] schließen, auch die Nagelreliquie sei als Kreuz oder in einem Kreuz auf dem Diadem angebracht gewesen. Doch ist dies nicht völlig sicher, denn »crux« könnte hier ebenso als Ausweitung für den Kreuzesnagel stehen, wie in den Formulierungen vier Sätze weiter unten im Text. Hier spricht Ambrosius von »corona de cruce« und »habena quoque de cruce«, obwohl »corona« und »habena« des Konstantin jeweils mit einem Kreuzesnagel versehen waren. Von diesem Text her ist also keine Sicherheit für das Aussehen des Diadems zu gewinnen.

Doch taucht auch in archäologischen Denkmälern bereits zur Zeit der Konstantinsnachfolger das Kreuz auf dem Kaiserdiadem auf. Als frühestes Beispiel für ein Kreuzdiadem im Münzbild hat Ph. Lederer einen Solidus des Constantius II. (337–361) veröffentlicht[43]. Das Kreuz erscheint dann wieder in der Mitte des 5. Jh. auf Diademen: für Münzen des Valentinianus III. (425–455) ist dies wahrscheinlich[44], für Münzen seiner Frau Licinia Eudoxia gesichert[45]. Auch auf das Auftreten des Motivs in ostgotischen Prägungen von Solidi des Anastasios I. (491–518)[46] hat bereits Lederer aufmerksam gemacht (Abb. 9)[47]. Seit Tiberios I. Konstantinos (578–582) erscheint auf dem Diadem überwiegend das Kreuz[48]; es bleibt dann für Jahrhunderte eines der

---

[41] NUSSBAUM, aaO. (Anm. 35), 19/25.

[42] Ambros. obit. Theod. 48 (aaO. p. 396): Sapienter Helena, quae crucem in capite regum locavit, ut Christi crux in regibus adoretur.

[43] PH. LEDERER, Beiträge zur römischen Münzkunde 5, Kaiserbildnisse mit Kreuzdiadem: DtMünzblätter 54/55 (N. F. 11), 1934/35, 213/20, 242/5, 267/70, bes. Taf. 143,1.

[44] Ebd. 8f.

[45] Ebd. 9; J. P. C. KENT/B. OVERBECK/A. V. STYLOW, Die römische Münze, 1973, Nr. 762v. – In dieselbe Zeit gehört auch das Bronzegewicht in Form einer Kaiserinnen-Büste mit griechischem Kreuz auf dem Mitteljuwel des Diadems in London: Victoria and Albert Museum, Late Antique and Byzantine Art, 1963, Abb. 4; zu ähnlichen Gewichten vgl. M. C. ROSS, Catalogue of the Byzantine and Early Mediaeval Antiquities in the Dumbarton Oaks Collection 1, 1962, 62f, Nr. 72.

[46] A. R. BELLINGER, Catalogue of the Byzantine Coins in the Dumbarton Oaks Collection 1, 1966, 6 Nr. 3j; KENT/OVERBECK/STYLOW, aaO. Nr. 789v; W. HAHN, Moneta Imperii Byzantini 1: Von Anastasius bis Justinianus I (491–565), 1973, 82/4, Nr. 19, 21, 22a.

[47] LEDERER, aaO. 8, 10/6.

[48] Ebd. Taf. 60ff; für die Folgezeit PH. GRIERSON, Catalogue of the Byzantine Coins in the Dumbarton Oaks Collection 2, 1968; 3, 1973, bes. 2, 1, 80/4.

Abb. 1: Terrakottafragmente aus Abu Mena/Ägypten, Sammelaufnahme nach Kaufmann.

Abb. 2: Berlin, Staatl. Mus., Frühchr.-Byz. Slg., Relief.

Abb. 3: Florenz, Bibl. Laurent., Rabbula-Evangeliar, fol. 14r, Detail.

Abb. 4: Frankfurt a. Main, Liebieghaus, Terrakottafigur aus Abu Mena/Ägypten.

Abb. 5: Frankfurt a. Main, Liebieghaus, Terrakottafiguren aus Abu Mena/Ägypten.

Abb. 6: Frankfurt a. Main, Liebieghaus, Terrakottafiguren aus Abu Mena/Ägypten, Kopffragmente.

Abb. 7: Kairo, Kopt. Mus., Relief.

Abb. 8: Kairo, Kopt. Mus., Relieffragment.

Abb. 9: Solidus, Anastasius I.

Abb. 10: Halbfollis, Romulus Augustus.

◁ Abb. 11: Follis, Iustinian I.

Abb. 12: Halbfollis, Constans II.

Abb. 13: Moskau, Staatl. Mus. f. Schöne Künste, Elfenbeinrelief, Detail.

Abb. 14: London, Brit. Mus., Magische Gemme.

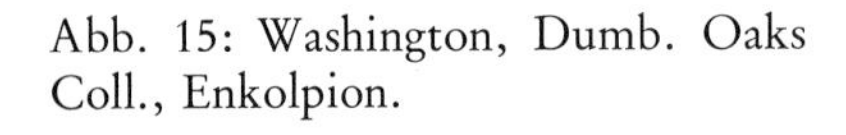

Abb. 15: Washington, Dumb. Oaks Coll., Enkolpion.

Abb. 16: Florenz, Bibl. Laurent., Rabbula-Evangeliar, fol. 14v, Detail.

Abb. 17: Kairo, Kopt. Mus., Malerei aus Bawit, Detail.

Abb. 18: Ravenna, S. Maria in Porto, Relief.

Abb. 19: Sinai, Katharinenkloster, Ikone.

Abbildungsnachweise

Abb. 1: Kaufmann, Ikonographie, aaO. (Anm. 1), Abb. 72. – Abb. 2: Elbern, aaO. (Anm. 8), Abb. 1. – Abb. 3: Cecchelli/Furlani/Salmi, aaO. (Anm. 10), fol. 14r. – Abb. 4/6: Foto Verf. – Abb. 7/8: Foto W. Schiele. – Abb. 9: Kent/Overbeck/Stylow, aaO. (Anm. 45), Abb. 789v. – Abb. 10: ebd. Abb. 774v. – Abb. 11: Bellinger, aaO. (Anm. 46), Taf. 35, Nr. 206c2. – Abb. 12: Grierson, aaO. (Anm. 48), Taf. 29, Nr. 144.9. – Abb. 13: Banck, aaO. (Anm. 61), Abb. 125. – Abb. 14: Bonner, aaO. (Anm. 74), Taf. 7, Nr. 151. – Abb. 15: Ross, aaO. (Anm. 45), Taf. 28. – Abb. 16: Cecchelli/Furlani/Salmi, aaO. (Anm. 10), Fol. 14v. – Abb. 17: Brenk, aaO. (Anm. 85), Abb. 291a. – Abb. 18: Lange, aaO. (Anm. 87), Abb. 5. – Abb. 19: Weitzmann/Chatzidakis/Miater/Radojčić, aaO. (Anm. 89), Abb. 31.

hervorstechenden Schmuckelemente dieses Herrscherinsignes. Es begegnet uns nicht nur im Münzbild, sondern auch in Mosaikarbeiten, Elfenbeinreliefs usw.[49] Auf Münzen erscheint es bei Kaiserdiademen in Verbindung mit dem Helm (Abb. 9) wie auch ohne diesen; es sitzt entweder unmittelbar auf der Oberkante des Mitteljuwels des Diadems oder ist durch eine bogenförmige Basislinie mit dem Diadem verbunden. Bei Kaiserinnen wird das Kreuz oft von den für deren Diadem typischen Dreiecksaufsätzen gerahmt[50]. Die Annahme scheint nahezuliegen, daß man zwischen diesem Denkmälerbefund und der literarischen Überlieferung über die Kreuznagelreliquie des Kaiserdiadems eine Verbindung herstellen könnte und das Kreuz als Hinweis auf dieses Apotropaion werten dürfte[51]. Doch ist auch hier noch eine Einschränkung zu machen. Das Kreuz ist nämlich nicht das einzige Schmuckmotiv der spätantiken und frühmittelalterlichen Diademe, das mit der Kreuznagelreliquie zusammenhängen kann. Auch nach der Zeit des Tiberios I.[52] erscheint immer wieder und an verschiedenen Münzorten als weiteres auffallendes Schmuckelement auf dem Diadem der Kaiser das sogenannte Dreiblatt (Trifolium).

Drei Perlen auf dem Mitteljuwel des Diadems lassen sich bereits in Profilbildnissen auf Münzen Konstantins des Großen erkennen; im Frontalbild bei Constantius II. sind sie besonders deutlich[53]. Daneben gibt es zwar aus dem

---

[49] Vgl. z. B. C. MANGO, Materials for the Study of the Mosaics of St. Sophia at Istanbul, 1962, Taf. 5f, 8f, 13f, 16/8, 50/4.

[50] Vgl. zum Diadem der Kaiserinnen: R. DELBRUECK, Portraits byzantinischer Kaiserinnen: RömMitt 28, 1913, 310/52; zuletzt J. DEÉR, Die heilige Krone Ungarns, 1966, 52/62; K. WESSEL, Art. Insignien: ReallexByzKunst 3, 1973, 369/498, bes. 455/69.

[51] Die früheste Nachricht über die Verbindung einer Herrscherkrone mit einer Kreuzreliquie, also einem Splitter vom Kreuzesholz, stammt erst aus dem 9. Jh.: P. E. SCHRAMM, Herrschaftszeichen und Staatssymbolik 1, 1954, 312.

[52] Wenn K. WESSEL, aaO. 380, zur unten (Anm. 61) erwähnten Elfenbeintafel in Moskau schreibt: ». . . eines der wenigen Beispiele, auf denen das ›Dreiblatt‹ das Kreuz ersetzt, ein deutlicher Rückgriff auf die Zeit vor Tiberios I. Konstantinos«, so liegt hier ein Irrtum vor, dem die Münzen des Tiberios I., Maurikios, Phokas, Heraklios, Konstans II., Konstantinos IV. und Konstantinos V. mit »Dreiblatt«-Diademen widersprechen: vgl. z. B. BELLINGER, aaO. Taf. 65 (Tiberios I.), Taf. 74/6, 80 (Maurikios); GRIERSON, aaO. 2,1 Taf. 3f (Phokas), Taf. 11 (Heraklios); 2,2 Taf. 29 (Konstans II.),. Taf. 32f, 35f (Konstantinos IV.); 3,1 Taf. 11 (Konstantinos V.). Bereits A. LIPINSKY, La Corona Ferrea: Corsi di Cultura 1960, 2, 191/236 hatte ähnlich verallgemeinert, wenn er auf S. 219 zum Diadem mit betontem Mittelelement schrieb: ». . . – conquista definitiva, questa – è sempre sormentato da una croce.« – Die Gründe für den Wechsel zwischen Kreuz- und Dreiblattdiadem im Münzbild sind nicht bekannt; zum Trifoliumsdiadem des Tiberios I. und Maurikios in Antiochia und Konstantinopel vgl. z. B. HAHN, aaO. 2: Von Justinus II. bis Phocas (565–610), 1975, 56f, 69.

[53] KENT/OVERBECK/STYLOW, aaO. (Anm. 45), Nr. 657v (Konstantin I.), Nr. 690r (Constantius II.).

4. Jh. zahlreiche Münzbilder mit abweichender Anzahl der Perlen über dem Mitteljuwel der Diademe[54], aber im 5. Jahrhundert wurde die Dreizahl zur Regel. Die drei Perlen können rund oder oval sein, aber bisweilen auch so langgestreckt, daß sie den Eindruck von Blättern machen[55], was zu der gängigen Bezeichnung als Dreiblatt-Ornament geführt hat[56]. Daß jedoch wohl doch keine Blätter dargestellt sein sollen, lassen die zahlreichen Fälle annehmen, in denen drei runde Perlen mit langen Stielen zu erkennen sind[57], so daß eher an Nägel als an Blätter zu denken ist (Abb. 10). Die drei Einzelmotive des Dekors können strahlenförmig aus einem gemeinsamen Basispunkt aufsteigen oder auch in einiger Entfernung voneinander parallel zueinander wiedergegeben sein. Sie können wie das Kreuz frei über dem Diadem stehen oder sich vor der glatten Fläche des Helmes des Herrschers abheben. Auf zahlreichen Münzen erhebt sich die Dreiergruppe ähnlich beherrschend über dem Kopf des Herrschers, wie auf anderen das Kreuz (Abb. 11). Bisweilen sind die drei blatt- oder nagelartigen Gebilde sogar wie sonst das Kreuz auf eine gebogene Basislinie gestellt (Abb. 12)[58]. Aus all diesen Details gewinnt man den Eindruck, als müsse dem Motiv eine weit über das Dekorative hinausgehende Bedeutung zukommen, die der des Kreuzes vergleichbar sei. Fälle, in denen das Dreiblattmotiv und das Kreuz gemeinsam erscheinen, sind selten. Bis in das 8. Jh. hinein stehen neben Emissionen mit einem Kreuzdiadem auch solche mit dem dreigliedrigen Schmuckmotiv, bisweilen auch vom selben Prägeort. In Münzbildern scheinen die letzten Diademe mit dem Dreiblatt-Motiv in römischen Emissionen des Konstantinos V. (741–775)[59] und einem So-

[54] Vgl. ebd. Taf. 146f, 149/63; besonders Julianus bevorzugte offenbar eine einzelne Perle über dem Mitteljuwel.

[55] Z.B. ebd. Nr. 767v, 777v. Vgl. auch z.B. im Vatic. gr. 749 (9. Jh.) die Besucher Hiobs: GRABAR, Manuscrits Grecs, aaO. (Anm. 11), Taf. 2, Abb. 6 (fol. 138), 7 (fol. 250).

[56] R. DELBRUECK, Die Consulardiptychen und verwandte Denkmäler, 1929, 40: »Dreiblatt von kolbenförmigen Steinen«; DERS., Spätantike Kaiserporträts, 1933, 60: »Dreiblatt von Kolbenperlen«.

[57] Vgl. z.B. KENT/OVERBECK/STYLOW, aaO. Nr. 774v (Romulus Augustus, 475–476); BELLINGER, aaO. (Anm. 46), 142, Nr. 215b1 Taf. 37 (Justinian, 527–565); GRIERSON, aaO. (Anm. 48), 2, 1, 276 Nr. 71a1 Taf. 11 (Heraklios, 610–641); DELBRUECK, Consulardiptychen, aaO. 202f, Abb. 1 (vom Chlamyseinsatz einer Kaiserin auf Kaiserdiptychon, Anfang 5. Jh., »Dreiblatt aus gestielten Perlen«); W. F. VOLBACH/J. LAFONTAINE-DOSOGNE, Byzanz und der christliche Osten, 1968, Abb. 15 (11. Jh.). Zu den sonstigen Formen des Trifoliums vgl. WESSEL, Insignien, aaO. 381f; zu ergänzen etwa noch die lediglich durch Kerben angedeuteten drei Zacken über dem Mitteljuwel mit Christogramm auf dem Kameo Rothschild in Paris: É. COCHE DE LA FERTÉ, Le Camée Rothschild, un Chef-d'Oeuvre du IVe Siècle après J.-C., 1957, Abb. 1f, 7; TH. KRAUS, Das römische Weltreich, 1967, 285 zu Nr. 387a.

[58] Vgl. z.B. GRIERSON, aaO. (Anm. 48), 2,2,478/82 Nr. 138 (Kreuz), Nr. 144 (»Dreiblatt«), Taf. 29 (Constans II., 641–668).

[59] Ebd. 3,1,319/21 Nr. 31/44, Taf. 11.

lidus des Alexander (912–913) aus Konstantinopel[60] vorzukommen; doch wird in anderen Denkmälerbereichen dieses Diadem auch noch später dargestellt. Beispielsweise krönt in einem Elfenbeinrelief des 10. Jh. (Abb. 13) Christus den Kaiser Konstantinos VII. Porphyrogennetos mit einem Diadem mit dem Dreiblattmotiv[61]. Auch in zahlreichen Anastasisbildern[62] des 11./12. Jh. erscheint das Motiv, ebenso bei Salomon[63] und Heiligen[64].

Der einzige mir bekannte Erklärungsversuch für das dreiteilige Schmuckmotiv stammt von M. Restle[65]. Er erklärte das Dreiblattmotiv als Strahlenbündel, das auf den Sonnengott hinweise, zu dem Konstantin ein besonderes Verhältnis hatte. Doch spricht gegen eine solche Deutung einmal der Umstand, daß Diademe mit diesem Schmuckmotiv so viele Jahrhunderte lang dargestellt wurden, als die Beziehung des Kaisers zu Sol nicht mehr aktuell war, zum anderen das Überwiegen von runden, ovalen, keulenförmigen oder mit langem Stiel versehenen Perlen gegenüber blatt- oder strahlenartigen Gebilden in den Darstellungen.

Wenn hier mehr als Frage und Diskussionsbeitrag denn als Vermutung die Möglichkeit erörtert wird, ob das Schmuckmotiv mit drei Spitzen oder Nägeln auf dem kaiserlichen Diadem nicht vielleicht mit der für das Diadem Konstantins des Großen überlieferten Kreuznagelreliquie zusammenhängen könnte, so muß natürlich noch auf die Dreizahl der Spitzen eingegangen werden. Diese Dreizahl kann nämlich kaum durch einen Hinweis auf die Zahl der Nägel bei der Kreuzigung Christi erklärt werden. In der erwähnten Rede des Ambrosius ist nur von zwei Nägeln die Rede[66], und auch Socrates

---

[60] Ebd. 3,2,524 Nr. 1, Taf. 35.

[61] D. Talbot Rice, Kunst aus Byzanz, 1959, Abb. 96; A. Banck, Byzantine Art in the Collections of the USSR, 1965, Abb. 124f; vgl. dazu das Elfenbeinrelief in Washington: K. Weitzmann, Catalogue of the Byzantine and Early Mediaeval Antiquities in the Dumbarton Oaks Collection 3, 1972, 58/60 Nr. 25, Taf. 36, dann auch die Bekrönung des Kaisers Nikephoros in einer Handschrift der Homilien des Johannes Chrysostomos in Paris: V. Lazarev, Storia della Pittura Bizantina, 1967, Abb. 232. – Zum Umstand, daß es sich bei der Kopfbedeckung des Konstantinos VII. Porphyrogennetos immer noch um ein Diadem handelt, vgl. P. Vácsy, Helm und Diadem: ActaAntAcadScientHungar 20, 1972, 169/208, bes. 206.

[62] Vgl. z.B. J. Beckwith, Early Christian and Byzantine Art, 1970, Abb. 199, 203, 220.

[63] Ebd. Abb. 213.

[64] Talbot Rice, aaO. Abb. 149.

[65] M. Restle, Kunst und byzantinische Münzprägung von Justinian I. bis zum Bilderstreit, 1964, 136f; abgelehnt bereits von Wessel, Insignien, aaO. 380f.

[66] Ambros. obit. Theod. 47 (aaO. p. 396): Quaesivit clavos, quibus crucifixus est dominus, et invenit. De uno clavo frenum fieri praecepit, de altero diadema intexuit; unum ad decorem, alterum ad devotionem vertit. – Der Schutz des kaiserlichen Pferdes war, besonders in der Schlacht, auf die Ambrosius in der oben (Anm. 38) zitierten Seligpreisung eigens hinwies, für die Sicherheit des Kaisers wesentlich: wurde das Pferd getroffen, war auch der Reiter in Gefahr. Die Anbringung von Apotropaia am Hals von Pferden oder am Pferdegeschirr ist für die römische Kai-

ging von einer Zweizahl der Nägel aus, denn er sprach von den Nägeln, mit denen die Hände Christi am Kreuz befestigt waren[67]. Bei den übrigen Paralleltexten bleibt die Zahl der Nägel unbestimmt; lediglich bei Nonnos v. Panopolis scheint ein literarischer Hinweis auf die Vorstellung der Annagelung Christi mit drei Nägeln vorhanden zu sein[68]. Auch in den frühesten erhaltenen Kreuzigungsdarstellungen, die ins 5. Jh. zu datieren sind, ist Christus nur mit zwei Nägeln an den Händen angenagelt, sowohl auf der Holztür in S. Sabina in Rom[69], wie auch in einem Elfenbeinrelief im Brit. Mus. in London[70]. Bei den Denkmälern des 6. Jh. setzt dann sogleich die Annagelung von Händen und Füßen mit vier Nägeln ein, die sich dann bis ins Mittelalter gehalten hat[71].

Eine Erklärung scheint sich für die Dreizahl des Dreiblatt/Perlen/Nagel-Motivs auf dem Diadem jedoch gerade dann anzubieten, wenn man es zum Kreuznagelapotropaion in Beziehung setzt, also den von Ambrosius dem Kreuzesnagel und seiner Lokalisierung im Diadem zugeschriebenen magischen Schutzcharakter auf dieses dreifache Motiv überträgt. Denn im Bereich der Magie kommt der Dreizahl von Gegenständen, Worten, Zeichen, Beschwörungen und Handlungen eine so hohe Bedeutung zu[72], daß man die Verdreifachung des magischen Nagels als geradezu selbstverständlich und zwangsläufig ansehen muß. In der Diskussion über die drei nagelförmigen Zeichen neben dem Ibis auf magischen Gemmen würde ich mich A. A. Barb anschließen, der dazu schrieb: ». . . ich gestehe, daß ich zu denen gehöre, die die Erklärung als Nägel vorziehen«[73], zumal ja im Bereich der

---

serzeit ebenso belegt wie für die christliche Spätantike. Besonders häufig fanden Halbmonde und Glocken, später Christogramme und Kreuze Verwendung. Vgl. zu letzteren: E. Coche de la Ferté, Palma et Laurus: JbBerlMus 3, 1961, 134/47; P. De Palol, Arqueologia Cristiana de la España Romana. Siglos IV–VI, 1967, 355/7, Taf. 109,3f.

[67] Socrates, h. e. 1,17.

[68] Vgl. J. Reil, Die frühchristlichen Darstellungen der Kreuzigung Christi, 1904, 61, Anm. 4; die ebd. genannte Stelle zum τρίσηλον ξύλον ist PsGreg. Naz. Christ. pat. 1488 (PG 38,255) und erst mittelalterlich.

[69] G. Schiller, Ikonographie der christlichen Kunst 2, 1968, Abb. 326.

[70] W. F. Volbach, Elfenbeinarbeiten der Spätantike und des frühen Mittelalters, 1976³, Nr. 116.

[71] Die Annagelung der beiden Schächer mit je drei Nägeln auf dem palästinischen Reliquienkasten im Vatikan ist m. W. ein Unicum (G. Daltrop/A. Prandi/L. v. Matt, Die Kunstsammlungen der Biblioteca Apostolica Vaticana Rom, 1969, Abb. 66f). Zur Entstehung des Dreinagelkruzifixus im 12. Jh. vgl. K.-A. Wirth, Art. Dreinagelkruzifixus: ReallexDtKunstgesch 4, 1958, 534f; G. Cames, Recherches sur les Origines du Crucifix à Trois Clous: CahArch 16, 1966, 185/202.

[72] R. Mehrlein, Art. Drei: ReallexAntChrist 4, 1959, 269/310, bes. 288/91.

[73] A. A. Barb, Magica varia: Syria 49, 1972, 343/70; Zitat 358, Anm. 1.

Gemmen auch in anderem Zusammenhang magische Nägel in der Dreizahl vorkommen (Abb. 14)[74]. Doch selbst dann, wenn diese Zeichen eine andere Erklärung finden sollten, als die von Nägeln, blieben sie Beispiele für die Häufigkeit der Dreizahl im Bereich der Magie. Auffällig ist auch die häufige Verwendung des Dreizacks oder dreier Dolche im Kampf gegen das Böse Auge[75].

Es ist also wohl nicht ganz auszuschließen, daß zwischen dem dreigliedrigen Schmuckmotiv auf dem spätantik-frühmittelalterlichen Herrscherdiadem und dem zuerst von Ambrosius erwähnten Nagelapotropaion eine Verbindung bestand. Damit entfällt m. E. jedoch die Möglichkeit, eine Entscheidung in der Frage zu treffen, ob dieses Motiv oder das Kreuz auf dem Diadem als Hinweis auf die schutzbringende Reliquie diente.

3. Das Kreuz auf dem Maphorion in Marienbildern

Im letzten Abschnitt dieses Beitrags soll ein weiteres »Kreuz an der Kopfbedeckung« erörtert werden, das in unzähligen Beispielen östlicher und östlich beeinflußter Kunst erhalten blieb: das Kreuz auf dem Maphorion der Maria.

In der einschlägigen Literatur[76] scheint die Frage, ob es für dieses Kreuz irgendwelche Vorbilder in spätantiker Frauenkleidung gegeben habe, nirgends gestellt worden zu sein[77]. Da im Vorausgehenden einige Beispiele für die Anbringung von Kreuzen an spätantiken Kopfbedeckungen angeführt wurden,

---

[74] Zu den nagelartigen Gebilden, die auf beiden Seiten eines Jaspis auf dem Kopf einer Mumie dargestellt sind (hier Abb. 14), schrieb C. Bonner: »On head three pins (?) with rings at top; perhaps meant for nails, or else merely ornamental« (Studies in Magical Amulets, chiefly Graeco-Egyptian, 1950, 278 zu Nr. 151). Da man sich an so zentraler Stelle auf einer magischen Gemme kaum etwas rein ornamental zu Erklärendes vorstellen kann, bleibt wohl nur die Deutung als drei Nägel übrig.

[75] Vgl. Barb, aaO. Abb. 2; Engemann, aaO. (Anm. 35), Abb. 1, 4, 6, 8, 10, Taf. 9a, 10a, 14e.

[76] M. Vloberg, Les Types Iconographiques de la Mère de Dieu dans l'Art Byzantin: H. Du Manoir (Hrsg.), Maria. Études sur la Sainte Vierge 2, 1952, 403/43; Ch. Konstantinides, Le Sens Théologique du Signe »Croix-Étoile« sur le Front de la Vierge des Images Byzantines: F. Dölger/H.-G. Beck (Hrsgg.), Akten XI. Intern. Byzantinisten-Kongr., München 1958, 1960, 254/66; G. A. Wellen, Theotokos. Eine ikonographische Abhandlung über das Gottesmutterbild in frühchristlicher Zeit, 1961; G. Galavaris, The Stars of the Virgin. An Ekphrasis of an Ikon of the Mother of God: Eastern Churches Review 1, 1966/67, 364/9; W. Braunfels/G. A. Wellen/H. Hallensleben/H. Skrobucha, Art. Maria, Marienbild I/IV: LexChristlIkon 3, 1971, 154/98 (keine Erwähnung der Kreuze oder Sterne auf dem Maphorion im Text).

[77] Lediglich Galavaris hat darauf hingewiesen, daß »the cross on the forehead is associated with the custom that the early Christians had of displaying this symbol on their forehead«. (aaO. 365, im Anschluß an N. Kondakov, Ikonographiya Bogomatieri 1, 1914, 164.)

darunter auch an solchen von Frauen, liegt es nahe, auf diese Frage kurz einzugehen.

Das bisher früheste erhaltene Beispiel[78] für ein Kreuz auf dem Maphorion über der Stirn der Madonna findet sich im Mosaik der thronenden Maria aus dem frühen 6. Jh. in S. Apollinare Nuovo in Ravenna[79]. Es darf als sicher angenommen werden, daß dem Bild in Ravenna ein Vorbild im Bereich der östlichen Kunst vorausging[80]. In die 1. Hälfte des 6. Jh. wird die Ikone vom Sinai in Kiew datiert[81], in das späte 6. Jh. das große Goldamulett in der Dumbarton Oaks Collection in Washington (Abb. 15)[82]. Ebenfalls bereits im 6. Jh. sind allerdings auch andere Formen für den Maphorionschmuck belegt, die sich dann neben der Form des griechischen Kreuzes bis in spätbyzantinische Zeit gehalten haben. Vier kreuzförmig angeordnete Punkte statt des Kreuzes zeigt zuerst das Maphorion der Maria im Pfingstbild des Rabbulaevangeliars (Abb. 16)[83]. In dieser Form ist das Motiv auch seit Leo VI. (886–912) in die byzantinische Münzprägung übernommen worden[84]. Im Apollonkloster in Bawit, und zwar in den Räumen 6[85] und 20[86], begegnet bereits die Ausdehnung des Schmuckes (auch hier in Form von kreuzförmig angeordneten Punkten) auf weitere Stellen des Maphorions und des Mantels der Madonna (Abb. 17).

Die Frage, ob der Beginn der Darstellung von Kreuzen durch vier oder fünf kreuzförmig angeordnete Punkte in Zusammenhang stand mit der Anbringung entsprechender Bohrlöcher zur Befestigung von Metallkreuzen an

---

[78] So K. WESSEL: ByzZs 53, 1960, 100, Anm. 26; F. W. DEICHMANN, Ravenna, Hauptstadt des spätantiken Abendlandes, Kommentar Bd. 1, 1974, 148; die Datierung des Auftretens des Maphorionkreuzes ins 5. Jh. durch GALVARIS (aaO. 364) beruht, wie sein Hinweis auf KONDAKOV, aaO. 1, Abb. 90 zeigt, auf einer zu frühen Ansetzung der Sinai-Ikone in Kiew (s. u. Anm. 81).

[79] F. W. DEICHMANN, Frühchristliche Bauten und Mosaiken von Ravenna, 1958, Taf. 112, 114; WELLEN, aaO. 161 Abb. 29b; 248 Abb. 48.

[80] Zum östlichen Charakter des Motivs vgl. KONSTANTINIDES, aaO. 257.

[81] K. WEITZMANN, The Monastery of Saint Catherine at Mount Sinai, The Icons 1: From the Sixth to the Tenth Century, 1976, 15/8, Nr. B1, Taf. 3, 42; BANCK, aaO. (Anm. 61), Abb. 110.

[82] Ross, aaO. (Anm. 45), 2, 1965, Nr. 36 (Maphorionkreuz im Text S. 33/5 ebensowenig besprochen wie im Aufsatz desselben Autors: DumbOaksPap 2, 1957, 247/61).

[83] Fol. 14v, s. o. (Anm. 10); die Angabe, im Rabbula-Codex fehle das Zeichen (KONSTANTINIDES, aaO., 255), ist ein Irrtum.

[84] W. WROTH, Imperial Byzantine Coins in the British Museum, Nachdr. 1966, 444; GRIERSON, aaO. (Anm. 48), 3,1,170; 3,2,508.

[85] Kairo, Koptisches Museum: VOLBACH/LAFONTAINE-DOSOGNE, aaO. (Anm. 57), Abb. L (5./7. Jh.); B. BRENK, Spätantike und frühes Christentum, 1977, Abb. 291a (6. Jh.), Detailabb.

[86] Kairo, Koptisches Museum: WELLEN, aaO. (Anm. 76), Abb. 31b. – Für die großen weißen Punkte auf dem Maphorion und Gewand der Madonna in der Malerei aus Raum 17 ist wohl anzunehmen, daß die ursprünglich auf diesen weißen Grund gemalten Kreuze verloren gingen;

Steinreliefs (Abb. 18), läßt sich wohl nicht beantworten, so naheliegend ein solcher Zusammenhang auch zu sein scheint[87]. Die Vertauschung des Kreuzmotivs gegen Sterne scheint erst in mittelbyzantinischer Zeit erfolgt zu sein[88]; häufig zeigen die Sterne durch Betonung der horizontalen und vertikalen Strahlen gegenüber den in den Diagonalen angeordneten die Abhängigkeit von Kreuzzeichen mit Strahlen in den Zwickeln (Abb. 19)[89].

Auf die Frage, welche Bedeutung der Maphorionschmuck Mariens wohl gehabt haben könne, finden sich in der einschlägigen Literatur nur m. E. unbefriedigende Antwortversuche. G. A. Wellen[90] fügte der Feststellung »Manchmal ist das *maphorion* noch mit einem kreuzförmigen Ornament an Stirn und Schultern geschmückt« lediglich die Frage an: »Geschieht dies etwa, um sie als eine der Gesiegelten anzudeuten, von denen bei Ezechiel (Ezech 9,4) und Johannes (Offb 7,3) in ihren Visionen die Rede ist?« Ch. Konstantinides[91] kam in einem Vortrag über »Le sens théologique du signe ›croix-étoile‹ sur le front de la vierge des images byzantines« zu folgendem Ergebnis: »Il est un signe de sens théologique et symbolique se référant à l'idée de la luminosité; un signe qui naquit dans l'art byzantin de ces mêmes raisons qui se réfèrent à la luminosité de la personne de la Vierge . . .« Dieses Ergebnis war nur möglich, weil Konstantinides der Frage, ob nicht das Kreuz

---

Abb. bei: CH. IHM, Die Programme der christlichen Apsismalerei vom 4. Jh. bis zur Mitte des 8. Jh., 1960, Taf. 23,1; WELLEN, aaO., Abb. 32b, Detailabb.

[87] R. LANGE (Die byzantinische Reliefikone, 1964, 12f) scheint durch seine Formulierung anzudeuten, daß er solche Bohrlöcher selbst in Reliefs der mittelbyzantinischen Zeit noch nicht als verselbständigtes Schmuckmotiv ansah: »Die Marienreliefs wiesen noch einen eigenen Schmuck auf, der nur bei einem Stück, der Orans in Ravenna, erhalten ist. Die Knie, Schultern und Manschetten, die Ecken des herunterhängenden Mantelteils und der Saum des Maphorions über der Stirn sind hier mit kleinen Metallkreuzen besetzt. Bei den übrigen sind oft nur die Bohrungen erhalten, die zur Befestigung dieser Kreuze dienten.« Dagegen hatte zuvor schon K. WESSEL (Staatliche Museen zu Berlin, Rom – Byzanz – Rußland. Ein Führer durch die Frühchristlich-byzantinische Sammlung, 1957, 143) zu einer Reliefikone Marias in Berlin (ebd. Abb. 26), bei der allerdings der Kopf und damit der Stirnschmuck fehlen, geschrieben: »Rautenförmig angeordnete Bohrlöcher auf den Oberschenkeln, der Brust und den Manschetten des Untergewandes lassen erkennen, daß hier einst edleres Material (Perlen oder Edelsteine o. ä.) aufgesetzt waren.« Wessel dachte also offenbar an einen punktförmigen Dekor.

[88] GRIERSON, aaO. (Anm. 48), 3,1,170; GALAVARIS, aaO. (Anm. 76), 366. Dieser Datierung scheinen die Ikonen B 3 und B 4 im Katalog WEITZMANN, aaO. (Anm. 81), Taf. 4f, 7, 43, 44a, 47 zu widersprechen. Doch weist Weitzmann zu B 4 selbst auf Übermalungen des 13. Jh. hin (ebd. 21/3), und auf ähnliche Weise dürfte der Stern in B 3 zu erklären sein. – Auch die manchmal zu beobachtende Dreizahl der Sterne gehört dieser Zeit an.

[89] Vgl. z. B. LAZAREV, aaO. (Anm. 61), Abb. 325 (1. Hälfte 12. Jh.); Abb. 417 (1. Hälfte 13. Jh.); VOLBACH/LAFONTAINE-DOSOGNE, aaO. (Anm. 57), Taf. XII (12./13. Jh.); K. WEITZMANN/M. CHATZIDAKIS/K. MIATER/S. RADOJČIĆ, Frühe Ikonen, 1965, Abb. 31 (um 1200).

[90] WELLEN, aaO. (Anm. 76), 226.

[91] KONSTANTINIDES, aaO. 263.

auf dem Maphorion am Anfang stand und der Stern eine spätere schmükkende Erweiterung gewesen sei, auswich und es vorzog »de parler plutôt d'une forme combinée de ›croix-étoile‹«[92]. Da der Denkmälerbestand jedoch erkennen läßt, daß der Schmuck des Maphorions mit einem Kreuzzeichen am Anfang stand, bleibt diese Deutung m. E. reine Spekulation. Außerdem begegnen bis in spätbyzantinische Zeit neben Sternen auf dem Maphorion und Gewand der Madonna immer wieder Kreuze oder kreuzförmig angeordnete Punkte – und für diesen Kreuzschmuck ergibt die aus Texten erschlossene »luminosité« wenig Sinn. Man hätte erwarten sollen, daß die Sterne die Kreuze schnell verdrängt hätten, wenn die Zeichen tatsächlich eine Lichtsymbolik zum Ausdruck bringen sollten. Gegen diese Deutung spricht übrigens auch der Umstand, daß das Kreuz auf dem Maphorion auch bei Darstellungen anderer Frauen außer Maria erscheint, wenn auch viel seltener.

Konstantinides hat selbst eine Anzahl von Beispielen hierfür angeführt[93], allerdings mit dem Hinweis: ». . . ce sont les autres personnes, figurées dans ces compositions, qui portent le signe sur leurs vêtements, ce qui signifie que le signe dans tous ces cas a un caractère purement décoratif.« Wieso der Gewandschmuck in all diesen Fällen rein dekorativ sein soll, bei Maria jedoch eine tiefe theologisch-symbolische Bedeutung haben soll, ist mir aus dem Text leider nicht einsichtig geworden.

Eine Erklärung der drei Sterne auf dem Maphorion der Maria als Symbol für deren Jungfräulichkeit vor, während und nach Empfängnis und Geburt Jesu[94] hat bereits G. Galavaris abgelehnt[95]. Diese Erklärung könnte ohnehin nur für Spätformen des Maphorionschmuckes mit Betonung der Dreizahl zutreffen. Dasselbe gilt jedoch auch für seinen eigenen Vorschlag einer Deu-

---

[92] Ebd. 258f.

[93] Ebd. 259f; die kleinasiatischen Beispiele jetzt auch bei M. RESTLE, Die byzantinische Wandmalerei in Kleinasien 2, 1967, Abb. 232 (Schwestern des Lazarus), 284 (Hebammen beim Ersten Bad Christi), 298f (Heilige); 3, 1967, Abb. 461 (Frauen am Grabe); besonders eigenartig ebd. 2 Abb. 300 das Bild eines Stifters, der eine Mütze mit vier Punkten in Kreuzanordnung trägt. – Vgl. auch z. B. die Frauen der Noli me tangere-Szene des Kreuzreliquiars Paschalis I. (817–824) im Vatikan: DALTROP/PRANDI/V. MATT, aaO. (Anm. 71), Abb. 73; die Marmorikone der hl. Euphemia in Istanbul (12./13. Jh.): R. NAUMANN/H. BELTING, Die Euphemia-Kirche am Hippodrom zu Istanbul und ihre Fresken, 1966, Taf. 15a (zur Anlehnung an das Marienbild ebd. 86f); auf einer Steatitikone des 11./12. Jh. in Leningrad haben außer Maria auch die übrigen Frauen vier Punkte auf dem Maphorion: BANCK, aaO. (Anm. 61), Nr. 153; desgleichen auf einer zyprischen Ikone des 14. Jh.: A. PAPAGEORGIOU, Ikonen aus Zypern, 1969, Abb. S. 37; vgl. schließlich die Frauen am Grabe in einer Wandmalerei des 12./13. Jh. in Bari: VOLBACH/LAFONTAINE-DOSOGNE, aaO. (Anm. 57), Abb. 34b.

[94] L. OUSPENSKY/W. LOSSKY, Der Sinn der Ikonen, 1952, 83.

[95] GALAVARIS, aaO. (Anm. 76), 366.

tung als Trinitätssymbol, der sich auf eine Bilderklärung des 15. Jh. stützt, in der die drei Sterne auf dem Maphorion als Symbole der Dreifaltigkeit bezeichnet werden[96]. Viele bedeütende Denkmäler, in denen Maria nur ein Kreuz bzw. einen Stern oder deren viele auf dem Gewand trägt, entziehen sich einer solchen Deutung.

Anhaltspunkte für eine gesicherte Lösung ergeben sich leider am Ende auch dieser Darlegung nicht, doch vielleicht einige Prämissen für einen Analogieschluß. Im ersten Abschnitt wurden Beispiele dafür besprochen, daß die Kopfbedeckung von Frauen, Kindern und Mönchen in spätantiker Zeit bisweilen mit einem Kreuzzeichen versehen wurde. Seit der Mitte des 4. Jh. kennen wir Beispiele dafür, daß die Krone von Kaisern und Kaiserinnen mit einem Kreuz über der Stirn versehen wurde. Es liegt nahe zu vermuten, daß auch der Ursprung des Kreuzes auf dem Maphorion der Maria nicht in irgendwelcher speziell mariologischer Symbolik zu suchen sei, sondern darin, daß dies Kreuzzeichen aus dem Schmuck gewöhnlicher Frauenkleidung auf das Marienbild übernommen wurde. Mit der Annahme eines solchen Ursprungs wären alle im Vorausgehenden erwähnten Einzelheiten vereinbar: die Vervielfältigung des Zeichens ebenso wie die spätere Vertauschung gegen einen Stern; die Bevorzugung von Maria als Trägerin eines solchen (dann hervorhebendes Zeichen gewordenen) Gewandschmuckes, aber auch dessen bisweilen zu beobachtende Verwendung in den Darstellungen anderer Frauen.

[96] Galavaris war sich dessen bewußt: »The star, being the symbol of the Trinity since early Christian times, was the obvious choice. The time of its appearance, the middle Byzantine period, is certainly a time when the cult of Mary had been greatly developed.« Galavaris bezieht sich auf Johannes Eugenikos, ed. E. Boissonade, Anecdota nova, 1844, Nachdr. 1962, 335/40.

The Cult of Military Saints in Christian Nubia

William H. C. Frend

It is already evident that the salvage excavations undertaken by international teams in Nubia from 1963 onwards have thrown a great deal of light on the religious ideas of the inhabitants of Christian Nubia. In particular, the publication of *Faras* by Professor Kazimierz Michalowski and the studies on various detailed aspects of the frescoes by his students and Dr. Stefan Jakobielski's *A History of the Bishopric of Pachoras* (1972) have provided a framework for understanding how the Monophysite Church in Nubia was organized and what beliefs most inspired its members.

The discoveries made at Faras now await amplification from other sites. One of the most important of these latter is the cathedral-fortress of Q'asr Ibrim situated some 70 miles to the north, where the Egypt Exploration Society has been excavating since 1963. If Faras has produced the finest examples of Christian Nubian pictorial art yet known, the excavators at Ibrim have been fortunate in the number of variety of manuscripts they have found. It is clear that the cathedral at one time possessed a considerable library of liturgical, biblical and devotional works. These included some interesting fragments of eucharistic sequences, resembling the Liturgy of St. Mark, written in both Greek and Nubian, fragments of New Testaments in Nubian and Coptic and some Coptic translations of Patristic works. The devotional literature included fragments of two *Acta Martyrum*, both of military saints, namely, Saint Georgios and Saint Mercurius.

The discovery of the torn fragments of manuscript from the cathedral library on the floor of the cathedral itself, has already been reported[1], and a preliminary account of the contents of the manuscripts has been presented to international conferences[2]. Here, I would like to comment briefly on the two

[1] See W. H. C. Frend and I. A. Muirhead, The Greek Manuscripts from the Cathedral of Q'asr Ibrim, Le Muséon, 89, 1–2, 1976, p. 43–9.

[2] The colloquium of the Commission internationale d'Histoire ecclésiastique comparée, at Warsaw, 25 June – 1 July 1978, and the Cambridge colloquium of the Society for Nubian Studies, 3–8 July 1978.

Acta Martyrum discovered and to see what relation had the Nubian cult of Military Saints to that practised in other parts of the Byzantine world[3].

Two pages written on both sides in Greek of the *Acta* of St. Mercurius were found during the excavations in January 1964[4]. The narrator is Athanasius, and he is telling his clergy (?) of his experiences as an exile under the emperor Julian, while staying at the monastery of Pachomius (Pachomius, of course, had been dead for some 15 years!). The first fragment opens with Athanasius describing how once he and Pachomius were studying (the word [?]) of God in the Scriptures, when unknown to Athanasius his companion had a vision of a angel standing by him, and pointing to a striking military figure who accompanied him. When Pachomius fails to recognize him, the angel reveals that it was none other than the general *(stratelates)* Mercurius. Pachomius asked why he was carrying a lance, and the angel replied that God had given him a spear so that he might cut down that (miscreant) Julian. A conversation between Pachomius and the angel follows (but is unfortunately too fragmentary for accurate reproduction). When the text becomes complete again (*verso* of first page), we find Pachomius explaining to Athanasius how Mercurius described his mission to him. Julian, the enemy of God was setting out to war against the Persians. »God sent me that I might strike him down because of his wickedness«, and »having been instructed, I went against him and executed justice on him as he deserved. And behold my spear *(longarikin)*. And the blood running off it is his blood. And now I have returned hither, having struck down and killed him in the midst of his great men *(magistriani)* and those of the foreigners and of the Persians.« The text again breaks off but the second page seems to be an immediate continuation of the narrative. Pachomius has now awoken and is highly delighted. Athanasius sees him laughing and thinks that he is laughing at him because of his predicament in exile. Pachomius reads Athanasius' thoughts, and in most honorific language, which occupies most of page 2 (recto) assures him that no such dishonourable thought crossed his mind, but that he had seen a vision of an angel of God standing by him and showing him the weapons of the martyr, Mercurius. Athanasius presses him for details (page 2, verso), asking him how he knew it was Mercurius. Pachomius recounts how the angel of God appeared to him, informed him how God had sent the martyr Mercurius to kill Julian

[3] See H. DELEHAYE, Les légendes grecques des Saints militaires, Paris, 1909, at pp. 96–101 on Mercurius.

[4] A general account is given here. The texts themselves will be published shortly (1978) by the author and his collaborators at Glasgow University on behalf of the Egypt Exploration Society in London.

and that he had shown him the spear with which he carried out the deed. The manuscript breaks off at the point where Pachomius is about to tell of his conversation with Mercurius himself.

The *Acta* were clearly in the form of a detailed narrative. They show the importance attached by the Nubian Church to the Alexandrian Patriarch, Athanasius, and to Pachomius, the founder of the Egyptian coenobitic monastic tradition. They provide a background to one of the most interesting of the Faras frescoes[5]. This is probably tenth century in date which would seem also to be the approximate period for our manuscript. It shows a figure of truly royal proportions, »wearing a kind of crown studded with coloured stones, set in pearls«, seated on a splendidly caparisoned charger adorned with rosettes of white pearls. The saint holds a long lance, with which he is bearing down on a crouching figure clothed in a white tunic. There are traces of blood on the ground and of a crown on the figure's head. A griffito written in ink under the horse's hind hooves, reads »Merkure« thus proving the identification with the martyr saint Mercurius.

A similar fresco from the church of Abd el Qadir also shows Mercurius mounted on horseback and spearing a fallen figure, which may now be presumed to be the emperor Julian[6]. Fragments of another, similar portrayal were found at Abdallah Nirqi, which van Moorsel dates to the end of the tenth century[7]. The discovery of Mercurius in similar guise in St. Antony's monastery in Egypt suggests a possible Coptic derivation for the story of Mercurius in Nubian hagiography[8].

The legend had travelled far since the emperor Julian was struck down by an unknown hand in battle against the Persians on 26 June 363. Ammianus Marcellinus' »No one knows whence«, the fatal spear-thrust came, provided ready openings for romance[9]. By 440 when the two Constantinopolitan his-

---

[5] K. Michalowski, Faras, (Wall Paintings in the Collection of the National Museum in Warsaw), Warsaw, 1974, p. 200–204, Plate 42.

[6] F. Ll. Griffith, Liverpool Annals of Archaeology and Anthropology (= LAAA), XV, 1926, illustration, XXXIV; and U. Monneret de Villard, Nubia Mediaevale, Cairo, 1935–57, III, Illustration CLXXVI.

[7] P. van Moorsel, Jean Jacquet, Hans Schneider, The Central Church of Abdallah Nirqi, 1975, p. 109–111.

[8] A. Piankov, »Peintures au monastère de Saint Antoine«, Bull. de la Soc. d'archéologie Copte, XIV, Cairo, 1958, p. 160, illustration IV.

[9] Ammianus Marcellinus, Res Gestae (ed. John C. Rolfe) XXV.3.6, »incertum inde«. Libanius believed he was killed by a Christian. For the Julian Romance in Christian historiography see Tito Orland, Studi Copti (= Testi e Documenti per lo Studio dell ›Antichita‹ XXII), Milan, 1970, p. 87–145, and N. H. Baynes, »The Death of Julian the Apostate in Christian Legend«, JRS XXVII, 1937, pp. 22–9.

torians, Socrates and Sozomen, were writing, it was believed that supernatural vengeance on the Apostate had played a part[10]. Byzantine legend, as represented in Pseudo-Amphilochius, *Life of Basil* (sixth century), and John Malalas, *Chronicle* (*Chron* XIII, Bonn ed., p. 332), fixed on Mercurius as executioner, a soldier allegedly martyred under the emperor Decius (249–251) for refusing to sacrifice to the gods[11]. There was little other relation to the Coptic/Nubian story. In place of Athanasius, we find Basil of Caesarea, and the commander of the saints who picks out Mercurius as executioner is not Christ, but the Theotokos, and the reason given for the execution is »his evil attitude towards my Son and Lord, Jesus Christ«. Basil awakes and hastens to the saint's shrine which is located outside Caesarea, and he finds the saint's body and his weapons up to then piously preserved, no longer there. Later he hears of Julian's death in battle.

An interesting link between Basil and Athanasius as the heroes of the story is provided by the writer of the *History of the Patriarchs of the Coptic Church of Alexandria,* Severus, Bishop of Asmounein, who compiled his work in the tenth century. Severus recounts the story of the slaying of Julian by Mercurius, and attributes the dream to Basil, but he sets the whole incident under the life of Athanasius[12]. At this time the Copts and even the Ethiopians praised the saint in legend[13], and the entry of the cult into Nubia from Egypt would seem to be the obvious route. If one considers that the Cappadocian Fathers do not seem to have attained the same popularity in Nubia as, for instance, St. John Chrysostom, it is easy to understand how the association of Athanasius and Mercurius was built up, while Athanasius' close friendship with Pachomius was well known.

The fragments of the second *Acta Martyrum* found in the cathedral at Q'asr Ibrim, illustrate perhaps a more direct Byzantine influence on the Nubian Church. St. Georgios is the classic military saint, associated with other heroes of the Diocletianic persecution, such as Demetrius or Theodore, or Sergius and Bacchus, legendary personages whose defiance of the emperor and consequent martyrdoms came to inspire popular veneration in epic Acta Martyrum throughout the Byzantine world but particularly in Syria and Palestine[14]. Faras produced one example, dating probably late eighth century

[10] Socrates, HE III.21.

[11] See Tito Orlandi, op. cit., pp. 100–10.

[12] Patrologia Orientalis (ed. B. T. A. Evetts) 1907, I, pp. 419–20.

[13] See E. A. Wallis Budge, Miscellaneous Coptic texts in the Dialect of Upper Egypt, 1915, p. 231ff, 256ff, 283ff, and 1161ff (Ethiopian).

[14] For the spread of the cult of St. Georgios throughout the Byzantine east, see H. Delehaye's »Les Origines du Culte des Martyrs, 1933, pp. 86 (Trachonitis) 175 (near Apamea),

because of the style, of a saint dressed in military costume with cloak over the right shoulder, knee-length tunic and armour-greaves and a leather belt[15]. He is holding a shield in the left hand and with the right, pierces a serpent's throat with a long spear. Unfortunately, the name of the saint is missing, as is also that of a third military figure mounted on a horse, like Mercurius, found on one of the pillars of the nave of the cathedral.

The Q'asr Ibrim fragments consist of six sides of parchment written in large Nubian-style majuscules, plus some small fragments. They are taken from the numbered pages of a codex, but judging from the size of the letters (0.55 cm) and the length even of the smaller version of the Martyrdom, the Acta could have occupied two entire volumes of Nubian.

St. Georgios has nothing to do with Egypt, and so the appearance of frescoues in his honour and Acta Martyrum underline the importance gained by the Byzantine military saints and their legends in Nubian religious life. Georgios is a Cappadocian in the army of King Dadianus (a corruption of »Diocletianus«?), a powerful autocrat who governed the world with the aid of seventy sub-kings. Georgios comes to the king's court with a view to receiving the insignia of a *comes* at his hand. He enters the royal city, but to his disgust finds it filled with statues of the pagan gods, and once in the king's presence he urges him and his lesser rulers to turn to Christianity. The king flies into a rage, orders Georgios to be tortured and eventually he dies. The archangel Michael restores him to life.

He confronts King Dadianus again, and then proceeds to perform miracles in his kingdom and baptize many of his subjects. Eventually, he comes to a great temple where there are idols representing Apollo, Heracles and other gods. These he challenges and after demonstrating their false and evil character, despatches them into the Abyss. The temple priests, however, seize and bring him bound before the king once more. In a renewed confrontation Georgios braves the king's wrath, refuses to sacrifice and is again condemned to death. Dadianus' queen, Alexandra, declares herself a Christian. She and the saint are executed along with 8,599 other martyrs[16].

---

184 (Diospolis – Lydda), 186 (Jerusalem, a monastery), 209 (Damascus, with Sergius), 213 (Edessa), 237 (Constantiople). For other Syrian sites, see WADDINGTON, Inscriptions de Syrie, 1981, 2092, 2126, 2142, 2158 and 2498. Other dedications have been discovered in Palestine and will be published by Y. E. MEIMARIS for the Hebrew University.

[15] K. MICHALOWSKI, Faras, p. 116, Pl. 14.

[16] Acta Martyrum II. Coptic, ed. J. BALESTRI and H. HYVERNAT, Paris, 1924, and translation ed. HYVERNAT, CSCO, 125, 1950, pp. 179–202. Greek texts ed. by KARL KRUMBACHER, »Der heilige Georg in der griechischen Überlieferung«, Abhandlungen der Kgl. bayerischen Akad. der Wiss., Phil. Hist. Kl. XXV. 3. 1911.

Three of the Q'asr Ibrim manuscripts relate to four distinct episodes in the saint's career. The first and most fragmentary, concerns Georgios' initial encounter with King Dadianus. He describes himself as an officer and a native of Palestine, and asks why he should be compelled to sacrifice to the gods. If Apollo sustained the heavens as the king believed, he was indeed a god, but if not . . . The king was angry and the second fragment concerns the saint's tortures after he had been ordered to be taken out of the city and tortured. The entire text of two sides of parchment is occupied by a description of a succession of bizarre tortures. The saint is thrown to the ground, lacerated, scourged with the thongs made from the entrails of an ox, and tortured by sharp nail-studded sandals being placed under the soles of his feet. The king orders Georgios to be suspended on a gibbet. Again, the saint is tortured, this time with long pointed instruments, and finally his skull is crushed by an instrument called a »crow«[17].

The Nubian text follows the Greek text of the Athens saga published by Krumbacher in 1911, very closely though with occasional changes of word (thus instead of τοὺς μώλωπας καὶ ζιβύναις ἀποξέεσθαι the Q.I. text reads, τους μωλωπας και τριχινοις ἀνασμηχεσθαι.The Greek is technical and, judging from other Nubian-Greek texts, far beyond the competence of a Nubian scribe to edit himself. It would follow that the Nubians were copying an independent but very similar text. The variations with the Coptic text are more numerous, the Q.I. text adding a torture with sharp points before the »crow« which the Coptic edition has omitted. A further incident preserved in the Nubian version, and not recorded in Krumbacher's »Interpolierte Normaltext«, relates to the cure of the saint's father from a fever, and Georgios' preaching of repentance to him.

The main episode, covered by two sides of the *Acta,* concerns Georgius' successful encounter with the gods Heracles and Apollo and his subsequent confrontation with King Dadianus and his minions[18]. Here, there is considerable divergence between the existing Greek, Coptic, and the Nubian *Acta.* In the Coptic, the evil spirit inhabiting Apollo's statue tries to defend himself. He had refused obeisance to Adam in the Garden of Eden and God had punished him by imprisoning him in a statue, and he called upon the saint to free him. Georgios, however, sees through this deceit, stamps his foot and the evil spirit descends to the Abyss. In the Greek *Acta,* the demon gives the

---

[17] παθηναι εν τη κεφαλη / κ(αι) το κορακι τυπτεσθαι / την κεφαλην αυτου / ωστε τον ενκεφαλον. Compare HYVERNAT, p. 182, lines 12–15; KRUMBACHER, p. 4–5.

[18] HYVERNAT, pp. 198–9; KRUMBACHER, p. 13.

same cause for his downfall but admits a long list of destructive acts against humanity, absent in the Coptic, and finally threatens Georgios with destruction. The Nubian *Acta* again follows the Greek more closely than the Coptic, and the text starts with the demon's threat to Georgios with destruction in the Abyss. The saint rebukes him, stamps his foot, the earth opens, and the evil spirit goes down »until the great day at which he would render account for the souls he had destroyed«[19].

The next episode on the other hand, follows the Coptic more exactly. The saint removes his belt, approaches the statue of Heracles and throws it down, ordering the remaining demons to flee from him if they wished to avoid his anger. The priests of Apollo, however, arrest Georgios, bind him and bring him before the king, angrily complaining about what had happened to »the great Apollo«. The king threatens »the thrice accursed« saint but tries to persuade him to sacrifice to the gods.

The frescoes and the elaborate Acta leave no doubt about the popularity of these Byzantine military saints in Nubia between the eighth and twelfth centuries. In the Church of Abdallah Nirqi, north of Abu Simbel, the frescoes, apart from the Theophany, were dominated by military figures on horseback. There, there is not only Mercurius and Theodore (?) but possibly Phoibammon and Epimachos, venerated in Egypt, Epimachos being associated with Pelusium and Phoibammon being represented as a crowned horseman in a chapel at Bawit[20]. Georgios is invoked with saints and prophets by a humble owner of a vessel from the monastery el Ghazali[21], and he is mounted on horseback at Abd el Qadir and accompanies another military saint, Demetrius, on a fresco from Abdallah Nirqi[22]. Why should this be? A suggestion arises from the association of both saints with the Archangel Michael, who appears at Faras, Ibrim, el Ghazali and on many other sites as one of the great protecting powers over the Nubian kingdom and its people. At Faras, Michael takes second place only to the Virgin and is shown on one fresco in a Nativity Scene[23] as her protector while he stands above the Angel

[19] καταβηθεις τα κατοχθονια / της Αβυσσου · εως της/ μεγαλης ημερον ης / δωσεις λογων περι των / ψυχων ων απολεσας · / (Punctuation and accents in the Nubian text).

[20] See VAN MOORSEL and colleagues, op. cit., p. 121–2, and 124.

[21] See P. L. SHINNIE and H. N. CHITTICK, »Ghazali – A Monastery in the Northern Sudan« (Sudan Antiquities Service. Occasional Papers, No. 5, Khartoum, 1961), p. 98 (Fig. 38, No. 86).

[22] Abd el Qadir, see U. MONNERET DE VILLARD, Nubia Mediaevale IV, illustration CLXVV, and for Abdallah Nirqi, see P. VAN MOORSEL, »Gli scavi olandesi in Nubia« (= Acta del VIII, Congresso Internacional di Arqueologia cristiana), Barcelona, 1972, p. 594, Illustrations 7 and 8.

[23] K. MICHALOWSKI, Faras, p. 31.

Gabriel at her side in a second[24]. In a third, he flanks the Virgin with Gabriel at her other side[25].

It is interesting that the galloping figure of Mercurius was identified at Faras at first as Michael. He is the human counterpart of the archangel. The latter was represented on a fresco also as mounted, the commander of the heavenly forces casting the fallen angels into hell. Invariably, he is a stern military figure, protector of governors and soldiers, guardian of the Gates of Heaven. But he is also the guardian of the military saints themselves. In the *Acta Sancti Georgii* he raises the saint from the dead and sustains and encourages him in face of King Dadianus' threats. The military saints, therefore, link the heavenly with earthly examples of Christian prowess. They become the human representatives of Michael, providing protection to the Christian armies of the kingdom of Nubia as they themselves are protected by angelic forces. The Nubian armies, it need hardly be said, in the tenth and eleventh centuries were formidable representatives of Christianity vis-a-vis the Moslem emirs of Egypt. The direct connection between the military saints and the army can be shown by an inscription on a lintel of a barracks on a site between Tripoli and Apamea in Syria[26]. It reads – Μητ(ΑΤΟΝ) τ(οῦ) ἁγ(ίου) Λογγίν(ου) κ(αὶ) τ(οῶ) ἁγ(ίου) Θεοδώϱ(ου) κ(αί) τ(οῦ) αγ(ΙΟΥ) Γεοϱγ(ΙΟΥ). τ(οῦ) Γλώ(ἔτος?) The military saints epitomised the military virtues and these were particularly apt in Nubia, cut off from the rest of the Christian world and often threatened with attack from its northern Islamic neighbour.

There was, however, the more general protection against militant powers of evil, illustrated by another fresco from Abdallah Nirqi, showing three military saints mounted either side of an anchorite and each spearing a dragon with his lance. On another, the donor of a fresco cries κυϱιλεσον (kurie elieson) invoking the aid of a giant mounted figure that dominated the scene[27]. Clearly, at this church the cult of the military saints came second only to that of Christ and His angels.

How the cult of St. Georgios centred on Diospolis (Lydda) in Palestine from the sixth century and particularly popular from that time onwards in Palestine and Syria, spread to Nubia is unknown. Abu Salih mentions several altars and churches in honour of the saint existing in Egypt in the thirteenth

[24] K. Michalowski, Faras, Die Kathedrale aus den Wüstensand, 1967, Tafel 64–5.

[25] K. Michalowski, Faras, Die Kathedrale aus den Wüstensand, Tafel 24–5.

[26] See R. P. Mouterde, Syria, IX, 1928, p. 167, Dating probably to 524–525, and used for troops on the way to defend the frontier against the Persians.

[27] P. van Moorsel, art. cit., p. 594 and Illustration 7.

century[28]. One Coptic manuscript of the *Acta Martyrum* comes from the monastery of al-Baramous and dates to 1293 AD[29]. But, the surviving Nubian fragments seem at this stage to have more in common with existing Greek *Acta* than they do with the Coptic. There is a greater degree of verbal similarity between the Nubian and Greek versions. However, transmission of the cult via the Coptic Church can obviously not be ruled out, though direct Byzantine/Syrian influence as in some other aspects of Nubian religious art and liturgy seems more possible in this case. The cult of the military saints provides perhaps a further instance of the close resemblances of Nubian religious life with that of the remainder of the Byzantine world, during the Classical period of Nubian Christianity.

This contribution is dedicated to Erich Dinkler, Honorary DD of Glasgow University, whose scholarship has so abundantly illustrated how archaeological science can throw ever greater light on the New Testament and the history of the early Church, and whose enthusiasm had added so much to the study of Christian Nubia.

---

[28] Abu Salih, ›Churches and Monasteries in Egypt‹ (ed. B. T. A. Evetts, Oxford 1895), folios 45a, 64b, 73b, 75b, 81a, 87a and 93a.

[29] Hyvernat, op. cit., p. XI, where other MSS are also listed.

Die Heilsbedeutung des Todes Jesu in Hebräer 2,14–18

Erich Grässer

I

Die Vielfalt der Kreuzesinterpretationen innerhalb des Neuen Testamentes wird in Hebr 2,14–18 um eine Variante bereichert, die in mehrfacher Hinsicht bemerkenswert ist. Einmal weicht sie von der sonst im Hebr durchgehaltenen Generallinie – der Deutung des Todes Jesu mittels der Sühnopfervorstellung – ab und bleibt in dieser Abweichung singulär. Zum andern wird hier erstmals und auch sonst im Neuen Testament *so* nicht belegbar das *cur Deus homo* (H. Windisch)[1], genauer: die μορφὴ δούλου des Erniedrigten (Phil 2,7), *als solche* soteriologisch (und nicht paränetisch) expliziert[2]. Der Vf. des Hebr bedient sich dazu – und das ist schließlich der bemerkenswerteste Zug unseres Textes – eines im Neuen Testament einzigartigen Vorstellungszusammenhangs, der religionsgeschichtlich wie exegetisch gleicherweise in der Auslegung umstritten ist. Das reizt dazu, den bisher nicht gerade häufig untersuchten Text genauer zu analysieren[3].

---

[1] Unter dieser Überschrift steht die Auslegung unseres Textabschnittes bei H. Windisch, Der Hebräerbrief (HNT 14), 1931², 23. Vgl. auch D. G. Miller, Why God became Man. From Text to Sermon on Hebrews 2,5–18 (Interp. 23, 1969, 408–424); C. Spicq, L'Épitre aux Hébreux (SBi), 1977, 69. – Anders G. Klein, Hebräer 2,10–18 (GPM 18, 1963/64, 137–143), hier 139 (ders., Bibelkritik als Predigthilfe. Gesammelte Meditationen, 1971, 61–69), hier 64: es gehe in V. 14–18 nicht um die Entfaltung »eines *theoretischen* (Hervorhebung von mir) cur Deus homo«. Das war aber auch nicht Windischs Meinung.

[2] Die auf Nachahmung abzielende paränetische Auslegung ist (bes. in späterer Zeit) geläufige Interpretationsweise. Vgl. schon Phil 2,5–11, dann vor allem Hebr 5,7–10; 12,2; 1Petr 2,21ff; 1Clem 16,1–17; Barn 5,1–6.12; Polyk 8,2; bes. deutlich 1Clem 5,7: Christus ὑπομονῆς γενόμενος μέγιστος ὑπογραμμός. – Zur Sache vgl. R. Bultmann, Theologie des Neuen Testaments, 1969⁶, 532f; E. Grässer, Der Glaube im Hebräerbrief (MThSt 2), 1965, 156ff. – Wie in der weiteren Entwicklung die Passion im Siegeszeichen verklärt, ja sublimiert wird »und damit das Kreuz als Tropaion in die Kunst eingeführt wurde«, zeigt E. Dinkler, Das Kreuz als Siegeszeichen (ZThK 62, 1965, 1–20) (ders., Signum Crucis. Aufsätze zum Neuen Testament und zur Christlichen Archäologie, 1967, 55–76, hier 73).

[3] Die neueren Kommentare heben den Abschnitt in seiner Wichtigkeit kaum hervor. An Spezialuntersuchungen aus neuerer Zeit konnte ich ausfindig machen: A. Vanhoye, Situation du Christ. Hébreux 1–2 (LeDiv 58), 1969, 347–387; ders., Christologia a qua initium sumit epistola ad Hebraeos (Hebr I,2b.3.4) (VD 43, 1965, 3–14. 49–61); ders., Thema sacerdotii praeparatur in Heb. I,1–2,18 (VD 47, 1969, 284–297); D. G. Miller (s. o. Anm. 1); P. Knauer, Erbsünde als Todesverfallenheit. Eine Deutung von Röm 5,12 aus dem Vergleich mit Hebr 2,14f

II

Hebr 2,14–18 ist Abschluß einer Argumentation, die in 2,5 beginnt und das zwischen Gott und Christus bereits »vollendete« Heilsgeschehen (vgl. das τελειῶσαι in 2,10) mittels des Passionsmotivs als ein Geschehen ὑπὲρ παντός proklamiert: es war »Gottes gnädiger Wille, daß er für jeden den Tod erlitten hat« (V. 9d). Der Satz hat – dem exegetischen Verfahren des Hebr entsprechend – den Charakter einer »vorgeschobenen These«, die im folgenden exegetisch weiter ausgearbeitet wird[4]. Welches auch immer die richtige Erklärung des schwierigen ὅπως-Sätzchens V. 9d ist[5], so ist doch deutlich, daß er der transitorischen Bedeutung des Todes Jesu (um seines Todesleidens willen *erhöht* V. 9b) eine direkt soteriologische hinzufügt, die den urchristlichen Sterbeformeln nachgebildet ist: Jesus stirbt *zugunsten jedermanns*[6]. Dieses eschatologische Erlösungswerk entspricht der Universalität seiner protologischen Schöpfungsmittlerschaft (δι' ὃν τὰ πάντα καὶ δι' οὗ τὰ πάντα V. 10). Unser Textabschnitt 2,14–18 ist direkte Exegese des ὑπὲρ παντός, sofern hier die Frage beantwortet wird, welches der aus dem Sterben Jesu zugunsten jedermanns resultierende *Gewinn* ist: die Überwindung der Todesmacht (V. 14f) und die Sympathie des jetzigen himmlischen Hohenpriesters, der als πειρασθείς den πειραζόμενοι ein Helfer sein kann (V. 18)[7].

Als Überleitung und hermeneutischer Schlüssel zu unserem Text ist in V. 10–13 ein Abschnitt vorgeschaltet, der sowohl die spezifische *Verbundenheit*

(ThGl 58, 1968, 153–158); J. VALIAMANGALAM, Victim the Victor. The Paradoxe of Hebr. 2,14–15, Diss. Pont. Univ. Gregoreanae Romae 1965; G. W. GREGAN, Christ and His People: An Exegetical and Theological Study of Hebr. 2,5–18 (VoxEv 6, 1969, 54–71). – Zur älteren Auslegungsgeschichte vgl. J. C. DHÔTEL, La ›sanctification‹ du Christ d'après Hébreux, II, 11. Interprétations des Pères et des scolastiques médiévaux (RSR 47, 1959, 515–543; 48, 1960, 420–452).

[4] Vgl. O. MICHEL, Der Brief an die Hebräer (KEK 13), 1976[7], 133ff. Zum Aufbau des Textes vgl. A. VANHOYE, La structure littéraire de l'Épître aux Hébreux, 1976[2], 77ff; E. GRÄSSER, Beobachtungen zum Menschensohn in Hebr 2,6 (in: Jesus und der Menschensohn. Festschrift für Anton Vögtle, 1975, 404–414), hier 405f; H. ZIMMERMANN, Das Bekenntnis der Hoffnung. Tradition und Redaktion im Hebräerbrief (BBB 47), 1977, 154ff.

[5] Falls es am richtigen Platz steht, erklärt es wahrscheinlich nicht die Erhöhung (gegen E. KÄSEMANN, Das wandernde Gottesvolk. Eine Untersuchung zum Hebräerbrief [FRLANT 55], [1938], 1961[4], 103), sondern den Passus »wegen des Todesleidens« (H. STRATHMANN, Der Brief an die Hebräer [NTD 9], 1963[8], 85). Das ist schon deswegen so, weil πάθημα τοῦ θανάτου V. 9 eine dem Tod Jesu besonderen Nachdruck verleihende Tautologie ist (vgl. das V. 10 ohne Zusatz stehende διὰ παθημάτων und dazu W. MICHAELIS, Art. πάθημα, ThWNT V 933f), die der Vf. im interpretierenden ὅπως-Satz noch einmal aufgreift. – Zur Diskussion vgl. H. CONZELMANN, Art. χάρις, ThWNT IX 389, 5ff.

[6] Zur formelhaften Traditionsbildung im Neuen Testament vgl. H. RIESENFELD, Art. ὑπέρ, ThWNT VIII 510–518.

[7] Vgl. H. v. SODEN, Hebräerbrief (HC 3), 1892[2], 26.

zwischen Christus und den Seinen als auch die spezifische *Verschiedenheit* betont. Und zwar läßt er erstere in einer präexistenten συγγένεια begründet sein (ἐξ ἑνὸς πάντες V. 11), während letztere mittels einer »Schriftexegese« festgestellt wird: im Verhältnis zum Sohn (1,2) sind die Söhne (2,10) trotz ihrer συγγένεια die von Gott zur Erlösung gegebenen »Brüder« und »Kinder«, die als solche die irdische Ekklesia bilden, in die hinein der Sohn sich stellt (V. 12f)[8]. Diese *Einheit in der Verschiedenheit* ist in einem später noch genauer zu erläuternden Sinne die Bedingung der Möglichkeit für den obengenannten *doppelten Gewinn* des Erlösungsgeschehens, den genauer darzulegen unser Vf. mit V. 14 ansetzt.

III

Das vom Hebr bevorzugte exegetische Verfahren der *Stichwortverknüpfung* leitet zur Explikation über:

> *»Da nun die Kinder an Blut und Fleisch teilhaben,*
> *so nahm auch er gleichermaßen teil daran,*
> *um durch den Tod den zunichte zu machen,*
> *der die Gewalt über den Tod hatte,*
> *das ist den Teufel,*
> *und die zu erlösen, die durch Todesfurcht*
> *ihr ganzes Leben hindurch in Knechtschaft verhaftet waren.*
> *Denn es sind ja nicht Engel, deren er sich annimmt,*
> *sondern des Samens Abrahams nimmt er sich an.*
> *Daher mußte er in allem den Brüdern gleichwerden,*
> *damit er ein barmherziger und treuer Hoherpriester bei Gott würde*
> *um die Sünden des Volkes zu sühnen.*
> *Denn worin er selbst gelitten hat, indem er versucht wurde,*
> *kann er denen, die versucht werden, helfen.«*[9]

1. V. 14a begründet die Notwendigkeit der Inkarnation des präexistenten Sohnes mit der Tatsache, daß auch die Kinder in »Blut und Fleisch« inkarniert sind. Oder andersherum: die Annahme der Menschennatur seitens Christi wird mit einem οὖν als Konsequenz aus dem Tatbestand gefolgert: ἐξ

---

[8] Vgl. F. SCHRÖGER, Der Verfasser des Hebräerbriefes als Schriftausleger (BU 4), 1968, 88ff.

[9] Die Übersetzung folgt A. VANHOYE, Der Brief an die Hebräer. Deutsche Übersetzung mit Gliederung, 1966, 11.

ἑνός 2,11 (H. v. Soden). Mit zwei ἵνα-Sätzen werden dann in V. 14b–16 und V. 17–18 zwei verschiedene Folgerungen aus der Menschwerdung gezogen. Die eine Folgerung betrifft die fundamentale Unheilssituation der zu Erlösenden (Todverfallenheit und Todesfurcht), aus der sie durch den Tod des Erlösers befreit werden. Die andere Folgerung betrifft die Qualifikation Jesu zum barmherzigen und treuen Hohenpriester bei Gott, der die Sünden des Volkes sühnt und in der geschichtlich noch andauernden Situation der Versuchung des Gottesvolkes allen Angefochtenen darum wirkungsvoll helfen kann, weil er die Versuchung selbst kennengelernt hat. Die erste Folgerung ist Auslegung von V. 9b: »Damit es durch Gottes Gnade jedem zugute komme, daß er den Tod kostete.« Dagegen die zweite Folgerung ist Auslegung von V. 9a: »Wir sehen Jesus um des Todesleidens willen mit Herrlichkeit und Ehre bekränzt.« Die Erhöhungsvorstellung deutet der Hebr im folgenden selbständig zur Hohepriesterlehre aus. V. 17 und 18 sind also Überleitung zu diesem neuen und zentralen Thema des Hebr. Und zwar bereiten sie ganz unmittelbar die beiden nächsten Teile vor: die Treue Jesu ist das Thema in 3,1–6, an das sich die Warnung an das wandernde Gottesvolk anschließt, sich vor Untreue zu hüten (3,7–14). In 4,15–5,10 dann wird von Jesus als dem *barmherzigen* Hohenpriester gehandelt.

2. Wir wenden uns zunächst den V. 14–16 zu. Der Gedanke ist einfach. Dadurch, daß der Erlöser das Unheilsgeschick der zu Erlösenden in gleicher Weise übernimmt, wendet er es zum Heil. D. h. sein Sterben bedeutet *als solches* den befreienden Durchbruch durch die von Todverfallenheit und Todesfurcht bestimmte Welt. Genauer: die in der protologisch-eschatologischen Verbundenheit der Söhne mit dem Sohn begründete Erlösung ist Befreiung aus der δουλεία und als solche Heimholung der παιδία in die βασιλεία ἀσάλευτος (12,28). Bei solcher Argumentation liegt nicht nur die »*formale* Parallelität zum gnostischen Erlösermythos (Annahme und Abstreifen der materiellen Sphäre)« auf der Hand[10], sondern auch die inhaltliche. Neben dem Denkschema als solchem verrät das vor allem auch die prägnante und im übrigen Neuen Testament beinahe analogielose Sprache.

Bereits durch das die Argumentation eröffnende *Stichwort* παιδία wird – bedenkt man seine Exegese in V. 10–13 – ein Doppeltes eingeschärft. Erstens, *aufgrund welcher Qualität* die Erlösungsbedürftigen am Heilswerk des Erlösers teilnehmen, nämlich nicht aufgrund ihres Glaubens (von ihm ist hier gar nicht die Rede), auch nicht aufgrund ihrer Geschöpflichkeit schlechthin[11],

---

[10] O. MICHEL, aaO. 163; Hervorhebung von mir.

[11] Gegen O. MICHEL, aaO. 162 und A. STROBEL, Der Brief an die Hebräer (NTD 9), 1975, 105.

sondern aufgrund der präexistenten συγγένεια[12]. »Bewogen durch die himmlische Bruderschaft«[13] nimmt der Sohn an Blut und Fleisch Anteil. Die Inkarnation macht Jesus nicht erst zum Bruder der Menschen. Es ist umgekehrt: weil sie von Ewigkeit her Brüder sind, die Menschen aber in die δουλεία geraten sind, nimmt auch der Sohn Fleisch an. Denn nur so kann er seine ursprünglichen Gefährten aus der irdischen Knechtschaft befreien und in die gemeinsame himmlische Heimat zurückführen. Zweitens begründet das Stichwort παιδία die *heilsgeschichtliche Notwendigkeit* der Erlösung. Denn das macht bei aller in der gemeinsamen himmlischen Präexistenz begründeten Verbundenheit mit dem Erlöser doch die spezifische Verschiedenheit der Kinder aus, daß sie in ihrer δουλεία darauf angewiesen sind, κλήσεως ἐπουρανίου μέτοχοι (3,1) durch den Weg des Erlösers allererst zu *werden*[14]. Erlösung realisiert sich somit nicht als ein naturhafter Prozeß, sondern durch das geschichtliche Geschehen der Inkarnation des Sohnes.

Davon sprechen V. 14a und 17a unter Wahrung der Sprache des Mythos. Deutlichstes Indiz dafür sind die promiscue gebrauchten und sich gegenseitig erläuternden Verben κοινωνεῖν, μετέχειν und ὁμοιωθῆναι[15]. Während ein ähnlich qualifizierender Sprachgebrauch für die beiden erstgenannten Verben im Neuen Testament kaum nachweisbar ist[16], findet sich ὁμοιοῦν gleich-

---

[12] Religionsgeschichtlich ist besonders auf Philo zu verweisen. Er nennt die ὁμοεθνοί bzw. ἴδιοι »Brüder« bzw. ἐκ φύσεως ἀδελφοί im Gegensatz zu den Nichtstammesgenossen, die ἀλλότριοι genannt werden (SpecLeg II 73). Die Begründung dafür ist aufschlußreich: ἡ δ'ἀλλοτριότης ἀκοινώνητον (ebd.). Dieser Grundsatz, der auch umgekehrt gilt (die Gleichheit stiftet κοινωνία), ermöglicht bis in die Sprache hinein die Hebr 2,14ff vorgenommene Begründung des Erlösungswerkes. Die nicht ausgeführte, aber zugrunde gelegte stoische Anthropologie τοῦ γὰρ (sc. Θεοῦ) καὶ γένος ἐσμέν (Apg 17,28 = Arat Phaen 5) ist der leitende Gesichtspunkt. – Zur philonischen Anthropologie mit ihrer Unterscheidung von »zwei Arten von Menschen« (διττὰ ἀνθρώπων γένη), einem »himmlischen« (οὐράνιος) und einem »irdischen« (γήϊκος) vgl. All I 31; Det 11f.80–84. Daß der Hebr diese dichotomische Anthropologie kennt, beweist 4,12–13. – Zur Sache vgl. C. COLPE, Art. Philo, RGG³ V 341–346; H. BRAUN, Wie man über Gott nicht denken soll. Dargelegt an Gedankengängen Philos von Alexandria, 1971 (das Kap. 8 »Des Menschen Wesen und Weg«, 62ff, ist eine glänzende Darstellung der philonischen Anthropologie); R. WILLIAMSON, Philo and the Epistle to the Hebrews (ALGHL IV), 1970, 245ff; L. K. L. DEY, The Intermediary World and Patterns of Perfection in Philo and Hebrews (SBLDS 25), 1975, 20ff.

[13] F.-J. SCHIERSE, Verheißung und Heilsvollendung. Zur theologischen Grundfrage des Hebräerbriefes (MThS.H 9), 1955, 105; vgl. auch DERS., Der Brief an die Hebräer (Geistl. Schriftl. 18), 1968, 152 Anm. 9.

[14] So m. R. E. KÄSEMANN, Gottesvolk 79; G. THEISSEN, Untersuchungen zum Hebräerbrief (StNT 2), 1969, 121f.

[15] Vgl. F. BLEEK, Der Brief an die Hebräer, Bd. II 1, 1836, 330.

[16] Allenfalls 1Kor 10,21 ist zu vergleichen, sofern Teilhabe am Heil bzw. Unheil intendiert ist (zu beachten ist bes. dasselbe gegenseitige Interpretationsverhältnis von κοινωνία und μετέχειν 1Kor 10,16f). Eine wirkliche Parallele (freilich nicht des Verbs, sondern des Substantivs) ist nur

sinnig noch in Apg 14,11: οἱ θεοὶ ὁμοιωθέντες ἀνθρώποις κατέβησαν πρὸς ἡμᾶς[17]. Die Verben stellen eine ausgesprochene Inkarnationsterminologie dar und drücken nicht einfach totale Identität aus. Sie formulieren vielmehr einen Vorbehalt, den Phil 2,5.7 exakt mit μορφή umschreibt. In unserm Falle: die »Kinder« haben *Anteil* an Blut und Fleisch, sie *sind* es nicht ganz und gar und leben auch nicht einfach – paulinisch gesprochen – ἐν σαρκί. Verhindert wird die totale Identität durch den bei Gott liegenden Ursprung ihres eigentlichen Selbst. Die Inkarnation aber erhält dadurch einen stark *negativen* Akzent. Sie ist Fall unter die Knechtschaft von Tod und Teufel. Natürlich heißt Anteil an Blut und Fleisch auch, daß sie sterbliche, vergängliche Menschen sind. Aber die mit der Inkarnation gegebene Unheilssituation ist fundamentaler gefaßt: im irdischen Dasein ist der Mensch wesentlich *nicht* daheim, er ist vielmehr ξένος und παρεπίδημος (11,13)[18]. Entsprechend ist der Erlöser nicht der ἄνθρωπος γενόμενος, sondern in genauer Entsprechung zur Inkarnation der Söhne ist er μέτοχος αἵματος καὶ σαρκός. »In gleicher

---

2Petr 1,4: Die Verheißungen wurden gegeben, »damit ihr an der göttlichen Natur Anteil erhaltet« (ἵνα . . . γένησθε θείας κοινωνοὶ φύσεως). Auch hier waltet Substanzdenken. Das hellenistische Frömmigkeitsbeispiel der Vergottung ist hier erstmals ntl. klar bezeugt. Zur Sache und zum religionsgeschichtlichen Material vgl. R. KNOPF, Die Briefe Petri und Judä (KEK XII), 1912[7], 263–266; H. WINDISCH, Die Katholischen Briefe (HNT 15), bearb. v. H. PREISKER, 1951[3], 85 (Exkurs: »Hellenistische Frömmigkeit im IIPetr.«). Daß der Begriff θείας κοινωνοὶ φύσεως aus der Gnosis stammt, vermutet H. KOESTER mit Recht (Art. φύσις, ThWNT IX 269, 17f); vgl. auch ebd. 249, 18ff und W. GRUNDMANN, Art. δύναμις, ThWNT II 310, 39ff. – Zur Begründung einer Frömmigkeit, die Erlösung als Rettung aus der φύσις versteht, vgl. noch immer H. WINDISCH, Die Frömmigkeit Philos und ihre Bedeutung für das Christentum, 1909, 4ff.

[17] Vgl. auch den Sprachgebrauch in Röm 8,3 und Phil 2,7.

[18] Vom präexistenten Pneuma ist in Hebr 2,14a nicht ausdrücklich die Rede. Dennoch hat G. THEISSEN recht, daß die Entsprechung von σάρξ und πνεῦμα in 12,9 es erlaubt, auch hier das πνεῦμα als ungenannte Entsprechung zu αἷμα und σάρξ anzunehmen. »Seine Präexistenz ist sicher vorausgesetzt, sonst wäre die Parallelisierung der menschlichen Annahme von Blut und Fleisch mit der Inkarnation Christi sinnlos« (Untersuchungen 122). Eine Präexistenz der Seelen wird vom Vf. des Hebr »sicher nicht *gelehrt*« (E. SCHWEIZER, Erniedrigung und Erhöhung bei Jesus und seinen Nachfolgern [AThANT 28], 1962[2], 138f Anm. 514; Hervorhebung von mir), aber er *argumentiert* damit. Es trifft auch zu, daß erst der geschichtliche Akt der Inkarnation Jesu die koinonia zwischen dem Sohn und den Söhnen *realisiert*, so daß sie »als ἐξ ἑνός erscheinen« (E. KÄSEMANN, Gottesvolk 104; vgl. auch 94f; ferner G. KLEIN, GPM 18, 138; G. THEISSEN 120ff). Dennoch schafft der Hebr in V. 10–18 ein unauflösbares Spannungsverhältnis zwischen geschichtlicher Offenbarung (was der Sohn für die Söhne *ist*, gründet in dem, was er für sie *tut*) und ungeschichtlichem Mythos (das gemeinsame präexistente *Sein* von Sohn und Söhnen ist Voraussetzung für das *Tun* des Sohnes). Lediglich der übergreifende theologische Kontext korrigiert den ungeschichtlichen Mythos im Sinne der christlichen Lehre: Gottes Heilstun beginnt geschichtlich mit dem καθαρισμός 1,3 (E. KÄSEMANN, Gottesvolk 94). Der Erlösungsvorgang *gründet* im göttlichen Heilsratschluß (ἔπρεπεν 2,10) und nicht in der aus hermeneutischen Erwägungen angezogenen präexistenten συγγένεια. Vgl. dazu E. LOHMEYER, Kyrios Jesus. Eine Untersuchung zu Phil 2,5–11, 1961[2], 79.

Weise« (παραπλησίως[19]) hat er dies angenommen, *similiter*, i. e. passibilitati *participavit* una cum carne et sanguine. In dem allem – *per omnia* scilicet et nascendo, crescendo, patiendo, moriendo[20] – mußte er den Brüdern gleich sein – καθ' ὁμοιότητα wie es 4,15 in Wiederaufnahme unseres Gedankens völlig sachgemäß heißt. Freilich ist es für ihn, der sich ja als der ewige Sohn und Erlöser in diese Gleichheit begibt, eine Ähnlichkeit mit dem Nebenbegriff der Verschiedenheit, worauf Lünemann mit Recht verwiesen hat[21]. Die sachliche Parallele in Phil 2,7 (ἐν ὁμοιώματι ἀνθρώπων γενόμενος) macht das deutlich. Es heißt *nicht* ἐξ ἴσου, sondern eben παραπλησίως μετέσχεν τῶν αὐτῶν, nämlich an Blut und Fleisch. Solche Beschreibung der Inkarnation als vorbehaltliches, uneigentliches Menschsein (Ähnlichkeit mit dem Nebenbegriff der Verschiedenheit) hat mit dem in LXX sich anbahnenden *kosmologischen* Dualismus auch den im hellenistischen Denken damit vermischten *anthropologischen* Dualismus zur Voraussetzung. Einerseits ist der Mensch aufgrund seiner präexistenten Herkunft ein φυτὸν οὐράνιον[22], andererseits ist er αἷμα καὶ σάρξ, das heißt den Göttern entgegengesetzt, zur Erde, nicht zum Himmel gehörend[23]. Es gibt Spekulationen darüber, wie der ursprüngliche Himmelsmensch zu diesem leiblich-irdischen μεθόριος (Mittelwesen)

---

[19] Da wir nichts darüber erfahren, in welcher Weise die »Kinder« zum Anteil an Fleisch und Blut gelangt sind, kann παραπλησίως V. 14 nicht den Parallelismus der *modi incarnationis* betonen wollen, sondern nur die Gleichheit des Ergebnisses: Christus unterscheidet sich »hinsichtlich der Materialität seines irdisch leiblichen Daseins von den übrigen Menschen nicht« (E. RIGGENBACH, Der Brief an die Hebräer [KNT XIV], 1922[2,3], 55). Das παραπλησίως wird durch ὁμοιωθῆναι V. 17 interpretiert, was bedeutet, daß es sich nicht um bloße Ähnlichkeit, sondern um Identität handelt, vor allem hinsichtlich des menschlichen *posse temptari, pati, mori* (H. WINDISCH, Hebräerbrief 24). Gerade die Abgrenzung gegen die Sünde in 4,15; 7,26 und 9,14, d. h. ein von den Menschen verschiedenes geschichtliches Verhalten des Sohnes zur Sünde zeigt die antidoketische Tendenz: Jesus ging wirklich in die Sphäre von Fleisch und Blut ein (E. KÄSEMANN, Gottesvolk 104). Neuerdings ist zur Verdeutlichung wieder die Unterscheidung zwischen »Gleichheit« und »Gleichartigkeit« (letztere bestand, erstere nicht) herangezogen worden, die einst J. SCHNEIDER (Art. ὁμοιόω, ThWNT V 189, 32) aufgestellt hatte (vgl. H. ZIMMERMANN, Das Bekenntnis der Hoffnung 166f).

[20] M. LUTHER, Die Vorlesung über den Hebräerbrief (1517) (WA 57,3), 1939, 14,6; 15,2.

[21] G. LÜNEMANN, Kritisch-exegetisches Handbuch über den Hebräerbrief (KEK 13), 1867[3], 112. Die altkirchliche Exegese sah in unserer Stelle nicht ohne Grund einen Beleg für das *vere homo et vere deus*. Vgl. dazu R. A. GREER, The Captain of our Salvation. A Study in the Patristic Exegesis of Hebrews (BGBE 15), 1973, 346 u. ö. Und LUTHER nannte Christus in diesem Zusammenhang *simul persona mortalis et immortalis* (WA 57,3, 129,9).

[22] Philo, Plant 17; Det 85.

[23] SibFrgm. 1,1. Weitere Belege bei E. SCHWEIZER, Art. σάρξ, ThWNT VII 99, 34f. 121f. 138ff; vgl. auch DERS., Die hellenistische Komponente im neutestamentlichen σάρξ-Begriff (ZNW 48, 1957, 237–253). – Daß der Hebr σάρξ durchgehend im dualistischen Schema als negative Sphäre deutet (z. B. 7,16; 9,13f; 12,9) zeigt schön J. W. THOMPSON, The Conceptual Background and Purpose of the Midrasch in Hebrews VII (NT 19, 1977, 209–223), bes. 217f.

geworden ist (Urfall, Schicksal, Schuld), die sich der Hebr versagt. Was er aber aufgreift, ist, daß der Anteil am Blut und am Fleisch als Gefangenschaft des eigentlichen Selbst in der Materie, als Belastung, Knechtschaft (δουλεία), Sarg und Urne empfunden wird[24]. Substanzhaftes Denken regiert diese Aussagen und bestimmt selbst noch die ungewöhnliche Wortfolge αἷμα καὶ σάρξ[25]. Den richtigen Vorstellungshintergrund zeigt der zu Hebr 2,14 gegenläufige Akt der Vergottung in 2Petr 1,4. Danach besteht die Erlösung aus dem Freiwerden von der irdisch-natürlichen Vergänglichkeit zur Anteilschaft an der göttlichen Natur (θείας κοινωνοὶ φύσεως)[26]. M. a. W., das zugrunde liegende Erlösungsverständnis entspricht ganz dem gnostischen Anspruch der Rettung von der Physis[27]. Umgekehrt ist das Unerlöstsein ein auswegloses Verhaftetsein an eine Machtsphäre, die dämonisch begründet ist und die Menschen zeitlebens ἔνοχοι δουλείας sein läßt[28]. Gebrochen wer-

[24] Philo, Gig 31; Her 268; Migr 16; Agr 25; Imm 2. Noch deutlicher ausgebildet findet sich dieses Existenzverständnis in gnostischen Texten, z. B. Nag-Hamm.-Cod. II, 31,1–22. Vgl. dazu S. Giversen, Der Gnostizismus und die Mysterienreligionen (HRG 3), 1975, 255–299, hier 275.

[25] Die geläufige Formel σὰρξ καὶ αἷμα (z. B. Mt 16,17; 1Kor 15,50; Gal 1,16; nur Joh 1,13 und Eph 6,12 steht Blut vor Fleisch) ist im jüd. Sprachgebrauch ständige Bezeichnung der schwachen Kreatur im Verhältnis zum ewigen Gott (z. B. Sir 14,18; 17,31, äthHen 15,4, Bill. I 730f). Bei αἷμα καὶ σάρξ hat man die hellenistische Betonung der (abgestuften) Substantialität herauszuhören (z. B. PolyaenStrat III 11,1; Philo, Her 57, aber auch Eph 6,12). Philo kann »Blut und Fleisch« als körperliche Substanzen unterscheiden (VitMos I 130) und das göttliche πνεῦμα als Lebensprinzip davon abheben (Her 57). Das Substanzdenken dominiert. Vgl. H. Leisegang, Der heilige Geist I/1, 1919, 94ff; W. Bieder, Art. πνεῦμα, ThWNT VI 370ff. – Abwegig C. Spicq (L'Epitre aux Hébreux, Bd. II, 1953, 43): Blut stehe voran, weil Christus es zum Opfer bringt (13,12). Kaum überzeugend auch A. Vanhoye (Situation 348): die Umstellung geschehe zweifellos *par souci d'euphonie, pour éviter un »kai hai-« peu harmonieux.* Ganz abwegig ist A. Strobel (Hebräerbrief 105), für den in der Reihenfolge »Blut und Fleisch« nicht nur anklingt, »daß es in dieser Welt Sterben und Tod gibt, sondern auch Blutvergießen und Kampf. Es ist eine Welt der feindlichen Brüder, die der Rettung und des Friedens bedarf. Christus hat sie gebracht.« Solche Gedanken sind reine Eisegese.

[26] Vgl. F. Hauck, Art. κοινωνός, ThWNT III 804, 15ff und die dort zitierten Philo-Stellen. Eine ähnlich dualistische Sprache spricht Josephus. Vgl. H. Koester, Art. φύσις, ThWNT IX 263, 43ff.

[27] H. Koester, ebd. 269, 5ff. Weiteres zum Thema bei K. Rudolph (Hg.), Gnosis und Gnostizismus (WdF CCLXII), 1975; H. Jonas, The Gnostic Religion. The Message of the Alien God and the Beginnings of Christianity, 1958; B. Aland u. a. (Hg.), Gnosis. Festschrift für Hans Jonas, 1978.

[28] M. R. hat H. Hanse (Art. ἔχω, ThWNT II 816–832) im Operieren mit ἔχειν (κράτος ἔχειν, ἔνοχος, μετέχειν, μέτοχος) *das* Charakteristikum unseres Textes gesehen. Er betont das *Schicksalhafte* der damit ausgedrückten Sachverhalte, kurz die Verfallenheit. Für den theologisch bedeutsamen Sprachgebrauch kommt begriffsgeschichtlich nur die griechische Tradition in Betracht. Hier allein ist μέτοχος »ein gewähltes, geradezu philosophisches Wort«, das über Philo Berührung mit der platonischen Redeweise hat, wonach μετοχή bzw. μέθεξις das Verhältnis des Einzeldings zur Idee bezeichnet (Hanse, aaO. 831, 42ff; vgl. E. Hoffmann, Me-

den kann solche Knechtschaft nur von außen, und zwar so, daß der von Gott gesandte Erlöser wohl *in der gleichen Weise* ἔνοχος δουλείας wird, aber nicht mit der gleichen Schicksalhaftigkeit und nicht mit der gleichen Ohnmacht hinsichtlich der geschichtlichen Versuchlichkeit. Die gleiche Schicksalhaftigkeit ist im Hebr ausgeschlossen durch das ἔπρεπεν (θεῷ) in 2,10, dem in V. 17 das ὤφειλεν entspricht: *Gott* handelt als erlösendes Subjekt *in Freiheit.* Die gleiche Ohnmacht aber hinsichtlich der geschichtlichen Versuchlichkeit der Brüder ist ausgeschlossen durch 4,15: als πεπειρασμένος κατὰ πάντα καθ' ὁμοιότητα ist der Sohn doch χωρὶς ἁμαρτίας. V. 14b und 15 formulieren den *Zweck* der Menschwerdung: »*Damit er durch den Tod den zunichte mache, der die Gewalt über den Tod hatte, das ist den Teufel, und die zu erlösen, die durch Todesfurcht ihr ganzes Leben hindurch in Knechtschaft verhaftet waren.*«

Der passus gibt sprachlich[29] wie sachlich zu erkennen, daß das angezogene mythische Vorstellungsschema vom himmlischen Anthropos auch bei der Beschreibung der Heilsbedeutung des Todes Jesu hermeneutisch dienstbar bleibt. Und zwar macht das die objektive Beschreibung der Unheilssituation der παιδία in V. 15 ebenso deutlich wie die Darstellung der sie zerbrechenden Heilstat des Erlösers in V. 14b. Zum ersteren bemerkt H. Windisch mit Recht: »Hier wird wirklich einmal im Neuen Testament das Daseinsverständnis für die Lehre vom Werke Christi fruchtbar gemacht.« Das heißt, es wird kein theologisches Urteil bemüht, um das allgemeine Unheil etwa auf die Sündenmacht (Paulus) oder einen Urfall (hellenistisch-gnostische Spekulationen) zurückzuführen. Sondern es wird auf das »Lebensgefühl« verwiesen, das durch lähmende Todesfurcht bestimmt ist[30]. Freilich nicht im »allgemeinen« Sinn »der spätantiken Welt«[31], sondern in einem sehr dezidierten Sinne, der wiederum nur vom zugrunde liegenden Mythos her historisch zu-

---

thexis und Metaxy bei Platon [Sokrates NF 7, 1919, 48]). Sowohl Hebr 1,9 (Zitat aus Ψ 44,8) als auch 3,1.14 »klingt hier von ferne die Vorstellung der Gottesteilhaftigkeit an, die dann später im Christentum deutlich aufgenommen wird« (HANSE, aaO. 832, 2ff mit Verweis auf Origenes; IgnEph 4,2; IgnPol 6,1; Iren AdvHaer IV 20,5 [PG 7, 1035f]).

[29] Διάβολος ist hap. leg. im Hebr. Nur hier wird innerhalb des NT gesagt, daß er die Macht über den Tod hat. 'Απαλλάσσω kommt nur dreimal im NT vor (Lk 12,58; Apg 19,12; Hebr 2,15) und hat nur an unserer Stelle den Sinn der Erlösung als Befreiung (vgl. aber Josephus Ant 11,270; 13,363; Isoc 14,18: δουλείας ἀπηλλάγησαν; Philo SpecLeg I 77: δουλείας ἀπαλλαγήν). Δουλεία kommt im NT nur noch Röm 8,15.21 und Gal 4,24; 5,1 vor, die Wendung ἔνοχοι δουλείας überhaupt nicht mehr (doch vgl. auch hier das hellenistische Material bei BLEEK II/1, 339ff und J. B. CARPZOV, Sacrae exercitationes in S. Paulli epistolam ad Hebraeos ex Philone Alexandrino, 1750, 110ff).

[30] H. WINDISCH, Hebräerbrief 23; vgl. auch H. ZIMMERMANN, Bekenntnis der Hoffnung 165.

reichend erhellt werden kann: Das Anteilhaben an Blut und Fleisch ist Gefangenschaft im Körper (13,3), ist als Fall unter die Knechtschaft von Tod und Teufel »eine durch lebenslange Todesfurcht konstituierte, innerweltlich ausweglose weil dämonisch begründete δουλεία«[32]. Obwohl alte jüdische Traditionen wie auch das Rabbinentum einen Zusammenhang von Tod und Teufel belegen[33], ist doch der Hebr 2,14f zugrunde liegende kosmologische und anthropologische Dualismus mit seinem substanzhaften Denken von dort nicht ableitbar. Erst recht ist der »Dreiklang Tod, Teufel, Todesfurcht« nicht dem »paulinischen Dreiklang Gesetz, Sünde, Tod« entgegenzustellen[34]. Beide sind überhaupt nicht vergleichbar. Denn einmal kulminiert der paulinische Phänomenzusammenhang »Gesetz, Sünde, Tod« in der ἁμαρτία, die aber Hebr 2,14f bezeichnenderweise *nicht* erwähnt wird. Das allein zeigt den ganz andern Vorstellungszusammenhang[35]. Zum andern ist »Tod, Teufel, Todesfurcht« kein wirklicher »Dreiklang«, sondern dualistische Charakterisierung einer Machtsphäre, in welcher der Teufel mittels der ihm eignenden Todesgewalt die Herrschaft ausübt. Die menschliche Existenz aber »steht in diesem Bereich unter dem φόβος θανάτου und erkennt sich in dieser Todesfurcht als ἔνοχος δουλείας«[36].

V. 16 unterstreicht das mit dem für Hebr 1 und 2 charakteristischen *vergleichenden* Hinweis auf die Engel: *»Denn es sind ja doch nicht Engel* (vgl. 2,5; 1,5), *deren er sich annimmt, sondern des Samens Abrahams* (Anspielung auf Jes 41,8) *nimmt er sich an.«* Dahinter ist weder eine akute Engel-Polemik[37] noch eine heilsgeschichtliche Geschichtsschau zu sehen[38]. Der Gegensatz wird allein vom Gesichtspunkt der Erniedrigung des himmlischen Anthropos um der Erlösungsbedürftigen willen bestimmt. Der Engel wegen

---

[31] Gegen H. ZIMMERMANN, Bekenntnis der Hoffnung 165.

[32] E. KÄSEMANN, Gottesvolk 99 und die dort zitierten Texte aus den außerkanonischen Schriften neben dem Neuen Testament.

[33] Am häufigsten wird auf Gen 3,1ff und Weish 2,24 verwiesen, Rabbinica bei Bill. I 144ff. Weiteres Material bei O. MICHEL, Hebräerbrief 159ff.

[34] Mit H. ZIMMERMANN, Bekenntnis der Hoffnung 165 gegen O. MICHEL, Hebräerbrief 160.

[35] Entgegen weitverbreiteter Annahme stehen Tod und Sünde hier nicht in einem ursächlichen Zusammenhang. Vgl. neben E. KÄSEMANN, Gottesvolk 100ff bes. E. LOHSE, Märtyrer und Gottesknecht. Untersuchungen zur urchristlichen Verkündigung vom Sühntod Jesu Christi (FRLANT 64), 1963[3], 165; E. GRÄSSER, Rechtfertigung im Hebräerbrief (in: Rechtfertigung. Festschrift für E. Käsemann, 1976, 79–93), bes. 92.

[36] E. KÄSEMANN, Gottesvolk 99.

[37] So neuerdings wieder R. G. HAMERTON-KELLY, Pre-existence, Wisdom, and the Son of Man (MSSNTS 21), 1973, bes. 244.

[38] So A. VANHOYE, Situation 356ff: »Dieu sauve les hommes en les réunissant dans une famille qu'il a choisie« (359).

wäre es nicht nötig gewesen, den Himmel zu verlassen. Denn als πνεύματα (1,14) sind sie dem Tode überhaupt nicht unterworfen[39]. Dagegen der »Same Abrahams«, das irdische Geschlecht, »das aus seiner Natur die Anwartschaft auf den Himmel nicht besitzt«[40], macht die Menschwerdung des Sohnes nötig. Mit »Same Abrahams« kann also nicht wie Gal 3,29; Röm 4,16 die neutestamentliche Heilsgemeinde charakterisiert sein; »denn dann wären sie ja nach dem benannt, was sie durch die Hilfe Christi geworden sind, nicht nach dem, was sie seiner Hilfe bedürftig macht«[41]. Wohl aber ist bei der Kennzeichnung der Menschen als »Same Abrahams« zu bedenken, daß sie damit als »Nachahmer« (μιμηταί) derer angesprochen sind, »die durch Glauben und Ausdauer die Verheißungen ererben« (6,12). Denn für solche Haltung ist Abraham *das* Beispiel (6,13–15), Beispiel auch für jene, die »Fremdlinge und Gäste auf Erden sind« (ξένοι καὶ παρεπίδημοί εἰσιν ἐπὶ τῆς γῆς 11,13), die »nach einer besseren Heimat, nämlich der himmlischen«, strebten (11,16)[42]. In Form einer literarischen Inklusion, die den Schlußpunkt des in 1,4 einsetzenden Vergleiches Christi mit den Engeln darstellt[43], betont V. 16 also noch einmal nachdrücklich, wem die Rettungstat des göttlichen Gesandten gilt: solchen, die auf Erden »wie in einem *fremden* Land wohnen« (ὡς ἀλλοτρίαν 11,9), weil ihr Ursprung und ihr Ziel die *himmlische* Heimat ist.

Entsprechend der in V. 14 und 15 beschriebenen Unheilssituation, einer durch lebenslange Todesfurcht konstituierten, innerweltlich ausweglosen δουλεία, zielt die in V. 14b beschriebene Erlösungstat nicht auf die Beseitigung der solches Dasein bedingenden Faktoren (z.B. die Sünde), sondern auf die unmittelbare Zerstörung des *einen* Faktors der Todesmacht[44]. Auch das ist nur vom zugrunde liegenden Mythos her verständlich.

Die in sehr merkwürdiger Formulierung vorgestellte Erlösungstat hat Bengel präzise auf den Begriff gebracht: διὰ τοῦ θανάτου, per mortem. *Pa-*

---

[39] So schon D. SCHULZ, Der Brief an die Hebräer. Einleitung, Übersetzung und Anmerkungen, 1818, 173 Anm. 24.

[40] Vgl. E. KÄSEMANN, Gottesvolk 104 Anm. 2.

[41] E. RIGGENBACH, Hebräerbrief 57f.

[42] H. KOESTER hat gezeigt, daß das Verständnis der Abrahamsverheißung im Hebr nicht seine (des Hebr) eigene Auslegung ist, sondern aus einer auch von Philo verwendeten Tradition stammt: Abraham ist Paradigma für die Glaubenden, der göttliche Schwur und die Verheißung an ihn sind zugleich Typos für das Handeln in Jesus (Die Auslegung der Abrahams-Verheißung in Hebräer 6 [in: Studien zur Theologie der alttestamentlichen Überlieferungen, hg. von R. RENDTORF und K. KOCH, 1961, 95–109], bes. 107). – In den gnostischen Systemen spielt Abraham keine große Rolle. Allerdings bezeichnet er und »die Kinder Abrahams« in der valentinianischen Schriftauslegung das Hervorbringen von Seelen durch den Demiurgen (Hipp Ref VI, 34, 4).

[43] A. VANHOYE, Situation 356.

[44] E. KÄSEMANN, Gottesvolk 101.

radoxon. Jesus mortem passus vicit: diabolus mortem vibrans succubuit[45]. Nun ist der Übergang der Weltherrschaft vom Teufel auf den Messias bzw. Gott zweifellos ein Hauptereignis der Apokalyptik (vgl. AssMos 10,1; TestLev 18,12; Apk 12,7–10; 20,2f.15; 1Kor 2,6)[46]. Entsprechend verbindet das Neue Testament die Überwindung des »letzten Feindes«, also des Todes, ausdrücklich mit der Parusie (1Kor 15,23–28) bzw. mit dem Weltende (Apk 20,1ff). Der Hebr steht mit der Vernichtung des Diabolos zweifellos in der Tradition jenes alten liturgischen Gutes, welches unter Rückgriff auf Ps 110,1 und 8,7 die Unterwerfung der Mächte unter den erhöhten Christus im Sinne der hellenistischen Akklamation bekennt (Eph 1,20ff; 1Petr 3,22; Phil 2,9–11; Kol 1,16; 2,10.15; 2Tim 1,10; vgl. 2Kor 1,10; Röm 8,2; Apk 1,18)[47]. Aber allen Auslegern fällt auf, daß unerklärt bleibt, wieso der Tod des Gottessohnes »den Tod des Todes«[48] und damit *la négation de cette négation*[49] bedeutet. Aber das ist kein Manko, das man durch Rätselraten[50] oder tradi-

---

[45] J.-A. BENGEL, Gnomon Novi Testamenti (Editio tertia 1773), 1860, 870.

[46] Vgl. H. WINDISCH, Hebräerbrief 23.

[47] Die Traditionsverhaftetheit in diesem Punkte beweist die verhältnismäßig enge Verbindung von Ps 110,1 und 8,7 in Hebr 1,13 und 2,6ff (vgl. dazu U. LUZ, Das Geschichtsverständnis des Paulus [BEvTh 49], 1968, 343ff; E. BRANDENBURGER, Adam und Christus. Exegetisch-religionsgeschichtliche Untersuchung zu Röm 5,12–21; 1Kor 15 [WMANT 7], 1962, 235ff). Die Besonderheit von Hebr 2,14b, wo im Unterschied zu aller vorgängigen ntl. Tradition die Unterwerfung des »letzten Feindes« allein durch den *Tod* Jesu geschieht, bestätigt die Verwendung eines fremden mythischen Schemas, ergibt im Kontext aber keinen wesentlichen theologischen Sachunterschied. Man darf nicht vergessen, daß 2,14b Exegese von 2,9b.10b ist, was dem Leser unmittelbar zu verstehen gibt, daß die durch den Tod Jesu herbeigeführte Wende umgreifender Machtverhältnisse im Kosmos in der Erhöhung des Sohnes epiphan wird. – Daß die Auferstehung Jesu überhaupt nur einmal – 13,20 – Erwähnung findet, ist Folge einer christologischen Entwicklung, welche die Auferstehung zwar als Voraussetzung der Erhöhung festhält, in letzterer aber die eigentliche »Hauptsache« sieht (vgl. Hebr 8,1). Diese Entwicklung führt schließlich zur Umkehr des ursprünglichen Schemas Aufstieg – Herrschaft – Abstieg, also zur Reihenfolge Abstieg – Aufstieg – Herrschaft. Im Hebräerbrief ist diese Entwicklung weitgehend abgeschlossen. Vgl. zur Sache E. SCHWEIZER, Der Glaube an Jesus den »Herrn« in seiner Entwicklung von den ersten Nachfolgern bis zur hellenistischen Gemeinde (EvTh 17, 1957, 7–21), hier 21.

[48] Vgl. F.-J. SCHIERSE, Verheißung und Heilsvollendung 105.

[49] A. VANHOYE, Situation 354.

[50] So rätselt z. B. H. WINDISCH (Hebräerbrief 23): »gedacht ist entweder an die Sühnung der Sünden, die dem Teufel die Macht über den Tod in die Hand gegeben hatten, oder an die Überschreitung seiner Machtbefugnisse, deren sich der Teufel durch das Töten des Sohnes Gottes schuldig gemacht hatte.« Besonders problematisch in dieser Hinsicht ist A. VANHOYE (Situation 354): er sieht die Heilskraft des Todes Jesu darin, daß sich hier in totaler Übereinstimmung mit dem göttlichen Willen (10,9) der menschliche Tod in einen »Sieg der Liebe« verwandelt. Noch phantasievoller A. STADELMANN (Zur Christologie des Hebräerbriefes in der neueren Diskussion [ThBer 2], 1973, 178): Hebr 2,14 spreche von einer *Umwandlung* des Todes und einer *Metamorphose* des Fleisches, damit es erlösungsfähig werde. Von solchen Spiritualisierungen aber will der Text nichts wissen. Es rächt sich, daß Vanhoye seine Exegese ohne jeden Rekurs auf den zugrunde liegenden Mythos meint durchführen zu können.

tionsgeschichtliche Kombinationen aufzufüllen hätte[51]. Vielmehr ist solches Schweigen im Sinne des verarbeiteten Mythos nur konsequent. Begibt sich der himmlische Anthropos in die δουλεία irdischen Daseins, so bedeutet das als solches Befreiung aus der Knechtschaft. Denn damit wird der *eine* Riegel, die Todesmacht, aufgesprengt und somit alle Schlösser – διὰ τοῦ θανάτου[52].

Eine analoge Vorstellung finden wir in Barn 5,6f: »Er aber hat, um den Tod zu vernichten und die Auferstehung von den Toten zu erweisen, weil er im Fleische erscheinen mußte, es über sich ergehen lassen . . .« Interessant ist die Wiedergabe dieser Stelle bei Irenäus: »Und sein Licht ist erschienen und hat die Finsternis des Gefängnisses zunichte gemacht und unsere Geburt geheiligt und den Tod vernichtet, da er eben die Fesseln, in denen wir gefangen saßen, zerbrach; somit hat er die Auferstehung erwiesen, indem er selbst der Erstgeborene von den Toten wurde und in sich den gefallenen Menschen auferweckte« (Epid 38). Nehmen beide Stellen die Todesentmachtung als Beweis für die Auferstehung, so beschränkt sich Justin auf die Aussage: νῦν δ' . . . ἄνθρωπος γενόμενος . . . ἵνα ἀποθανὼν καὶ ἀναστὰς νικήσῃ τὸν θάνατον (Apol 63,16). Der eigentliche Sieg über den Tod ist hier die *Auferstehung*, während der ursprüngliche Mythos dieses *supplementum* nicht bedarf. Des Erlösers Teilhabe am Schicksal von Welt und Mensch ist des Todes Tod.

Wesentliche Voraussetzung ist dabei die vom mythischen Schema übernommene Anschauung, daß die »Kinder« mit dem Erlöser zu einer substanzhaft gedachten Einheit zusammengehören. Aufgrund dieser wesenhaften Verwandtschaft (συγγένεια) der zu Erlösenden unter sich und mit ihrem Ursprung wird das Schicksal des *einen* Erlösers zum Geschick *aller*[53]. Seine Titulatur als ἀρχηγός (2,10; 12,2; vgl. Apg 3,15; 5,31; 2Clem 20,5) und πρόδρομος (6,20) signalisiert deutlich, was sein Erlösungswerk ist: das Gefängnis der Welt wird aufgebrochen, der Weg in die himmlische Heimat freigelegt. Der durch seinen Tod Vollendete (2,10; 5,9) ist als solcher zugleich τελειωτής für die Seinen (12,2). Und »wie seine – des ›erlösten Erlösers‹ – Rückkehr in die himmlische Heimat die Befreiung von den widergöttlichen Mächten ist, die diese niedere Welt beherrschen, so haben die mit ihm zu ei-

---

[51] Vgl. bes. O. MICHEL, Hebräerbrief 158ff.

[52] Vgl. E. KÄSEMANN, Gottesvolk 100ff und den daselbst zitierten Text aus ActThom 48: ὁ δι' ἡμᾶς κρινόμενος καὶ φυλακιζόμενος ἐν δεσμωτηρίῳ καὶ λύων πάντας τοὺς ἐν δέσμῳ ὄντας, ὁ καλούμενος πλάνος καὶ τοὺς ἰδίους λυτρούμενος ἀπὸ τῆς πλάνης.

[53] Dieser eine Erlöser ist im mythischen Schema nicht eigentlich eine individuelle Person, sondern eine kosmische Gestalt, so wie die Seinen als sein σῶμα eine kosmische Größe darstellen. Vgl. zum Sachverhalt R. BULTMANN, Theologie des Neuen Testaments (UTB 63), hg. v. O. MERK, 1977[7], 298f.181.169f. Zu beachten ist besonders der Literaturnachtrag 650 zu § 15: Gnostische Motive.

nem σῶμα Verbundenen an dieser Befreiung teil«[54]. F.-J. Schierse konnte in seiner Arbeit zeigen, daß der Hebr grundsätzlich in diesem dualistischen Schema denkt, wenn er in Jesu Tod ὑπὲρ παντός die All-Einheit (τὰ πάντα) wiederhergestellt sein läßt, und zwar ähnlich wie in Joh 11,52, wo die Sammlung der zerstreuten Gotteskinder als Zweck des Todes Jesu erscheint[55].

Das Schweigen unseres Textes hinsichtlich der die Knechtschaft im einzelnen bedingenden Faktoren, die Tatsache auch, daß er weder auf die Auferstehung Christi noch auf die Überwindung der Sünde Bezug nimmt, dieses Schweigen ist also beredt. Es beweist, daß eine gnostische Tradition die Basis der exegetischen Argumentation des Hebr in c. 2 ist. Dieser Mythos »kennt keinen prägnanten Sündenbegriff, weil für ihn die nichtige und vernichtende Materie das eigentliche Böse ist und die einzelnen Laster nur als ihre Attribute und Auswirkungen gelten. Das Vergängliche ist als solches schlecht; wird der Tod bezwungen, fallen ohne weiteres auch die sonstigen Attribute der Materie mit hin. So zielt hier denn alles und primär auf die Erlösung vom Todesschicksal, wird dies allein als die entscheidende Tat des Erlösers gefeiert«[56].

3. Die Richtigkeit dieses Befundes wird indirekt durch V. 17 bestätigt, mit dem der Vf. des Hebr zu einem neuen Gedankengang, dem hohepriesterlichen Handeln Jesu, überleitet. Dabei wird eine der Bedingungen für die Knechtschaft, nämlich die *Sünde* als Unheilsmacht, gleichsam *nachgetragen*. Die Annahme ist begründet, daß sich der Hebr damit von den geschichtslo-

---

[54] R. Bultmann, Theologie 1968⁶, 299. – Philo belegt reichlich die Vorstellung des die folgenden Generationen entscheidend bestimmenden Stammvaters. Er nennt Adam ἀρχηγέτης des Menschengeschlechtes (Op 79.136.142; Mut 64), und Enos (Abr 5) oder Noah (Abr 46) sind ἀρχηγέται des reinen γένος bzw. der νέα ἀνθρώπων σπορά (vgl. C. Spicq, Hébr. I 81ff.275ff; E. Schweizer, Erniedrigung und Erhöhung 138 Anm. 514; P.-G. Müller, ΧΡΙΣΤΟΣ ΑΡΧΗΓΟΣ. Der religionsgeschichtliche und theologische Hintergrund einer neutestamentlichen Christusprädikation [EHS.T 28], 1973, 90.193ff). Abraham ist für alle Schauenden zum Stammvater geworden, weil er die βασιλικὴ ὁδός (Imm 159; Gig 64) in vorbildlicher Weise gegangen ist (vgl. J. Pascher, Ἡ ΒΑΣΙΛΙΚΗ ὉΔΟΣ. Der Königsweg zu Wiedergeburt und Vergottung bei Philon von Alexandreia [SGKA 17,3–4], 1931). Als der zuverlässigste Anführer zur Vollendung des Menschen auf dem Königsweg zu Gott und also heraus aus dem »Gefängnis des Körpers« (Her 85) ist Mose das Idealbild des pneumatischen Menschen und das Haupt des »unsterblichen und vollkommensten Geschlechts« (τὸ ἄφθαρτον καὶ τελειώτατον γένος). – Der Gedanke, daß die »Vielen« *einem* Menschen zugeordnet sind, und zwar derart, daß dieser *eine* als ein überindividuelles Wesen die *Vielen* als die zu ihm gehörenden einzelnen in sich befaßt und damit ihr Schicksal bestimmt (vgl. Röm 5,12ff; 1Kor 15,45ff), ist gnostisch. Vgl. das Material bei H. Conzelmann, Der erste Brief an die Korinther (KEK 5), 1969, 338ff (Exkurs: »Adam und Urmensch«). Zum ἀρχηγός vgl. noch G. M. M. Pelser, The Concept *Archēgos* in the Letter to the Hebrews (HTS 28, 1972, 86–89).

[55] F.-J. Schierse, Verheißung 105.

[56] E. Käsemann, Gottesvolk 101.

sen Spekulationen gnostischer Erlösungsvorstellungen abgrenzt. Denn christlicher Lehre »ist eben nicht nur das Verhältnis zur Sphäre der Vergänglichkeit Not und Problem wie dem Mythos, dem das Verhältnis zur Himmelswelt in der Besinnung auf die Ewigkeit der Seele von vornherein und selbstverständlich gelöst erscheint. Christliche Lehre stößt auf die Not und das Problem der Vergänglichkeit nur so, daß sie sich dieser total unterworfen weiß und zugleich durch die Sünde von Gott abgeschnitten sieht«[57]. Für die »Brüder« ist darum nicht schon wie für den sündlosen Sohn (4,15) die Erlösung vollendet mit der bloßen Durchbrechung der irdischen Todessphäre, sondern erst mit der Zerstörung der Sündenmacht. Erst die interpretatio christiana läßt V. 14b durch V. 17 erläutert sein: »Die in Todesfurcht Versklavten sind dies auf Grund ihrer Sünde.« Daraus folgt: »Der den Tod überwand, tat dies als Bezwinger der Sünde.«[58] Aber man muß sehen, daß dies eine »sekundär« hinzugefügte »christliche Besinnung« ist[59], die der Aussage von V. 14b, daß die Machtverhältnisse im Kosmos durch den Tod des Erlösers grundstürzend gewandelt sind, die Auskunft *nachschiebt,* daß das für christliches Verständnis unbedingt bedeutet: Der Sündenbann, die eigentliche Trennschranke von Gott, ist gebrochen. Daß Jesus den Brüdern gleich wurde und starb, hat als Wirkung den καθαρισμός (1,3) und die παρρησία, einzutreten in das Heiligtum »auf dem neuen und lebendigen Weg, den er uns erschlossen hat« (10,19f). Ja, für unsern christlichen Vf. ist dies der »Hauptpunkt« alles Gesagten: »Wir haben einen Hohenpriester, der sich zur Rechten des Thrones der Majestät im Himmel gesetzt hat, als Diener des Heiligtums und des wahren Zeltes« (8,1f). V. 17 leitet zu diesem Zentralthema des Hebr über, zum ἱλάσκεσθαι als der einmaligen hohepriesterlichen Vertretung der ganzen Gemeinde zwecks Sühnung begangener Sünden[60]. Deutlich wird damit das Todesleiden Jesu bzw. der *Gewinn* daraus unter einen gegenüber V. 14b *neuen* Gesichtspunkt gestellt und damit der Anschluß an das allgemein christliche Bekenntnis von der Sündenvergebung gewonnen: Jesu Sterben qualifiziert ihn für das hohepriesterliche Amt, das er vom Himmel her für die Seinen ausübt, in Barmherzigkeit und in Treue (ἐλεήμων καὶ πιστός). C. 9 wird dieses neue Thema breit entfaltet. Jesus hat mit seinem Sterben als seiner eigentlichen hohepriesterlichen Handlung das voll-

---

[57] E. Käsemann, Gottesvolk 105.

[58] G. Klein, GPM 18, 140f.

[59] E. Käsemann, Gottesvolk 100.

[60] E. Riggenbach, Hebräerbrief 64; vgl. H. Zimmermann, Bekenntnis der Hoffnung 28ff. Ἱλάσκεσθαι ist ein praesens durativum, wohingegen der καθαρισμός 1,3, also der Tod am Kreuz, im Aoristpartizip steht. Vgl. dazu A. Stadelmann, Zur Christologie des Hebr 180f.

bracht, was der irdische Hohepriester am großen Versöhnungstag des Alten Bundes mit dem Blut von Opfertieren nie erreichen konnte: die ἀθέτησις τῆς ἁμαρτίας (9,26)[61]. Der Vf. des Hebr deutet das in 2,17 vorerst nur an und schließt seinen Gedankengang mit einer für ihn charakteristischen paränetischen Wendung: Wer selber gelitten hat, der kann dem leidenden Gottesvolk ein wirkungsvoller Helfer sein (V. 18). Damit hat er die konkrete Situation der Gemeinde eingeholt und die hohe Christologie geschickt in pastorale Theologie übergeleitet[62].

IV

Wir können die Summe ziehen. Hebr 2,14–18 hat sich uns im Kontext von 2,5 an als *der* klassische Fall im Neuen Testament erwiesen, in dem das *gnostische* Erlösungsverständnis in kritischer Rezeption zur Interpretation des Todes Jesu herangezogen wird. Das Ergebnis ist ein Kapitel *theologia crucis,* das sich theologisch nicht hinter Paulus zu verstecken braucht[63]. Und zwar liegt das Besondere der Argumentation des Hebr in dem Versuch, die Bedeutung des Todes Jesu für die Seinen auf der Basis der grundlegenden Verbindung von gemeinsamer Herkunft und endgültigem Heil *plausibel* zu interpretieren[64]. Genauer gesagt: dem Hebr liegt daran, die Unbezweifelbarkeit des ὑπὲρ παντός-Charakters des Erlösungswerkes *argumentativ* zu erweisen. Und jene Basis, auf der das möglich ist, stellt ihm die verwendete »fremde Tradition« (Käsemann) bereit. Ihrzufolge liegt das Heil mehr im Ursprung als im Ziel[65]. Anders gesagt: weil es diesen gemeinsamen Ursprung gibt, die ursprüngliche Heimat der Erlösten bei Gott, gibt es das gemeinsame

---

[61] Vgl. H. ZIMMERMANN, Bekenntnis der Hoffnung 167f.

[62] Die parakletische Funktion auch dieser hohen Christologie scheint mir evident, und ich verstehe nicht, wie H.-M. SCHENKE dem Autor alle seelsorgerlichen Fertigkeiten abzusprechen vermag (Erwägungen zum Rätsel des Hebräerbriefes [in: Neues Testament und christliche Existenz. Festschrift für Herbert Braun, 1973, 421–437], hier 422). – Zur Sache vgl. noch A. VANHOYE, Le Christ, grand-prêtre selon Héb. 2,17–18 (NRTh 91, 1969, 449–474).

[63] Anders urteilt z. B. U. LUZ, Theologia crucis als Mitte der Theologie im Neuen Testament (EvTh 34, 1974, 116–141), hier 118: die Niedrigkeit sei »Bestandteil« der Hoheit. Aber die strenge Parallelisierung von Sohnschaft und Leiden beim Erlöser (5,7–10) und den Erlösten (12,5–11; 13,12f) läßt doch die Frage zu, ob die Kreuzesnachfolge im Sinne von 13,12f nicht die bleibende Signatur der Glaubenden in der Welt ist, die an Gal 2,19; 6,14 erinnert. Zur Sache vgl. G. BORNKAMM, Sohnschaft und Leiden. Hebräer 2,5–11 (in: Geschichte und Glaube, Zweiter Teil, Ges. Aufs. IV [BEvTh 53], 1971, 214–223).

[64] Ein rationaler Grundzug im Hebräerbrief ist schon immer aufgefallen. Vgl. zuletzt etwa H. BRAUN, Die Gewinnung der Gewißheit in dem Hebräerbrief (ThLZ 96, 1971, 321–330) und H. ZIMMERMANN, Bekenntnis der Hoffnung 161.

[65] Vgl. bes. G. THEISSEN, Untersuchungen 121.123.

Heilsziel. Dieses Vorstellungsschema erlaubt die Beschreibung des Erlösungsvorganges *formal* als die Parallelisierung des Weges des Erlösers mit den zu Erlösenden und *sachlich* als die τῇ ἰδίᾳ φύσει zugewandte ἴασις, die nach den Acta Thomae βέβαια καὶ παραμονή ist (ActThom 78 [p. 193,17]). In dieser Hinsicht ist dem Erlöser zu danken als τῷ χρήσαντι φύσιν φύσεως σῳζομένης (ActJoh 85 [p. 193,8f])[66]. Der Syngeneia als Ursprung entspricht die Anagenesis als Erlösung, dem Sohn als πρωτότοκος (1,6) die πρωτοτόκια der Söhne (vgl. 12,16).

Die vor diesem Vorstellungshintergrund gestellte Frage *cur Deus homo* erhält als einzige Antwort das ἔπρεπεν von 2,10 bzw. das ὤφειλεν von 2,17 und holt so das Erlösungsverständnis zurück auf den Boden der kontingenten geschichtlichen Erlösungstat des barmherzigen Gottes: es war für ihn »geziemend«, daß er den Urheber des Heils auf dem Leidensweg zur Herrlichkeit gelangen ließ (V. 9f). Nicht das *theoretische Warum* treibt unsern Vf. zu einer argumentativen Antwort auf jene Frage, sondern die *geschichtliche Leidenssituation der Gemeinde*, die den Abbruch der Glaubenswanderschaft als Versuchung nahelegt. Bei dem Versuch, gerade *diese* konkrete Situation als die des Heils gewisse Ausgangslage (ἀρχὴ τῆς ὑποστάσεως 3,14) darzustellen, kommt ihm das angezogene mythische Schema am weitesten entgegen. Denn in ihm ist nicht nur die Inkarnation des himmlischen Gesandten plausibel, sondern als deren Verlängerung und Abschluß stellt auch sein *Tod* gleichsam die logische Konsequenz dar[67]. Sollte nicht Trost daraus erwachsen, daß diesem Weg des Sohnes der der Söhne genau parallel ist?

Das Ereignis der Inkarnation erhält jedenfalls durch die Verhältnisbestimmung von Sohn und Söhnen als himmlische und irdische μετοχή[68] eine ganz neue Aussagekraft, die den verzagenden Glaubensmut des wandernden Gottesvolks überwinden kann. Auch wenn für es noch immer gilt: νῦν δὲ οὔπω ὁρῶμεν αὐτῷ (sc. Χριστῷ) τὰ πάντα ὑποτεταγμένα, so ist infolge des Machtwechsels im Kosmos doch grundsätzlich gültig: οὐδὲν ἀφῆκεν (sc. θεός) αὐτῷ ἀνυπότακτον (2,8). Das *scandalum crucis* ist damit entschärft, jedoch nicht in dem Sinne, daß man es um der erlangten Herrlichkeit willen vergessen könnte, sondern in dem Sinne, daß der Glaube erkennt, wie sich gerade hier Gottes Heilstun vollendet: *Jesus mortem passus vicit* (Bengel). *Beide* Einsetzungen aber, die zum Weltherrscher und die zum Hohenpriester, geschehen *gleichzeitig* (5,5–10). Mit der Differenzierung arbeitet der Vf.

---

[66] Weiteres Material aus den Acta apostolorum s. bei E. KÄSEMANN, Gottesvolk 91f.

[67] Vgl. E. KÄSEMANN, Gottesvolk 98.

[68] Vgl. J. KÖGEL, Der Sohn und die Söhne (BFChTh VIII 5–6), 1904, 74ff.

den o. g. eschatologischen Vorbehalt auf: die Weltherrschaft des »Sohnes« ist noch unvollendet, dagegen die Erlösungskraft des »Hohenpriesters« Christus bedarf keiner Ergänzung, weswegen die Gläubigen sich ihr allein zuwenden sollen (2,5–18)[69].

Um die *religionsgeschichtlichen Voraussetzungen* einer solchen Argumentation wird merkwürdigerweise immer noch im Zeichen der Alternative »gnostisch oder nicht-gnostisch« gestritten. Als ginge es auch heute noch um den »Beweis für direkte Abhängigkeit des Hebr von der Gnosis«[70]. Inzwischen weiß man doch, daß nicht jede Analogie eine Genealogie enthält[71] und daß es den einst von Richard Reitzenstein rekonstruierten geschlossenen Mythos vom Urmenschen nicht gab[72]. Um aufweisbare Abhängigkeiten kann es darum gar nicht gehen, wohl aber um die Feststellung analoger Erlösungsschemata, von denen her historisch ein verdeutlichendes Licht auf einzelne Begriffe und Anschauungen fällt[73]. Ohne den weitreichenden Einfluß jüdischer Spekulationen zu leugnen, wird man im Blick auf Hebr 2 doch feststellen müssen, daß weder die Apokalyptik (O. Michel) noch die Merkabha-

---

[69] Vgl. PH. VIELHAUER, Geschichte der urchristlichen Literatur, 1975, 246; DERS., Art. Erlösung III., RGG^3 II 588–590; ferner M. DIBELIUS, Der himmlische Kultus nach dem Hebräerbrief (in: DERS., Botschaft und Geschichte II, 1956, 160–176), bes. 163f; G. BORNKAMM, Das Bekenntnis im Hebräerbrief (in: DERS., Ges. Aufs. II., 1963, 188–203), bes. 202f; B. KLAPPERT, Die Eschatologie des Hebräerbriefs (ThExh 156), 1969, 41f. – Zur einst von R. GYLLENBERG (Die Christologie des Hebräerbriefes [ZSTh 11, 1934, 662–690], 677ff) herausgestellten *doppelten* Linienführung (Erlösung von unten – Erlösung von oben) vgl. jetzt J. ROLOFF, Der mitleidende Hohepriester. Zur Frage nach der Bedeutung des irdischen Jesus für die Christologie des Hebräerbriefes (in: Jesus Christus in Historie und Theologie. Festschrift für H. Conzelmann, 1975, 143–166). – Zur situationsbezogenen Argumentation des Hebr – er versucht den Widerspruch zwischen Bekenntnis und bleibender Weltlichkeit auszugleichen – vgl. E. FIORENZA, Der Anführer und Vollender des Glaubens. Zum theologischen Verständnis des Hebräerbriefes (in: J. SCHREINER [Hg.], Gestalt und Anspruch des Neuen Testaments, 1969, 262–281), bes. 272f.

[70] So die völlig anachronistische Problemstellung bei A. STADELMANN, Zur Christologie des Hebr 173. Zu einer angemessenen Fragestellung vgl. indes W. SCHMITHALS, Gnosis und Neues Testament (VF 2/1976, 22–46), bes. 45.

[71] C. COLPE, Die religionsgeschichtliche Schule. Darstellung und Kritik ihres Bildes vom gnostischen Erlösermythus (FRLANT 78), 1961, 197.

[72] Vgl. H.-M. SCHENKE, Der Gott »Mensch« in der Gnosis. Ein religionsgeschichtlicher Beitrag zur Diskussion über die paulinische Anschauung von der Kirche als Leib Christi, 1962; DERS., Die neutestamentliche Christologie und der gnostische Erlöser (in: K.-W. TRÖGER [Hg.], Gnosis und Neues Testament. Studien aus Religionswissenschaft und Theologie, 1973, 205–229); CH. H. TALBERT, The Myth of a Descending-Ascending Redeemer in Mediterranean Antiquity (NTS 22, 1975/76, 418–440); A. J. M. WEDDERBURN, Philo's »Heavenly Man« (NT 15, 1973, 301–326).

[73] Vgl. H. CONZELMANN, Der erste Brief an die Korinther 339; DERS., Art. φῶς, ThWNT IX 340, 14ff.

Esoterik (O. Hofius)[74] ein analoges Schema bietet, wohl aber der Gnostizismus (R. Bultmann; M. Dibelius; E. Käsemann; F.-J. Schierse; Ph. Vielhauer).

Bei aller Komplexität hält diesen doch ein *zentrales Theologumenon* zusammen: das lichte, gute Selbst ist in der finsteren, bösen Welt gefangen (Materialität der Erde und des Körpers). Seine ursprüngliche Heimat hat es im Himmel. Es findet dorthin zurück, indem der Erlöser als universales Selbst das Schicksal von Welt und Menschen miterleidet[75]. *Eben zu diesem zentralen Theologumenon der Gnosis aber hat Hebr 2,10–18 die größte Affinität.* Mehr noch: das gnostische Mythologem, »das metaphysisch das Erlösungsgeschehen aus der gemeinsamen himmlischen Präexistenz von Erlöser und Erlösten ableitet«, bricht an dieser Stelle durch[76]. Daß es nicht ungebrochen, sondern vielfach christlich korrigiert durchbricht, ist dabei nie übersehen worden, ändert aber nichts daran, daß im ganzen Neuen Testament der »gnostische Hintergrund« hier »am deutlichsten ist«[77].

---

[74] O. Hofius, Katapausis. Die Vorstellung vom endzeitlichen Ruheort im Hebräerbrief (WUNT 11), 1970; ders., Der Vorhang vor dem Thron Gottes (WUNT 14), 1972; ders., Der Christushymnus Phil 2,6–11. Untersuchungen zu Gestalt und Aussage eines urchristlichen Psalms (WUNT 17), 1976.

[75] Vgl. C. Colpe, Art. Gnosis, RGG³ II 1648–1652, hier 1650f; ferner H.-M. Schenke, Die Gnosis (in: J. Leipoldt/W. Grundmann [Hg.], Umwelt des Urchristentums I, Darstellung des neutestamentlichen Zeitalters, 1971³, 371–415).

[76] E. Käsemann, Gottesvolk 91.

[77] H.-M. Schenke, Erwägungen zum Rätsel des Hebr 426. – Wie P.-G. Müller (ΧΡΙΣΤΟΣ ΑΡΧΗΓΟΣ) angesichts des offenliegenden gnostischen Materials sagen kann, das Wortfeld von Hebr 2,5ff sei »total ungnostisch« (298) und Hebr 2,10 entbehre »jeder am gnostischen Mythos orientierten Sprachintention« (301), ist um so rätselhafter, als er die Wendung ἐξ ἑνὸς πάντες »aus dem atl.-frühjüdischen Prinzip des universalen Schöpfertums Gottes« meint herleiten zu können (293), von dorther aber nicht eine einzige der Textaussage Hebr 2,10–18 entsprechende Ansicht beizubringen vermag. Demgegenüber leugnet O. Hofius nicht, »daß zwischen Gedanken in Hebr 2,17ff und gnostischen Anschauungen gewisse Entsprechungen zu verzeichnen sind« (Vorhang 79 Anm. 170), verneint aber dennoch in hermeneutischer Inkonsequenz jede gnostische Interpretation. Vielmehr deutet er Hebr 2,11a unchristologisch als allgemeinen Grundsatz über das Verhältnis von Priester und Gemeinde: »Priestertum setzt Blutsverwandtschaft voraus (vgl. Ex 28,1: die Priester sind genommen aus der Mitte der Kinder Israel). An Hand dieses Grundsatzes wird in Hebr 2,11bff aufgezeigt, warum Christus Mensch werden mußte« (Katapausis 216 Anm. 830). Als ginge es nicht um Jesu Inkarnation im Sinne eines Eintretens in den Bereich dämonischer Mächtigkeit! Immerhin hat Hofius das später gesehen (Vorhang 78), bestreitet aber auch jetzt noch die dualistische Anthropologie des Textes. Dabei ermöglicht allein sie die »logische Denknotwendigkeit« (E. Schweizer, Erniedrigung 138), mit der dieser Text Jesu μετέχειν αἵματος καὶ σαρκός beschreibt. Sie steht und fällt mit der συγγένεια von Sohn und Söhnen. – Auch die Qumrantexte (z. B. 1QH4,5f.23) reichen zur Erklärung des Dualismus im Hebr nicht aus. Die Auffassung der σωτηρία als Sphäre und zugleich Substanz verweist vielmehr in das gnostische Milieu. Vgl. das Material bei H. Conzelmann, Art. φῶς, ThWNT IX 320f.

Im übrigen wäre es methodisch verhängnisvoll, würde die hermeneutische Funktion, die die kritische Benutzung gnostischer Mythologeme im Neuen Testament hat, sachlich hinter den Aufweis alttestamentlich-jüdischer Zusammenhänge zurückgestuft[78]. Verdeutlicht sie doch das Christus-Kerygma im hellenistischen Milieu *secundum homines recipientes.* Konkret im Falle unseres Textes besagt das: Vor dem Vorstellungshintergrund jener o. g. Mythologeme läßt sich einer in hellenistischen Denkweisen beheimateten Christengemeinde der ὑπὲϱ παντός-Charakter des Erlösungsgeschehens unter Wahrung des eschatologischen Vorbehaltes begründet aussagen: die schon verwirklichte Vollendung des Sohnes ist von der erhofften der Söhne nur noch durch eine zeitliche Differenz geschieden. Nur durch Wegwerfen des Vertrauens (10,35), durch Nichtachten auf das Wort (2,1), durch Preisgabe des Bekenntnisses (4,14), vor allem durch Verlieren der πϱωτοτόϰια (12,15f) kann das Heil noch versäumt werden.

[78] Als Tendenz bei O. Hofius und P.-G. Müller spürbar.

Die Hirtenrede in Joh. 10

FERDINAND HAHN

Die Hirtenrede ist für die theologische Konzeption des Johannesevangeliums in doppelter Hinsicht von hoher Bedeutung. Es ist ein zentraler Textabschnitt für die Christologie wie für die Ekklesiologie. Beide Themen sind in der neueren Diskussion höchst umstritten. Aufgabe dieses Beitrages ist es weniger, Hauptprobleme der johanneischen Theologie zu erörtern, als an einem sehr komplexen Einzeltext die Frage nach Eigenart und Tragweite der hier vorliegenden Aussagen zu stellen. Dabei ergibt sich zunächst die Aufgabe, Motive und Gedankenfolge näher zu bestimmen. Ich folge damit einem methodischen Verfahren, das der Jubilar in vielen seiner exegetischen und archäologischen Studien in vorbildlicher Weise angewandt hat.

I.

Auszugehen ist von dem redaktionellen Zusammenhang, wie er uns vorliegt. Die Hirtenrede steht, wenn man auf Orts- und Zeitangaben im Evangelium achtet, innerhalb des Teils, der mit 7,1 beginnt. Jesus wird in Galiläa von seinen Brüdern aufgefordert, zum Laubhüttenfest nach Jerusalem zu gehen. Obwohl er dies zunächst abgelehnt hat, befindet er sich ab 7,14 in Jerusalem; in 7,37 wird von einer Rede Jesu am letzten Tag des Festes gesprochen. An 7,52 schließt sich ohne nähere Angaben der Redekomplex 8,12–59 an[1]. Ebenso ist in Kap. 9 mit καὶ παράγων εἶδεν ἄνθρωπον τυφλὸν ἐκ γενετῆς ein Erzählungsabschnitt locker angefügt; es liegt eine umfangreiche Wundergeschichte vor, bei der mit dem Heilungsbericht die Schilderung mehrerer Begebenheiten und Auseinandersetzungen verbunden ist. In V. 39 folgt die Aussage Jesu, daß er zum Gericht in die Welt gekommen sei; ein kurzer Redewechsel mit den Pharisäern in V. 40f schließt sich an. Unvermittelt und ohne Überleitung setzt dann mit ἀμὴν ἀμὴν λέγω ὑμῖν die Hirtenrede 10,1–18 ein.

Die Bildrede selbst hat mehrere Abschnitte, die deutlich voneinander abgehoben sind: V. 1–5 wird durch den Hinweis auf die von den Hörern nicht

---

[1] Der sekundäre Charakter von Joh 7,53–8,11 ist aufgrund des handschriftlichen Befundes unbestritten, zeigt aber, daß der Aufbau von Kap. 7 und 8 nicht als streng geschlossen angesehen wurde.

verstandene παροιμία in V. 6 abgegrenzt. Es folgen dann in V. 7f.9f.11–13.14–18 Einheiten, die jeweils durch ein ἐγώ εἰμι-Wort eingeleitet werden. Dabei fällt der polemische Charakter von V. 7–10 auf; die eigentlich positiven Aussagen der Hirtenrede folgen erst in V. 11–18. Mit dem Hinweis auf das σχίσμα der Juden in 10,19–21 endet der Redeabschnitt und der ganze mit Kap. 7 beginnende Zusammenhang[2].

Dem umfangreichen Komplex über das Laubhüttenfest steht ein wesentlich kürzerer Abschnitt über Jesu Auftreten am Tempelweihfest im Jerusalemer Tempel in 10,22–39 gegenüber. Hier kommt es zu der letzten großen Streitrede zwischen Jesus und »den Juden« vor dem Beschluß über die Gefangennahme (11,47–53). Sie enthält die Messiasfrage (V. 24f) und kulminiert im Vorwurf der Gotteslästerung, weil Jesus sich selbst, obwohl er Mensch ist, zu Gott gemacht hat (V. 33). Voran geht als Abschluß der in V. 27 wiederaufgenommenen und weitergeführten Hirtenrede die Aussage Jesu: »Ich und der Vater sind eins« (V. 30). Wegen des Anspruchs, υἱὸς τοῦ θεοῦ zu sein, will man Jesus steinigen; er aber entweicht[3].

Sieht man von Kap. 7 und 8 jetzt einmal ab, so ist unverkennbar, daß 9,1–10,21 zusammengehören und daß 10,22–39 allein schon wegen der Wiederaufnahme von Motiven der Hirtenrede sachlich damit eng verbunden ist. Man wird der jetzigen Abfolge eine gewisse Stringenz nicht bestreiten können. Der Aufbau von 9,1–10,39 ist wohlüberlegt und bis zu einem gewissen Grade durchaus sinnvoll.

Sieht man jedoch genauer zu, so spürt man sehr deutlich, daß hier harte Übergänge bestehen und daß im einzelnen die Gedankenführung nicht durchweg schlüssig ist[4]. Das gilt zwar nicht für 9,1–38 und ebensowenig für 10,22–25.31–39. Aber die Einschaltung von 10,26–30 ist überraschend, auch wenn das οὐ πιστεύετε von V. 25a mit V. 26–29 begründet und der Vorwurf der Gotteslästerung in V. 33 durch V. 30 stärker noch als durch die Antwort auf die Messiasfrage in V. 25 motiviert wird.

Erst recht zeigen sich Nähte und Sprünge in V. 1–18. Zunächst ist schon merkwürdig, daß mit V. 6 die παροιμία abgeschlossen wird, jedoch in V. 7–10.11–18 fortgesetzt ist. In welchem Verhältnis stehen denn V. 1–5 und V.

---

[2] Auf die Situation von Joh 7,2.14.37 wird hier allerdings nicht mehr Bezug genommen. Die Zäsur ergibt sich durch den Neueinsatz in 10,22.

[3] Zur Funktion der Streitrede Joh 10,22–39 im Gesamtaufbau des 4. Evangeliums verweise ich auf meine Studie: Der Prozeß Jesu nach dem Johannesevangelium, in: Evangelisch-Katholischer Kommentar zum Neuen Testament/Vorarbeiten 2, 1970, 23–96, bes. 68ff.80ff.

[4] Dieser Sachverhalt hat in der Exegese schon immer dazu geführt, die Schwierigkeiten der Abfolge in Kap. 9 und 10 zu erörtern und zu erklären. Natürlich hat dies auch den Anstoß gegeben zu literarkritischen, traditionsgeschichtlichen und religionsgeschichtlichen Analysen.

7–18? Sodann fällt auf, daß in V. 1–5 ein ἐγώ εἰμι-Wort fehlt, während in V. 7–10 und V. 11–18 je zwei Offenbarungsworte dieser Art aufgenommen sind. Nun stehen aber diese ἐγώ εἰμι-Worte auch untereinander in Spannung: Wie kann in ein und derselben Bildrede Jesus sich einmal als ἡ θύρα τῶν προβάτων bzw. ἡ θύρα (V. 7.10), dann als ὁ ποιμὴν ὁ καλός (V. 11.14) bezeichnen, zumal in V. 1f der Hirte durch die »Tür« eingeht, insofern nicht mit ihr identisch sein kann?

Die auf der literarischen Ebene sich abzeichnenden Schwierigkeiten fordern eine motiv- und traditionsgeschichtliche Untersuchung des Stoffes. Dabei können wir uns jetzt auf Joh 10,1–18.26–30 beschränken.

II.

Um einen brauchbaren Ansatz zu bekommen, wird man vorläufig einmal von der Gedankenführung der Hirtenrede im ganzen und in den Einzelabschnitten absehen, um nach den zugrundeliegenden Bildelementen zu suchen. Bei dieser Motivanalyse müßte sich zeigen, wieweit verschiedene Aussagen zusammengehören, sich ergänzen oder explizieren bzw. mehr oder weniger unverbunden nebeneinanderstehen. Im Anschluß daran ist zu überlegen, ob ursprüngliche und sekundäre Elemente vorhanden sind, ob bestimmte Komplexe von vornherein zusammengehören oder nicht.

In Joh 10,1f werden der »Hirte der Schafe« und der »Dieb und Räuber« gegenübergestellt. Unterscheidungsmerkmal ist dabei, ob einer durch die »Tür« hineingeht oder »anderswoher« einsteigt. Dafür gibt es nach V. 3a.b zwei Erkennungsmerkmale: der Hirte wird vom »Türhüter« eingelassen, und die »Schafe«, zu denen er kommt, »hören seine Stimme«. Hieran schließt sich ein weiteres Doppelkriterium an: der Hirte nennt seine Schafe mit Namen, führt sie heraus, zieht vor ihnen her (V. 3c.4a), und die Schafe folgen ihm nach (V. 4b.c); einem Fremden dagegen folgen sie nicht, sondern fliehen vor ihm (V. 5). Daß die Motive in V. 1f.3a.b zusammengehören, ist unverkennbar; sie stehen unter dem Vorzeichen des rechtmäßigen Kommens zu den Schafen[5]. Etwas anders liegen die Dinge bei V. 3c–5. Hier geht es um das Herausführen der »eigenen Schafe« (vgl. V. 26f), wobei der Hirte vorangeht und die Schafe ihm nachfolgen, während sie bei einem Fremden fliehen. Ver-

---

[5] Daß der Hirte durch die »Tür« in die αὐλὴ τῶν προβάτων kommt, um sie herauszuführen, ist vom Bild her verständlich. Zur Bedeutung von αὐλή vgl. W. BAUER, Wörterbuch s.v.; R. SCHNACKENBURG, Das Johannesevangelium II (HThK IV/2), 1977², 352; es ist nicht an einen »Stall«, sondern an einen offenen, umfriedeten »Hof« gedacht, in dem die Schafe übernachten können.

bindendes Element in V. 1–3b und V. 3c–5 ist das »Hören« bzw. das »Kennen der Stimme des Hirten«. Wie steht es aber mit den ἴδια πρόβατα? Ist vorausgesetzt, daß mehrere Herden in ein und derselben αὐλή untergebracht sind, so daß dann auch mehrere rechtmäßige Hirten kommen können? Oder soll mit dem Hinweis auf die »eigenen Schafe« lediglich der Unterschied zu dem κλέπτης καὶ λῃστής von V. 1 bzw. dem ἀλλότριος von V. 5 hervorgehoben werden? Die Frage ist im Auge zu behalten[6].

Erheblich verschoben ist das Bild in V. 7–10. Zwar stoßen wir wieder auf das Motiv vom »Hören« (der Stimme) seitens der Schafe (V. 8b). Es ist auch wiederum von »Dieben und Räubern« die Rede, aber λῃσταί in V. 8a ist wegen V. 10a hier sehr viel eher im Sinne von »Mörder« zu verstehen[7]. Überraschend ist vor allem die in sich gar nicht schlüssige Gegenüberstellung von »Dieben und Mördern« und »der Tür der Schafe« (d.h. zu den Schafen); dabei werden zudem »alle, die früher gekommen sind«[8], als »Diebe und Mörder« gekennzeichnet, die von den Schafen mit Recht auch nicht »gehört« wurden (V. 8). Von einem Dieb gilt, daß er »stiehlt, tötet und vernichtet« (V. 10a). Demgegenüber wird von dem, der sich als »Tür« bezeichnet hat, gesagt, daß er gekommen sei, »damit sie Leben und Genüge haben« (V. 10b). Nun sprengt zweifellos die Aussage ἐγώ εἰμι ἡ θύρα τῶν προβάτων den Motivzusammenhang der bisherigen Rede; und V. 10b schließt sich unverkennbar der Aussage über die »Tür« an, die ja zu Heil und Leben führt. Noch sehr viel enger ist der Zusammenhang mit V. 9a.b: ἐγώ εἰμι ἡ θύρα· δι' ἐμοῦ ἐάν τις εἰσέλθῃ, σωθήσεται. V. 9c lenkt dagegen zum Hirtenbild zurück, wenn dort nicht nur an das »Hineingehen«, sondern auch an ein »Hinausgehen« und »Weide-Finden« erinnert wird. Insgesamt ist in V. 7–10 weniger der Übergang von bildhaften zu unbildlichen Aussagen merkwürdig als die Verschiebung im Vorstellungshorizont des Bildmaterials[9].

In V. 11–18 wird die Bildrede ebenfalls mit einer ἐγώ εἰμι-Aussage eingeleitet. Aber die formale Struktur ist eine andere als in V. 7f und V. 9f: Die

[6] Vgl. dazu unten S. 192.

[7] Mit dem Begriff können sich bekanntlich beide Bedeutungen verbinden, da der Raub als gewaltsamer Akt im Unterschied zum Diebstahl vielfach mit der Schädigung von Personen in Zusammenhang steht; vgl. K. H. Rengstorf, Art. λῃστής, ThWNT IV, 1942, 262–267. Im Sprachgebrauch des 1. Jh. n. Chr. wurde das Wort von römischer Seite auf die Zeloten angewandt (so auch Josephus). Das darf aber nicht zum Anlaß genommen werden, in dieser Bildrede eine Anspielung auf die Zeloten zu sehen; so A. J. Simonis, Die Hirtenrede im Johannes-Evangelium (AnalBibl 29), 1967, 127ff, 207ff. Zum Begriff λῃστής vgl. auch M. Hengel, Die Zeloten, 1961, 25–47.

[8] Zu beachten ist der Unterschied zwischen der räumlichen (ἀλλαχόθεν) und der zeitlichen (πρὸ ἐμοῦ) Qualifizierung der κλέπται καὶ λῃσταί in V. 1 und V. 8.

[9] Zu den textkritischen Fragen bei V. 7b und V. 8a vgl. unten Anm. 18 und 19.

Selbstprädikation ἐγώ εἰμι ὁ ποιμὴν ὁ καλός V. 11a steht einer rein bildhaften Rede in V. 11b–13 voran. Hier werden der »gute Hirte« und der »Tagelöhner« gegenübergestellt, und zwar unter dem Gesichtspunkt der Lebensgefahr der Schafe. Während der »gute Hirte« sein eigenes Leben für die Schafe hingibt, verläßt der »Tagelöhner« die Schafe; er »sorgt« nicht für sie, weil sie ihm ja doch nicht gehören. Dieser Aussagekomplex ist einheitlich und erläutert das vorangestellte ἐγώ εἰμι-Wort.

In V. 14a wird die Selbstprädikation ἐγώ εἰμι ὁ ποιμὴν ὁ καλός wiederholt, und eine weitere Explikation schließt sich in V. 14b–16 an. Auch abgesehen von der Verwendung der 1. Pers. Sing. in allen drei Versen ist der Sachverhalt hinsichtlich der Motivverwendung komplexer: In V. 14b.c geht es um das gegenseitige Sich-Kennen des Hirten und seiner Schafe; das wird dann unbildlich mit einem καθώς-Satz V. 15a.b in Analogie gesetzt zu dem gegenseitigen Sich-Kennen von Vater und Sohn (»ich«); schließlich wird in V. 15c gesagt, daß der gute Hirte für die Schafe sein Leben hingibt. Hiernach wird in V. 16 noch von »anderen Schafen« aus einer »anderen αὐλή« gesprochen, die er auch anführen muß und die ebenfalls seine Stimme hören, was in V. 16fin zu dem Ausblick auf die »eine Herde« und den »einen Hirten« Anlaß gibt[10]. In diesem Abschnitt gehen also bildhafte und nicht-bildhafte Elemente sehr viel stärker ineinander über und sie werden beide in die Ich-Rede einbezogen. Die Aussagen gewinnen dadurch einen metaphorischen Charakter. In V. 17f ist eine unbildliche Aussage in der Ich-Form angefügt[11].

Zuletzt ist noch auf V. 26–30 einzugehen. Auch hier verbinden sich die Bildelemente mit der Rede in der 1. Pers. Sing., ohne daß noch einmal ein ἐγώ εἰμι-Wort aufgegriffen wird. Der Intention nach handelt es sich aber um eine Aussage, die wie V. 14b–16 das ἐγώ εἰμι-Wort vom guten Hirten voraussetzt[12]. Der Übergang zu bildhaften Aussagen wird mit der Anrede in V. 26b erreicht[13]. Dann wird in V. 27 von »meinen Schafen« gesprochen, die die Stimme des Redenden »hören«, die er »kennt« und die deshalb ihm »nachfolgen«. Mit dem Hinweis auf die Gabe des ewigen Lebens in V. 28 wird zwar der Vorstellungskreis des Bildes gesprengt, aber die Aussage bleibt, wie vor

---

[10] V. 16 schließt zwar mit der Ich-Rede unmittelbar an V. 14f an, greift aber inhaltlich auf Motive von V. 1–5 zurück, wie die Stichworte αὐλή, ἀγαγεῖν und τῆς φωνῆς μου ἀκούειν zeigen.

[11] V. 17f greift V. 15fin wieder auf, wie aus V. 17a hervorgeht. Wesentlich ist nun aber die Verbindung der Aussagen von V. 17a.18a mit V. 17b.18b(c).

[12] Nur so ist die Rede von den πρόβατά μου verständlich.

[13] V. 26a wiederholt die Aussage von V. 25a. Während aber V. 25b auf das verweist, woran die »Juden« nicht glauben, gibt V. 26b eine Begründung für den Unglauben: ὅτι οὐκ ἐστὲ ἐκ τῶν προβάτων τῶν ἐμῶν. In V. 27–30 folgt eine Beschreibung der Glaubenden.

allem V. 28c zeigt, noch im Rahmen der Bildrede. Erst die Aussagen über den Vater und die Einheit mit dem Vater in V. 29f verlassen den bildhaften Charakter.

Es zeigt sich somit in der Hirtenrede Joh 10,1–18.26–30 sowohl eine Verbindung von bildhaften, metaphorischen und unbildlichen Elementen als auch eine Verschiebung im Vorstellungshorizont der Bildmotive. Auf eine Zusammengehörigkeit von rein bildhaften Vergleichen, ἐγώ εἰμι-Worten und gänzlich unbildlichen Aussagen stoßen wir auch in der παροιμία von Joh 15,1–10. Beiden Texten läßt sich offensichtlich eine typisch johanneische Redeweise entnehmen. Mit einem Vergleich zwischen Joh 10 und Joh 15 ist jedoch das Problem der Hirtenrede noch nicht gelöst, denn gerade die Einheitlichkeit, die die Rede vom wahren Weinstock hat[14], fehlt dem Text von Joh 10, der allerdings auch sehr viel umfangreicher und vielschichtiger ist. Es ist daher zu prüfen, ob eine traditionsgeschichtliche Untersuchung der erkannten Strukturelemente weiterhilft.

III.

Die Bildrede vom wahren Weinstock in Joh 15 erweist sich als eine Entfaltung des einleitenden Selbstoffenbarungswortes ἐγώ εἰμι ἡ ἄμπελος ἡ ἀληθινή. Es ist zu prüfen, ob auch die Bildrede vom guten Hirten die Explikation eines ἐγώ εἰμι-Wortes ist oder ob zumindest die verschiedenen Bildelemente durch ein derartiges Selbstoffenbarungswort zusammengehalten sind.

Bereits beim Vergleich der bildhaften Elemente war aufgefallen, daß V. 7–10 erhebliche Schwierigkeiten enthält. Entweder sind Bildmotive verschoben oder sie passen überhaupt nicht in den Vorstellungsrahmen der übrigen Abschnitte der Rede. So hat das jetzt auf Christus übertragene Motiv von der »Tür« in den κλέπται καὶ λῃσταί keine Entsprechung mehr, auch wenn mit θύρα τῶν προβάτων im Sinne von »Tür *zu* den Schafen« eine Verbindung zu V. 1f hergestellt ist[15]. Erst recht gilt das für das ἐγώ εἰμι-Wort in V. 9, wo die Bildmotive ebenso wie die Aussagen in V. 10b mit der Vorstellung von V. 1–5 oder V. 11–13.14–18 kaum etwas zu tun haben. Die wesentlichen Elemente von V. 9 verweisen auf einen anderen Sachzusammenhang. Dieses Bildwort[16]

---

[14] Zur Weinstockrede sei nur verwiesen auf R. BORIG, Der wahre Weinstock. Untersuchung zu Jo 15,1–10 (StANT 16), 1967, bes. 21ff, 24ff, 247ff; R. SCHNACKENBURG, Das Johannesevangelium III (HThK IV/3), 1976², 108ff.

[15] Die Tatsache, daß Jesus nicht gleichzeitig die »Tür« sein kann und der »Hirte«, der durch die Tür eingeht, ist schon immer der Hauptgrund für eine kritische Analyse der Hirtenrede gewesen.

[16] Vgl. dazu C. K. BARRETT, The Gospel according to St. John, 1955, 308f, bes. 309; J. JERE-

dürfte seinen Ursprung in dem Jesuswort Lk 13,24 (vgl. Mt 7,13a.14) haben, das jetzt christologisch interpretiert ist. Von den »Schafen« ist hier gar nicht die Rede, und in V. 10b ergibt sich ein Rückbezug darauf nur indirekt durch V. 8.10a. Die in der Exegese oft erwogene Unterscheidung zwischen den Bedeutungen »Tür *zu* den Schafen« in V. 7 und »Tür *für* die Schafe« in V. 9 hilft deshalb nicht wesentlich weiter[17], weil sich dieses Problem für das ἐγώ εἰμι-Wort V. 9 erst sekundär durch den jetzigen Kontext ergibt. In V. 7 dagegen ist zu vermuten, daß der Genetiv τῶν προβάτων erst wegen des vorliegenden Zusammenhangs beigefügt wurde.

Die Variante ἐγώ εἰμι ὁ ποιμὴν τῶν προβάτων kann in V. 7 ebensowenig als ursprünglich angesehen werden wie die Auslassung von πρὸ ἐμοῦ in V. 8. Zwar würde sich V. 7 in dieser Form besser einfügen[18], aber hier zeigt sich gerade die immanente Spannung des Textes; und dem V. 8 wird mit der Streichung von πρὸ ἐμοῦ[19] über die Anpassung an V. 1–5 hinaus gerade seine Schärfe genommen. In beiden Fällen handelt es sich um nachträgliche Erleichterungen[20].

Sehen wir zunächst einmal von V. 7–10 ab, so ist im Blick auf die übrigen Teile der Hirtenrede zu fragen, in welcher inneren Relation die Bildmotive stehen. Dabei erweist sich interessanterweise das ἐγώ εἰμι-Wort in V. 14a samt seiner Explikation in V. 14b.c.15 als Schlüssel für das Ganze. Hier liegt das »Kernlogion« vor, von dem aus die anderen Teile der Bildrede verständlich werden[21].

MIAS, Art. θύρα, ThWNT III, 1938, 173–180. Neben den neutestamentlichen Stellen ist auch noch Ign Philad 9,1; Herm sim 9,12,2 (ed. Whittaker 89,6) und Hegesipp bei Euseb, HE II, 23,8.12 zu vergleichen. Die urchristlichen Aussagen stehen, wie auch Lk 13,25//Mt 25,10f; Lk 11,9//Mt 7,7; Offb 3,8 zeigen, in Zusammenhang mit der Vorstellung vom εἰσελθεῖν εἰς τὴν βασιλείαν τοῦ θεοῦ (εἰς τὴν ζωήν). Vgl. auch noch die Naassenerpredigt bei Hippolyt, Ref. V, 8.20; ferner ActJoh 95; PsClem Hom 3,52.

[17] Zu der unterschiedlichen Bedeutung vgl. SCHNACKENBURG, Johannesevangelium II, 363f.

[18] Die Lesart ἐγώ εἰμι ὁ ποιμὴν τῶν προβάτων wird vertreten von p 75 und der sahidischen Übersetzung. Vgl. P. WEIGANDT, Zum Text von Joh X.7, NovTest 9 (1967), 43–51.

[19] πρὸ ἐμοῦ ist ausgelassen von p 45 (vid), p 75, א*, Δ, zahlreichen Minuskeln, mehreren Itala-Handschriften, der Vulgata, der syrischen Überlieferung (mehrheitlich) und einigen Kirchenvätern (vgl. The Greek New Testament, 1975³, z. St.).

[20] Zur Diskussion vgl. SIMONIS, Hirtenrede 207f mit Anm. 37.

[21] Zu der Bedeutung solcher »Kernlogien« für die Reden des Johannesevangeliums verweise ich auf meinen Aufsatz: Die Worte vom lebendigen Wasser im Johannesevangelium/Eigenart und Vorgeschichte von Joh 4,10.13f; 6,35; 7,37–39, in: God's Christ and His People (Studies in Honour of N. A. Dahl, ed. J. Jervell – W. A. Meeks), 1977, 51–70, bes. 61ff. Vgl. auch BARRETT, St. John 305: »That parables about sheep and shepherd should be crystallized by John into the great Christological affirmation ›I am the good shepherd‹ is characteristic of his style and method.«

Zuerst muß die Eigenstruktur von V. 14f geklärt werden: Dem eigentlichen ἐγώ εἰμι-Wort in V. 14a folgt eine dreifache Auslegung, daß nämlich der Redende als der »gute Hirte« die Seinen kennt (V. 14b), daß umgekehrt die Seinen ihn kennen (V. 14c), und daß er sein Leben für die Schafe hingibt (V. 15c). Eingeschaltet ist in einem καθώς-Satz der Vergleich des gegenseitigen Kennens von Schafen und Hirten mit dem Kennen von Vater und Sohn (V. 15a.b)[22]. Um gleich bei der unbildlichen Aussage zu bleiben: sie findet ihre Weiterführung und Zuspitzung in V. 30. Natürlich beruhen V. 17f und V. 28f auf dem Grundgedanken der Einheit des Sohnes mit dem Vater, aber das spezielle Thema von V. 15a.b wird erst in V. 30 wiederaufgenommen.

Mit dem ἐγώ εἰμι-Wort V. 14a werden andere Ansprüche auf ein Hirtenamt zurückgewiesen[23]. Dieser implizit polemische Zug wird in V. 1–3b mit der Gegenüberstellung des »Hirten der Schafe« und eines »Diebes und Räubers« herausgestellt[24]. Auch V. 5 dient dieser polemischen Konfrontation, und zwar unter Rückgriff auf V. 3c.4 mit dem Hinweis auf die »eigenen Schafe«. Hier legt sich, wie schon angedeutet, die Vorstellung nahe, als seien in derselben αὐλή mehrere Schafherden, so daß es auch mehrere rechtmäßige Hirten geben müßte. Aber die Formulierung τὰ ἴδια πρόβατα hängt damit zusammen, daß in V. 3c.4 im Anschluß an V. 14b das gegenseitige Kennen des Hirten und »seiner« Schafe vorausgesetzt ist, wie dies auch in V. 27 zum Ausdruck kommt[25].

Ist V. 1–3b eine bildhafte Explikation von V. 14a und V. 3c–5 eine entsprechende Ausführung von V. 14b.c, so stellt V. 11b–13 eine bildhafte Entfaltung von V. 15c dar. Hier wird der Einsatz des guten Hirten, der sein Leben für die Schafe hingibt, mit dem Verhalten eines Tagelöhners konfrontiert, von dem die Schafe in einer gefährlichen Situation keine Hilfe erwarten können[26].

---

[22] Interessanterweise wird mit καθώς gerade die unbildliche, nicht eine bildhafte Aussage eingeführt. Zu V. 14f vgl. SCHNACKENBURG, Johannesevangelium II, 373f.

[23] Das gilt grundsätzlich für die ἐγώ εἰμι-Worte, ganz gleich, ob man sie als Rekognitionsformeln versteht oder Identifikations- und Präsentationsformeln. Zu dieser Unterscheidung vgl. R. BULTMANN, Das Evangelium des Johannes (KEK II), 1968[19], 167(f) Anm. 2.

[24] Der θυρωρός hat lediglich bildhafte Funktion, um die Rechtmäßigkeit des eintretenden Hirten zu veranschaulichen. Anders J. A. T. ROBINSON, The Parable of the Shepherd (John 10,1–5), in: DERS. Twelve New Testament Studies (StBiblTh 34), 1962, 67–75, der von V. 1–3a ausgeht und dabei dem θυρωρός eine wichtige Rolle zuspricht.

[25] Mit τὰ ἴδια πρόβατα wird vorbereitet, was später mit τὰ πρόβατα τὰ ἐμά gesagt wird. Es besteht insofern kein Grund, die Einheitlichkeit von V. 1–5 zu bestreiten, zumal nirgendwo sonst in der Hirtenrede der Gedanke an mehrere Hirten anklingt. Ebenso wird in V. 12a mit οὗ οὐκ ἔστιν τὰ πρόβατα ἴδια nur auf den Eigentümer der Schafe verwiesen. Vgl. W. BAUER, Das Johannesevangelium (HNT 6), 1933[3], 139.

[26] Der λύκος in V. 12b hat ebenso wie der θυρωρός von V. 3 ausschließlich Bedeutung für die

Aufschlußreich ist nun noch ein Vergleich der beiden unbildlichen Aussagen in V. 17f und V. 28f. Das Kernlogion wird hier einmal christologisch, zum anderen soteriologisch fortgeführt. Beides hängt eng miteinander zusammen; denn wie der Sohn gemäß dem Willen des Vaters die ἐξουσία hat, von sich aus sein Leben hinzugeben und es wieder zu nehmen[27], so ist er derjenige, der in der Heilsmacht seines Vaters, der größer als alle ist, den Seinen das »ewige Leben« gibt, so daß sie nicht verlorengehen und niemand sie aus seiner Hand reißen kann.

V. 16 setzt das Bildmaterial von V. 1–5 voraus, doch wird hier nicht rein bildhaft gesprochen, sondern im Stil von V. 14f ist die Ich-Rede mit Bildmotiven durchsetzt. Dabei schließt der Hinweis auf »andere Schafe« und einen anderen »Schafstall« an V. 14f gut an, enthält aber eine Thematik, die in der übrigen Bildrede nicht anklingt. In V. 14b.15a.b geht es ebenso wie in V. 1–5 und V. 27 um die Einheit zwischen dem guten Hirten und seinen Schafen in Entsprechung zu der Einheit zwischen Vater und Sohn; hier geht es jetzt um die Einheit von bisher getrennten Schafherden. Zwar liegt der Gedanke der Einheit untereinander auf der Linie der Einheit von Vater und Sohn und der Einheit von Hirte und Schafen, aber von der Gesamtkonzeption her ist es ein zusätzliches und den Grundgedanken weiterführendes Motiv, das in der Schlußwendung καὶ γενήσεται μία ποίμνη εἷς ποιμήν kulminiert[28].

Es zeigt sich somit, daß von dem Kernlogion V. 14f aus die bildhaften Schilderungen in V. 1–5 und in V. 11–13 ebenso verständlich werden wie die metaphorischen Aussagen in V. 26b.27 und die unbildlichen Aussagen in V. 17f und V. 28f.30. Auch V. 16 fügt sich trotz seiner weiterführenden Thematik dem Komplex durchaus noch ein. Dagegen besitzt der Abschnitt V. 7–10 einen eigenen Charakter und enthält Elemente, die von V. 14f her nur schwer verständlich zu machen sind.

Durchführung und Anschaulichkeit des Bildes. Eine allegorische Deutung scheidet in jedem Falle aus. Weder soll in V. 3 auf den Vater (so A. SCHLATTER, Der Evangelist Johannes, 1948², 234) noch in V. 12b auf den Teufel hingewiesen werden (so H. ODEBERG, The Fourth Gospel, 1929, 330). Vgl. auch noch BULTMANN, Johannes, 283 Anm. 3.

[27] Die Parallelisierung von Tod und Auferstehung Jesu im Sinne einer durch göttliche ἐξουσία ermöglichten Tat des Sohnes ist für das Verständnis des Johannesevangeliums insgesamt wesentlich. Ebenso wie die Aussage über das »Eins-Sein« des Vaters und des Sohnes in V. 30 kommt sie aber nur hier in V. 17f explizit vor. Vgl. dazu E. FASCHER, Zur Auslegung von Joh 10,17–18, DtTh 8 (1941), 47–66.

[28] Zu den Problemen von V. 16 sei lediglich verwiesen auf SIMONIS, Hirtenrede, 297ff, und SCHNACKENBURG, Johannesevangelium II, 375ff.

IV.

Für die Erklärung der Abfolge der Aussagen in der Hirtenrede gibt es vor allem drei Modelle, die in der Exegese mit einzelnen Abwandlungen vertreten werden:

1. Man sieht V. 1–5 als Grundtext an, in der Regel als ein »Gleichnis«, auf das in V. 7–10 und V. 11–18 zwei »Deutungen« folgen[29].

2. Es wird mit einer Blattvertauschung gerechnet, wobei der Abschnitt Joh 10,19–29 mit dem doppelt so langen Abschnitt 10,1–18 verwechselt worden sei. Die Hirtenrede gehört dann im ganzen nicht zu den Begebenheiten des Laubhüttenfestes, sondern des Tempelweihfestes[30].

3. Wegen der immanenten Schwierigkeiten wird eine sehr weitgehende Neuordnung des Materials vorgenommen, wobei die Stringenz der Gedankenführung als Kriterium angewandt wird. So ist etwa die Abfolge Joh 10,(22–26)11–13.1–10.14–18.27–30(31–39) vorgeschlagen worden[31].

Sieht die erste Lösung die jetzige Textabfolge als ursprünglich an, so rechnet die zweite Lösung mit einem versehentlichen Austausch, während die dritte Lösung eine bewußte nachträgliche Veränderung annimmt.

Die Frage ist, ob diese Lösungsvorschläge nur als Alternativen anzusehen sind oder ob hiermit verschiedene Aspekte aufgezeigt werden können. Der erste Vorschlag ist insofern von Belang, als dabei die Intention der uns vorliegenden Fassung des Textes getroffen ist[32]. Man wird allerdings mit dem dritten Lösungsvorschlag überlegen müssen, ob dies die ursprünglich intendierte

---

[29] So z.B. J. JEREMIAS, Art. θύρα, ThWNT III, 1938, 179; DERS., Art. ποιμήν, ThWNT VI, 1959, 494. Hiernach werden in V. 7–10 und V. 11–18 die beiden Stichworte »Tür« und »Hirte der Schafe« gedeutet. Nach J. SCHNEIDER, Zur Komposition von Joh 10, CN 11 (1947), 220–225, gehört V. 27–30 mit zur Rede, wo als 3. Stichwort τὰ ἴδια πρόβατα gedeutet wird. Ähnlich R. E. BROWN, The Gospel according to John (i–xii), 1966, 390f. Gelegentlich ist auch V. 11–13 als weiteres »Gleichnis« neben V. 1–5 angesehen worden; so BULTMANN, Johannes, 273, der hier den Anfang der Bildrede vermutet. Andernfalls wäre mit einer Doppelung von Gleichnis und Deutung in V. 1–5.7–10 und V. 11–13.14–18 zu rechnen. Aber das entspricht nicht der johanneischen Redestruktur; außerdem wird nur V. 7–10 durch V. 6 vom »Gleichnis« abgehoben, nicht dagegen V. 14–18. Zu dem Problem Gleichnis(se) und Deutung vgl. O. KIEFER, Die Hirtenrede (SBS 23), 1967, 27ff.

[30] Diese Auffassung wird beispielsweise vertreten von E. SCHWEIZER, ΕΓΩ ΕΙΜΙ (FRLANT 56), 1939, 1965², 141f; vgl. auch SIMONIS, Hirtenrede, 43ff, und die Bedenken von JEREMIAS, ThWNT VI, 494.

[31] Vgl. BULTMANN, Johannes, 272ff. Er rechnet mit einem dreistufigen Entstehungsprozeß: einer »Vorlage«, einer Bearbeitung durch den Evangelisten und einer sekundären Bearbeitung durch eine »kirchliche Redaktion«.

[32] Auf die uns vorliegende Fassung des 4. Evangeliums, ihre Absicht und Probleme, wird neuerdings mit Recht wieder stärker geachtet; vgl. dazu H. THYEN, Aus der Literatur zum Johannesevangelium (2. Fortsetzung), ThR NF 39 (1975), 289–330.

Abfolge ist. Der jetzige Text stellt offensichtlich eine redaktionelle Bearbeitung dar. Dabei wird man jedoch nicht von einer »kirchlichen«, sondern einer »deuterojohanneischen« Redaktion ausgehen müssen[33]. Mit der zweiten Lösung ist demgegenüber nicht nur die Frage der Zusammengehörigkeit von V. 1–18 mit V. (26b)27–30 gestellt, sondern ebenso die Frage der Zugehörigkeit der ganzen Hirtenrede zum Laubhütten- oder zum Tempelweihfest.

Die uns vorliegende Textanordnung ist zweifellos beabsichtigt und als Fortsetzung der in V. 39 beginnenden Rede Jesu anzusehen. In 9,13–34 erweisen sich die Pharisäer in ihrem Verhalten gegenüber dem Geheilten als Gegner Jesu. Das führt nach dem Gespräch zwischen Jesus und dem Geheilten in V. 35–38 zu Jesu programmatischem Satz V. 39: εἰς κρίμα ἐγὼ εἰς τὸν κόσμον τοῦτον ἦλθον, ἵνα οἱ μὴ βλέποντες βλέπωσιν καὶ οἱ βλέποντες τυφλοὶ γένωνται. Die Pharisäer erkennen nach V. 40, daß dieses Wort gegen sie gerichtet ist. Jesus bestätigt dies mit seiner Antwort V. 41 und beginnt daraufhin sofort mit ἀμὴν ἀμὴν λέγω ὑμῖν seine Bildrede. Die bildhaften Ausführungen V. 1–5 werden jedoch, wie V. 6 ausdrücklich feststellt, von ihnen nicht verstanden[34]. Deshalb setzt Jesus neu ein, diesmal, wie V. 19–21 erkennen läßt, an einen größeren Hörerkreis gewandt, und führt das Gesagte näher aus. Dabei nimmt V. 7–10 zunächst Bezug auf den Gegensatz zwischen Jesus, der hier zweimal als »Tür« bezeichnet wird, und den »Dieben und Mördern«. Dann wird in V. 11–13 Jesus als der »gute Hirte« einem schlechten Hirten gegenübergestellt. Erst in V. 14–18 geht es um das Verhältnis zwischen dem guten Hirten und den Schafen, was das Hauptthema der Bildrede von V. 1–5 ist, und dieses Motiv wird in V. 26b–30 erneut aufgenommen. Die Rede erhält durch diesen Aufbau einen scharf polemischen Zug[35]. Dabei hat V. 7–10, wo V. 1 und V. 5 eine sehr spezielle Auslegung erfahren, eine besondere Bedeutung[36].

---

[33] Mit dieser Unterscheidung soll zum Ausdruck gebracht werden, daß die Redaktion nicht die Eigenarten der johanneischen Theologie im Sinne der geltenden kirchlichen Lehre korrigieren wollte, sondern daß die johanneischen Tendenzen weitergeführt und verstärkt wurden.

[34] V. 6 hat eine Klammerfunktion vor allem im Blick auf 9,39–41. Sodann leitet diese Angabe über zu der verschärften Anklage in 10,7–10. Demgegenüber spielt die Unterscheidung von »Gleichnis« und »Deutung« eine untergeordnete Rolle. Zu den Auseinandersetzungen in Joh 9 und dem Zusammenhang mit 10,1–42 vgl. J. L. MARTYN, History and Theology in the Fourth Gospel, 1968, 3ff, 49ff.

[35] Von hier aus ergibt sich auch eine klare Antwort auf die Frage, wer mit κλέπτης καὶ λῃστής und mit μισθωτός gemeint ist: Es handelt sich um die in 9,40 erwähnten Pharisäer. Dabei ist λῃστής nach 10,10a so zu verstehen, daß er Leben und Heil raubt und in diesem Sinne »tötet und vernichtet«.

[36] Geht man von dem Modell »Gleichnis« und »Deutung« aus, kann man sagen, daß V. 7–10 eine Auslegung von V. 1.5 und V. 11–18 eine Auslegung von V. 2–4 ist.

Gerade hier setzen nun aber die Probleme ein. Es genügt nicht, lediglich die unterschiedlichen Möglichkeiten der Abfolge zu erörtern. Auch die Frage der ursprünglichen Zugehörigkeit der Einzelaussagen und -abschnitte muß gestellt werden. Häufig ist V. 7c und V. 9 als Veränderung bzw. Einschub angesehen worden[37]. Aber auch V. 8 und V. 10a wollen zuspitzen, und V. 10b führt V. 9 weiter[38]. So ist V. 7–10 als Einheit zu betrachten, die aufgrund des ἐγώ εἰμι-Wortes V. 9 neu geschaffen und hier eingefügt wurde. Deshalb wurde das Selbstoffenbarungswort in V. 7c in variierter Form vorangestellt. Im übrigen wurde das Motiv von den »Dieben und Räubern« aus V. 1(5) aufgegriffen und ein mit V. 28 korrespondierendes Wort über die Gabe des ewigen Lebens in V. 10b eingefügt. Der eindeutig deuterojohanneische Charakter wird in der Aussage von V. 8a erkennbar: πάντες ὅσοι ἦλθον πρὸ ἐμοῦ κλέπται εἰσὶν καὶ λῃσταί. Auffallend ist dabei, daß Jesus nicht bloß als alleiniger Heilsmittler herausgestellt wird, sondern daß es für alle vor und außer ihm nur das Urteil gibt, daß sie Diebe und Mörder seien, die stehlen, töten und vernichten wollen. Hier wird nicht nur eine Abgrenzung gegenüber falschen Hirten vorgenommen, wie es in anderen Ich-bin-Worten ebenfalls zum Ausdruck kommt, es wird nicht nur die Exklusivität der Heilsvermittlung durch den guten Hirten herausgestellt, wie dies für das ganze Johannesevangelium kennzeichnend ist, sondern es werden alle vor ihm Gekommenen als »Diebe und Mörder« disqualifiziert[39]. Dies entspricht nicht der sonstigen johanneischen Theologie, wonach Israel zwar keine Heilsgaben empfangen hat, wohl aber Mose und die Propheten Zeugen Jesu Christi gewesen sind[40]. Sowohl in formaler wie in inhaltlicher Hinsicht muß somit V. 7–10 als ein sekundärer Bestandteil der Bildrede angesehen werden.

Hat man erkannt, daß die jetzige Anordnung des Textes und der Abschnitt V. 7–10 der deuterojohanneischen Redaktion angehört, ist die Frage nach der ursprünglichen Gestalt der Hirtenrede noch nicht gelöst. Auch das Problem

---

[37] So z. B. E. Schweizer, ΕΓΩ ΕΙΜΙ, 142f. Ähnlich J. Wellhausen, Das Evangelium Johannis, 1908, der den ursprünglichen Text in V. 1–5.7 (mit ἐγώ εἰμι ὁ ποιμὴν τῶν προβάτων).8.10 annimmt und V. 11ff als Anhang betrachtet.

[38] Dies wird m. E. meist nicht genügend beachtet.

[39] Diese radikale Auffassung wurde später in der Gnosis sehr gern aufgegriffen. Sehr bezeichnend dafür der Text bei Hippolyt, Ref. IV, 35,1f (über Valentin und die Valentinianer): Πάντες οὖν οἱ προφῆται καὶ ὁ νόμος ἐλάλησαν ἀπὸ τοῦ δημιουργοῦ, μωροῦ λέγει θεοῦ, μωροὶ οὐδὲν εἰδότες. διὰ τοῦτο, φησί, λέγει ὁ σωτήρ· »πάντες οἱ πρὸ ἐμοῦ ἐληλυθότες κλέπται καὶ λῃσταί εἰσι«, καὶ ὁ ἀπόστολος· »τὸ μυστήριον ὃ ταῖς προτέραις γενεαῖς οὐχ ἐγνωρίσθη«. οὐδεὶς γάρ, φησί, τῶν προφητῶν εἴρηκε περὶ τούτων οὐδέν, ὧν ἡμεῖς λέγομεν· ἠγνοεῖτο γὰρ πάντα ἅτε δὴ ἀπὸ μόνου τοῦ δημιουργοῦ λελαλημένα. Von daher erklären sich dann die großkirchlichen Textänderungen (vgl. Anm. 18 und 19).

[40] Vgl. vor allem Joh 6,30–35; 5,31–47.

der Verbindung von V. 1–6.11–18 mit V. (26b)27–30 und der Zugehörigkeit der Hirtenrede zum Laubhütten- oder zum Tempelweihfest ist offen. Daß die Angaben der Festzeiten bei Johannes nicht ohne sachlichen Bezug und Bedeutung sind, ist bekannt; es muß daher geklärt werden, ob eine eindeutige Zuordnung möglich ist. Eine bloße Umstellung, wie der zweite Lösungsvorschlag dies vorsieht, mit der Abfolge V. 26b–30.1–6.11–18 hilft nicht weiter. Denn hierdurch ergibt sich ebensowenig eine überzeugende Gedankenführung. Auch besteht kein klar erkennbarer Zusammenhang zwischen dem Hirtenmotiv und der Tradition des Tempelweihfestes[41]. Eher wäre schon darauf zu verweisen, daß die 8,12 und 9,5 aufgegriffene Lichtthematik einen Bezug zum Chanukka-Fest hat[42]. Doch das besagt nichts für die Hirtenrede, deren ursprüngliche Verbindung mit c.9 ja keineswegs feststeht. Außerdem müßte dann eine Umstellung viel größeren Ausmaßes erwogen werden. Aber auch zum Laubhüttenfest bestehen keine eindeutigen Beziehungen. Allenfalls wäre darauf zu verweisen, daß sich mit dem Laubhüttenfest eschatologische Erwartungen verbunden hatten und daß das Hirtenbild im Sinne von Ez 34,23; 37,24 auf den messianischen Herrscher gedeutet wurde[43]. Doch hier lassen sich höchstens Erwägungen anstellen, aber keine festen Ergebnisse gewinnen.

So muß man auf eine exakte Einordnung in den ursprünglichen Zusammenhang des Evangeliums verzichten und sich auf die Hirtenrede selbst beschränken. Auch hierbei dürfte es allerdings schwierig sein, die ehemalige Abfolge präzise zu rekonstruieren. Deutlich ist jedoch, daß V. 14f eine übergeordnete Funktion hat. Das Wort vom guten Hirten wird durch bildhafte Rede einerseits in V. 1–5 im Blick auf Zusammengehörigkeit und gegenseitiges Sich-Kennen von Hirte und Schafen interpretiert, andererseits in V. 11–13 im Blick auf die Bereitschaft des Hirten, sein Leben für die Schafe hinzugeben. In diesen beiden Abschnitten herrscht reine Bildrede vor. Demgegenüber stellen V. 26–30 eine in metaphorische und schließlich in unbildliche Rede übergehende Ausführung von V. 1–5 dar, und V. 17f ist eine unbildliche Weiterführung von V. 11–13. Eine Sonderstellung nimmt dann noch V.

[41] Daran muß trotz der Erwägungen von A. GUILDING, The Fourth Gospel and Jewish Worship, 1960, 129ff, festgehalten werden.

[42] Die Lichtsymbolik wurde beim Chanukka-Fest aufgegriffen wegen des Schab 21b beschriebenen Ölwunders bei der makkabäischen Wiedereroberung des Tempels; vgl. weiteres jüdisches Material bei STRACK-BILLERBECK II, 539ff.

[43] Vgl. dazu SIMONIS, Hirtenrede 323ff. Mit Recht macht aber BULTMANN, Johannes 279, darauf aufmerksam, daß die »Züge einer königlichen Gestalt« in Joh 10 fehlen.

16 ein, der aber im Kontext des ursprünglichen Johannesevangeliums nicht störend wirkt, sondern lediglich einen zusätzlichen Gedanken enthält[44].

Nun fehlt im Johannesevangelium eine strenge Trennung von Bild und Deutung. Die Eigenart der παροιμία ist es gerade, daß die Bildmotive unmittelbar weitergeführt werden und daß bildhafte und nichtbildhafte Elemente ineinander übergehen[45]. Schon das Kernlogion V. 14f läßt dies deutlich erkennen. Insofern wird man auch den vorliegenden Bestand in V. 1–5.11–13.14–18.26b–30, unabhängig von der Frage der Reihenfolge, als einheitlich und ursprünglich ansehen können, allenfalls bei V. 16 ist zu erwägen, ob es sich um eine Erweiterung handelt, die jedoch nicht die Akzente verschiebt wie V. 7–10, sondern eine Verklammerung mit einem anderen Thema des Evangeliums herstellen soll, was dann bedeuten würde, daß dieses Element nicht als literarisch sekundär angesehen werden braucht.

Eine ganz andere Frage ist die nach verwertetem Traditionsgut. Es ist durchaus damit zu rechnen, daß der Evangelist die Hirtenrede nicht aus freien Stücken geschaffen hat, sondern dazu vorgegebene Überlieferung aufgegriffen und in seinem Sinn interpretiert hat. Schon bei dem Ich-bin-Wort V. 14f wird man mit einer traditionellen Aussage rechnen dürfen, zumindest was V. 14 selbst betrifft[46]. Auch in den bildhaften Abschnitten V. 1–5 und V. 11b–13 dürfte Traditionsgut stecken[47]. Aber das müßte in Verbindung mit religionsgeschichtlichen Überlegungen eingehender untersucht werden, als es hier möglich ist[48]. Für die vorliegende Untersuchung ging es um das vom Evangelisten gestaltete Material und dessen nachträgliche Überarbeitung.

---

[44] Beachtung verdient, daß schon in 3,16f; 4,42 der weltweite Horizont eine wichtige Rolle spielt; vgl. sodann 11,50–52; 12,20ff; 17,20f. Im einzelnen verweise ich auf mein Buch: Das Verständnis der Mission im Neuen Testament (WMANT 13), Neukirchen 1965², 135ff. Vgl. zu V. 16 neuerdings R. E. Brown, »Other Sheep not of this Fold«, The Johannine Perspective on Christian Diversity in the Late First Century, JBL 97 (1978), 5–22.

[45] Zur johanneischen παροιμία vgl. Bultmann, Johannes, 276; F. Hauck, Art. παροιμία, ThWNT V, 1954, 852–855; Schnackenburg, Johannesevangelium II, 357ff; Barrett, St. John, 307.

[46] Daß der Evangelist ἐγώ εἰμι-Worte bereits in seiner Tradition vorgefunden hat, wird in der Exegese weitgehend angenommen. Offen ist, wieweit der Wortlaut in allen Fällen feststand und vorgegeben war. In 10,14f ist V. 15a.b vermutlich vom Evangelisten eingeschoben; aber auch V. 15c könnte von ihm nachträglich angefügt sein. Zu den ἐγώ εἰμι-Worten vgl. zusammenfassend Schnackenburg, Johannesevangelium II, 59–70.

[47] Da reine Bildrede sonst kaum vorkommt, ist dieser Schluß naheliegend. Bezeichnend ist unter dieser Voraussetzung, wie der Evangelist die Abschnitte V. 1–5 und V. 11b–13 den Ich-bin-Worten zugeordnet und in metaphorischer bzw. unbildlicher Rede weitergeführt hat.

[48] Bultmann, Johannes, 277ff, ist hier wie bei den anderen Reden des 4. Evangeliums bekanntlich von gnostischen Voraussetzungen und einer entsprechenden Vorlage ausgegangen. Die These, daß die Hirtenrede trotz gravierender Unterschiede nur auf dem Hintergrund des

V.

Die Hirtenrede hat wesentliche Bedeutung für die johanneische Ekklesiologie. Zugleich zeigt sich hier, wie eng Christologie und Ekklesiologie verbunden sind. Das gegenseitige Sich-Kennen Jesu und der Seinen ist Ausdruck einer Zusammengehörigkeit, die die Teilhabe am Heil impliziert. Dies wiederum ist begründet in dem gegenseitigen Sich-Kennen von Vater und Sohn, was Teilhabe am heilschaffenden Wirken des Vaters und Legitimation Jesu durch Gott bedeutet[49]. In dieser Teilhabe besteht auch das »Eins-Sein« des Sohnes mit dem Vater, was nicht im Sinne der Identität gemeint ist, sondern auf eine Relationalität verweist, die eine ganzheitliche personale Zusammengehörigkeit prägt; hierbei vermittelt einer dem anderen das, was für ihn selbst und den Partner existenzbestimmend ist[50].

Der zweite für die Ekklesiologie wesentliche Text des Johannesevangeliums ist die Bildrede Joh 15 vom Weinstock und seinen Reben. Abgesehen davon, daß dort die Verbindung und Zusammengehörigkeit des Sohnes mit dem Vater nicht so stark betont wird, ist ein Vergleich der beiden Texte höchst aufschlußreich. Denn während in Joh 15 die Ausschließlichkeit der Heilsvermittlung durch Jesus und die Abhängigkeit der Reben vom Weinstock als Voraussetzung der Partizipation ebenfalls deutlich hervortreten, ist festzustellen, daß die christologische Dimension in der Hirtenrede wesentlich breiter entfaltet wird. Dabei ist nun interessant, daß es gerade die theologia crucis ist, die diesen Textabschnitt bestimmt. Auch wenn in V. 17f das Thema der Hingabe des Lebens mit der Vollmacht, es wieder zu nehmen, verbunden wird, so ist in der Bildrede selbst neben dem gegenseitigen Sich-Kennen des Hirten und seiner Schafe nur das τιθέναι τὴν ψυχήν ausschlaggebend, ja es ist in dem Abschnitt V. 11–13 das einzig maßgebende Motiv. Nirgendwo sonst im 4. Evangelium ist die Kreuzesthematik so nachdrück-

gnostischen Mythos zu verstehen sei, wird neuerdings mit Nachdruck vertreten von K. M. FISCHER, Der johanneische Christus und der gnostische Erlöser / Überlegungen auf Grund von Joh 10, in: Gnosis und Neues Testament (hrsg. v. K.-W. Tröger), 1973, 245–266, bes. 256ff, 262ff. Ich kann mich dieser These nicht anschließen, so sehr das Motiv des Hirten und vor allem das Motiv der Tür im gnostischen Sinn interpretiert werden konnten.

[49] Zum urchristlichen und speziell zum johanneischen Gebrauch von γινώσκειν vgl. R. BULTMANN, Art. γινώσκω etc., ThWNT I, 1933, 688–719, bes. 711–713; C. H. DODD, The Interpretation of the Fourth Gospel, 1953, 151ff, bes. 163ff; I. DE LA POTTERIE, οἶδα et γινώσκω. Les deux modes de la connaissance dans le quatrième évangile, Bibl 40 (1959), 709–725; R. SCHNACKENBURG, Das Johannesevangelium I (HThK IV/1), 1972[3], 514f.

[50] Hierzu sei verwiesen auf die Arbeit von M. L. APPOLD, The Oneness Motif in the Fourth Gospel (WUNT II/1), 1976.

lich herausgearbeitet wie in dieser Rede[51]. Bei der Gesamtinterpretation des Evangeliums und der Frage nach dem Verhältnis von Niedrigkeits- und Hoheitschristologie wird man gerade einen solchen Textabschnitt nicht übersehen dürfen[52]. Hier kommt besonders klar zum Ausdruck, daß es eine Heilsverwirklichung allein durch das Sterben Jesu gibt und daß eine Partizipation der »Seinen« an der Einheit des Sohnes mit dem Vater nur möglich ist in der Zugehörigkeit zum Gekreuzigten, der die ἐξουσία erhalten hatte, sein Leben hinzugeben und es wieder zu nehmen.

---

[51] Zur Diskussion über die Relevanz des Todes Jesu im Johannesevangelium vgl. neuerdings U. B. MÜLLER, Die Bedeutung des Kreuzestodes Jesu im Johannesevangelium, KD 21 (1975), 49–71; P. VON DER OSTEN-SACKEN, Leistung und Grenze der johanneischen Kreuzestheologie, EvTh 36 (1976), 154–176.

[52] Das betrifft vor allem die Auseinandersetzung mit der wichtigen Studie von E. KÄSEMANN, Jesu letzter Wille nach Johannes 17, 1971³. Zur Kritik vgl. G. BORNKAMM, Zur Interpretation des Johannesevangeliums, in: DERS., Geschichte und Glaube I (Ges. Aufsätze III), 1968, 104–121; E. SCHWEIZER, Jesus der Zeuge Gottes, in: Studies in John (Festschrift J. N. Sevenster, NovTest Suppl. 24), 1970, 161–168; H. HEGERMANN, Er kam in sein Eigentum/Zur Bedeutung des Erdenwirkens Jesu im vierten Evangelium, in: Der Ruf Jesu und die Antwort der Gemeinde (Festschrift J. Jeremias), 1970, 112–131, und meine Bemerkungen in: Prozeß Jesu nach dem Johannesevangelium, 94ff.

Concordia Apostolorum

Eine Bleitessera mit Paulus und Petrus

HELGA VON HEINTZE

Die Art des Denkmals

Die Bleitessera, die den Ausgangspunkt und Mittelpunkt dieser Untersuchung bildet, befindet sich im Besitz von Mrs. Douglas Rugh in Beirut (Tf. 8 Abb. 1 nach S. 224). Sie stammt aus der archäologischen Sammlung ihres Vaters, des verstorbenen amerikanischen Arztes Dr. Harry G. Dorman, der sein Leben in Beirut verbrachte. Nach Angaben der Besitzerin soll sie nach dem 1. Weltkrieg aus Südanatolien erworben worden sein. Ihre Kenntnis wird der Veröffentlichung durch H. Ingholt[1] verdankt. Sie mißt 5 cm im Durchmesser und ist zwischen 0,3 und 0,4 cm dick. Eine Analyse des Materials ergab, daß es sich um reines Blei ohne Zugabe von Zinn handelt. An der Bruchstelle ist zu erkennen, daß der Kern eine hellere Färbung aufweist als der dünne Mantel[2].

Die Erhaltung ist gut (Abb. S. 203), weggebrochen ist ein größeres Stück mit dem Rand der rechten Seite, ausgehend von der Mitte oben bis etwa zur Mitte unten, so daß der hintere Teil des männlichen Kopfes fehlt und der Halsabschluß verunklärt ist. Unterhalb des Randes oben und etwas nach links verschoben, aber genau über dem Mittelpunkt des Kreises, der sich knapp unter der Nasenspitze des Kopfes auf der linken Seite befindet, scheint noch die linke Hälfte einer Öse erhalten zu sein. Die Oberfläche weist größere und kleinere aufgeplatzte Stellen auf, weswegen manche Einzelheiten wie z. B. der Übergang von der Stirn zum Haar beim linken Kopf nicht mehr klar zu erkennen sind. Die Form der Tessera ist rund, die Vorderseite ist leicht konkav, die Rückseite konvex. Die Darstellung ist auf die Vorderseite beschränkt, die Rückseite ist glatt und blank. Auf der Vorderseite sind zwei männliche Köpfe mit Hals und kurzem Büstenansatz in der Weise einander gegenübergestellt, daß ihre Nasenspitzen sich fast berühren.

Der Herausgeber dieses kleinen, aber bedeutenden Denkmals bezeichnet es als Medaillon[3] und sieht in den beiden bärtigen Köpfen Porträts des Arat

---

[1] H. INGHOLT, Berytus 17, 1968, 143ff, Taf. 38,2.

[2] INGHOLT, aaO., 157ff.

[3] INGHOLT, aaO., 158f.

und Chrysipp[4]. Gestützt auf die Untersuchung von J. M. C. Toynbee[5] meint er, daß es einige doppelseitige Bleimedaillons gäbe[6], die wohl als Proben für Bronzemedaillons gedient hätten[7], daß das Beiruter Stück aber das einzige bekannte einseitige Bleimedaillon[8] sei, während es derartige Bronzemedaillons nur in geringer Anzahl gäbe[9]. Diese seien in Größe und Gewicht, Technik und Stil den doppelseitigen gleich. Für die einseitige Darstellung seien verschiedene Erklärungen versucht worden, wie zum Beispiel, daß derartige Medaillons Probestücke der Münzmeister oder Modelle für Provinzemissionen gewesen seien, aber eine befriedigende Antwort sei noch nicht gefunden worden[10]. Ingholt meint ferner, daß das Bleimedaillon im 3. Jh. n. Chr. geprägt worden sei, wahrscheinlich in Soloi oder Tarsos, zu einer Zeit also, da das Motiv der einander gegenübergestellten Köpfe auf den Medaillons häufig verwendet wurde, oder schon 163/164 n. Chr., als die ersten Münzen mit den Köpfen des Arat und Chrysipp geprägt worden waren. Für Ingholt ist es jedenfalls keine Frage, daß diese beiden Männer auf dem »Medaillon« dargestellt sind.

Die römischen Medaillons sind nicht eine fest umrissene Denkmälergattung, ihre Definition hat im Lauf der Forschung verschiedene Veränderungen erfahren[11]. Zu den charakteristischen Merkmalen der eigentlichen Medaillons, die nicht als kursierendes Geld, sondern als Geschenke und Erinnerungsstücke dienten, gehört vor allem, daß sie in Größe, Dicke und Gewicht die Münzen übertreffen, denen sie im übrigen aber angepaßt sind. Sie sind nicht nur besonders groß, sondern auch besonders schön und sorgfältig ausgeführt. Die Darstellung wird von einem Perlkreis eingefaßt, manchmal auch von einem breiten Rahmen, der seinerseits wiederum mit Perlkreis, Profilierungen und Zierleisten abgeschlossen ist[12]. Die Vorderseiten tragen die Bildnisse der Kaiser und deren Angehörigen, die meist künstlerisch besonders fein ausgeführten Rückseiten Darstellungen von bemerkenswerten Begebenheiten oder Wiedergaben von Kunstwerken. Sie ähneln also den Münzen,

---

[4] Ingholt, aaO., 143ff.

[5] J. M. C. Toynbee, Roman Medallions, 1944.

[6] Ingholt, aaO., 158. Toynbee, aaO., 232f.

[7] F. Gnecchi, I medaglioni romani 2, 1912, 34 unter Nr. 58. Toynbee, aaO., 232f.

[8] Ingholt, aaO., 158.

[9] Toynbee, aaO., 20.

[10] Toynbee, aaO., 20.

[11] Gnecchi, aaO., 1, 1912, XXXIIff. Toynbee, aaO., 17ff. L. Michelini Tocci, I medaglioni romani e i contorniati del Medagliere Vaticano, 1965, 8ff.

[12] Z.B. Gnecchi, aaO., 2, Taf. 51. 70. 73. 90. P. R. Franke und M. Hirmer, Römische Kaiserporträts im Münzbild, 1961, Abb. 23. 29.

Ergänzte Umzeichnung der Abb. 1, Tafel 8
Zeichnug von R. Za Sponer

zumal sie ebenfalls mit Umschriften versehen sind. Alle diese bezeichnenden Merkmale vermißt man bei dem Beiruter »Medaillon«, das daher nicht in diese Denkmälergruppe gehören kann. Es wird nicht immer klar zwischen den einzelnen Denkmälergattungen geschieden und, wie in unserem Fall, nur zu leicht alles, was eine runde Form besitzt, als Medaillon bezeichnet. Das Beiruter »Bleimedaillon« gehört zweifellos nicht zur Gattung der Medaillone, sondern zu der der Tesserae. Es gesellt sich zu Tausenden von Exemplaren, die unter der Bezeichnung »piombi antichi« laufen und so wenig Beachtung gefunden haben, daß große Sammlungen von ihnen nicht veröffentlicht sind. Die Untersuchungen von F. de Ficoroni[13], R. Garrucci[14], E. de Ruggiero[15], J. Scholz[16] und M. Rostovtsew[17] seien als bahnbrechend genannt. In neuerer Zeit sind nur zwei größere Arbeiten über Tesserae von Palmyra erschienen[18].

Die Bleitesserae wurden in der griechischen Welt seit dem 5. Jh. v. Chr. verwendet, ihre Klassifizierung und chronologische Fixierung ist allerdings keineswegs geklärt[19]. Die erhaltenen sind meist rund und tragen Reliefembleme, Inschriften, Buchstaben oder Zahlen, die auf den Verwendungszweck anspielen. Tesseren mit Buchstaben oder Zahlen dienten als Eintritts- und Platzmarken für Theateraufführungen, Tesseren mit Inschriften, die sich auf die attischen Phylen beziehen, als Eintrittsmarken zu den Volksversammlungen oder als Gutscheine für andere öffentliche Veranstaltungen, Tesseren mit Götter- oder Priesternamen sowie mit Namen von religiösen Festen berechtigten zum Erhalt von Geschenken und Vergünstigungen.

Die römischen Bleitesserae bilden nur einen Teil der sogenannten »piombi antichi«. Zu diesen gehören außerdem Siegel, Warenzeichen und -plomben, Besitzermarken und verschiedene andere mehr. Ihre Form unterscheidet sich

---

[13] F. de Ficoroni, I piombi antichi, 1740.

[14] R. Garrucci, I piombi antichi raccolti dall'eminentissimo principe il Cardinale Lodovico Altieri, 1847.

[15] E. de Ruggiero, Catalogo del Museo Kircheriano, 1878, 149ff.

[16] J. Scholz, NumZ. 25, 1894, 5ff.

[17] M. Rostovtsew und M. Prou, Catalogue des Plombs de l'Antiquité, du Moyen Age et des temps modernes de la Bibliothèque Nationale, 1900. M. Rostowzew, Tesserarum Urbis Romae et Suburbi Plumbearum Sylloge, 1903; ders., Römische Bleitesserae, Beiträge zur alten Geschichte, 3. Beiheft, 1905. M. Bernhart, Handbuch zur Münzkunde der römischen Kaiserzeit, 1926, 29f.

[18] H. Ingholt, H. Seyrig und J. Starcky, Recueil des Tessères de Palmyre, 1955. Comte du Mesnil du Buisson, Les tessères et les monnaies de Palmyre, 1962.

[19] A. Salinas, Ad'I. 36, 1864, 343ff; 38, 1866, 18ff. A. Postolacca, Ad'I. 38, 1866, 330ff; 40, 1868, 268ff. A. Dumont, De plumbeis apud Graecos tesseris, 1870. O. Benndorf, Zs. f. die österr. Gymnasien 26, 1875, 25ff. Vgl. auch Daremberg-Saglio, Dictionnaire des Antiquités 5, o. J., 125ff, s. v. Tessera (G. Lafaye).

von den anderen Tesseren darin, daß sie Löcher zum Durchziehen der Riemen (Schnüre) haben oder aus zwei Teilen bestehen. Das aus Blei hergestellte Falschgeld gehört ebenfalls zu ihnen, es konnte versilbert oder gar vergoldet sein[20]. Die römischen Tesserae hatten anscheinend eine noch vielfältigere Verwendung als die griechischen, sie waren offizieller und privater Natur. Sie sind rund, viereckig oder rhombenförmig, geprägt oder gegossen, zwischen 8 und 50 mm groß. Die offiziellen Tesserae tragen das Bildnis oder den Namen des Kaisers oder eines Angehörigen des Kaiserhauses (in republikanischer Zeit scheint es sie noch nicht gegeben zu haben). Die frühesten tragen das Bildnis des Divus Iulius[21]. Reliefdarstellungen oder Buchstaben können sich auf beiden Seiten, aber auch nur auf einer, wie bei der Beiruter Tessera, befinden. Die offiziellen Tesserae wurden zu den verschiedensten Gelegenheiten ausgegeben, diese sind nicht immer aus den Darstellungen klar zu erkennen. Meist beziehen sie sich auf kaiserliche »congiaria« und »liberalitates«, aber auch auf religiöse Feste wie die Saturnalien[22], an denen Geschenke ausgeteilt wurden. Tesseren städtischer Kollegien und Sodalizien, vor allem der »iuvenes«, sind eine unschätzbare Quelle für unsere Kenntnis derselben. Andere Tesserae wiederum werden nach den Darstellungen oder Inschriften Eintritts- oder Platzmarken für Theater, Zirkus und alle möglichen Veranstaltungen gewesen sein. Eine Gruppe von privaten Tesseren, die meist rund und nur einseitig mit Bildern oder Buchstaben versehen sind, zirkulierte im ganzen Imperium, denn die gleichen Typen wurden z.B. in Rom, Gallien oder Ägypten gefunden. Die Darstellungen zeigen Anspielungen auf Handel, Gewerbe, Handwerk, Ackerbau. Sie dienten für private Gesellschaften, Geschäftsleute, innerhalb von Hausgemeinschaften. Sie stellten eine Art von persönlicher Legitimation dar und bildeten Erkennungsmarken. Eine »Tessera hospitalis« (σύμβολον ξένιον) konnte einen Freund dem anderen empfehlen, vor allem auf Reisen, ihn als zu dessen Familien- und Freundeskreis gehörig oder aber auch in politischer oder philosophischer Hinsicht als Gleichgesinnten ausweisen. Sie erfüllten also eine ähnliche Funktion wie in republikanischer Zeit die Glaspasten.

Auf der Beiruter Tessera, denn nur um eine solche kann es sich nach dem Dargelegten handeln, sind in Relief zwei männliche, scharf charakterisierte Köpfe im Profil einander gegenübergestellt. Sie wurden von dem Herausgeber H. Ingholt als die Porträts des Aratos und Chrysippos, wie weiter oben

---

[20] Rostovtsew und Prou, aaO., 7ff.

[21] Rostovtsew und Prou, aaO., 33ff.

[22] Vgl. dazu Scholz, aaO., 5ff. Rostovtsew und Prou, aaO., 125ff. Du Mesnil du Buisson, aaO., 22f.

bereits erwähnt, angesehen[23]. Aratos, der Begründer des astronomischen Epos, lebte meist in Athen und starb etwa 240/39 v. Chr.[24], Chrysippos, der stoische Philosoph, lebte von 280/77 bis 208/04 v. Chr.[25] Beide Männer waren in Soloi, dem späteren Pompeiopolis, in Kilikien geboren. Jahrhunderte später, 163/164, 198–209 und 245/246 n. Chr., wurden in dieser Stadt Münzen geprägt, die sowohl auf dem Revers als auch auf dem Avers das Profilbildnis je eines bärtigen Mannes ohne Umschrift tragen[26]. Die Gelehrten vermuteten, daß die beiden Köpfe, obgleich noch andere Möglichkeiten in Frage kämen, Chrysippos und Aratos darstellen, ihre Meinungen gingen nur bei der Bestimmung auseinander, welcher Kopf welchen Mann wiedergäbe[27].

Kann man nun die Bildnisse der beiden Männer von Soloi-Pompeiopolis mit den Köpfen auf der Beiruter Tessera in Einklang bringen? Bei einem Vergleich ergeben sich folgende Beobachtungen. Der sog. Aratos[28] hat ganz im Gegensatz zu dem auf der linken Seite der Tessera dargestellten Bildnis einen quadratischen Schädel mit einem starken Nacken und einer steil aufsteigenden Stirn, eine senkrechte Profillinie und einen langen, spitz zulaufenden Bart. Dagegen zeigt der Kopf auf der Tessera einen runden Schädel mit einer eingezogenen Nackenlinie, eine hohe, fliehende, kahle Stirn, einen kurzen und breiten Bart, der nicht bis auf die Brust fällt, und gegen die Wange scharf abgesetzt ist. Der auf der rechten Seite der Tessera dargestellte Kopf weist

---

[23] INGHOLT, Berytus 17, 1968, 143ff, ohne Diskussion anderer Identifizierungsmöglichkeiten. DERS. hat auf dem 72. General Meeting of the Archaeological Institute of America einen Vortrag gehalten, von dem im AJA. 75, 1971, 204, unter dem Titel »The Earliest Images of the Apostle Peter« folgende Zusammenfassung gegeben wurde: »The generally accepted earliest portraits of the Apostle: the fresco from the baptistery at Dura and the bronze medallions now in the Museo Sacro in the Vatican, are reexamined in the light of a recently published lead medallion, datable to the late 2nd or the early 3rd century A. D., its two confronted heads supposedly representing the astronomer Aratos and the philosopher Chrysippos.« G. M. A. RICHTER, The Portraits of the Greeks Suppl., 1972, 7, unter Chrysippos mit Abb. 1659a hat die Benennung kritiklos übernommen. J. BRACKER, Kölner Jb. f. Vor- und Frühgeschichte 10, 1969,80 Anm. 4, meldete Zweifel an.

[24] RE. II 1, 1895, 391ff, Nr. 6, s. v. ARATOS (Knaack). RICHTER, aaO., 2, 1965, 239ff. BRAKKER,aaO., 76ff.

[25] RE. aaO., 2502ff, Nr. 14 s. v. CHRYSIPPOS (v. Arnim). RICHTER, aaO., 190ff.

[26] F. IMHOOF-BLUMER, JHS. 18, 1898, 166ff, Taf. 12, 17. Brit. Mus. Cat., Greek Coins of Lycaonia, Isauria and Cilicia, 1900, LXXIV. 154, Taf. 27,4. INGHOLT, aaO., Taf. 38,1.3.4. RICHTER, aaO., Abb. 1147. 1653–54.

[27] Zu diesem Problem zuletzt zusammenfassend VERF. in HELBIG 2, 1966[4], unter Nr. 1357 und in 4, 1972[4], unter Nr. 3330. INGHOLT, aaO., schließt sich der Meinung von RICHTER und anderen vor ihr an, die den kurzbärtigen, aufwärts schauenden Chrysippos nennen, den langbärtigen Aratos.

[28] INGHOLT, aaO., Taf. 38,1 links; 3. RICHTER, aaO., Abb. 1653–54.

ebenfalls eine andere Physiognomie auf als der sog. Chrysipp der Münzen[29]. Dieser ist fast kahlköpfig, hat einen kurzen, zottelig herabhängenden Bart, das zerfurchte, hagere Gesicht eines ausgezehrten eifernden Greises, eine in den Raum vorstoßende Haltung des Kopfes. Der Mann auf der Tessera hat ein jüngeres Gesicht, das von dichtem, lockigen, kurzen Kopf- und Barthaar fest umschlossen wird, wobei das vorgeschobene, breite Kinn und die tief in die Stirn wuchernden Haare auffallend sind. Auch die leicht zurückgelehnte Haltung des Kopfes auf dem Hals und der ernste, ruhige Ausdruck des Gesichts sind von dem des Kopfes auf der Münze völlig verschieden.

Herkunft und Bedeutung des Bildmotivs

Die Identifizierung mit Aratos und Chrysippos (oder wer die beiden auf den Münzen sein mögen) ist also von der Physiognomie der Dargestellten her nicht zu stützen, ebensowenig scheint es vom Denkmal selbst her. Wer wurde und konnte in einem solchen Doppelporträt dargestellt werden, was bedeutet dieses Motiv und wann und wo wurde es erfunden und verwendet? Versuchen wir, auf diese Frage eine Antwort zu finden, bevor wir uns der Identifizierung der beiden Männer zuwenden.

Auf Münzen, Medaillons, Tesseren, auf Werken der Kleinkunst wie auf Gemmen, Kameen und Schmuckstücken, auf Gefäßen, Geräten, Lampen und Kästchenbeschlägen werden zwei Köpfe, mit mehr oder weniger kurzen Büsten versehen, a) in der Vorderansicht nebeneinander gestellt, b) mit den Profilen nebeneinander beziehungsweise hintereinander gestaffelt, c) mit den Profilen nach außen, das heißt also mit den Hinterköpfen zueinander oder d) mit den Profilen nach innen, das heißt also mit den Gesichtern zueinander gekehrt.

Die en-face-Darstellungen sind verhältnismäßig selten[30], die hintereinander gestaffelten Profile sind von den Porträtmünzen und geschnittenen Steinen der hellenistischen Herrscher[31] sowie von den republikanischen Münzen mit den beiden Dioskuren oder Penaten[32] und mit Porträts der Mitglieder der

---

[29] INGHOLT, aaO., Taf. 38,1 rechts; 4. RICHTER, aaO., Abb. 1147.

[30] Für die republikanische Zeit vgl. z. B. bei M.-L. VOLLENWEIDER, Die Porträtgemmen der römischen Republik, 1972–74, Taf. 28, 1. 6. 7. 9; für die spätere Kaiserzeit z. B. bei G. M. A. RICHTER, Engraved Gems of the Romans, 1971, Nr. 594 (Cameo mit sog. Diokletian und Maximian in der Dumbarton Oaks Coll.).

[31] Vgl. z. B. die Abb. bei RICHTER, The Portraits of the Greeks 3, 1965, Abb. 1709. 1779. 1781. 1893. 1997. H. KYRIELEIS, Bildnisse der Ptolemäer, 1975, Taf. 6, 3; 8, 1–3.

[32] Brit. Mus. Cat., H. A. GRUEBER, Coins of the Roman Republic 3, 1910, Taf. 30, 16. 18; 31, 4 u. a. mehr. Denar des C. Sulpicius aus dem Jahr 103/02 v. Chr., vgl. VOLLENWEIDER, aaO., Taf. 50, 3.

römischen Adelsfamilien[33] her wohl bekannt. Von beiden Formen kann hier abgesehen werden.

Die Entstehung der Bildform mit zwei nach innen oder außen gewandten Profilköpfen und ihre chronologische Entwicklung ist nicht im Zusammenhang untersucht worden, daher also bislang ungeklärt geblieben. Wir müssen deswegen weiter ausholen, ohne daß wir hier eine vollständige Materialsammlung oder gar eine erschöpfende Behandlung beabsichtigt haben. Die Bildform scheint für eine runde Fläche entworfen zu sein, weshalb man annehmen könnte, daß sie von Münzmeistern für Münzen erfunden wurde. Soweit der Verfasserin bekannt, treten Doppelköpfe mit ineinander übergehenden Hinterköpfen auf griechischen Münzen bezeichnenderweise nicht im Mutterland, sondern in Lampsakos und auf Tenedos auf. In Lampsakos, einer Kolonie des ionischen Phokaia, auf Stateren um 480/60 ist es ein weiblicher Doppelkopf[34] und in Tenedos auf Tenedos, auf Stateren um 550/470, 420/00 und nach 189 v. Chr., ein männlicher und ein weiblicher Kopf, welche als Zeus und Hera oder als die Geschwister Tenes und Amphithea oder als »zweigestaltiger Dionysos« gedeutet werden[35]. Auf italischem Boden wird nur Ianus in dieser Form auf den Münzen dargestellt[36], angefangen vom Aes Grave des 4. Jhs. v. Chr.[37] bis zu den 38–36 v. Chr. in Sizilien geprägten Münzen, bei denen Porträtzüge des Pompeius in Ianus eingegangen sind[38] sowie den ianusartigen Doppelköpfen auf Münzen der Stadt Tingis im Reich des Bocchus aus dem Jahre 38 v. Chr.[39] Porträts in dieser Form scheint es auf griechischen Münzen nicht gegeben zu haben, auf römischen Provinzemissionen dagegen doch, allerdings werden die Hinterköpfe getrennt nebeneinander gestellt: Divus Iulius und Octavian auf Bronzemünzen von Vienna aus

---

[33] Z. B. Antonius und Octavia auf 39 v. Chr. geprägten Münzen im Osten, also in enger Anlehnung an hellenistische Vorbilder, GRUEBER, aaO., Taf. 114, 3. 4.

[34] FRANKE und HIRMER, Die griechische Münze, 1964, Taf. 202 oben Mitte mit S. 148.

[35] Brit. Mus. Cat., Greek Coins (im folgenden BMC.), Troas, Aeolis, Lesbos, 1894, 91, Nr. 1–8, Taf. 17, 1–4 (um 550–470). 92f, Nr. 9–21, Taf. 17, 5–10 (um 450–387). 94, Nr. 27–33, Taf. 17, 13. 14 (nach 189 v. Chr.). FRANKE und HIRMER, aaO., Taf. 197 unten rechts mit S. 143f (um 420/00).

[36] T. V. BUTTREY, AJA. 76, 1972, 47, »The Janus-head is the very image of the ambiguity which Horace expresses, at once single and dual, two persons assumed into one, or the doubleness of a single being. The »half of my soul« [Odes 1,3: *animae dimidium meae*] is visible, tangible, in the divided half of the Janus-Head asses«.

[37] GRUEBER, aaO., Taf. 5, 1. 2; 10, 2. 3; 12, 9 und passim.

[38] BUTTREY, aaO., 31 ff, Taf. 9 B 3. Vgl. auch ein Medaillon von 186/87 n. Chr. mit der nach rechts gerichteten Panzer-Paludamentum-Büste des Commodus, an dessen Hinterkopf ein Ianuskopf angesetzt ist: J. P. C. KENT, B. OVERBECK, A. U. STYLOW, M. und A. HIRMER, Die römische Münze, 1973, Abb. 366 (im folgenden HIRMER, Römische Münze).

[39] M. GRANT, From *Imperium* to *Auctoritas,* 1946, 175, Taf. 5, 27.

dem Jahre 30 v. Chr. wahrscheinlich[40] und von Lugdunum[41], Augustus und Agrippa, Augustus und Caesar (?) auf in Nemausus geprägten Münzen, die von 28 v. Chr. bis in die Zeit des Nero reichen[42], Caius und Lucius Caesar auf Münzen der Colonia Iulia Traducta[43]. »The double heads are simply a development of the Janus-head of the Republican asses, the double Pompey-Janus illustrating the route by which one passed from the god to the portrayal of political personalities on the same kind of coin. The double head was a necessary mark of denomination, to illustrate that the value of the new coin was to be the same as that of the old Republican bronze still in circulation« (Buttrey, aaO. 42). Diese Art von Zusammenstellung zweier Köpfe auf einer runden Fläche tritt in späterer Zeit kaum noch auf.

Als Vorläufer der Beiruter Bleitessera muß uns in erster Linie das Bildmotiv mit den einander zugewandten Profilköpfen beschäftigen. Auf griechischen Münzen findet es sich nicht, jedoch auf Denkmälern der Kleinkunst, und da, wie es scheint, wiederum nicht auf Werken, die im Mutterland entstanden sind, sondern in Großgriechenland, in Tarent. Es handelt sich um 7,5 cm hohe, runde oder hufeisenförmige Tonscheiben mit je zwei Löchern aus dem Ende des 4. Jhs. v. Chr. (Abb. 2). Auf ihnen sind die einander zugewandten Köpfe eines Paares dargestellt, wobei die linke Figur ihre linke Hand um den Hals des Gegenübers legt. Da dieses Bildmotiv auf tarentinischen Silberschalen noch mit einem Thyrsos ergänzt wird, deutet man das Paar als Dionysos und Ariadne[44]. Über die Verwendung der Tonscheiben sind verschiedene Vermutungen geäußert worden, sie wurden als Webgewichte oder als Tesseren für Waren gedeutet, aber ihr Votivcharakter scheint andere Erklärungen nahezulegen[45]. Auf Terrakottasiegeln aus dem 3. Jh. v. Chr., die in der Umgebung von Gaziantep in der Türkei gefunden wurden, sind die kurzen Büsten von Hera und Zeus im Profil einander gegenüberge-

---

[40] D. KIANG, SchwMbll. 19, 1969, 33ff, Abb. 1–4. Ashmolean Museum Oxford, C. H. V. SUTHERLAND und C. M. KRAAY, Catalogue of Coins of the Roman Empire 1, 1975, Taf. 26, 1081–85.

[41] Cat. Ashmolean Mus. Taf. 26, 1086–87.

[42] GRANT, aaO., 70ff, Taf. 2, 17–24; 3, 1–12. E. NAU, Römische Münzen aus Süddeutschland, Zeit des Augustus und Tiberius, 1969, Taf. 5, 15–17. J.-B. GIARD, SchwMbll. 21, 1971, 68ff, Abb. 1–11. Cat. Ashmolean Mus. Taf. 10, 409–435; 11, 436–458.

[43] Cat. Ashmolean Mus. Taf. 26, 1067.

[44] H. HERDEJÜRGEN, Die tarentinischen Terrakotten des 6. bis 4. Jahrhunderts v. Chr. im Antikenmuseum Basel, 1971, 73f, Nr. 71–83, Taf. 23. 24.

[45] P. WUILLEUMIER, RA. 35, 1, 1932, 34ff. S. LAGONA, ArchStorSicilia 7, 1954, 89ff. M. BONGHI JOVINO, Documenti di coroplastica italiota, siceliota et etrusco-laziale nel Museo Civico di Legnano, 1972, 13.

stellt, ferner von Augustus und Roma sowie der beiden Dioskuren, die allerdings schon ans Ende des 1. Jhs. v. Chr. gehören[46].

Auf griechischen Gemmen hellenistisch-römischer Zeit finden sich die Büsten von Apollo-Sol und Artemis-Luna[47], von Dionysos und Ariadne[48] in unserem Bildmotiv. Eine Gemme in der Walters Art Gallery in Baltimore[49] und eine zweite im Cabinet des Médailles der Bibliothèque Nationale in Paris[50] zeigen die einander zugewandten Profilköpfe zweier Männer. Der Kopf auf der rechten Seite weist eine große Stirnglatze, einen lockigen Haarkranz und einen ebensolchen Bart auf, der auf der linken Seite trägt enganliegendes Haar, das um die Stirn in Wellen angeordnet ist und von einer schmalen Binde zusammengehalten wird. Alföldi will in dieser Darstellung Anaxarchos und Nikokreon erkennen und hält die beiden Männer für dieselben, die auf einem Kontorniatmedaillon im Cabinet des Médailles der Bibliothèque Nationale in Paris wiedergegeben sind und aufgrund einer Inschrift auf der Rückseite identifiziert werden konnten[51]. Dieses wurde aber für nicht antik erklärt[52], auch wenn es antik sein sollte, so scheint es doch nicht möglich, auf ihm und auf den Gemmen dieselben Männer dargestellt zu sehen. Daher ist es wohl angezeigt, es aus unserer Betrachtung auszuscheiden. Auf den Gemmen in Baltimore und in Paris scheint der Kopf auf der linken Seite den sogenannten Sardanapal-Typus des Dionysos wiederzugeben[53], der auf der rechten Seite Silen, wie Chabouillet und Richter vorschlugen, sicher nicht Sokrates, wie A. Furtwängler wollte[54]. In welche Zeit diese Gemmen gehören, ist schwierig zu bestimmen, die Pariser stammt aus Syrien und wurde von Cha-

---

[46] M. Maaskant-Kleibrink, BABesch. 46, 1971, 27, Nr. 4, Abb. 8; 28f, Nr. 6, Abb. 10; 29f, Nr. 8, Abb. 13.

[47] M. Chabouillet, Catalogue général des camées et pierres gravées de la Bibliothèque Impériale, 1858, Nr. 1476.

[48] P. Fossing, The Thorvaldsen Museum, Catalogue of the Antique Engraved Gems and Cameos, 1929, Nr. 1092, Taf. 13.

[49] A. Alföldi, in: Late Classical and Mediaeval Studies in Honor of Albert Mathias Friend, Jr., 1955, 15ff, Taf. 4, 2.

[50] Chabouillet, aaO., Nr. 1644. Richter, Engraved Gems of the Romans 44, Nr. 173.

[51] J. J. Bernoulli, Griechische Ikonographie 2, 1901, 98f. Münztaf. 2, 10. Alföldi, aaO., Taf. 4, 1. Richter, The Portraits of the Greeks 2, 243f, Abb. 1081–82. A. Alföldi, Die Kontorniaten, 1942–43, 78, Taf. 18, 10. A. und E. Alföldi, Die Kontorniat-Medaillons 1, 1976, 26, Nr. 99, Taf. 32, 2.

[52] Alföldi, Die Kontorniaten 128 unter Nr. 228 wendet sich gegen diese schon früher ausgesprochene Annahme, die aber von Richter, aaO., unter Berufung auf M. Guarducci (mündlich) wieder aufgenommen wurde.

[53] G. Lippold, Vat. Kat. 3,2, 1956, 61, Nr. 608, Taf. 30–31. Helbig 1, 1963[4], Nr. 496.

[54] A. Furtwängler, Kgl. Mus. Berlin, Beschreibung der geschnittenen Steine im Antiquarium, 1896, 259f, Nr. 6971–77.

bouillet als »pierre d'un excellent travail grec« bezeichnet, von Richter kaiserzeitlich datiert, die Gemme in Baltimore wurde von Alföldi ans Ende des 1. Jhs. v. Chr. gesetzt. Auf einer weiteren Gemme ist ein ähnlicher Bildtypus wie der Dionysos mit einem Philosophenkopf zusammengestellt, der die typisch hadrianische Stufenfrisur und einen kurzen, spitzen Bart aufweist[55]. Diese wenigen Beispiele aus griechisch-hellenistischer Zeit ließen sich sicherlich noch um einige vermehren, ohne daß aber das Ergebnis im wesentlichen verändert würde.

In der römischen Welt sieht das Bild anders aus. Die frühesten Münzen, auf denen sich die Dargestellten ansehen, sind bezeichnenderweise nicht in Rom geprägt, sondern im westlichen und östlichen Mittelmeerraum sowie in Gallien. In Sizilien sind es aurei mit dem Kopf des Sextus Pompeius auf der einen Seite und den Bildnissen des Pompeius Magnus und seines Sohnes Cnaeus[56] auf der anderen, die in die Jahre zwischen 42 und 38 v. Chr. gehören. Die östlichen Münzwerkstätten bringen in den Jahren 39–35 v. Chr. Marc Anton und Octavia in verschiedenen Anordnungen: Marc Anton und Octavia als hintereinander gestaffelte Profile in hellenistischer Manier[57], einander gegenübergestellt[58] oder mit Octavian verbunden, wobei Marc Anton und Octavian hintereinander gestaffelt Octavia gegenüberstehen[59]. In Kyrene setzte der Proconsul Scato die Doppelköpfe von Augustus und Agrippa auf seine Emissionen, die in die Jahre nach 24 v. Chr. gehören[60]. In einer Münze des Küstenstriches Byzacium ließ der Statthalter M. Acilius Glabrio im Jahre 25 v. Chr. Münzen prägen, deren Revers einen jugendlich männlichen und einen weiblichen Kopf sich einander zuwendend zeigt, vielleicht Marcellus und Iulia[61]. In Leptis Magna wurden unter dem Proconsul Africanus Fabius Maximus 6–5 v. Chr. (?) Münzen mit dem efeubekränzten Bacchuskopf, dem ein Diadem tragender Herkuleskopf gegenübersteht, versehen[62]. In Korinth wurden unter Augustus etwa 5 v. Chr. Münzen mit den

---

[55] FURTWÄNGLER, aaO., Nr. 7008.

[56] Brit. Mus. Cat., GRUEBER, Coins of the Roman Republic 2, 561, Nr. 13. 14, Taf. 120, 9. 10. VOLLENWEIDER, Porträtgemmen der römischen Republik, Taf. 111, 3. 4; 115, 10–11; 116, 1–7; 121. HIRMER, Römische Münze Nr. 103.

[57] GRUEBER, aaO., 513ff, Taf. 114, 3. 4; 115, 7–9. VOLLENWEIDER, aaO., Taf. 17, 1. HIRMER, aaO., Nr. 110.

[58] GRUEBER, aaO., 512. 516ff, Taf. 114, 14; 115, 1. 2. 4–6. VOLLENWEIDER, aaO., Taf. 153, 10; 154, 2. 3. 5–7.

[59] GRUEBER, aaO., 511. 515. 518, Taf. 115, 3. VOLLENWEIDER, aaO., Taf. 154, 4.

[60] GRANT, From *Imperium* to *Auctoritas*, 137f. A. ALFÖLDI in Mélanges J. Carcopino, 1966, 32, Taf. 9, 6. Cat. Ashmolean Mus., Taf. 20, 836.

[61] GRANT, aaO., 81f, Taf. 1, 23.

[62] Cat. Ashmolean Mus., Taf. 36, 1501.

Bildnissen von Caius und Lucius geprägt[63], ebenso in Cnossus[64] und im Westen in Tarraco nach 2 v. Chr.[65] In Gallien sind auf einem etwa 38 v. Chr. geprägten Denar des Agrippa die sich ansehenden Köpfe des bekränzten Divus Iulius und des bartlosen Octavian dargestellt[66].

In Rom selbst scheinen die frühesten Münzen aus dem Jahre 12 v. Chr. zu sein, auf denen sich Fortuna Victrix und Fortuna Felix[67] ansehen, während im Jahre 8 v. Chr. drei Personen wiedergegeben werden, Iulia in der Mitte zwischen ihren beiden Söhnen, wobei alle drei allerdings im Profil nebeneinander angeordnet sind[68]. Auf Gemmen und Pasten des 1. Jhs. v. Chr. finden sich ein Jünglings- und ein Frauenkopf gegenübergestellt, die zu benennen kaum möglich scheint[69]. Erst im Jahre 54 prägt die römische Münze aurei mit Nero und Agrippina[70], im Jahre 69 Münzen mit Sohn und Tochter des Vitellius[71]. Ihnen folgen Titus und Domitian unter Vespasian auf aurei und denarii im Jahre 69/70[72], beide erscheinen auch auf einem Bronzemedaillon[73]. Divus Nerva und Traianus Pater finden sich auf einem zwischen 112 und 117 geprägten aureus[74], Traianus und Plotina auf einem ebensolchen, der in die Jahre zwischen 134 und 138 gehört[75]. Nach diesen Gedenkprägungen Hadrians verwendet die römische Münze unser Bildmotiv nicht mehr, es wird unter Marc Aurel von den Medaillonprägungen übernommen, auf denen Marc Aurel und Lucius Verus, Marc Aurel und Commodus, Annius Verus und Commodus, Commodus und Crispina[76] dargestellt sind.

Die Provinzemissionen folgen eindeutig der Hauptstadt, indem sie die gleichen Paare, aber auch andere Zusammenstellungen bringen.

---

[63] BMC. Corinth, 1889, 61f, Taf. 15, 12. 15. Cat. Ashmolean Mus., Taf. 27, 1139–41.

[64] Grant, aaO., 262, Taf. 9, 8. Cat. Ashmolean Mus., Taf. 28, 1165–70.

[65] Cat. Ashmolean Mus., Taf. 24, 1000–01.

[66] Grueber, aaO., 410, Taf. 105, 6.

[67] Grueber, aaO., 76, Taf. 68, 1.

[68] Brit. Mus. Cat., Coins of the Roman Empire (im folgenden BMCRE.) 1, 1923, 21f, Taf. 4, 3. 5. Grueber, aaO., 95, Taf. 71, 5. Hirmer, Römische Münze Nr. 131.

[69] Vollenweider, Porträtgemmen der römischen Republik, Taf. 153, 11–15; 154, 8–19.

[70] BMCRE. 1, 200, Taf. 38, 1–3. Hirmer, Römische Münze Nr. 189. Vgl. auch die Listen bei E. Kornemann, Doppelprinzipat und Reichsteilung im Imperium Romanum, 1930, 197ff: Zur Typologie der Doppelprinzipats- und Doppelnachfolge-Münzen, die eben mit diesem Paar einsetzen.

[71] BMCRE. 1, 370, Taf. 60, 22; 372, Taf. 61, 4–6.

[72] BMCRE. 2, 1930, 1, Taf. 1, 1.

[73] Gnecchi, I medaglioni romani 3, 1912, 12, Taf. 143, 5.

[74] Bernhart, Handbuch zur Münzkunde der römischen Kaiserzeit, Taf. 78, 9. BMCRE. 3, 1936, 100f, Taf. 17, 18. 19. Hirmer, aaO., Nr. 268.

[75] BMCRE. 3, 318, Taf. 59, 3. Hirmer, aaO., Nr. 290.

[76] Gnecchi, aaO., 2, Taf. 70, 2; 71, 2–6. 10; 72, 1; 91, 7–9. Vgl. auch Toynbee, Roman Medallions 134. Hirmer, aaO., Nr. 353.

Unter Tiberius wurden im östlichen Mittelmeerraum verschiedene Münzen mit unserem Bildmotiv geprägt, so in Korinth mit Nero und Drusus (wahrscheinlich), den Brüdern des Caligula[77], in Pergamum mit Caius und Lucius sowie Livia und Tiberius[78], mit ersteren auch in Magnesia am Mäander[79], in Smyrna mit Augustus und Tiberius[80], Livia und der Personifikation des Senats[81], mit Augustus und Livia in Magnesia ad Sipylum[82] und in Euromus[83]. Unter Caligula erscheinen Caligula und Augustus sowie Roma und die Personifikation des Senats zu seiten einer Athenastatue auf Münzen von Ilium[84], in der Zeit zwischen Claudius und Hadrian der Senat und Livia Augusta in Tiberiopolis und unter Nero Caesar die beiden bartlosen Köpfe der Demoi von Laodiceia und Smyrna in Laodiceia-Smyrna[85]. Nero und Agrippina begegnet man auf Münzen von Smyrna, Apameia und Synaus in Phrygien[86], aber auch in Gallien[87]. In Spanien dagegen werden im Jahre 68, also während der Bürgerkriege, die Köpfe von Gallia und Hispania zu seiten der Victoria auf dem Globus auf Münzen gesetzt[88]. Titus und Domitian finden sich in Gallien, Kleinasien mit Ephesus, Spanien mit Tarraco[89], häufig begegnen Domitian und Domitia, z. B. auf Münzen von Laodiceia, Pergamum, Syros[90], unter Antoninus Pius die Dioskuren[91] in Flaviopolis (Cilicia), Faustina minor und Marc Aurel[92] auf Syros, Marc Aurel und Lucius Verus[93] im Bosporanischen Reich, in letzterem gab es das Motiv bereits 78–93 n. Chr. mit einem weiblichen und einem männlichen Kopf, die vielleicht den König Rhescuporis II. und seine Gemahlin darstellen[94]. Marc Aurel und Lucius Verus kommen auch noch in anderen Städten des östlichen Mittelmeeres vor,

---

[77] BMC. Corinth 65, Taf. 16, 8. GRANT, From *Imperium* to *Auctoritas*, 268, Taf. 9, 13.
[78] BMC. Mysia, 1892, 140, Taf. 28, 7. 8.
[79] Cat. Ashmolean Mus., Taf. 31, 1291 (Magnesia am Mäander).
[80] Cat. Ashmolean Mus., Taf. 31, 1316–18.
[81] BMC. Ionia, 1892, 268 Taf. 28, 8.
[82] Cat. Ashmolean Mus., Taf. 32, 1358.
[83] BMC. Caria, Cos, Rhodes, 1897, 100, Taf. 17, 8.
[84] BMC. Troas, Aeolis, Lesbos, 61, Taf. 12, 7.
[85] BMC. Phrygia, 1906, 421, Taf. 49, 6; 324, Taf. 52, 7.
[86] BMC. Ionia, 271, Taf. 28, 12; Phrygia, 94, Taf. 11, 7; 389, Taf. 45, 8.
[87] BMCRE. 1, 392, Taf. 62, 7.
[88] BMCRE. 1, 293, Taf. 50, 3.
[89] BMCRE. 2, 73, Taf. 12, 3. 4; 88f, Taf. 15, 8. 12; 95, Taf. 16, 7; 180, Taf. 31, 2; 182, Taf. 32, 2.
[90] BMC. Phrygia, 307, Taf. 37, 6; Mysia, 141, Taf. 28, 9; Crete and the Aegean Islands, 1886, Taf. 28, 7.
[91] BMC. Lycaonia, Isauria, Cilicia, 1900, 79, Taf. 13, 10.
[92] BMC. Crete, 125, Taf. 28, 8.
[93] BMC. Pontus usw., 1889, 65, Taf. 15, 7. 8.
[94] BMC. Pontus, 54, Taf. 12, 5.

ebenso Faustina minor und ihre Tochter Lucilla sowie Commodus und Crispina[95].

Im 3. Jh. n. Chr. gibt es wenige Münzemissionen mit unserem Bildmotiv, meistens in östlichen Münzstätten, dafür aber um so mehr Silber- und Bronzemedaillons. Auf den Münzen finden sich Septimius Severus und Iulia Domna, Septimius Severus und Caracalla, Caracalla und Iulia Domna, Caracalla und Geta, Caracalla und Plautilla[96], ferner Macrinus und Diadumenianus[97], Elagabalus und Severus Alexander, Severus Alexander und Iulia Mamaea[98], Maximinus und Maximus, Gordianus III. und Tranquillina[99], Philippus senior und iunior, Philippus und Otacilia[100], Decius und Herennius, Trebonianus Gallus und Volusianus[101], Valerianus und Gallienus, Gallienus und Salonina, Tetricus senior und iunior[102]. Auf Münzen aus Palmyra, die in die Mitte des 3. Jhs. n. Chr. gehören, stehen sich ʿAgligôl und Malakbêl sowie Baʿal Shamîm und Malakbêl gegenüber[103].

Auf den Silber- und Bronzemedaillons sind teilweise die gleichen Personen, teilweise andere dargestellt, z.B. Caracalla und Plautilla, Elagabalus und Aquilia Severa, Alexander Severus und Orbiana[104], Philippus senior und Otacilia gegenüber Philippus II.[105], Decius und Etruscilla, Herennius und Hostilianus[106], auf einem Goldmedaillon Gallienus und Salonina sowie Gal-

---

[95] BMC. Galatia usw., 1899, 114, Taf. 15, 11 (Doliche). – Palestine, 1914, 89, Taf. 9, 13; 158, Taf. 16, 6. – The Tauric Chersonese usw., 1877, 100, Nr. 67; auch auf einem Kontorniat-Medaillon vgl. A. und E. ALFÖLDI, Die Kontorniat-Medaillons 1, 182, Nr. 608, Taf. 183, 2.

[96] BMC. Caria, Cos, Rhodes, 73, Taf. 11, 10 (Bargylia); 139, Taf. 22, 16 (Myndus); 155ff, Taf. 24, 8 (Stratonicea); 112, Taf. 44, 3 (Halicarnassus und Samos). – Phoenicia, 1910, 70f, Taf. 10, 1. – The Tauric Chersonese 30, Nr. 19. – Pontus usw., 68, Taf. 16, 2. 3. – Phrygia, 225, Taf. 28, 6. – Mysia, 157, Taf. 32, 2. – Caria, 97, Taf. 16, 7 (Cnidus); 158, Taf. 24, 9. 10 (Stratonicea); 112, Taf. 44, 4 (Halicarnassus und Cos). Roman Imperial Coinage (im folgenden RIC.) 4,1, 1936, 115, Taf. 6, 12; 123, Nr. 251, Taf. 7, 6. Aureus in Rom mit Caracalla und Geta, HIRMER, Römische Münze Nr. 387.

[97] BMC. Galatia usw., Taf. 12, 3 (Caesarea).

[98] BMC. Arabia, Mesopotamia, Persia, 1922, 103, Taf. 15, 8; 110 Taf. 16, 1; 120, Taf. 17, 9.

[99] BMC. Ionia, 225, Taf. 23, 17. – Arabia, 135, Taf. 19, 3. – The Tauric Chersonese 133, Nr. 15.

[100] BMC. Phrygia, 386, Taf. 45, 4; 108, Taf. 13, 6; 152, Taf. 19, 3. – Galatia, 216, Taf. 25, 6. RIC. 4, 3, 1949, 97, Taf. 8, 10. BMC. The Tauric Chersonese, 134, Nr. 18.

[101] BMC. Arabia, 132, Taf. 18, 16. – Galatia, 229, Taf. 26, 5.

[102] BMC. Pontus, 76, Taf. 18, 3; 191, Taf. 34, 17. RIC. 5, 1, 1927, 191, Taf. 4, 56; 5, 2, 1933, 416, Taf. 15, 1. HIRMER, aaO., Nr. 527.

[103] COMTE DU MESNIL DU BUISSON, Les tessères et les monnaies de Palmyre, 732f, Abb. 310; 739, Abb. 318.

[104] GNECCHI, I medaglioni romani 2, 79, Taf. 97, 2; 85, Taf. 102, 2. 3; 3, 39, Taf. 152, 6; 45, Taf. 153, 9.

[105] HIRMER, aaO., Nr. 464.

[106] GNECCHI, aaO., 2, 101, Taf. 110, 5. 6; 1,49 Taf. 24, 10.

lienus und Valerianus II.[107], ferner Carus und Carinus, Carinus und Numerianus[108], in der Tetrarchenzeit Diocletianus und Maximinianus Herculeus[109], Diocletianus und Maximianus, Maximianus und Constantius Chlorus[110], Licinius Augustus und Licinius Caesar[111].

Im 4. Jh. finden sich auf Medaillons in Gold, Silber und Bronze in diesem Bildmotiv die Caesaren Crispus und Constantinus sowie Constantinus und Constantius dargestellt, die in die Jahre zwischen etwa 317 und 326 gehören[112] und in Siscia, Sirmium, Nicomedia und Antiocheia geprägt wurden, ferner sind erhalten ein Goldmedaillon mit den kurzen Büsten von Valentinianus I. und Valens[113] sowie ein rechteckiges Exagium mit Gratianus und Valentinianus II.[114] Danach tritt das Motiv erst wieder, aber ganz vereinzelt, auf Münzen byzantinischer Zeit auf, auf denen das Doppelporträt en face vorherrscht[115].

Von den Münzen her fand unser Motiv auch Eingang in die Kleinkunst. Auf Gemmen, Kameen und Glaspasten werden von republikanischer Zeit an bis in die Spätantike neben Privatpersonen sogar die gleichen Kaiser dargestellt, was, da jene ebenfalls als Propagandamittel dienten[116], verständlich ist;

---

[107] GNECCHI, aaO., 1,8, Taf. 3, 7. HIRMER, aaO., Nr. 486.

[108] GNECCHI, aaO., 1, 11, Taf. 4, 8; 2, 121, Taf. 122, 3; 123, Taf. 123, 9.

[109] GNECCHI, aaO., 1, 12, Taf. 5, 1. 2; 2, 127, Taf. 126, 1. 2. RICHTER, Engraved Gems of the Romans, Abb. 594a.

[110] J. M. FAGERLIE, The American Numismatic Society, Museum Notes 15, 1969, 85, Taf. 13, Nr. 22. TOYNBEE, Roman Medallions, Taf. 8, 2. HIRMER, Römische Münze Nr. 580.

[111] J. MAURICE, Numismatique Constantinienne 1, 1908, 115, Taf. 10, 14; 2, 1911, 572, Taf. 17, 7.

[112] GNECCHI, aaO., 1, 22f., Taf. 8, 13–15; 26, Taf. 9, 10; 59f, Taf. 29, 8–10; 3, 234, Taf. Suppl. 12. J. LAFAURIE, RevNum. 17, 1955, 229, Taf. 9, 4. MICHELINI TOCCI, I medaglioni romani Nr. 145, Taf. 60 (= Gnecchi 1 Taf. 29, 8). RIC. 7, 1966, 427, Taf. 12, 26; 470, Taf. 14, 20; 612, Taf. 21, 68; 689, Taf. 24, 70. HIRMER, aaO., Nr. 651.

[113] Kunst der Spätantike im Mittelmeerraum, Ausstellung 6. Internat. Kongreß für Archäologie, 1939, 13, Nr. 17, Taf. 4.

[114] BERNHART, Handbuch zur Münzkunde der römischen Kaiserzeit, 30, Taf. 32, 14.

[115] W. WROTH, BMC. Imperial Byzantine Coins 1.2, 1908, passim.

[116] Vgl. z.B. VOLLENWEIDER, Porträtgemmen der römischen Republik, Taf. 153, 8–9. 11–15; 154, 8–19. AGDS. 1,2, 1970, Nr. 951, Taf. 108; Nr. 1739. 1740. 1741, Taf. 160; 1,3, 1972, Nr. 2822, Taf. 266; Nr. 3367, Taf. 319; 4, 1975, Nr. 575, Taf. 76; Nr. 1095, Taf. 148; Nr. 1599, Taf. 213; Nr. 1606/07, Taf. 214; Nr. 1709, Taf. 226 (Luna und Sol); 3, 1970, Nr. 457, Taf. 68. A. CARANDINI, Vibia Sabina, 1969, Taf. 20, 4 (= RICHTER, Engraved Gems of the Romans, Abb. 543); 51, 83; 61, 121; 62, 128–29; 63, 130; 64, 137; 81, 183. Brit. Mus. Cat., WALTERS, Gems and Cameos, 1926, Nr. 2017. 2023. 2031, Taf. 25. FURTWÄNGLER, Die antiken Gemmen 1, 1900, Taf. 48, 29–32; 48, 33 (= AGDS. 2, 1969, Nr. 546, Taf. 94). RICHTER, Engraved Gems, Abb. 575–79. 596. 623–25. 633; DIES., Catalogue of Greek and Roman Antiquities in the Dumbarton Oaks Collection, 1956, 15ff, Nr. 11, Taf. 6A–C. A. M. MCCANN, The Portraits of Septimius Severus, MemAmAc. 30, 1968, Taf. 90. 91.

auf Schmuckstücken[117], so vor allem auf Ringen des 4. und 5. Jhs.[118], auf Gefäßen[119], Lampen[120] und verschiedenen Geräten[121] begegnet es. Neben Porträts werden Götter, Heroen, mythische Gestalten, Personifikationen wiedergegeben, auf einem Anhänger aus Ägypten (?) z. B. sind die Büsten des Sarapis und Helios allerdings en face »mit einem Stempel als Relief geprägt«, er wird als »religiöses Abzeichen« gedeutet und gehört ins 1.–2. Jh. n. Chr.[122] Häufig tritt das Götterpaar Isis und Sarapis auf, das auf verschiedenen Denkmälern in verschiedener Form dargestellt wird[123], darunter auch in dem uns hier speziell interessierenden Bildmotiv vor allem auf Lampen[124]. Hierbei gibt es eine kuriose Sonderform, da Isis und Sarapis als sich umarmende Büsten den Griff bilden[125]. Von der antoninischen Zeit an bis ins 4. Jh. n. Chr. waren diese Darstellungen beliebt, vor allem in Kleinasien, Nordafrika, Pannonien und Rhätien[126].

---

[117] Vgl. z. B. die Kupferscheibe von 5,8 cm Dm. im Musée Thomas Dobrée in Nantes mit der Darstellung von 5 Personen der konstantinischen Kaiserfamilie, wobei eine en face und die anderen vier sich ansehend dargestellt sind, LAFAURIE, RevNum. 17, 1955, 227ff, Taf. 9, 1; 10, 1.

[118] Goldring mit links Faustina minor und rechts Marc Aurel, wobei jeder für sich in einem ovalen Medaillon dargestellt ist (scheinen eher Hadrian und Sabina) in Novara, Museo Civico, Ori e argenti dell'Italia antica, Ausstellungskatalog Turin, 1961, 182, Nr. 629, Taf. 94. Goldring mit 2 ovalen Medaillons mit einer weiblichen und einer männlichen Büste im Museum in Turin, die Privatleute wiedergeben und ins 3. Jh. n. Chr. gehören, Ori e argenti, aaO., 213, Nr. 736, Taf. 94. Goldring mit rechteckiger Platte, auf der 2 Köpfe im Profil eingraviert sind, die ins 4./5. Jh. gehört, im Museo Civico von Pavia, Ori e argenti, aaO., 215, Nr. 746, Taf. 95.

[119] Rechteckige Tonschale mit zwei kurzen Büsten der Mauretania und Africa im Profil, J. W. SALOMONSON, BABesch. 44, 1969, 5 Abb. 2, die nach der Modefrisur der Africa ins letzte Viertel des 4. Jhs. n. Chr. gehören dürfte. Schale aus Alabaster mit zwei frontalen Büsten, R. FELLMANN, Le sanctuaire de Baalshamin à Palmyre 5, 1970, 66, Nr. 7, Taf. 19, 1a. Fragment eines Tellerbodens von spätantiker terra sigillata aus Syrakus mit den Profilköpfen der Hl. Agathe und Lucia zu seiten einer stehenden Christusfigur (1. H. 6. Jh.), E. LISSI CARONNA, Bd'A. 53, 1968, 184ff, 186, Abb. 40.

[120] J. DENEAUVE, Lampes de Carthage, 1969, Nr. 610, Taf. 62 (en face-Büsten der Dioskuren); Nr. 975, Taf. 88 (Juno und Minerva).

[121] Vgl. z. B. die runde Bronzescheibe (Dm. 5,1 cm) im Museum von Saint-Germain-en-Laye mit der Darstellung von Konstantin dem Großen und Helena wahrscheinlich: S. REINACH, Antiquités Nationales, Description raisonnée du Musée de Saint-Germain-en-Laye, Bronzes figurés de la Gaule Romaine, 1889, 220, Nr. 211. LAFAURIE, RevNum. 17, 1955, 227, Taf. 11, 15.

[122] H. HOFFMANN und V. v. CLAER, Museum für Kunst und Gewerbe Hamburg, Antiker Gold- und Silberschmuck, Katalog 1968, 81, Nr. 52.

[123] DENEAUVE, aaO., Nr. 913, Taf. 83; Nr. 1124, Taf. 101. V. TRAN TAM TINH, Isis et Sérapis se regardant, RA. 1970, 55ff. L. BUDDE, Julian-Helios Sarapis und Helena-Isis, AA. 1972, 630ff.

[124] TRAN TAM TINH, aaO., 63ff, Abb. 1–3. 10–22. BUDDE, aaO., 630ff, Abb. 1–6. 28. 30.

[125] TRAN TAM TINH, aaO., 59ff, Abb. 4–9. BUDDE, aaO., 636, Abb. 21–23.

[126] TRAN TAM TINH, aaO., 74ff. Die von BUDDE, aaO., veröffentlichte Lampe stammt aus Nordafrika und wird von ihm 362/63 datiert. Er führt auch (634) mehrere Münzbilder mit Julian-Sarapis und Helena-Isis sich ansehend an.

Werfen wir noch einen Blick auf die Bleitesseren, zu denen wir ja unser Denkmal zählen. Dabei zeigt sich, daß auf ihnen der gleiche Personenkreis dargestellt ist, wie auf Münzen und Medaillen, also Augustus und Agrippa[127], Caius und Lucius[128], Tiberius und Drusus[129], Titus und Domitian[130], Marc Aurel und Lucius Verus[131], Septimius Severus und Caracalla, Caracalla und Geta oder Septimius Severus, Caracalla und Geta[132], Decius und Herennius[133], Gallien und Valerian, Gallien und Saloninus[134], Constantius Chlorus und Maximian[135], Crispus und Constantinus[136], Arcadius, Honorius und Theodosius[137], der mittlere en face, die äußeren im Profil ihm zugekehrt, außerdem die Dioskuren[138] sowie unbenennbare weibliche Personen und männliche[139], vielleicht auch Antinous gegenüber einem weiblichen Kopf, wohl einer Göttin[140].

---

[127] M. BESNIER und P. BLANCHET, Coll. Farges, Musées de l'Algérie et de la Tunisie 9, 1900, 76, Nr. 56 aus Cherchel.

[128] FICORONI, I piombi antichi 2, 92, Taf. 3, Nr. 10.

[129] ROSTOVTSEW und PROU, Catalogue des Plombes de l'Antiquité, 35f, Nr. 2, Nero und Drusus, die Brüder des Caligula. H. DE VILLEFOSSE, RendAcInscr. 21, 1893, 353ff, Zeichnung auf S. 354, nach dieser wären links Tiberius und rechts Drusus erkennbar. Wahrscheinlich zur Erinnerung an ein Fest geprägt, da außerordentlich groß (Dm. 28 cm). VILLEFOSSE referiert die Meinung von W. HELBIG, daß es sich um ein Fest der Iulii gehandelt habe. – Besonders zahlreich an verschiedenen Orten in England gefunden, teilweise auch mit blanker Rückseite, teilweise mit Löchern versehen: J. COLLINGWOOD BRUCE, Archaeologia Aeliana 10, 1884/85, 253ff. TOYNBEE, Art in Britain under the Romans, 1964, 357. MCCANN, The Portraits of Septimius Severus, 184, Taf. 92, 1. 2.

[130] SCHOLZ, NumZ. 25, 1893, 21, Nr. 41–43, Taf. 2 (Nr. 41 = FICORONI 2, 92 Taf. 3, Nr. 9). GARRUCCI, Coll. Altieri 49, Nr. 2, Taf. 3. DE RUGGIERO, Catalogo del Museo Kircheriano 186, Nr. 1119.

[131] ROSTOVTSEW und PROU, aaO., 15, Nr. 1.2. FICORONI, aaO., 1,21, Taf. 4, Nr. 6.8.

[132] ROSTOVTSEW und PROU, aaO., 16, Nr. 1–3 = FICORONI, aaO., 1,21, Taf. 4, Nr. 9–10. ROSTOVTSEW und PROU, aaO., 16, Nr. 6 = FICORONI, aaO., 1,21, Taf. 4, Nr. 11.

[133] ROSTOVTSEW und PROU, aaO., 10, Nr. 2.

[134] ROSTOVTSEW und PROU, aaO., 17 o. Nr. = GARRUCCI, aaO., 55, Nr. 5, Taf. 4.

[135] GARRUCCI, aaO., 56, Nr. 7, Taf. 4.

[136] ROSTOVTSEW und PROU, aaO., 18, Nr. 6 = FICORONI, aaO., 1,22, Taf. 5, Nr. 1.

[137] ROSTOVTSEW und PROU, aaO., 18, Abb. 1.

[138] FICORONI, aaO., 2,92, Taf. 2,1. Die Benennungen fußen auf den Angaben in der Literatur und können, da die Tesseren fast ausschließlich in Umzeichnungen gegeben werden, nicht kontrolliert werden. Die Slg. Ficoroni z. B. ist in verschiedenen Sammlungen aufgegangen, im Medagliere der Vatikanischen Bibliothek, zusammen mit der Slg. Duc de Blacas ins Britische Museum gelangt und ins Museo Nazionale Romano in Rom. Die Originale zu überprüfen war daher nicht möglich.

[139] FICORONI, aaO., 1, 20f, Taf. 4, Nr. 4; 2, 118, Taf. 16, Nr. 17; 142, Taf. 26, Nr. 10; 147, Taf. 28, Nr. 6. INGHOLT, SEYRIG und STARCKY, Recueil des Tessères de Palmyre 124, Nr. 980 (Zeit der Severer).

[140] ROSTOVTSEW und PROU, aaO., 253f, Nr. 665/66, Taf. 3, 1.

Dieser Exkurs schien notwendig, um die Entstehung und Verbreitung des Motivs der zwei sich anblickenden Personen klären zu können. Es scheint also, als ob es im großgriechischen Raum in hellenistischer Zeit zum ersten Mal aufgetreten und Göttern und Heroen vorbehalten gewesen sei: Hera und Zeus, Dionysos und Ariadne, Dionysos und Silen, Dionysos und Herakles, Apollo und Artemis, die Dioskuren. Letztere sowie Isis und Sarapis begegnen auch in römischer Zeit, in der die Götterköpfe von den Personifikationen wie der Fortuna, der Roma, des Senats, des Demos, von Gallia, Hispania, Mauretania und Africa abgelöst werden.

Soweit nach dem durchgesehenen Material erkennbar, sind die ersten in diesem Motiv wiedergegebenen Porträts diejenigen des Pompeius Magnus und seines Sohnes Cnaeus auf den in den Jahren 42 bis 38 v. Chr. in Sizilien, also ebenfalls in Großgriechenland, geprägten aurei[141]. Es folgen die östlichen Werkstätten mit Marc Anton, Octavian und Octavia, mit Augustus und Agrippa, Caius und Lucius Caesar[142]. Ab der frühen Kaiserzeit wird das Motiv dermaßen beliebt, daß es für viele kaiserliche Paare, das heißt für Kaiser und Kaiserin (z.B. Domitian und Domitia), Kaiser und Caesar (z.B. Marc Aurel und Commodus) Kaiser und Mitregent (Vespasianus und Titus) angewendet wurde. Die größte Verbreitung fand es im 3. Jh. und in der Tetrarchenzeit, was aus dynastisch-politischen Gründen leicht verständlich ist[143].

Der Sinn, der diesem Bildmotiv zugrunde liegt, kann aus einigen wenigen Denkmälern erschlossen werden. Im politischen und privaten Bereich wurde die ὁμόνοια, die concordia, verehrt und gefeiert. Dem Kult der Eintracht waren Altäre sowie Tempel geweiht, denen die Priesterkollegien der concordiales angehörten. Die »concordia augustorum, caesarum, perpetua dominorum nostrorum«, die durch Münzlegenden belegt ist, bedeutete die Eintracht bei Mitregentschaft und Samtherrschaft, die durch dynastische Feierlichkeiten bekundet wurde. »Concordia« bedeutete aber auch Bürgereintracht (concordia ordinum), »Concordia« wirkte als Ehegöttin der kaiserlichen und privaten Häuser bis in spätantike Zeit[144]. Die »concordia« wurde durch

---

[141] Vgl. oben S. 211 mit [Anm. 56].

[142] Vgl. oben S. 211f. mit [Anm. 58–60. 63].

[143] Vgl. oben S. 214f.

[144] ROSCHER, Lexikon der Mythologie 1,1, 1884–86, 914ff, s.v. Concordia (PETER). RE.IV 1, 1900, 831ff, Nr. 5, s.v. Concordia (AUST). H. STRASBURGER, Concordia Ordinum, 1931. E. SKARD, Zwei religiös-politische Begriffe Euergetes – Concordia, Avhandlinger Norske Videnskaps-Akademi i Oslo II. Hist.-Filos. Klasse 1931, Nr. 2, 1932, 67ff. (Diese zwei Hinweise verdanke ich F. Bömer). KORNEMANN, Doppelprinzipat und Reichsteilung, bes. 179ff. A. MOMIGLIANO, ClQ.36, 1942, 111ff. K. LATTE, Römische Religionsgeschichte, 1960, passim. O. J. NEVEROV, Concordia Augustorum. Dynastische Thematik in der römischen Steinschneide-

Handschlag besiegelt, weswegen es Darstellungen von Paaren, die sich die Hände reichen, auf den verschiedensten Denkmälern gibt[145]. Auf Münzen, Gemmen und anderen Werken der Kleinkunst wurden für die »concordia« auch abgekürzte Darstellungen verwendet, nämlich zwei ineinander verschlungene Hände[146] oder zwei einander gegenübergestellte Büsten oder Köpfe. Daß letzteren der gleiche Sinn unterlegt wurde, geht aus Gemmen hervor, auf denen zwei Köpfe und unter ihnen zwei verschlungene Hände wiedergegeben sind[147] (Abb. 3.4). Durch dieses Zwischenglied ist die Bedeutung der einander gegenüberstehenden Köpfe als Zeichen der »concordia« gesichert. Es sei auch noch an Dionysos und Ariadne oder Sarapis und Isis erinnert[148], die sich umfassen, bei denen also außer den Köpfen beziehungsweise Büsten ebenfalls die Hände mit im Spiel sind, die das eindeutige Symbol der concordia bilden.

Identifizierung der Dargestellten als Paulus und Petrus

Kehren wir zur Beiruter Tessera zurück. Wen können die beiden bärtigen Köpfe meinen? Wie sich zeigt, gab es einen festumrissenen Personenkreis für die Darstellung auf den Tesseren insofern nicht, als dieser demjenigen auf den Münzen und Medaillen gleich war und von Göttern über Kaiser bis zu Privatpersonen reichte[149]. Von daher kann man also einen Aufschluß über die Identität der Männer nicht gewinnen. Zweifellos handelt es sich weder um Götter noch um Kaiser oder deren Angehörige, sondern um Personen, die in einem Bereich vorkommen, den wir bislang ausgeklammert haben, nämlich auf den verschiedensten Werken der Kleinkunst frühchristlicher Zeit. Auf

---

kunst, in Altertumswissenschaftliche Beiträge, Wissenschaftliche Zs. der Univ. Rostock 19, 1970, 605ff (russ.), 611f (deutsche u. engl. Zusammenfassung). Vgl. auch hier [Anm. 231–235].

[145] Es sei nur auf L. REEKMANS, La »dextrarum iunctio« dans l'iconographie romaine et paléochrétienne, BInstBelgeRome 31, 1958, 23ff, bes. 34ff verwiesen. Münzen: z. B. HIRMER, Römische Münze Nr. 302 (Hadrianus und Aelius mit Concordia). BMCRE. 2, 258, Nr. 177, Taf. 49,2 (Titus und Domitian mit Concordia oder Pietas); 5, 1950, 206, Nr. 271, Taf. 33, 16 (aureus mit Caracalla und Plautilla mit Concordia).

[146] GRUEBER, Coins of the Roman Republic 1, 587f. BUTTREY jr., The Triumviral Portrait Gold of the *Quattuorviri Monetales* of 42 B.C., 1956, 1ff, Taf. 1,38.1; 39,1.2.3; 40,1.2.3.4. HIRMER, aaO., Nr. 446. 447 (238 n. Chr.). 517 (268 n. Chr.).

[147] VOLLENWEIDER, Porträtgemmen der römischen Republik, Taf. 153,12 (Berlin = FURTWÄNGLER, Beschreibung Nr. 5197). Taf. 154,8 (München = AGDS. 1, Nr. 1742, Taf. 160).

[148] Vgl. oben S. 209 mit [Anm. 44]; S. 216 mit [Anm. 123].

[149] Vgl. dazu die Aufzählung bei GARRUCCI, Coll. Altieri 9ff, bei DE RUGGIERO, Catalogo del Museo Kircheriano 150ff und den Typenindex bei ROSTOWZEW, Tesserarum Urbis Romae . . . Sylloge 413ff. Ephesische Tesseren mit Artemis bei R. FLEISCHER, Artemis von Ephesos, 1973, 37ff.

diesen ist ein Paar bärtiger sich anblickender Männer dargestellt, die die Beischriften als die Apostel Petrus und Paulus bezeichnen. Diese beiden Apostel werden wir wohl auch auf der Beiruter Tessera erkennen müssen[150], links Paulus und rechts Petrus[151]. Die Apostel werden in der frühchristlichen Kunst, wie von den Gelehrten wiederholt betont wurde, nicht mit einem klar definierten Kopftypus und schon gar nicht mit einem bestimmten Porträtkopf versehen[152]. Bei den Vergleichen, die wir im folgenden ziehen wollen, um zu erweisen, daß es sich auf der Beiruter Tessera nur um Paulus und Petrus handeln kann, müssen wir drei Gruppen von Denkmälern unterscheiden. Als erste diejenige, die das gleiche Bildmotiv mit gleichen Kopftypen wie die Tessera zeigt, als zweite, die das gleiche Bildmotiv mit verschiedenen Kopftypen zeigt und als dritte, die die gleichen Kopftypen aber bei verschiedenem Bildmotiv zeigt. In der ersten und zweiten Gruppe bieten sich als nächste Vergleichsbeispiele die bekannten Bronzemedaillons mit der Darstellung der beiden Apostelköpfe oder -büsten an, allen voran das sogenannte Boldetti-Medaillon[153]. Da es aber nicht antiken Ursprungs zu sein

---

[150] Nach dem Erscheinen von INGHOLTS Aufsatz in Berytus 17, 1968, hat die VERF. ihre Erkenntnis, daß es sich nur um Paulus und Petrus handeln könne, mit einigen Kollegen diskutiert und auch in HELBIG 4, 1972^4, 306f unter »Nr. 3330 Herme des Chrysippos oder Aratos« darauf hingewiesen ». . . die Verf. sie für Petrus und Paulus hält, was sie an anderer Stelle begründen wird«. Darüber ist einige Zeit vergangen. Sie freut sich nun besonders die Gelegenheit zu haben, diese Begründung einem Petrusforscher widmen zu können.

[151] In der Literatur zu den frühchristlichen Denkmälern werden fast ausnahmslos Petrus und Paulus in dieser Reihenfolge (wohl wegen der Priorität des Petrus) genannt, was irreführend ist, da nach in Archäologie und Kunstgeschichte geübtem Brauch jede Beschreibung von links nach rechts fortschreiten muß. Wenn es z. B. bei W. F. VOLBACH und M. HIRMER, Frühchristliche Kunst, 1958, 78, zu Taf. 177 »Auf der Vorderseite der thronende Christus . . ., auf den Petrus und Paulus . . . zueilen« und auch als Bildunterschrift zu Taf. 177 heißt »Sarkophag mit Christus zwischen Petrus und Paulus«, so nimmt jeder Archäologe und Kunsthistoriker an, daß Petrus links und Paulus rechts dargestellt, während es aber genau umgekehrt der Fall ist. Im folgenden wird nach der archäologischen Methode verfahren, daher auch der manche wohl befremdende Titel dieser Untersuchung.

[152] Vgl. dazu die Ausführungen über die Quellen und ihre Bewertung zum Aussehen der Apostel bei E. DINKLER, Die ersten Petrusdarstellungen, Marburger Jb. f. Kunstwissenschaft 11, 1938, 7ff. B. DOER, Civis Romanus sum, Helikon 8, 1968, 8, [Anm. 15] »Auch sonst verlassen die Angaben über das Aussehen der Apostel nicht die Topologie. R. SÖDER, Die apokryphen Apostelgeschichten . . . S. 95–6 [Anm. 108] hat einige eindrucksvolle Beispiele zusammengetragen und sie als den Philosophenaretalogien angeglichen bezeichnet«. Allgemein zuletzt M. SOTOMAYOR, S. Pedro en la iconografia paleocristiana, 1962. P. TESTINI, Gli apostoli Pietro e Paolo nella più antica iconografia cristiana, in Studi Petriani, 1968.

[153] GARRUCCI, Storia dell'arte cristiana 6, 1880, Taf. 435,9. DE ROSSI, BArchCrist. 4. Ser. 5, 1887, 130ff, Taf. 10,1. V. SCHULTZE, Archäologie der altchristlichen Kunst, 1895, 355f, Abb. 110 (5. Jh.). CABROL I 2, 1907, 1831 Abb. 501, s. v. Amulettes und XIV 1, 1939, 938f, Abb. 10220, s.v. PIERRE (Saint). O. MARUCCHI, Manuale di Archeologia Cristiana, 1933^4, 338 mit Abb. C. CECCHELLI, San Pietro, 1937, Taf. 2,1 (Anfang 3. Jh.). P. DUCATI, L'arte in Roma,

scheint[154], soll es außer Betracht bleiben. Die bekannten Bronzeplättchen im Museo Sacro der Vatikanischen Bibliothek weisen das gleiche Bildmotiv, aber einen verschiedenen Kopftypus auf. Eines dieser Bronzemedaillons zeigt Petrus links mit einer enganliegenden Haarkappe, die sich an tetrarchische Frisuren anlehnt, weswegen es von C. Cecchelli[155] in den Anfang des 4. Jhs. datiert wurde, und einem langen breiten Bart, Paulus rechts mit kahlem Kopf, der nur von einem Haarkranz umrahmt wird und längerem, spitzem Bart. Dieser Typus der Apostelbilder wiederholt sich auf einem Bronzeplättchen aus dem Coemeterium von S. Agnese, nur steht Paulus links und Petrus rechts[156]. Auf Goldgläsern können beide Apostel den fast gleichen Kopftypus tragen, so daß sie nur durch die Beischriften zu unterscheiden sind, wobei ihre Stellung innerhalb des Bildes ebenfalls austauschbar ist[157] (Abb. 6). Andere Typen auf Goldgläsern[158] zeigen sie z.B. einander disputierend gegenüber sitzen, Petrus links mit einer dem Tesserakopf nahestehenden Frisur, bei der das Haar in die Mitte der Stirn hineinfällt sowie mit kurzem (aber spitzem) Bart. Auch Paulus ist dem Kopftypus der Tessera angenähert mit

---

1939, Taf. 245,3. A. GRABAR, Le portrait en iconographie paléochrétienne, Revue des sciences religieuses 36, 1962, 90f, Abb. 1 (wiederabgedruckt in GRABAR, L'art de la fin de l'Antiquité 1, 1968, 591ff, bes. 593, Taf. 143a) (3. Jh. n. Chr.); DERS., Christian Iconography, 1968, 68f, Abb. 163. CH. DELVOYE, De l'iconographie païenne à l'iconographie chrétienne, AAS. 21, 1971, 329ff, Taf. 104,11 (ohne Text).

[154] J. E. WEIS-LIEBERSDORF, Christus- und Apostelbilder, 1902, 83ff, Abb. 35, erörtert ausführlich Fundnotizen und erste Veröffentlichungen und schreibt, daß A. Furtwängler bei einem Besuch des Museo cristiano geäußert habe »sämtliche Bronzeplättchen mit den Apostelköpfen seien Fälschungen« (84). DINKLER, aaO., 11, Abb. 4, »moderne Medaillonarbeit«. Die von ihm 11f [Anm. 4] mit Recht geforderte »Spezialuntersuchung« liegt noch nicht vor, nur ein »esame chimico«, das eine Entstehung im 17. Jh. wahrscheinlich macht, vgl. E. ROMAGNOLI, RivArch-Crist. 21, 1944–45, 323 (Vortragsbericht). P. TESTINI, L'iconografia degli apostoli Pietro e Paolo nelle cosiddette arti minori, in Studi di antichità cristiana 28, Saecularia Petri et Pauli, 1969, 241ff, bes. 302, Nr. 73 (im folgenden TESTINI, L'iconografia). J. D. BRECKENRIDGE, ByzZ. 67, 1974, 102 [Anm. 6]. Dank dem freundlichen Entgegenkommen von J. RUYSSCHAERT konnte ich das Medaillon am 21. 10. 1969 eingehend studieren. Es scheint nach wie vor einer »Spezialuntersuchung« wert.

[155] CECCHELLI, aaO., 45, Taf. 2,3. TESTINI, L'iconografia 261. 301, Nr. 65, Abb. 12 (5./6. Jahrzehnt des 4. Jhs. aufgrund eines Vergleichs mit Münzbildnissen des Iulianus Apostata).

[156] WEIS-LIEBERSDORF, aaO., 85, Abb. 37. TESTINI, L'iconografia 303, Nr. 76, Abb. 26. Ein weiteres Medaillon, bei dem nur der linke Teil mit dem Kopf des Petrus erhalten ist (GARRUCCI, aaO., Taf. 435,8. CECCHELLI, aaO., Taf. 2,2) wird von TESTINI, L'iconografia 301, Nr. 64, 261, angezweifelt.

[157] CH. R. MOREY, The Gold-Glass Collection in the Vatican Library, 1959, Nr. 37, Taf. 6; Nr. 50, Taf. 8; Nr. 314, Taf. 29 = TESTINI, L'iconografia 312, Nr. 136, Abb. 21. Vgl. die Zusammenstellung dieses Motivs bei GARRUCCI, Vetri ornati di figure in oro, 1864, Taf. 12. 13. L. v. MATT, Die Kunstsammlungen der Biblioteca Apostolica Vaticana Rom, 1969, Abb. 45 (gleicher Typus mit Haaren in die Stirn und kurzem, breitem Bart).

[158] MOREY, aaO., Nr. 243, Taf. 26. TESTINI, L'iconografia 311, Nr. 127, Abb. 22.

breitem Bart und hoher Stirnglatze. Petrus mit vollem, die Stirn weitgehend bedeckendem Haar und Paulus mit breitausgezogenem Bart und Stirnglatze begegnet auf mehreren Goldgläsern[159]. Ein anderes Goldglas wiederum zeigt Petrus, links, im gleichen Typus wie die Tessera und Paulus, rechts, mit kurzem spitzen Bart aber vollem Haupthaar[160] (Abb. 7). Diese Beispiele könnten beliebig vermehrt werden, es sei nur noch auf das Fragment eines Goldglases in Berlin hingewiesen, da das rechts stehende Bildnis des Petrus den Typus der Beiruter Tessera aufweist[161].

Eine weitere Gattung von vergleichbaren Denkmälern sind gestanzte Bronzebleche, die als Kästchenbeschläge verwendet wurden[162]. Auf Beschlägen aus Dunapentele (Intercisa) in Mainz und Budapest, die aufgrund von mitgefundenen Münzen »nach den 60er Jahren des 4. Jhs.« datiert werden können[163], befindet sich eine Abfolge von Medaillons, in denen die kurzen Büsten der Apostel von Eierstabrahmen und Perlrand eingefaßt sind, links ist Petrus, rechts Paulus von Buchstaben umgeben, in der Mitte über ihren Köpfen befindet sich ein Christusmonogramm. Beide haben kurzes Haar und einen kurzen Bart, der des Paulus ist spitzer. Eine kleine Bronzeplatte, ebenfalls aus Dunapentele im Museum von Budapest, zeigt im Mittelfeld ein aufgelötetes Rundmedaillon, in dem Paulus und Petrus dargestellt, aber so schlecht erhalten sind, daß weitere Aussagen über sie nicht gemacht werden können. Es scheint in die 1. Hälfte des 4. Jhs. zu gehören[164].

Medaillons mit Apostelköpfen gibt es auf verschiedenen silbernen Gefäßen, von denen hier nur an folgende erinnert sei, da sie gleiche oder ähnliche Typen wie die Beiruter Tessera zeigen. Ein Kännchen im Museo Sacro der

---

[159] MOREY, aaO., Nr. 67, Taf. 11 (Petrus links und Paulus rechts) = v. MATT, aaO., Abb. 47. MOREY, aaO., Nr. 68, Taf. 11.

[160] MOREY, aaO., Nr. 66, Taf. 11. Auf dem Epitaph des Asellus sind die gleichen Typen eingraviert, allerdings en face. Der Kopf des Petrus mit der völligen Umrahmung des Gesichts durch die Haare und dem starken Kinn kommt dem Tesserakopf gleich, vgl. GARRUCCI, Storia dell'arte cristiana 6, Taf. 484, Nr. 11. MARUCCHI, I monumenti del Museo Cristiano Pio-Lateranense, 1910, 57, Nr. 42, Taf. 57. CABROL XIV 1, 963, 965/66, Abb. 10242, s. v. PIERRE (Saint). Auf dem Epitaph der Victoria in demselben Museum, GARRUCCI, aaO., Taf. 485, Nr. 1. MARUCCHI, aaO., 57, Nr. 43, Taf. 57, ist die Figur einer Orantin eingraviert und links und rechts über ihren Händen die kurzen Brustbilder im 3/4 Profil von vermutlich Paulus und Petrus. Da die Benennung nicht gesichert und die Köpfe klein und undeutlich sind, können wir hier darüber hinweggehen.

[161] Kgl. Mus. zu Berlin, Beschreibung der Bildwerke der christlichen Epochen, Teil 1: O. WULFF, Altchristliche Bildwerke, 1909, Nr. 1687, Taf. 73.

[162] H. BUSCHHAUSEN, Die spätrömischen Metallscrinia und frühchristlichen Reliquiare, 1. Teil, Wiener Byzantinische Studien 9, 1971, 122ff, A 60 und 61, Taf. 70–72.

[163] BUSCHHAUSEN, aaO., 125.

[164] BUSCHHAUSEN, aaO., 148f, A 75, Taf. 92.

Vatikanischen Bibliothek[165], das zwischen 450 und 475 datiert wurde[166], weist in einem breiten Streifen in der Mitte das Brustbild Christi auf, links davon diejenigen von Petrus und einem anderen Apostel und rechts von Paulus und einem anderen Apostel im Profil, in den allgemeinen Zügen mit den Tesseraköpfen übereinstimmend. In demselben Museum wird eine Ampulle aufbewahrt[167], die auf jeder Seite, umgeben von einem breiten, mit pflanzlichem Dekor geschmückten Rahmen das Profilbild des Petrus und des Paulus trägt. Der Kopf des Petrus mit seinem großen Nimbus, seinem kurzgeschorenen Schädel mit den Haarfransen, die an Tonsuren erinnern, und dem kurzen dicken Bart scheint allerdings auf eine viel spätere Zeit als bisher angenommen[168] hinzuweisen. Vergleichbar ist der Petruskopf auf dem Reliquiar in Grado[169], der die gleichen charakteristischen Merkmale zeigt. Die Datierung ist aber ebenfalls umstritten[170], das Reliquiar wird nicht vor dem 6. Jh. entstanden sein[171]. Auf einem Reliquiar in Leningrad[172], das aus Chersonesus auf der Krim stammt und in die Zeit Justinians, nach 550, gehört, sind auf einer Seite in drei Medaillons nebeneinander kurze en-face-Büsten von Paulus, Christus und Petrus dargestellt, wobei die Apostel ihre Köpfe leicht zur Mitte zu gekehrt haben, ihr Typus ist dem der Tessera sehr verwandt. Die Frisur des Petrus ist allerdings für einen en-face-Kopf angelegt, die tiefer reichenden Haare sitzen über dem linken Auge anstatt über der Nase, auch gehen sie an den Seiten nicht in den Bart über, worin sie sich von dem Kopf der Tessera unterscheiden. Auf der Vase aus Emesa im Louvre in Paris[173] sind im Mittelstreifen acht Medaillons dargestellt, wobei wiederum die Apostel das Christusmedaillon einrahmen. Die Köpfe zeigen den gleichen Typus wie das eben erwähnte Reliquiar.

---

165 H. H. ÁRNASON, ArtB. 20, 1938, 193ff, Abb. 1 (alle Seiten). VOLBACH und HIRMER, Frühchristliche Kunst 67 (mit Lit.), Taf. 121 links. v. MATT, aaO., Abb. 59 links.

166 ÁRNASON, aaO., 224f.

167 GARRUCCI, aaO., Taf. 435,3. C. M. KAUFMANN, Handbuch der christlichen Archäologie, 1922³, 594, Abb. 296. VOLBACH, Biblioteca Apostolica Vaticana, Museo Sacro 3, Itinerario, 1938, 10, Abb. 6. ÁRNASON, aaO., 225f, Abb. 35. v. MATT, aaO., 59 rechts (einzige gute Abb.).

168 v. MATT, aaO., 170: Anfang 5. Jh. (DALTROP).

169 BArchCrist. 2. Ser. 3, 1872, 41f, 155ff, Taf. 10/11. G. BRUSIN und P. L. ZOVATTO, Monumenti paleocristiani di Aquileia e di Grado, 1957, 513ff, Abb. 68–72.

170 ÁRNASON, aaO., 211ff. BRUSIN und ZOVATTO, aaO., 518ff (Ende 4./Anfang 5. Jh.).

171 ÁRNASON, aaO., 225.

172 GRABAR, Martyrium, Album, 1946, Taf. 65,3.4. E. CRUIKSHANK DODD, Byzantine Silver Stamps, 1961, Nr. 17, Abb. a. S. EYICE, Istanbul Arkeoloji Müzeleri Yilliği 15–16, 1969, 143, Abb. 32. BUSCHHAUSEN, aaO., 252ff, B 21, Taf. 59 oben.

173 D. TALBOT RICE, Kunst aus Byzanz, 1959, Taf. 44–45. E. COCHE DE LA FERTÉ, L'antiquité chrétienne au Musée du Louvre, 1958, 107f, Nr. 49, Abb. S. 51. VOLBACH und HIRMER, aaO., 91, Taf. 246. TESTINI, L'iconografia 300, Nr. 62 (6. Jh.).

Ferner seien noch erwähnt: Ein Enkolpion oder Agraffe aus Achmim in Berlin, das ins 4.–5. Jh. gehört[174]. Auf einem runden Bronzeblech sind die einander zugewandten Profilbüsten von Paulus und Petrus eingepreßt. Über jedem Kopf steht ein sechsstrahliger Stern und in der Mitte über ihnen ein Kreuz. Der linke, Paulus, ist nur durch seine Stirnglatze von Petrus unterschieden, die Bärte sind bei beiden gleich lang und breit[175]. Ähnlich ist die Darstellung auf einem braunen Jaspis aus Monlius (Allier). Um die beiden kurzen Büsten läuft die Inschrift: ANOYBIΩN, zwischen den Köpfen befindet sich das Christusmonogramm. Nach dem Namen des Besitzers zu schließen, ist er ägyptischer Herkunft. In dem linken scheint Paulus (mit wohl bedecktem Vorderkopf?) erkennbar und in dem rechten wegen seines vollen Haares Petrus (anders Babelon)[176] (Abb. 5). Die beiden Apostel sind auch auf Tonteller aus dem Anfang des 5. Jhs. gesetzt, wie Fragmente aus Nordafrika im Benaki Museum in Athen lehren. Petrus und Paulus sitzen zu beiden Seiten eines Kreuzes, dem sie sich zuwenden. Ihre Kopftypen sind, vor allem der des Petrus, denjenigen auf der Beiruter Tessera ähnlich[177]. Auf Tonlampen finden sich Köpfe oder Büsten, die auf den einen oder anderen Apostel gedeutet werden, was in den meisten Fällen allerdings fraglich bleiben muß[178] (Abb. 8).

Auch auf Bleitesseren erscheinen beide Apostel entweder im Profil oder aber in Dreiviertelansicht, auf einigen zu seiten eines Kreuzes, auf der Rückseite sind Inschriften wie »Aniceti, Theodori presbyteri, Sergi Notari, Gythi Notari« angebracht[179]. Auf einer Tessera mit Inschrift Quadragisimi sind in

---

[174] R. Forrer, Die frühchristlichen Alterthümer aus dem Gräberfelde von Achmim-Panopolis, 1893, Taf. 13,2. Wulff, Altchristliche Bildwerke Nr. 1118, Taf. 55. Kunst der Spätantike im Mittelmeerraum, Ausstellung 6. Internat. Kongreß f. Archäologie, 23f, Nr. 58, Taf. 11. Testini macht 2 Werke aus ihm: Testini, L'iconografia 297, Nr. 42 (Berlin) = 303 Nr. 79 (Straßburg).

[175] Eine rechteckige Goldplatte, die aber nur in der Zeichnung bei Garrucci, Storia dell'arte cristiana 6 Taf. 479,8 veröffentlicht und deren Aufenthaltsort unbekannt ist, gehört auch hierher. Aus der Zeichnung ist zu schließen, daß Paulus links im üblichen Schema dargestellt ist, Petrus rechts mit kurzem Bart- und vollem Haupthaar.

[176] E. Babelon, BullAntFrance 1898, 376; Ders., Guide illustré au Cabinet des Médailles et Antiques de la Bibliothèque Nationale, 1900, 63, Nr. 2166bis Abb. 33. Cabrol XIV 1, 962, Abb. 10240, s.v. Pierre (Saint).

[177] K. Loverdos, Deltion Christ. Arch. Etaireias 5, 1969, 229ff, Taf. 99–102.

[178] C. Metzger, Revue du Louvre 23, 1973, 38, Büste des Apostels Petrus (?) en face mit Kopf in Dreiviertelprofil aus Ägypten und ein zweites Exemplar im Antiquarium Comunale in Rom. Die Verf. meint, wegen »la barbe courte et la chevelure abondante . . . permettent peut-être, selon l'iconographie traditionelle du IVe siècle, de reconnaître ici une image de saint Pierre«. Über der rechten Schulter ist ein Kreuz dargestellt. Vgl. auch die Lampen mit Apostelköpfen Testini, L'iconografia, 306, Nr. 94. 98–100.

[179] Ficoroni, I piombi antichi 1,23 Taf. 5,11 = V. Laurent, Les sceaux byzantins du Mé-

Abb. 1: Bleimedaillon mit Paulus und Petrus. Beirut, Privatbesitz.

Abb. 2: Tonscheibe mit einander zugewandten Büsten eines Paares. (Dionysos und Ariadne?). Syrakus, Mus. Arch. Naz.

Abb. 3: Gemme mit zwei kurzen Büsten und ineinander verschlungenen Händen, Abguß. München, Staatl. Münzslg.

Abb. 4: Gemme mit zwei kurzen Büsten und ineinander verschlungenen Händen, Abguß. Paris, Bibl. Nat., Cab. des Méd.

Abb. 5: Gemme mit Paulus und Petrus. Paris, Bibl. Nat., Cab. des Méd.

Abb. 6: Goldglas mit Paulus und Petrus. Bibl. Apost. Vat.

Abb. 7: Goldglas mit Petrus und Paulus. Bibl. Apost. Vat.

Abb. 8: Tonlampe mit Apostelköpfen. Genf, Musée d'art et d'histoire, Coll. Arch. C 1478.

Abb. 9: Bleisiegel mit Paulus und Petrus. Bibl. Apost. Vat.

Abb. 10: Elfenbeinkästchen mit Verleugnungsszene, Ausschnitt. London, Brit. Mus.

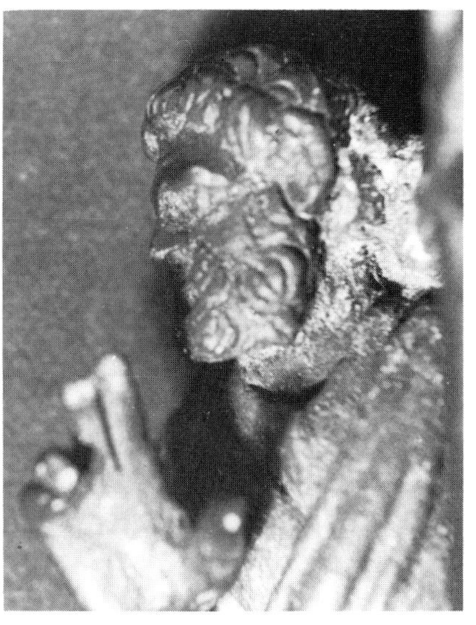

Abb. 11: Bronzestatuette des Petrus, linkes Profil des Kopfes. Berlin, Staatl. Mus., Frühchristl.-Byz. Slg.

Abb. 12: Relief in Barletta, Ausschnitt.

Abb. 13: Sog. Prinzensarkophag, Ausschnitt mit Kopf des Paulus. Istanbul, Arch. Mus.

Abb. 14: Relief, Ausschnitt mit Kopf des Paulus. Dumbarton Oaks Coll.

Abb. 15: Relief aus Kara Agatz, Ausschnitt. Berlin, Staatl. Mus.

einem Kranz die beiden Apostel in dem gleichen Typus wie auf der Beiruter Tessera dargestellt[180]. Die Datierung dieser Tesseren ist ganz unbestimmbar, sie scheinen in das 6.–9. Jh. n. Chr. zu gehören. Ins 6. und 7. Jh. gehören je zwei Siegel im Münzkabinett des Vatikans, die einmal Paulus und Petrus, zum anderen Petrus und Paulus wiedergeben[181] (Abb. 9). Andere stellen links Petrus, rechts Paulus und manchmal in der Mitte ein langes Kreuz dar[182], einige weisen zwischen und über den Apostelköpfen einen Stern auf. In Karthago wurden Tausende von Bleitesseren gefunden, darunter solche, die zwei bärtige Köpfe im Profil, umgeben von einem Perlrand, zeigen, also wohl Petrus und Paulus, auf der Rückseite ein kreuzförmiges Monogramm[183].

Auf einer großen Anzahl von Bleisiegeln, die auch in Karthago gefunden wurden[184] oder aus der Slg. Borgia in Velletri ins Nationalmuseum von Neapel kamen[185], gibt es Darstellungen der en-face- oder Profilbüsten der beiden Apostelfürsten, meist zu seiten eines Kreuzes. Ihre Maße sind durchschnittlich 2,1–2,8 cm, außerdem sind sie von einem Perlstab eingerahmt. Kirsch meint »die Brustbilder der beiden Apostelfürsten Petrus und Paulus, welche sich ebenfalls häufig auf Bullen finden, bezeichnen ohne Zweifel auch den Inhaber des Siegels als im Dienste der römischen Kirche stehend«[186]. Unser Typus lebt auch noch auf byzantinischen Siegeln weiter[187].

Datierung und stilistische Einordnung

Petrus und Paulus oder Paulus und Petrus einander gegenübergestellt oder den in der Mitte befindlichen Christus (oder auch ein Kreuz) anblickend, ist also in der frühchristlichen Kunst ein durchaus geläufiges Motiv. Seine Entstehung und chronologische Entwicklung aufzuzeigen, ist zu diesem Zeitpunkt noch nicht möglich, da die Denkmäler teilweise zu schlecht oder gar nicht, teilweise zu einseitig, nämlich unter religionsgeschichtlichem und nicht kunstgeschichtlichem Aspekt publiziert sind.

---

daillier Vatican, 1962, Nr. 259, Taf. 36 (6./7. Jh.). FICORONI 1,35f, Taf. 10,3; 37, Taf. 10,10; 46, Taf. 13,8 = I. P. KIRSCH, Altchristliche Bleisiegel des Museo Nazionale zu Neapel, RömQu. 6, 1892, 323, Nr. 13 (Abb. steht kopf).

[180] FICORONI, aaO., 1,51, Taf. 15,7.

[181] LAURENT, aaO., Nr. 207, Taf. 29; Nr. 278, Taf. 39; Nr. 44, Taf. 6; Nr. 288, Taf. 41.

[182] LAURENT, aaO., Nr. 252, Taf. 35; Nr. 275, Taf. 38.

[183] P. DELATTRE, BullArch. 1898, 160ff, Taf. 2,1.

[184] P. MONCEAUX, BullAntFrance 1907, 98ff, Nr. 4.

[185] KIRSCH, aaO., 310ff, bes. 321, Nr. 9; 324f, Nr. 14. 15.

[186] KIRSCH, aaO., 322.

[187] V. LAURENT, Le Corpus de sceaux de l'empire byzantin 5,2, 1965, 445, Nr. 336bis Taf. 45.

Wenden wir uns nun der dritten Gruppe von Werken zu, die beide oder einen der Apostel, abgesehen von dem Zusammenhang, darstellen, wenn nur die Köpfe den (fast) gleichen Typus wie auf der Beiruter Tessera wiedergeben. Dabei sollen nur diejenigen berücksichtigt werden, die tatsächlich Petrus und Paulus meinen. Die Züge, auf die es bei den Köpfen der Beiruter Tessera ankommt, seien noch einmal hervorgehoben und von denjenigen anderer Köpfe abgesetzt, da generelle Beschreibungen wie Stirnglatze oder voller kurzer Bart mißverständlich sein können, denn damit ist noch nichts über die spezifische Form ausgesagt. Eine Stirnglatze und einen kurzen breiten Bart weist z. B. auch der Kopf des Paulus in der Enthauptungsszene auf dem Junius-Bassus-Sarkophag[188] auf, aber in welch anderer Form als der Paulus auf der Beiruter Tessera! Bei diesem wird das Haar von hinten nach vorn gestrichen, der Bart setzt vor dem Ohr an (was nicht mehr klar zu erkennen ist) und verläuft schräg abwärts zum Mund. Er sieht wie künstlich umgehängt aus, da er scharf gegen die Wange abgesetzt ist und sich nicht dem Gesichtsumriß einfügt wie z. B. der Bart des Paulus der genannten Szene, sondern in glatten Strähnen breit herabhängt, wobei sowohl der untere Teil des Halses als auch der kurze Brustansatz unbedeckt bleiben. Der Kopf ist etwas erhoben und zurückgeworfen. Auf den Petruskopf des lateranischen Sarkophags 191 würde die Beschreibung kurzes volles Haar und ebensolcher Bart[189] z. B. auch passen, nicht nur auf den Beiruter und doch sind beide grundverschieden voneinander. Bei dem Beiruter Petruskopf wird das Gesicht auf eine kleine Fläche zusammengedrängt. Die kurzgelockten Haare lassen einen geringen Teil der Stirn frei, wobei sie in der Mitte noch tiefer herabreichen, bedecken die Schläfen und gehen am Backenknochen vorbei in einen dichten ebenfalls kurzlockigen Bart über, der das starke und vorgeschobene Kinn mitsamt den Kinnladen bedeckt, aber nicht herabhängt, so daß Hals und Brustansatz freibleiben. Ein kurzer dicker Schnurrbart unter einer klobigen großen Nase geht fast senkrecht in den Bart über, längs einer scharfen und tiefen Falte.

Es gibt nur wenige Köpfe auf frühchristlichen Werken der Kleinkunst, die wir mit den Beiruter vergleichen können: als erster sei der Kopf des Petrus aus der Verleugnungsszene auf einem Elfenbeinkästchen mit Passionsdarstellungen im British Museum in London genannt, das um 420/430 datiert

---

[188] F. Gerke, Der Sarkophag des Iunius Bassus, 1936, Taf. 9. Cecchelli, San Pietro Taf. 3 rechts unten. Repertorium der christlich-antiken Sarkophage 1, 1967, Nr. 680, Taf. 104.

[189] Gerke, RivArchCrist. 10, 1933, 322, Abb. 8. Cecchelli, aaO., Taf. 3 oben. G. B. Ladner, Die Papstbildnisse 1, 1941, Taf. 1,1. Repertorium, aaO., Nr. 12, Taf. 4. Eine Durchsicht der abgebildeten Sarkophage im Repertorium macht deutlich, was gemeint ist.

wird[190]. Der Kopf des Petrus (Abb. 10) ist auf der Tessera gleich mit dem starken, vorstehenden Kinn, dem dichten Haar, das in der Mitte tiefer in die Stirn hineinfällt und vor den Ohren einen in den Bart übergehenden Streifen bildet, mit der klobigen Nase und scharfen Falte. Ferner der Kopf des Paulus auf einem fragmentierten Kästchen, ebenfalls im British Museum[191] und in die gleiche Zeit gehörig. Paulus, der in der einen Szene vor dem Stadttor lesend sitzt und in der anderen gesteinigt wird, trägt einen Kopf, der dem Beiruter mit der Stirnglatze, den gegen die Schläfen zu gekämmten Haaren und dem kurzen Bart gleicht. Der Deckel des Elfenbeinkästchens im Museo Archeologico von Venedig (früher Pola) zeigt eine Traditio-legis-Szene; von den drei Köpfen ist nur derjenige des rechts (also zur Linken Christi) stehenden kreuztragenden Petrus erhalten. Auch er ist seines verwandten Typus wegen hier zu nennen[192] und scheint zu dem Kästchen in London mit den Petrusszenen in enger stilistischer Beziehung zu stehen[193]. Auch der Kopf einer Bronzestatuette in Berlin[194], die den kreuztragenden Petrus darstellt, sei hier angeführt (Abb. 11). Er weist ein besonderes Charakteristikum des Beiruter Petruskopfes auf, auf das noch nicht hingewiesen wurde. Sein Bart ist in senkrechte, nach unten breiter werdende Streifen gegliedert und diese wiederum in mehr oder weniger waagerechte, nach unten ausbuchtende Locken.

Auf der Schmalseite des sog. Prinzensarkophages in Istanbul[195] sind zu seiten eines Kreuzes links Petrus und rechts Paulus stehend dargestellt. Ihre Kopftypen sind denen der Tessera insofern verwandt als Petrus die völlige

---

[190] Brit. Mus. Cat., DALTON, Early Christian Antiquities, 1901, 49f, Nr. 291(a), Taf. 6; DERS., Ivory Carvings of the Christian Era, 1909, 5f, Nr. 7(a), Taf. 4. A. C. SOPER, ArtB. 20, 1938, 153f, Abb. 9.20 (verbindet mit dem Lampadii-Diptychon in Brescia und datiert daher um 425). VOLBACH und HIRMER, Frühchristliche Kunst, Taf. 98 oben. TESTINI, L'iconografia 293, Nr. 15, Abb. 7. VOLBACH, Elfenbeinarbeiten der Spätantike und des frühen Mittelalters, 1976³, 82f, Nr. 116, Taf. 61.

[191] DALTON, Early Christian Antiquities, 50f, Nr. 292(c), Taf. 7; DERS., Ivory Carvings 6f, Nr. 8(c), Taf. 5. H. PEIRCE und R. TYLER, L'art byzantin 1, 1932, Taf. 104(b). TESTINI, L'iconografia 293, Nr. 16, Abb. 8; DERS., L'apostolo Paolo nell'iconografia cristiana fino al VI secolo, in Studi Paolini, 1969, 86f, Taf. 16,3. VOLBACH, aaO., 83, Nr. 117, Taf. 61.

[192] Z.B. SOPER, aaO., 154, Abb. 19. BUSCHHAUSEN, Die spätrömischen Metallscrinia, 219ff, B 10 (mit Lit.), Taf. 33 (fälschlich Pola).

[193] SOPER, aaO., 153f.

[194] WULFF, Altchristliche Bildwerke 162 Nr. 717, Taf. 33. H. SCHLUNK, Staatl. Mus. Berlin, Frühchristl.-Byz. Slg., 1938, 76, Nr. 44 mit Abb. 44. Kunst der Spätantike im Mittelmeerraum 48 Nr. 129, Taf. 41. CECCHELLI, San Pietro, 48, Taf. 5. TESTINI, L'iconografia 297, Nr. 40, Abb. 13.

[195] J. KOLLWITZ, Oströmische Plastik der theodosianischen Zeit, 1941, 140f, Taf. 46,2; 47,1.2. TESTINI in Studi Paolini, Taf. 4,2.

Umrahmung des Gesichts durch dichten Haar- und Bartwuchs zeigt, und der Kopf des Paulus (Abb. 13) die gegen die Stirn zu gekämmten Haare und einen breiten nicht spitz zulaufenden Bart. Auf einer fragmentierten Platte aus Kara-Agatz unweit Sinope in Kleinasien, heute im Bode-Museum in Berlin-Ost[196], deren Verwendung nicht mehr bestimmbar ist[197], weist der kreuztragende Petrus, wahrscheinlich aus einer Wunderszene, den gleichen starken Haarwuchs des Petrus der Beiruter Tessera auf, der das Gesicht eng umrahmt. Die vollen Haare gehen in den dichten kurzsträhnigen Bart über und bilden in der Höhe des Backenknochens einen Winkel. Die Bartlocken sind ebenfalls in dieser seltsamen, weiter oben bereits beschriebenen Weise gestaltet. Ein weiteres Relief, das in diesen Umkreis gehört, befindet sich in fragmentiertem Zustand in Barletta[198], und zeigt Christus zwischen den 12 Aposteln, die inschriftlich in griechischer Sprache bezeichnet sind. Der Kopf des Paulus ist nicht mehr vorhanden, der des Petrus[199] (Abb. 12) steht in den bezeichnendsten Einzelheiten dem Beiruter Tesserakopf nahe. In den gleichen Umkreis gehört ein Randfragment einer Mensaplatte in der Dumbarton Oaks Collection, auf dem die Blindenheilung dargestellt ist[200]. Hinter Christus schreitet Paulus einher (Abb. 14), der mit der Linken ein Stabkreuz schultert – Paulus als Kreuzträger[201] begegnet auch auf einem Sarkophag in Ferrara[202]. Nach vorn gekämmtes Haar und ein strähniger breiter Bart verbinden seinen Kopf[203] mit dem auf der Beiruter Tessera. Es handelt sich zweifellos um den gleichen Kopftypus. Damit sind wir aber auch am Ende der möglichen Vergleiche angelangt. Angeführt seien noch das unfertige Kalksteinrelief in Aquileia[204] aus dem Ende des 4. Jhs. mit ähnlichen Kopf-

[196] WULFF, aaO., 18, Nr. 29 mit Abb. SCHLUNK, aaO., 72, Nr. 14 mit Abb. 14. MOREY, Early Christian Art, 1953², 103f, Abb. 100. K. WESSEL, Staatl. Museen zu Berlin, Forschungen und Berichte 1, 1957, 71ff, Abb. 1–3. E. KITZINGER, A Marble Relief of the Theodosian Period, DOPap. 14, 1960, 40ff, Abb. 18.

[197] WULFF, aaO., und SCHLUNK, aaO., »Brüstungsplatte« und »untere Leiste wie bei Sarkophagreliefs«. WESSEL, aaO., 74 »Rest einer Brüstungsplatte«.

[198] P. TESTINI, Un rilievo cristiano poco noto del Museo di Barletta, Vetera Christianorum 1, 1964, 129ff, Taf. 1–4. H. BRANDENBURG, RM. 79, 1972, 134ff, Taf. 79,2; 80.

[199] TESTINI, aaO., Taf. 3,5; 8,13. H.-G. SEVERIN, Oströmische Plastik unter Valens und Theodosius I., JbBerlMus. 12, 1970, 221, Abb. 11.

[200] KITZINGER, aaO., 19ff, Abb. 1. 4. 7. TESTINI, aaO., 158, Taf. 15,22. SEVERIN, aaO., 233, Abb. 14.

[201] Dazu vgl. KOLLWITZ, aaO., 137.

[202] G. GEROLA, Studi Romani 2, 1914, 401ff, Taf. 24 oben.

[203] KITZINGER, aaO., Abb. 1.14.

[204] B. FORLATI TAMARO, Aquileia Nostra 4, 1933, 39f, Abb. 60. CECCHELLI, San Pietro, 46, Abb. S. 45. BRUSIN und ZOVATTO, Monumenti paleocristiani di Aquileia e di Grado, 371ff, Abb. 148. FORLATI TAMARO und L. BERTACCHI, Aquileia, il museo paleocristiano, 1962, 35,

typen, und schließlich Paulus und Petrus auf dem Mosaik der Kuppel des Baptisteriums der Orthodoxen in Ravenna[205] aus der 2. Hälfte des 5. Jhs.

Wie von selbst hat sich unser bescheidenes Relief zu einer ganz bestimmten Gruppe von Werken gefügt, die in Konstantinopel oder im Umkreis seines Einflusses entstanden sind und in valentinianisch-theodosianische Zeit gehören. Der Prinzensarkophag scheint seinem Stil nach das früheste dieser Werke zu sein. Die Köpfe (wir beschränken uns im folgenden auf diese) sind in klassischer Formensprache gebildet, sie sind wohlproportioniert und weich modelliert, das Kopf- und Barthaar ist locker gestaltet und sorgfältig angeordnet, den Augen fehlt die Pupillenangabe[206]. Die von H. von Schoenebeck[207] und G. Bovini[208] vorgeschlagene Datierung um 360/370 aufgrund eines Stilvergleichs mit den stadtrömischen Werken des schönen Stils scheint bislang die treffendste zu sein[209]. Er muß auf jeden Fall vor der Basis des Theodosiusobelisken entstanden sein. In die Zeit dieses gehört dann das kleine Relief in der Dumbarton Oaks Collection[210]. Ein Vergleich der Pausköpfe[211] (Abb. 13/4) auf den beiden genannten Werken ist bezeichnend. Schon Kollwitz[212] meinte von dem Sarkophagkopf, daß er »ein feiner geistiger Typ . . . unverkennbar ein Paulus sei« und weiter »sein Bild, in spätkonstantinischer Zeit geschaffen, liegt von Anfang an in seinen entscheidenden Merkmalen fest, und zwar in Ostrom ebenso wie in Westrom«. Es scheint nun, als ob der Kopf des Dumbarton Oaks Reliefs eine noch stärkere Aussa-

Nr. 73, Abb. S. 37. TESTINI in Studi Paolini 81, Taf. 13,2. G. CUSCITO, Aquileia Nostra 45–46, 1974–75, 647f, Abb. 10.

[205] CECCHELLI, aaO., Abb. S. 51 Kopf des Petrus. VOLBACH und HIRMER, aaO., 72, Taf. 142 oben.

[206] KOLLWITZ, Oströmische Plastik, Taf. 47,1.2.

[207] RM. 51, 1936, 326ff.

[208] IX Corso di cultura sull'arte ravennate e bizantina, 1962, 180f. BRANDENBURG in Sitzungsberichte der Kunstgesch. Gesellschaft zu Berlin N.F. Heft 21, 1972/73, 20f (Vortragsbericht).

[209] A. MÜFIT, Ein Prinzensarkophag aus Istanbul, 1934, 31, datiert in die 1. H. des 5. Jhs. KOLLWITZ, aaO., 132, theodosianisch. N. FIRATLI, A Short Guide to the Byzantine Works of Art in the Archaeological Museum of Istanbul, 1955, 17, Nr. 4508, Taf. 5,10 in den Anfang des 5. Jhs. SEVERIN, aaO., setzt ihn in den Umkreis des Dumbarton Oaks Reliefs.

[210] KITZINGER, aaO., 21. TESTINI, Vetera Christianorum 1, 1964, 158 »particolarmente vicino al sarcofago del principe«. SEVERIN, aaO., 233 wird man zustimmen bei der Zurückweisung der Zweifel an der Echtheit (Nachweise bei ihm 233 [Anm. 72]). BRANDENBURG, aaO., 20 spricht von »dem heilenden Christus und Petrus« und datiert in die letzten Jahrzehnte des 4. Jhs.

[211] Prinzensarkophag: KOLLWITZ, aaO., Taf. 47,1.2. Relief in Dumbarton Oaks: KITZINGER, aaO., Abb. 14.

[212] KOLLWITZ, aaO., 140. Vgl. auch KITZINGER, aaO., 33f, der u. a. meint »The prominent featuring of the Apostle Paul . . . must be considered a characteristic of Constantinopolitan art of precisely the period to which our relief belongs.«

gekraft besäße, den Typ, der unverkennbar Paulus ist, noch unverkennbarer und unverwechselbarer charakterisierte.

Zeitlich anzuschließen, aber doch etwas abzurücken scheint das Barlettarelief, das von seinem Herausgeber um 400 angesetzt und einer konstantinopler Werkstatt zugewiesen wurde[213]. Der Kopf des Petrus[214] (Abb. 12), der uns hier besonders interessiert, findet seine Vorläufer in den Köpfen auf dem Theodosiusobelisken[215]. Die stilistische Übereinstimmung ist so weitgehend, daß man die gleiche Werkstatt, vielleicht ein Jahrzehnt später, vermuten könnte. Der Barlettakopf zeigt eine stärkere Erstarrung und Stilisierung der gleichen Grundform, sogar im Vergleich zu dem Beamtenkopf eine gewisse Übertreibung einzelner Formen, wie z. B. der weiter geöffneten Augen, der noch stärkeren Betonung der Backenknochen, der scharfen Nasenfalten, der harten Absetzung des Bartes.

Diese Formen des Petruskopfes auf dem Barlettarelief finden sich am Petruskopf des Sinopereliefs[216] (Abb. 15), aber noch kantiger, flacher und, wenn man so will, schematischer gestaltet[217]. Ob man dieses wirklich bis zur Jahrhundertmitte hinunterrücken muß[218], sei dahingestellt. Der Sinopekopf scheint sich dem Barlettakopf so eng anzuschließen, daß man wohl einen zeitlichen Abstand, aber nicht einen größeren, annehmen möchte. Zumal man Unterschiede nicht nur chronologisch werten sollte, sondern verschiedene Werkstatt-Traditionen am gleichen Ort oder an verschiedenen Orten berücksichtigen muß. Das Relief in Sinope kann, aber muß nicht, in Konstantinopel gearbeitet sein[219], dies zu entscheiden ist, auch wegen Mangel an Denkmälern, noch nicht möglich[220].

[213] Testini, aaO., 161: »Il rilievo di Barletta si colloca perfettamente in questa rinascenza artistica che culmina intorno all'anno 400: e anzi s'inquadrerebbe ancor meglio in quel rinvigorirsi della corrente classica, che si verifica nei primissimi anni del V secolo sotto gl'imperatori Arcadio e Onorio.« Zum Ursprung zustimmend F. W. Deichmann, ByzZ. 58, 1965, 265. Severin, aaO., 234 »in frühtheodosianischer Zeit im Kunstkreis der oströmischen Hauptstadt gearbeitet«. Brandenburg, aaO., 20.

[214] Testini, aaO., Taf. 8,13.

[215] Vgl. z.B. Kollwitz, aaO., Taf. 35, 1–3, bes. 2.

[216] Vgl. bes. die Abb. 3 bei Wessel, aaO., 76. G. de Francovich, Felix Ravenna 3. Ser. 26–27, 1958, Abb. 63.

[217] Die gleiche Tendenz hat Kollwitz, aaO., 62. 166 und passim an den Figuren beobachtet, nämlich eine fortschreitende Verhärtung der Falten und Verflachung der Körper, wogegen sich Severin, aaO., 234 wendet, der »andere Formulierungen und Verwendung neuer Figurentypen« vorschlagen möchte.

[218] Wessel, aaO., 78ff. Zustimmend Kitzinger, aaO., 41 mit [Anm. 99], in der er sich gegen die frühe Datierung in Verbindung mit dem Theodosiusobelisken durch Francovich, aaO., 73f und [Anm. 123] wendet, worin man sich ihm wird anschließen müssen.

[219] Francovich, aaO., 73ff entscheidet sich für Konstantinopel, was nicht überzeugt.

[220] Die Beziehungen dieser und anderer Werke, vor allem der Sarkophage, zu ravennatischen

Die Beiruter Tessera scheint sich zwischen das Relief von Barletta und dasjenige von Sinope einzufügen, die Formen des Petruskopfes auf ihr scheinen zwischen denjenigen der beiden Petrusköpfe zu stehen, das hieße also, daß die Tessera in das erste Viertel des 5. Jhs. datiert und dem oströmischen Bereich zugewiesen werden kann. Die angebliche Herkunft aus »Südanatolien« würde diese Zuweisung, die auf komplizierten Wegen gewonnen wurde, bestätigen.

Die weiter oben zum Vergleich herangezogenen Werke der Kleinkunst legen die gleiche zeitliche Ansetzung nahe. Die Elfenbeinreliefs in London sowie das Kästchen in Venedig wurden um 420/430 datiert[221], der Ort ihrer Herstellung ist allerdings umstritten und keineswegs geklärt. Auch wenn sie in einer westlichen Werkstatt gearbeitet wurden[222], können die Typen der Köpfe aus östlichen Werkstätten übernommen worden sein. Wichtig ist festzuhalten, daß die Typen für beide Apostel im östlichen Bereich geschaffen und auf einigen wenigen Werken im westlichen Verwendung fanden. Damit wollen wir es bewenden lassen.

Aufgrund unserer bisherigen Untersuchungen konnten wir feststellen, daß die Tessera im östlichen Bereich im 1. Viertel des 5. Jhs. n. Chr. entstanden sein muß. In diesem Umkreis und in diese Zeit weisen aber nicht nur die Typen der Apostelköpfe, sondern auch der Stil des kleinen Denkmals selbst. Die Art und Weise der Gegenüberstellung der Köpfe und der Begrenzung der kurzen Bruststücke ist charakteristisch für griechische, die Art und Weise der isolierten Aufsetzung auf eine glatte Fläche bezeichnend für spätantike Werke, die Art und Weise der Wiedergabe der Einzelformen findet sich auf Münzen der 1. Hälfte des 5. Jhs. wieder. Als besonderes Charakteristikum wird man die Form der Augen bezeichnen können, die nicht im Profil, sondern in Vorderansicht gegeben sind, wobei sie schräg im Gesicht sitzen, das heißt, die inneren Augenwinkel liegen höher als die äußeren und das untere Lid wird durch eine zweite Linie betont. Auf einem in Ravenna (ohne es zu wol-

---

wurde immer wieder hervorgehoben, so von Francovich, aaO., passim und zuletzt von Deichmann, ByzZ. 62, 1969, 291ff untersucht, worauf hier nicht weiter eingegangen werden kann. Auch Kitzinger, aaO., 33 vergleicht den Pauluskopf (Abb. 14) des Dumbarton Oaks Reliefs mit demjenigen des Exuperantiussarkophages in Ravenna (Abb. 15). Diesen datiert Francovich, aaO., 108 um 410/20. Wie die zweifellos vorhandenen Affinitäten zu erklären sind, muß einstweilen dahingestellt bleiben, wie Deichmann, aaO., mit Recht betonte. Für unsere Tessera ist es interessant festzustellen, daß der Paulus des Sarkophags den gleichen Flockenbart des Petrus auf der Tessera trägt.

[221] Vgl. hier [Anm. 190–193].

[222] Volbach, Elfenbeinarbeiten der Spätantike[3], 82 spricht von »oberitalienischem Ursprung« für das Kästchen mit den Passionsdarstellungen und 83 von »westlicher Entstehung« für die Fragmente mit Paulus.

len, werden wir wieder dahin gewiesen) geprägten Solidus des Constantius III. (gest. 421) findet sich ebenfalls diese seltene Augenform[223].

Bei einer Durchsicht der Münz- und Gemmenkataloge erkennt man, daß in der Hauptsache zwei Prinzipien für die Aufsetzung von Köpfen auf einer runden Fläche angewendet wurden. Das eine, das fast ausschließlich im griechischen Bereich vorkommt, in der hellenistischen Zeit für Porträtköpfe besonders beliebt war und noch, bezeichnenderweise, bis in augusteische Zeit hineinwirkte, stellt den Kopf senkrecht, den Hals aber schräg, so daß es aussieht, als ob der Kopf vorgestreckt wäre[224]. Auf diese Weise sind die Beiruter Köpfe gestaltet. Das andere Prinzip, das in späterer römischer Zeit ausschließlich angewendet wurde, stellt Kopf und Hals senkrecht auf die runde Fläche. Künstlerisch vollendeter und wirksamer ist das erste Prinzip, da es dem Rund der Fläche angepaßt erscheint. Bei der Wiedergabe von zwei Profilköpfen kann man ferner beobachten, daß manches Mal einer zugunsten des anderen schmäler dargestellt wird oder eine kleinere Fläche, also nicht die Hälfte der zur Verfügung stehenden, einnimmt[225]. Dies ist auch bei der Beiruter Tessera der Fall, Paulus, dessen Kopf vorgereckt ist, nimmt den größeren Teil der Fläche ein, der Kopf des Petrus ist dagegen etwas zurückgelehnt.

Daß die Zusammenstellung der beiden Köpfe auf der runden Fläche nicht in künstlerisch vollendeter Weise vorgetragen wird, ist ebenfalls als Kennzeichen für die spätantike Zeit zu werten, in der man mit manchen Ungereimtheiten zu rechnen hat, wie z.B. mit der groben fast formlosen Wiedergabe des kurzen Büstenansatzes, dessen untere Fläche sichtbar ist[226]. Dieser ist auf

[223] VOLBACH und HIRMER, Frühchristliche Kunst, 55, Taf. 52 unten rechts. HIRMER, Römische Münze 176, Nr. 742.

[224] Vgl. z.B. den weiblichen Kopf auf einem Goldring des 4. Jhs. v. Chr. im Archäologischen Museum von Tarent, G. BECATTI, Oreficerie antiche, 1955, Nr. 334, Taf. 83, oder die griechischen Münzen bei FRANKE und HIRMER, Die griechische Münze Abb. 30 oben rechts und 39 unten rechts (Syrakus, 5. Jh. v. Chr.); 71 oben links (Segesta, 5. Jh. v. Chr.); 94 oben rechts (Kroton, 4. Jh. v. Chr.); 161 unten Mitte (Sparta, 3. Jh. v. Chr.); 175 unten rechts (Königreich Makedonien, Perseus 179/68 v. Chr.); 204 unten rechts (Königreich Syrien, Antiochos I. Soter, 261/46 v. Chr.); 211 oben (Königreich Pontos, Mithradates VI. Eupator 120/19–63 v. Chr.). – Vgl. weiter VOLLENWEIDER, Porträtgemmen der römischen Republik, Taf. 37. 38,7; 41,3.4.6.7.9; 61,1–9; 63, 1–2 usw. Ferner die Alexanderköpfe auf den Kontorniaten A. und E. ALFÖLDI, Die Kontorniat-Medaillons 1 z.B. Taf. 17.21.

[225] Vgl. z.B. den Dupondius des Marc Anton und L. Sempronius Atratinus aus dem Jahr 37/36 v. Chr. mit Marc Anton und Octavia, VOLLENWEIDER, aaO., Taf. 154,2 oder den Silberring mit einem Paar konstantinischer Zeit, RICHTER, Engraved Gems of the Romans Nr. 596.

[226] Wie dieser Büstenausschnitt in künstlerisch gelungener Weise aussieht, zeigen z.B. die unter Philipp II. (359/36 v. Chr.) geprägten Tetradrachmen mit dem Kopf des Zeus, FRANKE und HIRMER, aaO., 171 rechts oben und unten oder die Gemmen des 2. und 1. Jhs. v. Chr., VOLLENWEIDER, aaO., Taf. 48,3; 49,1.3.5; 61,1–9 u.a. mehr.

griechischen und römischen Münzen in verschiedenen Varianten zu finden, auf römischen herrscht eine größere Form der Büste, auch vom Rücken gesehen, oder sogar die volle Büste vor. Die Form der Anbringung eines einzelnen Motivs auf einer glatten Fläche, ohne daß dieses in irgendeiner Weise, etwa durch schmückendes Beiwerk, mit der Fläche selbst verbunden wird, ist ebenfalls bezeichnend für Werke spätantiker Zeit. Isoliert auf eine glatte Fläche aufgesetzte Motive finden sich vornehmlich auf Werken der Kleinkunst, auf Lampen und Tongefäßen[227], letztere in Nachahmung von Silbergefäßen[228].

Concordia apostolorum

Wir haben weit ausholen müssen, um einmal zu zeigen, daß es sich bei dem Beiruter Medaillon um eine Tessera handelt, die zu einer in der ganzen alten Welt verbreiteten Gattung gehört, und zum anderen, daß das Bildmotiv auf ihr, die beiden sich einander zuwendenden Köpfe von Paulus und Petrus, ebenfalls in einer jahrhundertelangen Tradition steht und die präzise Bedeutung der concordia in sich trägt[229]. Die Darstellung der »concordia ordinum, augustorum, caesarum, dominorum, familiae« wird nun auf die beiden Apostel übertragen und ihre Bilder treten wie selbstverständlich an die Stelle von Göttern, Heroen, Personifikationen, Kaisern und Privatleuten. Der Sinn des Motivs mußte jedermann klar sein, einmal weil es eben seit Jahrhunderten bekannt war und zum anderen, weil es gerade in spätantiker Zeit eine bedeutende Rolle spielte. Nicht nur, daß die kaiserliche »concordia« auf den Münzen nach wie vor durch die Umschrift CONCORDIA AUGG bekundet wurde[230], sondern gerade auch in die private Sphäre der Familie ist sie als Sinnbild der ehelichen Verbindung, vor allem der christlichen, eingedrungen, wovon nicht nur zahlreiche Stellen in der Literatur zeugen[231], sondern auch Darstellungen auf Sarkophagen[232], Goldgläsern[233], Ringen[234], unter

[227] Vgl. z. B. DENEAUVE, Lampes de Carthage Taf. 35, 279. 280. 282; 45, 406 passim. SALOMONSON, BABesch. 44, 1969, 4ff z. B. Abb. 18–23. 27 u. a. m.

[228] D. E. STRONG, Greek and Roman Gold and Silver Plate, 1966, 203, Taf. 60B.

[229] Vgl. hier S. 218f.

[230] In Antiocheia z. B. waren in der Zeit von Valentinian I. bis Theodosius II. vier officinae tätig, die Gold-, Silber- und Bronzemünzen mit der Aufschrift CONCORDIA AUGG prägten: RIC. 9, 1951, 264ff, Taf. 13. 14. Antioch on-the-Orontes 4,2, 1952, D. B. WAAGE, Greek, Roman, Byzantine and Crusaders' Coins, 142. 143. 145.

[231] Vgl. z. B. Tertullian, Ad uxorem 2,2 (CSEL. 70, 1942, 111f). Petrus Chrysologus P.L. 52, 1894, 616.

[232] Es sei nur auf G. BOVINI, Le scene della »dextrarum iunctio« nell'arte cristiana, BullCom.

letzteren ein Bronzering[235], auf dem das Wort CONCORDIA zwischen die Büsten des Paares eingraviert ist. So ist die Bleitessera in einer großen Gruppe von Denkmälern verankert, zu denen sich noch solche gesellen, auf denen Apostel, Märtyrer, Heilige zusammen wiedergegeben sind, um ihre »concordia«[236] zu bekunden.

Als ob dies alles nicht genügte, findet sich auch noch eine Anspielung darauf bei Augustinus in seinem Sermo habitus in basilica Fausti de messe et seminatore et praedicatione Evangelii, in dem es heißt: »Ipse [Paulus] ergo dicit in epistola sua quae est ad Galatos vocatum se iam a domino Jesu venisse Hierosolimam et evangelium cum apostolis contulisse, *dextras sibi datas fuisse, id est signum concordiae,* signum consonantiae, quod ab eis quae ipsi didicerant in nihilo discrepabat.«[237] Damit schließt sich der Ring, von Augustinus kann man die Brücke zu den zwei verschlungenen Händen auf den republikanischen Münzen[238] schlagen.

Die »concordia« der Apostel also auf einem Denkmal, das im Osten des

---

72, 1946–48, 103ff und REEKMANS, La »dextrarum iunctio« dans l'iconographie romaine et paléochrétienne, BInstBelgeRome 31, 1958, 60ff verwiesen.

[233] Z.B. REEKMANS, aaO., Taf. 13, 34. 35.

[234] Ring mit Büsten eines Ehepaares im Brit. Mus. in London aus dem 5. Jh., DALTON, Early Christian Antiquities 32f, Nr. 207. A Guide to the Early Christian and Byzantine Antiquities, 1921², 54, Abb. 31. Quadratische Goldplatte von einem Hochzeitsring aus der Wende vom 4. zum 5. Jh. mit einem Kreuz zwischen den Köpfen der Büsten, M. C. ROSS, Catalogue of the Byzantine and Early Mediaeval Antiquities in the Dumbarton Oaks Collection 2, 1965, 48ff, Nr. 50, Taf. 39; 2 runde Goldplatten mit langem Kreuz zwischen den Büsten ebenda Nr. 51. 52 Taf. 39. Ein gleicher Hochzeitsring in Athen, CABROL I, 1907, 2190, Abb. 678. Runde Silberplatte mit den Profilköpfen eines Mannes und einer Frau, für die Helena und Konstantin vorgeschlagen wurde, die aber wohl Privatleute der Zeit darstellen werden, im Metropolitan Museum in New York, RICHTER, Catalogue of Engraved Gems, 1956, Nr. 500, Taf. 60; DIES., Engraved Gems of the Romans Nr. 596. Kreisrundes Flachrelief aus Glas mit Randwulst und Öse mit einem weiblichen und einem kurzbärtigen männlichen Kopf, WULFF, Altchristliche Bildwerke 236 Nr. 1155, Taf. 56 und ovale Silberplombe mit einander zugewandten Profilbüsten, zwischen denen sich ein Kreuz befindet, WULFF, aaO., 229 Nr. 1117, Taf. 56. Ferner ein rundes Amulett an einer Goldkette aus dem Besitz von J. Hirsch, das die Büsten innerhalb eines Perlstabrahmens wiedergibt. Nach dem Stil und den Frisuren dürfte es nicht später als in theodosianische Zeit zu setzen sein, Baltimore, The Walters Art Gallery, Early Christian and Byzantine Art, Exhibition 1947, 1947, 93 Nr. 428, Taf. 63 (ca. 6. Jh.).

[235] FURTWÄNGLER, Beschreibung der geschnittenen Steine 66 Nr. 993, Taf. 12. NEVEROV in Altertumswissenschaftliche Beiträge, Wissenschaftliche Zs. der Univ. Rostock 19, 1970, 605ff, Taf. 29,6.

[236] Zu ihrer Darstellung vgl. CH. PIETRI, Concordia apostolorum et renovatio urbis, MEFR. 73, 1961, 278ff; DERS., Roma Christiana 2, BEFAR. 224, 1976, 1592ff »Les images de la Concordia«, wobei aber sicherlich nicht alle hier aufgeführten Darstellungen die Bedeutung der concordia haben werden.

[237] A. WILMART, Revue bénédictine 42, 1930, 301ff, bes. 306.

[238] Vgl. hier S. 219 [Anm. 146].

Reiches gefunden (»Südanatolien«) und auch entstanden ist – trotz aller gebotenen Vorsicht kann man dies mit Sicherheit voraussetzen. Man ist versucht, es mit der Hauptstadt Syriens, Antiocheia am Orontes, zu verbinden, die eine bedeutende Rolle in der Geschichte des frühen Christentums gespielt hat. Sie war Schauplatz der jahrelangen Wirksamkeit des Paulus und wahrscheinlich auch des Petrus[239]. Beide Apostel gelten zusammen nach einer alten Tradition als die Gründer der »Alten Kirche«, deren Grundstein 313 n. Chr. als Nachfolgerbau einer älteren Kirche[240] gelegt wurde und beide werden in einer Bischofsliste als Ordinatoren von Evodios, dem ersten Bischof von etwa 43–68, und Ignatius, seinem Nachfolger, genannt: »Diese Doppelfunktion in Antiocheia berührt sich stark mit der Rolle, die ihnen in Rom zugeschrieben wird.«[241] Feierlichkeiten, wie sie in Rom seit 258 an den Depositionstagen begangen wurden[242], sind auch für Antiocheia vorauszusetzen, etwa in Verbindung mit der »Alten Kirche«, den zahlreichen, in Antiocheia seit dem 3. Jh. n. Chr. abgehaltenen Synoden, vor allem Kirchweihsynoden, an denen selbstverständlich der Gründer der Antiochener Gemeinde gedacht werden mußte, oder mit der Übertragung der Reliquien verschiedener Märtyrer[243], besonders unter der Regierung Theodosius' II.[244], also zu einer Zeit, in der die Beiruter Tessera entstanden ist. Außerdem ist es bei dem Führungsanspruch des antiochenisch-syrischen Gebiets und seiner Bischöfe, für die Antiocheia Versammlungsort war, selbstverständlich, daß zu Propagandazwecken die Ausgabe (Verschenkung und Verkauf) von Erinnerungsstücken eine gewisse Rolle gespielt haben wird[245]. Ein solches wird man in der Beiruter Tessera zu erkennen haben. Wie schon bei ihrer Beschreibung hervorgehoben, kann man unterhalb des oberen Randes die Hälfte einer Öse erkennen[246], woraus man, auch im Vergleich zu anderen er-

[239] Allgemein A. FLICHE und V. MARTIN, Histoire de l'église 3, 1936, 448ff. W. ELLIGER, Zur Entstehung und frühen Entwicklung der altchristlichen Bildkunst, 1934, 97ff. G. DOWNEY, A History of Antioch in Syria, 1961, 272ff. B. DOER, Civis Romanus sum, Helikon 8, 1968, 76.

[240] W. ELTESTER, Die Kirchen Antiochias im IV. Jahrhundert, ZNW. 36, 1937, 273 mit [Anm. 79].

[241] E. PETERSON, Christianus, in Frühkirche, Judentum und Gnosis, 1959, 66 [Anm. 3] (den Hinweis verdanke ich R. ENKING). Vgl. auch DOWNEY, aaO., 282ff.

[242] PIETRI, MEFR. 73, 1961, 275ff, bes. 306ff. E. DINKLER, Die Petrus-Rom-Frage, Theol. Rundschau N.F. 31, 1965–66, 252. V. SAXER, Le culte des apôtres Pierre et Paul dans les plus vieux formulaires romains de la messe du 29 Juin, in Saecularia Petri et Pauli, 201ff.

[243] Vgl. z.B. die Geschehnisse um den Körper des Märtyrers Babylas: G. DOWNEY, The Shrines of St. Babylas at Antioch and Daphne in Antioch on-the-Orontes II The Excavations 1933–1936, 1938, 45ff.

[244] ELTESTER, aaO., 278ff. Vgl. auch DOWNEY, A History of Antioch 450ff.

[245] Vgl. dazu RAC. II (1954) s. v. Bild bes. 332f.

[246] Vgl. hier S. 201 und Abb. S. 203.

haltenen Stücken[247] schließen kann, daß sie als Enkolpion an einer Schnur um den Hals getragen werden konnte. Sicher nicht nur, um eine besondere Begebenheit wie den Besuch eines kirchlichen Festes oder eines Märtyrerortes in der Erinnerung des Trägers wachzuhalten, oder um ihn auf Reisen dem Gastfreund als Gleichgesinnten auszuweisen, sondern auch um ihn unter den besonderen Schutz der in »concordia« waltenden und wirkenden Apostel zu stellen. Damit hat das alte Motiv einen neuen – christlichen – Sinn erhalten.

Abbildungsnachweise

Abb. 1: nach Berytus 17, 1968, Taf. 38, 2. – Abb. 2: Inst. Neg. Rom 1971, 922. – Abb. 3: München, Staatl. Münzslg. – Abb. 4 u. 5: Paris, Bibl. Nat., Cab. des Méd. Die Photos verdanke ich M.-L. Vollenweider. – Abb. 6 u. 7: Bibliotheca Apostolica Vaticana, Arch. Fot. neg. 675 inv. 717; neg. 709 inv. 761. – Abb. 8: Genf, Musée d'art et d'histoire, Coll. Arch. – Abb. 9: Biblioteca Apostolica Vaticana. – Abb. 10: London, Brit. Mus. – Abb. 11: Berlin, Staatl. Mus., Stiftung Preußischer Kulturbesitz, Frühchristl.-Byzantinische Slg. Inv. 1 (Das Photo verdanke ich V. H. Elbern). – Abb. 12: Inst. Neg. Rom 1962, 1328. – Abb. 13: Inst. Neg. Rom 1938, 590. – Abb. 14: Dumbarton Oaks Coll., D.O. 52.8, Neg. 54.89.28 A. – Abb. 15: Berlin, Staatl. Mus., Bodestr., Inv. Nr. 3234 (D). – Abb. S. 203: Umzeichnung von R. Za Sponer.

[247] Runde Bronzescheiben mit Köpfen oder Büsten in Relief haben meist mehrere Löcher, um auf einem Untergrund befestigt zu werden, vgl. z. B. E. Babelon und J.-A. Blanchet, Catalogue des Bronzes antiques de la Bibliothèque Nationale, 1895, Nr. 120 (Sol). 400 (Silen). 825 (Alexander der Große). 844 (Marc Aurel oder Commodus) oder den Kontorniaten mit Divus Traianus in einem Rahmen und mit einem Loch nicht ganz in der Mitte, Michelini Tocci, I medaglioni romani 237 Nr. 41, Taf. 66. Ferner G. B. De Rossi, Le medaglie di devozione dei primi sei o sette secoli della chiesa, BArchCrist. 7, 1869, 33ff, 49ff oder Cabrol XIV 1, 938ff.

The Post-Pauline Interpretation of Jesus' Death in Rom 5,6–7

LEANDER E. KECK

The centrality of the cross for Paul's gospel, and for his theological explication of it as well, is one of the few things on which Paul's interpreters agree. One expects, therefore, that Paul's most sustained exposition of his gospel, the Letter to the Romans, would speak of the cross at least as frequently and as powerfully as does Gal 3. Perhaps to our surprise, however, in Romans Paul never mentions the cross expressis verbis! He does, of course, allude to it in Rom 6,6, where he writes of the »old man« being συνεσταυρώθη with Christ[1]. Clearly, the importance of the cross for Paul is not disclosed by statistical evidence concerning σταυρός, σταυρίζειν, κτλ.

The Letter to the Romans does, however, emphasize the soteriological significance of Jesus' death, which is frequently expressed in cultic terms: ἱλαστήριον (3,25) and αἷμα (3,25; 5,9; 8,9). This language manifestly relies on (Hellenistic?) Jewish Christian traditions, which is also the case in 1,3–4 (where Jesus' death is assumed); similarly 4,25 and possibly 8,34 also use language from the same stream of tradition. This cultic language interprets Jesus' death as an »atonement« for sin. The connection between sin and Jesus' death is explicitly emphasized also in a non-cultic passage, 5,12–21, where Paul insists that the Adamic situation is not only bondage to death (v. 17) but condemnation (κατάκριμα v. 16, 18). According to 4,25, it was because of transgressions (παραπτώματα) that Jesus was handed over to death (παρεδόθη; see also 8,32). Apart from Jesus' death, humanity faces God's wrath (5,9); through that death, however, God's enemies (ἐχθροί) are reconciled to God (5,10). For Paul this death is such a radical event that he can regard it as an expression of God's own love for sinners (5,8).

The more one ponders Paul's statement about Christ's death in Romans, the more 5,6–7 stands out as an anomaly. True, at first glance it merely underscores the theme of the radicality of God's love. On closer examination, however, questions begin to emerge and exegetical problems crystallize, though some commentators appear not to sense them[2]. What does draw their

---

[1] See also Gal 5,24; Rom 8,13 makes the same point with θανατοῦν, 6,8 with ἀποθνῄσκειν σύν.

[2] For example, C. H. DODD, The Epistle of Paul to the Romans (MNTC), 1932; M.-J. LA-

attention is the confused manuscript tradition at the beginning of v. 6. These difficulties are really the signal that something is amiss here.

I. The Problems

First, vv. 6–7 disrupt the flow of thought in a carefully constructed paragraph in Rom 5,1–11[3]. This becomes clear if we omit vv. 6–7, and print the rest schematically, (beginning at *2b* underlining certain words to show how the thought progresses by repeating key terms[4]).

καὶ καυχώμεθα ἐπ' ἐλπίδι τῆς δόξης τοῦ θεοῦ.
οὐ μόνον δέ, ἀλλὰ καὶ καυχώμεθα ἐν ταῖς θλίψεσιν,
εἰδότες ὅτι ἡ θλῖψις ὑπομονὴν κατεργάζεται,
ἡ δὲ ὑπομονὴ δοκιμήν,
ἡ δὲ δοκιμὴ ἐλπίδα·
ἡ δὲ ἐλπὶς οὐ καταισχύνει,
ὅτι ἡ ἀγάπη τοῦ θεοῦ ἐκκέχυται ἐν ταῖς καρδίαις ἡμῶν
διὰ πνεύματος ἁγίου τοῦ δοθέντος ἡμῖν·
*** [vv. 6–7] ***
συνίστησιν δὲ τὴν ἑαυτοῦ ἀγάπην εἰς ἡμᾶς ὁ θεὸς
ὅτι ἔτι ἁμαρτωλῶν ὄντων ἡμῶν Χριστὸς ὑπὲρ ἡμῶν ἀπέθανεν.
πολλῷ οὖν μᾶλλον δικαιωθέντες νῦν ἐν τῷ αἵματι αὐτοῦ
σωθησόμεθα δι' αὐτοῦ ἀπὸ τῆς ὀργῆς.
εἰ γὰρ ἐχθροὶ ὄντες κατηλλάγημεν τῷ θεῷ
διὰ τοῦ θανάτου τοῦ υἱοῦ αὐτοῦ,
πολλῷ μᾶλλον καταλλαγέντες σωθησόμεθα
ἐν τῇ ζωῇ αὐτοῦ·
οὐ μόνον δέ, ἀλλὰ καὶ καυχώμενοι ἐν τῷ θεῷ
διὰ τοῦ κυρίου ἡμῶν Ἰησοῦ Χριστοῦ,
δι' οὗ νῦν τὴν καταλλαγὴν ἐλάβομεν.

GRANGE, Saint Paul, Épître aux Romains (EtB), 1950[6] and J. KNOX, Romans (IntB IX, 355–668), 1954.

[3] For our purpose it is not necessary to decide the precise function of 5,1–11 in the structure of the letter.

[4] G. BORNKAMM saw that in vv. 6–8, each of the four clauses ends with ἀπέθανεν (ἀποθανεῖν in v. 7). However, precisely *this* form of repetition is uncharacteristic of the paragraph as a whole (Paulinische Anakoluthe im Römerbrief [in: Das Ende des Gesetzes (BEvTh 16), 1952, 76–92], 79).

Without vv. 6–7 we have a paragraph constructed with such skill that, despite its complex architecture and multiple forms of reasoning[5], the reader does not lose the thread of thought. The composition of such a paragraph suggests that the content has been thought out and the vocabulary and syntax chosen with care.

The more one studies the paragraph without vv. 6–7, the more apparent it is that these two verses do not contribute but rather distract.

εἴ γε Χριστὸς ὄντων ἡμῶν ἀσθενῶν ἔτι κατὰ καιρὸν
ὑπὲρ ἀσεβῶν ἀπέθανεν.
μόλις γὰρ ὑπὲρ δικαίου τις ἀποθανεῖται·
ὑπὲρ γὰρ τοῦ ἀγαθοῦ τάχα τις καὶ τολμᾷ ἀποθανεῖν·

These lines divert attention to another topic – the magnitude of Christ's death in comparison with other voluntary deaths. Moreover, v. 5 had mentioned God's love, and v. 8 picks up this theme again in a way that is characteristic of the paragraph (see καυχώμεθα in v. 2,3; κατηλλάγημεν in v. 10,11; σωθησόμεθα in v. 9,10). When one sees the effect of vv. 6–7 on the paragraph as a whole, one cannot help but wonder why Paul would have marred such a passage. We shall see that most explanations which have been offered are unsatisfactory.

The second problem emerges from the first, namely, that v. 6 appears to anticipate v. 8.

v. 6 εἴ γε Χριστὸς ὄντων ἡμῶν ἀσθενῶν
ἔτι κατὰ καιρὸν ὑπὲρ ἀσεβῶν ἀπέθανεν
v. 8 ἔτι ἁμαρτωλῶν ὄντων ἡμῶν
Χριστὸς ὑπὲρ ἡμῶν ἀπέθανεν

One can easily regard v. 8 as a paraphrase of v. 6. Yet nowhere else in this paragraph does Paul repeat a sentence. Is it plausible that in such a carefully wrought paragraph Paul's mind would have wandered in v. 7 so that he must repeat himself in v. 8 in order to get his thoughts back on the track?

The third problem concerns v. 7. On the one hand, *7b* is clearly formulated in light of *7a*. On the other hand, what is not clear is how the content of the one is related to the other half-verse. Is there a contrast between δικαίου and τοῦ ἀγαθοῦ? If so, does the contrast have any real significance in this context, or must one not infer that in light of Christ's dying for sinners, the difference between someone's dying for a just man and for a good man[6] is an in-

---

[5] After the strong affirmation in v. 1, v. 3 surpasses even that with οὐ μόνον δέ, ἀλλά . . . This gives way to a stair-step reasoning: A produces B, B produces C, etc. With v. 9 begins a third type of statement, a minori ad maius (πολλῷ οὖν μᾶλλον).

[6] We can leave aside for the moment the question whether these nouns are masculine or neu-

consequential, hair-splitting distinction? Those exegetes who, instructed by Lietzmann[7], saw the problem and concluded that Paul was struggling to express himself have not been persuasive. Whereas Lietzmann regarded *7b* as a correction of *7a*, Barrett[8] suggested that Paul was merely trying to improve his formulation, but that his scribe (Tertius) failed to delete *7a*. Kuss[9] concluded that Paul was struggling to give his ideas appropriate form, and so made several starts until in v. 8 he hits upon the exact wording he wants; for just this reason the syntactical difficulties must not be ameliorated because they are direct evidence of Paul's effort to express himself. Lietzmann (followed by Bornkamm, op. cit.) also spoke of v. 7 as »raw material« for Paul's finished thought. None of these students appears to have asked why such a struggle should manifest itself in the middle of a paragraph constructed so artfully as this one.

Finally, there is the problem of text tradition. According to the apparatus in the Bible Societies' text, there are seven forms of the text at the beginning of v. 6.

1. εἴ γε . . . ἔτι B sa
2. εἰ γὰρ . . . ἔτι sy^{pal} bo
3. εἰ γὰρ . . . [omit ἔτι] Isidore
4. εἰ δὲ . . . [omit ἔτι] sy^{p} Aug
5. ἔτι γὰρ . . . ἔτι ℵ A C D^{gr*} minuscules sy^{h} Marcion
6. ἔτι γὰρ . . . [omit ἔτι] D^{c} K P Ψ 33 minuscules arm eth Orig lat
7. εἰς τί γὰρ . . . ἔτι D^{b} G it vg Iren^{lat} Pelag

Moderns appear to be almost as divided over the best reading as the ancients. Black regards No. 7 as »the least unsatisfactory.«[10] Lietzmann preferred No. 5, and is followed by Bornkamm, Cranfield, Käsemann, Kuss and Schlier[11]. Sanday-Headlam, Thrall, and Sahlin regard No. 1 as the original[12], whereas O'Neill selects No. 2 as the most difficult, and hence original, reading[13].

ter. F. WISSE sees the tension between *7a* and *7b* but his attempt to explain it by appealing to a double digression does not succeed (The Righteous Man and the Good Man in Romans V. 7 [NTS 19, 1972/73, 91–93]).

[7] An die Römer (HNT 8), 1933[4].

[8] A Commentary to the Epistle to the Romans (BNTC), 1957.

[9] Der Römerbrief I, 1957.

[10] Romans (NCeB), 1973. Black follows J. H. MICHAEL, A Phenomenon in the Text of Romans (JThS 39, 1938, 150–154), 152.

[11] C. E. B. CRANFIELD, The Epistle to the Romans, rev. ed., I (ICC), 1975; E. KÄSEMANN, An die Römer (HNT 8a), 1973; H. SCHLIER, Der Römerbrief (HThK 6), 1977.

[12] W. SANDAY – A. C. HEADLAM, The Epistle to the Romans (ICC), 1902[5]; M. E. THRALL, Greek Particles in the New Testament (NTTS 3), 1962, 88–90; H. SAHLIN, Einige Textemendationen zum Römerbrief (ThZ 9, 1953, 92–100), 97.

[13] J. C. O'NEILL, Paul's Letter to the Romans, 1975.

Metzger is uncertain whether No. 5, adopted by the United Bible Societies Committee, is a primitive error in the first collection of the Pauline corpus, or whether Paul himself is responsible for the repeated ἔτι[14]. For our purposes, it is not necessary to resolve the question; it suffices to see that both the ancient copiests and modern students have found the transition from v. 5 to v. 6 highly problematic, and have struggled, without success, to account for it. A difficulty such as this one suggests that the origin of the problem lies not so much in Paul's dictation as in the history of the text's transmission.

In other words, the cumulative import of these problems is that vv. 6–7 did not originate with Paul. They are to be regarded as glosses.

II. Previous Attempts to Identify a Gloss

The fact that the hypothesis that these verses are post-Pauline additions to the text has been explicitly rejected, by Lietzmann and Käsemann for instance, shows that the hypothesis advocated here is not wholly new. To be sure, to my knowledge no one has accepted the drastic solution proposed by Hawkins, who contended that everything in Rom 5 except vv. 1–2*a* is a post-Pauline (and »sub-Pauline«) interpolation[15]. Such radical surgery, including the less drastic and more adequately grounded attempt by O'Neill (op. cit.), need not prejudice us against considering interpolations *überhaupt*.

Sahlin (op. cit.) proposed a rather complex solution. (a) Originally v. 6 stood between v. 8 and v. 9[16]. (b) Since both v. 6 and v. 8 end with ἀπέθανεν, the copiest's eye drifted from one to the other, and so he omitted v. 6 altogether. (c) Once this was discovered, v. 6 was added to the margin. (d) Later, it was incorporated into the text, but at the wrong place, namely, after v. 5. (e) V. 7 is actually a double gloss. Its two parts were originally meant as alternate formulations, but written in the margin (in their present sequence) after v. 6. (f) The whole complex was subsequently inserted into the text after v. 5. (g) However, once v. 6 had fallen out of its original place, copiests found it necessary to insert οὖν at the beginning of v. 9. This somewhat ingenious explanation, however, fails to do justice to all the problems, especially the content of v. 6 (see below).

---

[14] B. M. Metzger, A Textual Commentary on the Greek New Testament, 1971.

[15] R. M. Hawkins, The Recovery of the Historical Paul, 1943, 99–105.

[16] By relocating v. 6 after v. 8, Sahlin can account for the fact that εἴ γε introduces a genuine conditional clause, which he thinks introduced v. 9: εἴ γε Χριστὸς ὄντων ἡμῶν ἀσθενῶν ... ἀπέθανεν, πολλῷ οὖν μᾶλλον δικαιωθέντες, κτλ.

If Sahlin's proposal is too complex, Jülicher's was too simple[17]. He believed that *7b* contradicts *7a*, and so concluded that Paul could not have written both. Hence *7b* is a gloss. O'Neill regards all of v. 7 as secondary. Both scholars were prepared to accept v. 6, although O'Neill must reinterpret it in a highly original way (see below).

The right solution was seen by Fuchs, who proposed that both v. 6 and v. 7 were marginal glosses[18]. Unfortunately, however, he did not provide sufficient evidence, so that Bornkamm (op. cit.) was justified in rejecting it as being without adequate foundation[19]. Käsemann accepted Bornkamm's judgment.

There are, however, significant reasons for concluding that Fuchs' instincts were sound. The remainder of this article is concerned to make these reasons clear.

III. Analysis of vv. 6–7

Bultmann (op. cit.) called attention to two characteristics of glosses: they interrupt the flow of thought, and they make anticipatory comments on the text. That is, they are inserted immediately before the lines which prompted the glossator's comment. Since we have already noted the former feature of vv. 6–7, we shall now concentrate on the latter – the relation to v. 8.

First, however, we must ascertain how v. 6 is related to v. *7a*. They are linked to one another by the common theme of dying; at the same time, other elements in the two statements establish a contrast: Χριστός/τις; ὑπὲρ ἀσεβῶν/ὑπὲρ δικαίου. Moreover, the absence of the article before ἀσεβῶν reflects the parallel absence of the article before δικαίου. Consequently, we may conclude that one statement was formulated with the other in mind. But which one provided the model (i. e., which is logically and perhaps chronologically prior)? We notice that whereas ἀσεβῶν is plural, its contrasting term (δικαίου) is singular. This change from plural to singular appears to be unmotivated, and introduces a contrast which is extraneous to the argument: one (Christ) for many, someone (τις) for one. These considerations undergird the view of Sahlin and O'Neill that v. 6 and v. 7 did not originate

---

[17] A. JÜLICHER, Der Brief an die Römer (in: Die Schriften des Neuen Testaments II, ed. J. Weiss, 1908², 217–327), 250f.

[18] E. FUCHS, Die Freiheit des Glaubens (BEvTh 14), 1949, 16 n. 2; 17 n. 1.

[19] Fuchs merely appealed to Bultmann's article to argue that one must reckon with such glosses in Romans; Bultmann himself did not discuss this passage. R. BULTMANN, Glossen im Römerbrief (ThLZ 72, 1947, 197–202; now in: Exegetica, ed. E. DINKLER, 1967, 278–284).

together. That is, two hands are at work here. Of the two, v. 7 is probably the older.

How are the two parts of v. 7 related to one another? Is v. *7b* a contradiction (Jülicher), a correction which was to have displaced *7a* (Barrett), or a complement to *7a*? Previous interpreters have sometimes emphasized the difference between dying for τοῦ ἀγαθοῦ and dying for δικαίου[20]; indeed, the argument for the incompatibility of *7b* with *7a* requires that the differences be magnified. However, the more the interpretations emphasize the differences between these nouns, the less credible they become. Rather, v. 7 is a proverb-like couplet in which the second line carries farther the point of the first by expressing it differently. Whereas the first line emphasized the difficulty (μόλις) of a voluntary death ὑπὲρ δικαίου, the second begins by emphasizing ὑπὲρ τοῦ ἀγαθοῦ. Therefore, the τάχα τις καὶ τολμᾷ of *7b* simply expresses in a more positive way the point of μόλις in *7a*. The couplet acknowledges that voluntary death for the sake of someone/something worthy is a possible, though rare, achievement. It must remain uncertain whether τοῦ ἀγαθοῦ is to be regarded as masculine or neuter. Even if the latter is to be preferred, as I surmise, the result is the same: *7b* paraphrases the point of *7a*[21].

If v. 7 is a gloss on v. 8, then v. 7 manifests a particular understanding of Paul's interpretation of the cross. Verse 8 has two parts: συνίστησιν δὲ τὴν ἑαυτοῦ ἀγάπην εἰς ἡμᾶς ὁ θεός, and ἔτι ἁμαρτωλῶν ὄντων ἡμῶν Χριστὸς ὑπὲρ ἡμῶν ἀπέθανεν. Verse 7 distills a reflection on Christ's dying ὑπέρ us sinners; but what kind of reflection is it? In a word, Paul's explicitly theological understanding has generated a moralizing reflection. To bring this into focus we need to take note of Paul's use of ὑπέρ formulations[22].

---

[20] For example, DODD says that »Paul makes a curious distinction between ... goodness and mere justice.« One might die for a good man, if necessary, but hardly for a just one (op. cit. [n. 2], 75).

[21] Although I agree with Schmithals that vv. 6–7 are interpolated, I do not agree that v. *7a* and *7b* are incompatible. He understands *7a* as emphasizing that we must have been unrighteous persons when Christ died for us. Having misunderstood the emphasis, it is easy to say that this is not Paul's point in vv. 8–10. Moreover, he really does not account for the development of the present text, for he sees *7b* as coming from one hand, 6–*7a* from another. But in what sequence? Actually he sees *three* hands at work: two glossators whose comments stood close together, and a copiest who worked both into the present text in an awkward way (W. SCHMITHALS, Der Römerbrief als historisches Problem [StNT 9], 1975, 199 n. 35).

[22] For ὑπέρ formulae, see also G. DELLING, Der Tod Jesu in der Verkündigung des Paulus (now in his essays: Studien zum Neuen Testament und zum hellenistischen Judentum, F. HAHN, T. HOLTZ, and N. WALTER eds., 1970, 336–346), 337–339; H. RIESENFELD, Art. ὑπέρ, ThWNT VIII 510–518, where the major literature is cited.

Paul uses ὑπέρ in the sense of »for the sake of, for the good of« someone in passages like the following:

Rom 16,4 – Prisca and Aquila risked their necks ὑπὲρ τῆς ψυχῆς μου
2Cor 12,15 – Paul will gladly expend himself ὑπὲρ τῶν ψυχῶν ὑμῶν
Phil 1,7 – Paul's thinking occurs ὑπὲρ πάντων ὑμῶν

Such usages are rather diverse, and stand out from formulaic use of ὑπὲρ ἡμῶν in connection with Christ's death.

1Thess 5,10[23] 'Ι. Χρ. τοῦ ἀποθανόντος ὑπὲρ ἡμῶν
Gal 1,4 'Ι. Χρ. τοῦ δόντος ἑαυτὸν ὑπὲρ τῶν ἁμαρτιῶν ἡμῶν
2,20 υἱοῦ τοῦ θεοῦ . . . παραδόντος ἑαυτὸν ὑπὲρ ἐμοῦ
3,13 Χρ. . . . γενόμενος ὑπὲρ ἡμῶν κατάρα
2Cor 5,21 [Χρ.] ὑπὲρ ἡμῶν ἁμαρτίαν ἐποίησεν
Rom 8,32 [θεὸς] ὑπὲρ ἡμῶν πάντων παρέδωκεν αὐτόν
14,15 [ἀδελφὸς] ὑπὲρ οὗ Χριστὸς ἀπέθανεν

This formulaic use of ὑπὲρ ἡμῶν clearly is derived from the old tradition in 1Cor 15,3: Χριστὸς ἀπέθανεν ὑπὲρ τῶν ἁμαρτιῶν ἡμῶν, which is reflected also in the Supper tradition of 1Cor 11,24, where ἡμῶν is naturally replaced by ὑμῶν: τὸ σῶμα τὸ ὑπὲρ ὑμῶν. Likewise 2Cor 5,14 varies the formula for rhetorical considerations: εἷς ὑπὲρ πάντων ἀπέθανεν· ἄρα οἱ πάντες ἀπέθανον.

It is well-known, of course, that it is difficult to draw a sharp line between ὑπέρ as »for the sake of« and ὑπέρ as »on behalf of, in the place of,« just as it is acknowledged that later doctrines of the »substitutionary atonement« must not be read back into Paul. Nonetheless, the ὑπὲρ ἡμῶν passages listed above all appear to point to »on behalf of, in the place of.« It is precisely the cultic language used in Romans about Christ's death[24] that makes it almost certain that in 5,8 ὑπὲρ ἡμῶν ἀπέθανεν also means »died on our behalf, in our place.« It is this line of thought that underlies Gal 1,4 and 3,13. The usual translations »for us« have the merit of preserving the ambiguity of ὑπὲρ ἡμῶν, but in passages like Rom 5,8 »for us« blurs precisely the cultic, sacrificial understanding of Christ's death, which αἷμα makes explicit in the next verse. In other words, for Paul, Christ did not simply die »for the good of« sinners, but »on their behalf« (in their place). Paul uses ὑπέρ in exactly the same way in 2Cor 5,20: ὑπὲρ Χριστοῦ οὖν πρεσβεύομεν ὡς τοῦ θεοῦ

---

[23] Bℵ* 33 read περί.

[24] Stuhlmacher's contention that it is precisely Paul's use of cultic categories and traditions, derived from the Stephen-circle in Antioch, which enabled him to develop his theology of justification needs to be examined with care (P. STUHLMACHER, Zur Paulinischen Christologie [ZThK 74, 1977, 449–463]).

παρακαλοῦντος . . . δεόμεθα ὑπὲρ Χριστοῦ, καταλλάγητε, acting on behalf of, as a representative of, Christ we are ambassadors . . . we beseech, »Be reconciled.«

We appear to have wandered even farther afield than the apostle is thought to have done in our passage. Taking note of Paul's ὑπὲρ ἡμῶν language in connection with Christ's death has been necessary in order to understand Rom 5,8 in as characteristically Pauline way as possible. If this is now clear, we can return to the assertion that v. 7 is a moralizing reflection on a theological statement in v. 8. In other words, v. 7 uses ὑπέρ in the sense of »for the good of« or »for the sake of.« Our glossator writes about the difficulty of someone dying for the sake of a just person or for the good. The death in view here is a voluntary dying that benefits the just person, just as Prisca and Aquila risked their necks for Paul's benefit, almost certainly not in his place. Käsemann rightly saw that v. 7 moves toward the heroic. That is precisely what virtually guarantees that v. 7 cannot be from Paul.

When an early copiest included the marginal comment of v. 7 in the text, he sensed the need for a transition from v. 5. So he created v. 6, using v. 8 as a model[25]. The modifications which he introduced, however, reveal the copiest's understanding of Paul.

To begin with, whereas v. 8 emphasizes the confessional dimension (ἁμαρτωλῶν ὄντων ἡμῶν Χριστὸς ὑπὲρ ἡμῶν ἀπέθανεν) the copiest was content to write Χριστὸς ὄντων ἡμῶν ἀσθενῶν ... ὑπὲρ ἀσεβῶν ἀπέθανεν. Thus he softened drastically the pro nobis character of the statement and turned it into a general statement: Christ died for the ungodly[26]. Paul himself does not write in such a generalizing way about Christ's death. If 2Cor 5,14 is an exception (εἷς ὑπὲρ πάντων ἀπέθανεν· ἄρα οἱ πάντες ἀπέθανον) it is because rhetorical considerations have modified the expression.

Whereas the glossator was impressed by the moral disparity between Christ and those for whom Christ died and so contrasted this with heroic self-sacrifice (μόλις . . . τάχα τις καὶ τολμᾷ), the copiest was struck by the temporal relation[27]. He reinforces the genitive absolute + ἔτι with κατὰ καιρόν, and incorporates all three temporal referents between the subject and the ὑπὲρ ἀσεβῶν ἀπέθανεν. This means that κατὰ καιρόν is not to be under-

[25] Therefore it is not v. 8 which repeats v. 6, as an initial reading of the text suggests, but the opposite.

[26] The copiest manifestly picked up ἀσεβῶν from Rom 4,5, and from ἀσέβεια in 1,18 (where, however, it was linked with ἀδικία).

[27] Does this account for the unusual position of the subject (Χριστός) – in the dependent clause?

stood as the equivalent of τὸ πλήρωμα τοῦ χρόνου in Gal 4,4[28]. It is not the temporal relation between the cross and divinely-set time that interests the copiest but the relation between Christ's death and the human plight, as Kuss and Schlier rightly see. This is in accord with what Paul himself wrote in v. 8.

The decisive, and virtually fatal, modification of Paul's theology occurred, however, when the copiest described the human plight as ἀσθένεια, weakness. Whoever rejects the hypothesis that vv. 6 and 7 are post-Pauline additions must either acknowledge that this is a quite un-Pauline understanding of the human condition[29] or struggle to Paulinize it. Thus John Knox gives ἀσθενῶν an explicitly Pauline meaning: »incapable of either atoning for our guilt or throwing off our bondage;« Sanday-Headlam wrote: »›incapable‹ of working out any righteousness for ourselves.« Michel could even cite Rom 7,14 to say that a person is weak because he does not fulfill the law (despite the fact that 7,14 speaks of being »sold« under sin!); yet he saw that »weakness« refers to one's inability to deal with temptation, as in Mk 14,38.

How difficult it is to incorporate the understanding of weakness in Rom 5,6 into Paul's thought is revealed by Stendahl[30]. He is aware that Rom 5,6 is the only passage in Paul which associates weakness with sin, and which regards weakness as characteristic of *pre*-Christian existence; he argues that Paul emphasized weakness as a mark of his Christian existence because his Corinthian opponents induced him to do so. In Romans, on the other hand, he was free to speak of weakness »in a more general way.« The implication is clear: if weakness is »something past,« then either Paul changed his mind and actually came to agree with his opponents, or else Rom 5,6 is nearer to the heart of Paul's anthropology than 2Cor 10–13. In the last analysis, Stendahl's overarching concern – to overcome the introspective, individualized under-

---

[28] So O. MICHEL (Der Brief an die Römer [KEK IV], 1966[4]), CRANFIELD (op. cit. [n. 11]), and BARRETT (op. cit. [n. 8]).

[29] For instance, BLACK (op. cit. [n. 10]) interprets it as the weakness of the wicked, and appeals to 1Clem 36,1 and Herm mand 4,3–4 as instances when the noun is used in this sense. But 1Clem does not support this interpretation, for it explicitly speaks of Christ as the »defender and helper of our weakness« (τὸν προστάτην καὶ βοηθὸν τῆς ἀσθενείας ἡμῶν); nor does Hermas, for the passage says that the Lord »knew the weakness of men and the cunning of the devil« – i. e., »weakness« refers to human vulnerability to the devil, not to wickedness. Käsemann sees that elsewhere »weakness« in Paul refers to Christian existence, but does not account for its appearance here.

[30] K. STENDAHL, Paul Among Jews and Gentiles and Other Essays, 1976, 40–52. Stendahl's concern is to overcome the centrality of the individualistic, introspective interpretation of Paul. See his »The Apostle Paul and the Introspective Conscience of the West« (originally published in 1963) in the same volume (78–96). On pp. 129–133, he responds to KÄSEMANN's critique (in his Perspectives on Paul, 1971, 60–78).

standing of Paul which linked a sense of guilt with moral weakness – simply exposed Rom 5,6 as the boulder in his way so long as it is regarded as Paul's own statement. The attempt of Lone Fatum to solve Stendahl's dilemma is equally frustrated[31]. Fatum argues that »weakness« refers to the powerlessness and imperfection which marks the ontological structure of the self, and so is virtually »neutral«. Indeed, »Paul knows of no distinction, in principle or in quality, between a Christian weakness which is good and any kind of non-Christian weakness which is evil . . .« (p. 51f). To develop this argument Fatum must distinguish sharply weakness from godlessness, sin, and enmity toward God. Actually, what Fatum did see clearly is that the present text of Romans does present the human dilemma in a sequence of words which stand on a scale of increasing seriousness: ἀσθενῶν, ἀσεβῶν, ἁμαρτωλῶν, ἐχθροί. They are not to be regarded as synonyms[32]. That sequence, however, is not Paul's but the result of the history of this passage. Paul himself had insisted in Rom 3,22f, »there is no distinction, for all have sinned and come short of the glory of God,« and at 5,8.10 wrote of those for whom Christ died as sinners and enemies of God who needed reconciliation.

That v. 6 is not from Paul can be seen also from another angle, one which accepts the difficulty of assimilating »weakness« into Paul's vocabulary for the pre-Christian state. Because O'Neill (op. cit.) nonetheless thinks that Paul wrote v. 6, he concludes that he is putting into words the doubts of Christians, »if only Christ had died for us ungodly ones who are weak!« Accordingly the κατὰ καιρόν refers to these occasional times of doubt. Paul's own answer is in v. 8. But if v. 6 does not express Paul's ideas, it is much simpler to assign the verse to a copiest than to attribute it to the wavering faith of persons who must be invented on the spot in order to be answered in v. 8.

In a word, apart from v. 6 Paul never regards weakness as a pre-Christian condition which needed to be dealt with by the cross; at the same time, Paul's own understanding of the weakness of the Christian is fundamentally different from the (assumed) moral weakness mentioned in v. 6. The two cannot be harmonized successfully. Like the interpretation of Christ's death in v. 7, so the interpretation in v. 6 is not Paul's.

---

[31] L. Fatum, Die menschliche Schwäche im Römerbrief (StTh 29, 1975, 31–52).

[32] Bornkamm (op. cit. [n. 4]) and Schlier (op. cit. [n. 11]) mistakenly treat them as synonyms.

IV. Conclusion

It should be evident, now, that interpretations of Rom 5,6–7 which assume that Paul wrote this either generate more difficulties than they solve, or allow important problems to go unattended, or grapple with these problems unsuccessfully. On the other hand, if we regard these verses as later additions to the text, then what these verses say can be accounted for more or less satisfactorily, and the interpretation of Rom 5,1–11 is freed from an unnecessary burden.

Furthermore, our passage becomes another instance of what is increasingly clear about what a historical interpretation of Paul's letters requires – attention not only to the history that lies behind them (the history of traditions) and to the historical circumstances that surround them, but also to the history which the Letters themselves underwent in the communities which used them. In an impressive way that far exceeds the limited scope of this brief study, the work of Erich Dinkler has done just this – bridged the interpretation of the New Testament and the history of the early church which gave us the texts.

Sündenverständnis und theologia crucis bei Paulus

GÜNTER KLEIN

Im wissenschaftlichen wie in jeglichem ernsthaften Streit muß man darauf gefaßt sein, daß wichtige Frontlinien sich überraschend verlagern und bislang scheinbar harmlose Scharmützel an entlegenen Fehdeplätzen unversehens entscheidungsträchtige Ausmaße annehmen können. Wenn nicht alles trügt, ist in der jeder Generation neu aufgegebenen Auseinandersetzung um die Rechtfertigungslehre des Paulus solch ein kritischer Punkt erreicht. Nachdem der Streit um Begriff und Sache der δικαιοσύνη θεοῦ zumindest vorläufig in eine Art Erschöpfungsphase übergegangen zu sein scheint[1], beginnen sich offenbar neue Sturmzentren aufzubauen. Eines von ihnen[2] dürfte sich dort abzeichnen, wo das paulinische Verständnis der Sünde überraschend als vorrangiges Problem in den Vordergrund gerückt, die diesbezüglich seit geraumer Zeit, nämlich seit Rudolf Bultmanns bahnbrechenden Untersuchungen zur Theologie des Apostels[3], jedenfalls im deutschsprachigen Bereich der Forschung relativ stabile Interpretationslage radikal in Zweifel gezogen und statt dessen eine Perspektive entwickelt wird, die einerseits faktisch auf eine eigenständige Erneuerung älterer Positionen hinausläuft, andererseits sich in einer konsequenten Verbindung mit einer eigenwilligen Auffassung von pau-

---

[1] Der in meinem Aufsatz: Gottes Gerechtigkeit als Thema der neuesten Paulus-Forschung (in: G. KLEIN, Rekonstruktion und Interpretation. Gesammelte Aufsätze zum Neuen Testament, 1969, 225–236) und bei E. LOHSE, Grundriß der neutestamentlichen Theologie, 1974, 83–87 vorgestellte Diskussionsstand ist jedenfalls sachlich bisher m. E. nicht wesentlich weiter vorgetrieben worden.

[2] Ein zweites könnte durch die neuerdings wieder häufiger, zuletzt und mit besonderer Zuspitzung von G. STRECKER, Befreiung und Rechtfertigung. Zur Stellung der Rechtfertigungslehre in der Theologie des Paulus (in: J. FRIEDRICH – W. PÖHLMANN – P. STUHLMACHER [ed.], Rechtfertigung. Festschrift für Ernst Käsemann zum 70. Geburtstag, 1976, 479–508) von neuem aufgeworfene Frage nach der Isolierbarkeit der Rechtfertigungslehre als einer Spätfrucht des paulinischen Denkweges sowie durch seine Unterscheidung zwischen Rechtfertigungslehre und einer ihr zeitlich *und sachlich* vorausgehenden (Hervorhebung von mir) ontologischen Befreiungslehre (508) markiert sein. Zur Kritik an diesem und ähnlichen Ansätzen vgl. z. B. E. GRÄSSER, Das eine Evangelium. Hermeneutische Erwägungen zu Gal 1,6–10 (in: Text und Situation. Gesammelte Aufsätze zum Neuen Testament, 1973, 84–122), 94 Anm. 37; P. STUHLMACHER, Das Gesetz als Thema biblischer Theologie (ZThK 75, 1978, 251–280), 270f.

[3] Klassisch zusammengefaßt bei R. BULTMANN, NT[4], 1961, §§ 21–27.

linischer Christologie, näherhin der Kreuzestheologie des Apostels präsentiert.

Die Rede ist von dem jüngsten in dem Ensemble von Römerbriefkommentaren, die eine in dieser Hinsicht ausgesprochen dürftige Epoche der Exegese in bemerkenswertem zeitlichen Verbund abgelöst haben[4]: Ulrich Wilckens[5], Der Brief an die Römer. 1. Teilband; Röm 1–5 (EKK VI/1), 1978. Nachdem der Verfasser bereits vor einiger Zeit in einem programmatischen Aufsatz[6] seine Auffassung von der paulinischen Sünden- im Zusammenhang mit der Gesetzeslehre dargelegt hatte, erweisen sich nun die dort vorgetragenen Thesen als die Basis, auf welcher der Kommentator den einzelexegetischen Zugriff auf die einschlägigen Textaussagen durchführt. Hat sein erster Vorstoß nur eine merkwürdig verhaltene Resonanz gefunden, so sollte nun, da die dort entwickelte Auffassung ungeachtet der immerhin laut gewordenen Einwände[7] zu einem tragenden Pfeiler eines Gesamtbildes der paulinischen Theologie ausgearbeitet ist, das ausführliche Gespräch nicht länger versäumt werden. – Die nachstehende kritische Überprüfung hat sich auf diesen Strang der Interpretation, also auf die paulinische Hamartiologie, zu konzentrieren; doch soll abschließend wenigstens noch die Frage gestellt werden, wieweit solches Verständnis der Sündenlehre des Apostels und das seiner Kreuzestheologie sich gegenseitig bedingen.

---

[4] Kurz zuvor erschienen allein im deutschsprachigen Bereich: E. KÄSEMANN, An die Römer (HNT 8a), (1973[1]) 1974[3] (vgl. dazu inzwischen die Rezensionen von P. STUHLMACHER, Der Römerbriefkommentar von Ernst Käsemann [FAB 27, 1973, H. 21, 19–25]; G. KLEIN, Brisanz der Rechtfertigung [EK 7, 1974, 244f]; W. G. KÜMMEL, Die Botschaft des Römerbriefes [ThLZ 99, 1974, 481–488]; G. SAUTER, Systematische Gesichtspunkte in Ernst Käsemanns Römerbrief-Kommentar [VF 21, 2/1976, 80–94]); H. SCHLIER, Der Römerbrief (HThK VI), 1977; O. KUSS, Der Römerbrief. Dritte Lieferung (Röm 8,19–11,36), 1978 (mit einer untertreibend als »Vorbemerkung« bezeichneten Einleitung, deren höchst eigenwillige Andeutungen zum hermeneutischen Problem und zur christlichen Funktion des AT genauere Ausführung verdienten, doch auch in der vorliegenden Fassung aufs aufmerksamste bedacht werden sollten).

[5] Im folgenden zitiert als: WILCKENS III.

[6] Was heißt bei Paulus: »Aus Werken des Gesetzes wird niemand gerecht«? (EKK Vorarbeiten 1, 1969, 51–77), jetzt in: U. WILCKENS, Rechtfertigung als Freiheit. Paulusstudien, 1974, 77–109 (im folgenden zitiert als: WILCKENS I).

[7] Vgl. schon den bei derselben Gelegenheit und unter demselben Thema gehaltenen Vortrag des Katholiken J. BLANK, der bemerkenswerterweise die radikale protestantische Perspektive festhält, sowie die von R. PESCH besorgte Zusammenfassung der Diskussion, in: EKK (o. Anm. 6) 79–95; 97–108, und seither etwa G. KLEIN, Individualgeschichte und Weltgeschichte bei Paulus (Rekonstruktion und Interpretation [o. Anm. 1] 180–224), 224; F. HAHN, Das Gesetzesverständnis im Römer- und Galaterbrief (ZNW 67, 1976, 29–63), 61 Anm. 95; KÄSEMANN (o. Anm. 4), 84; H. HÜBNER, Das Gesetz bei Paulus. Ein Beitrag zum Werden der paulinischen Theologie (FRLANT 119), 1978, 102.

I.

Die lapidare Grundthese statuiert als »für das Verständnis der paulinischen Rechtfertigungslehre sehr wichtig« die Einsicht, daß der Apostel an dem jüdischen Grundsatz von der Rechtfertigung des in seinem Handeln Gerechten durchaus festhalte. »Wer immer als ›Gerechter‹ handelt, *wird* von Gott als gerecht anerkannt werden . . . Die Gerechtigkeit ἐκ πίστεως . . . setzt die Gerechtigkeit ἐξ ἔργων νόμου *als solche* nicht außer Kraft. Der Gegensatz zwischen beiden . . . besteht vielmehr einzig darin, daß *Sünder* aufgrund des *Gesetzes* keinerlei Rechtfertigung zu erwarten haben, *eben weil* das Gesetz nur denjenigen als Gerechten dem Leben zuspricht, der es *getan* hat . . .«[8] Daher ist die Offenbarung der Gerechtigkeit Gottes mißverstanden, »wenn man sie als eine neue Heilssetzung Gottes auffaßt, in der die Rechtfertigung des Täters als Prinzip aufgehoben und durch den Glauben als neues, dem aktiven Handeln entgegengesetztes Prinzip rein passiven Sich-Beschenken-Lassens ersetzt worden wäre . . .«[9] Wie hier der Sünder dadurch hinlänglich gekennzeichnet erscheint, daß er »die Werke des Gesetzes . . . schuldhaft nicht getan hat«[10], so bleibt die soteriologische Wirksamkeit des Gesetzes grundsätzlich für diejenigen in Kraft, »die sich im Tun seiner Gebote als Gerechte erwiesen haben«[11]. Daher ist das christologische Rechtfertigungsgeschehen anthropologisch keineswegs dahingehend ausgeprägt, daß der Mensch »den Willen aufgibt, durch eigene Leistung die Anerkennung als eines Gerechten von seiten Gottes zu erwerben und sich statt dessen dazu entschließt, sich Gerechtigkeit von Gott schenken zu lassen«, vielmehr erschöpft es sich darin, daß – da die Rechtfertigung ἐξ ἔργων νόμου »angesichts der Sünde aller . . . faktisch nicht zum Zuge gekommen ist« – »die Rechtfertigung aller πίστει diese Situation der Verurteilung aller als Sünder durch das Gesetz . . . aufhebt«[12].

Folgerichtig drängt solche Soteriologie zu einem enggeführten Verständnis der paulinischen Lehre vom Gesetz. Wo das pure Defizit an Gesetzeswerken den Stand des Sünders ausmacht, kann »vorgläubiger Existenz« die Einsicht in ihre wahre Befindlichkeit schwerlich aberkannt werden und muß der Gedanke, daß die Sünde dem Unglauben verborgen sei, extrem schwierig erscheinen[13]. Es ist dann in der Tat nicht mehr möglich, unter Berufung auf den

[8] Vgl. III 132.
[9] AaO. 145.
[10] Vgl. aaO. 263.
[11] AaO. 175.
[12] AaO. 247.
[13] Vgl. U. WILCKENS, Christologie und Anthropologie im Zusammenhang der paulinischen Rechtfertigungslehre (ZNW 67, 1976, 64–82), 67 (im folgenden zitiert als: WILCKENS II).

Apostel davon zu reden, daß »jeder, der an Christus glaubt, als Sünder, der er war«, allererst »entdeckt« werde[14], oder doch wenigstens im Blick auf die Juden »die Erkenntnis, daß sie im Blick auf ihr faktisches Tun Sünder sind«, der Einsicht des Glaubens sich verdanken zu lassen[15]. Denn so gewiß Nichterfüllung von Gesetzesforderungen allemal ein konstatierbares Phänomen darstellt, so unvermeidlich muß ein von daher entwickeltes Sündenverständnis Ungerechtigkeit als »in ihren Taten manifest«[16], also die Aufweisbarkeit der Sünde postulieren. Für die Lehre vom Gesetz bedeutet dies, daß Willfährigkeit gegenüber der Gesetzesforderung keineswegs als Variante – etwa gar noch als die extremste – des menschlichen Unwesens gelten und somit das Gesetz auch nicht als Instrument religiöser Selbstbehauptung in den Blick geraten kann. Vielmehr kann seine »faktische Funktion allein die des Spiegels« sein, »in dem der Mensch aufgrund seiner Taten sich selbst als Sünder erkennt«[17].

Daß hier eine ganze forschungsgeschichtliche Phase der Paulusinterpretation in die Schranken gefordert wird, liegt zutage. Konstituiert die bestimmte Einzelverfehlung den Sündenbegriff in derartiger Totalität, daß von einem allem sündigen Tun voraus- und zugrundeliegenden sündigen Sein nicht mehr die Rede sein kann, vielmehr die konkreten Gebotsverletzungen den Menschen zum Sünder allererst *werden* lassen[18], muß es für die Rezeption der paulinischen Rechtfertigungslehre im ganzen zu einer folgenschweren Horizontverschiebung kommen. Jene kann dann schlechterdings nicht länger als Fundamentalkritik an menschlicher Eigenmacht und wie auch immer getöntem Leistungsglauben zum Zuge gebracht werden[19]. Von Sünde als dem Versuch der Kreatur, »Gott zu entmachten«[20], kann dann so wenig gesprochen werden wie davon, daß man sie erst in dem Moment wahrnimmt, »da sie vergeben wird«[21]. Daß Rechtfertigung den Frommen »faktisch den Gottlosen gesellt«[22], ist dann eine kaum sinnvolle Rede, gereicht doch dem Frommen nicht seine Frömmigkeit, sondern im Gegenteil gerade dies zur Sünde, daß er

[14] So noch, gewissermaßen inkonsequent gegenüber dem eigenen Ansatz, WILCKENS I 92.
[15] AaO. 90 Anm. 26.
[16] WILCKENS III 175.
[17] WILCKENS III 179; vgl. 103.180.
[18] Vgl. WILCKENS I 82f.
[19] Zu diesem Verständnis der paulinischen Rechtfertigungslehre vgl. zuletzt meine Skizze: Der Mensch als Thema neutestamentlicher Theologie (ZThK 75, 1978, 336–349), 343ff.
[20] KÄSEMANN (o. Anm. 4), 85.
[21] R. BULTMANN, Das Problem der Ethik bei Paulus (in: E. DINKLER [ed.], Exegetica. Aufsätze zur Erforschung des Neuen Testaments, 1967, 36–54), 49.
[22] AaO. 116.

nicht fromm genug war. Die schneidende Kritik des Apostels an der Überlastung anthropologischer Hochform mit sinnstiftender und heilsverbürgender Funktion, wie wir sie bislang zu vernehmen meinten, kann dann höchstens noch in dem verfremdenden Zugeständnis nachhallen, gewiß gehöre »die menschliche Superbia an vorderste Stelle des Sündenkataloges«[23], und wird so gerade der Auffassung dienstbar gemacht, daß es lediglich die Verfehlung des für die Rettung erforderlichen Ausmaßes an Gesetzesobservanz sei, die dem Menschen den göttlichen Zorn zuziehe. Kurzum: indem aus dem paulinischen Sündenverständnis die Komponente des Sicherheitsstrebens eliminiert und so faktisch geleugnet wird, daß Sünde für Paulus »zwar moralische Folgen hat, jedoch kein moralisches Phänomen ist«[24], wird aus der Botschaft von der Rechtfertigung des Gottlosen die Kunde von der Gnade für den Unmoralischen und den moralischen Schwächling.

Nun stellt der drohende Verlust faszinierender theologischer Perspektiven als solcher gewiß kein durchschlagendes kritisches Argument dar, wenn anders wissenschaftliche Wahrheitssuche nur um den Preis ihrer Selbstzerrüttung sich ihre Ergebnisse von unsern Bedürfnissen vorgeben lassen kann. Daran zu erinnern, ist angesichts manch trüber »wissenschaftstheoretischer« Vermengung von Erkenntnis und Interesse Anlaß genug. Sollte die Radikalität des paulinischen Vermächtnisses sich als Schein herausstellen und die Rechtfertigungslehre harmloser gemeint sein als in einigen theologischen Lagern erwünscht, so käme kein Interesse dagegen an. Freilich: ist der triste Befund gesichert? Darüber kann nur die exegetische Einzelprüfung befinden.

II.

1. Hierbei von *Röm 2*, speziell von V. 13b (οἱ ποιηταὶ νόμου δικαιωθήσονται), auszugehen, empfiehlt sich schon deshalb, weil der Gesprächspartner zweckmäßigerweise sogleich in seiner stärksten Bastion aufzusuchen ist. Wie steht es um deren Solidität? Daß »das paulinische Evangelium . . . in seinem Kern keineswegs Werk-feindlich«[25] ist, bekundet freilich dieser wie jeder beliebige einschlägige Beleg. Doch ist damit wenig gesagt, solange nicht geklärt ist, wieviel den Werken im Sinne des Apostels legitimerweise *zuzutrauen* ist.

Nimmt man den Satz als isolierbares Prinzip, mag es freilich so scheinen, als dementiere er schlagend jede Paulusdeutung, die im Zutrauen zur Heils-

---

[23] I 107.

[24] Käsemann (o. Anm. 4), 167.

[25] Wilckens III 145.

trächtigkeit der Werke menschliche Grundsünde wirksam sieht[26]. Jedoch ist 1. an den traditionsgeschichtlichen Befund zu erinnern, wonach der Gegensatz »Hörer–Täter des Gesetzes« dem jüdischen Gegner ein Stereotyp seines eigenen Denkens vor Augen rückt[27]; dadurch wird die Frage nach einer in der formal ausgewogenen Antithese möglicherweise verborgenen eigenen Akzentsetzung des Paulus bereits unausweichlich.

Daß der Apostel in der Tat die Gewichte verschoben hat, zeigt sich, sobald man 2. die Stellung des Satzes im Kontext bedenkt, dessen Gefüge Günther Bornkamm längst durchsichtig gemacht hat[28]. Das mit V. 11 einsetzende vierfach gestaffelte Begründungsgefälle soll nichts anderes als die Universalität des göttlichen Strafgerichts untermauern; dies geschieht, indem die Haftbarkeit der beiden bereits seit V. 9 beim Namen genannten Flügel der Menschheit eingeschärft wird, derer keinem der im Gesetz bekundete Gotteswille verborgen geblieben ist und die doch insgemein sich daran vergangen haben. Schon diese Zuspitzung der im Vorangegangenen ausgearbeiteten These vom Gericht nach den Werken ist als solche bemerkenswert, zeigt sie doch, daß die zuvor sorgfältig durchgehaltene Balance zwischen eschatologischer Belohnung und Bestrafung gänzlich irreal, der Lohn für die Gehorsamen eine imaginäre Größe ist. In diesem Zusammenhang nun hat V. 13 eine bestimmte Funktion, die seine Reichweite genau umgrenzt. Dabei ist es von untergeordnetem Belang, ob man den Satz als Begründung des ganzen V. 12[29] oder nur von V. 12b[30] auffaßt. Freilich liegt die zweite Möglichkeit m.E. ungleich näher, da nämlich V. 12a eindeutig von V. 14f begründet wird[31] und doppelte Begründung eines Halbverses viel unwahrscheinlicher ist als ein chiastisches Begründungsmuster. Doch trägt unter unserer Fragestellung diese Alternative für das Verständnis von V. 13 wenig aus, denn gleichgültig, ob hier die Verfallenheit aller Menschen oder nur die der Juden an Gottes Gericht begründet wird, in jedem Fall wird die bloße Kenntnis des kodifizierten Gesetzes als möglicher Freispruchsgrund ausgeschlossen. Die Frage kann nur sein, ob das eigentlich begründende Argument über diese Eliminierung einer fiktiven Gerichtsnorm noch hinausgreift. So versteht G.

---

[26] Zu WILCKENS ebd.

[27] Vgl. H. SCHLIER (o. Anm. 4), 77.

[28] Gesetz und Natur. Röm 2,14–16 (in: Studien zu Antike und Christentum. Gesammelte Aufsätze II, 1959, 93–118), 97ff.

[29] So faktisch BORNKAMM aaO. 99f.

[30] So R. WALKER, Die Heiden und das Gericht. Zur Auslegung von Römer 2,12–16 (EvTh 20, 1960, 302–314), 304.

[31] BORNKAMM aaO. 100f.

Bornkamm[32]: »Denn das Tun entscheidet vor Gott, nicht das bloße Hören und Wissen ... Mehr will die allgemeine Sentenz ... in unserm Zusammenhang nicht sagen.« Fragt man aber streng nach denjenigen ihrer Bestandteile, die direkte Begründungsfunktion haben, so besagt sie noch entschieden weniger. Denn da in V. 12 einzig auf das faktisch zu erwartende Strafgericht über alle Menschen, keineswegs aber auch nur auf die Möglichkeit von Rechtfertigung abgestellt ist, muß die Spitze der nachfolgenden Begründung in der Negation von V. 13a liegen und kann die positive Formulierung V. 13b lediglich kontrastierende Bedeutung haben. Wie stark gerade in unserm Passus der Kontext die Reichweite der Einzelaussagen reguliert, zeigt ja sogleich die Fortsetzung. Sind nämlich V. 14f »keineswegs daran interessiert« (was einer isolierten Betrachtung von V. 14 doch durchaus so vorkommen könnte), »daß es Nicht-Juden gibt, die errettet werden«[33], und gesteht auch Wilckens hier die Möglichkeit zu, daß Paulus »nur argumentativ den Fall heidnischer Gesetzeserfüllung« setze[34], so ist nicht einzusehen, wieso dem V. 13b nicht ein analoger Stellenwert im Zusammenhang zukommen, eine »nur argumentative« Geltendmachung einer Rechtfertigung von Gesetzestätern also ausgeschlossen sein sollte.

Ist es unter diesen Umständen mehr als riskant, V. 13 als eine sachlich gleichgewichtete Alternative und von daher V. 13b als einen Schlüsselsatz paulinischer Rechtfertigungslehre zu bewerten, so soll andererseits nicht mit Käsemann[35] behauptet werden, daß der Satz von der Rechtfertigung der Gesetzestäter für Paulus im Grunde unvollziehbar sei, da nach seiner Überzeugung »auf diese Weise niemand das Heil erlangen kann und soll«. Es fragt sich nur – dieser schlechterdings entscheidende 3. Gesichtspunkt bleibt in der Auslegung unserer Stelle häufig merkwürdig verdeckt –, was in seinem Sinne den Gesetzestäter als den καθ' ὑπομονὴν ἔργου ἀγαθοῦ (V. 7) ἐργαζόμενος τὸ ἀγαθόν (V. 10), wenn es ihn gäbe, denn eigentlich ausmachte. Der schiere Nachweis der (bzw. aller) vom Gesetz gebotenen Taten? Davon verlautet nichts; es wird auch nicht dadurch wahrscheinlicher, daß V. 25 das πράσσειν des Gesetzes gegen eine παράβασις geltend macht, die in V. 21f an Einzel-

---

[32] AaO. 99.

[33] Bornkamm aaO.

[34] III 133. Ganz entsprechend, m. E. freilich unsachgemäß (s. u.), sieht er aaO. 160 »das Gegenbeispiel des Heiden in VV 25–27 ... nur zur Profilierung der Anklage benutzt, ... aber nicht zum positiven Erweis ... menschlicher Möglichkeiten« (zurückhaltender noch I 82). – Daß übrigens in V. 14 mit τὰ τοῦ νόμου ποιεῖν gar keine Gesetzeserfüllung, sondern faktisches Sündigen gemeint sei (Walker [o. Anm. 30], 305), erweist sich schon durch den Zusammenhang mit dem eindeutig bestimmten ποιηταὶ νόμου V. 13b als abwegig.

[35] Paulinische Perspektiven, 1969, 272.

vergehen konkretisiert worden ist. Gewiß läßt sich nicht leugnen, daß V. 21f eine phänomenologische Exemplifikation jüdischer Sünde versucht wird[36]. Doch wird die Vorläufigkeit dieser Perspektive durch den Schluß und Höhepunkt des Kapitels evident.

Die Ausführungen – keineswegs bloß auf die Aussage zu reduzieren, »daß die Beschneidung keinen Vorrang verleiht«[37] – gipfeln ja im Lobpreis eines Daseins, das unter der Direktive des Geistes stehend dem Gesetz als Buchstaben enthoben ist (V. 29), nachdem unmittelbar zuvor der dem Buchstaben verschworene Jude mit einem ihn überführenden heidnischen τελεῖν τὸν νόμον konfrontiert worden ist (V. 27). Beides ist unter unserer Fragestellung von entscheidender Bedeutung.

Mag die Rede vom »Vollenden« des Gesetzes im Urchristentum nicht singulär sein[38], – wichtiger ist, daß dem vergleichbaren paulinischen Sprachgebrauch eine eigentümliche Prägnanz eignet, der für τελεῖν τὸν νόμον die Übersetzung »die Forderungen des Gesetzes ausführen« wenig angemessen erscheinen läßt[39]. Objekt ist nämlich sonst nicht ein vorfindliches Phänomen, dem durch das τελεῖν lediglich ein weiteres Moment hinzugefügt würde; vielmehr geht es darum, daß im τελεῖν eine überlegene, bis dahin jedoch dem Menschen unheil- oder heilvollerweise entzogene Macht auf Erden allererst Platz greift[40]. Im τελεῖν vollzieht sich also kein quantitativer, sondern ein qualitativer, ja geradezu ontologischer Vorgang. Vor diesem Befund gewinnt die Wendung ihr Profil. Faßt der Apostel den Fall ins Auge, daß erst durch Heiden das Gesetz in sein gebührendes τελεῖσθαι gelangt, so ist damit – gleichgültig, ob hier die Anklage mit einem rein imaginären Argument operiert[41], ob ein zunächst bloß als Möglichkeit erwogener Sachverhalt durch die Fortsetzung V. 29 »dem Verständnis als einer bloßen Fiktion entnommen«

---

[36] Zu deren sachlicher Problematik vgl. G. KLEIN (o. Anm. 7), 192f.

[37] Gegen W. SCHMITHALS, Der Römerbrief als historisches Problem (StNT 9), 1975, 14.

[38] Vgl. Jak 2,8; Herm Sim V,2,4. Hingegen liegt Lk 2,39 schon weiter ab (zu WILCKENS III 155 Anm. 403), da es hier um die Ableistung eines Quantums an Vorschriften geht; zu dieser Nuancierung vgl. G. DELLING, ThW VIII 61 Anm. 18.

[39] Gegen BAUER, WB[4] 1473.

[40] Von Röm 13,6 (φόρους τελεῖτε) ist abzusehen, da dort quasi technische Terminologie vorliegt; vgl. SCHLIER (o. Anm. 24), 391. Dann bleiben: a) 2Kor 12,9: ἡ γὰρ δύναμις ἐν ἀσθενείᾳ τελεῖται, womit deutlich auf die Bedingung abgehoben ist, unter der die Gotteskraft sich geschichtlich einzig manifestieren will; vgl. R. BULTMANN (ed. E. DINKLER), Der zweite Brief an die Korinther (KEK), 1976, 229: ». . . sie realisiert sich damit erst jeweils«. b) Gal 5,16: πνεύματι περιπατεῖτε καὶ ἐπιθυμίαν σαρκὸς οὐ μὴ τελέσητε, womit die Warnung ausgesprochen ist, die Intention des Fleisches zur konkreten Auswirkung kommen zu lassen. Interessanterweise ist ἐπιτελεῖν bei Paulus durchweg anders nuanciert.

[41] O. KUSS, Der Römerbrief. Erste Lieferung, 1963[2], 90; WILCKENS (s. o. Anm. 34).

wird[42], oder ob (m. E. am wahrscheinlichsten) von vornherein der Glaube der Heidenchristen im Visier steht[43] – unzweideutig darauf abgehoben, daß hier etwas in Erscheinung tritt, dem bis dahin in aller Geschichte noch niemals zu begegnen war. Von der Tora, die ja alles andere als unwiderfahrbar war, läßt sich so nicht sprechen. Sinnvoll ist das nur, wenn Paulus bereits an dieser Stelle zumindest hindrängt auf die für ihn grundlegende Unterscheidung zwischen dem unter der Herrschaft der Sünde bis jetzt entstellten, todbringenden Gesetz und dem Gesetz als Ausdruck des vor Christus allemal niedergehaltenen heiligen, lebengewährenden Gotteswillens[44], der im geistgeleiteten Glaubensgehorsam irdisch endlich zum Zuge kommt. Für den Apostel läßt also der Glaube allererst erscheinen, was das Gesetz *eigentlich*, seinem bis jetzt verborgenen wahren Wesen nach ist. Solche Unterscheidung wäre haltlos, wüßte er von keiner anderen Schändung des Gesetzes als den Verletzungen seiner Vorschriften, denn zielte die göttliche Intention lediglich auf deren Einhaltung, so könnte von einer Entzogenheit der eigentlichen Gesetzesgestalt ante Christum keine Rede sein, wenn anders eine so verstandene Gesetzestreue als Absicht jeglichen Gesetzgebers sich prinzipiell von selbst versteht. Umgekehrt stellt sich nun heraus, daß der terminologische Wechsel von ποιεῖν (vgl. V. 13f) über πράσσειν τὸν νόμον (V. 25), φυλάσσειν τὰ δικαιώματα τοῦ νόμου (V. 26) zu τὸν νόμον τελεῖν (V. 27) keine sachlich belanglose Stilvariation darstellt, sondern als ein Interpretationsweg ernst zu nehmen ist, an dessen Ende sich enthüllt, daß das dem Apostel vor Augen stehende »Tun« des Gesetzes in der Ableistung eines quantifizierten Solls nicht aufgeht, vielmehr ein qualifiziertes Tun meint, das durch eine neue, vor Christus unerschwingliche Einstellung zur göttlichen Forderung geprägt ist und dieser zugleich in eschatologisch verwandelter Gestalt ansichtig wird.

---

[42] Käsemann (o. Anm. 4), 71; ders. (o. Anm. 35), 243.

[43] Schlier (o. Anm. 4), 88; Bultmann (o. Anm. 3), 262 Anm. 1 (mit Bezug schon auf V. 26).

[44] Zu dieser Unterscheidung vgl. etwa A. v. Dülmen, Die Theologie des Gesetzes bei Paulus (SBM 5), 1968, 223ff; G. Klein, Präliminarien zum Thema »Paulus und die Juden« (in: Festschrift E. Käsemann [o. Anm. 2], 229–243), 240f; Käsemann (o. Anm. 4), 83: »Das von Gott gegebene Gesetz ist nicht einfach mit dem identisch, was der Jude zu erfüllen trachtet.« Noch schärfer und darum sachgemäßer betont Stuhlmacher (o. Anm. 2), daß »die geistliche Intention« des Gesetzes erst jetzt dadurch zum Ziele gelangt ist, daß Christus dessen »lebenschützende Funktion freigesetzt« hat (274f). Die traditionsgeschichtliche Herleitung solcher Differenzierung aus einer alttestamentlich vorgegebenen »Dialektik von vorläufiger Sinaitora und eschatologischer Zionstora« sei hier dahingestellt, – doch ist jedenfalls klar gesehen, daß Paulus von einem Gesetz weiß, das »erst in Christus offenbar und präsent ist« (276). Für eben diese ontologische Perspektive dürfte unsere Stelle ein weiterer Beleg sein.

Die Fortsetzung macht das vollends klar. Daß hier eindeutig der Seinsweise des Glaubens gedacht wird, leidet keinen Zweifel[45]. Inwiefern aber ist diese des γράμμα ledig? Sofern dem Gesetz als »Buchstaben« die Funktion zukommt, dem von ihm der Sünde »überführt(en)« Menschen »den Tod zuzusprechen«, wie Wilckens[46] erklärt? Aber dann wäre schon sehr seltsam, daß Paulus mit dem Begriffspaar πνεῦμα – γράμμα eine Antithese einführt, die *überhaupt* keine Beziehung des Christen zum konkreten Gesetz mehr anklingen läßt[47]. Das schlechterdings entscheidende Gegenargument aber liefern die beiden andern Antithesen: Wieso nämlich, wenn der ungläubige als der Scheinjude durch das Defizit an ἔργα νόμου als Sünder zu identifizieren ist, kann die Differenz zwischen ihm und dem Christen als dem wahren Juden auf den Gegensatz κρυπτός – φανερός gebracht, ja dahingehend bestimmt werden, daß jener sein Lob von Menschen, dieser aber von Gott empfange (V. 29)?! Der Apostel huldigt doch nicht dem Wahn, die Übertretung des Gesetzes sei für jüdisches Selbstverständnis prestigeträchtig, noch will er idealistisch darauf hinaus, daß Menschen »für ihr Urteil zuletzt auf Äußerlichkeiten angewiesen bleiben und in der Regel Täuschungen unterliegen«[48]. Ungemein charakteristisch muß freilich selbst Wilckens, in eklatantem Widerspruch zu seiner sonst konsequent durchgehaltenen Auffassung vom Gesetz als Spiegel der Sünde[49], hierzu erklären, daß »kein Mensch ein gutes Werk als solches feststellen« könne, ohne darauf zu reflektieren, was dann die unmittelbar nachgelieferte Behauptung noch besagen kann, es komme auf das der Tora »entsprechende Handeln« an[50], das doch, wenn es denn einzig um die Konkordanz von Gebot und Tat geht, ohne weiteres als solches feststellbar wäre. Tatsächlich zeigt sich spätestens hier, daß der Begriff der Sünde als durchgängig nachweisbarer Gesetzesübertretung paulinischem Denken inadäquat ist. Ist der Existenz διὰ γράμματος (V. 27) das Menschenlob frommer Juden gewiß, so kann die Gebotsverletzung keinesfalls ihr unveräußerliches Merkmal sein und führt umgekehrt der Aufweis der geforderten Gesetzeswerke als solcher noch längst nicht über den Bannkreis der Sünde hinaus[51]. In der Tat: »Damit hat Paulus die . . . moralische Argumentation schon verlassen«[52]!

---

[45] So auch WILCKENS III 157f; anders KUSS (o. Anm. 41), 91f.

[46] AaO. 157.

[47] Daß der Christ das Gesetz »durch Gottes Geist« erfahre, wird in unserm Zusammenhang nicht einmal angedeutet (gegen WILCKENS aaO. 158).

[48] Gegen KUSS (o. Anm. 41), 92.

[49] Siehe oben bei Anm. 17.

[50] III 156.

[51] Dazu fügt sich, daß gemäß Röm 7,6 die Seinsweise ἐν παλαιότητι γράμματος nicht anders

Nach alledem kann kein Zweifel sein, daß sich eine Berufung auf einzelne Sätze von Röm 2 unserer Themastellung verbietet, weil nämlich das ganze Kapitel »eine Station auf dem Weg« zu einem erst später erreichten Ziel darstellt[53]. Mag dieses Ziel auch nicht erst in 3,20[54], sondern zumindest proleptisch bereits in 2,29 erreicht sein, so erschließt sich Röm 2 jedenfalls erst von rückwärts und muß der Satz von der Rechtfertigung der Gesetzestäter (V. 13) unter allen Umständen »als eine sehr vorläufige Feststellung« gelten[55]. Es geht daher nicht an, ihn als einen Kardinalsatz der paulinischen Rechtfertigungslehre zu handhaben, so verführerisch nahe es für einen Kommentator des Römerbriefes liegen mag, von dieser Stelle, an welcher für den Problemkreis eine erste bündige Formel erobert zu sein scheint, sich sein Vorverständnis prägen zu lassen.

2. Anders als Röm 2,13 stellt der den ersten Hauptteil des Briefes abschließende *Vers 3,20* allerdings einen Zentralsatz paulinischer Theologie dar[56]. An dieser Stelle gerät Wilckens' Auslegung auffallend ins Schlingern.

a) Zunächst nämlich sollte die Negation ἐξ ἔργων νόμου οὐ δικαιωθήσεται πᾶσα σάρξ einfach als ein Resümee aus der Anklagerede 1,18–3,20, also als Faktizitätsurteil gelten: Niemand wird aus Gesetzeswerken gerecht, weil niemand sie aufgebracht hat, vielmehr alle »im Blick auf ihre Werke als Sünder erkannt werden«[57].

b) Inzwischen jedoch wird dem paulinischen Satz die sehr spezielle Feststellung entnommen, daß »Ungerechte . . ., deren Ungerechtigkeiten in ihren Taten manifest und wirksam sind, nicht dadurch gerecht werden (können), daß sie Gebotserfüllungen als Ersatzleistung erbringen, durch die die Sünde etwa aufgehoben würde«[58]. Demnach bestünde das Verhängnis nicht

---

als das vom Geist geleitete Leben als ein δουλεύειν gekennzeichnet wird, was im dortigen Zusammenhang keinen Sinn ergäbe, wenn das primäre Merkmal nomistischer Existenz der *Bruch* des Gesetzes wäre.

[52] Schlier (o. Anm. 4), 90.

[53] G. Bornkamm, Wandlungen im alt- und neutestamentlichen Gesetzesverständnis (in: Geschichte und Glaube II. Gesammelte Aufsätze IV, 1971, 73–119), 108.

[54] Bornkamm ebd. Auch für E. Brandenburger, GPM 26, 1972, 431 erweckt der Gedankengang 1,18–3,19 für sich genommen den Anschein, »als habe allein die *Verweigerung des guten Tuns* die Straffolgen entfremdeten Daseins zu verantworten«. Doch trägt eben der Gedankengang selber, nicht erst seine Fortsetzung, solchen Schein bereits ab.

[55] Hahn (o. Anm. 7), 32.

[56] Vgl. Schlier (o. Anm. 4), 101.

[57] I 81.

[58] III 175. Demgegenüber war zwar I 104 ebenfalls die Bestreitung solcher kompensatorischen Wirkung der Werke in die Wendung »Aus Werken des Gesetzes wird kein Mensch gerecht« hineingelesen, dies aber noch nicht in der Auslegung von Röm 3,20 zum Zuge gebracht worden.

darin, daß die Gesetzeswerke schlechthin fehlen, sondern darin, daß sie nicht in gebührender Totalität erbracht werden und in ihrem defizitären Umfang für das Heil belanglos sind. Beide Varianten der Auslegung stimmen darin überein, daß sie aus dem Verneinungssatz die grundsätzliche soteriologische Suffizienz der Werke herauslesen; beide sind unhaltbar.

Ad a) Erschöpfte sich die Negation in einem Resümee der vorangegangenen, nach Wilckens »konsequent . . . den Gesichtspunkt der *Werk*gerechtigkeit« durchführenden[59] Anklage, so wäre sie unerträglich schief formuliert. Dem so verstandenen Anklageduktus wie dem hier zitierten Ps 143,2 gemäß wäre die Feststellung: »Keiner wird gerechtfertigt, der die vom Gesetz geforderten Werke *nicht* vorzuweisen hat.«[60] Aber die in das Zitat eingesprengte und seinen Sinn umstürzende[61] Wendung ἐξ ἔργων νόμου hebt ja nicht auf faktische Gesetzesverletzung, sondern darauf ab, das Gesetzeswerke *überhaupt*, unabhängig von der Frage nach ihrer Verwirklichung, keinen möglichen Rechtfertigungsgrund hergeben[62]. Damit ist der Horizont einer bloßen Tatsachenbeschreibung durchstoßen.

Ad b) Auch dieser Auslegungsvariante gegenüber, die den Resümeecharakter des Verneinungssatzes stillschweigend preisgibt und faktisch mit der Einführung eines neuen Themas durch den Apostel rechnet, gilt der soeben vorgebrachte Einwand, – nun aber mit der Zuspitzung, daß die Wendung ἐξ ἔργων νόμου die Gesetzeswerke *als solche*, keineswegs in der eingeschränkten Rolle bloßer Kompensationen, ins Auge faßt und der Verneinungssatz im ganzen nicht bloß eine sündentilgende, sondern eine rechtfertigende Kraft der Werke bestreitet. Der bündigen Feststellung des Paulus das Thema der Ersatzleistungen zu vindizieren, läuft faktisch auf eine Konjektur hinaus, die durch keinerlei Textmängel gedeckt ist und nurmehr die Übermacht einer vorgeprägten Gesamtauffassung bekundet.

Die zugunsten solcher Auslegung beigebrachten textexternen Befunde schlagen sowenig durch, als sie sich vielmehr bei näherem Zusehen als schwerwiegende Gegengründe erweisen.

Das gilt zunächst im Blick auf das Verhältnis von V. 20a zu V. 20b. Wilckens zufolge ist im Begründungssatz die Sünde »nach VV 10–18 als zusammenfassender Begriff für Tatsünden, Übertretungen« zu verstehen, das Gesetz dazu da, sie als solche festzustellen[63] sowie »dem Sünder . . . zur Er-

[59] I 82.

[60] So mit Recht G. Bornkamm, Theologie als Teufelskunst ([o. Anm. 53], 140–148), 147.

[61] Vgl. P. Vielhauer, Paulus und das Alte Testament (in: L. Abramowski – J. F. G. Goeters [ed.], Studien zur Geschichte und Theologie der Reformation. Festschrift E. Bizer, 1969, 33–62), 49.

[62] Vgl. Hahn (o. Anm. 7), 36.

[63] Vgl. III 177.

kenntnis« zu bringen[64] und die von ihm vermittelte ἐπίγνωσις die Wahrnehmung des dort gespiegelten Sachverhalts[65]. Doch zerbricht solche Auslegung zunächst das Begründungsverhältnis der beiden Vershälften[66]: Wieso könnte denn die Tatsache, daß Gesetzesbrecher ihre Untaten am Maßstab des Gesetzes als Sünde identifizieren können, plausibel begründen, daß niemand aus Werken, also aus *Erfüllung* des Gesetzes, gerechtfertigt wird? Der unvermittelte Übergang von ἔργα νόμου V. 20a zu νόμος V. 20b ist überhaupt nicht einleuchtend zu machen, solange die soteriologische *Ohnmacht* der Gesetzes*werke* aus der *Übermacht* der Gesetzes*übertretungen* abgeleitet werden soll; er beweist umgekehrt, daß der Faktor Gesetz mit der Ohnmacht der Gesetzeswerke sachlich-grundsätzlich zusammenhängt.

Auch die Aussage des Begründungssatzes als solche stellt eine unüberwindliche Gegeninstanz dar. Daß der Begriff ἐπίγνωσις hier keinen kognitiven Sinn hat, vielmehr das existentielle Innewerden im Sinne der akuten Realisierung meint[67], Paulus also das Gesetz nicht als Spiegel, sondern als Auslöser konkreter Sünde verstanden wissen will, ist längst festgestellt[68]; die dafür beigebrachten Gründe, bislang unwiderlegt, lassen sich noch ausbauen und ergänzen.

3. Schon an *2Kor 5,21*[69] hätte Wilckens in diesem Zusammenhang unter keinen Umständen vorübergehen dürfen. Wenn der Apostel Jesus hier den μὴ γνόντα ἁμαρτίαν nennt, so will er ja nicht sagen, daß Jesus nicht wußte, was Sünde sei, sondern: daß er keine Sünde *getan* hat.

4. Vor allem aber ist *Röm 7,7*[70] (τὴν ἁμαρτίαν οὐκ ἔγνων εἰ μὴ διὰ νόμου) eine unüberwindliche Gegeninstanz. Der Satz wäre als kognitive These im

---

[64] AaO. 180.

[65] Vgl. aaO. 179.

[66] Vgl. SCHLIER (o. Anm. 4), 101: »die Aussage, daß niemand aus Leistungen gegenüber dem Gesetz gerechtfertigt wird, wäre durch die Behauptung, das Gesetz lehre die Sünde bloß erkennen, nicht begründet«.

[67] Wenn WILCKENS (III 175 Anm. 475) unter Berufung auf Bultmann von ἐπίγνωσις »im Sinne praktisch-relevanten Gewahrwerdens« spricht, so dient das nicht der terminologischen Klarheit. Entscheidend ist, ob die ἐπίγνωσις den *Quellort* oder bloß die *Reflektion* der Sündentaten bezeichnet, – nach WILCKENS (vgl. I 84; III 179) eindeutig das zweite!

[68] Vgl. BULTMANN (o. Anm. 3), 265. Wenn KÄSEMANN (o. Anm. 4), 85 formuliert: »Man bekommt es nicht etwa theoretisch, sondern erfahrungsmäßig mit dem zu tun, was Sünde zutiefst und wirklich ist«, so ist die genetische Funktion der ἐπίγνωσις ἁμαρτίας für die konkrete Sünde irritierend überdeckt von der Reflektion auf das subjektive Bewußtsein des Menschen. Damit dürfte zusammenhängen, daß die ἐπίγνωσις »das Ende eines Weges, an dem sich ein unüberwindlicher Abgrund auftut«, markieren soll (84). Doch prägt sie im Sinne des Paulus keineswegs bloß irgendeine Grenzsituation, sondern das gesetzlich verfaßte Dasein im ganzen!

[69] Zur Parallelität mit Röm 3,20: BULTMANN aaO.

[70] Zur Parallelität mit Röm 3,20: BULTMANN ebd.; SCHLIER (o. Anm. 4), 221.

Zusammenhang gänzlich deplaciert, denn dieser weiß nichts vom Gesetz als einem dem Sünder zugänglichen speculum peccati. In welche Schwierigkeiten die gegenteilige Annahme gerät, lassen die bisherigen lakonischen Andeutungen des Kommentators bereits erkennen. Die Aussage von V. 8, wonach die Sünde die mit dem Gesetz sich anbietende Gelegenheit wahrnimmt, durch das Gebot jegliche Begierde im Menschen zu erwirken, muß dann dahingehend verstanden werden, daß »das κατεργάζεσθαι der Begierden keine direkte, sondern eine indirekte Wirkung (scil. des Gesetzes) meint, sofern die Sünde als solche schon da ist, doch durch das Verbot des Begehrens als Sünde entlarvt und *dadurch* aktiviert wird«[71]. – Nun kann an dem Vorsprung der Sünde vor dem Gesetz paulinisch allerdings kein Zweifel sein. Doch wird, was sich beim Zusammenprall beider ereignet, von solcher Auskunft nicht angemessen erfaßt, – dies um so weniger, als sie aufs engste mit der auf Röm 5,20 gegründeten Behauptung verbunden ist, die »Mehrung« der Sünde durch das Gesetz bestehe darin, »daß das Gesetz die endzeitliche Unheilsfolge der Sünde erkennen« lasse[72].

Zum einen steht bereits die allgemeine Überlegung dagegen, daß der Apostel hier dann unglaublich bizarr argumentieren müßte. Daß die Sünde durch ihre Entlarvung aktiviert werde, mag eine moderne Trivialpsychologie unter dem Motto »Verbotenes lockt« sich allenfalls zurechtlegen können[73]; daß geradezu die Aufdeckung der »endzeitlichen Unheilsfolgen« die Aktivierung der Sünde im Gefolge habe, mutet auch einer ausschweifenden psychologischen Imagination einiges zu; daß aber ein Apostel, der seinen Brief aufs sorgsamste als einen Dialogus cum Judaeis gestaltet, mit solcher Argumentation jüdisches Selbstverständnis zu treffen wähnen konnte, ist ausgeschlossen, so gewiß die entlarvte, also im Gesetz als solche festgeschriebene Sünde jedem Juden schlechthin ein Greuel bedeutet.

Zum andern vermag die abgelehnte Auslegung nicht zu erklären, wie der Apostel die in der Begegnung mit dem Gesetz eintretende Veränderung der Sünde beschreibt. Diese erfährt ja einen eigentümlichen Machtzuwachs: erst im Kontakt mit dem Gesetz vermag sie im Menschen die Begierde zu erwirken. Wie sich ἁμαρτία und ἐπιθυμία zueinander verhalten, ist deutlich:

---

[71] III 178 (Hervorhebung von WILCKENS). Zumindest in die scheinbare Nähe solcher Auffassung droht auch HAHN (o. Anm. 7), 43, zu geraten, wenn er in Auslegung von Röm 7 dem Gesetz eine »die Sünde steigernde und aufdeckende Kraft« zuschreibt.

[72] Ebd. Von solcher apophantischen Funktion ist freilich in 5,20 überhaupt nicht die Rede. Zutreffender wird III 329 die »Mehrung« der Sünde dahingehend bestimmt, daß diese erst durch das Gesetz »ihre volle, nämlich endzeitliche Vernichtungskraft erhält«.

[73] Vgl. aber H. JONAS, Philosophische Meditation über Paulus, Römerbrief, Kapitel 7 (in: E. DINKLER [ed.], Zeit und Geschichte. Festschrift R. Bultmann, 1964, 557–570), 557f.

»Die Begierde verhält sich zur Sünde wie das Gebot zum Gesetz, die besondere Nuance in ἐπιθυμία und ἐντολή ist lediglich ihre konkrete Erscheinungsform«[74], wie denn ἐπιθυμία offenkundig als ein Äquivalent zu παθήματα τῶν ἁμαρτιῶν (V. 5) gebraucht wird[75]. Erlangt daher die Sünde erst in Konfrontation mit dem konkreten Gesetz die ἀφορμή zur Erwirkung der Begierde, so heißt das, daß sie bis dahin leib- und gestaltlos war und ihre weltverwüstende Gewalt daher erst jetzt entfesseln kann. Spricht man in diesem Zusammenhang von schon zuvor »vorhandener« Sünde[76], ist der Modus solcher Vorhandenheit streng als zur Entladung drängende Potentialität festzuhalten. ἐπιθυμία bezeichnet demnach die Sünde in der spezifischen Seinsweise der irdisch wirksam gewordenen Rebellion, als ἁμαρτία in actu. Sünde »zeitigt« sich also als Begierde, und der Katalysator solchen Wechsels ihrer Seinsweise ist das Gesetz. Dazu fügt sich genauestens, daß der Apostel sie in ihrem vorigen Stand als νεκρά = »latent«[77] beschreibt und sie erst mit dem Eintritt in ihren jetzigen Stand zugleich »ins Leben treten«[78] läßt. Solchem prägnant ontologischen Geschehen ist mit kognitiven Kategorien nicht von ferne beizukommen. Wie sollte eine Potenz, die sich im Zusammenprall mit dem Gesetz überhaupt erst zu zeitigen vermochte, ohne Gesetz bereits »Unheilsfolgen« gezeitigt haben, die bloß noch zur Erkenntnis zu bringen gewesen wären!

Daß die Wendung γνῶναι τὴν ἁμαρτίαν V. 7a solchen Sinn nicht hat, beweist vollends die folgende Beobachtung: so wie das εἰδέναι τὴν ἐπιθυμίαν V. 7b mit dem κατεργάζεσθαι ἐπιθυμίαν V. 8 gleichzeitig ist und ihm nicht nachfolgt, so kann das damit identische[79], ja davon geradezu begründete[80] γνῶναι τὴν ἁμαρτίαν nur die Übermächtigung des Ich durch die konkrete Sünde, nicht die Einsicht in einen schon vorher vorhandenen Tat-Unheil-Zusammenhang bedeuten[81]. Die Wendung kennzeichnet also nicht einen

---

[74] G. BORNKAMM, Sünde, Gesetz und Tod. Exegetische Studie zu Röm 7 (in: Das Ende des Gesetzes. Gesammelte Aufsätze I, 1963[4], 51–69), 54.

[75] R. BULTMANN, Römer 7 und die Anthropologie des Paulus ([Anm. 21] 198–209), 205.

[76] Zu KÄSEMANN (o. Anm. 4), 186.

[77] Zu diesem Sinn von νεκρά vgl. KÄSEMANN ebd.

[78] Zu diesem inchoativen Sinn vgl. SCHLIER (o. Anm. 4), 224. Treffend auch KÄSEMANN (o. Anm. 4), 189: »erwachen«.

[79] SCHLIER (o. Anm. 4), 221f.

[80] KÄSEMANN (o. Anm. 4), 185.

[81] Anders auf seine Weise HÜBNER (o. Anm. 7), 67, der zwischen V. 7 und V. 8 die Aussage »unter der Hand« von einem »noetischen« zu einem »ontischen« Sachverhalt springen sieht und so eines angeblich »Schillernden im nicht synonym gebrauchten Begriff« ἐπιθυμία ansichtig zu werden meint, das ihm erlaubt, in V. 7 einen »nomistischen«, in V. 8 einen übergreifenden, auch die »antinomistische« Nuance umfassenden Bedeutungsgehalt wahrzunehmen und daraus zu

Wechsel des Informationsstandes, sondern einen solchen der Daseinsweise: So wie die ἐπιθυμία aus einem ontologischen Vorgang, dem Umschlag der Sünde aus Virtualität in Aktualität, hervorgegangen ist, so entspricht dem auf der Seite des Menschen die Verwandlung vom latenten zum Sünder in actu.

Vollends scheitert die in Rede stehende Interpretation an V. 11. Wie könnte die Sünde sich des Gebotes für ihr gigantisches Betrugsmanöver bedienen, ließe das Gesetz den Sünder wirklich seiner Sünde samt deren »Unheilsfolgen« ansichtig werden! Inwiefern wäre, wenn Ursache wie Wirkung derart zutage lägen, der Mensch denn noch zu täuschen[82]?! Die Rede ist ja wohlgemerkt weder davon, daß die Sünde das Gebot als heuchlerisch »diffamierte«[83], noch davon, daß die Sünde den Menschen *um* das Gesetz betrog, nämlich um dessen in V. 12ff angedeutete lebensstiftende Ursprungsintention. So gewiß sie das zweite im Sinne des Paulus *auch* getan hat[84], so gewiß ist das Gesetz hier nicht als Objekt, sondern als Instrument des Betruges ins Auge gefaßt[85]. Das aber bedeutet, daß der Apostel einen umfassenden Verblendungszusammenhang statuiert, der abseits des Christusgeschehens überhaupt nicht aufzulösen ist, – am allerwenigsten durch das Gesetz. Dessen instrumentaler Charakter ist unter der Herrschaft der Sünde unverbrüchlich. Was von ihr zum Betrug zugerichtet wurde, kann ihn nicht zugleich durchschauen lassen. Das alles ergäbe – zumal in antijüdischer Frontstellung – keinen Sinn, wäre die Sünde hier im Modus der Gebotsübertretung ins

---

folgern, daß »im Bewußtwerden der je aktuellen Sündentaten . . . bereits wesensmäßig etwas von der Macht der hamartia bewußt« werde (71). Angesichts der einheitlichen Terminologie des Paulus sowie der sich für HÜBNER ergebenden Nötigung zu einem völlig willkürlichen Verständnis des Betrugsmotivs V. 11 (s. u.) kann ich dies nur für eine Petitio principii halten.

[82] Der Einwand trifft ebenso die Feststellung von HAHN (o. Anm. 7), 44, daß »die überhaupt erst durch das Gesetz erkennbare Sünde« den Menschen »gerade mit Hilfe dieses Gesetzes verführt«.

[83] So ohne jeden Anhalt am Text HÜBNER aaO., der infolgedessen für die identischen Satzanfänge in V. 8 und V. 11 differenten Sinn annehmen muß, – völlig willkürlich!

[84] Anders und sehr kühn HAHN (o. Anm. 7), der die zum Leben führende Macht des Gesetzes gerade darin sich erweisen sieht, »daß es die Sünde in ihrer Sündhaftigkeit und gleichzeitig den Menschen in seiner totalen Verlorenheit offenbar macht« (43). Aber dagegen spricht schon die Fortsetzung, die ja voraussetzt, daß das Gesetz τὸ ἀγαθόν von sich her ist und dazu nicht erst durch die Begegnung mit der Sünde *wird.* Auch die Kennzeichnung des Gesetzes als πνευματικός (V. 14) gibt eine Wesens-, keine Funktionsbestimmung.

[85] Daran würde sich grundsätzlich nichts ändern, wenn man διὰ τῆς ἐντολῆς mit BORNKAMM (o. Anm. 74), 56 Anm. 11 zu ἀφορμὴν λαβοῦσα ziehen müßte; dann wäre das Gebot eine unerläßliche Voraussetzung, keineswegs aber Gegenstand des Betruges. Doch scheint mir die Beziehung auf ἐξηπάτησεν 1. wegen der Fortsetzung V. 11b, wo das δι' αὐτῆς auf das Verbum finitum bezogen ist, 2. wegen der parallelen Formulierung V. 8a, wo ebenfalls der Anschluß ans Prädikat das einzig naheliegende ist, nicht zweifelhaft zu sein; vgl. zuletzt SCHLIER (o. Anm. 4), 222f. 225 Anm. 8.

Auge gefaßt, denn über *deren* Wesen und Folge besteht zwischen Paulus und dem frommen Juden ebenso hinreichendes Einverständnis wie in der Anerkenntnis des Gesetzes als ihres Kriteriums. Sinnvoll wird der Passus nur, wenn der Apostel der ungeheuerlichen Einsicht Bahn brechen will, daß die Einlassung des Menschen auf das Gesetz dem Verhängnis grundsätzlich so wenig entnommen ist wie die Übertretung[86]. Dabei wird nicht einmal darauf reflektiert, wie weit und radikal solcher Gesetzesdienst durchgehalten wird. Jedes Versagen des Gehorsams ist ohne weiteres kenntlich als Untreue gegenüber dem klaren Gotteswillen und kann auch von der Sünde nicht als etwas anderes glaubhaft gemacht werden. Von Betrug läßt sich nur reden, wenn mit seiner Aufdeckung an den Tag kommt, worauf kein Mensch je gefaßt sein konnte. Nur bei solcher strikten Fassung des Betrugsmotivs läßt sich im übrigen, worauf hier nur eben hingewiesen werden kann, die in V. 15ff beschriebene Spaltung des Ich adäquat verstehen. Trüge im Sinne des Apostels das Gesetz auch nur dazu bei, »daß der an die ἔργα νόμου sich klammernde Mensch bei all seinem eigenen Streben die Ausweglosigkeit wahrnimmt (7,24), aus der er allein durch die Gnadentat Gottes befreit wird«[87], wäre er schlechterdings nicht der Unwissende, als der ihn V. 15 charakterisiert. Daß das Produkt des κατεργάζεσθαι sich dem γινώσκειν entzieht, wird erst recht unter Voraussetzung eines auf die manifesten, gesetzlich dingfest gemachten Übertretungen fixierten Sündenbegriffs immer unbegreiflich bleiben[88]. Die These des Apostels erweist sich aber umgekehrt als unausweichlich, sobald der Betrug der Sünde dahingehend verstanden wird, daß sie den Menschen über ihr Wesen als einer Gesetzesbruch und Gesetzesgehorsam noch umgreifenden Macht täuscht. Dann ist jenes Nichtwissen des Ich die notwendige Entsprechung des von der Sünde gestifteten objektiven Verblendungszusammenhangs auf der Seite der Subjektivität[89].

Es besteht demnach nicht der geringste Textanhalt, in der Auslegung von Röm 7,7ff auch nur auf eine Mittelposition einzuschwenken und etwa mit K. Kertelge[90] den hier geschilderten »Zustand des Ich« als einen zwar »nicht schlechthin bewußt erlebt(en)«, wohl aber als einen »vorbewußte(n)« zu ver-

---

[86] Vgl. H. Conzelmann, Grundriß der Theologie des Neuen Testaments, 1967, 251: »Paulus will nicht nur zeigen, daß dem Menschen seine Situation verborgen ist, sondern auch, in welcher Weise: daß er nämlich meint, auf Grund der Erfüllung des Gesetzes Gottesdienst zu treiben.«

[87] So Hahn (o. Anm. 7), 43f.

[88] Vgl. Bultmann (o. Anm. 75), 206f.

[89] Vgl. Bornkamm (o. Anm. 74), 63: »Das ἐξηπάτησέν με ist der Grund des οὐ γινώσκω«.

[90] Exegetische Überlegungen zum Verständnis der paulinischen Anthropologie nach Römer 7 (ZNW 62, 1971, 105–114), 113.

stehen. Solche psychologischen Distinktionen können einerseits die in V. 7 gebrauchten Erkenntnisbegriffe nicht mehr wirklich ernst nehmen, die doch von Paulus keineswegs abgeschwächt gebraucht, sondern durch ihre Verklammerung mit den nachfolgenden Seinsbegriffen (s. o.) gerade zu äußerster Prägnanz getrieben werden, sie müssen andererseits das Betrugsmotiv so oder so erweichen. – Erst recht in Aporien führt Käsemann, wenn er einerseits die Sünde durch das Gesetz »ebenso hervorgerufen wie entlarvt« sein und also das Gesetz »einsehbare Übertretung« schaffen läßt[91], andererseits aber Sünde »in ihrem eigentlichen Wesen« – als »Verlangen nach Autarkie«[92] – nirgendwo »erfahrbar« werden, sondern »nur das Evangelium«[93] ihr Verhängnis aufdecken lassen will. Solcher Widerspruch wird nicht plausibler durch die These, der Apostel reflektiere »nicht grundsätzlich über das Verhältnis von Sünde und Gesetz«, sondern schildere einen »allein auf Adam« passenden Vorgang, gewinne den anthropologischen Universalhorizont einzig durch die im Hintergrund stehende »Konzeption der corporate personality« und habe anders gar nicht verfahren können, wenn er angesichts der entgegenstehenden jüdischen Erfahrung »Realität und Adäquatheit« seiner Analyse »erkennbar« machen wollte[94]. Aber Paulus, der übrigens seinen Dialogus cum Judaeis ja nicht vor jüdischem, sondern vor christlichem Forum führt, kann die Realität der Sünde, wenn denn zu ihr die umfassende Verblendung gehört, unmöglich dem Unglauben andemonstrieren wollen. Auch wäre der Protoplast dazu die ungeeignetste Figur, da dieser das Gebot doch nicht als Leistungsforderung usurpiert, sondern es schlicht übertreten hat. Insbesondere zeigt das Betrugsmotiv, wieweit der Apostel sich von der Paradieserzählung, so gewiß er sie anklingen läßt, sachlich entfernt hat[95]: die Täuschung besteht dort und in aller jüdischen Auslegungstradition ja in der Lüge, daß flagranter Ungehorsam Verheißung habe, keinesfalls aber wie bei Paulus in der Tatsache, daß die Gottesforderung kraft der Sünde in die Illusion integriert ist.

Allen abweichenden Auslegungstendenzen zum Trotz geht also aus Röm 7,7 mit überwältigender Evidenz hervor: »Gemeint ist . . . nicht, daß das

---

[91] (o. Anm. 4), 185.

[92] Ebd. 190.

[93] Ebd. 189.

[94] Vgl. ebd. 186–189. In diesem Punkt sieht selbst eine kurzatmige Pauluskritik schärfer: Wenn P. v. d. OSTEN-SACKEN, Das paulinische Verständnis des Gesetzes. Erläuterungen zum Evangelium als Faktor von theologischem Antijudaismus (EvTh 37, 1977, 549–587), 566f, in Röm 7 keine »empirisch verifizierbaren Erfahrungen« beschrieben sieht, so ist daran bloß die Folgerung absurd, also habe der Text »geschichtlich etwas höchst Irreales« an sich. Als kämen dem Bewußtsein verborgene Vorgänge in keiner geschichtlichen Realität vor!

[95] Gegen KÄSEMANN ebd. 188.

›Ich‹ . . . durch das Gesetz über die Sünde Bescheid bekommen hat und es sich der Sünde bewußt geworden ist, sondern daß es durch das Gesetz zum Sündigen gekommen ist.«[96] Damit ist über den Sinn von 3,20b mitentschieden[97].

5. Die nächste Parallele zu 3,20a, nämlich *Gal 2,16ff*, kann das bisherige Ergebnis nur bestätigen. Wilckens freilich meint sogar, diese Stelle für seine Gesamtauffassung reklamieren zu dürfen, und zwar aufgrund ihres Kontextes[98]. Ein waghalsiger Anspruch! Denn wie läuft die Argumentation des Paulus? V. 15 scheidet zunächst mit der Entgegensetzung von φύσει Ἰουδαῖοι und ἐξ ἐθνῶν ἁμαρτωλοί die Menschheit in der Tat »in heilsgeschichtlich letztgültigem Sinne«[99]. Bietet der Apostel dagegen sogleich (V. 16a) die Einsicht des Glaubens auf, daß der Mensch nicht aus Gesetzeswerken gerechtfertigt werde, so läßt sich schlechterdings nicht behaupten, jene »heilsgeschichtliche Gegebenheit« werde nicht »von der Negation des folgenden Satzes V. 16a betroffen«[100]. Der schroff adversative Anschluß[101] hat überhaupt

---

[96] SCHLIER (o. Anm. 4), 221.

[97] Und über den von 5,20! Diese Stelle wird weiterhin durch 4,15 aufgehellt. Daß das Gesetz nur dem Zorn einträgt, »der es nicht erfüllt« (WILCKENS III 270 Anm. 868), ist in V. 15a hineinkonjiziert, – Paulus formuliert aber prinzipiell! Ebensowenig ist der Feststellung V. 15b: »Wo aber kein Gesetz ist, ist auch keine Übertretung«, die Begründung hinzuzudenken: »denn sie ist vergeben« (271). Vielmehr wird einfach konstatiert, daß das Gesetz für die »Übertretung« die unerläßliche Vorbedingung darstellt, wie umgekehrt das Gesetz die »Übertretung« unausweichlich werden läßt (gegen HÜBNER [o. Anm. 7], 72f, der hier nur die *Möglichkeit* von Gesetzesübertretungen angedeutet findet, was der apodiktischen Feststellung von V. 15a ins Gesicht schlägt). Das führt auf ein prägnantes Verständnis von παράβασις/παράπτωμα im Sinne von qualifizierter ἁμαρτία, das sich auch von 5,13f her nahelegt: παράβασις kennzeichnet nur den mit dem artikulierten Gesetz konfrontierten Menschen und Adam als dessen Prototyp. Sünde ohne Gesetz οὐκ ἐλλογεῖται (5,14) = νεκρά (7,8) = als παράβασις nicht existent (4,15; vgl. Gal 3,19). Mit anderen Worten: παράβασις/παράπτωμα nähern sich dem Sinn von ἐπιθυμία in Röm 7,7f. Die Parallelität von παράπτωμα und ἁμαρτία in 5,20 ist kein Gegenindiz, sondern dürfte sich daraus erklären, daß zweierlei gesagt werden soll: Das Gesetz mehrte die Sünde, und: das Ergebnis solcher Mehrung ist Sünde in Gestalt des παράπτωμα.

[98] III 175.

[99] So WILCKENS I 87. Warum er ebd. 88 Anm. 18 mir dies kritisch vorhält, ist mir unerfindlich, habe ich doch (o. Anm. 7), 182, selbst formuliert: »Mit der eschatologischen Dignität der empirischen Judenheit ist die Idee einer heilvollen Spezialgeschichte im Ansatz gleichzeitig auf dem Plan.«

[100] Gegen WILCKENS I 89.

[101] Er wird auch von WILCKENS I 88 notiert. W. G. KÜMMEL, »Individualgeschichte« und »Weltgeschichte« in Gal 2,15–21 (Heilsgeschehen und Geschichte II. Gesammelte Aufsätze 1965–1977, 1978, 130–142) will dem δέ bloß »kopulative Bedeutung« zuerkennen (131) und V. 15 mit V. 16a als Parallelsätze auffassen (134). Aber dann verliert der Gedankengang alle Kraft und Kohärenz, und es wird zum Rätsel, warum Paulus die christlich mehr als gewagte Gegenüberstellung von jüdischen Nichtsündern und heidnischen Sündern überhaupt zum Ausgangspunkt nimmt.

nur Sinn, wenn der ὅτι-Satz zum Ausdruck bringen will, inwiefern jene Zweiteilung der Menschheit nunmehr als für das Heil belanglos entlarvt ist: deswegen, weil Gesetzeswerke nicht zur Rechtfertigung verhelfen[102]. Der ὅτι-Satz nennt also exakt beim Namen, was die Unterscheidung zwischen Juden und Heiden überhaupt ausmacht: eben das jüdische Heilsvertrauen auf die Werke der Tora. »Von Natur Jude« sein im Sinne eines heilsgeschichtlichen Gegenübers zum heidnischen Sünderwesen und »aus Werken des Gesetzes« sein sind also synonyme Wendungen, wie denn das ὅσοι ἐξ ἔργων νόμου εἰσίν 3,10 eben diejenigen meint, die das in 2,15 berufene Selbstverständnis für sich maßgebend sein lassen. Es ist daher abwegig, wenn Wilckens[103] aus V. 16 nicht entnehmen will, »daß der Jude als φύσει Ἰουδαῖος nicht gerechtfertigt werde, sondern daß er ἐξ ἔργων νόμου nicht gerechtfertigt werde«. Hier läßt sich nichts gegeneinander ausspielen. Indem der Apostel das eine geltend macht, bestreitet er die soteriologische differentia specifica des Juden und stellt somit zugleich das andere sicher.

Dieser unauflösliche Sachzusammenhang zwischen V. 15 und V. 16a verbietet es, aus V. 16 herauszulesen, daß die Juden »das Gesetz faktisch nicht erfüllt haben, im Blick auf ihr *Tun* also den Heiden gleichstehen«[104]. Als ob Paulus formuliert hätte: »εἰδότες ὅτι καὶ ἡμεῖς ἡμαρτήκαμεν«! Tatsächlich aber wird die Unterscheidung von V. 15 ja gar nicht für irrtümlich, sondern lediglich für soteriologisch unerheblich erklärt. Geschieht das mittels der Verneinung einer Rechtfertigung aus Werken, so werden im Blick auf das Heil hier also diejenigen mit den heidnischen Sündern zusammengeschlossen, die sich gerade durch ihre Einlassung aufs Gottesgebot von ihnen unterscheiden.

Anders ergäbe auch die Fortsetzung keinen Sinn. Beachtet sein will schon, wie im ἵνα-Satz V. 16b die Glaubensentscheidung als Option gegen die Rechtfertigung aus Gesetzeswerken ausgelegt wird. So kann nur gesprochen werden, wenn nicht jüdische Gesetzesübertretung, sondern auf Gesetzeserfüllung gegründetes Heilsvertrauen als Alternative im Blickpunkt steht. Wie wenig die entgegenstehende Interpretation dem Text gerecht zu werden vermag, zeigt sich auch daran, daß sie ihm gleich zweierlei entnimmt: Einerseits

---

[102] Daß der Judenchrist »nicht mehr auf die φύσις pochen« kann (F. MUSSNER, Der Galaterbrief [HThK 9], 1977³, 172 Anm. 30), ist zwar richtig, liegt aber nicht im Duktus der paulinischen Argumentation. Richtig dagegen J. BECKER, NTD 8, 1976, 30: »Wir Judenchristen kamen zum Glauben an Jesus Christus mit dem Ziel, durch ihn, nicht durch Gesetzeswerke gerechtfertigt zu werden, sonst hätten wir Juden bleiben können.«

[103] I 89.

[104] Gegen WILCKENS ebd.

soll der Apostel die faktische Nichterfüllung des Gesetzes durch die Juden[105], andererseits aber konstatieren, daß derjenige, der »gesündigt hat, ἐξ ἔργων νόμου keinesfalls Gerechtigkeit erlangen (kann)«[106]. Das zweite liefe wiederum auf die Abweisung von Gebotserfüllungen als Ersatzleistung hinaus. Aber, – abgesehen davon, daß auch dafür keinerlei Textindiz vorliegt: Paulus kann nicht mittels ein- und derselben Wendung für die Gesetzeswerke Fehlanzeige erstatten *und* mit ihrem wenn auch unvollständigen Vorhandensein argumentieren!

Vollends V. 17 verweigert sich solcher Sicht. Wilckens konzediert, daß hier »eine Erfahrung beschrieben ist, die sich dem Judenchristen erst bei seiner Bekehrung einstellt«[107], weist aber eine Interpretation ab, wonach die Juden »durch die Annahme des Christusglaubens allererst zu Sündern« *werden.* »Was sich neu einstellt, ist lediglich die Erkenntnis, daß sie im Blick auf ihr faktisches Tun Sünder sind.« Aber zunächst gerät solches Verständnis mit den eigenen Voraussetzungen in unlösbaren Widerstreit. Denn die sonst mit gleichbleibendem Nachdruck durchgehaltene und für diese Paulusdeutung unaufgebbare Behauptung, daß bereits der Unglaube im Gesetz der Sünde inne werde, würde sich in Nichts auflösen, wenn im Ernst gelten sollte, daß faktische Gesetzesübertretung erst vom Glauben als Sünde durchschaut werde. Umgekehrt kann dies schon wegen des nachfolgenden ἄρα-Satzes nicht der Sinn von V. 17 sein. Wie sollte die Frage, ob Christus Diener der Sünde sei, sich als rhetorische auch nur stellen lassen, ginge es in V. 17a lediglich um einen noetischen Vorgang[108]! Käme für den Glaubenden nur an den Tag, in welchem Maße er sich bisher faktisch gegen das Gesetz vergangen hat, könnte derjenige, der diese Erkenntnis vermittelt, nicht einmal hypothetisch verdächtigt werden, er begünstige solches Tun. Sinnvoll wird V. 17 nur, wenn der Bedingungssatz eine neu aufbrechende Wirklichkeit vor Augen hat: die Einweisung von Menschen in den Sünderstand, die bis dahin, nämlich kraft ihres Gesetzesgehorsams, als Sünder nicht auszumachen waren[109].

---

105 Vgl. aaO.

106 AaO. 91; vgl. III 175.

107 I 90 Anm. 26. Im Sinne eines Irrealis versteht den Satz jetzt wieder MUSSNER (o. Anm. 102), 176f: Wer, wie die antiochenischen Judenchristen, die Tischgemeinschaft mit den Heidenchristen aufkündigt, erklärt sich ihretwegen im nachhinein als Sünder. Dagegen spricht eine Vielzahl bislang unwiderlegter Gründe; vgl. KLEIN (o. Anm. 7), 188–190.

108 Dieser Einwand gilt auch gegen KÜMMEL (o. Anm. 101), 136f, der sich im übrigen zum Problem des hier maßgebenden Sündenbegriffs nicht äußert.

109 Vgl. HAHN (o. Anm. 7), 53f Anm. 76: Für den in der rhetorischen Frage zu Worte kommenden jüdischen Gegner wird durch Paulus »jede Art von menschlicher Gerechtigkeit bzw. Übertretung nivelliert«, – hinzuzufügen ist nur: insoweit hat er, soweit es das Heil betrifft, den Apostel völlig richtig verstanden; der Dissensus bricht erst an der Schlußfolgerung auf. Für die Einzelheiten vgl. meinen Aufsatz (o. Anm. 7), 185ff.

Das bestätigt endlich auch der Abschluß der ganzen Passage (V. 21). Auffallenderweise wird hier ja nicht von Gesetzeswerken, sondern vom Gesetz selbst gesprochen und dieses keineswegs bloß als »Kriterium«[110] der Gerechtigkeit, sondern als Mittel ihrer Erlangung verworfen. Die in ihrer Knappheit nahezu gnomische Ausdrucksweise zeigt, daß der Apostel nicht auf eine partikulare, nur unter bestimmten Umständen gültige Wahrheit, nämlich darauf hinauswill, daß zwar Sünder durchs Gesetz nicht gerechtfertigt werden, andere – wenn sie denn vorkämen – aber doch, so daß das Gesetz als möglicher Weg zur Gerechtigkeit anerkannt bliebe[111]. Paulus formuliert ja gerade *nicht:* εἰ γὰρ διὰ νόμου δικαιοσύνη ἁμαρτωλοῖς! Vielmehr aberkennt er dem Gesetz, was diesem unter *keinen* Umständen zugetraut werden darf, wenn nicht die im Tode Christi offenbarte Gottesgnade geschändet werden soll (V. 21a). Unnachgiebiger läßt sich auf »der Gratuität aller wahren menschlichen Gerechtigkeit«, von welcher der Apostel angeblich nichts weiß[112], schwerlich bestehen.

6. Diesem Befund an dem theologischen Basistext des ganzen nachfolgenden Briefteils ordnen sich die darauf aufbauenden Aussagen von *Gal 3* bei aller Nuanciertheit zwanglos ein. Wilckens freilich beansprucht den Zusammenhang V. 10–12 als besonders evidenten Beleg für seine These, daß die Heilsträchtigkeit der Werke vom Apostel nicht grundsätzlich, sondern nur für den »erwiesenen Sünder« bestritten werde[113]. Nun ist zunächst richtig, daß das in V. 10 verwertete Schriftwort auf die quantitative Vollständigkeit des Gesetzesgehorsams abhebt und jedes dahinter zurückbleibende Verhalten unter den Fluch stellt. Doch zielt der Apostel bereits mit der einleitenden These V. 10a weit darüber hinaus, wenn er nicht nur den unvollständigen Gesetzesdienst, sondern jegliche Existenz aus Gesetzeswerken verflucht sein läßt[114]. Als Obersatz zu einem Schriftzitat, das nicht dem Tun, sondern dem »Nicht-Tun« des Gesetzes den Fluch androht[115], ist das überaus merkwürdig formuliert und wäre allenfalls erträglich, wenn ein Zwischengedanke: »Niemand tut der Forderung umfassend Genüge«, angenommen werden müßte[116]. Doch wäre dann schon im Vordersatz statt der Orientierung an

---

[110] Gegen Wilckens I 93 ist das διά unbedingt ernst zu nehmen.

[111] Gegen Wilckens I 94; vgl. III 175.

[112] I 94.

[113] Vgl. I 92ff; III 175f.

[114] Vgl. D. P. Fuller, Paul and »the Works of the Law« (WThJ 38, 1975, 28–42).

[115] Mussner (o. Anm. 102), 226.

[116] So, nach dem Vorgang vieler, Wilckens aaO. und zuletzt Hübner (o. Anm. 7), 20: »Weil keiner dieser Forderung nachkommt.«

den Werken des Gesetzes eher in der Ausdrucksweise von V. 11 diejenige am Gesetz selbst unter den Fluch zu rücken gewesen. Ungleich näher liegt, daß der Apostel in V. 10b zunächst ein vorläufiges Argument einführt, indem er den Gegner bei seinen eigenen Voraussetzungen behaftet: die Tora läßt schon von sich aus das ungeheure Risiko der gesetzlichen Existenz erkennen. Die Tragweite des Arguments erhellt aus einer in diesem Zusammenhang merkwürdig vernachlässigten Sachparallele: Wenn Paulus in 5,3 jeden, der sich der Beschneidungsforderung fügt, dabei behaftet, daß er damit zur Erfüllung des ganzen Gesetzes verpflichtet sei, so will er ja doch weder sagen, daß bei Einlösung solcher Verpflichtung das Heil erwirkt und der Glaube überflüssig sei, noch, daß der Verpflichtung wegen der bereits aufgelaufenen Sündenschuld gar nicht mehr nachgekommen werden könne. Vielmehr soll lediglich darauf aufmerksam gemacht werden, welchen gesetzesimmanenten Bedingungen derjenige untersteht, der sich überhaupt auf das Gesetz einläßt. Steht demnach fest, daß Paulus in Applikation auf seine Gegner auf der Vollständigkeit des Gesetzesgehorsams bestehen kann, ohne auf seine Heilsträchtigkeit zu reflektieren, so nimmt sich im Zusammenhang des Briefganzen 3,10b wie die lehrhafte Vorwegnahme der polemisch-paränetischen Einrede 5,3 aus.

Daß Paulus über das Argument von V. 10b hinausdrängt, zeigt schlagend die Fortsetzung. Wäre der quantitative Anspruch des Gesetzes der maßgebende Gesichtspunkt, so müßte sich der entscheidende Gedanke, daß diesem Anspruch niemand Genüge tut, angesichts der formalen Struktur von V. 11 geradezu zwangsläufig einstellen, zumal Paulus hier auf Schlüssigkeit (δῆλον) dringt! Man vergegenwärtige sich das folgende Satzgefüge, um zu ermessen, was es bedeutet, daß der abschließende Begründungssatz gerade *ausbleibt:* »Denn die aus Gesetzeswerken leben, sind unter dem Fluch; denn es steht geschrieben: ›Verflucht ist jeder, der nicht bei allem bleibt, was in dem Buch des Gesetzes steht, um es zu tun.‹ Daß aber im Gesetz niemand vor Gott gerechtfertigt wird, ist klar, denn niemand tut das ganze Gesetz.« Doch lautet die Begründung ja ganz anders: Daß mittels des Gesetzes niemand gerechtfertigt wird, ist nicht insofern »offenkundig«, als niemand sich ganz gesetzeskonform verhält, sondern insofern, als nur der aus Glauben Gerechte leben, mithin vom Gesetz niemand ins Leben geleitet wird. Die damit berufene Evidenz ist also gar nicht, wie nach V. 10b zu erwarten, eine empirische, sondern als schriftbezogene diejenige der Offenbarung[117]. So kann nur reden, wer die Heilsmittlerschaft des Gesetzes grundsätzlich, unabhängig vom

---

[117] Vgl. Hübner (o. Anm. 7), 20.

Maß der ihm empirisch zuteil werdenden Observanz, bestreitet. Damit ist das quantitative Argument von V. 10b entscheidend überholt[118].

Die Grundlage solcher qualitativen Gesetzeskritik zeigt sich in V. 12. Es führt aus dem Gefälle der Argumentation heraus, wenn man die alttestamentliche Anspielung V. 12b komplementär zum Zitat V. 10b akzentuieren läßt, »daß das Gesetz nur für den zuständig ist, der es tut«[119]. Weder im Zusammenhang noch nach dem antithetischen Gefüge von V. 12 steht der Zuständigkeitsbereich des Gesetzes zur Debatte. Vielmehr geht es um eine ganz andere, nach V. 11 in der Tat sich aufdrängende Frage: warum nämlich das Gesetz mit dem Glauben unvereinbar sei. Antwort: weil es das Leben als Resultat des Tuns und damit dem Glauben schroff widersprechend definiert. Die Anspielung auf Lev 18,5 hat keinen andern Sinn, als dieses Wesen des Gesetzes herauszustellen[120]. Auf die Verläßlichkeit der Lebensverheißung für den Täter wird gar nicht reflektiert[121], sondern es wird einfach die im Gesetz besiegelte Bindung des Lebens an das Tun als Beleg für die Unvereinbarkeit von Glauben und Gesetz geltend gemacht[122]. Diese argumentative Funktion des Rückgriffs auf Lev 18,5 wird sich uns in Röm 10,5 bestätigen (s. u.), ist in unserm Zusammenhang aber schon dadurch vollends sichergestellt, daß V. 21 ein lebenspendendes Vermögen des Gesetzes bündig verneint. Keine Rede kann ja davon sein, daß dort die Heilskraft des Gesetzes bloß *für Sünder* be-

[118] Der hier vorliegende Wechsel der Perspektive läßt sich nicht mit HÜBNER (o. Anm. 7), 42, mit der steil dialektischen Erwägung ausgleichen, »quantitative Erfüllung« des Gesetzes sei für Paulus deswegen nicht möglich, »weil die Torah Bestimmungen besitzt, die ›qualitativ erfüllt‹ werden müssen«, nämlich gerade im Sinne eines Verzichtes auf die Selbstbegründung aus der Quantität der Werke (vgl. aaO. 19). War freilich das Gesetz in der Tat dazu bestimmt, in solchen wahren Gehorsam einzuweisen, so doch nicht bloß mit einigen seiner Gebote unter anderen, vielmehr gemäß dem das ganze Gesetz prägenden göttlichen Ursprungswillen, der im Umgang mit *allen* Geboten vom Sünder pervertiert wird.

[119] So WILCKENS III 175 Anm. 476. Gemeint ist wohl: das Gesetz als Heilsmittler. Übrigens kann von einem eigentlichen »Zitat« (so W.) in V. 12 im Unterschied zu V. 10 nicht die Rede sein.

[120] Vgl. MUSSNER (o. Anm. 102), 231.

[121] Gegen HÜBNER (o. Anm. 7), 42: »Wenn das Gesetz sagt, daß leben wird, wer alle seine Bestimmungen tut, dann gilt diese Aussage auch.« Natürlich ließe sich sagen, daß unter Voraussetzung eines qualifizierten, am ursprünglichen Gotteswillen ausgerichteten Begriffs von Tun die Aussage für Paulus Gültigkeit besitzt. Doch wäre solches ποιεῖν (im Sinne jenes τελεῖν von Röm 2,27) ja anders als das hier im Blick stehende gerade ein Konstitutivum des Glaubens selbst!

[122] Daß die Lebensverheißung in Lev 18,5 Paulus entgangen sei (U. LUZ, Das Geschichtsverständnis des Paulus, 1968, 150f), ist schon im Blick auf Röm 10,5 höchst unwahrscheinlich. Eher gilt das Gegenteil: »Der ganze Gedankengang in Gal 3,1–12 beruht auf der Voraussetzung, daß die beiden Schriftworte in Hab 2,4 und Lev 18,5 einander widersprechen« (N. A. DAHL, Widersprüche in der Bibel, ein altes hermeneutisches Problem [StTh 25, 1971, 1–19], 12).

stritten würde[123]. Paraphrasiert man: »Das Gesetz vermag Übertretern nicht Leben zu schaffen«[124], trägt man die entscheidende Einschränkung in den Text ein und vernachlässigt andererseits den mit dem ἐδόθη deutlich genug markierten Rückgang auf den Ursprung des Gesetzes. Diese Wendung hebt ja auf den Zeitpunkt der Promulgation des Gesetzes ab und kehrt somit den das Gesetz seit seiner Vernehmbarkeit unverbrüchlich prägenden Wesenszug hervor. Wenn damit auch schwerlich gesagt sein kann, daß die Lebensohnmacht des Gesetzes in der ursprünglichen Absicht seines göttlichen Stifters lag[125], so ist doch jedenfalls scharf herausgestellt, daß das Gesetz anders als in solcher Ohnmacht nie widerfahren konnte. Sein soteriologisches Unvermögen geht dem konkreten Verhalten des Menschen zu ihm voraus, weil der Mensch, auf den es trifft, nicht erst durch sein Fehlverhalten zum Sünder wird, sondern längst vor allem Verhalten der Sündenmacht anheimgegeben ist (V. 22). Kann also das Gesetz unter den bei seinem Eintritt in die Welt waltenden Bedingungen von vornherein nicht ins Leben führen, so ist es ausgeschlossen, seine diesbezügliche Verheißung in V. 12 als des Apostels eigene These anzusprechen. Diesem Schluß läßt sich nur entgehen, wenn man mit H. Hübner[126] in Gal 3 das Gesetz mit drei verschiedenen Intentionen – der immanenten des Gesetzes, der des dämonischen Gesetzgebers und derjenigen Gottes – in Zusammenhang bringt und dann V. 12 für die erste, V. 21 für die zweite beansprucht, – eine dem paulinischen Denken Gewalt antuende und speziell V. 21 exegetisch inadäquate Konstruktion[127].

Nur im Vorübergehen sei schließlich noch angemerkt, daß die gesamten Ausführungen des Paulus über das Verhältnis von Verheißung und Gesetz in Gal 3f zum Rätsel würden, wenn die Rechtfertigung aus Gesetzeswerken bloß aufgrund des Defizits an Werken ausgeschlossen wäre. Es trifft für Paulus nicht zu, daß das Gesetz der Verheißung »als solcher« nicht widerstrei-

---

[123] Gegen Wilckens I 92.

[124] Wilckens III 177. Zu ähnlichen Konjekturen ist er auch sonst genötigt; vgl. o. Anm. 97.

[125] »Es ist nicht dazu gegeben, wahres Leben zu verwirklichen« (Hahn [o. Anm. 7], 56), dürfte zuviel gesagt sein. Paulus hebt ja nur auf die Faktizität, nicht auf die Tendenz der Gesetzgebung ab.

[126] (o. Anm. 7), 27ff.

[127] Der Sinn von V. 21 kann nicht sein: »Das Gesetz will doch gar nicht wie die Verheißungen Gerechtigkeit schaffen! Das erhellt doch aus der Intention der Gesetzgebung!« (Hübner aaO. 31). Denn 1. wäre diese Besorgnis nach V. 19f schlechterdings grotesk. 2. ist die Bestreitung einer Gerechtigkeit aus dem Gesetz keineswegs »aus der Perspektive der Gesetz*gebung* gesagt« (ebd.), sondern, wie das ὄντως zeigt, aus der des Apostels. 3. muß Hübner in der Abfolge von V. 21 nach V. 22 »Intention der Gesetzgeber und Intention Gottes im Argumentationsduktus zusammengebunden« sein lassen, woran die Künstlichkeit seiner Distinktionen deutlich wird.

tet[128]. Beide müssen vielmehr »prinzipiell unterschieden werden«[129]. Aber noch mehr! Wenn vom Gesetz gesagt wird, daß es die Verheißungen nicht aufzuheben (vgl. 3,15) bzw. zunichte zu machen vermöge (V. 17), so ist es ja gerade als Widerpart der Verheißung ins Auge gefaßt, nur als unterlegener. In diese antagonistische Rolle ist es nicht erst de facto geraten, es war in ihr von vornherein. So sicher damit nicht das Gesetz, »wie es ›an sich‹«, nach Gottes Willen ist, charakterisiert werden soll[130], so deutlich ist doch vorausgesetzt, daß dieses sein Wesen »an sich« innerweltlich nie erfahrbar war. Folgerichtig wird denn schon für die bloße *Möglichkeit* einer Erbschaft ἐκ νόμου festgestellt, daß sie eine exklusive Alternative zu einer solchen ἐξ ἐπαγγελίας darstellen würde (V. 18). Das hat nur Sinn, wenn eine verheißungsgemäße Erbschaft ἐκ νόμου faktisch nicht einmal *verwirkt* werden konnte. Auch bliebe es unerklärlich, daß der Apostel in 4,1ff das Gesetz den στοιχεῖα τοῦ κόσμου zu subsumieren vermag[131], wenn es sozusagen erst im Laufe der Zeit, durch die Unbotmäßigkeit aller Menschen, zu einer unheilsträchtigen Instanz gediehen wäre[132].

7. Die übrigen für unser Thema einschlägigen Texte verweigern sich der bestrittenen Interpretation erst recht.

a) *Röm 3,27ff.* Die Eingangsfrage: »Wo bleibt nun das Rühmen?« soll nicht auf den Selbstruhm der korrekten Gesetzeserfüllung, sondern auf ein

---

[128] Gegen WILCKENS III 177f.

[129] F. HAHN, Genesis 15,6 im Neuen Testament (in: H. W. WOLFF [ed.], Probleme biblischer Theologie. Festschrift G. v. Rad, 1971, 90–107), 100.

[130] Mit P. VIELHAUER, Gesetzesdienst und Stoicheiadienst im Galaterbrief (in: Rechtfertigung [o. Anm. 2], 543–555), 553.

[131] Dazu VIELHAUER passim.

[132] Zum Verhältnis Verheißung–Gesetz vgl. auch HAHN (o. Anm. 7). Es trifft m. E. freilich nicht zu, daß nach dem Gedankengang von Gal 3 die Verheißung vor dem Kommen des Glaubens »noch ununterschieden« mit dem Gesetz verbunden war (56). Gemäß der Parallelität von V. 22 und V. 23 entsprechen sich Sünde und Gesetz als die den Menschen gefangenhaltenden Mächte. Daß das Gesetz παιδαγωγὸς εἰς Χριστόν war (V. 24), muß von da, nämlich von seiner unheilsbesiegelnden Gewalt her verstanden werden und indiziert kein Beieinander von Verheißung und Gesetz. Nicht anders steht es in Röm 4. V. 11 ist m. E. überstrapaziert, wenn man hier »dem Gesetz, abgesehen von der Zeugenfunktion, auch in seinem engeren Sinn eine Bedeutung im Zusammenhang von Verheißung und Glaube« zugeschrieben sein läßt (40 Anm. 36). Vom Gesetz, geschweige von seiner »die Glaubensgerechtigkeit ›besiegelnden‹ Bestimmung« (43), ist ja gar nicht die Rede, von Abrahams Beschneidung nur, um sie gegenüber dem jüdischen Verständnis als Bundeszeichen für die Glaubensgerechtigkeit zu reklamieren, also aus ihrem Zusammenhang mit dem Gesetz zu lösen; vgl. G. KLEIN, Römer 4 und die Idee der Heilsgeschichte (o. Anm. 1, 145–169), 153ff. Umgekehrt bestätigt V. 13–16, daß das Gesetz »in seinem engeren Sinn« sich der Verheißung nicht integrieren läßt. Unbestritten ist natürlich, daß νόμος bei Paulus auch den Zeugen der Glaubensgerechtigkeit meinen kann, aber dann ist nicht das »Gesetz der Werke«, sondern die Schrift gemeint; vgl. Röm 3,19.21 mit Gal 3,22.

»heilgeschichtlich begründete(s)« Rühmen des Juden zielen, der »seine Gesetzesübertretung in seiner Erwähltheit allemal aufgehoben wähnt«[133]. Begründet wird das damit, daß nach V. 19 das Gesetz gerade nicht den Ruhm provoziere, sondern im Gegenteil jedermanns Mund stopfe. Nun ist zunächst überhaupt nicht zu sehen, inwiefern die von Wilckens empfundene »Schwierigkeit« im Verhältnis von V. 19 und V. 27 dadurch geheilt wird, daß man an der zweiten Stelle eine Polemik gegen heilsgeschichtlich begründetes Rühmen postuliert, denn eben gegen solches unangebrachtes Erwählungsbewußtsein wendet sich schon V. 19. Die Schwierigkeit löst sich anders auf: Einmal ist in V. 19 gar nicht wie in V. 27 prägnant vom »Gesetz der Werke« die Rede, ὁ νόμος vielmehr eindeutig im Sinne von ἡ γραφή verwendet[134]. Vor allem aber will der Apostel die Juden allererst darauf stoßen, daß die soeben erklungenen Worte der Schrift nicht, wie sie wähnen, bloß den Heiden, sondern auch ihnen gelten. Die dort zum Zuge gebrachte Funktion des »Nomos« entspringt also einer Einsicht des Glaubens und charakterisiert gar nicht wie das »Gesetz der Werke« die Existenz sub lege.

Umgekehrt deutet V. 27 schlechterdings nichts davon an, daß eine bestimmte jüdische Weise, das *Übertretungs*bewußtsein zu kompensieren, getroffen werden soll. Wüßte Paulus das Rühmen nur deshalb ausgeschlossen, »da es . . . die Werke gegen sich hat«[135], ergäbe sich zunächst die absonderliche Konsequenz, daß es andernfalls *nicht* ausgeschlossen wäre. Zudem müßte in solchem Fall das Rühmen ja gerade durch das »Gesetz der Werke« ausgeschlossen sein. V. 27b sagt aber das Gegenteil; also stehen die Werke als ruhmbegründender Faktor in Frage, nicht aber der Ruhm als die Weise, die fehlenden Werke zu kompensieren. In welche exegetische Verlegenheit die entgegenstehende Interpretation gerät, zeigt sich denn auch schlagartig, wenn sie ernsthaft die Möglichkeit zu erwägen gibt, das fehlende Verbum finitum in V. 27b nicht von V. 27a, sondern von V. 28 her zu gewinnen, was doch wohl nur als philologische Gewaltsamkeit gelten kann[136].

Um die Auslegung von V. 28 steht es nicht besser. Dem Satz soll entnommen werden, daß die Rechtfertigung des Gerechten aus Gesetzeswerken »angesichts der Sünde aller . . . faktisch nicht zum Zuge gekommen ist«, der Mensch sich aber propter Christum nicht mehr »auf dem Wege der Gesetzes-

---

[133] Wilckens III 246.

[134] Vgl. Schlier (o. Anm. 4), 99.

[135] Wilckens aaO.

[136] Während das ἐξεκλείσθη von V. 27a in V. 27b ohne weiteres nachklingt, müßte ein δικαιοῦται ἄνθρωπος aus dem Infinitiv V. 28 überhaupt erst gebildet und dann über das Verbum finitum λογιζόμεθα hinweg assoziiert werden.

erfüllung selbst . . . den Status des Gerechten zurückzuerwerben suchen« muß[137]. Wie auch hier die Bezugnahme auf die kompensatorische Funktion der Werke in den Text hineingelesen ist, so zerfällt auf diese Weise jegliches plausible Begründungsverhältnis zwischen V. 27 und V. 28. Denn wie könnte der Satz, daß Sünde nicht durch Gesetzeswerke auszugleichen sei, die dem V. 27 zugeschriebene Feststellung stützen, daß sie nicht durch Erwähltheit aufgehoben sei? Die ganze exegetische Konzeption belegt nur, daß sie außerstande ist, das Ruhm-Motiv mit dem Thema der Werke irgend sinnvoll zu vermitteln.

Das zeigt sich schließlich in der Behandlung von 4,2. Hier wird zunächst zutreffend vermerkt, daß der Apostel für Abraham ein »menschlich berechtigtes καύχημα ἐξ ἔργων« statuiert[138]. Damit ist zunächst einmal dem Ruhm-Motiv genau jener Sinn zuerkannt, der ihm in 3,27 gerade abgesprochen wurde. Da es von vornherein als unwahrscheinlich gelten muß, daß Paulus an diesen kompositorisch eng verknüpften Stellen die entscheidenden Topoi ambivalent gebraucht, wird von hier aus die Interpretation von 3,27 nochmals falsifiziert. Doch kann nun auch die Fortsetzung unmöglich hergeben, was der Kommentator ihr entnimmt. V. 4f soll nämlich zum Ausdruck bringen, daß Abraham »faktisch Sünder« war; denn ὁ μὴ ἐργαζόμενος könne »nur heißen: der, der die Werke des Gesetzes . . . schuldhaft nicht getan hat, der Sünder, der als solcher durch keine Gesetzeserfüllung sich selbst die Gerechtigkeit zurückgewinnen kann«[139]. Der Wendung werden also gleich zwei verschiedene Inhalte beigelegt! Aber keiner von ihnen läßt sich exegetisch bewähren. Der einzige dafür beigebrachte Grund: gerechtfertigt werde der Gottlose[140], verfängt nicht, da die Frage, ob Gottlosigkeit im Sinne des Paulus sich in Gebotsverletzungen erschöpfe, ja gerade kontrovers ist. Umgekehrt zeigt die antithetische Verbindung mit V. 4, daß das ἐργάζεσθαι als solches disqualifiziert wird, weil es seinen Lohn nämlich κατὰ ὀφείλημα empfängt, für den Lohn also die unerläßliche Vorbedingung dar-

---

[137] III 247f.

[138] III 246; vgl. 261. Meine frühere Meinung (Römer 4 und die Idee der Heilsgeschichte [o. Anm. 1, 145–169], 151f), daß Paulus für den Patriarchen *jegliches* Rühmen bestreite, ist in der Tat nicht aufrechtzuerhalten. Die gedrängte Ausdrucksweise in V. 2a erklärt sich so, daß Paulus zweierlei sagen will: 1. Abraham ist nicht aus Werken gerechtfertigt worden; 2. Abraham hat sehr wohl Ruhm aus Werken.

[139] III 263.

[140] III 263f. Ließe sich nicht auch V. 7f als Grund anführen? Nein! Paulus zitiert Ps 32,1f nicht, um zu erläutern, was Gottlosigkeit sei, sondern um zu klären, daß mit dem »Anrechnen« des Glaubens nicht die Verbuchung eines Werkes gemeint ist. Das zeigt schon die einleitende Wendung V. 6b, die das Zitat als Makarismus des ohne Werke der Anrechnung der Gerechtig-

stellt und daher die Gnade ausschließt[141]. Umgekehrt kann Abraham schon deswegen nicht als notorischer Sünder figurieren, weil ihm das begründete καύχημα coram hominibus soeben zugestanden worden ist. Diese für die anschließende Argumentation grundlegende Eingangsthese kann in Verbindung mit der Abwehr eines καύχημα coram Deo nur besagen, daß selbst der Nachweis aller geforderten Werke nicht dem Stande des Gottlosen enthebt[142].

b) Nichts anderes sagen *Phil 3,9* und *Röm 10,3*. Nach Wilckens dürfen diese Texte nicht in den thematischen Zusammenhang von Röm 3 eingebracht werden, weil sie ein Sonderthema, nämlich die »Reaktion des gegenwärtigen Judentums auf das Evangelium« verhandeln[143]. Dessen im Zuge der Abweisung der Christusbotschaft »in Werken gesuchte ›eigene‹ Gerechtigkeit« markiere nunmehr die »spezifisch nachchristliche Gestalt der Sünde als antievangelischer Judaismus« neben »den vorchristlichen Gestalten der Sünde als Gesetzesübertretung«[144].

Nun wäre zunächst solcher Schematismus einer Sündengeschichte kaum nachvollziehbar. Wie sollte, was einst richtig gewesen wäre, das Streben nach der in Werken sich ausweisenden Gerechtigkeit, jetzt auf einmal falsch sein? Oder umgekehrt: wenn der Grund der Rechtfertigung jetzt nicht mehr in den Werken liegt, wie sollte er dort je gelegen haben? Die Antwort, die Möglichkeit der Rechtfertigung aus Gesetzeswerken sei eben »passé«[145], läuft faktisch auf den Verzicht hinaus, das Widereinander von Gesetz und Glauben als den Gegensatz zweier Heilswege aus dem Wesen der Sache heraus verständlich zu machen und führt zu der merkwürdigen Folgerung, daß durch einen göttlichen Akt der eine Heilsweg zugunsten eines andern plötzlich gesperrt worden ist. Doch scheitert solche sündengeschichtliche Epochengliederung ohnehin am exegetischen Befund.

Was zunächst Phil 3 betrifft, so soll sich die Tadellosigkeit des Paulus ἐν νόμῳ (Phil 3,6) in seinem »Verfolgungseifer« erwiesen haben, der aber als

keit teilhaftig gewordenen Menschen festlegt. Zur hier angewendeten Zitationstechnik vgl. VIELHAUER (o. Anm. 130), 36 Anm. 15.

[141] Der Duktus der paulinischen Argumentation wird zerbrochen, wenn man *deshalb* eine Unausgeglichenheit zwischen V. 4 und V. 5 behauptet, weil V. 5 eigentlich lauten müßte: »Wer nicht arbeitet, erhält auch keinen Lohn ... – es sei denn κατὰ χάριν« (WILCKENS III 262). Schon in V. 4 geht es ja nicht darum, wer überhaupt Lohn empfängt, sondern darum, ob sich der wahre Lohn werkimmanent bemessen läßt oder nicht.

[142] Selbst HÜBNER (o. Anm. 7), 99f, obwohl er im Zusammenhang eine Werkgerechtigkeit Abrahams verneint sieht, kommt im Blick auf V. 2 zu dem Ergebnis: »Wer aus Werken ›gerecht‹ ist, ist nicht gerecht«.

[143] III 178. [144] I 102. [145] III 198.

gegen Christus gerichtet »in Wahrheit Sünde war«[146]. Solche Engführung der Wendung δικαιοσύνη ἡ ἐν νόμῳ ist dem Text nicht gemäß. Seinen Verfolgungseifer führt der Apostel ja nur als eines von mehreren Kennzeichen seines einstigen Standes an, deren katalogartige Aufzählung deutlich ein biographisches, von der Beschneidung bis zum ersten Kontakt mit dem Christusglauben führendes Anordnungsmuster verrät. In diesem Zusammenhang bildet die abschließende Reklamation der Gerechtigkeit ἐν νόμῳ kein Äquivalent zu dem voranstehenden Glied des Katalogs, sondern nennt die Quintessenz der gesamten vorchristlichen Lebensbahn des Paulus, so wie diese auch in der Einleitung V. 4b vorab als Ganzes, nämlich als plausibler Grund eines auf das »Fleisch« setzenden Seinsvertrauens vor Augen gerückt wird. Entsprechend knüpft der Relativsatz V. 7 nicht an das Detail der Verfolgertätigkeit, sondern an sämtliche zuvor genannte Beweise seiner Gesetzeskonformität an (ἅτινα!) und erklärt V. 8f ausdrücklich *alles* einst als Vorzug Geltende als nunmehr um Christi willen preisgegeben (πάντα, V. 8a; τὰ πάντα, V. 8b!). Das wird mit der Wendung ἐμὴ δικαιοσύνη ἡ ἐκ νόμου (V. 9) aufgegriffen[147], weshalb es ausgeschlossen ist, sie punktuell auf die »früher gefällte Entscheidung« zum Kampf gegen das Evangelium zu beziehen[148]. Vielmehr bringt sie einprägsam auf den Begriff, was menschliche Hochform kennzeichnet und dennoch ins Unheil versetzt: Die Erhebung des Tuns zur Bürgschaft des Seins.

Nichts anderes ergibt sich aus Röm 10,3. Wohl trifft es zu, daß hier wie schon in 9,32 jüdische Gesetzesfrömmigkeit der Ablehnung des Evangeliums konfrontiert wird. Der Apostel trägt so der Tatsache Rechnung, daß erst das Evangelium jüdische Daseinshaltung als Rebellion dingfest macht[149]. Doch heißt das noch lange nicht, daß die ἰδία δικαιοσύνη einzig in »aktivem ζῆλος für das Gesetz und gegen das Evangelium (besteht)«[150]. Die »eigene Gerech-

[146] III 178.

[147] WILCKENS liest irrtümlich ἰδία δικαιοσύνη. Übrigens »entspricht« die Wendung keineswegs sBar 48,38, wie er behauptet: Der Frevler, »der in seinen Werken wandelte«, gilt ja nicht deswegen als Abtrünniger, weil er der Gerechtigkeit aus dem Gesetz nachjagt, sondern weil er gerade umgekehrt »des Gesetzes des Allmächtigen nicht gedachte«!

[148] Der Ausweg, den Gedankengang von der unausgesprochenen Voraussetzung her zu verstehen, daß es aufgrund der allgemeinen Sünde »ein verfehltes Unterfangen ist, durch eigene Gesetzeserfüllung – und sei sie ›tadellos‹ – gerecht werden zu wollen« (WILCKENS I 103), wird im Kommentar mit Recht nicht wieder angeboten. Verheißung und Fluch des Gesetzes zielen nach Paulus auf den Einzeltäter (vgl. Gal 3,10 mit Röm 10,5), und Paulus kann im Zusammenhang von Phil 3,6ff nur deshalb von einem echten Verzicht sprechen, weil er auf einen ihm vom Gesetz gültig zuerkannten Status verzichtet hat.

[149] Vgl. im einzelnen KLEIN (o. Anm. 44), 239ff und s. o. zu Gal 2,15ff.

[150] WILCKENS III 178.

tigkeit« bezeichnet zunächst überhaupt nicht das jüdische Verhalten, das vielmehr als verblendeter ζῆλος θεοῦ charakterisiert wird (V. 2), sondern dessen angestrebtes Resultat (ζητοῦντες). Dieses aber ist ja nicht erst eine aufgrund des Evangeliums möglich gewordene Zielperspektive, so gewiß jener jüdische Gotteseifer nicht erst neuerdings pervertierte[151], sondern von der Tora längst proklamiert und mit Lebensverheißung ausgestattet. Der Apostel sieht denn auch Israel keineswegs erst aufgrund seiner Ablehnung des Christus-Evangeliums, sondern von jeher auf dieses Ziel fixiert (9,31!)[152]. Und der damit eingeschlagene Weg verliert sich nicht erst, seit Christus als sein τέλος offenbar ist, sondern schon immer in Illusionen. Paulus stellt das klar, indem er in V. 5ff zwei Schriftworte gegeneinander ausspielt. Wenn er dabei gegen den Wortlaut des AT die Lebensverheißung für den Täter der Gesetzesgerechtigkeit auf Mose zurückführt, so ist nunmehr explicit gesagt, seit wann der Weg beschritten wird, dessen τέλος Christus markiert. Man kann sich den dann fälligen exegetischen Konsequenzen nicht dadurch entwinden, daß man 1. die Lebensverheißung des Gesetzes von Paulus grundsätzlich »nicht bestritten« werden läßt und 2. nach V. 5 als üblichen Nothelfer wieder einmal den Zwischengedanken bemüht, daß es faktisch keinen Täter im Sinne des angezogenen Schriftwortes gebe[153]. Daß Paulus die Lebensverheißung des Zitats bestreitet, zeigt sich einerseits darin, daß er die Gottesrede Lev 18,5 zu einer Äußerung des Mose verkehrt[154], der für ihn keineswegs als »den Willen Gottes legitim vermittelnder Autor«[155], sondern durchweg als »Mittler des vom Judentum mißverstandenen Gesetzes« figuriert[156]; es zeigt sich zum andern darin, daß er Mose anders als die in V. 6 berufene Glaubensgerechtigkeit nicht »reden«, sondern »schreiben« läßt, »womit zweifellos auf das . . . Verhältnis von πνεῦμα und γράμμα angespielt wird«[157]; es zeigt sich endlich e contrario daran, daß er aus dem für die anschließende Rede der Glaubensgerechtigkeit herangezogenen Schriftwort alle Bezüge auf das Tun eliminiert[158].

---

[151] Gegen v. DÜLMEN (o. Anm. 44), 177.

[152] Dabei kann es offenbleiben, ob schon V. 31a (so HAHN [o. Anm. 7], 49f) oder – m. E. wahrscheinlicher – erst V. 31b das Gesetz im Sinn von 7,10 gemäß seiner göttlichen Ursprungsintention meint. Auch im ersten Fall wäre deutlich, daß nicht Gesetzesübertretung, sondern pervertierter Gesetzesgehorsam, das aber heißt: die Ausrichtung auf die eigene Gerechtigkeit das lebengewährende Gesetz verfehlen ließ.

[153] I 101f.

[154] Vgl. VIELHAUER (o. Anm. 61), 49f.

[155] So KUSS (o. Anm. 4), 754.

[156] KÄSEMANN (o. Anm. 4), 276.

[157] KÄSEMANN aaO. 275; vgl. SCHLIER (o. Anm. 4), 311.

[158] Dazu VIELHAUER aaO. 50; Käsemann aaO. 274.

Unter diesen Umständen ist es ebenso unmöglich wie für die entgegenstehende Interpretation unergiebig, zwischen der ἰδία δικαιοσύνη von V. 3 und der δικαιοσύνη ἐκ νόμου von V. 5 zu differenzieren. Umgekehrt stellt der sorgfältig gefügte Begründungszusammenhang sicher, daß das Verlangen nach eigener Gerechtigkeit die Grundbefindlichkeit des der Lebensverheißung für den Täter verfallenen Sünders kennzeichnet. Schneidender kann die Heilsträchtigkeit der Gebotserfüllung für Gegenwart und alle Vergangenheit nicht dementiert werden.

III.

Nach der Revision der einschlägigen Belege bleibt unter allen Umständen daran festzuhalten, daß die paulinische Rechtfertigungsbotschaft das Unwesen des Menschen in einer Tiefenschicht lokalisiert, wo das Geschöpf seinem Schöpfer abgesagt hat, längst bevor es seinen Eigenwillen Werk werden läßt. Darum macht die moralische Differenz zwischen Tat und Untat seine Gottlosigkeit nicht dingfest. Ob er seine sittliche Leistungsfähigkeit ausgeschöpft hat, kann dann nur eine nachgeordnete Frage sein.

Wer das feststellt, dem sollte beim gegenwärtigen Stand der Debatte nachgerade nicht mehr vorgehalten werden, er lasse das Evangelium »Resignation« provozieren und verleide dem Glauben »eigenes Handeln«[159]. Karikaturen verdunkeln nur, was auf dem Spiel steht. Beweist sich das Heil zutiefst darin, daß es den Menschen vom wahnhaften Zwang der Selbstbegründung entbindet, verdirbt es wohl an jeder Leistungsideologie gründlich den Geschmack und entbindet doch gerade so allererst die Dankbarkeit, deren Lust es ist, sich in Werken auszuleben[160]. Das ist mit dem abstrakten Gegensatz von Aktivität und Passivität überhaupt nicht zu erfassen[161], so gewiß der aus der Bürgschaft für sich selbst entlassene der wahrhaft spontane Mensch ist.

IV.

Das hier debattierte Verständnis der paulinischen Lehre von Sünde und Gesetz hat forschungsgeschichtlich weit zurückreichende Wurzeln[162], die in

---

[159] Gegen WILCKENS III 145.

[160] Wieso solches Verständnis den Glauben zu einer Haltung des Menschen degenerieren läßt, »durch die er Gerechtigkeit erlangt«, wie WILCKENS mir entgegenhält (III 188), ist mir unverständlich geblieben.

[161] Gegen WILCKENS III 145.262.

[162] Klassisch dargestellt ist es z. B. bei F. C. BAUR, Paulus, der Apostel Jesu Christi II, 1867, 154ff; H. J. HOLTZMANN, Lehrbuch der neutestamentlichen Theologie, 1911², II 50ff. Zu der

der Gegenwart auch sonst nicht völlig abgestorben sind[163]. Im Zusammenhang der vorliegenden Interpretation gewinnt es dadurch sein besonderes Profil, daß es einer dezidiert vom Sühnegedanken her entwickelten theologia crucis integriert ist. Dieser gilt als die schlechterdings tragende Basis der Rechtfertigungslehre[164]. Danach hat für Paulus, ganz im Rahmen des alttestamentlich vorgeprägten Denkmusters, der Tod Jesu den von den Sündentaten gestifteten Tat-Ergehen-Zusammenhang insofern aufgehoben, als er kraft seiner Sühnefunktion die Wirklichkeitsfolgen der Schuld von den Schuldigen abzog und stellvertretend am Sühnenden zur Auswirkung kommen ließ[165].

Es ist hier nicht der Ort, der Frage nach der Bedeutsamkeit der Sühnevorstellung für die paulinische Soteriologie nachzugehen. Doch sei wenigstens die Frage gestellt, ob die Präferenz für diesen Topos wie seine im wesentlichen durch Zitation bewerkstelligte Rezeption mit dem hier vorausgesetzten Sündenverständnis nicht sachlich zusammenhängen könnte. Wenn des Menschen Taten über sein Sein entscheiden, mag man im Gedanken an die Erlösung tatsächlich nur noch vor der Wahl stehen, sich mit »Verzeihung« aufgelaufener Schuld zu begnügen oder aber »das angerichtete Böse« durch stellvertretende Sühne »aus der Welt geschafft« werden zu lassen[166]. Wie aber, wenn des Menschen Sein seine Taten hervorbringt? Dann wäre das Unheil durch keinerlei Eingriff in einen Tat-Ergehen-Zusammenhang, sondern nur durch eine Umwandlung des Menschen selbst an der Wurzel getroffen.

Die soteriologische Zentralthese des Kommentators, »die Gesamtheit der Menschen« sei dadurch, daß Christus stellvertretend »den Tod als Geschickfolge ihrer Sünde auf sich genommen hat, . . . von dieser Wirklichkeit frei geworden«[167], kann aber diese Dimension des Daseins gar nicht erreichen, wenn anders Freiheit von der Sünde sich nur dort ereignet, wo der Wider-

---

speziellen Nuance, daß Werke des Gesetzes den Übertreter nicht rechtfertigen, vgl. z.B. A. SCHLATTER, Der Glaube im Neuen Testament, 1927⁴, 330f.

[163] Vgl. z.B. A. STROBEL, Erkenntnis und Bekenntnis der Sünde in neutestamentlicher Zeit (AzTh I 37), 1968, 49ff. Darüber hinaus ist die Auffassung vom Gesetz als speculum peccati seltsamerweise auch manchenorts virulent, wo man sehr wohl um das Wesen der Sünde als Selbstrechtfertigung weiß; vgl. nur F. LANG, Gesetz und Bund bei Paulus (in: Rechtfertigung [o. Anm. 2], 305–320), 313, und s.o. Anm. 82.

[164] Vgl. III 201.236.

[165] Vgl. II 78ff; III 234–243 und die übersichtliche Zusammenfassung bei U. WILCKENS, Zu Römer 6 (in: Theologisches Gespräch. Freikirchliche Beiträge zur Theologie, 1–2/1979, 11–22), 14ff.

[166] Vgl. WILCKENS III 243.

[167] III 201.

stand gegen den Schöpfer dem geistgewirkten Glauben weicht. Dieses Schöpfungswunder widerfährt keiner »Gesamtheit der Menschen«, sondern konkreten Einzelnen. Läßt man diese unauflösliche Einheit von Rettung und Glauben außer acht zugunsten einer Verlagerung des Heils in scheinbar »objektive« Wirkungszusammenhänge, schafft man nur einem Subjektivismus Freistatt, in dessen Rahmen »*alle* frei sind von *aller* Realität des Bösen, *sofern sie nur* dieser Liebe Gottes vollauf vertrauen, sich ihr gehorsam anvertrauen und ihr die tatsächliche universale Verwirklichung dieser befreienden Erlösung zutrauen«[168]. So wird aus dem Glauben als dem Inbegriff von Gottes Sieg über den Menschen dessen vom freien Willen herzustellende Vorbedingung.

Doch dürfte dieser damit schon aus kognitiven Gründen schlechthin überfordert sein. Wie durch einen Sühnakt universale Wirkungszusammenhänge aus der Welt geschafft worden sein könnten, wird durch den religionsgeschichtlich fraglos bestens abgesicherten Hinweis nicht begreiflicher, daß Gott die Sühne nicht empfängt, sondern gibt[169]. Die Frage, *wem* er sie gibt, läßt sich dann nicht zurückhalten, der Konsequenz, daß hier weltgesetzlicher Zwangsläufigkeit göttlicher Tribut gezollt wird, jedenfalls so lange schwerlich entgehen, als man die Objektivationsschicht der Sühnevorstellung nicht interpretierend durchstößt. Nur ein moralistisches Verständnis der Sünde mag sich mit solchem mythologischen Verständnis des Heilsgeschehens abfinden können.

[168] II 80 (die letzte Hervorhebung von mir).
[169] II 79; III 236f.

Christuskreuz und Christenkreuz bei Paul Gerhardt

GERHARD KRAUSE

I.

Wahrscheinlich hat kein Dichter Geistlicher Lieder im 17. Jahrhundert so häufig vom Kreuz gesprochen wie Paul Gerhardt. In seinen uns erhaltenen 134 Liedern begegnet man dem Wort »Kreuz« nicht weniger als 88mal[1]. Das ist mehr als doppelt so häufig wie der über 40mal Gerhardts Dichtwerk kontrapunktierende Reim »Leid – Freud«, dreimal so oft wie das meist christologisch gebrauchte Lichtsymbol »die Sonn, die alles fröhlich macht« (14,22), und über sechsmal mehr als die bei dem Sänger des Kreuzes auffallenden Verheißungen und Betonungen des »Lachens«[2]. Nimmt man hinzu, daß sich die Kreuz-Vorkommen nur in knapp $^2/_5$ der Lieder (49) finden, andererseits selbst der Christusname in fast der Hälfte der Lieder (58) unerwähnt bleibt[3], dann lassen schon wortstatistische Erhebungen und Vergleiche erwarten, daß »theologia crucis und signum crucis« bei Paul Gerhardt in einem eigentümlichen und nicht unproblematischen Licht stehen.

Freilich muß diese Erwartung differenziert werden. Wenn ich noch einen Augenblick bei der Wortstatistik verweilen darf: Nur der kleinere Teil, nämlich 36 der Kreuz-Vorkommen, spricht direkt von der Kreuzigung und dem Kreuz Jesu Christi, aber 52mal ist das »Christenkreuz«, wie Paul Gerhardt selber einmal formuliert (99,11) gemeint. Eigenartig ist auch die Verteilung auf die nach Thema und Gebrauch unterschiedenen Gruppierungen der Lieder: Während sich von den 36 Erwähnungen des Kreuzes Jesu allein 30 in den

---

[1] P. GERHARDT, Dichtungen und Schriften, hg. und textkritisch durchgesehen von Eberhard von Cranach-Sichart, 1957. Nach dieser Ausgabe die Zitatnachweise mit Lied- und Strophennummer.

[2] W. ZELLER bemerkt in dem von ihm herausgegebenen Band »Der Protestantismus des 17. Jahrhunderts«, 1962, S. XLVIII, daß der Reim »Leid-Freud« bei Paul Gerhardt »mehr als vierzigmal« vorkomme; ebenso in dem Aufsatz »Paul Gerhardt« (in: Theologie und Frömmigkeit, Ges. Aufs., hg. von BERND JASPERT, 1971, 159), wo 13 Vorkommen von »Lachen« aufgeführt werden und die Stelle 85,6 zu ergänzen wäre. – K. IHLENFELD, Huldigung für Paul Gerhardt, 1956, München und Hamburg 1964 (= Siebenstern-TB Nr. 5), 137, erwähnt 25 Vorkommen des Sonnengleichnisses, ich zähle 31.

[3] W. NELLE, Geschichte des deutschen evangelischen Kirchenliedes, 1909[2], 146. Darauf verweist I. RÖBBELEN, Theologie und Frömmigkeit im deutschen evangelisch-lutherischen Gesangbuch des 17. und frühen 18. Jahrhunderts, 1957, 414.

Passionsliedern finden[4], spricht der Dichter das Christenkreuz in viel größerer Breite an, in Kreuz- und Trostliedern zwar nur 21mal, aber bei Tod und ewigem Leben 8mal, bei Lob und Dank 7mal, in Passionsliedern 6mal, in Liedern zu Pfingsten, zur Ehe und zum Christenleben je zweimal und in Weihnachts-, Neujahrs-, Buß- und Morgenliedern je einmal. Dabei fällt auf, daß in dem Sebald Heyden nachgedichteten Passionslied »O Mensch beweine deine Sünd« (14) allein achtmal das Christuskreuz genannt wird, in drei anderen Passionsliedern (21–23) aber überhaupt nicht; ähnlich wird das Christenkreuz sechsmal angesprochen in dem auf ein Gebet Johann Arnds aus dem »Paradiesgärtlein« von 1612 bezogenen Kreuz- und Trostlied »Ach treuer Gott, barmherzigs Herz« (78), während man in 17 der bei Paul Gerhardt umfangreichsten Liedgruppe von 29 Kreuz- und Trostliedern das Wort Kreuz gar nicht antrifft. Zu einem gleichsam unerläßlichen Wortschatz der Passions- wie der Kreuz- und Trostlieder gehört das Wort Kreuz für Gerhardt offenbar nicht. Seine dichterische Aussage zu den in ganz verschiedener Weise vielschichtigen Lebensbereichen beider Liedgruppen kann sich – im ersten Falle selten, im zweiten häufig – anderer Wörter und Bilder bedienen, nicht um Wort und Sache des Kreuzes zu ersetzen, sondern um ihren unverwechselbaren Sinn nicht durch Sonderaspekte vieldeutig zu machen. Eine ausführlichere als hier mögliche Untersuchung müßte darauf eingehen und das bei der letzten wortstatistischen Beobachtung schon angedeutete Verhältnis Gerhardts zur Tradition der Passions- und der Kreuz- und Trostlieder umfassender klären, in der solche ohne das Wort Kreuz nicht so selten sind.

Beide Liedgruppen, in denen sich bei Paul Gerhardt 59 der insgesamt 88 Kreuz-Vorkommen finden, haben eine in der zweiten Hälfte des 16. Jahrhunderts beginnende und im 17. Jahrhundert sich rasch auch in Extreme steigernde Wandlung erfahren, um deren Verständnis Literatur-, Musik-, Theologie-, Frömmigkeitsgeschichte und Hymnologie bemüht sind. Nur zum Teil läßt sich der seit etwa 1600 immer breiter werdende Strom von Liedern dieser Themengruppen aus Veränderungen ihres liturgischen Gebrauches erklären. Während die Reformationszeit nur in der Karwoche Passionsgottesdienste kannte und für sie mit wenigen Hymnenübertragungen und Liedpassionen (balladenhaften Wiedergaben der Passionsgeschichte in zahlreichen Strophen) auskam, verlangte die spätere Vorverlegung des Beginns der Passionszeit auf den Sonntag Judika und um 1600 auf den Aschermittwoch eine

[4] Die übrigen Vorkommen vom Kreuz Christi: zweimal in Kreuz- und Trostliedern, je einmal in Liedern vom Christenleben, Abendmahl, Weihnachten und Ostern.

größere Auswahl von Liedern für Chöre und Gemeinden. Eine Zeitlang scheint man sich durch die Einfügung von oft bis zu zwanzig und mehr Gemeindeliedstrophen in die Liedpassion beholfen zu haben. Als gereimter Passionsbericht nach den Evangelien war die Liedpassion bis auf ihre den Glauben und Dank ansprechenden Anfangs- und Schlußstrophen reines Verkündigungslied, die eingeschalteten Gemeindeliedstrophen aber übernahmen bald die Funktion der Andacht, Anbetung, Aneignung und persönlichen Zwiesprache mit dem leidenden Herrn. Dafür eigneten sich auch die ursprünglich für häusliche und private Andacht geschaffenen Erbauungs-, Vertrauens- sowie Kreuz-, Anfechtungs- und Trostlieder[5]. Damit war die in Jesu Wort vom Kreuztragen (Mk 8,34 Par; Mt 10,38 Par) vorgegebene Beziehung von Christuskreuz und Christenkreuz zu einer liturgisch-hymnologischen Wechselwirkung institutionalisiert. Sie hätte aber wohl nicht schon als solche zu einer Passionsmystik geführt, wenn sie nicht zeitlich mit einem Aufbruch zu neuer Frömmigkeit um 1600 zusammengetroffen wäre, der seinerseits auf eine »Renaissance der Mystik im deutschen Luthertum« zielte[6]. Höchst verwickelt wird diese Frömmigkeitswende aber dadurch, daß sie mit den geistigen Strebungen ihrer Zeit, des Barock, nicht nur äußerliche Gemeinsamkeiten aufweist, sondern die elementaren des Schmerzes über das Leiden an der vanitas und Vergänglichkeit der Welt und der innigen Versenkung in das Leiden Christi. Dafür muß hier die Erinnerung daran genügen, daß nicht nur Martin Moller 1587 seine in 23 Auflagen verbreiteten »Soliloquia de passione Jesu Christi« schrieb, sondern auch Martin Opitz 1628 seine »Hertzliche Betrachtung des . . . Leydens und Sterbens unsers Heylandes Jesu Christi«, Johann Klaj(us) 1645 sein deklamatorisches Oratorium »Der leidende Christus« und Andreas Gryphius 1652 die »Thränen über das Leiden Jesu Christi«, 1639 schon Sonette zum selben Thema und 1663 sein überarbeitetes Trauerspiel »Ermordete Majestät oder Carolus Stuardus König von Großbritannien« (1650), in dem er den unter Cromwell hingerichteten König Karl I. zum Nachahmer und Abbild des leidenden Christus stilisierte[7]. Opitz hatte im »Buch von der Deutschen Poeterey« (1624) bemerkt:

---

[5] Zu diesem im einzelnen noch weiterer Klärung bedürftigen Funktionswandel: O. BRODDE, Evangelische Choralkunde; W. BLANKENBURG, Der gottesdienstliche Liedgesang der Gemeinde, in: Leiturgia IV, 1961, 534f, 582, 626; – H. WERTHEMANN, Zur Geschichte des evangelischen Passionsliedes, ein Literaturbericht: JLH 14, 1969, 197f.

[6] W. ZELLER, Protestantismus XXIII–XXX (= Theol. u. Frömmigkeit, 90–95).

[7] F. WILH. WODTKE, Artikel »Erbauungsliteratur«: RDL² 1, 398ff; W.-I. GEPPERT, Artikel »Kirchenlied«: RDL² 1, 834ff; P. BÖCKMANN, Der Lobgesang auf die Geburt Jesu Christi von Martin Opitz und das Stilproblem der deutschen Barocklyrik: ARG 57, 1966; A. SCHÖNE, Säkularisation als sprachbildende Kraft, 1968, 37–91 (Postfigurale Gestaltung. Andreas Gryphius).

»Die Poeterey ist anfanges nichts anders gewesen als eine verborgene Theologie, und unterricht von göttlichen Sachen«[8] und Gryphius hatte sich in der Vorrede zu den »Thränen« ausdrücklich mit der calvinistischen Meinung auseinandergesetzt, »es wäre gar nicht erlaubet, daß musen vmb das Creutz deß Herren singen solten«[9].

In dieser Zeit einer neuen, spannungsvollen Lebensstimmung, die das ererbte Luthertum durch ausländische, oft gegenreformatorisch-katholische Einflüsse vor neue Aufgaben gestellt sah, dichtete Paul Gerhardt noch in den Jahren des Großen Krieges und später in der Zeit des Wiederaufbaus. Mit seinen Liedern vom Christuskreuz und Christenkreuz nahm er ein gesamtchristliches, aber auch ein reformatorisches und nicht zuletzt ein vielbehandeltes Zeitthema auf. Die erwähnten Wandlungen gerade dieser Lieder kann man bestätigt finden in den Titeln der Bücher, die Gerhardts Lieder zuerst publizierten. Johann Crüger, der Berliner Kantor an St. Nicolai, nannte sein »Gesangbuch Augsburgischer Konfession« (1640, 1644) seit 1646 und in der Ausgabe von 1648 mit den ersten 18 Gerhardt-Liedern in Anlehnung an Lewis Bayly's »Practice of Piety« (dt. 1629/31) »Praxis pietatis melica, das ist, Übung der Gottseligkeit in christlichen und trostreichen Gesängen«; seit 1653 stand im Untertitel »sowohl für den Kirchen- als den Privatgottesdienst«. Sein Nachfolger Johann Georg Ebeling nannte die erste Gesamtausgabe von 120 Liedern Gerhardts »Pauli Gerhardti Geistliche Andachten« (1666/67). Diese den gottesdienstlichen Kirchengesang überschreitende Zielsetzung darf also nicht mit heutigem Gemeindegesang im Gottesdienst aus Gesangbüchern verwechselt werden. Denn nicht zuletzt mit der Ausrichtung auf Leben, Haus und Andacht ist Paul Gerhardt »der große Lehrmeister des Trostes für die Christenheit an der Schwelle der Moderne« geworden[10], indem »dieser fröhliche Christ, bei dem sich ganz selten Spuren des larmoyanten ›kläglichen‹ Bet-Stiles des 17. Jahrhunderts finden, sein Eigenstes doch in den ›Kreuz- und Trostliedern‹ gegeben hat.«[11]

---

[8] E. R. CURTIUS, Poesie und Theologie, in: Europäische Literatur und Lateinisches Mittelalter, 1965[5], 223; A. SCHÖNE, Säkularisation 18,90.

[9] A. SCHÖNE, Säkularisation 44f.

[10] W. TRILLHAAS, Paul Gerhardt, in: Die großen Deutschen, hg. von HERMANN HEIMPEL, TH. HEUSS, BENNO REIFENBERG, I., 1956, Nachdruck d. überarbeiteten Ausg. von 1966/1978, 558, vgl. auch 560.

[11] M. DOERNE, Artikel »Kirchenlied I. Geschichte«, in: RGG[3] 3, 1462.

II.

Bisher galten von Gerhardts relativ zahlreichen 14 Passionsliedern (Nr. 12–25)[12] nur drei als nicht an Bibeltexte oder ältere Liedvorlagen angeschlossen. Von ihnen folgte »Hör an, mein Herz, die sieben Wort« (16) aber auch dem überlieferten Schema einer dichterischen Wiedergabe der Kreuzesworte. Neuerdings hat Waldtraut-Ingeborg Sauer-Geppert zu einem zweiten dieser drei Passionslieder »Eine Vorlage zu Paul Gerhardts ›O Welt, sieh hier dein Leben‹« sehr wahrscheinlich gemacht, nämlich Martin Mollers »Soliloquia de Passione Jesu Christi« (Görlitz 1597), und diese in wörtlichen Übereinstimmungen und Gleichheiten der Aneignungsstruktur der Passion bestehende Beziehung überzeugend gegen methodische Einwände verteidigt[13]. Je deutlicher uns aber die von so vielen großen Dichtern geübte Nachdichtung bei Paul Gerhardts Passionsliedern vor Augen tritt, desto dringender stellt sich die Frage nach dem Warum und nach dem bei diesem Verfahren möglicherweise besonders hervortretenden Eigenen des Dichters.

In der ersten Ausgabe von Joh. Krügers »Praxis pietatis melica« mit Gerhardt-Liedern von 1648 stehen drei Passionslieder: neben »Ein Lämmlein geht und trägt die Schuld« (12) und »O Welt, sieh hier dein Leben« (13) auch das Lied »O Mensch, beweine deine Sünd« (14), überschrieben »Die Passion nach Sebaldus Heyd«[14]. Die Vorlage war die 23strophige Liedpassion des Nürnberger Kantors und Rektors Sebald Heyden (1499–1561)[15] »O Mensch, bewein dein Sünde groß« von 1525 oder etwas später, aus der das heutige

---

[12] Sie alle enthält das Chemnitzer Gesang-Buch von 1770: unter 124 Liedern der Rubrik »Vom Leiden und Sterben Jesu Christi« 13 und das 14. (»Also hat Gott die Welt geliebt«, Nr. 25) unter den Pfingstliedern. Die nächst Gerhardt am häufigsten mit Passionsliedern vertretenen Dichter sind Joh. Rist (9), Joh. Heermann und Benj. Schmolck (je 5). Selbst das heutige »Evangelische Kirchengesangbuch« hat ihm diese Rolle gelassen, indem es unter insgesamt 21 Passionsliedern »seine drei großen Passionslieder (bringt), mit welchen Gerhardt für immer zum strengen Zeugen des göttlichen Nein vor uns steht, und die es unmöglich machen, ihn des naiven Optimismus zu zeihen« (K. IHLENFELD, Huldigung, 131).

[13] W.-I. SAUER-GEPPERT, Eine Vorlage zu Paul Gerhardts ›O Welt, sieh hier dein Leben‹, in: JLH 15, 1970, 153–159; L. J. NICOLAISEN, Welche Vorlage hat Paul Gerhardt für sein Lied ›O Welt, sieh hier dein Leben‹ benutzt?, in: JLH 17, 1972, 235–239; W.-I. SAUER-GEPPERT, Noch einmal: Zur Quellenfrage von Paul Gerhardts ›O Welt, sieh hier dein Leben‹, eine Entgegnung an Lisbet Juul Nicolaisen, in: JLH 17, 1972, 239–241.

[14] A. FISCHER, Das deutsche evangelische Kirchenlied im 17. Jahrhundert, hg. von W. Tümpel, 6 Bde., 1904–1916, überliefert in Bd. 3 Nr. 385 die Überschrift bei S. Heyden: »Die Passion aus den vier Evangelisten.«

[15] Über Sebald Heyden: ADB 12, 352–353 und NDB 9,70. Von ihm bringt das Chemnitzer Gesangbuch von 1770 außer dem oben genannten als Passionslied auch das Abendmahlslied »Als Jesus Christus unser Herr, wußt, daß sein Zeit nun kommen wär«, das keine Spur der ihm später vorgeworfenen calvinistischen Abendmahlslehre zeigt.

Evangelische Kirchengesangbuch nur die erste und letzte Strophe genommen hat. Die Frage nach Anlaß und Absicht der Nachdichtung Paul Gerhardts richtet sich also in diesem Falle an eines seiner ersten, vielleicht noch in den letzten Jahren des Dreißigjährigen Krieges gedichteten Passionslieder; sie bekommt zudem dadurch eine besondere Zuspitzung, daß Heydens Liedpassion offenbar viel und, da schon früh nach der schwungvollen Melodie Matthäus Greitters gesungen (»Es sind doch selig alle die«, Ps 119, die später auch für die sogenannte Hugenottenmarseillaise, Ps 68, genommen wurde)[16], wohl auch gern gebraucht wurde. Endlich geht Gerhardts schon erwähnter achtmaliger Gebrauch des Wortes »Kreuz« im Sinne des Christuskreuzes in diesem Lied auf einen sogar neunmaligen, auf den ersten Blick gleichsinnigen Gebrauch bei Heyden zurück.

Vergleicht man Vorlage und Nachdichtung genauer, sieht man schnell, daß Gerhardt ziemlich genau dem Gedankengang der Heydenschen Liedpassion folgt, zahlreiche Wendungen und einige Zeilen wörtlich wiederholt, die lange epische, zwölfzeilige Strophe und ihr Versmaß ebenso übernimmt wie das Reimschema eines zweimaligen aabccb. Vermutlich sollte der verbesserte Text nach der bekannten, schönen Melodie gesungen werden. Dagegen ändert Gerhardt an der 120 Jahre alten Vorlage zunächst das handwerklich Poetische, er beseitigt Heydens zahlreiche Elidierungen und Kontraktionen unbetonter Silben, sinnwidrig gesetzte Versenden oder die Weiterführung eines Satzes über Strophenende und -neubeginn, die das Lied aus der Reformationszeit holprig machten. Vor allem läßt der Dichter der Barockzeit immer den Akzent des Versmaßes auf natürlich betonte Silben fallen. Endlich reinigt er den Reim, den Heyden oft durch künstliche, aber überflüssige Beiwörter oder durch Umstellung der Wortfolge natürlichen Sprechens erzwungen hatte. Mit dieser Beseitigung der Unebenheiten und Knüttelverse Heydens erweist sich Gerhardt als ein Dichter, der die neue Poetik von Martin Opitz so mühelos beherrscht, daß sie völlig selbstverständlich Schönes hervorbringt, das anspricht und einprägsam ist. Es war schon der Mühe wert, die bekannte und beliebte Liedpassion durch eine Nach- und Umdichtung dem veränderten Sprach- und Stilgefühl zu erhalten.

Aber Gerhardt wollte mehr. Man sieht das schon daran, daß er für die Neufassung der 23strophigen Dichtung Heydens 29 Strophen braucht. Die über die poetische Formveränderung Gerhardts hinausgehende Absicht seiner Nachdichtung läßt sich freilich an seinem von Heyden zum Teil abwei-

---

[16] E. Weismann, Zur Geschichte des evangelischen Passionsliedes: MGkK 41, 1936, 43f; M. Jenny, Geschichte des deutsch-schweizerischen evangelischen Gesangbuches im 16. Jahrhundert, 1962, 83.

chenden Gebrauch des Wortes »Kreuz« nur erst erahnen. Wenn z. B. Heydens an das Nicänum erinnernde Eingangsstrophe schließt: »trug unsrer Sünden schwere Bürd / wohl an dem Creutze lange«, so vermeidet Gerhardt, ohne eine der in der Vorlage genannten Heilstatsachen fortzulassen, die Wiederholung des schon in der ersten Zeile gebrauchten Wortes »Sünd« und sagt am Schluß der Strophe von »Gottes Kind«, daß es »am Kreuze seines Lebens End / in Schmerzen mußte machen«. Bezeichnender ist der Unterschied bei Jesu Tragen des Kreuzes: während es bei Heyden heißt »das Creutz trug er mit Stillen (Str. 14), schließt Gerhardt in die nicht weniger knappe Aussage eine applikative Deutung mit ein: »Er trug sein Kreuz und unsern Schmerz« (Str. 17). Anders wiederum bei der inscriptio crucis. Zwar läßt sich der vom Bibelhumanismus geprägte Heyden, der an der von ihm geleiteten Schule von St. Sebald in Nürnberg das Griechische eingeführt hatte, den Hinweis auf die drei Bibelsprachen nicht entgehen, und er macht sogar darauf aufmerksam, daß es eben gerade die Jesu Kreuzestod verursachenden Jerusalemer »Priester« waren, die das betrübte. Aber er drängt die Notiz recht unglücklich in die letzten vier Zeilen der zweiten Hälfte der 16. Strophe. Gerhardt stellt dagegen den Bericht über die Kreuzesinschrift in die volle sechszeilige erste Hälfte der 19. Strophe; aber merkwürdig, den Text der Inschrift, von Heyden in einer Zeile untergebracht, führt er gar nicht an, sei es, weil er »Judenkönig« als Jesustitel schon zweimal genannt hatte (Str. 12 u. 15), was Heyden sowohl beim Verhör vor Pilatus als auch bei der Verspottung unterließ, sei es, weil man ihn als bekannt voraussetzen konnte. Statt dessen aber ändert Gerhardt die im biblischen Bericht aufgezählten Sprachen um in die sie sprechenden Völker und weitet danach ihren Kreis auf alle Menschen aus, um die jedermann zugängliche Bedeutung des Ereignisses zu unterstreichen[17]. Über-

[17] Die besprochenen Texte lauten:

Heyden Str. 16, 2. Hälfte
Verzeih ihnn, Vater, diese That,
keinr weiß, was er gethan hier hat.
Pilatus thäte schreiben
Ebräisch, Griechisch und Latein:
Jesus ein König der Jüden fein.
Die Priester thäts betrüben.

Gerhardt, Str. 19, 1. Hälfte
Pilatus heftet oben an
Ein Überschrift, die jedermann,
Der bei dem Kreuz gewesen,
Hebräer, Römer, Griechenland
Und wer Vernunft hat und Verstand,
Gar wohl hat können lesen.

nahme der Vorlage und ihre weiterführende Ausdeutung lassen sich auch beim Bericht vom Bekenntnis des römischen Centurio unterscheiden. Dabei zeigt sich – ganz im Gegensatz zur Gerhardt-Deutung im Sinne Barths[18] –, daß der »reformatorische« Heyden die persönliche und innere Erschütterung betont, der »neuprotestantische« Gerhardt aber den Glauben und die Parrhesia seiner öffentlichen Verkündigung[19]. – Das Kreuz, so wird man die Aussageabsicht dieser vier Stellen zusammenfassen können, hat als Ausdruck für das grausam-schmerzhafte Lebensende Jesu eine vielfältig verweisende Wirkung: auf »unsere« Schmerzen und Sünde, auf seine Menschheitsbedeutung und auf das Glaubenszeugnis. Das Kreuz Jesu ist ein in die Gegenwart und in die Zukunft wirkendes Geschehen und verlangt deshalb die eben dies ansagende Deutung.

Daher begnügt sich Gerhardt nicht mit Heydens fast ausschließlicher Beschränkung der Kreuzesdeutung auf die Eingangs- und Schlußstrophen, sondern setzt immer wieder in den Ablauf seiner anchgedichteten Erzählung Deutungen des Kreuzgeschehens wie Leuchtsignale an einen dunklen Weg. Eindrücklich zeigen das die christologischen Titel. Heyden war mit ganz wenigen ausgekommen: »Mittler« (Str. 1), »Menschen Sohn« (2, 5, 8), »Gottes Sohn« (8, 11, 18, 20) und »Seligmacher« (22). Gerhardt wiederholt keinen

[18] K. BARTH (Die Kirchliche Dogmatik, I/2, 1938, 275–280) hatte in einem ebenso geistreichen wie ungeschichtlichen Exkurs seiner Dogmatik die ganze Entwicklung des nachreformatorischen evangelischen Kirchenliedes zum Beleg seiner mehrfach vertretenen Geschichtstheorie des »Abfalls von der Reformation« zum »modernistischen Neuprotestantismus« stilisiert und damit zweifellos die Hymnologie, insbesonders die Gerhardt-Forschung, provoziert, sich bis in ihre jüngsten Publikationen hinein mit ihm ausdrücklich oder stillschweigend auseinanderzusetzen. Dazu: W. BLANKENBURG, Der gottesdienstliche Liedgesang der Gemeinde, in: Leiturgia IV, 1961, bes. 279f, 283ff u. ö. Eine Reihe beachtlicher Einzelwiderlegungen scheint mit daran zu kranken, daß sie die für Liebhaber globaler Perspektiven freilich faszinierende Abfalls-Theorie zu wenig grundsätzlicher Kritik unterwirft.

[19] Heyden, Str. 20, 1. Hälfte

Das Erdreich auch erzittert war.
Die Gräber wurden offenbar.
Der Hauptmann und sein Gsinde
sprachen: Fürwahr, der fromme was,
und Gottes Sohn, dißzzeuget das;
schlugn an ihr Hertz geschwinde.

Gerhardt, Str. 25, 2. Hälfte
Der Juden Herzen blieben hart,
Allein der Hauptmann, dem da ward
Die Wach am Kreuz befohlen,
Der glaubt, und mit ihm sein Gesind,
Es wäre Jesus Gottes Kind
Und sagtens unverhohlen.

dieser traditionellen Christustitel, sondern bietet, ebenfalls aus dem Reichtum biblischer und dogmatischer Tradition, quantitativ fünfmal mehr und qualitativ ganz anders klingende, andere Perspektiven eröffnende Christusnamen: »Gottes Kind« (Str. 1, 25), »einer armen Jungfrau Sohn« (1), »der Herr« (2, 3, 8, 12, 27), »das fromme Lamm« (3), »Heiland« (3, 6, 20, »mein u. dein H.« 26, »unser H.« 28), »das liebe, treue Herz« (5), »unser Licht« (7), »der Richter aller Welt« (7), »das Auge, das die Herzen sieht« (8), »Mensch und Gottes Sohn, / der Welt zum Heil, zur Freud und Kron / vom Vater auserkoren« (9), »Prophet« (10), »König« (12, 15 auch »unser K.«, »Judenk.«), »armer Wurm« (16), »Himmelsfürst« (21), »des Lichtes Schöpfer« (22), »der große Held, der Himmel, Erd und alles hält« (24), »Fürst unsres Lebens« (27), »Bräutgam unsrer Seelen« (28), »Sündopfer« (28). Der bei m Lesen solcher Liste kaum vermeidbare Eindruck überwältigender Fülle oder gar »barocken Wortschwalls« fällt beim Lesen oder Singen der Liedpassion vollständig fort durch die dazwischen tretenden Erzählstücke. Vielmehr wird die Passionsgeschichte durch diese Signalwörter aufgeschlossen für betendes und anbetendes Anrufen ihres Subjekts, (ausgenommen der in Stro. 16 den II. Teil der Liedpassion eröffnende Christusname »armer Wurm«, nach Ps. 22,7 an Stelle des »ecce homo«). Die Nomina Christi sind in erster Linie Anredeformeln. Durch sie wird der Charakter der Liedhistorie dem einer Liedmeditation angenähert. Die mit der Nachdichtung beabsichtigte Deutung folgt einer hermeneutischen Direktive, die das dargestellte Kreuzgeschehen dem nicht mehr darstellbaren Weiterwirken im Gebet öffnet. Diesen Zusammenhang würde man mit den in der Literatur über Paul Gerhardt beliebten Kategorien der Einfühlung, der mit- und nacherlebten Aneignung oder der Imitatio verfehlen. Im Gebet herrscht bei Gerhardt die Initiative Gottes. Um zur Interpretation des Passionsthemas »Ach, wacht und betet, betet, wacht!« (14,5) einen 1653 von ihm publizierten Vers zu zitieren: »So oft ich ruf und bete, / Weicht alles hinter sich« (82,1), – auch das Aneignungspathos.

Gewiß haben alle von Gerhardt seiner erneuerten Liedpassion eingefügten Christusnamen ihre oft noch ungeschriebene, auch in der Literatur des 16. und 17. Jahrhunderts nachweisbare Geschichte[20]. Aber sie alle haben noch eine andere Funktion. Indem sie nämlich die Sündlosigkeit, die Gotteskind-

---

[20] Manche Christusnamen finden sich in Johann Arnds 2. Buch vom Wahren Christentum, cap. 1 u. ö. Über ihre Sammlung und Kommentierung durch den Spanier Luis de León von 1583: E. R. Curtius, Nomina Christi, in: Mélanges Joseph de Ghellinck, S. J., 1951, 1029–1034. Hier auch 1032 das Zitat aus Petrarcas Briefen: »parum abest quin dicam theologiam esse poeticam de Deo: Christum modo leonem modo agnum modo vermem dici, quid nisi poeticum est?« (dt. in dem oben Anm. 8 aufgeführten Werk, 232f).

schaft, die Güte und die Vollmacht Jesu betonen, bilden sie einen unüberhörbaren Gegensatz zum berichteten Passions- und Kreuzgeschehen und zeigen mit dieser ständig variierten Paradoxie, was hier eigentlich geschieht: Gottes Heil für die Menschen inmitten menschlicher Unheilstaten am Heiland. Dreimal unterstreicht der Dichter diese Paradoxie noch durch eine halbstrophige, den Bericht unterbrechende Zwischenbesinnung: in Strophe 10 über das »Wunder« des Nichteingreifens Gottes, in Strophe 18 über die – trotz aller Beraubung an »Leben, Ehr und Gut« – Nichtwegnehmbarkeit der Feindesliebe Jesu und in Strophe 22 über die am Mittag des Kreuzigungstages einbrechende Nacht[21]. Angesichts derart geradezu eingeschärfter Paradoxien wird der Vorwurf, Paul Gerhardt habe »überhaupt der Luthersche Gedanke vom Wirken Gottes ›sub contraria specie‹ . . . ferngelegen«[22], als vom Text widerlegt gelten können.

Aber was konnte und sollte »jedermann«, wie es in Strophe 28 heißt, »sehen und lernen« aus dem dichterisch zum paradoxen Geschehen stilisierten »hohen Werk« (14, 4) der Passion Jesu? Man könnte mit Recht antworten: Das, was bei Heyden und Gerhardt ohne wesentlichen Unterschied und an denselben, in den Evangelienberichten vorgegebenen Höhepunkten herausgestellt wird: Die thematisch an den Anfang gestellte Absicht des als Inkarnation und Passion beschriebenen Heilsgeschehens »um deiner Sünde willen«, als fortwirkendes »Testament« zusammengefaßt im Abendmahl (Str. 3)[23], wiederholt im Jesuswort an die nachfolgenden Frauen »ein jeder weine über sich / und über seine Sünde!«[24], eingeprägt in den Schlußstrophen als Christi Leiden »aus treuer Lieb und Huld . . . unserthalben«, zur Übernahme »unsrer Schuld«, als »Sündopfer . . . dir und den Menschen allen«[25]! Aber dieser Hinweis auf das »propter nos homines« und das »pro nostris peccatis« des

[21] Die Verse 2–4 dieser Halbstrophe lauten: »Die Sonn, die alles fröhlich macht, / War selbst mit Leid erfüllet. / Des Lichtes Schöpfer fühlet Pein.« Man kann bezweifeln, ob oben »des Lichtes Schöpfer« mit Recht als Christusname genannt wurde. Sicher sieht Gerhardt nicht wie Opitz am Kreuz den »Schöpffer hangen«, er spricht nicht von des »Vaters Todt« (Belegstellen bei P. Böckmann: ARG 57, 1966, 191). Aber wollte er wirklich eine vorsichtigere szs. patripassianistische Neigung andeuten?

[22] So I. Röbbelen, Theol. u. Frömmigkt., 413f.

[23] Während Heyden herausstellt den Auftrag, des Todes Jesu zu gedenken, sein Vorbild der Liebe und den »Trost«, betont Gerhardt, daß »sein Fleisch und Blut des Neuen Testamentes Gut« und die dabei gesprochenen Worte »nimmer zu vergessen« seien.

[24] Das Zitat ist von Gerhardt: 14,17. Heyden sagt: »Wein aber jeder über sich, und über seine Kinder«, die nur »für Straff und Quaal der Sünde« wären (Str. 15).

[25] Die Zitate sind von Gerhardt: 14,28. Auch Heyden sagt, Christus habe »überwunden für uns der Sünden große Noth«, Hölle, Tod und Teufel gebunden, »für uns« gelitten, »an uns« mit seinem Leiden die Liebe getan.

Bekenntnisses ließe doch noch die Frage unbeantwortet, weshalb Gerhardts Nachdichtung die Nomina Christi nicht nur erneuert als Einladung zum Gebet, sondern auch als vielstimmigen Ausruf des paradoxen Charakters des Kreuzgeschehens.

Zur Beantwortung dieser Frage mag dic Beobachtung helfen, daß Gerhardt außer den Nomina Christi in seine deutende Nachdichtung auch 13mal den in biblisch-reformatorischer Tradition theologisch-hermeneutisch bedeutsamen Begriff »Herz« eingeführt hat, der in der Vorlage nur einmal vorkam (Str. 20). Was er damit meint, sagt er selbst. An Judas, der beim Verräterkuß »nichts im Herzensgrund / Als bittres Gift und Fluchen« hat (14,6), sieht man das Herz nicht nur als Kriterium der Aufrichtigkeit, sondern auch als den Ort, an dem sich Ja oder Nein zum paradoxen Heilsgeschehen entscheidet. Das sieht man auch an Petrus, dem »durch ein bloßes Fragen« sein »Herz und Leuenmut« und damit »Glaube, Lieb und Treu« dahinsinken (14,7). So schwach und irritierbar ist selbst das Herz des Jüngers. Keineswegs helfen ihm die Tränen der Reue, sondern: »Das Auge, das die Herzen sieht, / Tät einen Blick, ließ Gnad und Güt / Dem armen Petro scheinen« (14,8). Die von Heyden übergangene Episode von Luk 22,61 wird bei Gerhardt zur Schlüsselszene, die vielleicht die barocke Emblem-Weisheit »oculis vitam« auf ihren Wahrheitskern bringen soll[26]: Nur der Kenner und Verwandler der Menschenherzen vermag das durch Sünde und Schuld entfallende Herz zu reinigen und mit neuem Leben zu erfüllen. Das bestätigt die zweite Notiz von Judas, dem von Einsicht und Reue »sein Herze ward gerühret«; aber ihm erscheint Christus nicht. »Weil aber war kein Trost dabei, / Ging Seel und Leib zugrunde« (14,11). Das zur Selbsthilfe ohnmächtige, immer an Gott oder Abgott sich haltende Herz wird eben von daher Ort tragenden oder zerbrechenden Lebensmutes und -sinnes. Daran kann kein Zweifel sein, denn sogar Christus selbst nahmen die Menschen »Leben, Ehr und Blut«, das heißt, daß sie »ihm sein Herz zerfraßen« (14,18). Wenn im Gegensatz zu Judas Jesu Wort an Maria und Johannes diesem »ins Herz hinein drang« (14,20), dann erweist sich das Herz als der Ort, an dem das Wort des Herrn, dieses allein, Glauben und Handeln zur Einheit bringt. Davon sind die Juden weit entfernt. »Ihr Herz ist voller Bitterkeit«, taub und blind, unerweichbar »hart wie ein Stein, der nichts empfindt« (14,23). Auch nach den kosmischen Reaktionen auf den Tod Jesu »der Juden Herzen blieben hart« (14,25). Ihre Herzenshärte gegenüber Christus verschließt sie im Widerspruch zum Heilshandeln Gottes, bei dem sie doch anwesend sind; im Gegensatz zu Pe-

[26] A. Schöne, Emblematik und Drama im Zeitalter des Barock, 1968², 11.

trus, Johannes und dem Centurio stellen sie mit Judas die negative Seite des paradoxen Kreuzgeschehens dar.

Alle diese Aussagen des Dichters widersprechen dem Versuch, das Herz für ein rational-emotionales Deutungspotential zu halten, das von sich aus die gottgewollte paradoxe Einheit des Kreuzgeschehens begreifen und aneignen könnte. Dann wäre der Glaube eine dem Menschenherzen mögliche Leistung. Aber die mit großer Dicht- und Sprachkunst eingefügten »Herz«-stellen sagen das gerade nicht. Vielmehr sollen sie dem Hörer der Passion deutlich machen, daß alle Menschen beim »hohen Werk« des Kreuzes (14,47) der Seite menschlicher Unheilstaten verfallen sind, wenn nicht der »Fürst unsres Lebens«, der »die Herzen sieht« und »Himmel, Erd und alles hält« (14, 27.8.24), ihre Herzen für sein Heil aufschließt. Damit folgt Paul Gerhardt – jedenfalls bei der deutenden Nachdichtung der Heydenschen Liedpassion – ganz dem Sprachgebrauch der Bibel und Luthers. Für Luther »ist das Herz als das Zentrum des ganzen Menschen der Ort, wo Gott sein Wort allein als *sein* Wort offenbar macht. Wem Gott da sein Wort sagt, lebendig macht, wen er es da fühlen und schmecken läßt, der hat es verstanden«[27].

Diese vom Rechtfertigungsglauben geprägte hermeneutische Absicht des Dichters scheinen mir die beiden applikativen Schlußstrophen zu bestätigen und außerdem ihre Problematik zu lösen. In ihnen nimmt Gerhardt eine nicht bei Heyden vorgesehene und theologisch problematische Differenzierung vor. Zwar gilt das dargestellte Kreuz- und Heilsgeschehen für »jedermann«, aber es gilt doch im Blick auf das unterschiedliche Verhältnis der Menschen zur Sünde in ganz verschiedener Weise[28]. Die erste summarische Schlußparänese lautet: »Zerknirschtes Herz, betrübter Geist, / Den seine Sünde nagt und beißt, / Laß Sorg und Kummer fallen« (14,28). Deutlich davon abgehoben wird danach in der letzten Strophe eine ganz andere Menschengruppe angeredet: »Du aber, der du sicher stehst, / Und ohne Buße täglich gehst / In ungescheute Sünde« (14,29). Sie soll »betrachten« – wie schon Heyden am Schluß, aber zum »Menschen-Kind« schlechthin gesagt hatte – Gottes endzeitliche Strafe über die Sünde. Problematisch ist an diesem Schluß (außer der hier nicht weiter zu verfolgenden applikativen Differenzie-

---

[27] G. Ebeling, Evangelische Evangelienauslegung, 1942, 384. – Herz(cor) ist der von Luther am häufigsten gebrauchte anthropologische Begriff, vgl. Texte zum lat. Sachregister der Weim. Lutherausgabe f. d. 5. Internat. Lutherforschungskongreß in Lund 1977, erstellt v. d. Abt. »Sachregister zur WA« im Tübinger Inst. f. Spätmittelalter u. Reformation (Vervielfältigungsdruck), 10–32; ferner G. Ebeling, Wort und Glaube, 3. Bd., 1975, 7 [Anm. 5].

[28] Die Geschlossenheit der Schlußmahnung Heydens an alle zum Fröhlichsein, Dankbarsein, der Sünden feind sein, jedermann Liebe zu erweisen und sich vor Gottes die Sünde schlagendem Zorn zu bewahren, hat Gerhardt nicht erreicht.

rung des Evangeliums), daß beide Paränesen vorauszusetzen scheinen, das Menschenherz könne ihnen von sich aus folgen. Aber das meint der Dichter nicht. Vielmehr läßt er die ganze Schlußparänese in ein Gebet münden: »O Jesu, gib uns deinen Sinn / Und bring uns alle, wo du hin / Durch deinen Tod gegangen!« (14,29). Die Spannung zwischen alleiniger Heilsvermittlung Gottes und der paränetisch vorausgesetzten Mitwirkung des Menschen läßt sich nur ertragen im Gebet um den »Sinn Jesu« (wohl im Anschluß an 1Joh 5,20) – nun für alle Menschheitsgruppierungen.

Damit erweisen sich Gerhardts »Herz«-Einfügungen als Verständnishilfe für die eingefügten Nomina Christi. Das in seiner Paradoxie verstärkte Kreuzgeschehen der Passion soll auf das Gebet verweisen. Wenn das mit dem Lehrsatz Johann Arnds übereinstimmt: »Durch das Anschauen des gekreuzigten Christi wird das Gebet erwecket«[29], so bliebe doch noch erst nachzuweisen, ob Gerhardt die ganze Gebetstheologie Arnds übernommen habe. Dann freilich müßte wohl auch von diesem vielleicht ältesten Passionslied Gerhardts gelten, daß sich in ihm gegenüber dem reformatorischen Choral das Schwergewicht verschoben habe »von den Taten Gottes auf die Erfahrungsweise, in der der Mensch ihnen begegnet«[30].

III.

Befragt man die Gesamtheit seiner Lieder auf Paul Gerhardts Wort vom Christuskreuz, so erfährt man eine erstaunliche Vielfalt der Theologie und Poesie. Nur selten erscheint das Kreuz wie in der Liedpassion (14) im Horizont der heilsgeschichtlichen Paradoxie, daß »der Herr der Herrlichkeit« von Gott »zum Sündenbüßer« erkoren sei (28,1). Sie kann abgewandelt werden in das Bild von der Selbstunterwerfung des Mächtigen: »Der große Fürst der Ehren / Läßt willig sich beschweren« (13,1) oder in das johanneische Bild von der Erhöhung (15, 1.2.7). Am Kreuz hat Christus Gottes Führung »durch Trübsal . . . zur Himmelsfreude« erfahren (78,4)[31]. Befremdlicher wirkt solche Pädagogie in der psychologisierten Form, nach der Jesus »den Grimm des Kreuzes« leiblich tragen wollte, damit »seine Pein / Ihm möge sein / Ein unverrückt Erinnrung unsrer Plagen« (4,13).

Theologisch ins Unerträgliche zugespritzt erscheint die Paradoxie in der von den Kirchengesangbüchern schon seit dem Ersten Weltkrieg fortgelasse-

[29] J. ARND, Sechs Bücher vom wahren Christentum, Nachdr. o. J., 2. Buch Kap. 20, Ziff. 15.

[30] W.-I. SAUER-GEPPERT, Artikel »Gerhardt, Paulus«: NDB 6, 288.

[31] Wie wenig Gerhardt die ähnlich klingende stoische Maxime meinte, zeigt seine »Ode: Weltskribenten und Poeten« (57).

nen Strophe aus »Ein Lämmlein geht und trägt die Schuld«, wo es heißt: »Du marterst ihn am Kreuzesstamm . . . Du schlachtest ihn als wie ein Lamm« (12,47). Angeredet ist die in der vorhergehenden Strophe gepriesene »Wunderlieb« und »Liebesmacht«, die »Gott seinen Sohn abzwingen« konnte. Da im ganzen Lied sowohl jedes Wort von den Menschen fehlt, die – historisch gesehen – Jesus töteten, als auch jeder Hinweis des Sinnes »Ich hab es selbst verschuldet« (24,4; vgl. 13,4), wird die Härte der Aussage von Gott als alleinigem Verursacher des Kreuzes und die Paradoxie von der den Sohn schlachtenden Vaterliebe jeder ausgleichenden Abschwächung entzogen. Auch die durch Gerhardts bisweilen ununterschiedenen Aussagen von Gott und Christus später gefundene Milderung, nach der Gott im Sinne von Hos 11,8f spricht: Ich habe »in des bittern Kreuzes Tod / Mich als ein Lamm begeben« (68,5), ist hier offenbar bewußt ausgeschlossen. Der Dichter geht selbst über den zur Vorlage gewählten Bibeltext von Jes 53,4 hinaus, wo es nur heißt: »Wir aber hielten ihn für den, der geplagt und von Gott geschlagen und gemartert wäre.« Aber auf Luther könnte sich Gerhardt berufen, dessen in »De servo arbitrio« ganz ähnlich auf Kreuz und Passion Christi bezogene, zugespritzte Paradoxien ihm vielleicht bekannt waren[32]. Jedenfalls kann man in den heute für unzumutbar gehaltenen Versen seines Passionsliedes Luthers radikale Unterscheidung zwischen Gott und Mensch wiederfinden, sein Betonen der Andersartigkeit der göttlichen gegenüber der menschlichen Liebe[33]. Wäre Gott nicht im strengen Sinne das, wenn auch unbegreiflich, im Kreuzgeschehen handelnde Subjekt, mag der Dichter gefragt haben, wie sollte das Christuskreuz dann wirklich Gottes Heil und das ihm folgende Christenkreuz wirklich von Gott sein?

Aber die meisten Worte Gerhardts vom Christuskreuz finden sich nicht in den für den Gottesdienst gedachten Liedern, wie der Liedpassion, sondern in Andachts- und Erbauungsliedern; sie bleiben auch nicht beim geschichtlichen Kreuz- und lehrmäßigen Heilsgeschehen einschließlich seiner Weiterwirkung im Gebet, sondern verstehen diese von der gelebten Gemeinschaft der Gläubigen mit dem Gekreuzigten aus, in der in vielfältiger Weise der »fröhliche Wechsel« stattfindet, von dem Luther geschrieben hatte. Schon in den schlichtesten Worten des Gelübdes (»Ich will dein Diener bleiben / Und

---

[32] Vgl. aus LUTHERS »De servo arbitrio« die Stellen über Werk Gottes u. d. Menschen, WA 18, 614, 1–26; über die Verborgenheit der Glaubenstatsachen 633, 7–24; über das Kreuz als Heil und Verderben 664, 7–9; über die Absurdität der Glaubensartikel 707, 12–709,4; über Notwendigkeit und Freiheit bei Judas 715,18b–716,10; 720,28b–721,33; über die omnipotentia Dei 753,12–754,17.

[33] Darüber läßt Gerhardt Gott sagen: »Ich hab ein andres Denken« (68,3).

deines Kreuzes Herzeleid / Will ich in mein Herz schreiben«, 19,5) oder des Lobes (»Sein Kreuz und Leiden ist mein Schmuck, / Sein Angst ist meine Freude, / Sein Sterben meine Weide«, 25,23) spürt man, wie das Christuskreuz hin zum Christenkreuz tendiert. Was sich als ästhetische oder intellektuelle Vergegenwärtigung des Christuskreuzes verstehen ließe, also daß Jesu Tod und Leiden »mir stets in meinem Herzen ruhn« (13,10), erscheint fast als Vorstufe einer noch vollständigeren Kreuzgemeinschaft und -übernahme: »Ich will mich mit dir schlagen / Ans Kreuz und dem absagen, / Was meinem Fleisch gelüst't« (13,15), oder: »Gib, daß mein Herz nur immerhin / Nach deinem Kreuze stehe, / Ja daß ich mich / Selbst williglich / Mit dir ans Kreuze binde! / Und mehr und mehr / Töt und zerstör / in mir des Fleisches Sünde« (20,4). Damit wird unverkennbar die Taufterminologie des Paulus über das Gekreuzigtwerden mit Christus aus Röm 6 und Gal 2,19f; 5,24; 6,14 als ein leitender Hauptgedanke in Gerhardts Liedaussagen vom Kreuz Christi sichtbar, der auch schon in Passionsliedern vor Gerhardt zur Sprache gekommen war[34]. Er ist auch in dem bekanntesten Passionslied Gerhardts gemeint, das – begründet auf die fides specialis (»in deinem Leiden . . . mich finden«) – vom Sterben des alten Menschen sagt: »Ach, möcht ich, o mein Leben / An deinem Kreuze hier / Mein Leben von mir geben, / Wie wohl geschähe mir!« (24,7). Folgerichtig ist wie bei Paulus die Bereitschaft des Glaubens: Ich will »mit dir sterben, wie du stirbst« (27,35) schon vom Osterglauben geprägt: »Ich will von Sünden auferstehn, / Wie du vom Grab aufstehest« (27,36). Das Christuskreuz der Passion kann überhaupt erst dadurch im Christenkreuz wirksam werden, daß es schon Welt, Sünde und Tod überwunden hat.

Es ist bekannt, daß vor allem in Gerhardts Nachdichtungen der sieben Passions-Salve Arnulphs von Löwen (Nr. 18–24)[35] die Gemeinschaft mit dem Kreuz Christi in Bildern, Gleichnissen und Metaphern der Mystik ausgedrückt wird, die ihm teils direkt, teils über Johann Arnd und andere Schriften der Frömmigkeitserneuerung um 1600 bekannt geworden waren und die heutigem Sprechen und Empfinden fremd, oft anstößig sind. Dazu gehört die biblische Metapher vom »Bräutgam unsrer Seelen« (14,28); das im Mittelalter, bei Luther und im nachreformatorischen Kirchenlied häufige Bild von der »Süßigkeit« (z.B. daß der dreieinige Gott »all dein Kreuz durchsüßet /

---

[34] Zu den zitierten Versen aus »O Welt, sieh hier dein Leben« (13,15) weist die von W.-I. SAUER-GEPPERT wahrscheinlich gemachte »Vorlage« der »Soliloquia de passione Jesu Christi« Martin Mollers auf das Gekreuzigtwerden mit Christo hin (JLH 15, 1970, 158).

[35] Über Arnulph von Löwen (ca. 1200–1250) s. Artikel »Arnoul de Louvain«: Dict. d'Hist. et Géogr. ecclés. IV, 1930, 611f und Handb. z. EKG II/1 Lebensbilder, 1957, 26, Nr. 9.

Mit seinen heilgen Worten«, 32,4)[36]; die »größt und höchste Lust / An dir und deinem Leiden« (23,1), die Gerhardt – noch in der Tradition frühmittelalterlicher Begriffe pneumatischer Ästhetik – auch »Christ-Lust« nennt (9,1) und die nichts als Freude meint; die »Liebesarme« (12,5), ja das »umfangen, herzen, küssen« der Wunden des Gekreuzigten (18,2), die von Wort- und Bedeutungsgeschichte ungetrübter Sinn freilich leicht bei Minnesang und Erotik beheimatet; der sogenannte »Wundenkult« und der Wunsch, sich in der »Seiten Höhle« des Gekreuzigten zu bergen (21,5)[37]. Die Feststellung, daß diese Bilder im Kontext der Worte Gerhardts vom Christuskreuz dem Empfinden unserer Zeit fremd und unzumutbar seien, müßte zugleich dem Dichter einer sehr anderen Zeit Teilhabe an ihrem Stilgefühl zubilligen. Sie war bei Gerhardt gemäßigt und nicht unkritisch. Das andere durch diese Bilder gestellte Problem, in welcher Weise ästhetische Urteile, auch wenn man sie in geschichtlich gerechter Form zu bilden suchte, auf theologische Urteile Einfluß haben dürfen, ist mit den oft abwertend gebrauchten Klassifizierungen »Passions- und Kreuzesmystik« noch kaum in Blick genommen. Trifft meine hier nur angedeutete Vermutung zu, daß Gerhardts Worte von der Kreuzesübernahme und -gemeinschaft im wesentlichen das Gekreuzigtwerden mit Christus im Sinne der paulinischen Taufterminologie aussprechen wollen, dann stellt gerade der nicht in Kirchengesangbüchern gegenwärtig gehaltene Teil seiner Lieder die schwierigsten, nur interdisziplinär anzugehenden Aufgaben.

---

[36] F. Ohly, Geistige Süße bei Otfried, in: Schriften zur mittelalterlichen Bedeutungsforschung, 1977, 93–127; W. Zeller, Theol. u. Frömmigkt., 163; Luther sprach, um nur einen Beleg für viele anzuführen, in »De servo arbitrio« vom »dulcissimus raptus ad Christum« (WA 18, 782, 8), vgl. H. A. Oberman, Simul gemitus et raptus: Luther und die Mystik, in: Kirche, Mystik, Heiligung und das Natürliche bei Luther, Vortr. d. 3. Int. Kongresses f. Lutherforschung, Järvenpää 1966, hg. v. I. Asheim, 1967, 20–59, und die beiden dort 60–94 folgenden Korreferate von E. Iserloh und B. Hägglund.

[37] Von »pneumatischer Ästhetik« bei Otfried spricht F. Ohly, Schr. z. mal. Bedeutungsforschg. S. 101 u. 334. – Zur Höhlenbergungsmetapher: F. Ohly, aaO., 385ff; K. Burdach, Der Gral, 1938, Neudr. 1974. – Der Anstoß an Gerhardts Versen aus »O Jesu Christ, mein schönstes Licht«, die nach dem Hinweis auf den »Heiland . . . mir zulieb . . . am Kreuz . . . gehangen . . . sehr verwundt« bitten: »Ach, laß mich deine Wunden / Alle Stunden / Mit Lieb im Herzensgrund / Auch ritzen und verwunden« (60,5), mildert sich, wenn man den grammatisch zweideutigen Text mit der angegebenen Vorlage (Arnds Paradiesgärtlein II,5) vergleicht, wo der entscheidende Gebetsatz lautet: »Ach mein Liebhaber, du bist um meiner Liebe willen verwundet, verwunde meine Seele mit deiner Liebe.« Das wird alsbald erläutert mit »ein steinern Herz erweichen«. Gemeint ist also das Kreuzigen des Fleisches. Übrigens hat Gerhardts Nachdichtung hier das Kreuz eingeführt und andere Bilder Arnds (himmlische Vermählung, Feuerflämmlein) und sein Beispiel, Maria Magdalena, fortgelassen. »Verwundung« ist eine der vielen Metaphern für die Liebe (F. Ohly, aaO., 128. E. Auerbach, Gloria passionis, in: Literatursprache und Publikum in der lateinischen Spätantike und im Mittelalter, 1958, 54–63).

IV.

Man hat die Jahrhunderte überdauernde Popularität und Beliebtheit der Lieder Paul Gerhardts darin begründet gesehen, daß sie Menschen unter dem Kreuz in einzigartig zu Herzen gehender Weise Trost zuzusprechen vermögen. Das quantitative Übergewicht seiner Liedaussagen vom Christenkreuz gegenüber denen vom Christuskreuz führte aber auch zu der kritischen Frage, ob hier nicht schon der Prozeß der Säkularisierung des Christentums im Gange sei, der »Trost« also schon ein theologisch fragwürdiger, vielleicht stellenweise gar falscher Trost sei. Sofern solche Vermutung nicht wirkungsgeschichtlich, sondern an der Aussageabsicht des Dichters selbst orientiert ist, muß man sie ernst nehmen. Freilich ist vom Dichter nicht zu verlangen, daß er dem Sänger der Verse über das Christenkreuz jeweils seinen ganzen theologischen Begründungszusammenhang mitliefere. Wägt und vergleicht man aber die Gesamtheit dieser Liedaussagen, so scheint Gerhardts Konzentration der Worte vom Christuskreuz auf die Passions- und Osterverkündigung und deren Darstellung als Ursprung des Christenkreuzes in der Gestalt des das Taufgeschehen symbolisierenden Gekreuzigtwerdens mit Christus dem Christenkreuz von vornherein eine entschieden theologische Präzision geben zu wollen.

Gerhardt scheut nicht die wiederholte Betonung, daß zum Christsein notwendig das Christenkreuz gehöre. Zwei bezeichnenderweise vom heutigen Evangelischen Kirchengesangbuch fortgelassene Strophen des auf Röm 8 bezogenen Liedes »Ist Gott für mich so trete / Gleich alles wider mich« insistieren darauf, daß der mit Jesus Verbundene Verfolgung, Leiden, Hohn und Spott findet: »Das Kreuz und alle Plagen, / Die sind sein täglich Brot«; das soll uns nicht verborgen sein, aber auch nicht verzagt machen (82,11f). Ebenso bekennt ein Gedicht auf den Tod eines Kindes von 1650: »Es ging mir, wie es pflegt zu gehn / All denen, die bei Christo stehn / Und von der Welt sich scheiden; / Wer Christo folgt, der muß mit ihm / Das Kreuz und alles Ungestüm / Auf seinen Wegen leiden« (116,2). Wie schon an den Glaubensvätern des Alten Bundes zu sehen ist: »Sie zogen hin und wieder, / Ihr Kreuz war immer groß« (128,6), so hat es noch nie einen Frommen gegeben, »der nicht geschwebt / In großem Kreuz und Leiden« (89,7). Ausdrücklich gilt es als falsche Sicherheit zur Zeit des Wohlergehens, wenn sich jemand sagt: »Ich steh auf festem Grunde, / Acht alles Kreuz gering« (104,6). Und wenn in dem Ps. 37,7 nachgedichteten »Gib dich zufrieden und sei stille« der Gedanke alttestamentlicher Weisheit, daß »alle Menschen müssen leiden«, vorgebracht, aber alsbald christlich interpretiert wird (»Des Kreuzes Stab /

Schlägt unsre Lenden / Bis in das Grab: / Da wird sichs enden«, 94,13), so ist das doch etwas anderes als »die Sophrosyne eines christlichen Stoizismus«[38]. Nicht ohne Grund hatte Gerhardt gerade in seiner poetischen Auseinandersetzung mit der Stoa geschrieben: »In dem Unglück, Kreuz und Übel / Ist nichts Bessers als die Bibel« (57,1).

Allerdings führt Gerhardt das Christenkreuz in andern Zusammenhängen auch direkt auf Gott zurück, ohne vom Gekreuzigtwerden mit Christus zu sprechen. Von Gott dem Schöpfer heißt es: »Schickt er mir ein Kreuz zu tragen« (83,4), er kennt das Vermögen der Schulter »da er will sein Kreuz hinlegen« (118,4). Und eben nur des Kreuzes Schöpfer hat Macht, es zu vernichten und von ihm zu erlösen. Dieser Doppelaspekt, daß der Herr tötet und lebendig macht, birgt den Trost des Glaubens an ihn[39]: »Der es schickt, der wird es wenden!« (83,4), »Kreuz, Angst und Not / Kann er bald wenden, / Ja auch den Tod / Hat er in Händen« (94,2). Das ist nicht der erst in der Aufklärung versuchte christuslose Gottesglaube eines isolierten ersten Artikels. Die Front, der sich Gerhardt gegenüber sah, war »des Pöbelvolks unweiser Hauf«, der Gott nur auf seiten der Reichen und Stolzen wähnte und daher meinte: »Was sollte doch der große Gott / Nach jenen andern fragen, / Die sich mit Armut, Kreuz und Not / Bis in die Grube tragen« (89,4f). Gegenüber diesem Gold- und Glücksgott war das Bekenntnis, daß Gott das Kreuz sende, schon ein christliches Zeugnis. Mehrmals unterstreicht der Dichter diese Absicht, indem er vom Vater spricht: »Ich weiß, daß mir dies Kreuz und Schmerz / Dein Vaterhand zusendet« (78,1). Es ist deshalb »das liebe Kreuz«, denn es kommt »von geliebten Händen« (81,13). Den Vater der Liebe aber hat Christus offenbart. Wenn sich in der Welt auch überall »des Kreuzes Not und bittre Gall« finden, so ist doch »der Christen Licht« nicht einfach nichts (74,7).

Den wohl wichtigsten Schlüssel dieser Worte vom Christenkreuz leiht das Lob- und Danklied »Sollt ich meinem Gott nicht singen«. Es nennt die Absicht Gottes, daß er »durch das Kreuze zu ihm lenke« (99,10), – ein bekannter Gedanke christlicher Seelsorgetradition, den Johann Arnd unter dem Thema behandelt hatte: »Vom Geheimniß des Kreuzes, wie wir dadurch zu Gott gezogen werden.«[40] Jene Absicht Gottes gilt gewiß auch vom Gekreuzigtwerden mit Christus, aber hier hatte Gerhardt das Christenkreuz schon definiert als »Seine Strafen, seine Schläge« (99,10). Eben dies ist das Thema des Liedes

[38] So K. BERGER, Barock und Aufklärung im Geistlichen Lied, 1951, 107f.

[39] Vgl. die eindringende Studie von W.-I. SAUER-GEPPERT, ›Trost‹ bei Paul Gerhardt: Musik und Kirche 46, 1976, 53–62.

[40] Vom wahren Christentum, Buch 3, Kap. 23.

»Ich hab in Gottes Herz und Sinn / Mein Herz und Sinn ergeben« in einfachster und einprägsamer Formulierung: »Ob er gleich schlägt / Und Kreuz auflegt, / Bleibt doch sein Herz gewogen« (73,1). Dieses einzige von J. S. Bach für eine Choralkantate verwendete Gerhardtlied[41] rühmt aus dem Vertrauen des Gotteskindes die in den vielfältig guten und bösen Tagen, Irrungen und Unwettern des Lebens unverbrüchliche Vertrauenswürdigkeit Gottes. Dabei wird das Christenkreuz dreimal in zweigliedrigen Formeln auf Schläge, Pein und Unglück hin ausgeführt (Str. 1, 8, 11). Sie bilden mit ähnlichen auch drei- und viergliedrigen Formeln, die in anderen Liedern das Christenkreuz verbinden mit Leid, Angst, Not, Schmerz, Elend, Übel, Plagen, Herzleid, Ungestüm, Scheiden und Tod, ein breites Spektrum jedermann bekannter Lebensstörungen. Gerhardt hat diese keineswegs jedermann einleuchtende Bindung widriger Lebensschicksale an das Kreuz nicht erfunden, aber er hat sie dichterisch und theologisch besonders fest geknüpft. Er meint nicht eine nichtssagende Wendung der Umgangssprache. Vielmehr verstärkt er die Zusammengehörigkeit in dem zuletzt erwähnten Lied (73), das den Namen Jesu Christi nicht nennt, durch eine ganze Reihe indirekter, geheimnisvoller Verweise auf das Kreuz Christi: »Die Aloe« (Str. 9) gilt als Figur des gekreuzigten Leibes nach Joh 19,39 oder auch der Passion[42]; »in deine Hände« (Str. 10) erinnert an Jesu letztes Gebet am Kreuz, das »je mehr und mehr« wahrscheinlich an das Herrlichkeitsziel der Erneuerung durch Trübsal »von Tag zu Tag« (2Kor 4,16ff); »geduldig leiden« (Str. 11) hat nur ein Urbild; ob die merkwürdigen Verse »Ich bin ein Sohn / Des, der den Thron / Des Himmels aufgezogen« (Str. 1) den »Schirm des Höchsten« aus dem in der Versuchungsgeschichte zitierten Ps. 91 meinen, mag fraglich bleiben, aber sicher ist »du bist mein Hirt« in der letzten Strophe mit Bedacht gewählt als eine Gott und Christus zugleich bezeichnende Metapher, entsprechend dem zu Beginn des Liedes gegebenen Thema, daß die Schläge in Gottes Führungen unseres Lebens eben »Kreuz« in dem von Christus geprägten Sinn seien.

Indirekte Verweisungen auf die Zusammengehörigkeit von Christenkreuz und Lebensleid oder, wie es gelegentlich heißt, von »Kreuzesjoch« (77,1; 124,3) und »Lebensjoch« (80,16) finden sich reichlich in Gerhardts Liedern. Wollte man die zu unterscheidenden Gestalten des Christenkreuzes voneinander trennen, würde das Gekreuzigtwerden des Taufgeschehens auf den einmaligen Akt reduziert, und das Kreuz in lebensgeschichtlichen Führungen bliebe ohne Zusammenhang mit dem Heilsgeschehen. In ihrer Verbin-

[41] A. GOES, Ein Winter mit Paul Gerhardt, 1976, 53f; W. BLANKENBURG, Paul Gerhardt 1676–1976, in: Musik u. Kirche, 46, 1976, 112.

[42] E. AUERBACH, Literatursprache u. Publikum i. d. lat. Spätantike u. i. Mittelalter, 1958, 57.

dung dienen beide der Verheißung, »Uns alle zu erlösen / Vom Kreuz und allem Bösen, / Das seine Kinder plagt« (106,6). Weil das Christenkreuz in seiner Vielgestaltigkeit von Gott her und im Glauben doch einheitlich ist, gehört es auch nicht unter einen einfachen Providentialglauben. Zwar könnten einzelne Verse Gerhardts das nahelegen (z.B. 107,7; 112,12). Vom Ganzen seines Werkes her geurteilt meint er aber immer: »Wer Gott vertraut und Christum ehrt, / Der bleibt im Kreuz auch unversehrt« (74,13).

Zusammen gehören beide Gestalten des Kreuzes auch im Horizont der Zusammengehörigkeit von Zeit und Ewigkeit. Denn für die »Vernunft« dehnt sich unter dem Kreuz die Zeitdauer ins Unabsehbare: »es wäre gleich / Mein Kreuz so lang ich lebe« (89,11). Dann identifiziert man »Mein Kreuz und ganzer Lebenslauf« (25,17). Das verschärft die Paradoxie von Liebe und Schlägen des Vaters: »Wie macht doch Kreuz so lange Zeit! / Wie schwerlich will sich Lieb und Leid / Zusammen lassen reimen!« (78,6)[43]. Für diese Anfechtung prägt der Dichter regelrechte Epinikion-Verse: »Kreuz und Elende, / Das nimmt ein Ende« (37,12). Er kennt das menschliche Erschrecken, »wenn unsers Kreuzes Rute / Uns nur ein wenig draut« (91,2), und weiß, daß alles Mahnen zur Geduld und zum Warten auf die von Gott bestimmte Stunde der Hilfe (73,8; 91) sich nicht an die rationale Einsicht in stetige Veränderungen der Geschichte oder an den bloßen Optimismus »einer künftig bessern Zeit« (46,14) wenden kann. »Geduld kommt aus dem Glauben / Und hängt an Gottes Wort« (91,5). Es ist eben das »Christenkreuz«, von dem gilt, daß es »seine Maße« hat »und muß endlich stille stehn« (99,11). Es »muß«, denn das im Christuskreuz begründete Christenkreuz ist seines eschatologischen Sinnes und Sieges gewiß. Das Gebet: »Bisher hats lauter Kreuz geschneit, / Laß nun die Sonne scheinen« (127,11) richtet sich ja an den, der »in unserm Kreuz und Leiden / ein Brunnen unsrer Freuden« ist (10,8), es lebt aus der Gewißheit des Glaubens »mein Kreuz ist umgekehrt« (104,10), aus der Gemeinschaft mit dem, der führen wird »an den Ort, / Da hinfort / Euch kein Kreuz wird rühren« (5,9), und damit aus der Hoffnung auf ein »endlich triumphieren« (76,6) mit dem Gekreuzigten und Auferstandenen, der die Glaubenswahrheit zur Lebenswirklichkeit macht: »Hier ist kein Tod, / Kein Kreuz und Not, / Das gute Freunde scheide« (129,15; 120,13). So bleibt das Christenkreuz durch alle seine Zeitgestalten notwendig und notwendend geprägt, gehalten und vollendet durch das Christuskreuz.

---

[43] Vielleicht kannte Gerhardt die mittelalterliche Kreuzallegorese von dem sich vom Weltanfang bis zum -ende durch die Geschichte erstreckenden Kreuzesstamm (F. OHLY, Schr. z. mal. Bedeutungsforschung, 1977, 182, 185f, 188).

Der Gekreuzigte von Giv^{c}at ha-Mivtar

Bilanz einer Entdeckung[1]

Heinz-Wolfgang Kuhn

Der bisher einzige Fund von Überresten eines Gekreuzigten aus der hellenistisch-römischen Antike stammt aus dem Palästina der Zeit Jesu, d. h. etwa aus der ersten Hälfte des 1. Jh. n. Chr., und ist im Juni 1968 in einem Grab in Giv^{c}at ha-Mivtar, im NO des heutigen Jerusalems, entdeckt worden.

Für die vorhellenistische Zeit, genauer das frühe Athen, kann man ebenfalls auf einen Grabfund verweisen[2]. In Phaleron entdeckte man 17 Skelette – man vermutete von Seeräubern – aus dem 7. Jh. v. Chr. Die Leichen wurden »mit einem Ring um den

---

[1] Die Abkürzungen der paganen antiken Autoren lehnen sich an das »Greek-English Lexicon« von Liddell/Scott (mit Supplement-Bd. 1968) und den Index des »Thesaurus Linguae Latinae« (1904) an. – Ohne vielerlei Hilfe und Entgegenkommen hätte dieser »interdisziplinäre« Beitrag nicht vorgelegt werden können: Für die diesem Aufsatz beigegebenen Tafeln 14 und 15 habe ich dem »Department of Antiquities and Museums« des Staates Israel, und insbesondere Herrn L. Y. Rahmani, Chief Curator des Departments, zu danken. Die hier beigegebene Fotografie der Knochenreste mit dem Nagel, die schon einmal an abgelegener Stelle erschien und in den Erstveröffentlichungen des Fundes fehlt (Tafel 14), wurde mir Mitte März 1978 aus den Archivbeständen des Departments überlassen; sie übertrifft in gewisser Hinsicht die entsprechenden Aufnahmen der Erstveröffentlichung. Die Inschrift (Tafel 15), die ich gleichzeitig erhielt, ist für mich neu fotografiert worden und ist so gut gelungen, daß sie jetzt das beste veröffentlichte Foto darstellt (Neg. 110977). Herrn Rahmani habe ich auch dafür zu danken, daß er mich im Sept. 1977 im »Department of Antiquities and Museums« im Rockefeller-Museum den archäologisch wichtigsten Überrest des Gekreuzigten und das Ossuar mit der Inschrift sehen ließ und für mich Messungen vornahm. Zu danken für Gespräche habe ich in Jerusalem besonders noch dem Ausgräber des hier interessierenden Fundes, Herrn Dr. Vassilios Tzaferis im »Department of Antiquities«, und dem Curator of the Shrine of the Book, Herrn Magen Broshi. An der Heidelberger Universität habe ich vor allem Herrn Kollegen Wilhelm Kriz, Professor für Anatomie, zu nennen, durch dessen Hilfe Ende Februar/Anfang März 1978 mir vieles in der Erstveröffentlichung klarer geworden ist. Die Probleme der Inschrift auf dem Ossuar konnte ich im April 1978 mit Herrn Kollegen Klaus Beyer, Professor für Semitistik, durchsprechen. Hilfestellung hat mir auch Herr Kollege Tonio Hölscher, Professor für Klassische Archäologie, gewährt. Besonders zu danken habe ich noch Herrn Dr. Berndmark Heukemes vom Kurpfälzischen Museum in Heidelberg, der mich im April 1978 aus seiner reichen Erfahrung mit röm. Ausgrabungen beriet und mir die Originale für Abb. 3b überließ. Für die Tafeln 16 und 17 und die weitere Hilfe durch Herrn Kollegen Kriz und die Zeichnung der Abbildungen 1–3b durch Herrn und Frau Tambour s. u. S. 333 (»Zu Abb. 2«).

[2] Σ. Πελεκίδης, Ἀνασκαφὴ Φαλήρου, Ἀρχαιολόγικον Δελτίον 2 (1916) 13–64: 49ff (mit Abbildungen); Ἀ. Δ. Κεραμόπουλλος, ʻΟ ἀποτυμπανισμός. Συμβολὴ ἀρχαιολογικὴ εἰς τὴν ἱστορίαν τοῦ ποινικοῦ δικαίου καὶ τὴν λαογραφίαν (Βιβλιοθήκη τῆς ἐν Ἀθήναις Ἀρχαιολογικῆς Ἑταιρείας 22) 1923, passim; I. Barkan, Capital Punishment in Ancient Athens, teil-

Hals, und eisernen Haken um Hände und Füße« gefunden. »Die letzteren waren einmal in eine Holzplatte hineingetrieben, um die Glieder festzuhalten«[3]. K. Latte spricht in seinem PRE-Artikel »Todesstrafe«[4] in gewisser Weise mit Recht von durch »Kreuzigung« Hingerichteten und verweist auf die Darstellung des Herodot über die Hinrichtung des Persers Artayktes, eines Statthalters des Xerxes, durch den athenischen Feldherrn Xanthippos im Jahre 478 v. Chr.: ζῶντα πρὸς σανίδα διεπασσάλευσαν (7 [!], 33) bzw. σανίδι (cj; hsl. <πρὸς> σανίδας und σανίδα) προσπασσαλεύσαντες ἀνεκρέμασαν (9,120)[5]. Insofern ist die beliebte Bemerkung, daß es sich bei dem Fund von Giv^{c}at ha-Mivtar um den einzigen Fund solcher Überreste aus der Antike handelt[6], nicht richtig, wenngleich die Art der »Kreuzigung« bei dem Fund von Phaleron ihrer äußeren Form nach nicht den späteren Kreuzigungen entspricht. Die Kreuzesstrafe sei hier so definiert: Unter Kreuzesstrafe im engeren Sinn ist eine durch jegliche Art von *Aufhängen* vollzogene (oder beabsichtigte) *Hinrichtung* an einem *Pfahl* (weithin wohl mit einem Querbalken) oder Ähnlichem zu verstehen, für die das *Andauern* der Todesqual im Gegensatz zur Aufspießung oder zum Erhängen durch Strangulation wesentlich ist.

I

Die Erstveröffentlichung des Fundes von Giv^{c}at ha-Mivtar erfolgte 1970 in drei Aufsätzen durch die beiden Archäologen V. Tzaferis und J. Naveh vom »Department of Antiquities and Museums« des Staates Israel und dem Ana-

---

weise gedruckte Diss. Chicago 1936, 63–72 (Chapter V: Apotympanismos); K. LATTE, Art. Todesstrafe, PRE Supp. 7, 1940, 1599–1619: 1606f; C. D. PEDDINGHAUS, Die Entstehung der Leidensgeschichte. Eine traditionsgeschichtliche und historische Untersuchung des Werdens und Wachsens der erzählenden Passionstradition bis zum Entwurf des Markus, Theol. Diss. Heidelberg 1965, 5f.9.13f; M. HENGEL, Crucifixion. In the ancient world and the folly of the message of the cross, 1977, 70 (verbesserte u. erweiterte Fassung von: Mors turpissima crucis. Die Kreuzigung in der antiken Welt und die »Torheit« des »Wortes vom Kreuz«, in: Rechtfertigung. Festschrift E. Käsemann [70], hg. v. J. Friedrich u. a., 1976, 125–184: 167).

[3] LATTE, aaO. 1606.

[4] AaO.

[5] σανίς deutet LIDDELL/SCOTT s. v. 7 für diese beiden und ähnliche Stellen als »plank to which offenders were bound or nailed«, διαπασσαλεύειν und προσπασσαλεύειν als »stretch out by nailing the extremities« (so ausdrücklich zu 7,33 für das erstere Verb) und »nail fast to« (so für das letztere Verb s. v. 1 zu 9,120 und anderen Stellen). Ob sich die folgenden drei bzw. vier verwandten Stellen (alle für den attischen Bereich des 5. Jh. v. Chr.!) mit »*binden* an Bretter« (der Historiker Duris bei Plutarch, Per. 28,2; der Komiker Kratinos, fr. 341; Aristophanes in seiner Komödie »Die Frauen am Thesmophorienfest« 930f.940 [dieser Text nennt es auch »hängen«: 1027.1053.1110]) auf eine Art Kreuzigung beziehen, ist umstritten; geht es etwa nur um einen Pranger? (vgl. LATTE, aaO. 1606, 58ff. 28ff; HENGEL, aaO. 70f [bzw. 167f]); auf das Problem der Strafe des »Tympanon« sei hier nicht eingegangen (vgl. BARKAN, aaO. 63ff; LATTE, aaO. 1607, 19ff; HENGEL, aaO. 69ff [bzw. 167ff]).

[6] So schon HAAS, aaO. (s. die nächste Anm.) 51 in der Erstveröffentlichung des Fundes von Giv^{c}at ha-Mivtar.

tom N. Haas von der Hebräischen Universität in Jerusalem[7]. Die Fundberichte behandeln die Entdeckung von vier in weichen Kalkstein gehauenen Grabanlagen, die zu einem weit ausgedehnten jüdischen Friedhof aus der Zeit des Zweiten Tempels gehören. Die Entdeckung stand in Zusammenhang mit der Erschließung des Gebiets von Givᶜat ha-Mivtar durch das israelische Wohnungsministerium nach dem Sechs-Tage-Krieg im Juni 1967. Die Ausgrabung erfolgte durch Tzaferis im Auftrag des »Department of Antiquities and Museums«. Das uns wegen der Überreste eines Gekreuzigten vor allem interessierende sog. Grab I[8] bestand aus zwei Hauptkammern, in deren Wände in der oberen Kammer vier Grabnischen (Loculi) und in der unteren Grabkammer acht Grabnischen getrieben waren. Es handelt sich um die Grabanlage einer oder mehrerer Familien[9]. Man entdeckte in der gesamten Anlage des Grabes I acht aus einheimischem, weichem Kalkstein gefertigte Ossuare, darunter auch das mit den Überresten eines Gekreuzigten (Ossuar

---

[7] V. TZAFERIS, Jewish Tombs at and near Givᶜat ha-Mivtar, IEJ 20 (1970) 18–32; J. NAVEH, The Ossuary Inscriptions from Givᶜat ha-Mivtar, ebd. 33–37; N. HAAS, Anthropological Observations on the Skeletal Remains from Givᶜat ha-Mivtar, ebd. 38–59. Zu diesen drei Veröffentlichungen gehören die Tafeln 9–24. – Wichtig sind vor allem noch: E. M. MEYERS, Jewish Ossuaries: Reburial and Rebirth. Secondary Burials in their Ancient Near Eastern Setting, BibOr 24, 1971 (zu unserem Fund S. 1.89–91); J. BRIEND, La sépulture d'un crucifié, BTS 133 (1971) 6–10 (eine verkürzte Wiedergabe der Erstveröffentlichung, aber mit zwei neuen Abbildungen der Knochenreste mit dem Nagel, von denen die eine Abbildung hier Tafel 14 entspricht); P. DUCREY, Note sur la crucifixion, MH 28 (1971) 183–185; J. H. CHARLESWORTH, Jesus and Jehoḥanan: An Archaeological Note on Crucifixion, ET 84 (1972/73) 147–150; Y. YADIN, Epigraphy and Crucifixion, IEJ 23, 1973, 18–22 mit Tafel 12A; J. F. STRANGE, Art. Method of Crucifixion, in: IDB Suppl. 1976, 199f; V. MØLLER-CHRISTENSEN, Skeletal Remains from Givᶜat ha-Mivtar, IEJ 26, 1976, 35–38; H.-W. KUHN, Zum Gekreuzigten von Givᶜat ha-Mivtar. Korrektur eines Versehens in der Erstveröffentlichung, ZNW 69 (1978) 118–122. – Eine populäre Zusammenfassung gibt H.-R. WEBER, Kreuz. Überlieferung und Deutung der Kreuzigung Jesu im ntl. Kulturraum (BTT, ErgBd.), 1975, 23–25 (= Kreuz und Kultur. Deutungen der Kreuzigung Jesu im ntl. Kulturraum und in Kulturen der Gegenwart, Vervielfältigung 1975, 17f. 243 [hier zusätzlich mit Anmerkungen]). – Schon öfter ist – nicht zuletzt in der ntl. Literatur – auf den Fund kurz hingewiesen worden: z. B. M. HENGEL, Gewalt und Gewaltlosigkeit. Zur »politischen Theologie« in der ntl. Zeit (Calwer Hefte 118), 1971, 62 Anm. 93; DERS, Crucifixion (s. Anm. 2) 25 Anm. 16; 31f Anm. 25 (bzw. Festschrift Käsemann, aaO. 140 Anm. 54; 144 Anm. 63); P. STUHLMACHER, »Kritischer müssen mir die Historisch-Kritischen sein!«, ThQ 153 (1973) 244–251: 247f; M. AVI-YONAH, Jerusalem, in: Archaeology (Israel Pocket Library), 1974, 121–142 (Nachdruck aus EJ): 138; P. WINTER, On the Trial of Jesus (SJ 1), 2nd ed. rev. and ed. by. T.A. BURKILL/G. VERMES, 1974, 94f Anm. 19; H.-W. KUHN, Jesus als Gekreuzigter in der frühchristlichen Verkündigung bis zur Mitte des 2. Jh., ZThK 72 (1975) 1–46: 4 Anm. 12.

[8] Zur Lage vgl. die Karte bei TZAFERIS, aaO. 19. Grab I befand sich ca. 300 m westlich der Nablus Road, nach meinen Erkundigungen in Jerusalem im Okt. 1977 genauer – gemäß der heutigen Bebauung – zwischen der Straße Midbăr Sĭnăy und etwa dem Ende der Sackgasse Miprăṣ Šᵉlomō.

[9] Vgl. TZAFERIS, aaO. 30; NAVEH, aaO. 35 Anm. 17.

Nr. 4, ein Ossuar ohne Verzierungen mit einer Oberfläche von 57x34 cm)[10]. Drei Ossuare enthielten nur die Überreste eines einzigen Toten (Nr. 3,5 und 7), drei Ossuare die Überreste von zwei Toten (Nr. 1,4 und 8), ein Ossuar von drei (Nr. 2) und ein weiteres Ossuar (Nr. 6) sogar von fünf Toten. Dabei handelt es sich um sechs Männer, sechs Frauen und fünf Kinder im Alter von weniger als einem Jahr bis zu über 60 Jahren. Die Ossuare Nr. 1–4 tragen eine Inschrift[11]. Alle acht Ossuare fand man in der unteren Grabkammer, während die obere Grabkammer ausschließlich Skelette in den Grabnischen enthielt (untersucht wurden aber offenbar nur die Knochenreste in den Ossuaren)[12].

II

Bei dem Gekreuzigten handelt es sich um einen 24–28jährigen Mann, in dessen Ossuar sich noch die Knochen eines 3–4jährigen Kindes von unbestimmtem Geschlecht befanden[13]. Aufgrund der Inschrift auf dem Ossuar war sein Name יהוחנן (J^e^hôḥanan)[14]. Das Kind hieß ebenfalls יהוחנן. Der Gekreuzigte könnte der Vater des Jungen gewesen sein[15]. Die Deutung des Zusatzes בן הגקול – offenbar beim Namen des Kindes[16] – ist umstritten (s. dazu u. Abschnitt IV).

Die gefundenen Knochen erlaubten dem Anatom Haas u. a. eine Rekonstruktion des Gesichts des Gekreuzigten, Aussagen über seine Körpergröße, seinen gesundheitlichen Zustand, seinen Körperbau und seine körperlichen Aktivitäten. Die Körpergröße betrug 167 cm[17]. Aufgrund von 66 Abmes-

---

[10] Tzaferis, aaO. 28f; Naveh, aaO. 39 (Zl. 16 v. u. muß es »Ossuary I/2« statt »Ossuary I/3« heißen).

[11] Naveh, aaO. 33–36 mit Tafeln 11–13.

[12] Die Darstellung von Tzaferis enthält an diesem Punkt eine Unklarheit. Nach S. 18 fand man (die acht?) Ossuare in den drei Loculi 5, 7 und 9 der unteren Grabkammer; nach S. 28 enthielt offenbar nur einer dieser Loculi (Nr. 9) drei Ossuare (s. aaO. Tafel 9A), während die anderen von ihrem ursprünglichen Platz entfernt waren und in der unteren Kammer (außerhalb der Loculi) standen (nur so läßt sich jeweils der Text von Tzaferis verstehen). Anscheinend gehört Ossuar Nr. 4 nicht zu den drei Ossuaren in Loculus 9 (dort Nr. 1, 7 und offenbar 5 [auf Tafel 9A von rechts nach links]), obgleich man über dem Eingang dieses Loculus ein Graffito mit dem Namen יהוחנן (das ist auch der Name des Gekreuzigten und des Kindes in dem gleichen Ossuar) zu erkennen glaubte (Naveh, aaO. 36).

[13] Haas, aaO. 42f. 49.

[14] Naveh, aaO. 35f. S. Tafel 15 zum vorliegenden Aufsatz.

[15] Der Aufsatz von Yadin, aaO. (s. Anm. 7) setzt das voraus.

[16] Meyers, aaO. (s. Anm. 7) 89 und Hengel, Gewalt (s. ebd.) 62 Anm. 93 beziehen dagegen den J^e^hôḥanan mit dem Zusatz auf den Gekreuzigten.

[17] AaO. 55.

sungen an den besonders guterhaltenen Gesichtsknochen und überhaupt am Schädel[18] konnte sogar das Gesicht rekonstruiert werden (»sufficient for a portrait reconstruction«[19]; Haas gibt dazu vier Abbildungen, aaO. 52f), wobei sich aufgrund einer festgestellten rechten Gaumenspalte und eines Falles von Schiefkopf ergab, daß der betreffende offenbar schon zweimal vor bzw. während seiner Geburt von Schwierigkeiten betroffen war, was u.a. mit einer plötzlichen Verschlechterung der Situation der Mutter am Beginn der Schwangerschaft zusammenhängen könnte[20]. Nach der Geburt war aber die Situation des Betreffenden offenbar gleichbleibend gut: Irgendwelche Spuren von Krankheiten oder Ernährungsmängeln sind nicht zu erkennen gewesen, vielmehr hat sich der Betreffende offenbar körperlich vorzüglich entwikkelt[21]. Die Gliedmaßen waren aber zart und grazil; überhaupt scheint der Gekreuzigte niemals schwere körperliche Arbeit geleistet zu haben[22]. In diesen Zusammenhang paßt der Umstand, daß der Betreffende auf eine privilegierte Weise in einem, wenn auch bescheidenen Ossuar, d.h. ohne Verzierungen, wiederbestattet wurde[23].

Außer den Gesichtsknochen waren die Knochen des rechten Armes und des linken Beines besonders gut erhalten. Zu den schlecht erhaltenen Knochen, die nicht untersucht werden konnten, gehörten u.a. die Knochen des linken Armes[24].

III

Einige Beobachtungen von Haas weisen eindeutig auf eine Kreuzigung hin[25]. Die von einem eisernen Nagel durchbohrten Knochenreste wurden als rechtes und linkes Fersenbein (Calcanei) bestimmt, wobei das rechte Fersenbein noch ziemlich vollständig erhalten ist, während von dem linken Fersenbein Reste vorhanden sein sollen (s. in diesem Aufsatz Abb. 1). Die Untersuchung ergab, daß die beiden Fersen bei der Kreuzigung mit der Innenseite

---

[18] 42 »cranical dimensions and indices« listet HAAS S. 50 auf.
[19] AaO. 51.
[20] AaO. 50–55 mit Tafel 19A.B.
[21] AaO. 55.
[22] AaO. 55.
[23] TZAFERIS, aaO. 30: »We have noticed that, side by side with the use of ossuaries, pits were dug for bone-collection. It must be remembered that ossuaries were an expensive luxury, and that not every Jewish family could afford them.« Die Hälfte der Ossuare in Grab I trug keine Verzierungen (s. TZAFERIS, ebd. 28f).
[24] HAAS, aaO. 51; hier weitere Angaben. Vgl. auch S. 57.
[25] S. HAAS, aaO. 55–59 (»Proofs of Crucifixion«). Daß es sich um eine Kreuzigung handelt, ist – soweit ich sehe – von niemandem bestritten worden.

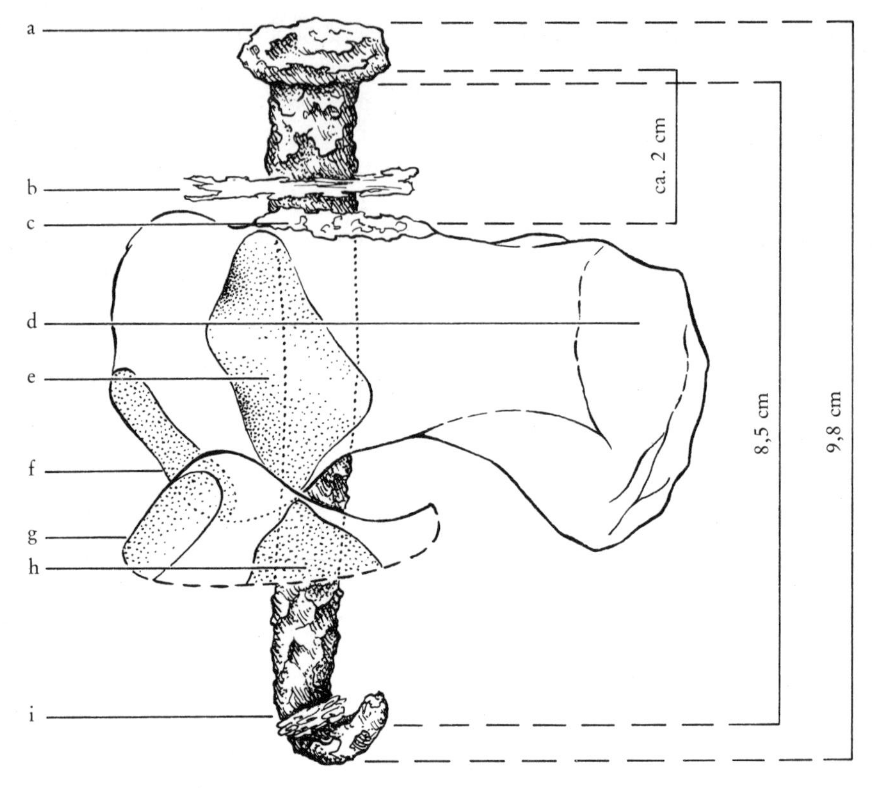

M 1:1

Zeichnung: G. Tambour

a. Oxydation am Nagelkopf (und am ganzen Nagel)
b. Rest eines Brettchens aus Akazien- oder Pistazienholz
c. Kalkige Kruste
d. Tuber calcanei (Fersenbeinhöcker) des rechten Fußes
e. Facies articularis talaris posterior (hinten gelegene, größte Gelenkfläche für das Sprungbein)
f. Sustentaculum tali (Konsole für das Sprungbein) am rechten Calcaneus
g. Dass. am linken Calcaneus
h. Wie e
i. Kernig-knötchenförmiger Rest von Olivenholz

Abb. 1: Rechtes Fersenbein und Fragment eines linken (Calcanei von oben) mit dem Nagel, *gemäß der Rekonstruktion von N. Haas* in der Primärveröffentlichung (dort ohne Zahlen); »from inside to inside« 8,5 cm und jetzige Gesamtlänge 9,8 cm gemäß der Messung in Jerusalem im Sept. 1977, Erhebung des Nagelkopfes über den rechten Calcaneus nach Haas 2 cm (s. zu Abb. 1 auch am Schluß des Aufsatzes)

aufeinander lagen[26]. Auf der diesem Aufsatz beigegebenen Tafel 14[27] ist die Anatomie eines rechten Fersenbeines auch für einen Laien deutlich zu erkennen (das gilt nicht in gleicher Weise für die der Erstveröffentlichung beigegebenen Tafeln)[28]. Das rechte Fersenbein war demnach zuerst von dem Nagel durchbohrt worden. Zwischen dem herausstehenden Kopf des Nagels und dem rechten Fersenbein befinden sich – auf Tafel 14 noch deutlich erkennbar – Reste einer Holzplatte, die eventuell als Verbreiterung des Nagelkopfes diente. Das Holz wurde als Pistazien- oder Akazienholz bestimmt. Auch in der gebogenen Nagelspitze wurden Holzreste entdeckt; in diesem Fall handelt es sich um Olivenholz (vom Kreuzesstamm?[29]).

Leider haben sich in dem Aufsatz von Haas einige Fehler eingeschlichen: Die für die Art und Weise der Aufhängung nicht unwichtige Länge des Nagels ist falsch angegeben worden, worauf ich jüngst in einer Miszelle in der ZNW 1978 aufmerksam gemacht habe[30]. Die ursprüngliche Länge des an der Spitze stark gekrümmten Nagels betrug nicht 17–18 cm, sondern nur knapp 11,5 cm (wobei noch unberücksichtigt bleibt, daß möglicherweise sekundäre Ablagerungen auf dem Nagelkopf, wie er jetzt aufbewahrt wird, die Gesamtlänge des Nagels vergrößern); die Länge des Nagels nach der Krümmung mißt nicht 12 cm, sondern nur 9,8 cm[31]. Die bisherigen Thesen über die Art

---

[26] AaO. 57.

[27] Dieses Foto, das mir aus den Archivbeständen des »Israel Department of Antiquities and Museums« zur Verfügung gestellt wurde (s. o. Anm. 1), erschien schon in BRIEND, aaO. (s. Anm. 7).

[28] In der Erstveröffentlichung findet man die beste Abbildung in dieser Hinsicht auf Tafel 20A (zur Korrektur der Tafelunterschrift s. gleich u.).

[29] S. dazu u. in Abschnitt VI.

[30] AaO. (s. Anm. 7).

[31] Schon bei der ersten Überprüfung des Artikels von Haas erschienen mir aufgrund der Abbildung der Knochenfunde mit dem Nagel und des beiliegenden Maßstabs (aaO. Tafel 19C; vgl. Tafel 20A) die Angaben über die Länge des Nagels als nicht richtig. Eine Überprüfung am 19. Sept. 1977 im »Department of Antiquities and Museums« im Rockefeller-Museum in Jerusalem bestätigte meinen Verdacht. Die Nachmessung nahm Herr Rahmani in meiner Gegenwart mit einem wiss. Maßstab vor. Leider ist der hier der Tafel 14 beigegebene Maßstab nur handschriftlich angefertigt und etwas ungenau, wie die verschiedene Länge der einzelnen Zentimeter zeigt. Hinsichtlich der Länge des Nagels wird man bei der auf Tafel 14 wiedergegebenen Abbildung außerdem berücksichtigen müssen, daß die Perspektive den Nagel beim Nagelkopf und an der Spitze etwas länger erscheinen läßt. Zur weiteren Kontrolle nenne ich noch ein Maß, das die Vermessung in Jerusalem ergab: »From inside to inside« 8,5 cm, wobei freilich zu bedenken ist, daß bei dieser Zahl die Zersetzung des Nagelkopfes und auch der Nagelspitze zu berücksichtigen ist, ursprünglich dieses Maß also eventuell größer war. Am zuverlässigsten lassen sich, wie die Nachmessung in Jerusalem gezeigt hat, die Daten für den jetzigen Erhaltungszustand aufgrund des Maßstabs auf Tafel 19C der Erstveröffentlichung gewinnen (vgl. die nächste Anm.).

und Weise der Kreuzigung – sie werden unten in Abschnitt VI besprochen – gehen von den falschen Zahlen aus[32].

Einige weitere Corrigenda seien hier genannt, die die Lektüre des Aufsatzes von Haas erschweren. Daß das rechte Fersenbein zuerst von dem Nagel durchbohrt wurde, stellt Haas ausdrücklich fest: »The right foot was the first to be transfixed by the nail«[33]. Aus der Besprechung der Splitterung des rechten Schienbeins ergibt sich das ebenfalls[34]. Auch auf der diesem Aufsatz beigegebenen Tafel 14 erkennt man deutlich ein rechtes Fersenbein, das zuerst vom Nagel durchstoßen wird. Das Gleiche gilt für die Tafeln 20A.B und 21A.C bei Haas. Eine Unsicherheit ergibt sich von daher, daß gemäß der endgültigen Rekonstruktion der Art und Weise der Kreuzigung, wie sie Tafel 24B bei Haas zeigt, der *linke* Fuß zuerst vom Nagel durchbohrt wird[35] und daß die Unterschriften auf den Tafeln 20A, 20B und 21A von einem linken Fersenbein sprechen, obgleich die Abbildungen ein rechtes Fersenbein erkennen lassen[36]. Die Unterschriften könnten nur richtig sein, wenn die Bilder auf den genannten Tafeln *einschließlich der diesem Aufsatz beigegebenen Abbildung auf Tafel 14* versehentlich seitenverkehrt wiedergegeben wären und auch die ausdrücklichen Aussagen von Haas S. 56f falsch wären. Aufgrund der eindeutigen Aussagen von Haas und aller Abbildungen dürfte aber sicher sein, daß die Unterschriften unter den genannten Tafeln versehentlich rechts und links vertauschen und ebenso die Zeichnung auf Tafel 24B versehentlich eine Biegung der Beine nach rechts zeigt. Leider bin ich erst nach meinem Jerusalem-Aufenthalt auf diese Diskrepanz aufmerksam geworden. Am Original ließe sich wahrscheinlich schnell eine Entscheidung fällen, sofern der Betreffende in der Lage ist, ein rechtes von einem linken Fersenbein zu unterscheiden und das freilich bei dem jetzigen Erhaltungszustand. Ich gehe also davon aus, daß der rechte Fuß zuerst von dem Nagel durchbohrt wurde. Wichtig ist die Frage natürlich nur für eine Detailrekonstruktion der Kreuzigung (und allerdings auch für eine verstehende Lektüre der Primärveröffentlichung von Haas!).

---

[32] Wie ich erst nach meiner Jerusalem-Reise im Sept./Okt. 1977 feststellte, hatte jedoch J. F. STRANGE in seinem Artikel »Method of Crucifixion«, aaO. (s. Anm. 7) aufgrund des beigegebenen Maßstabs auf Tafel 19C der Erstveröffentlichung schon die Daten verbessert, wobei er die Zahlen in Zoll umgerechnet hatte (»The 4 1/2-inch nail«, »The point of the nail was bent 3/4-inch«; also 11,43 cm bzw. 1,9 cm), *allerdings ohne auf den Irrtum in der Erstveröffentlichung hinzuweisen* (Sp. 199b). Prof. Strange vom Department of Religious Studies der University of South Florida bestätigte mir das am 8. 2. 1978 brieflich und nannte dabei als jetzige Länge des Nagels »9.7–9.8 cm«. Seine Maße stimmen also voll mit der Messung in Jerusalem überein.

[33] AaO. 57. Ebenso schon S. 56 sowohl in der Abbildung als auch im Text.

[34] S. gleich u.

[35] Auf diesen offensichtlichen Fehler hatte schon CHARLESWORTH, aaO. (s. Anm. 7) 149 hingewiesen. Bei BRIEND, aaO. (s. ebd.) 9 und STRANGE, aaO. (s. ebd.) 200 war der Fehler noch stehengeblieben (bei Strange haben sich durch die Vertauschung der beiden Abbildungen auf S. 200 und der Fußstellung dort in Abb. B [linker Fuß vor rechtem Fuß gegen HAAS, aaO. Abb. 24A] noch weitere Versehen eingeschlichen).

[36] Das bestätigte mir Herr Kollege Wilhelm Kriz vom hiesigen Institut für Anatomie, der mir auch für eine Zeitlang zwei präparierte Fersenbeine überließ. Ich verweise an dieser Stelle auf H. FENEIS, Anatomisches Bildwörterbuch der internationalen Nomenklatur ([4]1974, 50–53), auf das ich durch Herrn Kollegen Kriz aufmerksam wurde.

Während der Fund des Nagels mit den Knochenresten eindeutig eine Kreuzigung belegt, weisen auch noch andere Feststellungen in die gleiche Richtung. Offenbar sind die Arme, wie Spuren an der unteren Speiche des rechten Armes (rechter Radius) nahelegen, am Unterarm angenagelt gewesen[37]. Die beiden Schienbeine (Tibiae) und das linke Wadenbein (linke Fibula) sind etwa in der gleichen Höhe aufgrund von Gewaltanwendung gebrochen. Die Splitterung des rechten Schienbeins muß von einem einzigen starken Schlag verursacht sein[38]. Auswirkungen wohl dieses Schlages sind an den linken Fußknöcheln und am gebrochenen linken Schienbein und Wadenbein zu erkennen[39]. Es liegt jedenfalls ein Fall von Crurifragium vor[40]. Diese Feststellungen sind auch für die Bestimmung der Art und Weise der Kreuzigung wichtig (s. dazu in Abschnitt VI). Außerdem gibt es am rechten Sprungbein (rechter Talus) Anzeichen dafür, daß beide Füße zur leichteren Abnahme des Leichnams abgehackt wurden[41].

Während ein großer Teil der Knochenfunde aus religiösen Gründen vier Wochen nach dem Fund wiederbestattet werden mußte[42], standen die Knochen, die auf eine Kreuzigung hinwiesen oder hinzuweisen schienen, der Forschung länger zur Verfügung bzw. konnten sogar aufbewahrt werden; das letztere gilt für die Füße, die Schienbeine, das linke Wadenbein und die Speiche des rechten Armes[43].

---

[37] HAAS, aaO. 57f; s. dort auch Tafel 22. YADIN nennt – allerdings ohne Begründung – die Darstellung von Haas in diesem Punkt »clever but inconclusive« (aaO. [s. Anm. 7] 21).

[38] S. HAAS, aaO. 57 u. Tafel 23B.C. Das rechte Wadenbein war »unavailable for study« (HAAS, aaO.; vgl. auch S. 51).

[39] S. HAAS, aaO. 57 u. Tafel 23A mit den gebrochenen Schienbein- und Wadenbeinknochen.

[40] »The final ›coup de grâce‹« (HAAS, aaO. 57).

[41] HAAS, aaO. 58 (hierfür ist aber die Bezeichnung »coup de grâce« nicht mehr passend).

[42] HAAS, aaO. 39.51.

[43] Ebd. 51.57.

[44] So mit Recht YADIN, aaO. (s. Anm. 7) 18; anders NAVEH, aaO. (s. ebd.) 35 (»probably incised by the same hand«). Abgesehen von der verschiedenen Stärke der Einritzung sind insbesondere das נ, das ה und das ח deutlich anders, was sich kaum mit den verschiedenen Griffeln erklären läßt.

[45] Für die Lesung der Inschrift stellt Tafel 15 (s. o. Anm. 1) nun die beste Wiedergabe dar; zuvor war ein Foto des ganzen Ossuars mit der (dort relativ schlecht lesbaren) Inschrift – wegen der Gesamtansicht immer noch interessant – von NAVEH, aaO. Tafel 13C veröffentlicht worden. Eine bessere Wiedergabe der Inschrift publizierte dann YADIN, aaO. (s. Anm. 7) Tafel 12A.

IV

Das die Überreste des Gekreuzigten und eines Kindes enthaltende Ossuar trug auf der einen Längsseite zwei Inschriften von verschiedener Hand[44] (s. Tafel 15[45]):

a) יהוחנן J^{e}hôḥanan

b) יהוחנן J^{e}hôḥanan
 בן חגקול Sohn des hgqwl

Die Lesung der unteren, hebräischen[46] Inschrift, genauer die Lesung der Konsonantengruppe hgqwl, hat bisher keine überzeugende Erklärung gefunden. So heißt es in der Primärveröffentlichung von Naveh: »No satisfactory explanation for this word is forthcoming.«[47] Die von Naveh als rein hypothetisch bezeichnete Deutung auf יחזקאל »(J^{e})ḥæzq'el«[48] kommt nicht in Frage, weil eine Verschreibung von ז durch ג sich keineswegs nahelegt[49] und – was Naveh noch übersehen hat – der vorletzte Buchstabe eindeutig ein ו und kein י ist[50]. Naveh teilt noch mit[51], daß Y. Yadin ursprünglich (d. h. vor seinem gleich zu nennenden Aufsatz) an eine korrupte Transkription eines freilich nicht belegten ausländischen Eigennamens dachte, nämlich Αγκολ[52].

Yadin hat sich dann in einer kleinen Studie ausführlich mit der Lesung der Inschrift beschäftigt[53] und unter Verweis auf rabbinische Stellen die an sich einleuchtende Lesung בן הגקול bzw. בן העקול (»Sohn des Gespreizten = dessen, der mit gespreizten Knien gekreuzigt wurde«) vorgeschlagen[54]. Abgese-

---

[46] Freilich nur aufgrund von בן statt בר. Die anderen drei Inschriften auf den Ossuaren 1–3 von Grab I sind aramäisch.

[47] S. 35. Ebenso CHARLESWORTH, aaO. (s. Anm. 7) 148 Anm. 11: »The last word remains inexplicable.«

[48] Übernommen von HENGEL, Gewalt (s. Anm. 7) 62 Anm. 93.

[49] Die Tilgungsstriche zwischen ג und ק erlauben nicht die Folgerung, daß »the writer intended to write a zayin instead of gimel« (NAVEH, aaO. 35). Der getilgte, obere Strich ist entweder die versehentliche Fortsetzung des waagerechten ק-Striches aufgrund des Schreibmaterials Stein oder die versehentlich zu hohe Ansetzung des linken ג-Striches. S. auch u. S. 332 (unter 1).

[50] Ganz besonders deutlich sind י und ו in der *gleichen*, unteren Inschrift im Namen יהוחנן unterschieden.

[51] AaO. 35 Anm 17.

[52] Yadin hatte das mit einer weiteren Ossuarinschrift in Grab I, Ossuar Nr. 1 (סמונבנהחכלה und סמונ בנאהכלה) in Verbindung gebracht, die aber zweifellos als סמון בנה/בנא הכלה »Simon, Erbauer des Tempels« zu lesen ist und nicht als סמון בן אהכלה/החכלה , abgesehen davon, daß der vermeintliche Eigenname kaum mit חגקול deckungsgleich sein könnte.

[53] AaO. (s. Anm. 7).

[54] AaO. 18f. Vgl. bes. עקול ברגליו »gekrümmt an seinen Beinen« von einem, der mit gespreizten Knien mit dem Kopf nach unten hängt: Baraita deMasseket Nidda (s. YADIN, aaO. 19 Anm. 8); העקל »der Krummbeinige« wird Bekh 7,6 definiert als jemand, dessen Fußsohlen zusammenkommen und dessen Knie sich nicht berühren.

hen von der Schwierigkeit einer hier kaum möglichen Vertauschung von ג und ע[55] oder gar der Lesung eines »badly written ע«[56] und abgesehen von der m. E. unwahrscheinlichen These Yadins, daß der Gekreuzigte mit gespreizten Knien aufgehängt wurde (s. dazu u. in Abschnitt VI), scheitert diese Lesung einfach schon daran, daß der erste Buchstabe aufgrund eines internen Vergleichs dieser Inschrift und im Vergleich mit anderen hebräischen Inschriften aus jener Zeit eindeutig ein ח und kein ה ist[57]. Yadin könnte aber mit seiner These den richtigen Weg für die Deutung eingeschlagen haben.

Zunächst ist deutlich, daß חגקול offenbar kein semitisches Wort ist[58], es sei denn, man nimmt hier die Zusammensetzung zweier Wörter חג + קול an (s. dazu gleich u.). Ein ausländischer Name liegt aber ebenfalls kaum vor, wenn zwei offenbar Verwandte den gut hebräischen Namen יהוחנן tragen. Setzt man mit Yadin voraus, daß sich die untere, stark eingeritzte Inschrift auf den »Sohn« des Gekreuzigten bezieht (und nicht umgekehrt der Sohn oder sonst ein Verwandter mit der schwach eingeritzten Inschrift, was auch möglich wäre, gemeint ist[59]), so kann חגקול auch gar keinen Eigennamen bedeuten, sondern nur eine nähere Kennzeichnung des Vaters des Kindes. Daß sowohl Vater wie Sohn den gleichen Namen tragen konnten (zumal das 3–4jährige

[55] YADIN verweist S. 19 für solche Vertauschung vor allem auf עמסוני (»aus Emmaus«) und גמזו(ני) als rabbinische Varianten, nennt aber auch den Aufsatz von J. H. GREENBERG, The Patterning of Root Morphemes in Semitic, Word 6 (1950) 162–181, wonach die Verbindung ג + ק, insbesondere an erster und zweiter Stelle, in semitischen Verbwurzeln nicht vorkommt (Yadin referiert Greenberg allerdings zu pauschal, wenn er schreibt »that in the Semitic languages a ג does not appear in direct proximity to a ק«).

[56] AaO. 20. Zwar könnte hier ein beabsichtigtes ע leichter zu ג verschrieben sein (»that the original intention was to write an ע, but due to the fault in the surface the left arm of the ע was written in a downward direction« S. 19) als ein ז zu ג (s. o. Anm. 49), aber der Befund läßt auch das nicht zu (hinsichtlich des getilgten Striches s. wiederum Anm. 49).

[57] In der unteren wie in der oberen Inschrift sind ח und ה deutlich unterschieden (wie ich auch bei der Besichtigung des Ossuars am 19. 9. 1977 im »Department of Antiquities and Museums« in Jerusalem feststellen konnte): Beim ח findet sich, wie auch auf Tafel 15 sehr deutlich zu erkennen ist, in der linken oberen Ecke eine kleine Fortsetzung nach links bzw. links oben (in der oberen und unteren Inschrift deutlich verschieden, aber in der Struktur gleich); beim ה gibt es eine kleine Fortsetzung nur ganz senkrecht nach oben (untere Inschrift) oder keine (obere Inschrift). Diesen Unterschied zeigt z. B. auch sehr schön eine Ossuarinschrift aus der Umgebung Jerusalems, in der יהוחנן überhaupt recht ähnlich mit dem unteren יהוחנן unseres Ossuars geschrieben ist (bei FREY, CIJ II Nr. 1342). Vgl. den grundlegenden Aufsatz von F. M. CROSS, Jr., The Development of the Jewish Scripts, in: The Bible and the Ancient Near East. Festschrift W. F. Albright, 1961, 133–202. Man kann also nicht wie Yadin sagen: »The first letter could easily be read as an ה« (aaO. 19 Anm. 9).

[58] Was mir auch Herr Kollege Klaus Beyer, Semitist an der hiesigen Universität, bestätigte.

[59] Das wird von Yadin gar nicht erwogen. Dafür, daß sich die schwach eingeritzte Inschrift auf den Gekreuzigten bezieht, könnte sprechen, daß sie eher die Verlegenheit der Großfamilie widerspiegelt.

Kind eventuell erst nach der Kreuzigung des Vaters geboren wurde), zeigt z. B. auch ein auf dem Ölberg entdecktes Ossuar mit einer griechischen Inschrift: Ἰούδα Ἰούδου Βεθηλέτου »Judas, Sohn des Judas aus Bet-El«[60]. In diesem Fall würde das rätselhafte חגקול in der Tat, wie Yadin meinte, das Kind als »Sohn« seines gekreuzigten Vaters kennzeichnen. Da es sich also offensichtlich nicht um ein semitisches Wort handelt (von der schon genannten Annahme einer Zusammensetzung zweier Wörter abgesehen) oder um einen ausländischen Namen, wird man am ehesten an ein griechisches Wort in semitischer Umschrift denken: Geht man davon aus, daß der Gekreuzigte mit gekrümmten Beinen angenagelt wurde (s. Abb. 2), wie Haas sich das wohl mit Recht (s. dazu u. in Abschnitt VI) vorstellte, könnte das griechische Wort ἀγκύλος (vgl. lat. ancyla) gemeint sein, das »gekrümmt« bedeutet und dessen Wortstamm sich gerade auch auf die Krümmung der Beine bezieht[61]. Es würde eine buchstabengemäße Transliteration vorliegen[62], die sich von einer üblichen Transkription nur darin unterscheidet, daß das γ vor κ nicht mit נ wiedergegeben wird[63]. Der Sinn wäre dann: Sohn eines Gekrümmten, d. h. eines mit gekrümmten Beinen Gekreuzigten.

Daß hier offenbar Angehörige selbst auf die Kreuzigung des Vaters des Kindes hinweisen, ist dann nicht mehr so erstaunlich, wenn es mit einem griechischen Wort in hebräischer Umschrift geschieht, das wohl schon zu ei-

---

[60] FREY, CIJ II Nr. 1283.

[61] So kann z. B. das absolute ἀγκύλη auch die »Kniekehle« heißen: Philostr., imag. 2,6: εἰς ἑκατέραν ἀγκύλην; Scholien zur Ilias 23, 726 (ed. Dindorf II): ἐπιτυχὼν ὄπιθεν τὴν ἰγνύην, ἥτις καὶ ἀγκύλη καλεῖται. Vgl. ancyla = Kniekehle. Mit ἀγκύλος ist vielleicht sogar das von Yadin herangezogene עקול (ebenfalls »gekrümmt«) verwandt, nur daß der hebr. Stamm speziell »gespreizte Knie« bedeuten kann, während sich der griech. (und lat.) Stamm eher auf die Beugung in der Kniekehle bezieht. Insofern hatte Yadin in der Tat schon den Weg für die Deutung gewiesen.

[62] Z. B. findet sich in einer palästinischen Synagogeninschrift in Aramäisch das Wort κύριος in hebr. Buchstaben: קוריס (FREY, CIJ II Nr. 1195). – Zur Umschrift vgl. was S. KRAUSS im Hinblick auf griech. Lehnwörter in der rabb. Literatur schreibt: »Der Spiritus, sowohl lenis als asper, verdichtet sich zuweilen zu dem starken Hauche eines ח« (Griech. und lat. Lehnwörter im Talmud, Midrasch und Targum, Bd. I, 1898, § 80). Ein Beispiel, auch noch einmal für κ = ק (s. dazu ebd. § 43: κ = in den meisten Fällen ק), aus dem alten Text der sog. Fastenrolle aus jener Zeit (II 5), ferner öfter im Targum (s. das gleich u. genannte Wörterbuch von Levy): ἄκρα = חקרא (»Festung«). Für υ = ו s. schon am Anfang der Anm. – ἀγκύλη ist nach KRAUSS, ebd. Bd. II, 1899 in der rabb. Lit. durch אונקלי (S. 23a) oder durch עונקלא (S. 414b) »Haken« wiedergegeben worden, was aber keineswegs gegen die hier angenommene Umschrift spricht; nach J. LEVY, Chald. Wört. über die Targumim, 2 Bde, 1867/1868 (= ^{3}[1881]; Nachdr. 1966) steckt dagegen hinter אונקלא eher ὄγκινος (Haken) als ἀγκύλος (so I 43b) bzw. hinter עונקלא ὄγκινος oder ἀγκύλος (so II 230b).

[63] Dafür habe ich kein Beispiel gefunden. Vgl. KRAUSS, aaO. I 43f.

Zeichnung: W. Tambour

Abb. 2: Rekonstruktion der Kreuzigung des J^{e}hôḥanan mit gekrümmten Beinen (s. dazu auch am Schluß des Aufsatzes)

ner Bezeichnung für die charakteristische Art der Kreuzigung jenes Mannes geworden war. Immerhin haben die Angehörigen auch den verräterischen Nagel sogar noch in das Ossuar gelegt!

Eine weitere Deutungsmöglichkeit wäre einfach die Zerlegung der rätselhaften Konsonantengruppe in die beiden hebräischen Wörter חג und קול[64]. Könnte vielleicht der Vater oder der Enkel des »oberen« יהוחנן nach einem allerdings offenbar nicht bezeugten Fest חג קול (etwa »Fest der Gottesstimme«[65] benannt sein? Eigennamen mit חג sind im Hebräischen belegt: חגיה, חַגַּי, חַגִּי (»am Festtag geboren«); חגית (das fem. zu חַגִּי)[66]. Bisher unbekannte Feste kennt auch die vor kurzem veröffentlichte Tempelrolle aus Qumran[67]. Allerdings scheinen Eigennamen, die ohne sprachlichen Zusatz einfach einen Feiertag bezeichnen, für das Semitische jener Zeit oder vorher nicht bekannt zu sein[68].

V

Die Datierung der Kreuzigung erfolgte in vierfacher Weise[69]: Aufgrund des Gebrauchs von Ossuaren in Palästina kann man bereits einen sehr engen zeitlichen Rahmen bestimmen: J.-B. Frey nennt in Bd. II seines »Corpus Inscriptionum Judaicarum« für Ossuare aus Jerusalem und Umgebung die Zeit 200 v. Chr. bis 200 n. Chr.[70]. Der Ausgräber Tzaferis bestimmt in der Primärveröffentlichung den Zeitraum enger: »The use of stone ossuaries is probably limited to the period between the rise of the Herodian dynasty and the first half of the second century A.D.«[71] In einer späteren Veröffentlichung von 1974 macht Tzaferis noch genauere Angaben: »The use of ossuaries in Jerusalem for Jewish burials has been known from the middle of the first century B.C.E. until the destruction of the temple. However, some instances are known until the Bar-Kokhba war (the thirties of the second cen-

---

[64] Ich habe diese Möglichkeit zunächst nicht weiter verfolgt; Herr Kollege Beyer stellte sie dann aber von sich aus als evtl. Möglichkeit hin, so daß ich sie hier nennen möchte.

[65] Man wird natürlich an die schon bei den Tannaiten begegnende Wendung בת קול, die den Widerhall einer (himmlischen) Stimme meint, erinnert, weil sich in beiden Fällen absolut gebrauchtes קול auf eine himmlische Stimme bezieht. Vgl. auch von Gottes Stimme קול נכבד 1QM 10,10; 1QHfr 12,5.

[66] M. Noth, Die israelitischen Personennamen im Rahmen der gemeinsemitischen Namengebung, BZWANT 46, 1928, 222; W. Baumgartner, Hebr. und aram. Lex. zum AT[3], Lfg. 1, 1967, s. vv.

[67] Y. Yadin, The Temple Scroll (Hebrew Edition), 3 Bde, 1977; J. Maier, Die Tempelrolle vom Toten Meer. Übersetzt u. erläutert (UTB 829), 1978.

[68] So Herr Kollege Beyer, der damit diese These einschränkte.

[69] Vgl. Tzaferis, aaO. 30f.

[70] S. 245f. Unter Berufung auf einen Aufsatz von H. Vincent in der RB 1934.

[71] AaO. 30.

tury C.E.)«[72]. E. M. Meyers hat sich allerdings in seiner 1971 erschienenen Monographie »Jewish Ossuaries: Reburial and Rebirth. Secondary Burials in their Ancient Near Eastern Setting« gegenüber einer Datierung erst ab ca. 40–30 v. Chr. skeptisch ausgesprochen[73]. In einer sehr kritischen Besprechung des Buches von Meyers kommt L. Y. Rahmani 1973 zu dem einleuchtenden Ergebnis: »All factual evidence available to us so far still points to a date of ca. 40–30 B.C. for the first appearance of Jewish ossuaries in Jerusalem and to the beginning of the 3rd century A.D. for their disappearance.«[74] Das uns interessierende Ossuar gehört also am ehesten in die Zeit vom Beginn der Herrschaft Herodes des Großen (37 v. Chr.) bis zur Zerstörung Jerusalems (70 n. Chr.).

Für die Datierung der Kreuzigung kann man ferner auf die in Grab I gefundenen Töpfereien zurückgreifen, im ganzen 16 Gegenstände[75], darunter vor allem vier Kugelkrüge, die insbesondere seit der Mitte des 1. Jh. v. Chr. beliebt waren[76], und vier herodianische Lampen, die in die Zeit zwischen dem Aufkommen der herodianischen Dynastie und der Zerstörung des Tempels gehören[77]. Kein weiterer Gegenstand aus Grab I gehört in eine spätere Zeit[78]. Im ganzen gesehen kommt nach Tzaferis aufgrund der Funde für das uns betreffende Grab wieder die Zeit nach dem Beginn der herodianischen Dynastie bis 70 n. Chr. in Frage[79].

Von wesentlicher Bedeutung für die Datierung ist auch, daß das Ossuar Nr. 1 aus Loculus 9 von Grab I aufgrund einer Inschrift eindeutig in die Zeit zwischen 20/19 v. Chr. und ca. 63 n. Chr. gehört[80]. Das Ossuar erwähnt in einer

---

[72] The »Abba« Burial Cave in Jerusalem, 'Atiqot, Hebr. Ser. 7, 1974, 61–64 mit Tafeln XVIII–XX und engl. Zusammenfassung 9*:9*.

[73] BiblOr 24, 1971; über die Datierung S. 39–44.47 (zu unserem Fund S. 1. 89ff). Meyers ist der Auffassung, »that a beginning date ca. 40–30 B.C. for Jewish ossuaries is not yet firmly established though to be sure by that time Jewish ossuaries become far more frequent« (S. 47).

[74] IEJ 23 (1973) 121–126:126. Rahmani fährt dann fort: »The last ossuaries were rather poorly worked, mostly completely undecorated and sometimes made of clay; they appear in tombs in different parts of Israel and, in a few cases, in the Western Mediterranean as well.«

[75] Tzaferis, aaO. 20.23–27.31.

[76] Tzaferis, aaO. 25, ferner bes. 24 Abb. 6,6–7 u. vgl. Tafel 10A.

[77] Tzaferis, aaO. 26, ferner bes. 24 Abb. 6,10.

[78] 1 »spindle bottle«, 3 »piriform bottles« (»their use [sc. of the »spindle bottles«] seems to end in the last years of the first century B.C.; they were then gradually replaced by the piriform type« [Tzaferis, aaO. 20]), 1 »Late Hellenistic lamp« [d. h. vorherodianische] und 3 »cooking pots« (»typical of the Late Hellenistic and Herodian periods« [ebd. 26]).

[79] »tomb I, where the bulk of the pottery is to be dated to after the rise of Herodian dynasty« (Tzaferis, aaO. 20). Vgl. auch ebd. die zusammenfassende Bemerkung über die Töpfereien in den dort behandelten vier Gräbern einschließlich Grab I.

[80] Vgl. Tzaferis, aaO. 31 und zur Inschrift überhaupt Naveh, aaO. 33f.

aramäischen Inschrift »Simon« als »Erbauer des Tempels« (vgl. Joh 2,20, wo ebenfalls vom Ausbau des Jerusalemer Tempels seit Herodes dem Großen als »Neubau« gesprochen wird: ... οἰκοδομήθη ὁ ναὸς οὗτος)[81].

Für die Datierung sind schließlich die in Palästina vorgekommenen Kreuzigungen[82] zu berücksichtigen; allerdings sind die von Tzaferis gemachten Angaben zu ergänzen und zu korrigieren. Wegen der ordentlichen Bestattung eines offenbar gutsituierten Bürgers wird man am ehesten an eine Massenkreuzigung von wirklichen oder angeblichen Aufständischen in Jerusalem denken, die auch diesen Mann traf. Bei der ersten bekannten Kreuzigung in Palästina nach der Eroberung Jerusalems durch die Römer (63 v. Chr.) kamen sicherlich nur »einige« (AssMos 6,9) und nicht 2000 (Jos., Bell. 2,75 par Ant. 17,295) um; diese Kreuzigung fand bei Jerusalem nach dem Tod Herodes' des Großen im Zusammenhang mit der Niederschlagung von Unruhen im Jahre 4 v. Chr. statt[83]. Bis zur Belagerung Jerusalems im Jahre 70 n. Chr. sind noch zwei weitere Kreuzigungen für Jerusalem belegt, bei denen eine größere Zahl von Juden hingerichtet wurde: Auch Jerusalem war sicherlich von den Kreuzigungen betroffen, die der jüdische Prokurator Felix (ca. 52 bis vielleicht 60) vornehmen ließ. Die Zahl der von ihm gekreuzigten Aufständischen (τῶν δ' ἀνασταυρωθέντων ὑπ' αὐτοῦ λῃστῶν)[84] und ihrer Sympathisanten aus den Bürgern (τῶν ἐπὶ κοινωνίᾳ φωραθέντων δημοτῶν) soll nach Josephus unermeßlich gewesen sein (ἄπειρον)[85]; kein Tag sei vergangen, an dem Felix nicht solche Aufständischen hinrichtete (hier heißt es nur ἀνῄρει)[86]. 66 n. Chr., nur Wochen vor Ausbruch des Krieges, ließ der Prokurator Gessius Florus »viele friedliche Bürger« ans Kreuz nageln (ἀνεσταύρωσεν – v. l. ἐσταύρωσεν – bzw. σταυρῷ προσηλῶσαι), darunter sogar Juden, die römische Bürger waren, selbst solche aus ritterlichem Stand[87]. Weitere

[81] S. o. Anm. 52. Zum herodianischen Tempelbau s. E. SCHÜRER, The History of the Jewish People in the Age of Jesus Christ (175 B.C. – A.D. 135), rev. and ed. by G. VERMES/F. MILLAR, Bd. I, 1973, 292.308; R. SCHNACKENBURG, Das JohEv I (HThK 4), ³1972, 366.

[82] Eine ausführliche Darstellung dieser Kreuzigungen und aller für die antike Welt der ersten eineinhalb Jahrhunderte n. Chr. bezeugten bzw. behaupteten Kreuzigungen gebe ich in einem längeren Artikel über »Die antike Kreuzesstrafe und die frühchristlichen Deutungen des Kreuzes Jesu«, der für Bd. 26 in Teil II des Sammelwerks »Aufstieg und Niedergang der römischen Welt« vorgesehen ist.

[83] TZAFERIS spricht dagegen von einer Massenkreuzigung »during the revolt against the census of A.D. 7« (aaO. 31). Eine solche ist aber nicht belegt.

[84] In Jos., Bell. 2, 235 wird eine Gruppe eines ihrer Anführer eine »Räuber- und Aufrührerbande« (τὸ λῃστρικὸν καὶ στασιῶδες) genannt.

[85] Bell. 2, 253.

[86] Jos., Ant. 20,161.

[87] Jos., Bell. 2,305–308.

Kreuzigungen von mehreren (außer der Kreuzigung Jesu und der beiden mit ihm zusammen gekreuzigten λῃσταί[88]) sind für Jerusalem vor der Belagerung der Stadt im Jahre 70 nicht mehr bezeugt. Will man den Gekreuzigten von Giv^{c}at ha-Mivtar einer überlieferten Kreuzigung zuordnen, so kämen wohl am ehesten die ständigen Kreuzigungen unter Felix zwischen etwa 52 bis 60 n. Chr. in Betracht. Eine viel spätere Zeit ist sowieso auszuschließen, weil einerseits die Wiederbestattung in einem Ossuar noch vor der Zerstörung Jerusalems anzusetzen ist[89] und andererseits zwischen der Bestattung des Hingerichteten und der Wiederbestattung seiner Gebeine ein gewisser Zeitraum vergangen sein mußte[90]. Sollte das 3–4jährige Kind erst nach dem Gekreuzigten gestorben sein, so wäre vor 70 n. Chr. ein Zeitraum vom Tod dieses Mannes bis zur Zersetzung der Kinderleiche anzunehmen.

Die Zuordnung zu überlieferten Kreuzigungen ist selbstverständlich nicht notwendig. Bedenkt man noch, daß Kreuzigungen in Jerusalem am ehesten seit der Zeit, als Judäa im Jahre 6 n. Chr. römischer Herrschaft als Provinz direkt unterstellt wurde, vorgekommen sein werden (die erste belegte Kreuzigung für jene Zeit ist die Kreuzigung Jesu), so bleibt für die Ansetzung der Hinrichtung J^{e}hôḥanans die Zeit zwischen dem Beginn des 1. Jh. n. Chr. und etwa 65 n. Chr.[91].

Als kennzeichnend für jene Zeit sei noch erwähnt, daß unter den 17 Toten (6 Männer, 6 Frauen und 5 Kinder) der acht Ossuare unseres Grabes drei offenbar gewaltsam Umgekommene sind (außer durch Kreuzigung noch zwei Frauen einmal anscheinend

---

[88] Mk 15,27 par Mt 27,38. Bei Lk heißt es ganz unpolitisch κακοῦργοι (23,33) und im JohEv nur ἄλλοι (19,18). Zu den »Räubern« als Aufständischen vgl. die in diesem Punkt allerdings etwas unscharfe Darstellung von M. HENGEL, Die Zeloten. Untersuchungen zur jüdischen Freiheitsbewegung in der Zeit von Herodes I. bis 70 n. Chr., AGJU 1, ^{2}1976, 25–47 (zu Jesu Mitgekreuzigten S. 30.347).

[89] Vgl. TZAFERIS, aaO. 31.

[90] Nicht in allen Fällen war, wie sich nachweisen ließ, jedoch die Zersetzung des Leichnams bei der Wiederbestattung schon vollendet (HAAS, aaO. 38f) – ob das auch für den Gekreuzigten gilt, erfährt man leider nicht. BRIEND, aaO. (s. Anm. 7) 8b macht noch darauf aufmerksam, daß aufgrund dessen, daß bei der Wiederbestattung nur die Knochen von mit Gewalt Getöteten oder wegen einer Krankheit Gestorbenen offenbar gesalbt wurden – das gilt auch für den Gekreuzigten (HAAS, aaO. 40; s. dazu u. S. 328) –, die Erinnerung an die Todesursache jedenfalls noch lebendig gewesen sein mußte und folglich auch kein allzu großer Zeitraum zwischen der ersten und zweiten Bestattung angesetzt werden darf. Bei meinen Gesprächen in Jerusalem im Herbst 1977 ging man allgemein nur von einem Zeitraum von kaum länger als einem Jahr aus. So auch J. BLINZLER, Der Prozeß Jesu, ^{4}1969, 390.

[91] Ich stimme also TZAFERIS in der Datierung voll zu: »It is possible, therefore, to place this crucifixion between the start of the first century A.D. and somewhere just before the outbreak of the first Jewish revolt« (aaO. 31).

durch Feuer und einmal wohl durch einen heftigen Schlag mit einer stumpfen Waffe) und ein 6–8 Monate altes Kind, das anscheinend an Hunger starb. Einmal wird außerdem bei einer Frau unzureichende medizinische Versorgung als Todesursache angenommen[92].

VI

Zur Zeit am meisten diskutiert wird die Art und Weise der Aufhängung des Gekreuzigten. Es gibt im wesentlichen drei Hypothesen darüber, die hier zu besprechen sind:

1. Der mit der Untersuchung der Skelettreste beauftragte Haas dachte sich die Aufhängung nach anfänglich anderer Hypothese schließlich so, daß der Gekreuzigte mit ausgebreiteten Armen am Patibulum angenagelt war, auf einem ihm Halt gebenden Sedile saß und seine nach links gebeugten und seitlich übereinander liegenden Beine mit einem einzigen Nagel am Kreuzesbalken befestigt waren[93], allerdings nur locker, was Haas vor allem aus der Krümmung des Nagels an der Spitze und dem herausstehenden Nagelkopf schloß[94]. Die gekrümmte Stellung der Beine am Kreuz, die der von mir erwogenen Deutung der Inschrift i. S. von ἀγκύλος entspricht, leitete Haas aus der Richtung des Bruchs der beiden linken Unterschenkelknochen beim Crurifragium ab[95]. Wie sich noch unten zeigen wird, hat diese Rekonstruktion aufs Ganze gesehen noch immer die größte Wahrscheinlichkeit für sich, und bewährt sich vor allem auch im Vergleich mit neueren Hypothesen.

2. Demgegenüber vertritt Y. Yadin[96], der, wie wir gesehen haben[97], die Inschrift auf dem Ossuar in seine Hypothese einbezogen hat, die Ansicht, daß die Füße wegen der Reste von Olivenholz – das für einen Kreuzesstamm weniger gut geeignet sei – in der Krümmung der Nagelspitze, ferner wegen der starken, nach Yadin absichtlich herbeigeführten Krümmung des Nagels und schließlich seiner nicht ausreichenden Länge (der Nagel ist sogar noch kürzer als Yadin annahm) niemals am Kreuz selbst angebracht waren, sondern von dem Nagel und zwei Brettern (die auch an der Spitze des Nagels entdeckten

---

[92] HAAS, aaO. 40ff.

[93] S. Tafel 24B. Die Zeichnung bei Haas stellt aber versehentlich eine Biegung der Beine nach rechts (vom Betrachter aus nach links) dar, die hier S. 315 Abb. 2 korrigiert ist (s. dazu o. bei Anm. 35). – Zur Verwendung eines Sedile vgl. BLINZLER, aaO. (s. Anm. 90) 379f.

[94] AaO. 58.

[95] AaO. 57. Vgl. o. bei Anm. 39. Das setzt nicht einmal voraus, daß der Kreuzesstamm scharfkantig war, also viereckig behauen, wie HAAS annimmt.

[96] AaO. (s. Anm. 7).

[97] S. o. Abschnitt IV.

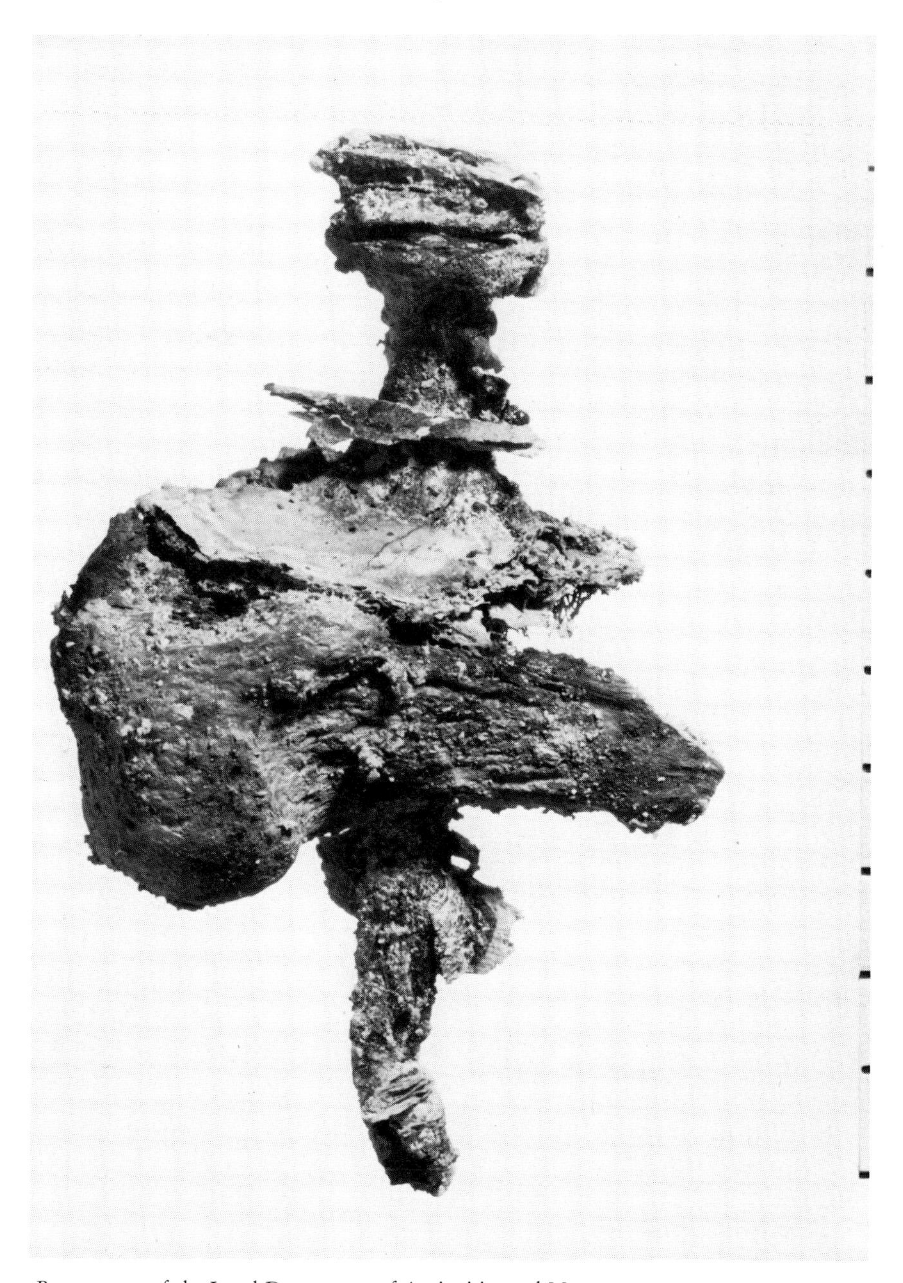

By courtesy of the Israel Department of Antiquities and Museums

Knochenreste mit Nagel vom Gekreuzigten von Giv^{c}at ha-Mivtar

By courtesy of the Israel Department of Antiquities and Museums

Die Inschriften auf dem Ossuar des Gekreuzigten von Givʿat ha-Mivtar

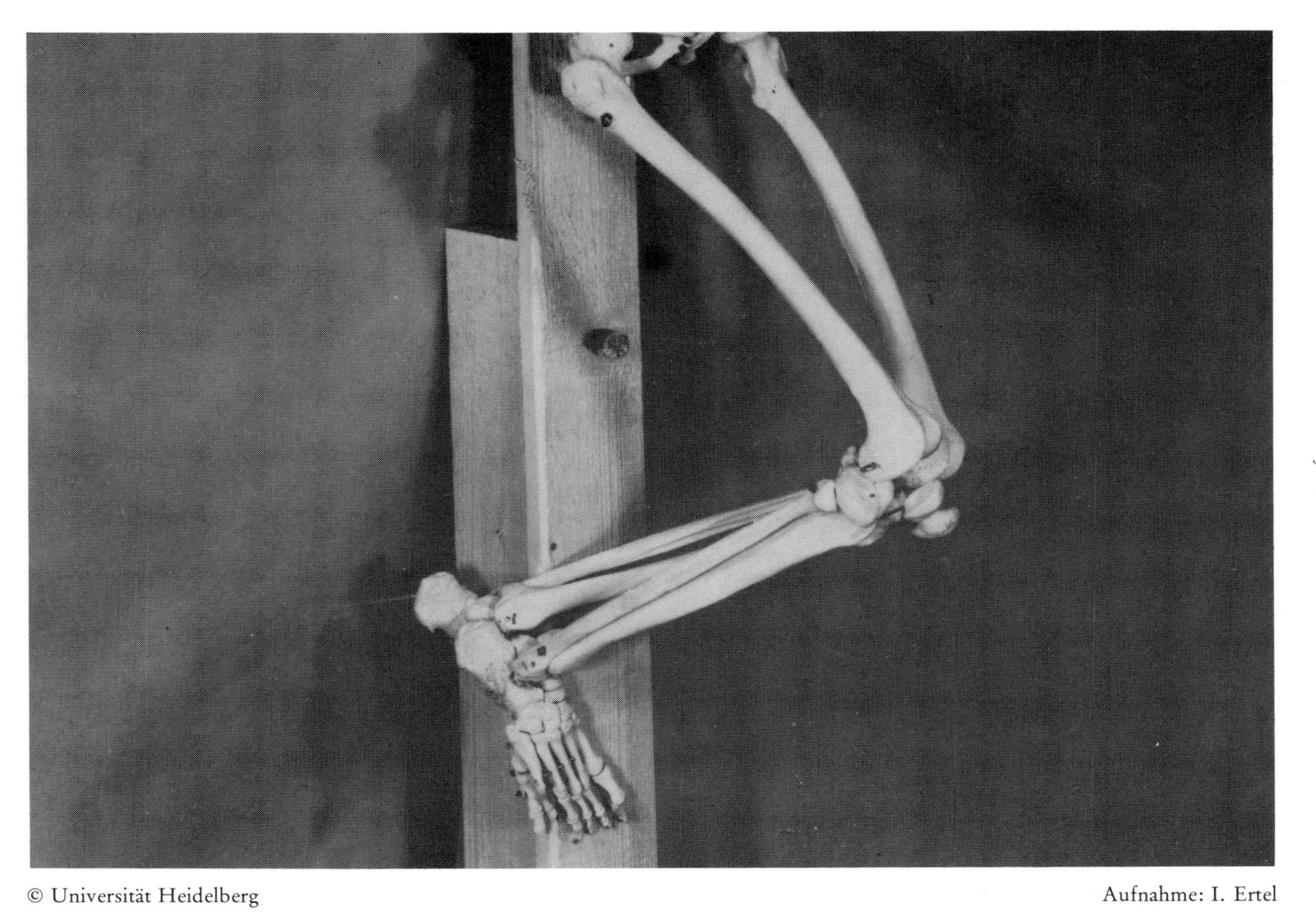

 Aufnahme: I. Ertel

Ausschnitt aus einer Rekonstruktion der Kreuzigung J^{e}hôḥanans mit gekrümmten Beinen im Dez. 1978 im Anatomischen Institut der Universität Heidelberg durch Prof. Dr. W. Kriz (s. dazu auch am Schluß des Aufsatzes)

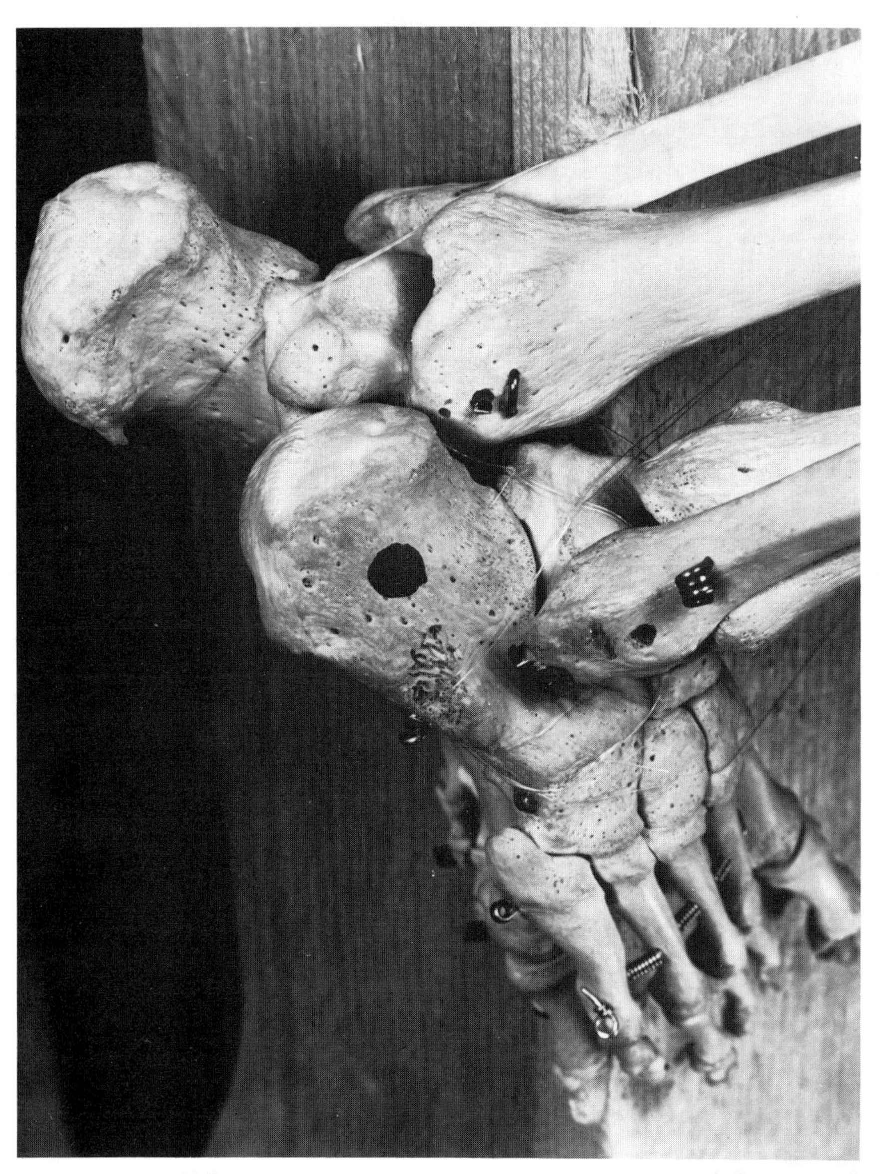

 Aufnahme: I. Ertel

Teilansicht der Rekonstruktion auf Tafel 16 mit Kennzeichnung der Stelle, an der der Nagel in das rechte Fersenbein (rechten Calcaneus) eindrang (s. zu dieser Tafel auch am Schluß des Aufsatzes)

Holzreste – hier Olivenholz – bezieht Yadin auf ein zweites Brett) nur zusammengehalten wurden. Nach Yadin sei der Verurteilte mit dem Kopf nach unten gekreuzigt worden[98]; an den zusammengenagelten Füßen wäre er über das obere Ende des Kreuzes gehängt worden. Das stimme mit der Inschrift überein. Eventuell seien die Arme an ein zweites, tiefer liegendes Patibulum angenagelt gewesen, also an eine Art »Lothringer Kreuz«. Yadins Hinweis auf die Kürze des Nagels und seine geniale Deutung der Inschrift bleiben von Bedeutung, auch wenn seiner These nicht zugestimmt werden kann.

3. Eine dritte Variante zur Kreuzigung J^e^hôḥanans ist von V. Møller-Christensen[99] vom »Museum of Medical History« der Kopenhagener Universität vorgetragen worden. Er stellt die Hypothese auf, daß beide Füße schon zur Gefangenensicherung möglicherweise in einen Holzrahmen gepreßt worden waren und der Nagel dementsprechend die beiden Seiten des Rahmens und die Fersen durchbohrte. Der Holzrahmen mit den Füßen, so wird weiter vermutet, sei dann bei der Kreuzigung mit einem Nagel am Kreuzesbalken befestigt worden. Ein Sedile sei nötig gewesen. Gleichzeitig mit dem Aufsatz von Møller-Christensen erschien ein Artikel von J. F. Strange[100], der eine dritte Möglichkeit der Kreuzigung ähnlich beschreibt als »upright crucifixion, arms nailed to the cross, and feet attached to each other but not to the cross. If the victim was not provided with the sedicula, death would be fairly swift«[101].

Da die Inschrift nicht im Sinne Yadins für eine Kreuzigung mit gespreizten Knien (eines mit dem Kopf nach unten Hängenden) in Anspruch genommen werden kann (s. Abschnitt IV), andererseits freilich auch die hier vorgeschlagene Deutung im Sinne eines ἀγκύλος (חנקול), d.h. eines mit in der Kniekehle gekrümmten Beinen Gekreuzigten, so sicher ist, daß sie als Ausgangspunkt genommen werden darf, bleibt für die Deutung der Art und Weise der Kreuzigung im wesentlichen nur der Befund der Knochenreste (rechtes Fersenbein und gemäß Haas auch Reste eines linken, die sich beide mit der Innenseite, also medial, berührten)[102] mit dem sie durchdringenden Nagel. Die

[98] Nach der Tradition ist bekanntlich z.B. Petrus so gekreuzigt worden (Petrusakten: Act. Verc. 37; Orig. gemäß Eus., HE III 1,2). S. auch Eus., HE VIII 8 von ägyptischen Christen.

[99] AaO. (s. Anm. 7).

[100] AaO. (s. Anm. 7).

[101] AaO. 200.

[102] Daß tatsächlich neben dem rechten Fersenbein auch Reste eines linken festgestellt wurden, ist freilich vom Augenschein her nicht mit Sicherheit festzustellen. Immerhin sind auf Tafel 14 (die der Abbildung bei Briend, aaO. [s. Anm. 7] 8, linkes Bild entspricht) und vor allem auf der die gegenüberliegende Seite zeigenden Abbildung bei Briend (dort = rechts Bild) unterhalb des rechten Fersenbeins um den Nagel herum offenbar Knochenreste zu erkennen. So besteht ei-

wichtigsten Daten, um hier eine Entscheidung zu treffen, sind im besonderen noch die Kürze dieses einen Nagels, der auffallende Abstand zwischen Nagelkopf und rechtem Fersenbein und die eigenartige Krümmung der Nagelspitze zusammen mit der leichten Deformierung des Nagelschaftes vor der Krümmung.

Der Nagel war höchstens knapp 11,5 cm lang[103], sehr viel kürzer (nämlich nicht 17–18 cm) als auch noch die beiden Arbeiten von Yadin und Møller-Christensen voraussetzten[104]. Nach der Durchdringung der beiden Fersenbeine, die aufgrund des Fundes sogar weniger als 7 cm beansprucht haben müßte[105], wäre das restliche Nagelstück nur noch sehr kurz gewesen, wenn ein Zwischenraum von ca. 1,5 cm zwischen Nagelkopf und einem Brett, das zur Verstärkung des Nagelkopfes dienen sollte, nicht genutzt wurde bzw. genutzt werden konnte (vgl. aber auch die Nachträge u. S. 332ff).

Die Krümmung des Nagels an der Spitze und der obengenannte Abstand zwischen Nagelkopf und Resten eines Brettes schließen die dargestellten Thesen 2 und 3 bereits mit hoher Wahrscheinlichkeit aus: Die halbkreisförmige Krümmung, wie sie einschließlich der Nagelspitze besonders gut auf

---

gentlich kein Grund, den Angaben von HAAS zu mißtrauen (vgl. aber u. S. 333): »The fragment of the left calcaneum adherent to the iron nail and to the larger fragment of the right bone was the calcaneum sustentaculum tali apophysis« (S. 56). Möglicherweise liegt wieder eine Verwechslung von rechtem und linkem Fuß vor (s. o. S. 310), wenn Haas fortfährt, daß man zunächst nur das vollständige Sustentaculum tali des *linken* Fersenbeins entdeckt hätte und erst Monate später »a crumbled sustentaculum tali, belonging to the right calcaneum«. Tafel 14 bzw. die beiden genannten Bilder bei Briend zeigen ein fortgeschritteneres Stadium der Konservierung als Tafel 19C in der Primärveröffentlichung von Haas, wo auch die Unterschrift lautet: »The calcanean bones as discovered, with coating of thick calcareous crust« (vgl. hier Abb. 3a). Andererseits zeigen die Tafeln 20A.B bei Haas das rechte (!) Fersenbein und wohl weitere Knochenreste vollständiger in Richtung der weiteren Fußwurzel (Tarsus) (d.h. vom Betrachter nach unten auf Tafel A und nach links auf Tafel B) als hier Tafel 14 entsprechend nach rechts (bzw. die beiden Abbildungen bei Briend nach rechts und nach links).

[103] S. dazu o. bei Anm. 31.

[104] YADIN nennt die Zahl 12 cm für die Länge des Nagels nach der Krümmung, betont aber, wie schon hervorgehoben, trotzdem die Kürze des Nagels (aaO. 21); MØLLER-CHRISTENSEN wiederholt die Zahl 17–18 cm für die Gesamtlänge (aaO. 35).

[105] Herr Kollege Wilhelm Kriz vom Anatomischen Institut der Universität Heidelberg nannte mir für die Durchdringung eines Nagels durch zwei Fersenbeine aufgrund von Nachmessungen an zwei originalen Fersenbeinen und unter Berücksichtigung des zarteren Knochenbaus der antiken Menschen jenes Raums eine Länge von 7 cm, die jedenfalls notwendig sei, wenngleich freilich die Größe des Gekreuzigten nur 167 cm betrug und noch zu berücksichtigen ist, daß seine Gliedmaßen im besonderen schlank und grazil waren (HAAS, aaO. 42.55). – Geht man von Tafel 14 aus und nimmt zwei Fersenbeine statt eines an, so ist die Perspektive eines Blickes von oben zu berücksichtigen; im Parallelbild bei BRIEND, aaO. (s. Anm. 7) 8 (rechte Abb.) ist bei einer Perspektive von unten auch ein größerer Zwischenraum zwischen dem rechten Fersenbein und der Nagelspitze zu erkennen.

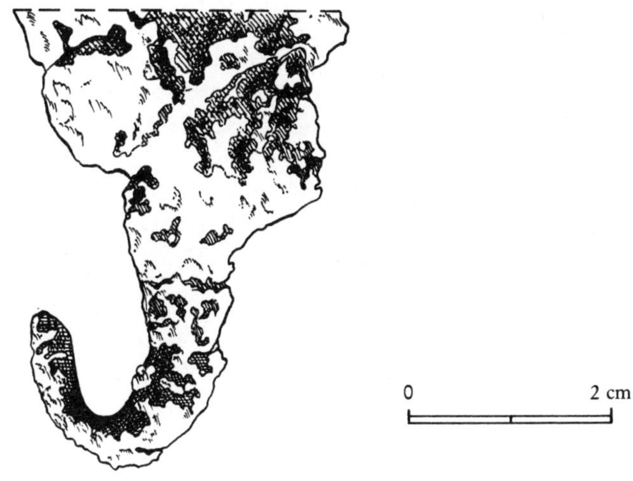

Nach Fotografie in IEJ 1970,
Tafel 19C (Ausschnitt)

Zeichnung: G. Tambour

Abb. 3a: Krümmung der Nagelspitze im Fund von Giv^c^at ha-Mivtar

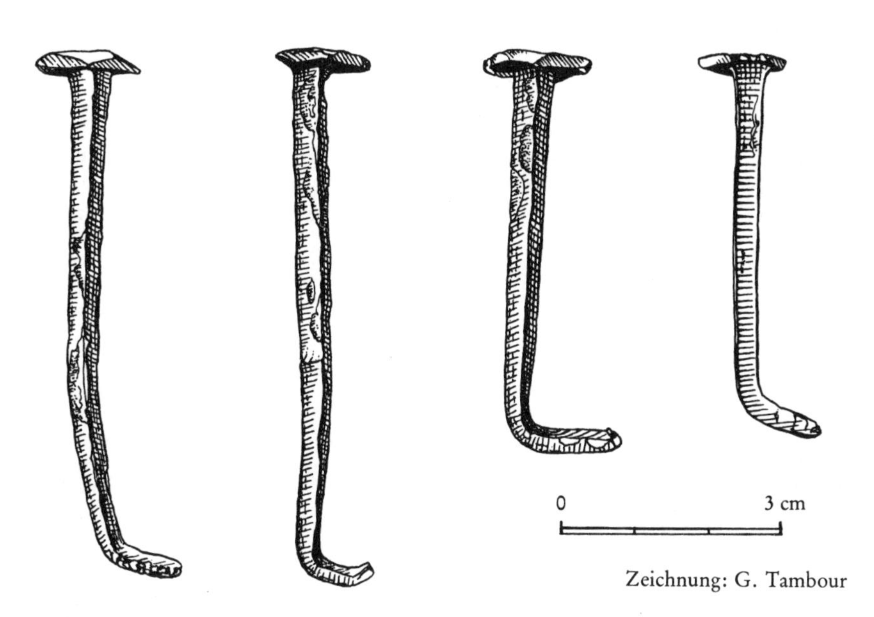

Zeichnung: G. Tambour

Mit freundlicher Erlaubnis nach Fotografie der Originale im Besitz des Kurpfälzischen Museums Heidelberg

Abb. 3b: Eisennägel aus röm. Brandgrab um 120 n. Chr. vom Gräberfeld Heidelberg-Neuenheim an der Berliner Straße (Angaben B. Heukemes)

Abb. 3a zu erkennen ist (vgl. auch Tafel 14 dieses Beitrags[106]), kann auf keinen Fall durch bloßes Umschlagen des Nagels nach dem Austritt aus einem zweiten Brett (aus Olivenholz) entstanden sein[107]. Wie solches Umschlagen von (römischen) Eisennägeln aussieht, zeigen z. B. Hunderte solcher Nägel, die in römischen Brandgräbern des 1. bis 3. Jh. n. Chr. in Heidelberg-Neuenheim gefunden wurden (s. Abb. 3b). Die Nagelspitzen sind in solchen Fällen rechtwinklig umgeschlagen, im Gegensatz zur halbkreisartigen Rundung bei dem Fund von Givᶜat ha-Mivtar[108].

An sich wäre es natürlich auch denkbar, daß man statt durch bloßes Umschlagen umständlicher den freilich relativ starken Nagel mit einer Zange oder durch Unterlegen in dieser Form krümmte und so wieder in das Brett hineintrieb. Dagegen sprechen aber vielerlei Gründe, wie gleich u. zu sehen ist.

Die halbkreisförmige Rundung erklärt sich, wenn man berücksichtigt, daß die in der Nagelspitze gefundenen Holzreste auf einen Kreuzesstamm aus Olivenholz[109] schließen lassen, das bekanntlich knorrig und fest ist. Yadin folgert freilich gerade aus den gefundenen Olivenholzresten, daß sie kaum einem Kreuzesstamm zuzuschreiben sind, weil eben Ölbäume dafür nicht geeignet seien[110]. In diesem Fall wird sich aber gerade die eigenartige Krümmung des Nagels von einem Kreuzesstamm aus knorrigem und hartem Olivenholz her erklären.

Da die Kreuzigung zweifellos von römischer Seite her erfolgte (Belege für vollzogene nichtrömische Kreuzigungen seit Beginn der Römerherrschaft in Palästina 63 v. Chr. gibt es nicht), könnte sogar in der Verwendung von Ölbäumen, die ja eine sehr langsame Entwicklung haben, zum Zwecke von Kreuzesstämmen eine zusätzliche

---

[106] Die eigentliche Nagelspitze ist hier hinter der breiteren Rundung verdeckt.

[107] Gegen MØLLER-CHRISTENSEN, aaO. (s. Anm. 7) 37: »With another stroke of the hammer, it was then easy to turn back the free end of the nail«.

[108] Außer der rechtwinkligen Abkrümmung bemerkt man an den ersten beiden Nägeln auf Abb. 3b eine leichte Deformierung des Nagelschaftes, die beim Hineinschlagen in ca. 6,5 cm dickes Holz entstanden sein muß. Für diese Hinweise und die Zurverfügungstellung solcher Nägel für die fotografische Vorlage der Abb. 3b habe ich Herrn Dr. Berndmark Heukemes vom Kurpfälzischen Museum in Heidelberg zu danken. In etwa 1500 Brandgräbern des Gräberfeldes Heidelberg-Neuenheim an der Berliner Straße sind diese Nägel, die auf Scheiterhaufen mitverbrannte Totenladen zusammenhielten, gefunden worden.

[109] HAAS, aaO. 56.

[110] »Olive wood is the least desirable for making the vertical shaft of the cross, for the trunk and branches of the olive tree are bent and crooked« (aaO. 20). Ölbäume müssen allerdings durchaus keinen krummen Stamm haben, wie z. B. Bild 39 bei G. DALMAN, Arbeit und Sitte in Palästina, Bd. 4, 1935 oder Tafel 2, Abb. 2 bei S. LINDER, Das Propfen mit wilden Ölzweigen (Röm. 11,17), PJ 26, 1930, 40–43 zeigen; der Stamm ist aber knorrig und aus festem Holz (DALMAN, ebd. 156f). Bild 40 bei DALMAN, ebd. zeigt den Durchschnitt eines Olivenstammes.

Provokation bzw. Bestrafung wegen politischen Aufruhrs liegen[111]. Oder fehlte es einfach an geeigneteren Holzstämmen (vgl. Jos., Bell. 5, 451 zu einer Massenkreuzigung)?

Der Nagel wird also am ehesten in dem knorrigen Holz in der Weise mehrmals abgedrängt worden sein, daß er eine halbrunde Biegung bekam (und zwar – in anatomischer Richtungsangabe – nach unten, wie sich aus den beiden Abbildungen bei Briend[112] bzw. hier aus Tafel 14 ergibt). Darauf deutet nun auch der Abstand zwischen dem Nagelkopf und den Resten eines Brettes vor dem rechten Fersenbein, das eigentlich zur Verstärkung des Nagelkopfes dienen sollte. Offenbar konnte der Nagel wegen seiner im Holz erfahrenen Krümmung nicht weiter hineingetrieben werden[113].

Für die Hypothese zweier Bretter spricht auch nicht gerade der Umstand, daß die Holzreste an der Spitze des Nagels als Olivenholz analysiert wurden, während es sich bei dem Brett unterhalb des Nagelkopfes um Pistazien- oder Akazienholz handelt[114].

Nimmt man eine Annagelung der Füße am Kreuzesstamm an, sind die Holzreste an der Spitze des Nagels beim Herausbrechen des Nagels haften geblieben. Das Herausbrechen könnte mit einer Axt oder noch eher mit Hilfe der beiden relativ scharfen Enden eines römischen Nagelziehers, der auch als Brecheisen benutzt wurde (wir kennen diese Werkzeuge als »Kuhfüße« oder »Geißfüße«) geschehen sein[115]. Das war um

[111] Vgl., was J. Hoops in seiner »Geschichte des Ölbaums« (SHAW. PH 1942/43, 3), 1944, 8 schreibt: Auf der sehr langsamen Entwicklung dieser Bäume beruhe es, »daß in kriegerischen Zeiten in Ländern, die vorwiegend Olivenzucht treiben, die Sieger gern die Ölbäume des unterlegenen Volks umhauen, um so seinen Wohlstand auf lange Zeit zu vernichten; das ist nicht nur im Altertum, sondern auch in neuerer Zeit geschehen«. Für eine römische Provinz gilt das natürlich nur in eingeschränktem Maße, aber ein gelegentlicher feindlicher Akt dieser Art im Zusammenhang mit Aufständischen ist gut vorstellbar.

[112] AaO. (s. Anm. 7) 8. Tafel 14 entspricht, wie schon vermerkt, Briends linkem Bild.

[113] Auf dieses Argument verwies auch schon Haas, aaO. 58. Es gab also keine Anzeichen dafür, daß das Brett unterhalb des Nagelkopfes den ganzen Raum zwischen dem Nagelkopf und dem rechten Fersenbein ausfüllte.

[114] Die Angaben über das Holz finden sich bei Haas, aaO. 56.

[115] Zangen als Beißzangen zum Nägelziehen kannte man in der römischen Antike offenbar nicht (so Mau, Art. Forceps, PRE VI/2, 1909, 2851–2853: 2852, 27ff; s. auch L. Jacobi, Das Römerkastell Saalburg bei Homburg vor der Höhe, 1897, 216; vgl. ferner A. Hug, Art. Nagel, PRE XVI, 1935, 1576–1582: 1581, 63ff; W. H. Gross, Art. Nagel, KP III 1969, 1562f: 1562, 50ff). Auch Herr Dr. Heukemes bestätigte mir aus seiner reichen Erfahrung mit römischen Funden diese negative Feststellung; entsprechende Auskünfte erhielt ich in Israel. Sieben römische Nagelzieher in verschiedenen Größen (1.–3. Jh. n. Chr.) sind z. Z. im Horreum des Limeskastells Saalburg bei Bad Homburg ausgestellt (zwei davon sind abgebildet bei Jacobi, aaO. 210 Abb. 29 Nr. 1 u. 2). Eine etwas andere Form veröffentlichte H. Blümner, Technologie und Terminologie der Gewerbe und Künste bei Griechen und Römern, Bd. II 1879, 198.

so leichter möglich, wenn bereits der Körper von den beiden angenagelten Füßen durch Abhauen der letzteren getrennt war, wie Haas für die Abnahme vom Kreuz annimmt[116].

Der relativ große Abstand zwischen Nagelkopf und Brett spricht also auch dafür, daß man vergeblich versuchte, den Nagel in den Kreuzesstamm weiter hineinzutreiben. In diesem Zusammenhang ist nun auch auf die leichte Deformierung des Nagelschaftes vor der eigentlichen halbkreisförmigen Krümmung hinzuweisen. Diese Deformierung, die auf den Abbildungen der Primärveröffentlichung in IEJ 1970 nicht zu erkennen ist, aber sehr deutlich bei Briend bzw. hier auf Tafel 14, spricht ebenfalls dafür, daß der Nagel mit Mühe in einen Kreuzesstamm hineingetrieben wurde und dagegen, daß man ihn künstlich umbog[117]. Im letzteren Fall könnte man höchstens vermuten, daß die leichte Deformierung nicht beim Eindringen in einen Kreuzesstamm aus knorrigem und hartem Holz, sondern schon beim Durchdringen der beiden offenbar dünnen Bretter und der porösen Knochen entstanden wäre. Das ist aber nicht anzunehmen. Sehr viel wahrscheinlicher ist also, daß die starke Biegung und die leichte Deformierung zusammengehören, was eben auch noch der Abstand zwischen Nagelkopf und Brett nahelegt.

Alle Indizien weisen also auf einen schwierigen Versuch hin, den Nagel im knorrigen Kreuzesstamm zu verankern. In gewisser Weise scheint das sogar geglückt zu sein. Dafür sprechen auch das Crurifragium, das irgendwie eine Verankerung der Füße im Kreuzesstamm voraussetzt, dann auch das von Haas angenommene Abhauen der Füße bei der Abnahme des Körpers vom Kreuz und die oben vorgeschlagene Deutung der Inschrift.

Ich will aber nicht verhehlen, daß der Zwischenraum zwischen dem rechten Fersenbein und der Krümmung des Nagels nicht sehr viel Nagellänge für ein linkes Fersenbein und die vermutete »Verhakung« des Nagels im Kreuzesstamm (oder für ein absichtliches Umbiegen des Nagels hinter einem zweiten Brett) übrig läßt[118] und daß – will man nicht das u. S. 332 unter 2 und 3 Erwogene entscheidend in Rechnung stellen – die größten Schwierigkeiten

---

[116] AaO. 58f.

[117] Auf dieses Argument hat mich mein Heidelberger Schreiner, Herr Waag, im März 1978 hingewiesen, dem ich die Abbildung auf Tafel 14 vorlegte. Aus der leichten Deformierung des Nagels vor der eigentlichen Krümmung schloß er, daß der Nagel aufgrund eines Widerstandes im Kreuzesstamm und nicht aufgrund künstlicher Umbiegung seine Krümmung erhielt.

[118] Das gilt also auch, vielleicht sogar erst recht, bei der Annahme eines zweiten Brettes aus hartem Olivenholz, für das ja noch im geraden Teil des Nagels Platz gewesen sein müßte! Außerdem setzt bei der Kürze des Nagels zwischen rechtem Fersenbein und der Krümmung der Nagelspitze diese Krümmung, zumal bei hartem Olivenholz, zu früh ein, wie Abb. 3a (hier S. 323) bzw. Tafel 19C bei Haas zeigt.

für jede Erklärung beseitigt wären, wenn es sich bei dem Knochenfund (freilich gegen die Darstellung bei Haas) nur um *ein* Fersenbein handeln würde und man das Fragment unterhalb des rechten Fersenbeins anders erklären könnte (s. u. S. 333 zu Abb. 1)[119]. *Bei dem großen internationalen Interesse, das die Entdeckung gefunden hat, wäre eine nochmalige Überprüfung des betr. Knochenfundes, bei aller Anerkennung der Arbeit, die der Anatom Haas geleistet hat, und eine genaue Ausmessung aller Abstände einschließlich einer anatomischen Vermessung des Fersenbeins (mit maßstabgerechten Fotografien im Detail) wünschenswert.*

Speziell gegen Yadins These und für eine aufrechte Kreuzigung spricht noch, daß die Arme, wie Spuren an der unteren Speiche des rechten Armes offenbar zeigen, im Unterarm am Kreuz angenagelt waren[120]. Die freilich sicherlich interpretationsfähigen Angaben des Anatomen Haas über das Crurifragium zur schnelleren Herbeiführung des Todes und das Abhauen der beiden Füße bei der Abnahme vom Kreuz[121] werden ferner bei Yadin und Møller-Christensen nicht voll berücksichtigt: Bei Yadins These ist ein Crurifragium überhaupt sinnlos (den Befund läßt Yadin in seinem Aufsatz unerwähnt); Møller-Christensen meint um seiner These willen das Abhacken der Füße dem Crurifragium zurechnen zu sollen[122]. In beiden Thesen bleibt ferner noch der Umstand unberücksichtigt, daß nach der Feststellung von Haas die Unterschenkelknochen der beiden Beine *in der gleichen Höhe* gebrochen sind[123].

VII

Für den Neutestamentler ist selbstverständlich dieser einzigartige Fund aus der hellenistisch-römischen Antike, zumal aus Jerusalem und aus der Zeit Jesu, von Interesse. Abgesehen von der konkreten Anschauung über die Art

---

[119] Nehmen wir Tafel 14 als Bezugspunkt, so ist von der gegenüberliegenden Seite dieses Bruchstück, das vom linken Fersenbein herstammen soll, noch deutlicher zu erkennen (s. für die gegenüberliegende Seite die rechte Abbildung bei BRIEND, aaO. [s. Anm. 7] 8). Eher unwahrscheinlich dürfte es sein, daß der erhaltene Nagel überhaupt nur den rechten Fuß durchbohrte (es sich also bei dem Rest unterhalb des rechten Calcaneus gar nicht um einen Knochenrest des linken Fußes handelt [s. u. S. 333 zu Abb. 1]) und daß dann der Nagel des linken Fußes ebensowenig erhalten ist, wie die beiden für die Arme angenommenen Nägel. An der Art und Weise der Kreuzigung würde sich dann eben ändern, daß beide Füße (bei gebeugter Beinstellung) einzeln angenagelt waren.

[120] Für Yadins Anzweifelung dieser Feststellung von Haas ist kein Grund erkennbar (s. dazu o. bei Anm. 37). Die Annahme eines eventuellen »Lothringer Kreuzes« (s. o. S. 321) ist eher Ausdruck einer Verlegenheit.

[121] S. o. S. 311. [122] AaO. (s. Anm. 7) 38.

[123] Das gilt genaugenommen – gegen Haas – nur für die linke Fibula und die rechte Tibia, nicht aber für die auch erhaltene linke Tibia. MØLLER-CHRISTENSEN läßt die entsprechende Formulierung von Haas einfach weg, wenn er schreibt: »all broken in their last third in a different manner« (aaO. 35). Bei HAAS heißt es aber: »all broken in their last third *at the same level, but* in a different manner« (aaO. 57; Hervorhebung von mir). S. Tafel 23 bei HAAS.

und Weise einer Kreuzigung (auch wenn noch manche Fragen offenbleiben) sind es die Parallelen zu einigen Details der evangelischen Passionsgeschichten, die dem Exegeten willkommen sind[124].

Keine Analogie hat die schon öfter vorschnell herangezogene Salbung der drei Frauen, die am Ostermorgen zum Grab gehen (Mk 16,1; Lk 23,56), in der anzunehmenden Salbung der Gebeine des Gekreuzigten von Giv^{c}at ha-Mivtar, weil es sich bei unserem Fund um eine Salbung erst bei der Wiederbestattung im Ossuar handelt[125].

Ein etwa kreisförmiger großer dunkelroter bzw. dunkelbrauner Fleck fand sich auf dem nackten Knochen des rechten Schienbeins (rechte Tibia)[126]. Auch in anderen Ossuaren fanden sich an Knochen solche Flecken, und zwar immer an solchen Erwachsener, die an Krankheit oder durch Gewalt gestorben waren[127]. Haas schließt aus dem Befund: »It is clear that the damaged bones were thus marked prior to reburial in the ossuaries.«[128]

Die früher in Frage gestellte Annagelung gerade der Füße bei einer Kreuzigung[129] ist mit dem Fund jetzt eindeutig belegt. Literarisch begegnet sie allerdings in keinem außerchristlichen Text des 1. Jh. n. Chr. direkt[130], aber die wiederholte allgemeine Rede von »annageln« und gelegentlich auch von »Nägeln« in diesem Zusammenhang dürfte sich auch auf die Annagelung der Füße mitbeziehen, zumal wir nun den Fund von Giv^{c}at ha-Mivtar haben.

Die wichtigsten Stellen *in den Texten ungefähr des 1. Jh. n. Chr.* (sofern sich die folgenden Stellen auf ein Geschehen beziehen, betreffen sie ebenfalls diesen Zeitraum) seien hier genannt:

---

[124] Eine kurze Zusammenfassung dieser Details habe ich 1978 in einer Miszelle gegeben (aaO. [s. Anm. 7] 122).

[125] Gegen HENGEL, Gewalt (s. Anm. 7) und bes. STUHLMACHER, aaO. (s. ebd.). Mit Recht betont R. PESCH den Unterschied (Das Markusevang., II. Teil, HThK 2,2, 1977, 530 Anm. 19).

[126] HAAS, aaO. 40.42; vgl. 59. An der letzten Stelle spricht Haas allerdings von »many large, dark spots« in der »region of the broken legs«, obgleich er offenbar nur den Fund des Gekreuzigten meint; hier verweist Haas auch auf Tafel 23B (auf Tafel 23 findet sich der Hinweis auf »einen dunklen Fleck« allerdings bei C). Die Deutung auf eine Ölung wird vorsichtig vorgeschlagen. So schreibt TZAFERIS, aaO. 31: »probably a remnant of oil sprinkled upon the bones during the reburial«; auch HAAS selbst formuliert: »We assume that . . .« (aaO. 59).

[127] HAAS, aaO. 40–49. In Grab I außerdem in Ossuar 3 (Krankheit), 6 (Feuer) und 7 (Schlag), jeweils eine Frau (S. 43 Tab. 2 ist Ossuar 6 versehentlich vergessen).

[128] AaO. 40.

[129] J. H. HEWITT, The Use of Nails in the Crucifixion, HThR 25, 1932, 29–45: »To sum up, there is astonishingly little evidence that the feet of a crucified person were ever pierced by nails« (S. 45).

[130] Vgl. aber aus der Zeit des Beginns der Kreuzesstrafe bei den Römern Plautus in seiner Komödie Mostellaria 359f, wo in verschärfender Weise von einer doppelten Annagelung (»*bis* offigere« kann sich nur auf eine Annagelung beziehen) der Füße und der Arme am Kreuz (crux) die Rede ist.

Für Palästina erwähnt Josephus an zwei Stellen ein solches »Annageln«: Bell. 2,308 (σταυρῷ προσηλῶσαι) bei einer Kreuzigung, die der Prokurator Gessius Florus 66 n. Chr. vornehmen ließ (s. o. S. 318); Bell. 5,451 (προσήλουν δὲ οἱ στρατιῶται ... ἄλλον ἄλλῳ σχήματι) bei einer Kreuzigung während der Belagerung Jerusalems durch Titus im Jahre 70 n. Chr.

Philo spricht zweimal in einem Bild davon, daß den Leidenschaften ergebene Menschen »wie die Gekreuzigten« bzw. »wie ein Gekreuzigter« «angenagelt« seien: καθάπερ οἱ ἀνασκολοπισθέντες ἄχρι θανάτου φθαρταῖς ὕλαις προσήλωνται (Post. 61); προσηλωμένος ὥσπερ οἱ ἀνασκολοπισθέντες τῷ ξύλῳ (Som. II 213).

Plutarch redet in seiner Schrift »An vitiositas« (Mor. 499D) allgemein von einer Annagelung am Kreuz (und von einer Pfählung): εἰς σταυρὸν καθηλώσεις.

Seneca schreibt in »De vita beata« 19,3 von den »Kreuzen« (cruces), »in die ein jeder von euch seine Nägel selbst einschlägt« (in quos unusquisque vestrum clavos suos ipse adigit[131]).

Schließlich ist noch Plinius d. Ä. anzuführen, der in seiner »Historia naturalis« XXVIII 11,46 von Leuten erzählt, die ein »Stück Nagel« oder einen »Strick« von einer Kreuzigung (fragmentum clavi a cruce . . . aut spartum a cruce) zu magischen Heilungszwecken benutzen[132].

Ausdrücklich von der Annagelung der Füße Jesu wird erst bei Justin, Apol. 35,5–7 und Dial. 97,3f gesprochen, und das auch noch gemäß Ψ 21,17 (ὤρυξαν χεῖράς μου καὶ πόδας). Andererseits setzt immerhin schon Lk 24,39 das Vorhandensein von Wundmalen an den χεῖρες *und* den Füßen voraus. Vom Gebrauch von Nägeln bei der Kreuzigung Jesu spricht expressis verbis zuerst Joh 20,25 (vgl. auch 20.27), und zwar nur für die χεῖρες[133]. An eine Verwendung von Stricken ohne Nägel bei der Kreuzigung Jesu ist in der Alten Kirche (mit der fraglichen Ausnahme von ActPetr 17 »puerum nudum vinctum«) offenbar nirgends gedacht[134].

Der Fund läßt, wie o. S. 311 erwähnt, auf Verletzungen am Unterarm, nicht an den beiden Händen schließen. Eine Nagelführung durch die Handteller gilt überhaupt medizinisch als nicht praktikabel; bei Verwendung eines Sedile wird man sie aber nicht unbedingt ausschließen dürfen[135]. Von einer Annagelung ausdrücklich der »Arme« (zusammen mit einer der Füße) spricht

---

[131] adigit cj; handschriftl. adicit.

[132] Vermerkt sei noch, daß auch die Mischna die Annagelung am Kreuz, genauer den Nagel eines Gekreuzigten, und zwar ebenfalls als Heilmittel, kennt (Shab. 6,10).

[133] Aus Kol 2,14 sind keine hinreichenden Schlüsse für die Annahme der Verwendung von Nägeln bei der Kreuzigung Jesu zu ziehen, und schon gar nicht aus 1,20 oder Gal 6,14.17 (gegen BLINZLER, aaO. [s. Anm. 90] 378).

[134] S. dazu W. BAUER, Das Leben Jesu im Zeitalter der ntl. Apokryphen, 1909, 215–217; BLINZLER, aaO. 377.

[135] Gegen eine Nagelführung durch die Handteller spricht sich z. B. MØLLER-CHRISTENSEN vom Kopenhagener »Museum of Medical History«, aaO. (s. Anm. 7) 36 aus, unter Verweis auf

übrigens schon Plautus: »ut offigantur bis pedes, bis bracchia«[136]. Das in den christlichen Texten gebrauchte Wort χείϱ kann gelegentlich auch eindeutig die Bedeutung von »Arm« haben, wie Texte von Hesiod (Theogonie 150 [sic!] χεῖϱες ἀπ' ὤμων ἀίσσοντο) bis Longus (1,4 χεῖϱες εἰς ὤμους γυμναί) zeigen.

So wird man auch die Wendung vom »Ausbreiten, Auspannen der χεῖϱες« bei Kreuzigungen oder ähnlichem Geschehen deuten[137]: Dionys. Hal., Ant. VII 69,2 τὰς χεῖϱας ἀποτείναντες ἀμφοτέϱας καὶ ξύλῳ πϱοσδήσαντες παϱὰ τὰ στέϱνα τε καὶ τοὺς ὤμους καὶ μέχϱι τῶν καϱπῶν διήκοντι; Luk., Prom. 1 von Prometheus ἀνεσταυϱώσθω ἐκπετασθεὶς τὼ χεῖϱε (dual.) ἀπὸ τουτουὶ τοῦ κϱημνοῦ πϱὸς τὸν ἐναντίον; Artem., Oneirocr. 1,76 σταυϱωθήσεται διὰ τὸ ὕψος καὶ τὴν τῶν χειϱῶν ἔκτασιν (man könne so von einem Tänzer auf hochgelegenem Ort auf eine Kreuzigung schließen)[138].

Dementsprechend sind die χεῖϱες bei der Kreuzigung Jesu jedenfalls nicht eindeutig auf »Hände« festgelegt. Die Übersetzung mit »Hände« ist aber nicht ausgeschlossen, weil selbst beim Fehlen eines Sedile auch eine Annagelung durch die Handwurzelknochen (Ossa carpi) möglich wäre[139] und der offenbare Befund beim Gekreuzigten von Giv^{c}at ha-Mivtar nicht die alleinige Praxis darstellen muß. Freilich ist die Annagelung durch die Handteller oder die Handwurzelknochen nach dem Fund von Giv^{c}at ha-Mivtar sehr viel hypothetischer.

Außer der für Jesus in der frühchristlichen Literatur behaupteten Annagelung der Füße, die jetzt zum erstenmal völlig eindeutig für jene Zeit belegt ist, hat auch die in den kanonischen Evangelien dargestellte Grablegung Jesu in dem neuen Fund insofern eine Parallele, als sich die Bestattung der beiden Gekreuzigten, Jesus und J^{e}hôḥanan, in einem privaten Grab entspricht, freilich nur mit Einschränkung. Bei Jesus geschieht die Bestattung in einem in »Fels« gehauenen Grab (Mk 15,46 λελατομημένον ἐκ πέτϱας; par Mt 27,60)

J. Bréhant: »the palms could not have supported the body, and would have torn under its weight.« BLINZLER, aaO. 380 schränkt allerdings ein solches Urteil bei Verwendung eines Sedile ein.

[136] S. o. Anm. 130.

[137] Wenngleich manche Übersetzer an diesen Stellen χείϱ mit »Hand« wiedergeben.

[138] W. BAUER, Gr.-dt. Wörterb. zu den Schriften des NT u. der übrigen urchr. Lit., [5]1971 weist s. v. χείϱ 1 ebenfalls auf die Bedeutung »Arm« hin, nennt aber von ntl. Texten dafür nur Mt 4,6 par Lk 4,11 (= Ψ 90, 12 ἐπὶ χειϱῶν ἀϱοῦσίν σε), wo diese Bedeutung kaum vorliegt. S. auch LIDDELL/SCOTT s. v. I 2. Auch hebr. יד kann übrigens ebenso gelegentlich die Bedeutung »(Vorder-)Arm« haben (BAUMGARTNER, aaO. [s. Anm. 66] Lfg. 2, 1974, s. v. 1a); s. z. B. Ex 17,11f. Für das Lateinische vgl. Tert., Adv. Marc. III 18, 6 »expansis manibus« von Mose gemäß Ex 17, 10–13 im Hinblick auf die Kreuzigung Jesu.

[139] So nahm es J. Bréhant an, auf den MØLLER-CHRISTENSEN, aaO. (s. Anm. 7) 36 verweist.

durch Josef von Arimatäa, einem Sympathisanten bzw. Anhänger (Mk 15,42–47 parr; bei Joh 19,38–42 ist auch noch Nikodemos, der Jesus ebenfalls günstig gesinnt ist, daran beteiligt); die Gebeine J^{e}hôḥanans sind in einem in weichen Sandstein[140] gehauenen Familiengrab[141] gefunden worden. Der Unterschied, einerseits ein Anhänger, andererseits Verwandte, muß hervorgehoben werden: Verwandte konnten wohl sehr viel eher die Freigabe des Leichnams erreichen[142]. Außerdem wissen wir nicht, ob J^{e}hôḥanan nicht eventuell vor seiner Wiederbestattung zuerst außerhalb des Familiengrabes beigesetzt wurde, wie das die Mischna in Sanh. 6,7 jedenfalls für von jüdischer Seite Hingerichtete fordert[143]; wahrscheinlich ist das in diesem Fall wegen der römischen Hinrichtungsart und der ordentlichen Ossuarbestattung freilich nicht. Bei Jesus erfolgt die Abnahme vom Kreuz gemäß den Synoptikern durch den Anhänger Josef selbst (καθαιρεῖν Mk 15,46 par Lk 23,53), bei J^{e}hôḥanan ist wegen der offenbar abgehackten Füße[144] an die römischen Soldaten zu denken.

Joh 19,31–37 setzt aber offenbar auch voraus, daß römische Soldaten die Leichen abnehmen (dagegen scheint Joh 19,38 darin eher der synoptischen Überlieferung von Josef zu entsprechen; in beiden Stücken aber nur αἴρειν = »forttragen«). Verwiesen sei auch noch auf Act 13,29 (καθαιρεῖν ἀπὸ τοῦ ξύλου entsprechend Jos 8,29; 10,27), wo es der Formulierung nach die Jerusalemer Juden tun.

Schließlich ist als weitere Parallele vor allem noch das Crurifragium bei einer Kreuzigung[145] zu nennen: Joh 19,31–33 behauptet es für die beiden Mitgekreuzigten und schließt Jesus unter Nennung »der Schrift« (verwiesen werden kann auf die leidenden Gerechten in Ps 34,21, genauer Ψ 33,21, und auf die vom Passalamm handelnden Stellen Ex 12,10 LXX.46; Num 9,12) da-

---

[140] S. o. S. 305.

[141] S. o. ebd.

[142] Vgl. Philo, Flacc. 83 von Gekreuzigten, die man, allerdings offenbar ausnahmsweise, den Verwandten (τοῖς συγγενέσιν) zur Bestattung übergab. In den Digesten Justinians wird hinsichtlich der Rückgabe zum Tode Verurteilter an Verwandte der röm. Jurist Ulpian aus seinem Werk »De officio proconsulis« mit einem älteren Grundsatz so zitiert: »Corpora eorum qui capite damnantur cognatis ipsorum neganda non sunt«; das habe schon Kaiser Augustus so gehalten (Dig. XXVIII 24,1). In den gleichen Digesten wird von dem Juristen Julius Paulus sogar der Rechtssatz überliefert: »Corpora animadversorum quibuslibet petentibus ad sepulturam danda sunt« (XXVIII 24,3). Es konnte freilich anders sein, wie das für das 1. Jh. n. Chr. auch Petronius in seinen »Satiren« belegt, der einen Soldaten Gekreuzigte bewachen läßt, damit sie nicht bestattet werden können (111,6). Ohne Einschränkung wird die Bestattung für unter Tiberius in Rom zum Tode Verurteilte bei Tac., Ann. 6,29 ausgeschlossen. S. zum Ganzen Blinzler, aaO. (s. Anm. 90) 385ff, der noch weiteres Material bringt.

[143] S. dazu Blinzler, aaO. 389f.

[144] S. o. S. 311.

[145] S. o. S. 311.

von ausdrücklich aus; PetrEv 4,14 läßt die Juden einen der beiden Schächer wegen seines Eintretens für Jesus vom Crurifragium ausnehmen, ὅπως βασα-νιζόμενος ἀποθάνῃ. In außerchristlichen Texten ist das Crurifragium bisher im Zusammenhang einer Kreuzigung erst für das 4. Jh. n. Chr. eindeutig nachgewiesen[146].

Nachträge

Aufgrund eines dankenswerten Briefes vom Chief Curator im israelischen »Department of Antiquities and Museums« in Jerusalem, Herrn L. Y. Rahmani, v. 28. 9. 1978, der meine Miszelle in der ZNW 1978 (s. o. Anm. 7) voraussetzt und mich erst nach der Drucklegung erreichte, sei noch auf drei Dinge hingewiesen:

1. Die Zeilen Rahmanis veranlassen mich, kurz noch etwas zu sagen zu der offenbar schon von Naveh (aaO. 35) erwogenen Möglichkeit, daß in der Inschrift (s. dazu o. Abschnitt IV) auch der untere linke Strich beim ג getilgt sei. In diesem Fall wäre in der Tat aufgrund der damaligen Schreibweise ein ז zu lesen. Rahmani erwägt, wie schon Naveh, eine ungenaue Wiedergabe von יחזקאל (ungenaue Wiedergaben von Namen kann Rahmani mit einem schönen Beispiel auf einem Ossuar belegen). Diese Annahme einer Tilgung beider linker Striche beim ג ist zwar vom Befund her nicht völlig auszuschließen (die vielen leichten Tilgungsstriche überschreiten in einem Fall auch den Fuß des starken ג -Striches), aber doch ganz unwahrscheinlich, weil die Tilgung in diesem Fall nicht gerade geglückt wäre und man eine doppelte Verschreibung annehmen müßte (getilgt ist offenbar nur der ja auch sinnlose obere Strich); außerdem bliebe für »(J^{e})ḥæzq'el« immer noch die Schwierigkeit, daß am Schluß eindeutig ו und nicht י zu lesen ist.

2. Rahmani nimmt an, daß die Ferse zur Nagelspitze hin bei der Befestigung der Füße zerquetscht wurde. Freilich könnte die Beschädigung des linken Fersenbeins auch im Zusammenhang des von Haas festgestellten Crurifragiums und vor allem der von ihm angenommenen Abhackung der beiden Füße zwecks leichterer Abnahme vom Kreuz (s. o. S. 311) stehen. In der Tat mögen aber schon beim Hereinschlagen des Nagels, wie ich aus Rahmanis Bemerkungen folgere, Knochen des linken Fußes beschädigt und so der Weg in das Holz vielleicht etwas verkürzt worden sein. Das wäre für das o. S. 326f Gesagte wichtig.

3. Die von mir in meiner Miszelle in der ZNW (aaO. 121) kurz erwogene, aber schon dort eher wieder verworfene Möglichkeit, daß der bereits durch das Hineinschlagen stark gebogene Nagel beim Herausziehen noch weiter gekrümmt wurde, habe ich in diesem Aufsatz nicht wieder aufgegriffen (Rahmani spricht sich gegen ein Herausziehen des Nagels aus, was meinem Text o. bei Anm. 115 entspricht). Unabhängig von einer weiteren Krümmung des Nagels ist aber folgendes zu erwägen, was wohl nicht völlig auszuschließen ist: Meinte man bei einer lockeren Haftung des Nagels im Kreuz mit einem Nagelzieher (s. dazu wieder bei Anm. 115) eventuell Erfolg zu haben, so hätte immerhin das Brett am Nagelkopf für einen solchen römischen Nagelzieher einigen Halt geboten und vor allem gewönne man so, was ebenfalls im Blick auf das o. S. 326f Gesagte von Bedeutung wäre, eine etwas größere Nagellänge für die beiden Fersenbeine und das Eindringen des Nagels in den Holzstamm, weil ja erst beim Herausziehen bzw. eher nur teilweisen Herausziehen des Nagels aus dem Kreuz der »überflüssige« Abstand zwischen Brett und Nagelkopf seine jetzige Länge von ca. 1,5 cm erhalten hätte (durch den Druck des Nagelziehers auf das Brett). Methodisch ist noch einmal festzuhalten, daß eine Fülle von Details nicht zu klären sind, aber als Eventualitäten in Rechnung gestellt werden müssen.

---

[146] Aurelius Victor, Caes. 41. Zumindest fraglich ist Cic., Phil. XIII 12,27. Die betreffende Anmerkung bei BLINZLER, aaO. (s. Anm. 90) 391, Anm. 33 läßt diese Quellenlage nicht erkennen.

Zu Abb. 1 (S. 308): Bei der Rekonstruktion von Haas ist die vorhandene Nagellänge für zwei Calcanei (in Verbindung mit den übrigen Knochen) mindestens (!) äußerst knapp. Der Versuch von Prof. Kriz im Dez. 1978 (s. dazu gleich u. zu Abb. 2) zeigte, daß bei einer Nagelung durch den rechten Calcaneus und z. B. das linke Caput tali (linkes Caput tali unter dem Sustentaculum des rechten Calcaneus) sehr viel weniger Nagellänge als bei der Durchdringung der beiden Calcanei nötig gewesen wäre. Sind die Reste unterhalb des rechten Calcaneus mit Sicherheit als Fragment des linken Calcaneus identifiziert worden (vgl. o. Anm. 102)? Auf der Abbildung bei Briend, aaO. (s. Anm. 7), rechtes Bild ist beim Fragment des rechten Calcaneus die Spongiosa-Struktur eines Knochens sehr deutlich zu erkennen, nicht aber bei dem kleinen Rest, den Haas für den linken Calcaneus in Anspruch nimmt. Liegt hier vielleicht sogar nur eine Mineralisation vor?

Zu Abb. 2 (S. 315): Die Rekonstruktion stimmt weithin mit der von Haas, aaO. Tafel 24B überein. Zu korrigieren waren zunächst in der Zeichnung bei Haas die versehentliche Biegung der Beine nach links (vom Betrachter aus) mit einer Annagelung des linken Fußes vor dem rechten und die falsche Position des Nagels (vom Betrachter aus zu weit unten) entgegen dem Fund und den eigenen Ausführungen von Haas. Vor allem aber ist aufgrund eines Versuches am Skelett durch Prof. Dr. W. Kriz im Anatomischen Institut der Universität Heidelberg am 11. u. 12. Dez. 1978 die Annagelung der Füße seitlich am Kreuzesstamm anstatt vorne am wahrscheinlichsten. Die Annahme einer sehr schwierigen und verdrehten Körperhaltung bei Haas (»a compulsive position, a difficult and unnatural posture« aaO. 57) kann so fallengelassen werden. Schließlich waren die Unterschenkel gegen Haas sicherlich rückwärts nach unten und nicht rückwärts nach oben gerichtet. Haas spricht aaO. 57 von einem Winkel von 60–65° im Verhältnis zum Kreuzesstamm, aber ohne im Text anzugeben, an welcher der beiden möglichen Stellen zu messen ist (auch auf den Tafeln 16 und 17 dieses Beitrags ist der betr. Winkel nach oben hin angenommen und auf den Tafeln auch gut zu erkennen); die Richtung der Brüche an den beiden linken Unterschenkelknochen (bei Haas Tafel 23A) ist wohl nicht so eindeutig.

Diese Rekonstruktion im Detail ergab sich erst nach Drucklegung des Aufsatzes, als Herr und Frau Tambour, die Zeichner der Abbildungen 1 bis 3b, die seitliche Kreuzigung vorschlugen und daraufhin Herr Kollege Kriz zusammen mit mir den Versuch an einem Skelett machte. Frau G. Tambour, die schon so sachkundig die neuen Zeichnungen für die 2. Aufl. des »Bibl. Reallexikons« von K. Galling (1977) angefertigt hatte, und ebenfalls Herrn W. Tambour sei an dieser Stelle gedankt und auch noch einmal Herrn Kollegen Kriz und den Mitarbeitern des Anatomichen Instituts der Heidelberger Universität, die auch die Fotografien von der Rekonstruktion einer Kreuzigung anfertigten (s. Tafel 16 und 17).

Die Zeichnung läßt die Form des Kreuzes (crux commissa oder immissa) offen. Für die erstere, historisch wahrscheinlichere Form, also das Tau-Kreuz, s. vor allem Barn 9,8 und die eventuell älteste Darstellung einer Kreuzigung (etwa 200–250 n. Chr.), die Wandkritzelei des sog. Spott-Kruzifix aus Rom (vgl. E. Dinkler, Signum Crucis. Aufsätze zum NT und zur Christl. Archäologie, 1967, 36. 152f; ders., in Art. Kreuz, LCI II, 1970, 562–572: 569f).

Zu Tafel 16: Die Versuchsanordnung hatte vor allem den Zweck, die Stellung der Beine und die Annagelung der Füße zu verifizieren. Darum genügt hier dieser Ausschnitt aus einer Gesamtrekonstruktion der speziellen Weise der Aufhängung des Gekreuzigten von Giv^c^at ha-Mivtar.

Zu Tafel 17: Die Fotografie zeigt *eine* Möglichkeit einer seitlichen Stellung der beiden Füße eines Gekreuzigten bei Annahme einer Befestigung mit einem für den Zweck sehr kurzen Nagel, der zuerst den rechten Calcaneus durchdringt, nicht aber auch den linken, wie Haas annahm (s. o. die zusätzliche Erläuterung zu Abb. 1). Die Kennzeichnung der Stelle, an der der Nagel eindrang, beruht auf Tafel 21A bei Haas (die Unterschrift spricht dort versehentlich von einem linken Calcaneus). Für die vorauszusetzende Kreuzigung ist die Annahme einer ebenso scharfen Holzkante nicht nötig, auch bei Berücksichtigung des Bruchs der linken Fibula (s. Tafel 23A bei

Haas) auf der Höhe dieser Kante. Es zeigte sich beim Versuch im Anatomischen Institut, daß ein mehr runder Holzstamm die nötige Nagellänge eher verkürzt hätte (wenn nur ein kurzer Nagel vorhanden war, wäre es auch möglich gewesen, den Holzstamm entsprechend einem besseren Anliegen des linken Fußes zu behauen); die scharfe Kante am »Versuchskreuz« ist nur durch das bei der Rekonstruktion zur Verfügung stehende Material bedingt.

Glaube und Wunder

Ein Beitrag zur theologia crucis in den synoptischen Evangelien

Eduard Lohse

In den Heilungsgeschichten, von denen die synoptischen Evangelien erzählen, ist häufig vom Glauben die Rede. »Dein Glaube hat dich gerettet« – so wird denjenigen zugerufen, denen Heilung widerfuhr. »Dir geschehe, wie du geglaubt hast« – so wird der Sieg über Krankheit und Leid proklamiert. Glaube wird das Zutrauen genannt, mit dem sich Menschen in ihrer Not oder in der Bedrängnis anderer, die sie als ihre eigene empfinden, an Jesus wenden. Auf sein lösendes Wort und seine helfende Tat setzen sie ihr Vertrauen und empfangen Hilfe und Befreiung in ihrem Glauben, der aus zaghaftem Beginn zu gefestigter Kraft emporgeführt wird. Der Glaubende braucht sich daher nicht zu fürchten, sondern kann in getroster Zuversicht auch gegen die Anfechtung durchhalten.

Wie sind diese Sätze, die Glauben und Wunder in einen festen Zusammenhang bringen, zu verstehen? Ist das Wunder als Frucht des Glaubens anzusehen, oder wird der Glaube durch das unbegreifliche Geschehen geweckt? Ist der Glaube durch einen bestimmten Inhalt ausgezeichnet, oder spricht er sich in blindem Zutrauen aus, das die schwere Last zu Jesus trägt, damit er von ihr befreie? Läßt sich in diesen Sätzen ein Nachklang der Wirksamkeit Jesu vernehmen, die dann das Verständnis des Glaubens prägend bestimmt haben müßte[1]? Oder spricht sich in diesen Worten gläubige Überzeugung der christlichen Gemeinde aus, die sich zu Jesus von Nazaret als dem Retter bekennt, der die Not wendet, die Dämonen vertreibt und das Zerbrochene heilt? Nur durch genaue Analyse der Logien, die innerhalb der einzelnen Wundergeschichten oder auch in ihrer Einleitung bzw. ihrem Abschluß vom Glauben reden, kann Antwort auf diese Fragen gewonnen werden.

Daß ein Wundertäter der vertrauenden Zuwendung derer bedarf, die von ihm Hilfe erwarten, stellt überall eine notwendige Voraussetzung für sein Handeln dar. Der Rabbi oder der Priester einer Gottheit werden von Men-

---

[1] Vgl. G. Ebeling, Jesus und Glaube ([ZThK 55, 1958, 64–110] in: Wort und Glaube I, 1967[3], 203–254), bes. 237.

schen aufgesucht, die keinen Rat zu finden wissen und sich in ihrer Not dorthin wenden, wo sie überirdische Hilfe zu erlangen hoffen. Doch weder in den Heilungsgeschichten, von denen die rabbinische Überlieferung berichtet[2], noch in hellenistischen Wundererzählungen[3] wird diese Haltung Glaube genannt. Die Begriffsgruppe πίστις/πιστεύειν wird in Wundererzählungen aus der Umwelt des Neuen Testaments nirgendwo verwendet. Deshalb stellt sich die Frage, wo denn der Ursprung der Rede von Glaube und Wunder zu suchen sei.

In den synoptischen Wundergeschichten findet sich wiederholt die Wendung: ἡ πίστις σου σέσωκέν σε. Inwiefern geht vom Glauben rettende Kraft aus? Und warum vermag der Glaube den Weg zum Heil zu eröffnen? In vergleichbaren antiken Texten ist zwar nicht vom Glauben, wohl aber vom Retten die Rede. Rettung ereignet sich in der durch Asklepios gewährten Genesung[4]. Isis schenkt Heilung von Krankheit[5], wie überhaupt die Befreiung von Leiden[6] oder die Rettung von vielerlei Beschwerden und Kümmernissen[7] als σωθῆναι bezeichnet wird. Was bedeutet es, wenn im Unterschied zu diesen Berichten die neutestamentlichen Wundererzählungen die rettende Kraft des Glaubens betonen?

»Dein Glaube hat dich gerettet« – mit diesem Wort spricht Jesus nach Mk 5,34 par. die blutflüssige Frau an, die sich in ihrer Ratlosigkeit an ihn geklammert hat. »Ziehe hin in Frieden« – so wird sie angewiesen – »und sei von deiner Plage genesen.« Der Evangelist Matthäus fügt hinzu: »Und die Frau wurde gesund von Stund an.« (Mt 9,22) Die Geschichte erzählt von Krankheit und Heilung mit Zügen, die für hellenistische Wundererzählungen typisch sind[8]: Von der Dauer der Krankheit (Mk 5,25 par.) und der erfolglosen Heranziehung von Ärzten (Mk 5,26) ist die Rede, um zu zeigen, wie es nahezu aussichtslos erschien, daß ihr Befreiung von ihrem Leid zuteil werden könnte. Die Heilung widerfährt ihr dann aufgrund der Berührung mit Jesus,

---

[2] Vgl. P. Fiebig, Jüdische Wundergeschichten des neutestamentlichen Zeitalters, 1911.

[3] Vgl. R. Reitzenstein, Hellenistische Wundererzählungen, 1906, 1963²; O. Weinreich, Antike Heilungswunder (RVV 8,1), 1909; G. Delling, Antike Wundertexte (KlT 79), 1960. Zum religionsgeschichtlichen Problem vgl. zuletzt G. Theissen, Urchristliche Wundergeschichten (StNT 8), 1974, 134–136.

[4] W. Dittenberger, Sylloge³ III, Nr. 1173, in: Delling, Nr. 27, Z. 9f; Pap. Oxyrrh. 1381 Col. X, in: Delling, Nr. 35, Z. 211f.

[5] Diodorus Siculus, Bibliotheca historica I 25 (ed. F. Vogel I, 1888), in: Delling, Nr. 36, Z. 13f.

[6] Pap. Oxyrrh. 1381 Col. III, in: Delling, Nr. 35, Z. 55f.

[7] Diodorus Siculus, Bibliotheca historica V 63 (ed. F. Vogel II, 1890), in: Delling, Nr. 37, Z. 7f.

[8] Vgl. R. Bultmann, Die Geschichte der synoptischen Tradition (FRLANT 29), 1967⁷, 229.

durch welche die Kraft der Genesung auf sie überströmt (Mk 5,27–32 par.). Als Jesus bemerkt, daß von ihm heilende Kraft ausgegangen ist, und die ihn umdrängende Menge fragt, wer ihn denn berührt habe (Mk 5,30 par.), gesteht die geängstete Frau die Wahrheit. Jesus aber richtet sie auf mit jenem Zuspruch von der rettenden Kraft des Glaubens. Der Charakter der Darstellung weist eindeutig darauf hin, daß sie in der hellenistischen Gemeinde geprägt ist und folglich keinen Rückschluß auf die Wirksamkeit des historischen Jesus zuläßt. Die Gemeinde will vielmehr hervorheben, daß letztlich nicht ein heilender Gestus oder das Überströmen magisch wirkender Kraft die Krankheit besiegt hat, sondern der Glaube, der sich voller Vertrauen an Jesus wandte und von ihm Rettung empfing.

Derselbe Satz »Dein Glaube hat dich gerettet« wird vom Evangelisten Markus in der Geschichte von der Heilung des blinden Bartimäus angeführt (Mk 10,52 par. Lk 18,42). Daß in dieser Perikope eine jüngere Erzählung vorliegt, ist schon daraus zu ersehen, daß der Name des Blinden genannt wird[9]. Er wendet sich an Jesus mit dem Ansinnen, er möge ihm das Augenlicht schenken. Jesus entspricht seiner Bitte, indem er ihm sagt, sein Glaube habe ihn gerettet. Die Wirkung dieses Wortes tritt sogleich ein: »Sofort konnte er sehen und folgte ihm auf dem Wege.« (Mk 10,52 par.) Damit wird angedeutet, daß der rettende Glaube in die Nachfolge Jesu führt. Der Evangelist Markus stellt diesen Bericht an den Abschluß der Wirksamkeit Jesu in Galiläa und auf dem Weg nach Jerusalem, um zu zeigen, daß der dem Kreuz entgegenziehende Herr einem Blinden das Augenlicht schenkt. Blinde sehen, aber Jerusalem begreift seine Stunde nicht.

Der Evangelist Lukas nimmt noch einmal die Wendung vom rettenden Glauben in einer Geschichte auf, die gleichfalls als jüngere Bildung zu beurteilen ist[10]. Von zehn Aussätzigen, die Jesus geheilt hat, kehrt nur einer voller Dankbarkeit zu ihm zurück – und das war ein Samaritaner (Lk 17,11–19). Ihm wird am Schluß zugesprochen: »Stehe auf, gehe hin; dein Glaube hat dich gerettet.« (V. 19) Während keiner von den Juden, die vom Aussatz geheilt wurden, Gott den geschuldeten Dank darbringt, ist allein der Fremdstämmige als Glaubender zu Jesus gekommen.

Die Heilungsgeschichten, deren Höhepunkt der Satz ἡ πίστις σου σέσωκέν σε darstellt, erweisen sich somit ausnahmslos als Bildungen, die in der hellenistischen Gemeinde gestaltet wurden[11]. Sie war der Überzeugung, daß

[9] Vgl. BULTMANN, aaO. 228.

[10] Vgl. BULTMANN, aaO. 33.

[11] Die Ansicht, Jesus selbst habe den Leitsatz geprägt: »Dein Glaube hat dich gerettet« (so z. B. L. GOPPELT, Theologie des Neuen Testaments I. Jesu Wirken in seiner theologischen Be-

der Glaube, der um Gottes Gottheit weiß, die Dämonen zittern macht und in seinen Bann schlägt (Jak 2,19). Christliche Exorzisten konnten sich daher der Wendung »Dein Glaube hat dich gerettet« bedienen, um den Triumph Christi über Dämonen und Krankheiten zu proklamieren[12]. Die feste Verbindung der Begriffe »Glaube« und »Rettung« war der Gemeinde als Bestandteil christlicher Verkündigung vertraut. Der Apostel Paulus kann als gemeinchristliches Wissen bei den Korinthern den Satz voraussetzen, daß durch die glaubende Annahme des Evangeliums Rettung widerfährt (1Kor 15,2), bzw. daß die töricht erscheinende Predigt des Wortes vom Kreuz die Glaubenden rettet (1Kor 1,18). Dabei ist das Verbum πιστεύειν ohne nähere Bestimmung gebraucht. Der Inhalt des Glaubens braucht nicht angegeben zu werden, da jedermann weiß, daß er sich auf den gekreuzigten und auferstandenen Christus bezieht[13]. Dementsprechend heißt es auch Eph 2,8: τῇ γὰρ χάριτί ἐστε σεσῳσμένοι διὰ πίστεως. Im Glauben wird der göttliche Gnadenerweis angenommen und damit das Heil empfangen (vgl. auch Joh 3,16f). Der Satz urchristlichen Bekenntnisses: ἐὰν ὁμολογήσῃς ἐν τῷ στόματί σου κύριον Ἰησοῦν, καὶ πιστεύσῃς ἐν τῇ καρδίᾳ σου ὅτι ὁ θεὸς αὐτὸν ἤγειρεν ἐκ νεκρῶν, σωθήσῃ (Röm 10,9) klingt auch in Aussagen der Apostelgeschichte nach. So heißt es in der Rede, die Petrus auf dem sog. Apostelkonvent hält: διὰ τῆς χάριτος τοῦ κυρίου Ἰησοῦ πιστεύομεν σωθῆναι (Apg 15,11). Und der Kerkermeister von Philippi, der durch die Vorgänge beim Erdbeben und die Erfahrungen mit den ihm anvertrauten Gefangenen in tiefem Erschrecken an Paulus und Silas die Frage gerichtet hatte τί με δεῖ ποιεῖν ἵνα σωθῶ (Apg 16,31), wird angewiesen: πίστευσον ἐπὶ τὸν κύριον Ἰησοῦν καὶ σωθήσῃ σὺ καὶ ὁ οἶκός σου (Apg 16,32). Durch die glaubende Hinwendung zum Kyrios wird rettende Bewahrung empfangen, die zugleich das neue Leben als Glied der Gemeinde begründet[14].

Daß der Satz ἡ πίστις σου σέσωκέν σε im Zusammenhang mit Krankenheilungen verwendet wurde, setzt die Apostelgeschichte voraus, indem sie berichtet, Paulus habe dem gelähmten Mann, dem er in Lystra begegnete, angesehen, »daß er den Glauben hatte, gerettet zu werden«, und ihm deshalb

deutung, 1975, 199), ist aufgrund der Analyse der einschlägigen synoptischen Perikopen nicht zu halten. Auch J. ROLOFF (Das Kerygma und der irdische Jesus, 1970, 204) meint jedoch, »daß wir in dem Ineinander von Wunder und Glaubensangebot einen für das Erdenwirken Jesu charakteristischen Zug vor uns haben«.

[12] Vgl. E. KÄSEMANN, RGG³ II 995.

[13] Zur Sache vgl. auch D. LÜHRMANN, Pistis im Judentum (ZNW 64, 1973, 19–38): »Glaube ist auch ohne Zusatz eines Objektes die Bezeichnung des Neuen, dem man sich in der Bekehrung zuwendet.« (37)

[14] Zu Lk 8,12 s. u. S. 345.

mit lauter Stimme zugerufen, er solle sich aufrecht auf seine Füße stellen (Apg 14,9f). Daraufhin sprang der Gelähmte auf und konnte umhergehen (ebd.). Der Glaube an den Namen des gekreuzigten und auferweckten Christus verleiht dem Gelähmten Heilung und schenkt ihm körperliche Unversehrtheit (Apg 3,16). Die σωτηρία, die der Glaube empfängt, wird jedoch nicht nur als Befreiung von leiblichem Gebrechen, sondern zugleich als die Rettung begriffen, die das Heil schenkt.

Die Verbindung von πίστις/πιστεύειν und σωτηρία/σωθῆναι, wie sie in dem Satz »Dein Glaube hat dich gerettet« vorliegt, weist somit deutlich über die Heilung von Krankheit und die Befreiung von Leid hinaus[15]. Die Rettung betrifft den ganzen Menschen. Es ist daher durchaus folgerichtig, daß Lk 7,50 die stereotype Wendung ἡ πίστις σου σέσωκέν σε nicht in einer Wundergeschichte begegnet, sondern als Wort Jesu angeführt wird, das er einer büßenden Sünderin zuspricht. Rettung bedeutet Vergebung der Sünden und Eröffnung eines neuen Lebens.

Die Erzählung von der Heilung der blutflüssigen Frau ist mit der Geschichte von der Auferweckung der Tochter des Archisynagogen Jairus eng verflochten (Mk 5,21–43). Unter der Menge, die Jesus und den von Sorge erfüllten Vater umdrängt, befindet sich die Frau, die sich an Jesus klammert (5,34). Durch diese Szene ist eine Unterbrechung der zunächst geschilderten Begegnung Jesu mit dem Hilfe suchenden Vater eingetreten und damit die Spannung gesteigert. Inzwischen ist Zeit verstrichen und das kranke Mädchen verstorben. Ihr Tod wird dem Vater mit der Bemerkung berichtet, es sei nunmehr zwecklos, den Meister zu bemühen (5,35). Jesus aber überhört diese Äußerung und fordert den Archisynagogen auf: »Fürchte dich nicht, glaube nur.« (5,36) Mit diesem Satz ist das entscheidende Wort gesprochen, das zugleich die Verklammerung mit der vorangegangenen Heilungsgeschichte bildet: Allein durch den Glauben, der Jesus vertraut, wird Rettung zuteil. Die Auferweckung des soeben verstorbenen Mädchens wird dann mit Wendungen beschrieben, die für eine Wundergeschichte stilgemäß sind[16]: Die Not der betroffenen Menschen ist auf das höchste gestiegen (V. 36); die klagende Menge weist darauf hin, daß gegen die Macht des Todes kein Mittel mehr helfen kann (V. 38–40a); die Zuschauer werden hinausgeschickt (V. 40b); Wort und Gestus bewirken die Auferweckung (V. 41); das Wunder tritt sofort ein (V. 42) und wird unter Beweis gestellt, indem dem Mädchen Speise

---

[15] Vgl. W. Foerster, ThWNT VII 990.
[16] Vgl. Bultmann, aaO. 229.

gereicht wird (V. 43). Diese Erzählung, die auf die übliche Weise einer hellenistischen Wundergeschichte gestaltet ist, erhält aber durch das Wort vom Glauben einen spezifisch christlichen Charakter, durch den sie von vergleichbaren Berichten der Umwelt unterschieden ist. Nicht Wunder wirkendes Handeln eines mit göttlicher Kraft begabten Mannes bringt die entscheidende Wende, sondern der Glaube, der darauf vertraut, daß Gott in Jesus handelt, und sich in dieser Zuversicht auch angesichts des Todes nicht beirren läßt[17]. Die Überlieferungsgeschichte, die die Erzählung vor ihrer literarischen Fixierung im Markusevangelium durchlaufen hat, läßt jedoch erkennen, daß Betonung und Verständnis des Glaubens, wie sie in V. 36 ausgesprochen sind, nicht auf den historischen Jesus zurückgehen, sondern vielmehr auf die christliche Gemeinde bzw. die gestaltende Hand des Evangelisten. Durch das Motiv der πίστις sind die beiden ineinander verschachtelten Wundergeschichten miteinander verklammert (5,34.36) und ist zugleich der Kontrast zur folgenden Perikope vom Auftreten Jesu in seiner Vaterstadt Nazaret angezeigt[18]. Weil ihm dort kein Glaube, sondern nur ἀπιστία entgegenschlägt (6,6), verrichtet Jesus keine Wundertaten, außer daß er einige wenige Schwache durch Auflegen der Hände heilt (6,5).

Das Thema des Glaubens spielt auch in der Geschichte von der Heilung des epileptischen Knaben eine wichtige Rolle (Mk 9,14–29 par.). Der ausführliche Bericht wirkt überladen und hat sicherlich ursprünglich einmal eine knappere Gestalt gehabt – sei es, daß eine kürzere Vorlage durch den Evangelisten ausgestaltet wurde[19], sei es, daß zwei verschiedene Stränge sekundär zusammengearbeitet wurden[20]. Wird zunächst der Unfähigkeit der Jünger, die nicht zu helfen wissen, die Kraft Jesu gegenübergestellt (V. 14–20), so tritt dann der Vater des kranken Jungen in den Mittelpunkt und wird erst nach einem Gespräch über den Glauben der Sohn von seinem Leiden geheilt (V. 21–27). In beiden Stücken tauchen die typischen Züge einer Wundergeschichte auf: Der Schilderung der Krankheit wird breiter Raum gewährt (V. 17f.20.26); um so stärker tritt dann die wunderbare Heilung hervor (V. 27).

---

[17] Vgl. E. SCHWEIZER, Das Evangelium nach Markus (NTD 1), 1975[4], 61.

[18] Vgl. D.-A. KOCH, Die Bedeutung der Wundererzählungen für die Christologie des Markusevangeliums (BZNW 42), 1975, 139.

[19] So K. KERTELGE, Die Wunder Jesu im Markusevangelium (StANT 23), 1970, 174–179; W. SCHENK, Tradition und Redaktion in der Epileptiker-Perikope Mk 9,14–29 (ZNW 63, 1972, 76–94).

[20] So BULTMANN, aaO. 225f; H. J. HELD, Matthäus als Interpret der Wundergeschichten (in: G. BORNKAMM-G. BARTH-H. J. HELD, Überlieferung und Auslegung im Matthäusevangelium [WMANT 1], 1970[6], 155–287), 179f; G. BORNKAMM, πνεῦμα ἄλαλον – eine Studie zum Markusevangelium (in: Geschichte und Glaube II, Gesammelte Aufsätze IV, 1971, 21–36), bes. 24f.

Während auf einer älteren Stufe der Tradition von einem eindrucksvollen Mirakel die Rede gewesen sein wird, weisen die lehrhaften Worte über das Problem des Glaubens auf eine jüngere Stufe erzählender Reflexion[21]. Dabei scheint noch eine Phase der vorangegangenen Überlieferung durch. Denn der Vater wendet sich zunächst an Jesus mit der zaghaften Bitte, wenn er denn helfen könne, so solle er sich doch erbarmen (V. 22). Die darin enthaltene Frage bezieht sich auf das Vermögen des Wundertäters. Jesus nimmt sie auf, indem er an die Wiederholung der Worte εἰ δύνῃ das Bemerken anfügt: πάντα δυνατὰ τῷ πιστεύοντι (V. 23). Worauf aber ist diese Aussage zu beziehen? Richtet sie sich ursprünglich an die Jünger, die zur Hilfe unfähig waren[22]? Aber von den Jüngern ist im zweiten Teil der Perikope (V. 21–27) – abgesehen vom redaktionellen Schluß (V. 28f) – überhaupt nicht die Rede. Könnte der Satz dann etwas über Jesus selbst aussagen? In diesem Fall würde der Glaube gemeint sein, den Jesus selbst hat[23]. Eine solche Aussage stünde jedoch in der synoptischen Tradition, die sonst niemals von Jesus als Subjekt des Glaubens spricht, völlig singulär da. Der Evangelist denkt nicht daran, über Jesu eigenen Glauben etwas aussagen zu wollen. Auch will er an dieser Stelle nicht vom Unvermögen der Jünger sprechen. Sondern er stellt dar, wie ein ursprünglich schwacher Glaube sich flehend an Jesus wendet und seine Hilfe erfährt[24]. Die Wendung πάντα δυνατὰ τῷ πιστεύοντι entspricht der

---

[21] Vgl. BORNKAMM, aaO. 25. In kritischer Auseinandersetzung mit der bisherigen formgeschichtlichen Analyse der Perikope möchte W. SCHMITHALS, Die Heilung des Epileptischen (Mk 9,14–29). Ein Beitrag zur notwendigen Revision der Formgeschichte (ThViat XIII, 1975/76, 211–233) sogar zeigen, daß ein theologischer Lehrer die Geschichte entworfen hat, um zu veranschaulichen, wie der Mensch in das Sterben und Auferstehen des Herrn hineingenommen wird. Fordert seine Annahme, es handle sich in der Perikope um ein theologisches Kunstprodukt, Gegenfragen heraus, so ist doch richtig erkannt, daß die vorliegende Fassung der Geschichte ein spätes Stadium der Überlieferung widerspiegelt.

[22] Vgl. A. FRIDRICHSEN, Le problème du miracle dans le Christianisme primitif (EHPhR 12), 1925, 54: »Cette parole s'adresse, en réalité, aux disciples. Quand le père s'écrie: ›Je crois, Seigneur, aide-moi dans mon incrédulité!‹ – nous avons là sans nul doute, le soupir de l'exorciste chrétien qui se sent impuissant.«

[23] So EBELING, aaO. 240: »es dürfte unmöglich sein, angesichts der Art und Weise, wie Jesus vom Glauben redet, ihn selbst vom Glauben auszunehmen.« Vgl. auch ebd. 253: es sei »der Glaube Jesu selbst, auf den in der Heilungsgeschichte alles ankommt«. Ähnlich spricht auch E. FUCHS (Jesus und der Glaube [in: DERS., Zur Frage nach dem historischen Jesus, Gesammelte Aufsätze II, 1960, 238–257], 252) von Jesu eigenem Glauben und folgert: »An Jesus glauben heißt wohl, wie Jesus glauben, daß Gott erhört.« (256) Kritisch dagegen mit Recht ROLOFF, aaO. 172: daß »das angezogene Material nicht nur jeden Hinweis auf einen Glauben Jesu, sondern auch jede Spur dafür vermissen läßt, daß er selbst als Glaubender Gegenstand der Reflexion und Vorbild für den Glauben gewesen wäre«. Vgl. auch SCHMITHALS, aaO. 223: »Jesus ist nirgendwo im Neuen Testament Subjekt des Glaubens; die Menschen glauben *an* ihn.«

[24] Vgl. SCHENK, aaO. 90: »Der Evangelist hat den Satz klar auf den Vater bezogen, wie die Fortsetzung V. 24 zeigt: Das Glauben wird von dem hilfesuchenden Vater erwartet.«

Aussage πάντα δυνατὰ παρὰ τῷ θεῷ (Mk 10,27 par.). Deshalb wird der Ruf des bittenden Vaters πιστεύω · βοήθει μου τῇ ἀπιστίᾳ (V. 24) erhört. Sein epileptischer Sohn wird geheilt. Wie Jesus seinen Jüngern seine Herrlichkeit offenbarte (Mk 9,2–13 par.), so macht er sie im Triumph über die bösen Geister kund (Mk 9,14–29 par.). Indem der Evangelist jedoch auf diese Geschichte die zweite Ankündigung von Leiden, Sterben und Auferstehen des Menschensohns folgen läßt (Mk 9,30–32), zeigt er an, daß nur mit dem Blick auf das Kreuz wirklich verstanden wird, wer Jesus ist.

Dem Evangelisten Markus kommt es darauf an, in den Wundergeschichten die Worte über den Glauben mit besonderer Betonung zu versehen. Das gilt nicht nur für den Zusammenhang, der von der Heilung der blutflüssigen Frau und der Auferweckung der Tochter des Jairus handelt (Mk 5,21–43), sondern vor allem für die beiden Erzählungen, die in den Abschnitt eingeordnet sind, der sich an das Petrusbekenntnis und die erste Leidensankündigung (Mk 8,27–33 par.) anschließt. In den Perikopen von der Heilung des epileptischen Knaben (Mk 9,14–29) und der des blinden Bartimäus (Mk 10,46–52) ist der Evangelist nicht so sehr am Vorgang des Wunders interessiert als vielmehr an der Belehrung über den Glauben[25]. Rechter Glaube führt in die Nachfolge, die den Jünger das Kreuz auf sich nehmen und es hinter Jesus hertragen läßt[26]. Daher ist es durchaus berechtigt, die darin erkennbare »Theologie des Markus als theologia crucis zu kennzeichnen«[27]. Dem Glauben, mit dem Menschen sich an Jesus wenden und ihm ihre Not und Ratlosigkeit zu Füßen legen (Mk 2,5 par.), wird Rettung zuteil. Darum läßt der Evangelist Jesus am Beginn seiner öffentlichen Wirksamkeit den Inhalt seiner Predigt in die Worte fassen: »Die Zeit ist erfüllt, und die Gottesherrschaft ist nahe herbeigekommen« und knüpft daran die Aufforderung: πιστεύετε ἐν τῷ εὐαγγελίῳ (Mk 1,15 par.). Wie dieser Hinweis auf den Glauben, der die Predigt des Evangeliums annimmt, vom Evangelisten formuliert ist, so ist auch das Motiv des Glaubens in den verschiedenen Wundergeschichten teils der Überlieferung der christlichen Gemeinde, teils der Redaktion des Evangelisten zuzuweisen. Die Verbindung von Glaube und Wunder, wie sie in den Wundergeschichten vorliegt, läßt weder einen unmittelbaren Rückschluß darauf zu, wie Jesus vom Glauben gesprochen hat, noch gestattet sie eine Vermutung

---

[25] Vgl. KOCH, aaO. 121f, sowie G. KLEIN, Wunderglaube und Neues Testament (in: DERS., Ärgernisse, 1970, 13–57), 46: »Es kann in der Tat kein Zweifel sein, daß die Pointe der Geschichte in jenem Zwiegespräch steckt.«

[26] Vgl. KOCH, aaO. 131.

[27] BORNKAMM, aaO. 36.

über den Glauben, in dem und mit dem Jesus selbst gehandelt hat[28]. Sondern die christliche Gemeinde – und mit ihr der Evangelist – will die rettende Kraft des Glaubens anschaulich beschreiben. Indem er sich dem zum Kreuz gehenden Jesus von Nazaret anvertraut, wird der zaghafte und schwache Glaube gestärkt und empfängt die Ermutigung: μόνον πίστευε – πάντα δυνατὰ τῷ πιστεύοντι[29].

Die Evangelisten Matthäus und Lukas haben jeder auf seine Weise die Verbindung von Wunder und Glaube, die ihnen im Markusevangelium vorgegeben war, weitergeführt. Matthäus spricht wie Markus von der πίστις derer, die den Gelähmten zu Jesus tragen (Mt 9,2 par. Mk 2,5). Er übernimmt das Wort vom rettenden Glauben, das Jesus an die blutflüssige Frau richtet (Mt 9,22 par. Mk 5,34), läßt es jedoch in der Geschichte von der Heilung des blinden Bartimäus fort (Mt 20,34 par. Mk 10,52). Dafür bildet er seinerseits eine weitere Perikope, deren sekundärer Charakter sich schon daran erweist, daß sie von zwei Blinden handelt, denen das Augenlicht geschenkt wird (Mt 9,27–31)[30]. Jesus fragt die beiden: »Glaubt ihr, daß ich das tun kann?« (V. 28)[31] Nachdem sie die Frage bejaht haben, berührt er ihre Augen und sagt zu ihnen: »Nach eurem Glauben geschehe euch!« (V. 29) Die Wirkung tritt auf der Stelle ein: Die Augen der Blinden werden aufgetan, und sie können sehen. Der Evangelist Matthäus will das Motiv des Glaubens, das er aus den markinischen Wundergeschichten kennt, somit als Ausdruck der an Jesus gerichteten Bitte verstanden wissen. Der πίστις wohnt nicht etwa eine aus ihr selbst fließende Kraft inne. Sondern Jesus rettet, der Glaube aber fleht zu ihm und empfängt von ihm Gewährung seiner Bitte[32]. Matthäus hat deshalb in seiner Wiedergabe der Wundergeschichten den erzählenden Bericht über den Vorgang der Heilung jeweils wesentlich knapper gefaßt, dafür aber die Worte, die Jesus mit den Kranken wechselt, ausführlicher gestaltet. Weil auf diese Weise die Beschreibung der πίστις als Ausdruck des Gebetsglaubens in den

---

[28] Ebelings These: »Dann aber ist Jesus nur darum und nur insofern Gegenstand des Glaubens, als er selber Grund und Quelle des Glaubens ist« (aaO. 245), läßt sich mithin durch eine kritische Analyse der synoptischen Wundergeschichten nicht erhärten. Zur Christologie Ebelings vgl. W. Greive, Jesus und Glaube (KuD 22, 1976, 163–180).

[29] Vgl. auch H. Binder, Der Glaube bei Paulus, 1968, 37: »Die Tatsache, daß die Synoptiker den Glaubensbegriff dem Heiland häufig innerhalb der Heilungsgeschichten in den Mund legen, um ihn dann auch nacherzählend zu wiederholen, hat sicher einen christlich-theologischen Grund: Die Urgemeinde sah eine Beziehung zwischen Heilung und Glauben.«

[30] Vgl. Bultmann, aaO. 228.

[31] Die Frage nach dem Glauben ist zunächst in dem Sinn zu verstehen, daß man mit Fridrichsen (aaO. 51) sagen muß: »La foi, c'est le tribut dû au grand prophète.« Erst der weitere Zusammenhang legt die Bedeutung der πίστις in christlichem Sinn fest.

[32] Vgl. Held, aaO. 272–274.

Mittelpunkt der Wundergeschichten rückt, werden diese Perikopen geradezu zu einer Illustration zu der Verheißung, die Jesus dem glaubenden Gebet gibt[33].

Über die Markusvorlage geht Matthäus hinaus, indem er die Haltung der kanaanäischen Frau πίστις nennt: »Dein Glaube ist groß. Dir geschehe, wie du willst.« (Mt 15,28 par. Mk 7,29) Die gleiche, für den Evangelisten bezeichnende Wendung findet sich am Ende der Geschichte vom Hauptmann von Kapernaum, die er wie Lukas aus der Spruchüberlieferung übernommen hat. In der überkommenen Tradition war bereits von der πίστις die Rede, indem das abschließende Wort Jesu feststellt, solchen Glauben habe er in Israel noch nicht gefunden (Mt 8,10 par. Lk 7,9)[34]. Matthäus erweitert den Bericht jedoch um das Logion, das den vielen, die mit Abraham, Isaak und Jakob zu Tisch liegen werden, die Söhne des Reiches gegenüberstellt, die in die äußerste Finsternis geworfen werden (Mt 8,11f par. Lk 13,28–30). Dann erst schließt er mit dem Wort ab, das Jesus an den Hauptmann richtet, und hebt darin das Motiv des Glaubens abermals hervor: »Geh hin. Wie du geglaubt hast, so geschehe dir!« (Mt 8,13) Jesus verrichtet also nicht einfach eine machtvolle Tat, sondern er antwortet auf die vertrauende Bitte des Glaubens, der sich an ihn wendet, erhört sie und gewährt seine Hilfe[35]. Da statt vom πιστεύειν (Mt 8,13) auch vom θέλειν (Mt 15,28) der Menschen gesprochen werden kann, wird also der Glaube als entschlossene Hinwendung des Menschen zu Jesus bestimmt[36].

Die Erzählung von der Heilung des epileptischen Knaben hat Matthäus wiederum gestrafft und dabei auch das Wort Jesu fortgelassen, dem Glauben sei alles möglich (Mk 9,23f). Er hat damit jedoch keineswegs auf die Aussage vom Glauben verzichten wollen, sondern hat sie an das Ende der Geschichte gerückt, indem er ein besonderes Gespräch zwischen Jesus und seinen Jüngern anfügt. Darin wird als Ursache für deren Versagen ihr geringer Glaube genannt und nun das Herrenwort über die Berge versetzende Kraft des Glaubens als krönender Abschluß des ganzen Zusammenhangs angeführt (Mt 17,20). Wenn solcher Glaube die Jünger erfüllt, dann wird ihnen nichts un-

---

[33] Vgl. Held, aaO. 275f.

[34] Gleichwohl bleibt fraglich, ob dieser Satz auf den historischen Jesus zurückgeführt werden kann, da die Geschichte eher als »ideale Szene« anzusehen ist, »die man als Gemeindebildung betrachten muß«. (Bultmann, aaO. 39)

[35] Vgl. Held, aaO. 273, sowie Klein, aaO. 44: »Hier steckt offenbar die Pointe des Ganzen: Ein heidnischer Soldat beschämt durch seinen bedingungslosen Glauben das ganze auf seine Religiosität so stolze Israel.«

[36] Vgl. A. Schlatter, Der Evangelist Matthäus, 1948³, 277.

möglich sein und werden sie auch den Sieg über Krankheit und Leid zu erringen vermögen.

Der Evangelist gibt deshalb dem Begriff des Glaubens einen festen christologischen Bezug, indem er das markinische Jesuslogion vom Ärgernis eines dieser Kleinen, die glauben (Mk 9,42), deutlicher faßt und davon spricht, daß jemand einen dieser Kleinen zu Fall bringen könnte, »die an mich glauben« (Mt 18,6). Der Glaube vertraut auf die helfende Macht Jesu; er bittet ihn um Beistand in der Not; und ihm wird verheißen, alles zu empfangen, was im Gebet erbeten werde (Mt 21,22 par. Mk 11,24)[37].

Im Lukasevangelium ist diese Bestimmung von πίστις/πιστεύειν im Sinn des christlichen Glaubens ebenfalls eindeutig festgelegt. Daß der Glaube rettet, wird wie bei Markus und Matthäus unterstrichen, wenn nicht nur in Heilungsgeschichten die Wendung ἡ πίστις σου σέσωκέν σε auftaucht (Lk 8,48 par. Mk 5,34; 17,19; 18,42 par. Mk 10,52), sondern auch der Sünderin, die Jesus im Haus des Pharisäers die Füße gesalbt hat, zugesprochen wird, ihr Glaube habe sie gerettet (Lk 7,50; s. o. S. 339). Das Wort, das Jesus zum Vater des inzwischen verstorbenen Mädchens spricht, wird von Lukas so wiedergegeben, daß die Verbindung von Glauben und Rettung deutlich hervortritt: μὴ φοβοῦ · μόνον πίστευσον, καὶ σωθήσεται (Lk 8,50). Und in der Auslegung des Gleichnisses vom viererlei Acker wird die auf den Weg gefallene Saat auf diejenigen gedeutet, denen der Teufel alsbald das Wort wieder aus dem Herzen reißt, ἵνα μὴ πιστεύσαντες σωθῶσιν (Lk 8,12). Von der Saat, die auf felsigen Grund geworfen wurde, heißt es, damit seien diejenigen gemeint, die zwar das Wort hören und mit Freude aufnehmen, dann jedoch, weil sie keine Wurzeln geschlagen haben, nur für kurze Frist gläubig sind und zur Zeit der Versuchung wieder abfallen (Lk 8,13). Glauben bedeutet mithin, die christliche Predigt annehmen. Dieser Glaube rettet und empfängt das Heil[38]. Deshalb bitten die Apostel den Herrn: πρόσθες ἡμῖν πίστιν (Lk 17,5).

Die synoptischen Evangelien überliefern an verschiedenen Stellen ein Jesuslogion, das von der Berge versetzenden Kraft des Glaubens, bzw. von seinem Vermögen redet, einen Feigenbaum zu entwurzeln. Auf der einen Seite

---

[37] Zum Begriff des Glaubens im Matthäusevangelium vgl. weiter G. BORNKAMM, Enderwartung und Kirche im Matthäusevangelium (in: BORNKAMM-BARTH-HELD, aaO. 13–47), 24–26; HELD, aaO. 263–284. In der Begriffsfolge κρίσις, ἔλεος, πίστις (Mt 23,23) ist πίστις nicht als Glaube, sondern »als Treue zu (Gottes) in Gesetz und Propheten dokumentiertem Willen« zu verstehen. (BORNKAMM, aaO. 24)

[38] Zum Verständnis von πίστις/πιστεύειν in den synoptischen Evangelien vgl. weiter E. D. O'CONNOR, Faith in the Synoptic Gospels, Notre Dame (U.S.A.) 1961 sowie G. BARTH, Glaube und Zweifel in den synoptischen Evangelien (ZThK 72, 1975, 269–292).

ist es im Markusevangelium an die Verfluchung des Feigenbaums angehängt (Mk 11,22f par.), auf der anderen Seite ist es von den Evangelisten Matthäus (17,20) und Lukas (17,6) aus der Spruchüberlieferung aufgenommen und in verschiedene Zusammenhänge eingeordnet worden. Die Breite der Tradition zeugt davon, daß dieser Spruch für die frühe Christenheit von besonderer Bedeutung gewesen sein muß. Da im Hohen Lied der Liebe offensichtlich eine Anspielung auf dieses Logion vorliegt, muß es sich um ein sehr altes Wort handeln. Zu der Wendung »und wenn ich allen Glauben hätte, so daß ich Berge versetzen könnte« (1Kor 13,2) gibt es in der zeitgenössischen Umwelt keine vergleichbare Wendung, die als Vorbild für eine Verbindung von Glauben und Bergeversetzen gedient haben könnte. Nur in dem Wort Jesu ist diese eigentümliche Aussage vorgegeben.

In welcher der überkommenen Fassungen die älteste Gestalt des Logions erhalten ist, ist nicht einfach zu entscheiden. Vermutlich wird sie jedoch hinter dem Mt 17,20 überlieferten Wortlaut sichtbar. Denn hier ist von dem Glauben die Rede, der so gering sein kann wie das winzige Senfkorn (vgl. Mk 4,30–32 par.), und wird ihm die unerhörte Wirkung zugeschrieben, daß er einen Berg von der Stelle rücken kann. Matthäus hat diesen Satz an die von ihm bearbeitete Geschichte von der Heilung des epileptischen Knaben angehängt (Mk 9,14–29 par. Mt 17,14–18), in der er zwar das Gespräch fortläßt, das Jesus mit dem Vater über den Glauben führt (Mk 9,22–24), aber dann das Thema des Glaubens als krönenden Abschluß der Krankenheilung aufnimmt (s. o. S. 344f). Verdeutlichend wird hinzugefügt: καὶ οὐδὲν ἀδυνατήσει ὑμῖν (Mt 17,20). Mit diesem Wort wird dem Kleinglauben der Jünger widersprochen und die Kraft des Glaubens hervorgehoben, der auf den leidenden, sterbenden und auferstehenden Menschensohn vertraut (Mt 17,22f).

Die bildliche Ausdrucksweise vom Versetzen eines Berges war im palästinischen Judentum nur selten und in ganz anderem Zusammenhang gebräuchlich. Sie konnte auf einen Schriftgelehrten angewandt werden, der in außergewöhnlicher Weise scharfsinnig zu argumentieren verstand[39]. Der Glaube wurde jedoch niemals mit diesem Ausdruck beschrieben. In der scharf zugespitzten Formulierung des Spruchs, auch ein gering erscheinender Glaube vermöge unerhörte Wirkung auszulösen, liegt eine paradoxe Redeweise vor, die jenem Wort vergleichbar ist, eher könne ein Kamel durch ein Nadelöhr gehen, als daß ein Reicher in das Himmelreich Eingang finde (Mk 10,25 par.)[40]. Es darf angenommen werden, daß dieser Satz auf den histori-

[39] Belege bei BILL. I, 759.
[40] Vgl. BULTMANN, aaO. 98.

schen Jesus selbst zurückzuführen ist[41]. Denn die Überlieferung der Gemeinde ist geneigt, die herausfordernde Schärfe des Wortes Jesu abzuschwächen oder doch erträglich zu machen. Jesus aber betont: Wer glaubt, wird Unerhörtes vollbringen können. Gott hat durch sein Wort die Berge geschaffen (Ps 65,7; 90,2 u.ö.), und am Ende der Zeiten sollen Berge fortbewegt und erniedrigt werden (Jes 40,4; 49,11 u.ö.). Wer daher Berge zu versetzen vermag, wird an Gottes schöpferischem Wirken teilhaben. Mag sein Glaube noch so klein erscheinen, die von ihm ausgehende Kraft wird Dinge bewirken, die als unmöglich gelten[42].

Die lukanische Parallele drückt denselben Gedanken aus, indem sie im Bedingungssatz vom Glauben spricht, der so klein wie ein Senfkorn sein mag (Lk 17,6). Im Nachsatz verwendet sie jedoch ein anderes Bild: »Dann würdet ihr zu diesem Maulbeerbaum sagen: Reiß dich mit den Wurzeln aus und verpflanze dich ins Meer – und er würde euch gehorchen.« Der Maulbeerfeigenbaum, an den hier gedacht sein wird[43], galt als besonders fest wurzelnder Baum, von dem man annahm, er könne 600 Jahre lang in der Erde stehen[44]. Auch in diesem Bild wird palästinische Redeweise verwendet[45]. Daher wäre durchaus denkbar, daß in dieser Fassung eine unabhängige Parallelüberlieferung vorliegt, der gleichfalls sehr hohes Alter zuzuschreiben wäre – zumal es auch zu diesem Ausdruck keinerlei Parallelen in der Umwelt des Neuen Testamentes gibt, an die sich die bildliche Aussage angelehnt haben könnte[46]. Als wahrscheinlicher wird jedoch gelten müssen, daß Mt 17,20 die ältere Gestalt des Logions erhalten ist[47] und durch die sehr früh hergestellte Verbindung dieses Spruches mit der Verfluchung des Feigenbaums (Mk 11,20–25)

---

[41] Vgl. R. BULTMANN, Jesus, 1951³, 159; G. BORNKAMM, Jesus von Nazareth, 1974⁹, 119; G. EBELING, aaO. 235; N. PERRIN, Was lehrte Jesus wirklich?, 1967, 150–152, sowie D. LÜHRMANN, Glaube im frühen Christentum, 1976, 18–23.

[42] Während in der Umwelt des Neuen Testaments nirgendwo der Glaube mit der Berge versetzenden Kraft verglichen wird, taucht diese bildliche Redeweise zweimal im Thomasevangelium auf: »Wenn zwei miteinander Frieden machen in demselben Hause, werden sie zu dem Berge sagen: Drehe dich um! Und er wird sich umdrehen.« (EvThom, Logion 49; vgl. auch Logion 103; bzw. nach der Zählung bei E. HAENCHEN, Die Botschaft des Thomas-Evangeliums, 1961, Logion 48 und 106).

[43] Vgl. C.-H. HUNZINGER, ThWNT VII 758.

[44] Belege bei BILL. II, 234.

[45] Vgl. J. JEREMIAS, Neutestamentliche Theologie I: Die Verkündigung Jesu, 1973², 159.

[46] Manche Exegeten vertreten die Ansicht, Lk 17,6 sei gegenüber Mt 17,20 als die ältere Fassung anzusehen, aus der dann durch Steigerung der Aussage das Bild vom Bergeversetzen entwickelt worden sei. So C.-H. HUNZINGER, ThWNT VII 288; S. SCHULZ, Q – Die Spruchquelle der Evangelisten, 1972, 466f.

[47] Vgl. BULTMANN, aaO. 98.

eine Verschiebung des Bildes vom Berg zum Feigenbaum eingetreten ist[48]. Obgleich darin die Wirkung des Glaubens nicht ganz so eindrucksvoll herausgestellt wird wie in dem Hinweis auf die Berge versetzende Kraft, ist doch auch in dieser Fassung das Vermögen des Glaubens beschrieben, außerordentliche Wirkungen auszulösen. Wenn dabei die Größe des Glaubens mit dem verschwindend kleinen Senfkorn verglichen wird, so ist ebensowenig wie in der Matthäusparallele daran gedacht, das Maß des Glaubens näher zu bestimmen. Sondern es soll gesagt werden, daß bereits dem geringsten Glauben die größte Verheißung gilt[49]. Es wird also nicht darüber reflektiert, wie groß dieser Glaube sein müsse. Dem Glauben, der nicht auf sich selbst blickt, wird das Unmögliche möglich. Denn er traut Gott alles zu und läßt ihn allein handeln.

Im Lukasevangelium ist das Jesuswort in einen Zusammenhang von Sprüchen eingeordnet, die an die Jünger gerichtet sind (Lk 17,1–10). Zur Verknüpfung mit dem Gedankengang dient die Einleitung, die das Thema des Glaubens einführt: Die Apostel wenden sich an den Herrn mit der Bitte, er möchte ihnen Glauben verleihen (Lk 17,5). Da von den Aposteln und dem Herrn gesprochen wird, ist diese Überleitung eindeutig als lukanische Bildung zu erkennen. Sie soll zeigen, daß zur Jüngerschaft der Glaube gehört, dem Glauben aber durch den Herrn überwindende Kraft verliehen wird.

Die markinische Fassung des Logions ist durch den Zusammenhang beeinflußt, in den es einbezogen ist. Jesus und die Jünger kommen an dem Feigenbaum vorüber, der infolge der Verfluchung Jesu verdorrt ist. Als Petrus darauf aufmerksam macht, welche Wirkung der Fluch ausgelöst hat, sagt Jesus zu den Jüngern: »Habt Glauben an Gott.« (Mk 11,22) Damit ist der Übergang zum Logion gewonnen. Der Glaube vermag noch größere Wunder zu verrichten als die soeben beobachtete Vernichtung des Baumes, an dem sich keine Früchte gefunden hatten. Voraussetzung ist freilich – und darin kommt ein Gedanke zu Wort, der der urchristlichen Paränese wichtig war –, daß sich kein Zweifel im Herzen einnistet (vgl. Jak 1,6–8). Wo aber in der Kraft des Glaubens zu diesem Berg[50] gesagt wird, er solle sich ins Meer werfen, da wird das geschehen. In der Markusfassung ist weder im Bedingungssatz vom

[48] So mit E. SCHWEIZER, Das Evangelium nach Matthäus (NTD 2), 1973, 230: Mt 17,20 liege die älteste Form des Spruches vor – »nachträglich an die Geschichte von der Feigenbaumverfluchung angehängt« –, Lk 17,6 sei »eine Mischform zwischen beiden Aussagen«, ferner: BARTH, aaO. 273f.

[49] Vgl. HUNZINGER, aaO. 289.

[50] Nach dem Zusammenhang des Markusevangeliums wird dabei an den Ölberg zu denken sein.

Glauben die Rede – erst im Nachsatz heißt es: ἀλλὰ πιστεύῃ – noch der Vergleich mit dem Senfkorn enthalten. Darin erweist sie sich gegenüber dem Wortlaut der Spruchüberlieferung als sekundär. Doch der paradoxe Charakter des Wortes Jesu kommt auch hier zum Ausdruck: Der Glaube, der seine Zuversicht nicht auf sich selbst setzt, sondern alles von Gott erwartet, ist die stärkste Kraft, die auf Erden wirksam wird. Während Mt 17,20 dieser Glaube gegen den Kleinglauben abgehoben wird, ist bei Markus der Glaube als Gegensatz gegen jede Art des Zweifels bestimmt und mit dem Gebet in Zusammenhang gebracht, das sich in vollem Vertrauen an Gott wendet. Solches Gebet bleibt nicht ungehört, sondern wird Erfüllung empfangen (Mk 11,24). Die Matthäusparallele stellt eine noch engere Verklammerung des Spruches mit der vorangegangenen Verfluchung des Feigenbaums her, indem diese als ein »Paradigma für die Macht des Glaubens«[51] hingestellt wird, dem die Jünger nacheifern sollen. Dann werden sie nicht nur bewirken, was mit dem Feigenbaum geschehen ist, sondern auch Berge versetzen können (Mt 21,21).

Glaube – dieser Gedanke liegt den verschiedenen Fassungen des Jesuswortes zugrunde – gewinnt Anteil an Gottes Macht. Denn er blickt allein auf Gottes schaffendes Wirken, dem nichts unmöglich ist. Mit dieser Bestimmung des Glaubens nimmt Jesus das alttestamentlich-prophetische Verständnis des Glaubens auf. Abraham traute gegen den Augenschein der Zusage Gottes und setzte sich dadurch in das allein rechte Verhältnis zu Gott (Gen 15,6). Und Jesaja sagt, allein der Glaube verleihe Bestand. Denn »glaubt ihr nicht, so bleibt ihr nicht« (Jes 7,9). Wer glaubt, ist nicht in sich selbst gegründet, sondern steht auf dem Grund, den Gott gelegt hat. Wo daher Menschen von dieser getrosten Zuversicht erfüllt sind, können sie bewirken, was sonst kein Mensch vermag. Denn wo Gottes Walten Raum gegeben wird, da können wohl Berge weichen und Hügel hinfallen, aber wird der Bund seines Friedens nicht hinfallen (Jes 54,10).

In dem Jesuswort von der Berge versetzenden Kraft des Glaubens wird dem Glauben die Macht zugeschrieben, Wunder zu wirken. Es ist daher durchaus folgerichtig, daß die Überlieferung der Gemeinde den Glauben nicht nur mit dem Gebet, das im Vertrauen auf Gott Erhörung empfängt, in Verbindung bringt, sondern auch den Zusammenhang von Glauben und Wunder erzählend darstellt. Sie bediente sich dabei der Redeweise, in der in der alten Welt von außerordentlichen Begebenheiten berichtet wurde. Jesus

---

[51] Vgl. E. Lohmeyer, Das Evangelium des Matthäus (KEK), hg. v. W. Schmauch, 1956, 302; vgl. auch Held, aaO. 277.

von Nazaret wird als derjenige beschrieben, der über Krankheiten und Leid triumphiert und sich als der Herr über die Naturgewalten erweist. Der Glaube, der sich ihm zuwendet, wird nicht etwa durch das Wunder ausgelöst, sondern entsteht aus der Begegnung mit Jesus. Er geht daher dem Wunder voran[52] und setzt seine Zuversicht auf den Retter[53]. Dieses Motiv läßt die Wunderberichte zu »exempla fidei« werden, die die wirkende Macht des Glaubens bezeugen[54], und rückt sie damit in den Zusammenhang der theologia crucis, die der Gemeinde vor Augen hält, daß das Wort vom Kreuz die Gotteskraft ist, die jeden rettet, der daran glaubt.

---

[52] Vgl. HELD, aaO. 264.

[53] Vgl. W. SCHMITHALS, Wunder und Glaube – eine Auslegung von Markus 4,35–6,6a (BSt 59), 1970, 90: »Der Glaube rettet, *weil* er sich auf Jesus Christus richtet. Der Glaube rettet, weil Gott *dem* hilft, der sich auf ihn verläßt.« Ferner KERTELGE, aaO. 197: »Zum Glauben an Jesus aber führen nicht die Wunder als solche, sondern die in seinen Wundern und seinem ganzen öffentlichen Wirken verlaufende Selbstoffenbarung Jesu.«

[54] Vgl. EBELING, aaO. 253.

Bulla und Kreuzanhänger in der koptischen und nubischen Kunst

ELISABETTA LUCCHESI-PALLI

Das Tragen von Phylakteria war im christlichen Ägypten gegen Ende der Antike und im frühen Mittelalter sehr stark verbreitet; wenn wir aus den zahlreichen Darstellungen in der koptischen Kunst schließen können, war dieser Brauch stärker verankert als bei anderen christlichen Völkern im gleichen Zeitraum. Ursache war wohl zweifelsohne die Furcht vor Dämonen und das Bestreben, diesen mit allen zur Verfügung stehenden Mitteln entgegenzuwirken[1]. Die Phylakteria, die uns in der koptischen Kunst begegnen, sind vor allem die »bulla« und der Kreuzanhänger, gelegentlich eine Zusammenziehung beider und – seltener – die »lunula« und das Glöckchen. Figuren mit »bullae« und Kreuzanhängern sind in größerer Anzahl in der Plastik und in Wirkereien dargestellt worden, auch auf einigen Gemälden sind sie zu sehen. Die Träger der Phylakteria sind nicht nur Menschen – vor allem Frauen und Kinder – sondern auch Engel, mythologische Gestalten und Fabelwesen, sowie Tiere; bei den letzteren ist es besonders der Adler[2], der in der Mehrzahl der Darstellungen die »bulla« trägt und nicht selten auch ein Kreuzchen im Schnabel hält, das in Form und Proportion dem Kreuzanhänger ähnlich ist[3].

Die »bulla«

Die »bulla« erscheint in der koptischen und nubischen Kunst in Formen, die großenteils schon aus der römischen Kunst bekannt sind[4]. Folgende Formen lassen sich nachweisen:

---

[1] Als Herrschaftsgebiet der Dämonen galt besonders die Wüste, vgl. L. KEIMER, L'horreur des Egyptiens pour les démons du désert, in: Bull. Inst. Egypte 26, 1943/44, 135–147; H. I. BELL, Egypt from Alexander the Great to the Arab Conquest, 1948, 109f; H. BACHT, Antonius und Pachomius, in: Studia Anselmiana 38, 1956, 66; RAC 9, s. v. Geister, Sp. 784–5 (C. D. G. Müller); der Übel- und Dämonenabwehr dienten auch die zahlreichen Zauberpapyri, vgl. A. M. KROPP, Ausgewählte koptische Zaubertexte, 3 Bde., 1930–31.

[2] Zur Bedeutung des Adlers vgl. den Aufsatz der Verf.: Observations sur l'iconographie de l'aigle funéraire Copte, in: Etudes Nubiennes, IFAO 1978, 176–191.

[3] E. DINKLER, Beobachtungen zur Ikonographie des Kreuzes in der nubischen Kunst, in: Nubia – récentes recherches (= Actes du Colloque de Varsovie 1972, ersch. 1975) 27 (künftig: DINKLER Beobacht.).

[4] Die bulla besteht aus zwei konvexen, meist runden Metallscheiben, die durch ein Scharnier

- ein runder Anhänger (Kapsel), in den häufig ein kleinerer Kreis eingezeichnet ist[5], diese Form erscheint im koptischen und im nubischen Bereich und ist wohl die verbreitetste.
- eine länglich-viereckige Kapsel[6]
  herzförmige, beutelförmige und rautenförmige »bullae« kommen nur vereinzelt vor[7].
- Eine Sonderform liegt in der halbmondförmigen Kapsel oder Scheibe (lunula) vor[8]. Diese ist in christlichen Darstellungen sehr selten[9]. (Abb. 1)
- kugelförmige »bullae« sind m. W. nur im Abendland, nicht im koptischen Bereich nachgewiesen worden (s. u. Anm. 10 und 21).

Sicher ist, daß mit dem Tragen von Phylakteria eine heidnische Tradition ins Christentum übernommen und dort weitergeführt wurde. Einer Veränderung unterlag der Inhalt der »bulla«[10]. Das Tragen der »lunula« (durch

---

zusammengehalten werden und eine Vorrichtung zum Anhängen haben. Die Lit. über die bulla in Rom ist umfangreich, vgl. u. a.: P. WISSOWA III/1 s. v. bulla Sp. 1048–1051 (A. Mau); RAC 2 s. v. bulla Sp. 800–801 (H. Gerstinger); G. BECATTI, Oreficerie antiche (Roma 1955) 115; U. MONNERET DE VILLARD, La scultura ad Ahnās, 1926, 69–73 bespricht die Ursprünge der bulla, geht aber nicht im einzelnen auf die Darstellungen in der koptischen Kunst ein. R. FORRER, Die frühchristlichen Alterthümer . . . von A. Panopolis, 1893, (künftig: FORRER) bespricht im Absatz »Figurale Bullen und Amulette« 20f mehrere Anhänger, aber keine Kapseln, wie es die Bezeichnung »Bullen« erwarten ließe.

[5] Es entspricht dies römischen bullae wie z. B. den Exemplaren an einer Halskette der Sammlung B. Y. Berry (Ancient Jewellery from the Collection of Burton Y. Berry, Catal. by W. RUDOLPH and E. RUDOLPH, Indiana University Art Museum, 1973, 164f, Nr. 132a).

[6] Giebelrelief mit Adler in München, Katal. Staatl. Sammlung Ägyptischer Kunst, 1976, 258–259; diese Form kommt schon früher an Mumienporträts vor, vgl. Kinderporträt in Warschau (Repertorio d'arte dell'Egitto greco-romano a cura di A. Adriani, Ser. B. vol. I. di K. Parlasca, 1969, Nr. 35, Taf. 10,1). Die Bezeichnung »Amulettbehälter« ist ebenso adäquat, vgl. R. D. GEMPELER, Werke der Antike im Kunsthaus Zürich (Sammelheft 5) 1976, 115, Abb. 30f.

[7] Eine herzförmige bulla findet sich z. B. an einer Grabstele aus Hermonthis (Erment) im Bode-Museum Berlin (A. EFFENBERGER, Koptische Kunst, 1976, 237, Abb. 41).

[8] Vgl. P. WISSOWA III/1 Sp. 1051. Zum Ursprung der lunula vgl. E. A. W. BUDGE, Amulets and Talismans, 1961, 213, und R. A. HIGGINS, Greek and Roman Jewellery, 1961, 179. Sie ist vornehmlich von Frauen getragen worden. Eine Büste aus Palmyra, um 225, bietet ein gutes Beispiel (Dresden, Staatl. Kunstsammlungen). Die Verbreitung war sehr groß: auf aksumitischen Münzen des 3. und 4. Jh. sind lunula und eine kleine Scheibe (oder Stern?) über dem Haupt des Herrschers dargestellt (Endybis und Ezana). Nach Annahme des Christentums wird an der gleichen Stelle das griechische Kreuz wiedergegeben (E. DINKLER, König Ezana von Aksum und das Christentum, in: Schriften zur Geschichte und Kultur des Alten Orients 13, 1977, Festschrift P. Hintze, 129f, Abb. 2, 5, 7, 8; vgl. N. M. LOWICK, Axumite Coins, in: The British Museum Quarterly 34, 1969/70, 148–151).

[9] Wandmalerei mit Adler in Bawit, Raum 32, 6. Jh., J. CLÉDAT, Le monastère et la nécropole de Baouit II/1: MIFAO 39, 1916, Tf. VI/1 und IX.

[10] Wir sind nur in Einzelfällen über den Inhalt der bullae unterrichtet. Zum Inhalt einer von einem Heiden getragenen bulla (Figürchen eines Harpokrates?) vgl. W. JOBST, Kapitolium Coloniae Karnunti?, in: Antike Welt 7, 1976, 28, Abb. 12; ein in Stoff gewickelter Knochensplitter

Abb. 1: Bawit, Raum 32. Nach J. Clédat Pl. VI 1 u. IX (genaue Angabe Anm. 9).

Abb. 2: Kairo, Koptisches Museum. Nach Crum Nr. 8695 (genaue Angabe Anm. 16).

Abb. 3: London, University College. Nach W. M. Flinders Petrie (genaue Angabe Anm. 23).

Abb. 4: Bonn, Rheinisches Landesmuseum, Lunula-Amulett mit Stern (genaue Angabe Anm. 24).

Mädchen und Frauen), das im römischen Reich weit verbreitet gewesen ist[11], hat das Mißfallen von einigen Kirchenvätern erregt[12].

Wir kehren zur runden »bulla« zurück, für die sich in der koptischen Kunst die meisten Belege finden. In den Skulpturen von Ahnās erscheint sie an zahlreichen weiblichen, meist mythologischen, Figuren; die »bullae« sind hier noch in starkem Relief wiedergegeben[13]. Im 6. Jh. ist sie in den Wandmalereien von Bawit (Raum 27) zu sehen: ein Adler, neben dem sich die Beischrift αἐτός befindet, trägt drei »bullae« an einem breiten Halsband[14]. Der Brauch, mehrere »bullae« zu tragen, ist in Rom sowie in Ägypten nachzuweisen, vgl. die Anm. 5 erwähnte römische Halskette der Sammlung B. Y. Berry mit vier »bullae« und eine koptische Bronzestatuette einer Tänzerin im Louvre, sie trägt drei »bullae«[15]. Die »bullae« der Adler*reliefs*, hauptsächlich Grabstelen, aber auch außerhalb der Sepulkralkunst nachzuweisen[16], sind in

---

befand sich in einer silbernen kugelförmigen bulla, die ursprünglich zum Inhalt des Silberkästchens von S. Nazaro in Mailand gehörte. Vgl. H. GRAEVEN, Ein altchristlicher Silberkasten, in: Zeitschr. für Christliche Kunst 12, 1899, 3–4 sowie H. BUSCHHAUSEN, Die spätrömischen Metallscrinia und frühchristlichen Reliquiare, 1971, 224f. Ein nicht identifizierter Gegenstand (Reliquie?) befand sich in einer 1886 in Trier gefundenen silbernen bulla; vgl. F. X. KRAUS, Die christlichen Inschriften der Rheinlande I, 1890, 121, Nr. 252. Von den länglichen bullae [Anm. 6] könnte man annehmen, daß sie Texte enthielten. Daß Evangelientexte zum Schutz besonders von Frauen und Kindern getragen wurden, berichtet Johannes Chrysostomus, ad populum Antiochenum (PG 49, 196). Vgl. J. ENGEMANN, Magische Übelabwehr in der Spätantike, in: JbAC 18, 1975, 41 [Anm. 138]. Zum Thema Inhalt der Enkolpia vgl. RAC 5 s. v. Enkolpion Sp. 324 und 331 (H. Gerstinger).

[11] Für Ägypten vgl. ADRIANI–PARLASCA [l.c. Anm. 6] Nr. 67, 97, 100, 119, Mumienporträts auf flavischer und trajanischer Zeit; die Beispiele ließen sich leicht noch vermehren. Funde von lunulae bei: P. LA BAUME, Römisches Kunstgewerbe, 1964, Abb. 220–221; BECATTI [l.c. Anm. 4] 115.

[12] Tertullian, de cultu feminarum 10 (PL 1, 1443); Cyprianus, de habitu virgin. 13 (PL 4, 464 A); HIERONYMUS, Comm. in Isaiam (PL 24, 69).

[13] G. DUTHUIT, La sculpture Copte, 1931, 42–44, Taf. 13b, 21a/b, 23a/b, 27b, 28a/b, 29b, 31b; Abb. gleichfalls bei Monneret de Villard [l.c. Anm. 4]. Zur Datierung der Skulpturen von Ahnās vgl. L. TÖRÖK, On the Chronology of the Ahnās Sculpture, in: Acta Archaeol. Acad. Scient. Hung. 22, 1970, 163–182; wie H. TORP gezeigt hat, stammen die Figuren (bzw. Nischenfragmente) so gut wie sicher von einem heidnischen Grabbau: Acta IRN 4, 1969, 101–112. – Eine bulla, die denen der Skulpturen von Ahnās ähnlich ist, findet sich an einem Kalksteinrelief mit Daphne (4. Jh.) aus Antinoë im Louvre (K. WESSEL, Koptische Kunst, 1963, 37, Abb. 40, künftig: WESSEL).

[14] J. CLÉDAT, Le monastère et la nécropole de Baouit I: MIFAO 12, 1904, 150, Taf. 93/2; DINKLER, Beobacht. 27, Abb. 13.

[15] Louvre, Inv. Nr. E 25393.

[16] Die Grabstelen des Koptischen Museums in Kairo sind zu großem Teil publiziert von W. E. CRUM, Coptic Monuments, Catal. Général des Antiquités Egyptiennes du Musée du Caire, 1902, künftig: CRUM. Zu den in New York und Boston befindlichen Stelen vgl. M. CRAMER, Archäologische und epigraphische Klassifikation koptischer Denkmäler . . ., 1957. Außerhalb der Sepulkralkunst sind vor allem der Apsisfries der ersten Kathedrale von Faras zu nennen (K.

der Mehrzahl auch rund; je nach Qualität der Werke sind die »bullae« plastisch wiedergegeben und deutlich erkennbar oder – besonders in der Spätzeit – nur mehr in flachem Relief und verkümmert dargestellt. Die runde »bulla« am Hals des Adlers findet sich auch verschiedentlich in koptischen Geweben, s. u.[17].

Zu einem nicht genau bestimmbaren Zeitpunkt tauchen Darstellungen von »bullae« mit eingezeichnetem Kreuz auf; die Abwehr von Dämonen und Übel aller Art soll also noch durch das Kreuz verstärkt werden. Einige frühchristliche Vorstufen lassen sich im Abendland nachweisen, besonders eine im Jahr 1896 bekannt gewordene Bronzebulla, die auf der einen Seite ein Kreuz oder Monogrammkreuz zeigt[18].

Koptische Darstellungen, die diese Verbindung von »bulla« und Kreuz aufweisen, sind:
- die Büste eines Oranten im Koptischen Museum zu Kairo; die Herkunft der Skulptur ist nicht bekannt;
- Grabstele mit Adler ebda.[19]; (Abb. 2)
- Gewebe (Vorhang?) ebda. mit Darstellung zweier Adler unter Arkaden; die eine, gut erhaltene Adlerfigur zeigt eine »bulla«, in die ein gleicharmiges Kreuz von roter Farbe eingewoben ist, (7.–8. Jh., Inv. Nr. 128, m. W. nicht publiziert);

Michalowski, Die Kathedrale aus dem Wüstensand, 1967, 62; ders., Faras – centre artistique de la Nubie Chrétienne, 1966, Taf. 1; Dinkler, Beobacht. Abb. 12), aber auch einige Einzelstücke, deren ursprünglicher Zusammenhang nicht mehr rekonstruierbar ist, z. B. ein Relief in der Dumbarton Oaks Sammlung, Washington, Duthuit [l.c. Anm. 13] Taf. 72c; Handbook of the Byzantine Collection Dumbarton Oaks, 1967, Nr. 36, ins 6.–7. Jh. datiert.

[17] Z. B. Gewebe im Ikonenmuseum in Recklinghausen; Wessel, Farbtaf. 17. Wegen des öfteren Vorkommens des Adlers außerhalb der Sepulkralkunst wird es wohl nicht adäquat sein, ihn als »Toten-« oder »Seelenvogel« zu bezeichnen (Wessel 116, 130, 208); der Adler ist der im antiken, sowie im christlichen Schrifttum mit wunderbaren Eigenschaften ausgestattete Vogel, der z. B. vom Blitz nicht getroffen werden kann; er ist Himmelsbote, Beschützer und psychopompos. Lit. [Anm. 2].

[18] Die bei einer Ausstellung in Orvieto veröffentlichte und damals im Kunsthandel befindliche bulla ist von H. Grisar beschrieben worden: RQS 10, 1896, 396 und Nuovo Bollettino di Archeologia Cristiana 3, 1897, 10, Fig. 3–3a; in der ersten Publikation spricht der Autor von einem einigermaßen erkennbaren Monogrammkreuz, während Abb. 3a der zweiten Publikation ein gleicharmiges Kreuz zeigt. Der jetzige Aufbewahrungsort der bulla ist mir nicht bekannt. – In diesem Zusammenhang soll nochmals an die [Anm. 10] erwähnte silberne bulla in Trier erinnert werden, die das Christogramm mit A und Ω zeigt, sowie an die Bronzebüste eines Knaben (jetzt verloren), der eine bulla mit Christogramm trägt. Lit.: F. J. Dölger, Eine Knaben-Bulla mit Christusmonogramm . . . in Trier, in: Antike und Christentum 3, 1932, 253–256, Taf. 13; Frühchristliche Zeugnisse hrsg. von Th. K. Kempf und W. Reusch, 1965, Abb. 58a.

[19] Monnert de Villard [l.c. Anm. 4] 73, Fig. 64; Crum Nr. 8659.

- Gewebe im Museum von Recklinghausen, Adler mit »bulla«, das Kreuz ist auch hier gleicharmig und rot[20].
- Malerei in roter Farbe in einer Grotte des »Heiligen Berges von Athribis« südlich des Weißen Klosters, eine Adlerfigur von unbeholfener Ausführung zeigt eine große bulla mit gleicharmigem Kreuz, im Kreuzmittelpunkt ein Rundmedaillon. C. M. Kaufmann hat für den hier beschriebenen Sondertypus der »bulla« die treffende Bezeichnung Kreuzbulla geprägt[21].

Schließlich sei noch eine Wandmalerei aus Faras (jetzt Chartoum) vom Ende des 10. Jh. erwähnt, die die heilige Damiana darstellt, welche ein »Kettchen mit rautenförmigem Anhänger, vielleicht einer Reminiszenz an die bulla« trägt[22]. Wie deutlich zu erkennen ist, hat dieser Anhänger ein eingezeichnetes Kreuz; die Frage, ob eine bulla gemeint ist, wird kaum mit Sicherheit zu beantworten sein.

Die »lunula«

Auch bei der »lunula« gibt es die Verbindung mit dem Kreuz, bzw. dem Kreuzanhänger. In der schon erwähnten Wandmalerei von Bawit (Raum 32), Abb. 1 (vgl. Anm. 9), die den Adler mit einem breiten Halsreif zeigt, sieht man einen Kreuzanhänger von der Mitte der »lunula« herabhängen, er hebt sich von einem rautenförmigen Hintergrund ab. Die Darstellung erinnert deutlich an eine koptische Bronzelunula aus Shurafeh im University College, London, nur der Anhänger ist hier mehr vierblatt- als kreuzförmig (Abb. 3)[23]. Zu den »lunulae«, in deren Rundung noch ein kleiner Anhänger befestigt ist, gibt es Vorstufen, die aus römischen Funden stammen, vgl. eine Bronzelunula des Rheinischen Landesmuseums zu Bonn, hier ist der innere Anhänger ein kleiner Stern (Abb. 4)[24].

---

[20] Ein Gewebe aud dem 7. Jh. mit ähnlichen Motiven wie dasjenige im Koptischen Museum befindet sich in der Abegg-Stiftung, Bern (P. Du Bourguet, I Copti, 1969, 62–63; Recklinghausen: Wessel, Farbtaf. 17).

[21] W. de Bock, Matériaux pour servir l'archéologie de l'Egypte Chrétienne, 1901, 68f, Fig. 80; C. M. Kaufmann, Handbuch der christlichen Archäologie, 1922, 288; die Kreuzbulla kommt im frühen Mittelalter auch im Abendland vor, vgl. L. Hansmann–L. Kriss Rettenbeck, Amulett und Talisman, 1966, 123, Abb. 315; Frühchristliche Zeugnisse [1.c. Anm. 18] Nr. und Abb. 90, kugelförmig.

[22] Michalowski, Kathedrale aus dem Wüstensand . . . 125f, Taf. 45 und 73.

[23] W. M. Flinders Petrie, Amulets Illustrated by the Egyptian Collection in University College, London, 1914, 23, Taf. VI, 85n, Inv. Nr. P 8 (künftig Petrie).

[24] Inv. Nr. E 45/74; für die freundliche Genehmigung, die Photographie zu reproduzieren, bin ich dem Rheinischen Landesmuseum in Bonn zu Dank verpflichtet.

Der Kreuzanhänger

Kreuzanhänger sind in Ägypten in beträchtlicher Anzahl und seltener in Nubien gefunden worden und befinden sich in einer Reihe von Museen und Sammlungen[25]. Das Material ist verschiedenartig: Metall, Holz und Knochen. Die Formen variieren von den einfachsten bis zu stark stilisierten; wir können nur die wichtigsten anführen. Am stärksten verbreitet sind wohl die gleicharmigen Kreuzchen (griechisches Kreuz) mit ausladenden Enden[26]. Hierbei kommt es zu Formen, die vier zusammengesetzten Keilen gleichen[27]. Etwas seltener sind das Krückenkreuz und das lateinische Kreuz[28]. Eine vereinzelt auftretende Zierform zeigt das Kreuz, an dessen gespaltenen vier Enden sich Medaillons befinden, die Enden selbst schließen beiderseits in kleineren Rundungen (Tropfen) ab: Kreuzchen aus Blei der Sammlung des University College, London[29]. Diesem sehr ähnlich ist das Bronzekreuzchen aus dem Grab des Bischofs Yoannes in Faras vom Jahr 1005[30]. Rundscheibenanhänger in durchbrochener Arbeit – Kreuz im Kreis – finden sich in der Sammlung des University College, London; ähnliche Scheiben aus Achmim Panopolis sind von Forrer publiziert worden[31].

Zweiteilige, zur Aufnahme von Reliquien bestimmte Kreuzanhänger waren sicher kostbarer und sind seltener gefunden worden. Sie weisen zum Teil figürliche Darstellungen auf[32].

Das in der koptischen Kunst so häufig vertretene Anch-Kreuz scheint für Anhänger nicht gebräuchlich gewesen zu sein.

Während die Funde von Kreuzanhängern äußerst zahlreich waren, ist die Anzahl der Darstellungen von Kreuzanhängern nicht groß:

---

[25] Vgl. O. WULFF, Altchristliche und mittelalterliche byzantinische und italienische Bildwerke I (= Beschr. der Bildwerke der Christlichen Epochen, 1909), Taf. 44–45, die auf Taf. 45 abgebildeten Kreuzanhänger sind nur zu kleinem Teil aus Ägypten; PETRIE, 32, Taf. 23 und 46; FORRER, 17f, Taf. IX und X. Der größere Teil dieser Kreuzanhänger konnte chronologisch noch nicht genauer eingeordnet werden; abgesehen von einigen Einzelstücken sind die Fundumstände der Objekte nicht bekannt und die sonstigen Anhaltspunkte und Kriterien für eine Datierung kaum ausreichend.

[26] PETRIE, Taf. 23, 137 b–n.

[27] FORRER, Taf. X,16; PETRIE, Taf. 23, 137a.

[28] FORRER, 17, Fig. 10; PETRIE, Taf. 23, 137p; lateinisches Kreuz: PETRIE, Taf. 46, 137ab; ferner Darstellungen von Kreuzanhängern s. u.

[29] PETRIE, Taf. 46, 137ac. Zum Ursprung des Kreuzes mit tropfenartigen Enden vgl. E. DINKLER, Signum Crucis, 1967, 69.

[30] K. MICHALOWSKI, Fouilles Polonaises 1961/62, 1965, 212–215, Abb. 122–123; DINKLER, Beobacht. Abb. 15.

[31] PETRIE, Taf. 46, 137af und ae; FORRER, 17, Fig. 12, Taf. X, 19–20; WULFF [1.c. Anm. 25] Nr. 956 und 966.

[32] PETRIE, Taf. 23, 137z; WULFF [1.c. Anm. 25] Nr. 936, Taf. 45.

- Nischenfragment mit Orant aus Sheikh Abade im Ikonenmuseum Recklinghausen, griechisches Kreuz eingekerbt[33];
- weibliche Figur aus Kalkstein ebd., griechisches Kreuz, plastisch[34]
- Relief mit zwei Meerweibchen (Sirenen) ebd., Halsband und lateinisches Kreuz, plastisch[35];
- Vorderteil einer Tunika des 6. Jh. im Brooklyn Museum, New York, oben Perlenkette mit (eingewobenem?) griechischen Kreuz[36];
- Stele mit Adlerrelief im Koptischen Museum, Kairo, anstelle der »bulla« ein eingekerbtes Kreuz[37];
- Steinfigur eines Löwen ebd. im Hof, plastisches Kreuz[38];
- Relief mit ruhendem Widder ebd., griechisches Kreuz plastisch[39];
- Holzrelief mit einer männnlichen und einer weiblichen Halbfigur, etwa 7. Jh., Louvre, Paris, Halsbänder und Kreuzchen (lateinisch) sind plastisch wiedergegeben[40].

Zu einem Zeitpunkt, der bei dem heutigen Forschungsstand nicht genau bestimmbar ist, scheint die »bulla« außer Gebrauch gekommen zu sein. Vielleicht hat sie sich am längsten – wohl über das 8. Jh. hinaus – an den Adlerfiguren gehalten[41]. Sie mag, obwohl sie, wie wir sahen, verchristlicht wurde, als ein Überbleibsel aus dem Heidentum angesehen worden sein. Schon

---

[33] WESSEL, Abb. 61.

[34] Muzeum Narodowe w Krakowie: Koptyjski zbiór Muzeum Ikon w Recklinghausen, 1966, Nr. 54.

[35] WESSEL, Abb. 44, 165f, die Frage, weshalb die Sirenen mit Kreuzanhängern dargestellt werden konnten, ist hier erörtert worden. Wir halten es nicht für ausgeschlossen, daß die so stark verbreiteten Kreuzanhänger einfach gewohnheitsmäßig dargestellt wurden und sonst keine Gründe dafür vorlagen. Die Skulpturen von Ahnās bezeugen, wie verbreitet und selbstverständlich das Tragen von Phylakteria – hier sind es noch bullae – besonders beim weiblichen Geschlecht gewesen sein muß.

[36] Pagan and Christian Egypt. Exhibition at the Brooklyn Museum, New York 1941, (Reprint 1974) Nr. 255, der Träger der Tunika hatte das Kreuz am Halsausschnitt, an der Stelle, die für den Kreuzanhänger üblich war.

[37] Crum Nr. 8668.

[38] Unnumeriert und m. W. unpubliziert. Der Brauch, auch den Tieren Phylakteria zu verleihen, ist von F. J. DÖLGER erörtert worden, es handelt sich hier allerdings um Haustiere, vgl. Antike und Christentum 1, 1929, 32 und 3, 1932, 55 Anm. 1.

[39] WESSEL, 22, Abb. 21.

[40] E. DRIOTON, Boiseries Coptes . . ., in: Bull. Soc. Arch. Copte 15, 1958/60, 72, Taf. V. – Die obige Aufzählung von Darstellungen mit Kreuzanhängern kann keinen Anspruch auf Vollständigkeit erheben.

[41] Ob der runde Gegenstand an den Halsreifen von zwei Reiterheiligen im Cod. Vat. Copte 66 noch eine bulla darstellen soll, ist schwer zu entscheiden; bei den Gehängen, die die beiden Pferde tragen, dürfte es sich mit ziemlicher Sicherheit um bullae handeln. Der Codex stammt aus der Zeit um 1000; vgl. M. CRAMER, Koptische Buchmalerei, 1964, 71, Abb. 81–82. J. LEROY, Les manuscrits Coptes et Coptes-Arabes illustrés, 1974, 185, Taf. 105/1.

Athanasius von Alexandrien († 373) hatte vor Amuletten und Zauberei gewarnt und dagegen die schützende Wirkung des Kreuzes hervorgehoben, vor dem ». . . die gesamte Schar der Dämonen schaudert und erbebt«[42]. Wie die zahlreichen Funde beweisen, hat der Kreuzanhänger als Phylakterion überhandgenommen und ist mit großer Wahrscheinlichkeit von allen Christen männlichen und weiblichen Geschlechts getragen worden, während die »bulla«, gemäß der römischen Tradition, in erster Linie einen Schutz für Frauen und Jugendliche bildete; es ist auch fraglich, ob sie den ärmeren Schichten zugänglich gewesen ist.

Eine andere Art von Phylakteria, die wohl gleichzeitig Pilger- und Wallfahrtsandenken waren, kam mit den Ölfläschchen, bzw. Ampullen auf, die zum Teil auch am Hals getragen wurden[43]. Die Funde von Menasampullen bezeugen, welche Verbreitung sie in Ägypten erlangten[44].

---

[42] PG 26, 1320; vgl. F. J. DÖLGER, Das Anhängekreuzchen der heiligen Makrina . . ., in: Antike und Christentum 3, 1932, 86f; RAC 9 s. v. Geister, Sp. 786 (C. D. G. Müller).

[43] J. ENGEMANN, Palästinensische Pilgerampullen . . ., in: JbAC 16, 1973, 12.

[44] C. M. KAUFMANN, Die Menasstadt . . . I, 1910, 120f, Taf. 90–100.

Der Staat und die Verkündigung

Rudolf Bultmanns Auslegung von Joh 18,28 bis 19,16

DIETER LÜHRMANN

Rudolf Bultmann hat sich selten genötigt gesehen, etwas zu korrigieren, was er früher einmal geschrieben hatte. Dies macht die Geschlossenheit seines theologischen Werkes aus, das immerhin mehr als sechs Jahrzehnte überspannt. Um so interessanter ist nun einer dieser seltenen Fälle, seine Auslegung der Szene »Jesus vor Pilatus« (Joh 18,28 bis 19,16) im Johannes-Kommentar[1], weil hier die Auslegung deutlich bestimmt zu sein scheint von der aktuellen Situation, in der der Kommentar seine endgültige Gestalt erhielt. So kann sie Anlaß sein, nachzudenken über das Verhältnis von auszulegendem Text und Situation des Auslegers, die beide in die jeweilige Auslegung eingehen, in der vom Text her Interpretation der Gegenwart, von der Situation her aber auch bestimmte neue Perspektiven des Textes erschlossen werden, selbst wenn wie in diesem Fall der Ausleger seine Interpretation später widerruft.

Das Zentrum der johanneischen Passionsgeschichte ist der Prozeß vor Pilatus, von dem die Synoptiker nur sehr kurz berichten, weil sie alles Gewicht auf die Synhedriumsverhandlung legen, die wiederum – vermutlich historisch getreuer – im Johannesevangelium fehlt. Literarisch ist dieser Text sehr eindringlich gestaltet: Die Juden belagern den Amtssitz des Pilatus; der pendelt zunächst zwischen ihnen und Jesus hin und her, bis er schließlich in einer offiziellen Amtshandlung das Urteil über Jesus spricht und es sogleich vollstrecken läßt – gegen seinen ursprünglichen Willen und wider besseres Wissen.

Aus diesem Textzusammenhang stammen so wirkungsträchtige Sätze wie Jesu Aussage: »Mein Reich ist nicht von dieser Welt« (18,36), die Pilatusfrage: »Was ist Wahrheit?« (18,38), sein Ausruf: »Ecce homo« (19,5) und in Luthers Übersetzung die Aussage Jesu über den Staat: »Du hättest keine Macht über mich, wenn sie dir nicht von oben gegeben wäre« (19,11), die die Kommentatoren immer wieder veranlaßt hat, »vgl. Röm 13,1« zu schreiben.

---

[1] Ich zitiere nach der Ausgabe: R. BULTMANN, Das Evangelium des Johannes (KEK 2), 1957[15], mit dem Ergänzungsheft in der Neubearbeitung von 1957. – Hervorhebungen in Zitaten jeweils schon im Original.

Vor aller Erörterung der verschiedenen Fragen der Quellenkritik oder der der Historizität nennt Bultmann in seiner Auslegung bereits als Thema dieses Abschnitts: »Durch Jesu Angriff in ihren Grundfesten erschüttert, sucht die Welt Hilfe bei der ihr gesetzten Ordnungsmacht, und so wird auch der Staat in das eschatologische Geschehen hineingezogen« (490)[2]. Er nimmt als Grundlage des Textes einen Quellenbericht »analog der synoptischen Erzählung« (503) an; »der Ev(an)g(e)list hat ihn kunstvoll ausgestaltet und durch den wiederholten Szenenwechsel gegliedert« (ebd.).

In der eigentlichen Auslegung fällt auf, wie unter der Hand aus dem römischen Staat »der Staat« überhaupt wird. Pilatus, zunächst noch »der Prokurator« (504)[3], wird mehr und mehr zu »dem Staat«: »Wird Pilatus nachgeben? Wird sich die Staatsgewalt mißbrauchen lassen?« (505), bis hin zu der ab dann durchgehaltenen ausdrücklichen Identifizierung »Pilatus, d.h. . . . der Staat« (ebd.), nicht einmal mehr nur der damalige römische Staat. Die Geschichte »Jesus vor Pilatus« wird zur Geschichte des Verfalls des Staates an »die Welt« – »die Welt« durchgehend im Kommentar ja die Deutungschiffre für οἱ Ἰουδαῖοι.

Was vom Staat an sich erwartet werden muß, tut Pilatus zunächst auch: »Pilatus verfährt also auch jetzt noch sachlich, insofern er, trotz des aus V. 31 sprechenden Mißtrauens gegen die Ankläger, gewissenhaft untersucht, ob Anlaß zu einem staatlichen Verfahren gegeben sei« (ebd. zu 18,33). Diese Untersuchung, das erste Verhör, ergibt, daß Pilatus eigentlich auf einen weiteren Prozeß verzichten müßte, daß er nun aber persönlich dem Anspruch des Offenbarers konfrontiert ist; mit Jesu Antwort 18,37 wird »die Frage des *Rechtes* . . . zu einer Frage des *Glaubens*« (507). Die Möglichkeit, diesen Anspruch anzuerkennen, »besteht also auch für den Staat, genauer: für die Person, die den Staat vertritt. Damit wäre aber doch auch für das staatliche Handeln, da es ja faktisch von Personen getragen wird[4], die Möglichkeit gegeben, daß es in der Offenheit für die Offenbarung, in ihrer Anerkennung, vollzogen wird« (ebd.).

Pilatus aber zieht sich mit der »Pilatusfrage« 18,38a auf eine dritte ebenso legitime Möglichkeit wie Ablehnung und Anerkennung zurück: »er stellt sich auf den Standpunkt, daß der Staat an der Frage nach der ἀλήθεια – nach

[2] Vgl. 493: ». . . beruht das Interesse auf dem Gegenüber von Jesus und dem römischen Staat«; 505: Die Welt ruft »die staatliche Macht zu Hilfe, die nicht in ihr selbst ihren Ursprung hat (19,11), und die sie als sich übergeordnet anerkennt, – und die sie für ihre Zwecke mißbraucht«.

[3] Die Anmerkung 7 nennt vor allem Literatur zur Person des Pilatus.

[4] Vgl. 508: »Denn seine Macht ruht ja faktisch auf der Kraft seiner Vertreter.«

der Wirklichkeit Gottes, oder wie im Sinne des Pilatus etwa zu sagen wäre: nach dem Wirklichen im radikalen Sinne – nicht interessiert ist« (ebd.), auf den Standpunkt der »Neutralität des Staates« (ebd. Anm. 8)[5]. Das aber müßte zur Folge haben, »daß Pilatus Jesus frei läßt, daß der Staat die Verkündigung des Wortes frei gibt« (508).

Faktisch wäre das freilich eine Entscheidung gegen die Welt, die, vom Anspruch der Offenbarung getroffen, nicht zur Ruhe kommen kann, »denn die βασιλεία ist nicht eine gegen die Welt isolierte Sphäre reiner Innerlichkeit, nicht ein privater Bezirk der Pflege religiöser Bedürfnisse, der mit der Welt nicht in Konflikt kommen könnte« (ebd.). Wird der Staat die Kraft haben, diese Neutralität zu wahren, »wenn sein Vertreter dem Anspruch der Offenbarung die Anerkennung versagt?« (ebd.).

Pilatus jedenfalls gelingt das nicht. Er verfängt sich in seinem Vorschlag »Jesus oder Barrabas«, weil er damit auf die »abschüssige Bahn« (509) geraten ist. Indem »er meint politisch klug zu handeln« (ebd.) und Jesus ohne rechtliche Grundlage geißeln und verhöhnen läßt, »hat die staatliche Autorität der Welt gegenüber . . . nachgegeben« (510) und sich damit selbst aufgegeben. Pilatus macht einen letzten Versuch, »stark zu sein und die Sache zu Ende zu bringen« (ebd.), er schlägt nämlich den Juden vor, sie sollten doch die Sache selbst in die Hände nehmen (19,6). Sie aber fordern die Todesstrafe, für die allein Pilatus zuständig ist (19,7). Ihre Begründung weckt aber nun in Pilatus »die religiöse Angst vor dem Unheimlichen, das dem Pilatus in Jesus begegnet« (511), aber »die Angst vor der Welt (zerreißt) nicht nur die Bindungen des Rechtes, sondern auch die der Religion« (ebd.).

Das Thema dieses zweiten Gesprächs ist »das Verhältnis von staatlicher Macht und göttlicher« (ebd.): »Der verantwortliche Vertreter des Staates kann sowohl für Gott wie für die Welt offen sein. Offenheit für Gott, – das würde für den Staat als solchen nichts anderes bedeuten als schlichte Sachlichkeit im Wissen um die Verantwortung für das Recht. . . . Seine Neutralität wäre im Recht, wenn sie nichts wäre als die unpersönliche Sachlichkeit des Amtes. Es zeigte sich schon, daß diese Sachlichkeit die Entscheidung gegen die Welt bedeuten würde; und jetzt zeigt sich, daß eben diese Sachlichkeit die Offenheit für Gott fordert. Ein unchristlicher Staat ist grundsätzlich möglich, aber kein atheistischer Staat« (ebd.).

Daher Bultmanns Interpretation von 19,11 (mit dem üblichen Verweis auf Röm 13,1 in Anm. 9): Die »Autorität des Staates (stammt) nicht aus der Welt . . ., sondern (ist) durch Gott begründet . . . Nicht erst das *Wissen* um

[5] Dies auch gegen Schliers Interpretation der Pilatusfrage als Ablehnung (s. dazu unten).

den Bezug zu Gott stellt die Autorität her; sie ist mit dem *Amte* gegeben, und die ἐξουσία des Pilatus stammt von Gott, wie er sie auch anwenden mag« (512). Der Staat hat eine Zwischenstellung zwischen Gott und Welt. Seine Aufgabe ist es, »sachlich« zu bleiben; Autorität aber behält er auch noch, wenn er unsachlich handelt, weil dann immerhin noch die Form des Rechtes, wenn auch nicht mehr sein Inhalt erhalten bleibt. »Der Staat kann, so lange er noch in irgendeinem Grade staatlich handelt, nicht mit der gleichen persönlichen Feindschaft, mit dem gleichen leidenschaftlichen Haß handeln, wie es die Welt tut, – wie sehr er auch durch Unsachlichkeit seine Autorität ruinieren mag« (513).

Bei Pilatus siegt »die Furcht vor der Welt« (514), und »die Welt ist in ihrem Haß gegen die Offenbarung imstande, ihre Hoffnung preiszugeben, die sie auch als gottfeindliche Welt im Innersten bewegt in dem vielleicht uneingestandenen, aber doch nicht vertilgbaren Wissen um ihre eigene Unzulänglichkeit, Vergänglichkeit, Unerfülltheit. Die Welt macht sich selbst zum Inferno, wenn sie dieses Wissen erstickt und bewußt ihre Hoffnung abschneidet« (515). Das Ende der Geschichte: »Gegen die Macht der Lüge hilft kein Versuch der Überzeugung, der Überredung. Pilatus ist den Juden verfallen, nachdem er darauf verzichtet hat, die Autorität des Staates sachlich durchzuführen. Er, der sich dem Anspruch Jesu persönlich verschloß, hat nicht die Kraft, dem Anspruch Gottes, der in seinem Amte gestellt ist, zu gehorchen« (ebd.).

»Die Juden um des bevorstehenden Festes willen draußen vor dem Prätorium, Jesus im Inneren und Pilatus zwischen der Unruhe und dem Haß der Welt und dem stillen ›Zeugnis der Wahrheit‹ im wörtlichsten Sinne schwankend«[6] – der Staat schwankend zwischen dem, was von seinem Wesen her seine Aufgabe wäre, Sachlichkeit und Recht zu wahren, und dem, was die Welt von ihm fordert, die Verkündigung zum Verstummen zu bringen.

Eine solche Auslegung findet sich nicht in den von Bultmann seinerzeit herangezogenen Kommentaren[7]. Abgesehen von der traditionellen Interpretation von 18,36 und 19,11 im Sinne der Zwei-Reiche-Lehre bleiben sie auf der historischen Ebene des Prozesses Jesu, der Rekonstruktion der vom Evangelisten verarbeiteten Vorlage, diese historische Ebene allenfalls wie W. Bauer auf eine andere wiederum historische Ebene transponierend: »Jesus vor Pilatus, das ist zugleich der Christ vor der heidnischen Obrigkeit.«[8]

---

[6] E. Lohmeyer (ThR NF 9, 1937, 197), zitiert von Bultmann, 501.
[7] Vgl. die im Ergänzungsheft 3 aufgeführten Kommentare.
[8] Johannes (HNT 2.2), 1912, 171 = Das Johannesevangelium (HNT 6), 1933³, 221.

Aber auch in Bultmanns vorausgehenden Äußerungen zum Verhältnis von Kirche und Staat im frühen Christentum findet sich diese Interpretation noch nicht. Aus der Zeit vor 1918 liegen derartige schriftliche Äußerungen Bultmanns nicht vor[9]. Der Religionsgeschichtler Bultmann hätte jedoch wenig Anlaß gehabt, in die üblichen Elogen auf den preußischen Staat einzustimmen, der ja den Religionsgeschichtlern die Berufung auf einen ordentlichen Lehrstuhl verwehrte[10] – im Unterschied zu den liberalen Großherzogtümern Baden und Hessen, an deren theologischen Fakultäten Heidelberg und Gießen die Religionsgeschichte eine Heimat fand. Erst 1920 erhielt Bultmann nach seiner Tätigkeit als Extraordinarius in Breslau (als Nachfolger W. Bauers seit 1916) dann ja auch in Gießen (als Nachfolger W. Boussets) und ein Jahr später dank der neuen Berufungspolitik des preußischen Kultusministeriums unter C. H. Becker in Marburg eine ordentliche Professur (als Nachfolger W. Heitmüllers).

Sein 1920 veröffentlichter Aufsatz über »Religion und Kultur«[11] spiegelt denn auch deutlich die Befreiung vom Zwang des kulturprotestantischen bürgerlichen Christentums der wilhelminischen Ära wider. Religion ist hier *»Gegensatz zur Kultur«* (17), sie ist *»neutral gegenüber den Gestaltungen der Kultur;* sie ist neutral gegenüber der *Wissenschaft«* (19) wie gegenüber der Kunst und der Sittlichkeit. »Ganz selbstverständlich . . . ist Religion *Privatsache* und hat *mit dem Staat nichts zu tun«* (20) – eine alte Forderung des Liberalismus wie des Sozialismus. Das ist die radikale Kulturkritik der frühen Dialektischen Theologie[12], gestützt bei Bultmann überraschenderweise auf – Schleiermacher!

»Die Gefahr aller Kultur ist die, daß die Kultur vergöttlicht, und zumal daß ein bestimmter Kulturstand verabsolutiert und darüber das Ich des Menschen entleert wird. . . . Was hülfe es dem Menschen, wenn er die ganze

---

[9] Allenfalls wäre der folgende Satz aus seinem Aufsatz: Die Bedeutung der Eschatologie für die Religion des Neuen Testaments (ZThK 27, 1917, 76–87), zu nennen, wo die Aussagen von 1920 schon anklingen: »Die urchristliche Ethik ist kulturfeindlich. Staat und Recht sind für sie nicht sittliche Größen, sondern gehören zur gottfeindlichen ›Welt‹« (84).

[10] Vgl. W. Klatt, Hermann Gunkel (FRLANT 100), 1969, 43 für Gunkel (dort auch Anm. 17 in bezug auf Bousset), 193 über den Einfluß der Kaiserin auf die Besetzung theologischer Lehrstühle in Preußen, 194 über Gießen.

[11] ChrW 34, 1920, 417–421.435–439.450–453, hier zit. nach dem Abdruck in: Anfänge der dialektischen Theologie, hg. v. J. Moltmann, T. 2 (ThB 17.2), 1967², 11–29. Zu beachten ist, daß Bultmann anders als Barth und Gogarten zur gleichen Zeit den Begriff »Religion« noch positiv verwendet.

[12] Vgl. R. Bultmann, Ethische und mystische Religion im Urchristentum (ChrW 34, 1920, 725–731.738–743) (zit. nach: Anfänge der dialektischen Theologie [Anm. 11], 29–47), 43: »So sehr ich die religiöse Kulturkritik des Barthschen ›Römerbriefs‹ begrüße, . . .«

Kultur gewönne und nähme doch Schaden an seiner Seele! Tiefen Ausdruck hat die Reaktion gegen die Kulturvergötterung bei Dichtern wie Dostojewski und Franz Werfel gewonnen. Und uns allen ist die Besinnung dringend nahegelegt durch die Tatsache des Kommunismus; er scheint doch bei seinen geistigen Führern der Protest gegen die Vergötterung der Kultur zu sein, und sein Recht liegt in der Negierung eines bestimmten Kulturstandes als eines absoluten. Insofern bildet er übrigens auch den schärfsten Gegensatz zur Sozialdemokratie, die ihn mit richtigem Instinkt ablehnt, weil sie zur Verabsolutierung der Kultur tendiert« (28).

Was hilft? »Nur eine religiöse Neugeburt kann uns retten, vor der Verzweiflung über die Katastrophe unserer Kultur bewahren, uns innerlich über sie erheben und uns den Mut für die Zukunft geben. So sehr wir unsere Kräfte dem Neubau des Staates zu widmen haben: der Staat kann uns hier nicht helfen. Er kann für die Religion nichts tun, nur daß er sie ihrer Freiheit überläßt und sich bewußt bleibt, daß er nicht im Stande ist, das ganze Leben des Menschen zu umfassen und zu füllen« (29). Hier deutet sich bereits die Forderung der »Sachlichkeit« an, die im Johanneskommentar dann gegenüber einem anderen Staat erhoben wird, jetzt, 1920, gegenüber der frühen Weimarer Republik, vielleicht wird man hinzufügen können: zur Unterscheidung von ihrem Vorgänger, dem wilhelminischen Kaiserreich.

Im Jesus-Buch von 1926 findet sich eine ganz ähnliche, distanzierte Haltung gegenüber dem Politischen: »Jesus (sah) seinen Auftrag nicht in der Herstellung eines idealen menschlichen Gemeinwesens, sondern in der Verkündigung des Willens Gottes« (93), ohne daß Jesus damit – wie Tolstoi meinte – »einen Anarchismus vertrete« (ebd.). »Welche Möglichkeiten politischer Betätigung für den einzelnen aus dieser Stellung erwachsen, was im konkreten Fall seine konkrete Pflicht ist, hat er selbst zu entscheiden« (94)[13].

[13] Zit. nach 1951[3]. Es lohnt sich, beim Jesus-Buch immer A. VON HARNACKS »Wesen des Christentums« zu vergleichen, gewissermaßen Bultmanns »Vorlage« (zit. nach der Siebenstern-Taschenbuchausgabe 1964): »In jedem Volke etabliert sich neben der befugten Obrigkeit eine unberufene oder vielmehr zwei unberufene. Das ist die politische Kirche, und das sind die politischen Parteien. Die politische Kirche, im weitesten Sinn des Worts und unter sehr verschiedenen Masken, will herrschen; sie will die Seelen und die Leiber, die Gewissen und die Güter. Dasselbe wollen die politischen Parteien, und indem ihre Führer sich zu Leitern des Volks aufwerfen, entwickeln sie einen Terrorismus, der oft schlimmer ist als der Schrecken königlicher Despoten« (70f). Gemeinsam ist Harnack und Bultmann die Argumentation von der Zwei-Reiche-Lehre her; Harnack aber folgert aus Joh 18,36 für die Arbeiterfrage: diese Worte »verbieten jedes direkte und gesetzliche Eingreifen der Religion in irdische Verhältnisse«, die eigentliche Aufgabe ist es, »ein Kind Gottes und Bürger seines Reiches zu sein und Liebe zu üben« (77); »das Evangelium liegt über den Fragen der irdischen Entwicklungen; es kümmert sich nicht um die

Solche theologische Distanz zum Staat als solchem ermöglichte jedoch ein positives Verhältnis zum neuen Staat der Weimarer Republik und den ihn tragenden Parteien der Sozialdemokraten, der Liberalen und des Zentrums. Diese Gruppen hatten wie die zum politischen Linksliberalismus tendierenden Religionsgeschichtler[14] in Opposition zum Kaiserreich gestanden, während weite Kreise des »unpolitischen« konservativen Protestantismus den Staat verloren sahen, weil sie sich mit der Staatsform der Monarchie identifiziert hatten[15].

Bultmann bezeichnet solche Distanz bei seiner Rede zur Reichsgründungsfeier – des zweiten Deutschen Reiches von 1871! – der Universität Marburg am 18. Januar 1928[16] als christlichen Relativismus, »sofern das Christentum an kein politisches Programm gebunden ist« (4), d.h. aber in dieser Situation: nicht an die Monarchie, vielmehr auch in der Republik Christentum bleiben kann. »›Gebt dem Kaiser, was des Kaisers ist‹, – wir müßten heute unserer Verfassung gemäß sagen: ›Gebt der Republik, was der Republik gehört.‹ Der verpflichtende Sinn der Forderung wird uns aber nur deutlicher, wenn wir uns jenseits der Frage um die Verfassungsform stellen und sagen: ›Gebt dem *Vaterland,* was des Vaterlandes ist, und *Gott,* was Gottes ist‹« (ebd.). Zugleich aber ist diese Distanz christlicher Absolutismus, »sofern für christliches Urteil nicht jedes beliebige Handeln gleichermaßen ein Recht ist, sondern immer nur *ein* Entschluß, *eine* bestimmte Tat: die von der Liebe gebotene« (ebd.). Begründet ist solche Haltung in dem eschatologischen ὡς μή von 1Kor 7.

Solche Distanz auch gegenüber dem neuen nationalsozialistischen Staat, der sich selbst als nationale Revolution begriff? K. Barth jedenfalls scheint das bei Bultmann befürchtet zu haben[17]. Bultmann jedoch, der in seinen »Vorlesungen grundsätzlich nie über Tagespolitik« geredet hatte, begann das Sommersemester am 2. Mai 1933 mit Ausführungen, die unter dem Titel

---

Dinge, sondern um die Seelen der Menschen« (78). Was bei Bultmann eschatologische Distanz zur Welt ist, ist bei Harnack lediglich der Unterschied zwischen »Seele« und »Dingen«, überspitzt: zwischen privat und öffentlich.

[14] Vgl. vor allem die Biographie von A. F. VERHEULE, Wilhelm Bousset. Leben und Werk, 1973, zur politischen und kirchenpolitischen Tätigkeit Boussets.

[15] In Ergänzung zur vorletzten Anmerkung sei aber darauf hingewiesen, welche Verdienste sich gerade Adolf von Harnack durch seine politische Tätigkeit in der Weimarer Republik erworben hat; vgl. die Biographie von A. VON ZAHN-HARNACK, Adolf von Harnack, 1951².

[16] Urchristentum und Staat, Mitteilungen des Universitätsbundes Marburg e.V., Nr. 19, 1928, 1–4 (für eine Fotokopie dieses Artikels habe ich W. Harnisch zu danken).

[17] Vgl. im Briefwechsel Karl Barth–Rudolf Bultmann, hg. v. B. JASPERT, 1971, die Bemerkungen zu dem nächtlichen Gespräch am 11./12. November 1933: 151 (Bultmann), 152f (Barth), vgl. auch die unmittelbaren Reaktionen 138f.

»Die Aufgabe der Theologie in der gegenwärtigen Situation« bereits einen Monat später in den »Theologischen Blättern« erschienen[18]: »Christlicher Glaube muß eine kritische Kraft in den Fragen der Gegenwart sein, und er muß seine *Positivität* gerade in seiner *kritischen* Haltung bewähren« (164), nicht den Versuchungen erliegen (165); es folgen dann sehr konkrete aktuelle Beispiele: die rasche Umbenennung von Straßen durch die Marburger Stadtverordnetenversammlung, das um sich greifende Denunziantentum, schließlich die Diffamierung der Juden (vorausgegangen war ja schon der Boykott jüdischer Geschäfte am 1. April 1933).

»Haben wir Sinn und Forderung des christlichen Glaubens richtig verstanden, so ist allerdings angesichts der Stimmen der Gegenwart klar, daß dieser *christliche Glaube selbst in Frage gestellt ist;* m.a.W. daß wir uns zu entscheiden haben, ob christlicher Glaube für uns Geltung haben soll oder nicht. . . . Es gilt: Entweder-Oder!« (166)[19]. Es folgen im gleichen Jahr das Gutachten der Marburger Theologischen Fakultät zum Arierparagraphen, die Stellungnahme »Neues Testament und Rassenfrage«, der Aufsatz gegen G. Wobbermin »Der Arier-Paragraph im Raume der Kirche«[20], weitere Stellungnahmen z.B. in Form von Flugblättern[21].

All das macht die Vorgeschichte der so eindringlichen Auslegung von »Jesus vor Pilatus« in Bultmanns Johanneskommentar von 1941 aus: Jene dort als Minimum geforderte Neutralität des Staates war schon 1933 überschritten; die Zwei-Reiche-Lehre und damit die Distanz gegenüber der konkreten Staatsform ermöglichten eine eminent politische Stellungnahme, die gerade politisch war, indem sie sich als unpolitisch der damals geforderten Politisierung entzog[22].

Bultmanns oben wiedergegebene Auslegung ist also deutlich Reflexion auf den Kirchenkampf, an dem er selbst beteiligt war, auch wenn er 1959 gegenüber amerikanischen Lesern seinen eigenen Beitrag dazu – unter Anspielung wohl vor allem auf seine Entmythologisierungsschrift von ebenfalls 1941 und ihre Folgen – lediglich so charakterisiert hat: »In den Jahren des Hitler-Re-

[18] ThBl 12, 1933, 161–166; das vorausgehende Zitat ist dem ersten Satz entnommen.

[19] Solche klaren Äußerungen waren zu diesem frühen Zeitpunkt offenbar selten; vgl. jetzt K. Scholder, Die Kirchen und das Dritte Reich, Bd. 1, 1977, 277ff.

[20] Alles veröffentlicht in ThBl 12, 1933.

[21] Vgl. auch den bei E. Dinkler (Die christliche Wahrheitsfrage und die Unabgeschlossenheit der Theologie als Wissenschaft [in: Gedenken an Rudolf Bultmann, hg. v. O. Kaiser, 1977, 15–40], 26f Anm. 16) zitierten Brief aus dem Herbst 1934.

[22] Vgl. Dinkler (Anm. 21), 26: »Bultmann lebte, was er glaubte, er setzte es um in ein christliches Existieren, das in der Nichtbeachtung zeitgeschichtlicher politischer Maximen brisant politisch war.« Ganz ähnlich ja auch Barth in seiner Schrift Theologische Existenz heute von 1933.

gimes war meine Arbeit beeinflußt vom Kirchenkampf. Ich gehörte seit ihrer Gründung 1934 der Bekennenden Kirche an und bemühte mich – zusammen mit meinem Freund Hans von Soden – darum, daß die freie Gelehrtenarbeit ihren eigenen Platz in ihr erhielt, trotz gegenteiliger Tendenzen.«[23]

Bevor wir nun daraufhin die Auslegung noch einmal genauer betrachten, sind noch zwei weitere diese bestimmende Faktoren einzubeziehen. »Die Frage, wie das Neue Testament den Staat sieht, ist in den Grundzügen schon in der johanneischen Perikope beantwortet, die uns Jesus bei seinem Verhör vor dem römischen Prokurator Pontius Pilatus zeigt«, hatte schon 1932 H. Schlier seinen Aufsatz über »Die Beurteilung des Staates im Neuen Testament« begonnen[24]. Seine Exegese dieses Textes kommt zu folgenden Thesen: »1. Der Staat ist nicht die unser Leben begründende Wahrheit. 2. Ihm ist dagegen von Gott die äußerste Gewalt über den Menschen anvertraut mit der Aufgabe, politisch zu handeln. 3. Er wird diese Gewalt nur mit Recht führen, wenn er sie nicht aus der eigenen Machtvollkommenheit ableitet« (3), bzw. nachdem sich ihm diese Ausgangsthesen bei einer Durchsicht aller für das Thema relevanten Stellen des Neuen Testaments bestätigt haben: »1. Der Staat ist nicht die *letzte* Macht, aus der der Mensch lebt und der er verpflichtet ist, weil er die Wahrheit nicht ist und nicht hat. 2. Als von Gott gegebene Ordnung hat er freilich die unbedingte Gewalt über den einzelnen und dient ihm, indem er ihn begrenzt. Deshalb gebührt ihm der gewissensmäßige Gehorsam und die Achtung. 3. Erkennt er diese seine Bestimmung nicht an, will er selbst Heilsanstalt sein, so wird er antichristlich. Er verfügt zwar auch dann noch über unser irdisches Leben, aber zu Unrecht« (16).

Das ist zwar nach der ausdrücklichen Beteuerung des Autors nicht ein »Abschnitt aus der politischen Ethik«, sondern »die exegetische Feststellung der neutestamentlichen Aussagen über den Staat«, die aber doch die Möglichkeit bieten, »sich grundsätzliche und verpflichtende Anweisungen für die Beurteilung des Staates zu holen« (1 Anm. 1), und so wendet sich Schlier denn in einer langen Anmerkung (4f Anm. 3) gegen H. Rendtorff und E. Hirsch – die Probleme und die Fronten des Kirchenkampfes brechen ja nicht erst 1933 völlig neu auf[25].

E. Hirsch seinerseits hat nun eine solche Interpretation von »Jesus vor Pilatus« aufgegriffen in seiner populär geschriebenen Auslegung des Johannes-

---

[23] Autobiographische Bemerkungen, abgedruckt im Briefwechsel (vgl. Anm. 17), 316.

[24] ZZ 10, 1932, 312–330, zit. nach: Die Zeit der Kirche, 1966^4, 1–16.

[25] Vgl. das Kapitel: Die Entstehung der politischen Theologie und die Judenfrage im deutschen Protestantismus (1917–1930), bei SCHOLDER (Anm. 19), 124–150.

evangeliums von 1936[26]. Der Tradition entsprechend interpretiert er Joh 18,36 im Sinne der Zwei-Reiche-Lehre (407), die er aber nun gegen die Barmer Theologische Erklärung von 1934 (Thesen 2 und 5) oder allgemeiner die Barthsche Theologie kehrt, »die zur Zeit beginnende Annäherung der evangelischen Kirche an die katholische Lehre von der Kirche« (410f), »daß Verfassung und Recht und Ordnung der Kirche jeglicher staatlichen Aufsicht und jedem staatlichen Zugriff entzogen sind, daß die niedere bloß menschliche Gewalt keinesfalls der höheren unmittelbar von Gott kommenden Gewalt gegenüber Recht oder Pflicht habe, aus Verantwortung für das Ganze des menschlichen Lebens nach dem Rechten zu schaun. Sie kann aber noch weiter gehen und den Anspruch erheben, in einer ideellen oder reellen kirchlichen Oberherrschaft dem Staate im Namen Jesu Christi seine Wirksamkeit zu begrenzen oder zu bestimmen« (410).

Pilatus ist für Hirsch »echter Heide« (416), das römische Regiment über die Juden »eine von Gott eingesetzte rechtmäßige Gewalt, deren Hoheit auf jeden Fall zu ehren ist« (421 zu 19,11). Hingegen: »Das Judentum lädt die Schuld auf sich, eine von Gott eingesetzte richterliche Gewalt als Werkzeug seines Hasses gegen Jesus in Bewegung zu setzen« (422), während Pilatus »im Gebrauch seines Amtes« (ebd.) im Grunde schuldlos ist[27]. Die Juden sind es denn auch – so interpretiert Hirsch 19,16 – »die das von ihnen bewirkte Gerichtsurteil des Pilatus exekutiert haben. Nicht römische Soldaten, sondern die Juden, die sich aus Haß gegen Jesus zu Knechten des Römers machten, haben den Kreuzigungsakt vollzogen« (425)[28].

In Bultmanns Kommentar hingegen sind οἱ Ἰουδαῖοι »das jüdische Volk nicht in seinem empirischen Bestande, sondern in seinem Wesen« – mit dieser antisemitisch interpretierbaren Aussage ist aber gemeint: »so wie sie als Vertreter des Unglaubens (und damit, wie sich zeigen wird, der ungläubigen ›Welt‹ überhaupt) vom christlichen Glauben aus gesehen werden« (59). Ist »Welt« nun aber in der Auslegung von »Jesus vor Pilatus« im Grunde der Nationalsozialismus – diese Gleichung bleibt freilich aus begreiflichen Gründen unausgesprochen –, so ist diesem sein Antisemitismus dialektisch aus der Hand geschlagen und gegen ihn selbst gekehrt.

An diese Interpretation der Juden als »die Welt« knüpft H. Schlier 1940 in

---

[26] Das vierte Evangelium, 1936.

[27] Natürlich ist dies alles zunächst nur Textauslegung; aber die liest sich 1936 eben anders als 1926 oder 1979.

[28] Bei Hirsch gesperrt gedruckt. Dagegen BULTMANN, 515 Anm. 2: »Natürlich ist nicht gemeint, daß Pilatus den Vollzug der Kreuzigung den Juden überläßt.«

seinem Aufsatz »Jesus und Pilatus nach dem Johannesevangelium«[29] an. Die Juden sind »die Repräsentanten der ungläubigen Welt« (29 u. ö.), Pilatus der »Vertreter der öffentlichen politischen und richterlichen Gewalt« (30 u. ö.). »Er behält (zunächst) ... seine sachliche Position noch bei« (30). Die »Grundlage des Reiches Jesu in dieser Welt (ist) das Opfer Jesu«; das aber bedeutet »für die Glieder dieses Reiches und ihr Handeln«: »daß sie sich nur dann als Angehörige dieses Reiches erweisen, wenn sie ihr Leben auf eben dieselbe Grundlage stellen, auf der das Reich selber steht: auf das Opfer ihres Königs Jesu. Wie das jeweils im Einzelnen und für die verschiedenen Einzelnen geschieht, ist ebenso wenig eindeutig festzulegen wie die Nachfolge Jesu überhaupt, die ja auch nicht eine Nachahmung Jesu, sondern Gehorsam darstellt. Das macht aber die Rede davon, daß es unter keinen Umständen eine legitime Beziehung zwischen politisch-irdischer Macht und dem Reich, das nicht von dieser Welt ist, gäbe, unwahrscheinlich. Nur darf man nicht vergessen, was gerade Calvin, den diese Frage an unserer Stelle bewegt, am Schluß seiner Ausführungen sagt: ›Im Übrigen sorgt die Verkehrtheit der Welt dafür, daß das Reich Christi mehr durch das Blut der Märtyrer gefestigt wird als durch den Schutz der Waffen‹« (36).

»Der Repräsentant des Politischen wird durch das Zeugnis der Wahrheit, das der Zeuge der Wahrheit ablegt, vor die Wahrheit gestellt und genötigt, in ihrem Lichte seine Wahrheit zu offenbaren. Seine Wahrheit aber ist das Nichtwissen um die Wahrheit« (38). Seine Reaktion, die Frage von 18,38, bedeutet nämlich, »daß Pilatus vor die Wahrheit gestellt, ihr aus dem Wege geht, weil er keine Wahrheit kennt und anerkennt« (ebd.)[30]. In 19,11 erinnert Jesus »den mit seinem Recht (so übersetzt Schlier ἐξουσία) sich rechtfertigenden Prokurator an die Herkunft und damit an das Wesen seines Rechtes: es ist ihm von oben, von Gott, verliehen; er hat es nicht von unten, aus sich selbst und aus der Welt, und nicht zur willkürlichen Verfügung« (45f).

Angesichts des engen Kontakts zwischen Bultmann und Schlier in dieser Zeit ist es nicht verwunderlich, daß Bultmann dann in seinem Kommentar die Interpretation Schliers aufnimmt und weiterführt, indem er nun Jesus mit »der Verkündigung« identifiziert. War bei Schlier schon die Situation des Kirchenkampfs in den Überlegungen zum Martyrium deutlich als die Ausle-

---

[29] In: R. BULTMANN, H. SCHLIER, Christus des Gesetzes Ende (BEvTh 1), 1940, 28–49. Offenbar ist Bultmanns Johanneskommentar in Lieferungen erschienen.

[30] Gegen diese Interpretation von 18,38 BULTMANN, 507f Anm. 8 (vgl. oben Anm. 5), anders aber dann wohl Theologie des Neuen Testaments, 1958³, 371, wo dies die Reaktion der *Welt* ist: »Daß der Welt die Wirklichkeit Gottes gleichgültig geworden ist, spricht die abweisende Frage des Pilatus aus: τί ἐστιν ἀλήθεια;«

gung bestimmend erkennbar, so erst recht bei Bultmann: hier »die Welt«, der Nationalsozialismus, dort Jesus, »die Verkündigung«, als dritte Größe »der Staat«, dessen Vertreter Pilatus im konkreten Fall versagt, weil er sich nicht an das hält, was seine Aufgabe wäre: Sachlichkeit und Recht zu wahren[31].

Es geht für Bultmann also nicht einfach um das Problem »Staat und Kirche«, sondern um den den Nationalsozialisten anheimgefallenen Staat einerseits, die Verkündigung andererseits, die das Wesen der Kirche ausmacht, nicht Recht oder Organisation der Kirche. Etwa gleichzeitig mit dieser Auslegung im Johanneskommentar ist ja auch der Entmythologisierungsaufsatz entstanden, in dem er danach fragt, was bekennende Kirche denn nun zu bekennen habe[32].

Die Situationsgebundenheit dieser Auslegung ist gelegentlich schon erkannt worden, z. B. von E. Haenchen, um damit diese ganze Auslegung abzulehnen: »Aber die ganze Problematik liegt nicht im Blick des Evangelisten, der nicht – wie Bultmann 1941 – vor dem Problem des Nationalsozialismus stand«[33], oder von W. Schmithals, um Bultmann zu verteidigen gegen den Vorwurf, seine Theologie sei nur auf das Individuum bezogen: »Überaus lesenswert ist in diesem Zusammenhang auch der Abschnitt ›Jesus vor Pilatus‹ aus Bultmanns Auslegung des Johannesevangeliums, die 1941 erschien: eine durchgehende Auseinandersetzung mit der pervertierten Autorität des nationalsozialistischen Weltanschauungsstaates.«[34]

Für heutige Leser ist aber wohl schon schwer zu verstehen, welche Rolle noch für Bultmann »der Staat« als solcher spielt. In der Nachkriegszeit hat ja das Problem »Kirche und Gesellschaft« – unter bezeichnender Voranstellung der Kirche – im kirchlichen Bewußtsein die traditionelle Frage nach dem Verhältnis von Staat und Kirche verdrängt. Bei Bultmann hingegen begegnet der Begriff »Gesellschaft« in diesem Zusammenhang nur 490: »Es wird deutlich, daß sich der Kampf zwischen Licht und Finsternis nicht allein in der privaten Sphäre abspielen kann, auch nicht in den Diskussionen im Raume der Gesellschaft und der offiziellen Religion.« Der Staat ist die der Welt »gesetzte

---

[31] In der Auslegungstradition waren 18,36 und 19,11 schon immer als grundsätzliche Aussagen zum Verhältnis von Staat und Kirche interpretiert worden. Schlier hat wohl als erster nun die ganze Geschichte unter diesem Thema behandelt. Bultmann nimmt das auf und setzt für die Gestalt Jesu »die Verkündigung«.

[32] Vgl. DINKLER (Anm. 21), 27ff.

[33] Jesus vor Pilatus (Joh. 18,28–19,15) (in: DERS., Gott und Mensch. Gesammelte Aufsätze, 1965, 144–156), 149f Anm. 20; vgl. R. E. BROWN, The Gospel according to John, Bd. 2 (AncB 29a), 1971, 864: »reflects the theological agonizing about the role of the State prompted by the Nazi experience.«

Ordnungsmacht«, also ein Gegenüber zur Gesellschaft, das unabhängig von ihr ist; Gesellschaft meint den bürgerlichen Freiraum gegenüber dem Obrigkeitsstaat, und zu diesem Freiraum gehört auch die Freiheit der Religionsausübung[35].

Bultmanns Auslegung steht mit ihrer Forderung nach Sachlichkeit und Neutralität seitens des Staates also im Rahmen der liberalen Toleranzforderung, der sich der Staat mit der Weimarer Verfassung verpflichtet hatte. Zugleich versteht Bultmann nun die Szene »Jesus vor Pilatus« als den Verfall des Staates an die gottfeindliche Welt, als die Pervertierung des durch Ausnahmegesetze die Verfassung suspendierenden und nicht mehr in der Wahrheit, sondern im »Rechtswillen« des Führers legitimierten Staates, der gleichwohl Staat bleibt[36]. Dahinter stehen aber andererseits wohl auch durchaus Erfahrungen, daß einzelne Beamte und Richter dieses Staates anders als Pilatus sehr wohl noch auf »Wahrheit« anzusprechen waren, ob sie nun Christen waren oder nicht.

Mit dem nach 1945 in der Bundesrepublik erfolgten stärkeren Anschluß an das westliche, vor allem angelsächsische Verständnis des demokratischen Staates büßt dieser jedoch weitgehend seine noch in die Weimarer Verfassung hinein wirkende übergeordnete Legitimität ein und wird eher als Funktion der Gesellschaft begriffen; der Staat unterliegt grundsätzlich ihrer Kontrolle und noch dazu den Normen der unabhängigen Verfassungsgerichtsbarkeit. Die Entwicklungen der letzten Jahre erst haben auf die Schwierigkeiten eines solchen Verständnisses hingewiesen, die dann entstehen, wenn der erforderliche Grundkonsens bewußt in Frage gestellt wird.

Der Weg nach 1945 hat also nicht einfach zu einer Wiederherstellung der ab 1930 außer Kraft gesetzten alten Verfassung geführt, sondern zu einer Neubestimmung der Rolle des Staates überhaupt. Ursache dafür war wohl nicht zuletzt die Erfahrung, die man mit eben diesem von den Nationalsozialisten okkupierten Staat gemacht hatte, und diese Pervertierung war denn wohl auch die Ursache für die in jenen Jahren und danach vertretene dämonologische Deutung des Staates, der Bultmann nicht gefolgt ist[37]. Für ihn

---

[34] Die Theologie Rudolf Bultmanns, 1966, 300.

[35] In diesem Zusammenhang ist daran zu erinnern, daß noch E. TROELTSCH den heute uferlos verwendeten Begriff der »Gesellschaft« nur in ganz engem Sinne verwenden wollte: als den »personifizierten Inbegriff der peripherischen Lebenstätigkeiten, die von unten, von den individuellen Vielheiten aus, auf den ihnen (vom Staat) freigelassenen Teilen des sozialen Lebens sich äußern« (Die Soziallehren der christlichen Kirchen und Gruppen [Gesammelte Schriften I], [1922] 2. Neudr. 1965, 8).

[36] Wo diese Grenze endgültig überschritten war, ist im nachhinein schwierig genug zu be-

bleibt der Staat Staat, auch wenn einzelne Vertreter dieses Staates ihre Orientierung verlieren wie hier Pilatus und unter dem Druck des Nationalsozialismus den Boden des Rechts verlassen.

Was Bultmann mit »Welt« und mit »Staat« meint, läßt sich nun nicht einfach mit »Gesellschaft« übersetzen; eine neue Interpretation von »Jesus vor Pilatus«, die Bultmanns Spuren folgt, hätte vielmehr neu anzusetzen unter den veränderten Bedingungen unserer Zeit. Vielleicht ließen sich dann dem Text noch andere Aspekte abgewinnen, wenn man unter Aufnahme von Schliers Deutung der »Pilatusfrage«, die Bultmann ja abgelehnt hatte[38], in Pilatus Züge des politischen Karrierebeamten (19,12!) oder den Typ des immer nur pragmatischen Politikers[39] sieht, der sein Verhalten an den Erfordernissen des sogenannten »Alltagsgeschäfts« orientiert, dabei in Kauf nehmend, daß solches Handeln auf Kosten von Menschen gehen kann, wenn er nur taktiert und sich nur an Mehrheiten und Wünschen einflußreicher Gruppen orientiert.

Bultmann selber hat ja seine Auslegung in einem ganz entscheidenden Punkt widerrufen: Im Ergänzungsheft zum Kommentar[40] wechselt er die Erklärung von Joh 19,11 aus. Pilatus ist an dieser Stelle nun nicht mehr »der Staat«, sondern »Vertreter des Staates«; 19,11 wird nicht mehr im Sinne von Röm 13 interpretiert. An die Stelle der Anmerkung »Ebenso Röm 13,1« tritt als neuer Text: »Der Satz bedeutet nicht, wie hier in der ersten Aufl. gesagt war, daß die ἐξουσία, auf die Pil.(atus) sich beruft, die staatliche Autorität, von Gott gegeben ist. Es müßte dann δεδομένη heißen.« Überzeugt hat ihn

stimmen; um so schwieriger muß es damals gewesen sein. Ein deutlicher Markierungspunkt scheint die Vereidigung auf Adolf Hitler nach dem Tode Hindenburgs 1934 gewesen zu sein.

[37] Vgl. E. Käsemanns dokumentierenden Aufsatz: Römer 13,1–7 in unserer Generation (ZThK 56, 1959, 316–376). – Merkwürdig ist in diesem Zusammenhang, daß K. Barth in seiner Schrift Rechtfertigung und Recht (ThSt [B] 1), 1938 (zit. nach 1948[3]) sich zunächst auf K. L. Schmidts Basler Antrittsvorlesung beruft und dann schreibt: »Auch ich halte es für richtig und wichtig, zunächst auf das ›Gegenüber‹ von *Jesus und Pilatus* hinzuweisen« (9), während – jedenfalls in der gedruckten Fassung: Das Gegenüber von Kirche und Staat in der Gemeinde des Neuen Testaments (ThBl 16, 1937, 1–16) – K. L. Schmidt diesen Text nicht einmal erwähnt. Barth folgt hier doch wohl eher Schlier (vgl. 10 Anm. 10). Bultmann und Barth stimmen in der Interpretation der Pilatusfrage überein: »Der Staat ist in der Wahrheitsfrage neutral: ›Was ist Wahrheit?‹ (Joh. 18,38). Wohl aber hätte dies . . . bedeutet: Jesu Legitimierung, den Anspruch, dieser König zu sein, mit lauter Stimme unter den Menschen erheben zu dürfen: die rechtliche Freigabe der Verkündigung der Rechtfertigung!« (Barth, 11; vgl. Bultmann, 507f)

[38] Vgl. oben Anm. 5 und 30.

[39] Vgl. Brown (Anm. 33), 864: »Pilate is typical, not of the State that would remain neutral, but of the many honest, well-disposed men who would try to adopt a middle position in a struggle that is total.«

[40] Kommentar 512f, Ergänzungsheft 54f.

die Argumentation von H. von Campenhausen, der gegen die seit Augustin immer wieder vertretene Deutung dieses Verses gesagt hatte: »In Wirklichkeit besteht m. E. gar keine Veranlassung, ἐξουσία im Sinne eines staatlichen ›Amts‹ zu verstehen; das Wort bezeichnet einfach das Vermögen freier Entscheidung, das Pilatus besitzt.«[41] Bultmann hat damit dann aber wohl auch seine ganze auf der Identifikation Pilatus = der Staat basierende Interpretation aufgegeben[42].

In den seither erschienenen Auslegungen dieses Textes ist denn auch niemand Bultmanns Auslegung gefolgt. Das Interesse liegt wieder auf der historischen Ebene: Rom, die Christen, die Juden damals zur Zeit des Evangelisten[43], Pilatus als »Vertreter des römischen Staates und des Heidentums«[44], der Text als Persiflage einer Königsepiphanie[45]. Diese weitere Geschichte soll

[41] Zum Verständnis von Joh. 19,11 (ThLZ 73, 1948, 387–392), hier 387f mit der Anm. 1: »Andernfalls wäre schon das ›Haben‹ der ἐξουσία eine zum mindesten auffällige Formulierung; und auch das Neutrum δεδομένον zeigt, daß der Evangelist hier mehr auf das persönliche Haben des Pilatus schaut als auf das, was er hat. Denn in diesem Falle müßte man vielmehr δεδομένη erwarten« (Berufung auf Greeven und Zahn).

[42] Die Auslegung in der Theologie ([Anm. 30], 385) ist zu knapp, als daß sie wesentliche Differenzierungen erkennen ließe: »Die Welt kennt auch eine Ordnung, die auf Erden für das Recht sorgt: den *Staat.* Zu ihm nimmt sie ihre Zuflucht, um den Ruhestörer, Jesus, loszuwerden. Aber es zeigt sich nicht nur, daß der Staat zu schwach ist, seine Aufgabe durchzuführen, wenn er sich dem Wort des Offenbarers verschließt, sondern vor allem verdreht die Welt selbst den Sinn des Staates, wenn sie ihn zur Erfüllung ihrer Wünsche mißbraucht und dabei zu Lüge und Verleumdung greift (19,12).« – H. SCHLIER hat in seinem Aufsatz: Der Staat nach dem Neuen Testament (1959) (in: DERS., Besinnung auf das Neue Testament, 1964, 193–211) noch einmal wie 1932 mit »Jesus vor Pilatus« eingesetzt. Deutlich scheint hier in Fortführung der früheren Aufsätze nun das Ende des nationalsozialistischen Staates reflektiert zu sein. Trotz Aufnahme einer gegen ihn gerichteten Bemerkung Bultmanns zur Interpretation der Pilatusfrage (197 [vgl. oben Anm. 5 und 30]) hält er gegen Bultmann daran fest: »Prinzipielle Neutralität gegenüber dem Zeugnis der Wahrheit zerstört den Staat und staatliches Handeln. Sie läßt die Angst erstehen, die das Amt unsicher und das politische Handeln unsachlich macht. Sie liefert den Staat notwendig den Kräften aus, die ihn zur Vernichtung der Wahrheit mißbrauchen und alle messianische Hoffnung an den Cäsar abgeben. Sie legt das Fundament eines Heilsstaates, der in seiner politischen, geistigen und metaphysischen Totalität Verkörperung der Unwahrheit ist« (200). Der Aufsatz schließt mit fast prophetischen Sätzen, die damalige Leser sicher nicht auf die Bundesrepublik der Adenauer-Ära bezogen haben werden: »Die Überwältigung des Staates durch die Kräfte der Welt, die alle Hoffnung an den Cäsar binden, ist jederzeit eine Gefahr für das Politische. Sie wird einmal die politische Wirklichkeit, die sich Gott und Christus versagt, endgültig bestimmen. Der Staat, der an sich einen begrenzten Auftrag von Gott hat und der den Anspruch der Herrschaft Gottes hören muß und kann, wird sich, wenn er ihn nicht gelten läßt, in den totalen, antichristlichen und antitheistischen Un-staat wandeln. Christus wird in der Geschichte dort, wo der Staat den Anspruch Gottes abweist, den Antichristen hervortreiben. Der Antichrist ist aber ein geistig-politisches Phänomen. Mit ihm wird der Staat selbst als Staat zerstört sein« (211).

[43] S. SCHULZ, Das Evangelium nach Johannes (NTD 4), 1972, 227–234.

[44] R. SCHNACKENBURG, Das Johannesevangelium, 3. Teil (HThK 4.3), 1975, 274.

[45] J. BLANK, Die Verhandlung vor Pilatus Joh 18,28–19,16 im Lichte johanneischer Theologie (BZ NF 3, 1959, 60–81).

hier nicht mehr verfolgt werden, auch keine eigene neue Auslegung versucht werden, die von Bultmann lernen könnte, seine grundsätzlich politische Perspektive jedenfalls auch einzubeziehen[46]. Wie etwa würden die Vertreter der römischen Staatsidee reagiert haben, die wie Trajan, Plinius, Sueton zu Beginn des 2. Jahrhunderts dem Phänomen des Christentums begegneten, hätten sie diesen Text gelesen?

Bultmanns Auslegung scheint mir ein Exempel für die Frage nach der Bedeutung von Exegese angesichts konkreter Fragestellungen zu sein, dafür auch, inwieweit der Exeget bestimmt ist durch die Situation, in der er arbeitet – beides um so reizvoller, wenn es sich wie in diesem Fall um eine »falsche« Auslegung handelt. Wer demgegenüber meint, Exegese auf eine bloß noch historische Ebene zurückziehen zu können, täuscht sich vermutlich über das, was er faktisch als Exegese treibt, wird aber vor allem den in den Texten immer liegenden Überschüssen nicht gerecht, die sie nicht in der historischen Situation ihrer Entstehung gefangen bleiben lassen.

Das Beispiel zeigt, wie Exegese Widerstand gegen angebliche »Forderungen der Stunde« ermöglicht (gerade im Vergleich mit anderen Exegeten wie in diesem Fall E. Hirsch), wie Exegese sich dennoch deutlich im Kontext der Situation des Exegeten vollzieht, aber gerade nicht in naiver Identifizierung der Situation mit dem Text, sondern in kritischer Reflexion auf beides. Solche Exegesen sind für uns Spätere faßbar allein in der abgeschlossenen Endgestalt eines gedruckten Werkes; man darf dabei aber nicht vergessen, daß sie in allen möglichen Vorstadien – Vorlesungen und Seminare, Predigten oder Stellungnahmen oder auch persönliche Gespräche – damaligen Hörern Orientierung bieten konnten[47], ob ausdrücklich als solche gekennzeichnet wie bei Bultmanns oben erwähnter Einleitung seiner Vorlesung im Sommersemester 1933 oder als gemeinsame Einübung kritischen Denkens, das kritisch ist gegenüber dem Text, der eigenen Gegenwart und nicht zuletzt auch gegenüber sich selbst.

Die Frage, wozu Exegese denn heute nütze, wird immer gestellt werden gegenüber einer Exegese, die sich begnügt mit der historischen Erhellung christologischer oder traditionsgeschichtlicher Zusammenhänge. Bei Bultmann aber kann man an den beiden gleichzeitigen Arbeiten zu »Jesus vor Pilatus« und zur Entmythologisierung sehen, zu welchem Risiko Exegese be-

---

[46] Vgl. aber W. SCHRAGE, Die Christen und der Staat nach dem Neuen Testament, 1971, 47–49.

[47] G. BORNKAMM erinnert in seinem: In Memoriam Rudolf Bultmann (NTS 23, 1976/77, 235–242), 240 an den 1935 erschienenen Aufsatz: Polis und Hades in der Antigone des Sophokles (GuV II 20–31).

reit sein muß als kritische Reflexion im eben genannten Sinne – das Risiko der »falschen« Auslegung nicht ausgeschlossen. Auch die darauf folgenden Auslegungen sind nicht zu denken ohne den allgemeinen Zusammenhang, in dem der Exeget lebt; vielleicht sind sie nur in dieser Beziehung weniger reflektiert, weil dieser Zusammenhang in den Jahren nach 1945 weniger fragwürdig zu sein schien und man in Pilatus nicht mehr den Staat zu erkennen brauchte, in dem man lebte.

Der Mitälteste und Zeuge der Leiden Christi

Eine martyrologische Begründung des »Romprimats« im 1. Petrus-Brief?

Willi Marxsen

Wenn heute ein nahezu einhelliger Konsensus darüber erreicht worden ist, daß gegen Ende des 1. Jahrhunderts die Überzeugung von einem Aufenthalt des Petrus in Rom bestand, dann ist das nicht zuletzt auch ein Verdienst Erich Dinklers, der in seinem Forschungsbericht »Die Petrus-Rom-Frage« die in der Literatur begegnenden Argumente zusammengestellt und sie an Hand der Quellen in ihrem pro und contra sorgfältig gegeneinander abgewogen hat[1]. In dem Zusammenhang erörtert er auch Probleme des 1Petr. Im Anschluß an O. Cullmann[2] spricht er davon, daß in diesem Schreiben schon »mit Wahrscheinlichkeit« eine Kenntnis von einem Romaufenthalt des Petrus vorliegt. Er fügt dann hinzu: ». . . vielleicht auch von einem Martyrium.«[3] Dieses Vielleicht begründet er damit, daß man nicht, wie K. Aland es tut[4], »die Worte des Verfassers in 5,1 über sich als μάρτυς τῶν τοῦ Χριστοῦ παθημάτων so verstehen (dürfe), als sei hier Petrus ›eindeutig als Blutzeuge‹ bezeichnet, denn μάρτυς ebenso wie μαρτυρεῖν haben in dieser Zeit gerade noch nicht den technisch eindeutigen Sinn«. Dinkler konzediert, daß »an unserer Stelle der bekennende Zeuge zwar ein solcher der παθήματα Χριστοῦ« sei, ebenfalls, daß »damit auf Verfolgungsleiden zweifellos hingewiesen« werde; das aber erlaube »dennoch nicht den Sprung zum ›Märtyrer‹ im Sinne des ›Blutzeugen‹«. Dieser Sprung liege jedoch im 1Clem vor. Hier sind die beiden Texte über Petrus und Paulus (5,4–6) die »Stelle, wo μαρτυρεῖν martyrologisch wird«, wo also der »Schritt vom ›Zeugnis ablegen‹ zum ›Blutzeugnis geben‹ eingeleitet« wird[5].

---

[1] ThR NF 25, 1959, 189–230 und ThR NF 27, 1961, 33–64.

[2] Petrus. Jünger–Apostel–Märtyrer, 1952. – In der 2. Aufl. 1960, die nach Abschluß des ersten Teils des Forschungsberichtes erschien, findet sich ein instruktives Referat über die Geschichte dieser Frage seit dem Mittelalter (80–87).

[3] AaO. (A 1), 207.

[4] Petrus in Rom (HZ 183, 1957, 497–516), 505.

[5] AaO. (A 1), 211; vgl. H. v. Campenhausen, Die Idee des Martyriums in der alten Kirche, 1936, 54.

Daß Dinkler im Blick auf den 1Petr zurückhaltend urteilt, scheint berechtigt, zumal die Fragen, die sich bei diesem Dokument stellen, an den gerade für unser Problem entscheidenden Punkten bis heute kontrovers beantwortet werden. Sollte es indes gelingen, durch einen methodisch modifizierten Ansatz ein wenig mehr Klarheit zu schaffen, könnte Dinkler vielleicht seine Zurückhaltung aufgeben. Möglicherweise läßt sich dann nämlich zeigen, daß das Urteil über die Bedeutung von μαρτυρεῖν, das Dinkler für den 1Clem fällt, auch (schon?) für den 1Petr gilt. Dann bräuchte Dinkler seine zunächst ausgesprochene Vermutung, der 1Petr wisse »vielleicht« auch von einem Martyrium des Petrus in Rom, nicht mehr später zurückzunehmen, wie er es in seinem Forschungsbericht allein aus sprachgeschichtlichen Gründen tut.

Der kritische Punkt, an dem anzusetzen ist, kommt in den Blick, wenn man darauf achtet, daß bei Dinkler (wie übrigens ganz ähnlich auch in der Mehrzahl der Kommentare) der, der 1Petr 5,1 eine Selbstaussage in der 1. pers. sing. macht, unterschiedlich bezeichnet wird. Einmal gilt er als »Verfasser« des (ganzen) Schreibens, worunter dann (Pseudo-) Petrus zu verstehen ist[6]. Sodann wird er aber auch (und nun doch eigentlich nur im Blick auf 5,1) »der bekennende Zeuge« genannt. Müssen beide aber (zumindest von vornherein schon) als identisch angesehen werden? Darf man (und wenn ja: wie darf man) die unbestreitbar in 5,1 vorliegende Selbstaussage für Petrus und dann auch für die Petrus-Rom-Frage in Anspruch nehmen?

Es handelt sich hier also um eine Teilfrage des umfassenderen Problems: In welchem Verhältnis steht »Petrus« zum 1Petr? Mit einer kurzen Skizze des Hintergrundes setze ich ein.

I

Als in hohem Maße seltsam muß man es bezeichnen, daß bei der Exegese des 1Petr das am meisten »störende« Wort gleich das erste ist: die Angabe, daß Petrus der Verfasser des Schreibens sein will. Es scheint doch wirklich so zu sein, daß »nichts im Brief . . . diesen Namen plausibel« macht[7].

Das gilt einmal (und hier möchte man sagen: sogar schon) für die übrigen Teile des brieflichen Rahmens (1,1–2; 5,12–14). Als Empfänger werden Gemeinden im paulinischen Missionsgebiet oder in dessen Umgebung angegeben (1,1b). Silvanus (5,12) und Markus (5,13) sucht man zunächst gewiß eher

---

[6] Die Pseudonymität des 1Petr setze ich mit E. Dinkler ohne weitere Diskussion voraus.

[7] N. Brox, Falsche Verfasserangaben. Zur Erklärung der frühchristlichen Pseudepigraphie (SBS 79), 1975, 17.

in der Nähe des Paulus als in der des Petrus[8]. Lediglich Babylon (5,13) könnte auf eine gewisse Beziehung zu Petrus hindeuten, wenn wir es hier mit einem Decknamen für Rom zu tun haben.

Sodann stößt sich der Name Petrus aber auch mit dem gesamten Corpus des Dokuments (1,3–5,11). Es findet sich keine Andeutung, die eine Beziehung zu Petrus auch nur nahelegen könnte. Der Inhalt gibt vielmehr deutlich zu erkennen, daß sein Verfasser in spätpaulinischer Theologie lebt und denkt. Er hat eine Fülle von Traditionen verschiedener Herkunft aufgenommen und verarbeitet, für die es manche Parallelen in anderen Schriften gibt[9]. In der formgeschichtlichen Einordnung sowohl der Einzelteile als auch vor allem des Ganzen schwanken die Urteile[10]. Übereinstimmung besteht, wenigstens weitgehend, lediglich in der negativen Feststellung: Von einem eigentlich brieflichen Charakter kann nicht die Rede sein[11]. Wenn überhaupt, dann begegnet nur an einer einzigen Stelle (und vielleicht in ihrem engeren Kontext) so etwas, was mindestens in die Nähe brieflicher Züge führt, eben bei der Selbstaussage 5,1.

»Man kann unbedingt behaupten, daß, wenn unserm ›Briefe‹ das erste Wort *Petrus* fehlte, niemand auf die Vermutung, er sei von Petrus verfaßt, geraten sein würde.«[12] Er wäre es zumindest dann nicht, wenn er sich am Inhalt des 1Petr orientiert hätte. Natürlich wären Vermutungen angestellt worden, wie man sie etwa bei den »Johannes«-Briefen oder beim Hebr angestellt hat. Die aber hätten höchstwahrscheinlich immer in das Umfeld des Paulus oder auf Paulus selbst geführt[13]. Hätte sich dann diese Überzeugung in der frühen

---

[8] Für Silvanus (= Silas) vgl. 1Thess 1,1; 2Kor 1,19; ferner 2Thess 1,1; Apg 15,22; 15,40–18,5. – Für Markus vgl. Phlm 24; ferner Kol 4,10; Apg 12,25; 13,5.13 (15,37–39).

[9] Vgl. dazu u. a. E. LOHSE, Paränese und Kerygma im 1.Petrusbrief (ZNW 45, 1954, 68–89) (DERS., Die Einheit des Neuen Testaments, 1973, 307–328) und L. GOPPELT, Der erste Petrusbrief (KEK XII/1), 1978, 47–56.

[10] Nach A. HARNACK ist das Corpus ein »homiletischer Aufsatz« (Die Chronologie der altchristlichen Litteratur bis Eusebius I, 1897, 451); R. PERDELWITZ hielt 1,3–4,11 für eine Taufansprache (Die Mysterienreligion und das Problem des 1. Petrusbriefes [RVV XI,3], 1911); W. BORNEMANN vermutete, daß das ganze Corpus eine Taufrede sei (Der erste Petrusbrief – eine Taufrede des Silvanus? [ZNW 19, 1919/20, 143–165]). Nach H. Preisker haben wir es mit der Aufzeichnung eines römischen Taufgottesdienstes zu tun (H. WINDISCH-H. PREISKER, Die katholischen Briefe [HNT 15], 1951³, 156–160).

[11] Selbst L. GOPPELT, nach dem »der 1Petr . . . von Hause aus als Brief verfaßt« wurde, muß zugeben, daß »in den thematischen Ausführungen briefliche Züge . . . fehlen« (aaO. [A 9], 44).

[12] A. JÜLICHER-E. FASCHER, Einleitung in das Neue Testament (GThW 3.1), 1931⁷, 192f.

[13] Die von K. M. FISCHER (Tendenz und Absicht des Epheserbriefes [FRLANT 111], 1973, 15 A 3) vorgeschlagene Lösung, der 1Petr sei tatsächlich ein ursprünglich deuteropaulinisches Schreiben, in dem aus einem ursprünglichen ΠΑΥΛΟΣ ein ΠΕΤΡΟΣ wurde, weil in der Mater der zweite bis vierte Buchstabe unleserlich waren, versucht das Problem doch wohl zu »elegant« zu beseitigen.

Tradition der Kirche festgesetzt, unter Umständen ihren Niederschlag in einigen Handschriften gefunden[14], dann hätte man spätestens seit dem vorigen Jahrhundert über die »Echtheit« dieses Briefes diskutiert – nun freilich als »Paulus«-Brief. Dabei hätten es die Verteidiger solcher Echtheit hier sogar leichter gehabt, als sie es bei manchen deuteropaulinischen Schreiben haben. So zeigt doch (neben manchen Berührungen in der Terminologie) vor allem die Verknüpfung von Indikativ und Imperativ im 1Petr eine größere Nähe zur paulinischen Theologie, als sie etwa im 2Thess zu erkennen ist. Ja, gelegentlich gibt sich der 1Petr sogar, wie W. Schrage feststellt, »paulinischer« als Paulus selbst, »wenn er etwa in 2,16 das Verhalten der Christen gegenüber den staatlichen Instanzen mit der christlichen Freiheit begründen kann«[15]. In *diesem* Sinne könnte man den 1Petr durchaus als deuteropaulinisch bezeichnen[16].

Die Kommentare bestätigen dann diesen Eindruck. 1,3–5,11 wird ausgelegt (und kann ganz offensichtlich auch ausgelegt werden), ohne daß man überhaupt daran denkt, daß hier doch eigentlich »Petrus« redet. Man hat den »Verfasser« faktisch vergessen. Erst und nur bei 5,1 kommen die Ausleger nicht darum herum, sich an ihn zu erinnern.

Genau damit aber beginnen dann die Schwierigkeiten, zuerst beim benutzten Titel. Setzt man voraus, daß der Verfasser die Pseudonymität an dieser Stelle durchhalten will, wundert man sich darüber, daß er sich nicht (wie er sich 1,1a eingeführt hatte) Apostel nennt (was viele Kommentare freilich nicht hindert, diesen Titel hier dennoch einfach zu benutzen, nur selten in Anführungsstrichen). Die Selbstbezeichnung »Mitältester« aber wertet man als Ausdruck der Bescheidenheit den anderen Ältesten gegenüber[17]. Dieses Motiv hier zu unterstellen, ist doch aber wenig wahrscheinlich, wenn man Pseudonymität voraussetzt. Die »Autorität«, die durch die Fiktion apostolischer Verfasserschaft herausgestellt wird, würde durch solche »Bescheidenheit« wieder zurückgenommen werden[18]. So ist dann auch genau umgekehrt

---

[14] Man könnte hier etwa auf Entsprechendes (zwar nicht für die Verfasser-, aber doch) für die Empfängerangabe Eph 1,1 hinweisen.

[15] Der erste Petrusbrief (in: H. Balz und W. Schrage, Die katholischen Briefe [NTD 10], 1973[11], 59–117), 60.

[16] Mit Recht hat darum schon A. Harnack (aaO. [A 10], 451) auf die (freilich formale) Ähnlichkeit mit dem Eph hingewiesen: Das Corpus enthält keine Korrespondenz; und die pseudepigraphische Fiktion beschränkt sich auf den Rahmen.

[17] So u. a. R. Knopf, Die Briefe Petri und Judae (KEK XII), 1912[7], 188; H. Windisch, aaO. (A 10), 78; G. Bornkamm, ThWNT VI 666; W. Schrage, aaO. (A 15), 113.

[18] Man darf darum auch nicht auf ähnliche »Bescheidenheit« bei Ignatius und Polykarp verweisen, wie G. Klein es tut (Die zwölf Apostel [FRLANT 77], 1961, 84). Das sind eben keine pseudepigraphischen Schreiben.

argumentiert worden. L. Goppelt meint, daß eine »ursprünglich vom Apostel selbst wahrgenommene Funktion«, nämlich »die Sorge für alle Gemeinden«, jetzt ausdrücklich auf die Presbyter übertragen werden soll[19].

Noch größer aber werden die Schwierigkeiten, wenn man angeben will, in welchem Sinne sich der Verfasser als μάρτυς τῶν τοῦ Χριστοῦ παθημάτων bezeichnet. Will er die Fiktion petrinischer Autorschaft wirklich durchhalten, läge es am nächsten, daß er sich hier als Augenzeuge der Passion Jesu bezeichnen will[20]. Diesen Gedanken hat man heute aber mit Recht aufgegeben, denn ein solches Verständnis paßt schlechterdings nicht in den Kontext. Nach der Fortsetzung (ὁ καὶ τῆς μελλούσης ἀποκαλύπτεσθαι δόξης κοινωνός) und wegen der Sachparallele zu 4,13 muß hier von einer persönlichen Teilhabe des Mitältesten an Leiden die Rede sein[21]. »Petrus« selbst muß also (Verfolgungs-) Leiden erfahren haben. Was heißt dann aber, daß er dessen »Zeuge« ist? Gleichgültig nun, ob man hier von einem »Tatzeugnis« redet, oder ob man an ein »Wortzeugnis« denkt, der Inhalt bleibt in beiden Fällen derselbe: Es geht um die »Erfahrungen«[22] des »Petrus«. Dann legt sich zunächst die Vermutung nahe, hier an das Martyrium zu denken. Doch wenn an dieser Stelle eine »Prophezeiung (ex eventu) auf den Märtyrertod des Petrus« vorliegen soll[23], wird sofort wieder die Fortsetzung schwierig. Außerdem läßt sich dagegen einwenden, daß dann »zur Zeit des 1Petr wortgeschichtlich schon der martyrologische Sinn von μάρτυς angenommen werden« müßte[24], was aber zu dieser Zeit »gewiß noch nicht vorausgesetzt werden kann«[25]. Das ist zwar heute (fast) opinio communis[26], doch sollte man sich zugleich darüber klar sein, daß hier eine petitio principii vorliegen könnte: Bei dem spärlichen Material läßt sich eine sichere Wortgeschichte kaum aufstellen, die dann Rückschlüsse zuläßt. Da man offenbar mit fließenden Übergängen rechnen muß[27], kann man auch nicht sagen, ob die Wortgeschichte überall gleichmäßig verlief.

---

[19] AaO. (A 9), 322.

[20] So R. Reitzenstein, Bemerkungen zur Martyrienliteratur (in: NGWG.PH 1916, 417–467), 436.

[21] So u. a. H. Windisch, aaO. (A 10), 79; H. Strathmann, ThWNT IV 499.

[22] H. v. Campenhausen, aaO. (A 5), 64.

[23] R. Knopf, aaO. (A 17), 188.

[24] N. Brox, Zur pseudepigraphischen Rahmung des ersten Petrusbriefes (BZ NF 19, 1975, 78–96), 81 A 14.

[25] H. v. Campenhausen, aaO. (A 5), 64 A 4.

[26] Und so begründet ja auch E. Dinkler (aaO. [A 1], 207) seine Zurückhaltung gegenüber einem technisch-martyrologischen Verständnis von μάρτυς in 1Petr 5,1.

[27] E. Dinkler hat das (aaO. [A 1], 211) gerade für den 1Clem gezeigt.

Nimmt man nun jedoch keine Anspielung auf ein Martyrium an, dann entsteht ein sehr seltsames Petrusbild. F. Hauck beschreibt es so: »Der Apostel (!), der durch sein ganzes Leben und Wirken – selbst leidend – die Leiden Christi bezeugt . . ., hat dadurch bereits gegenwärtige Gewißheit, Teilhaber der bevorstehenden Herrlichkeit zu sein.«[28] Das könnte man doch aber wieder eher von Paulus als von Petrus sagen. Der Verfasser hätte dann, um in der konkreten Situation der Leser als »Vorbild« auftreten zu können, ein Petrusbild entworfen, für das es sonst in der Tradition keinen wirklichen Anhalt gibt. Ist das aber auch nur wahrscheinlich?

Ganz offensichtlich entstehen alle Verlegenheiten der Exegeten letztlich dadurch, daß sie, wenn sie an 5,1 herankommen, plötzlich meinen, sich an »Petrus« erinnern zu müssen. Ist das jedoch berechtigt? Ist es wirklich so, wie N. Brox meint, daß in diesem Vers, »ein bestimmtes Petrusbild . . . entworfen (wird), um paränetisch und situationsbezogen anwendbar zu sein«[29]? – Wenn es dagegen stimmt, daß im 1Petr »die Pseudonymität *nur im brieflichen Rahmen* durchgeführt wird«[30], dann sollte man diese Einsicht auch für 5,1 gelten lassen und bei der Exegese dieses Verses »Petrus« nicht von Anfang an ins Spiel bringen.

II

Es scheint auch vieles, wenn nicht alles, dafür zu sprechen, daß in 5,1 der tatsächliche Verfasser zunächst einmal von sich selbst redet. Der Kontext legt diese Vermutung einfach nahe. Prüft man sie durch, fallen auch die genannten exegetischen Schwierigkeiten fort.

In diesem Zusammenhang will ich nicht auf die vieldiskutierte Frage eingehen, wie es mit der Zäsur zwischen 4,11 und 4,12 steht und wie man formgeschichtlich entweder 1,3–4,11 für sich oder 1,3–5,11 insgesamt beurteilen soll. Da man jedoch, wie gesagt, negativ feststellen kann, daß zumindest 1,3–4,11 keinen brieflichen Charakter aufweist, 4,12–5,11 sich durch Eingehen auf die konkrete Situation diesem Charakter aber wenigstens nähert, halte ich es für am wahrscheinlichsten, daß beide Teile nicht in einem Zuge niedergeschrieben worden sind, sondern daß der Verfasser von 4,12 an früher Formuliertes »im Blick auf die Verfolgung aktualisiert«[31]. Da diese Aktuali-

[28] ThWNT III 807.
[29] AaO. (A 24), 81.
[30] W. G. Kümmel, Einleitung in das Neue Testament, 1973[17], 374 (von mir hervorgehoben).
[31] Ph. Vielhauer, Geschichte der urchristlichen Literatur, 1975, 585.

sierung indes mit ziemlicher Sicherheit aus der Feder desselben Verfassers stammt, spielt dieses Problem in unserem Zusammenhang keine so entscheidende Rolle.

Der Verfasser schreibt jedenfalls in einer Zeit, in der ein (früher?) nur als möglich in Aussicht gestelltes Leiden als Konsequenz aus dem Christsein (wobei von einer wirklichen Verfolgung noch nicht die Rede sein kann[32]) nun als ein Verfolgungsleiden akut geworden ist. Jetzt sollen die Leser die πύρωσις, die über sie gekommen ist, nicht als etwas überraschend Unerwartetes verstehen (4,12). Als Menschen, die diese Feuersglut ertragen, haben sie vielmehr teil an den παθήματα τοῦ Χριστοῦ[33]. Wegen der damit verbundenen eschatologischen Hoffnung besteht für sie also gerade Grund zur Freude (4,13).

Wenn auch nicht ganz deutlich wird, welches Ausmaß dieses Verfolgungsleiden für die Leser bereits angenommen hat (nicht völlig auszuschließen ist, daß – aufgrund einzelner Erfahrungen – zur Zeit noch die Bedrohung überwiegt), kann dennoch darüber kein Zweifel herrschen: Über den Verfasser selbst ist das Verfolgungsleiden schon gekommen. 5,1 muß (und kann) parallel zu 4,13 ausgelegt werden. Rein formal kann man den Verfasser als Wortzeugen bezeichnen, denn seine παθήματα sind ja Inhalt dessen, wovon er spricht. Dennoch liegt nicht darauf der Akzent. Der Verfasser deutet vielmehr »mit diesen Worten an, daß er selbst schon . . . Verfolgung um Christi willen erlitten habe, die Dinge, von denen er zu seinen Mitältesten spricht, also aus Erfahrung kennt und *für seine eigene Person bezeugen* kann«[34]. Wenn er sich hier als μάρτυς bezeichnet, meint er daher »den Akt des Leidens selber, nicht das Reden davon. Und insofern ist das Christenleiden Zeugnis für das Leiden des Herrn, als dieser letztere als beispielhaft für die Christen verstanden wird (vgl. 2,21; 3,17f; 4,1)«[35].

Als ein solcher μάρτυς wendet sich der Verfasser an die Ältesten (5,2–4), an die Jüngeren (5,5) und an alle Leser (4,12–19; 5,6–11). Da die Ältesten wegen der Funktionen, die sie nach 5,2 haben, als »Amtsträger« zu verstehen sind[36], die man sich wohl in benachbarten Gemeinden vorstellen muß, ist der Verfasser selbst auch ein solcher Amtsträger. Er hat keineswegs eine höhere Autorität. Der Begriff συμπρεσβύτερος meint genau das, was er besagt,

---

[32] Vgl. 1,6; 2,20; 3,14.17; 4,1–4.

[33] Zu beachten ist die Parallele der christologischen Argumentation: 2,18–25 geht der Verfasser von den λύπαι (2,19) der Sklaven aus, 4,12f von der πύρωσις der Χριστιανοί (4,16).

[34] H. v. Campenhausen, aaO. (A 5), 64 (von mir hervorgehoben).

[35] N. Brox, Zeuge und Märtyrer (StANT 5), 1961, 38f.

[36] G. Bornkamm, aaO. (A 17), 665.

nicht mehr und nicht weniger. Der Verfasser ist wirklich ein Mit-Ältester unter den anderen Ältesten. Die einzige erkennbare Legitimation dafür, daß er in dieser akuten Situation seine Mitältesten (und die Gemeinden) trösten und ermahnen kann, ist die Tatsache, daß er bereits ist, was die anderen demnächst werden können und voraussichtlich auch werden: μάρτυς τῶν τοῦ Χριστοῦ παθημάτων. Dann aber sollen sie sich genau so verstehen, wie er sich versteht, als κοινωνὸς τῆς μελλούσης ἀποκαλύπτεσθαι δόξης. Das soll ihnen helfen, im Leiden Freude zu erfahren (4,13) und sich für die Schmach um Christi willen selig preisen zu lassen (4,14).

Wenn das richtig gesehen ist, ergibt sich daraus freilich sofort ein negativer Schluß: Schwerlich kann man sich diesen Ältesten als in Rom lebend vorstellen, wohl aber in dem Gebiet, das 1,1b als Wohnsitz der Briefempfänger angegeben ist.

III

Damit stehen wir vor dem Problem, wie das Verhältnis des Corpus des Schreibens zum brieflichen Rahmen zu bestimmen ist. Ein sicheres literarkritisches Urteil ist wahrscheinlich nicht möglich.

A. Harnack hatte seinerzeit die These vertreten, daß ein »homiletischer Aufsatz«[37], der etwa im neunten Jahrzehnt des 1. Jahrhunderts » von einem hervorragenden alten Lehrer und Confessor« verfaßt wurde[38], zwischen 150 und 175 p. Chr. eine sekundäre briefliche »Einrahmung« erfahren hat[39]. Diese These hat wenig Gegenliebe gefunden[40]. G. Klein bezeichnet sie sogar (freilich ohne Angabe von Gründen) als »phantastisch«[41]. Ist sie das aber wirklich?

Auf keinen Fall darf man sie ablehnen, weil »wir keine Spur davon haben, daß der Brief jemals ohne Inanspruchnahme des Petrus in christlichen Gemeinden umlief«[42]. Erstens stimmt das nicht, denn Polykarp hat, was als sicher gelten kann, den 1Petr benutzt, ohne Petrus für seine Zitate in Anspruch

---

[37] AaO. (A 10), 451.

[38] AaO. (A 10), 455.

[39] AaO. (A 10), 464.

[40] Eine Ausnahme ist K. HEUSSI, der »den Grundstock des Schreibens für relativ alt, die Aufmachung als Petrusbrief für sehr jung« hält (Neues zur Petrusfrage, 1939, 24 A 28). – Zur Auseinandersetzung mit den anderen abenteuerlichen Thesen Heussis vgl. zusammenfassend K. ALAND, Der Tod des Petrus in Rom (in: DERS., Kirchengeschichtliche Entwürfe, 1960, 35–104).

[41] AaO. (A 18), 83 A 388.

[42] So K. ALAND, aaO. (A 40), 45 – allerdings gegen K. Heussi. Diesen Einwand hatte A. HARNACK bereits erwartet und war ihm schon entgegengetreten (aaO. [A 10], 464).

zu nehmen[43]. Außerdem könnte man mit denselben Gründen eine Existenz von Q und von anderen literarkritisch rekonstruierten Quellen bestreiten. – Es ist doch zumindest zuzugeben, daß man den brieflichen Rahmen ohne Schwierigkeit vom Dokument abtrennen kann und dann ein ohne diesen Rahmen exegesierbares Ganzes zurückbleibt. Man muß nicht einmal (wie sonst meist in vergleichbaren Fällen) Beschädigungen an den Rändern rückgängig machen. – Wenn neuerdings N. Brox meint, daß es »gute Gründe« gibt, die »literarische Einheit des Schreibens« vorauszusetzen[44], dann nennt er leider keine[45].

Ich kann jedenfalls nicht einsehen, warum A. Harnacks These nicht wenigstens diskutabel bleiben soll. Selbst wenn sich ihre Richtigkeit niemals exakt nachweisen läßt und sie damit das Los aller literarkritischen Urteile dieser Art teilt, ja selbst wenn sie falsch sein sollte, behält sie dennoch heuristischen Wert für die Exegese. Zunächst einmal hält sie das Wissen von der Spannung wach, die beim 1Petr unbestritten zwischen Corpus und brieflichem Rahmen besteht. Sodann aber läßt sie zugleich die Frage stellen, in welcher Richtung die Interpretation vorzugehen hat, um diese Spannung zu erklären und im Blick auf das Verständnis des 1Petr als Einheit zu überbrücken. Ist das Corpus des Schreibens von 1,1a (Petrus) aus (und dann überhaupt vom brieflichen Rahmen aus) zu exegesieren, oder muß man umgekehrt vorgehen und vom Corpus aus fragen, warum dieses gerade diesen brieflichen Rahmen mit gerade diesem Pseudonym erhielt?

Die Frage stellen, heißt aber im Grunde schon, sie beantworten. Kontrovers ist doch bis heute, warum dieses Schreiben, das so eindeutig ein Zeugnis spätpaulinischer Theologie ist, ausgerechnet unter dem Namen des Petrus hinausging. Selbst wenn moderne psychologische Erwägungen bei der Beurteilung von antiker Pseudepigraphie nur mit Vorsicht angewandt werden dürfen[46], muß diese allgemeine Überlegung erlaubt bleiben: Bevor ein Verfasser ein Pseudonym als erstes Wort niederschreibt, weiß er, was er nachher inhaltlich mitteilen will. Fast immer wirkt dann anschließend das Pseudonym auch bei der Gestaltung des Inhaltes nach[47]. Für den 1Petr trifft letzteres aber

[43] Vgl. Polyk 1,3; 8,1; 10,2. Man kann keineswegs ausschließen, daß Polykarp nur das Corpus des 1Petr kannte.

[44] AaO. (A 24), 81.

[45] Die Ausführungen von N. Brox (aaO. [A 24], 94) überzeugen nicht. Das hängt indes mit den gleich zu erörternden »Richtungen« der Interpretation zusammen, die bei Brox nicht unterschieden werden.

[46] Vgl. in diesem Zusammenhang die Argumentation gegen A. Harnack durch N. Brox, aaO. (A 24), 94 A 45.

[47] Vgl. neben den Deuteropaulinen (außer – mit Einschränkung – Eph) vor allem den 2Petr.

gerade nicht zu. Der Verfasser »vergißt« den ganzen »Brief« hindurch das Pseudonym. Man wird darum *vom Inhalt des Schreibens aus* fragen müssen, warum der Verfasser gerade dieses Pseudonym wählte und den dazugehörigen Briefrahmen konstruierte. Methodisch ist es dann aber gleichgültig, ob der Verfasser beim Niederschreiben nur »wußte«, was er mitteilen wollte, oder ob er auf eine fertige Vorlage zurückgriff[48]. Und es ist angesichts der bestehenden Spannung zwischen Corpus und brieflichem Rahmen dann auch fast nur noch ein gradueller Unterschied, ob diese Vorlage von ihm selbst stammt, oder ob er sie vorgefunden hat, wie A. Harnack meinte.

Anders als für nahezu alle anderen pseudonymen Schreiben gilt daher für den 1Petr: Man muß *das Zustandekommen* des schließlich vorliegenden fertigen Dokuments durch den (End-) Verfasser, der den mitzuteilenden Inhalt mit Hilfe des Rahmens in eine pseudonyme Fiktion gekleidet hat, als ein gesondertes Problem erkennen, das auch gesondert gelöst werden muß. Man darf dann aber nicht von vornherein davon ausgehen, daß das hier erzielte Ergebnis identisch sein muß mit dem, was sich über *die Wirkung* sagen läßt, die der »Brief« auf damalige Leser machen konnte oder gemacht hat (und die er auf heutige Leser macht!), die ja alle mit 1,1 zu lesen anfangen.

IV

In der Exegese hat man durchweg nicht so differenziert. Man hat vielmehr von vornherein unreflektiert die Wirkung des Schreibens auf die Leser (und oft genug auf die Exegeten heute) als gerade so vom Verfasser beabsichtigt unterstellt. Das mußte aber bei der Eigenart der beim 1Petr vorliegenden Pseudepigraphie zu Unsicherheiten führen, die die Geschichte der Exegese bis heute begleitet haben. Charakteristisch für das Vorgehen war dabei im allgemeinen, daß man den Namen Petrus (oft in Verbindung mit Babylon–Rom) mit Inhalten füllte, die man sich aus anderen Quellen beschaffte oder gar selbst zurechtlegte.

Das gilt schon für F. C. Baur, der hier zumindest Weichen gestellt hat. Wird Petrus als Vertreter des Judenchristentums vorausgesetzt, kann man den so inhaltlich gefüllten Namen des Verfassers mit dem auf Paulus weisenden Inhalt des Schreibens kombinieren und den 1Petr als »Unionsschrift«

---

[48] Daß er auch im ersten Fall auf »Vorlagen« zurückgriff (er nimmt mannigfache Traditionen auf), ist nicht zu bestreiten. Ist es dann aber sehr wahrscheinlich, daß der Verfasser zunächst 1,1–2 niederschrieb, sich dann an die Gestaltung des Corpus machte, die doch eine erhebliche kompositorische Leistung darstellt, um schließlich noch 5,12–14 anzufügen? Ist es (rein von der Arbeitstechnik her) nicht wahrscheinlicher, daß 1,3–5,11 schon vorlag?

verstehen, die die Tendenz verfolgt, eine Synthese zwischen Juden- und Heidenchristentum herzustellen[49]. – Später hat man diesen Ansatz vor allem dadurch modifiziert, daß man den Namen Petrus (zusammen mit Rom) mit dem Motiv der Autorität verband. So sah z.B. W. Bauer im 1Petr eine »Kundgebung, mit der sich Rom an den Hauptteil von Kleinasien gewandt« hat und dort Einfluß gewinnen wollte[50]. Etwas abgewandelt übernahm in jüngster Zeit Ph. Vielhauer diese These. Obwohl er Rom nicht für den Abfassungsort des 1Petr hält, meint er, daß der unbekannte Verfasser mit diesem Schreiben »den Völkerapostel . . . nachdrücklich dem Petrus unterordnet«, und faßt zusammen: ». . . so ist die Tendenz eindeutig: die Aufrichtung der Autorität Petri auch über die paulinischen Missionsgebiete«; nur, und das fügt Ph. Vielhauer ausdrücklich hinzu, sei »diese Tendenz des brieflichen Rahmens nicht die Haupttendenz des ganzen Schreibens«[51].

Ist es aber überhaupt eine (wenn auch nur) »Nebentendenz«? Wie will man ihr Vorhandensein in der Vorstellung des Verfassers des 1Petr begründen? Ich will gar nicht darauf hinweisen, daß es zumindest umstritten ist, ob in der damaligen Zeit eine solche Tendenz überhaupt schon bestand. Das ließe sich immer nur mit Hilfe anderer Dokumente nachweisen. Doch selbst wenn dieser Nachweis gelänge, wäre immer noch zu prüfen, ob der Verfasser des 1Petr sie vertrat. Diese Prüfung kann ausschließlich am Inhalt des Schreibens durchgeführt werden; doch gerade der Inhalt bietet dafür keine Hinweise[52].

---

[49] Über den ersten Brief Petri (ThJb 1856, 193–240), 219f. – Dieser Gedanke begegnet (wenn auch modifiziert) bis heute. So erwägt z. B. W. SCHMITHALS, ob nicht die Abfassung des 1Petr auch von dem Motiv bestimmt ist, durch den Aufweis der theologischen Verwandtschaft von Petrus und Paulus die Petrusgemeinden in den kritischen Zeiten der Verfolgung und der gnostischen Gefahr an die Paulusgemeinden heranzuführen« (Das kirchliche Apostelamt [FRLANT 79], 1961, 229 A 50). – L. GOPPELT modifiziert noch einmal, indem er auf den Schreiber Silvanus abhebt. Dieser »ist den Weg gegangen, den die hinter dem Brief stehende Tradition durchlaufen hat: Er war von der Kirche des Petrus in Palästina ausgegangen, vorübergehend Mitarbeiter des Paulus und so ein Lehrer der hellenistischen Kirche geworden . . .« (aaO. [A 9], 68). Hier wird dann die »Synthese« als durch die kirchliche Entwicklung vollzogen gedacht. – Es ist jedoch fraglich, ob man überhaupt an die Synthese verschiedener Theologien denken darf (vgl. weiter unten).

[50] Rechtgläubigkeit und Ketzerei im ältesten Christentum, 1934, 110f.

[51] AaO. (A 31), 589.

[52] Im Römerbrief des Ignatius liegen die Dinge daher anders. Hier ist in der (allerdings ausführlichen) Adresse ausdrücklich davon die Rede, daß die Gemeinde in dem Gebiet der Römer den »Vorsitz« führt, der anschließend näher charakterisiert wird als »Vorsitz in der Liebe«. Die Interpretation ist umstritten. R. STAATS hat jüngst die These vertreten, daß ἀγάπη martyrologisch-eucharistisch zu verstehen sei. Die Christen Roms haben den »Vorsitz in der Liebe«, weil »sie wie schon am Martyrium der Apostel Petrus und Paulus, so nun auch am Martyrium des Ignatius als an einer ›Agape‹ von erster Stelle aus unmittelbar teilhaben«. (Die martyrologische Begründung des Romprimats bei Ignatius von Antiochien [ZThK 73, 1976, 461–470], 467).

Zu erkennen ist zunächst nicht mehr als eine lediglich formale Zuordnung eben dieses »Verfasser«-Namens zu eben diesem Schreiben. Wer allein daraus Schlüsse zieht, muß sich hüten, spekulativen Vermutungen zu verfallen[53].

Geht man bei der Exegese von Petrus aus, dann kann lediglich seine Bezeichnung als Apostel von Gewicht sein. Nun ist es aber denkbar unwahrscheinlich, daß man um die Wende vom 1. zum 2. Jahrhundert überhaupt etwas von einer Spannung zwischen paulinischer und petrinischer Theologie wußte[54]. Ist daher vom *Apostel* Petrus die Rede, kann es nur darum gehen, daß der Verfasser sein Schreiben (ganz allgemein) unter »apostolischer Autorität« hinausgehen lassen wollte, um ihm so ein Gewicht zu verleihen, das es unter seinem eigenen Namen nicht bekommen konnte[55].

Diese Erklärung bleibt möglich. Sollte sie richtig sein, wird sich die Frage,

---

Wenn ich auch gegenüber dieser These noch einige Fragen habe, möchte ich doch bemerken, daß sie mich angeregt hat, eine frühere Vermutung, mit μάρτυς sei auf den Märtyrertod des Petrus angespielt (Einleitung in das Neue Testament, 1964³, 202), die auf Kritik gestoßen war (W. G. KÜMMEL, aaO. [A 30], 372 A 23; vgl. auch N. BROX, aaO. [A 24], 91 A 39), noch einmal aufzunehmen und (methodisch modifiziert) weiter zu verfolgen. Den Untertitel dieses Aufsatzes habe ich daher in Anlehnung an R. Staats formuliert. Das Problem scheint mir – trotz mancher Unterschiede in Einzelheiten – in beiden Schreiben ähnlich zu liegen.

[53] Das geschieht z.B. bei F. MUSSNER, Petrus und Paulus – Pole der Einheit (QD 76), 1976. Der Brief soll in Rom geschrieben worden sein, der »Metropole, deren Autorität auch sonst in der Christenheit allmählich wuchs, wie der 1Clem erkennen läßt . . .« (54). Hier waren (und zwar durch den Röm!) paulinische Gedankengänge »bekannt«. Der »pseudepigraphische Verfasser . . . konnte also auf sie zurückgreifen, . . . um das paulinische Erbe in den Adressatengemeinden vor Verdrehung zu schützen« (55). – Daß der Verfasser eine gefährdete Lehre schützen will, kann ich im 1Petr nicht erkennen. Außerdem »greift« er nicht auf paulinische Gedanken »zurück«, sondern er lebt in ihnen. Daß das in Rom auch nur wahrscheinlich war, legt ein Hinweis auf den 1Clem gerade nicht nahe, trotz der vielfach ähnlichen Traditionen, die in beiden Schreiben begegnen (vgl. dazu E. LOHSE, aaO. [A 9]). Sie beweisen doch nur, daß man diese Traditionen *auch* in Rom gekannt hat. Der Verfasser des 1Clem konnte sie aufnehmen, ohne eine (dem 1Petr vergleichbare) paulinische Theologie zu vertreten. – Im übrigen sollte man bei einem Vergleich zwischen dem 1Clem und dem 1Petr bedenken, daß der Absender des 1Clem die *Gemeinde* in Rom ist, nicht aber eine (fiktive) Einzelperson. Wenn der 1Petr in Rom abgefaßt wurde und nicht die »Privatarbeit« eines Einzelnen darstellt, sondern der Name Petrus für die Autorität Roms beansprucht wird, dann setzt er eine sehr viel stärker weitergebildete Entwicklung des »Petrusbildes« voraus, als es im 1Clem vorliegt. Hier wird ja gerade (noch) nicht die Autorität des Apostels dafür in Anspruch genommen, daß die Gemeinde in Rom an die Gemeinde in Korinth schreiben kann.

[54] Vgl. N. BROX, aaO. (A 24), 92f.

[55] Vgl. N. BROX, aaO. (A 24), 96. – Von freilich anderen Voraussetzungen aus urteilt L. GOPPELT: »Der Name (Petrus) soll dem Brief – unabhängig davon, wieweit der Apostel an seiner Abfassung beteiligt war – bei den Christen in Kleinasien Gehör verschaffen.« (aaO. [A 9], 76). – Schon A. HARNACK erklärte die nachträgliche briefliche Rahmung so, daß der »Corrector« ein vielgelesenes Schriftstück »apostolisch etiquettirte – in einer Zeit, wo nur das Apostolische als das Klassische geschätzt wurde.« (aaO. [A 10], 461).

warum der Verfasser gerade auf Petrus verfiel, wahrscheinlich überhaupt nicht mehr beantworten lassen. Jede mögliche Auskunft käme über den Grad einer Vermutung nicht hinaus. Auf jeden Fall muß man jetzt aber konstatieren, daß zwischen dem brieflichen Rahmen und dem Corpus keinerlei sachliche Beziehungen bestehen. Man sollte sie dann auch nicht künstlich herzustellen versuchen, auch nicht bei der Exegese von 5,1.

V

Dennoch befriedigt diese Lösung nicht recht. Sie befriedigt vor allem dann nicht, wenn sich (statt lediglich formaler) sachlich-inhaltliche Gründe finden sollten, die den Verfasser auf das Pseudonym Petrus führten. Man muß allerdings, um sie zu erkennen, die Argumentationsrichtung umkehren und das Corpus befragen, ob es nicht doch Hinweise enthält, die zu gerade Petrus als »Verfasser« hinführen konnten. Ohne Zweifel ist das 1,3–4,11 nicht der Fall, wohl aber möglicherweise 5,1 im Rahmen des engeren Kontextes 4,12–5,11.

Wenn wir es 5,1, was ich nun unterstelle, mit einer Aussage des tatsächlichen Verfassers über sich selbst zu tun haben, wird man diesen, wie oben ausgeführt, schwerlich in Rom suchen dürfen. Viel eher wird er Kleinasiate gewesen sein. Damit wird bereits die erste Verbindung vom Corpus zum Rahmen erkennbar: Die angeschriebenen Leser (1,1b) wohnen im Umkreis des Verfassers.

Über sie ist eine πύρωσις hereingebrochen (4,12). Die erste Hilfe des Verfassers für die Bedrängten besteht darin, daß er sie anleitet, die Verfolgung richtig einzuordnen und zu verstehen (4,13–19; s. o.). Als weitere Hilfe, auf die es in unserem Zusammenhang ankommt, bemüht sich der Verfasser, den Lesern zu zeigen, daß sie in diesem Leiden nicht allein stehen. Er selbst ist bereits μάρτυς τῶν τοῦ Χριστοῦ παθημάτων geworden und weiß sich dabei dennoch als κοινωνὸς τῆς μελλούσης ἀποκαλύπτεσθαι δόξης. Er will also als »Mitbetroffener . . . die bedrängte Gemeinde nicht von außen, sondern in brüderlicher Solidarität das Leiden verstehen und bestehen lehren«[56]. Er redet daher »nicht wie ein Blinder von der Farbe, wenn er für das rechte Verhalten unter so bedrängenden Umständen Weisungen gibt, sondern als einer, der aus persönlichem Leben darüber aussagen kann, was es mit den παθήματα τοῦ Χριστοῦ auf sich hat«[57]. – Darüber hinaus aber ist die persönliche Erfahrung des Verfassers eine »generelle Erfahrung aller Christen«[58], denn

[56] W. SCHRAGE, aaO. (A 15), 111.
[57] H. STRATHMANN, aaO. (A 21), 499.
[58] L. GOPPELT, aaO. (A 9), 343.

dieselben Leiden sind der Bruderschaft der Christen in der ganzen Welt auferlegt (5,9). – So dürfte das Interesse des Verfassers deutlich sein. Ihm liegt daran, die Bedrängten (auch) dadurch zu trösten und zu ermuntern, daß er ihnen vor Augen stellt: Sie sind in der πύρωσις nicht allein.

Genau dieses Motiv wird dann in den brieflichen Rahmen hineingenommen und dort noch einmal weitergeführt. Das partikulare Geschick erscheint nun vor einem zugleich ökumenischen als auch »kirchengeschichtlichen« Horizont und bekommt auf diese Weise fast grundsätzliche Bedeutung.

Der Verfasser (oder der Endverfasser?) weiß von einem Aufenthalt des Petrus in Rom und von seinem Martyrium dort[59]. Selbstverständlich meint μάρτυς (5,1) auch jetzt nicht den Blutzeugen. Es bleibt eine Selbstaussage des Verfassers, der sich in seinem erfahrenen Verfolgungsleiden als »Zeuge der Leiden Christi« erwiesen hat. Als solcher Zeuge kann er nun aber auf den hinweisen, der in Rom Blutzeuge geworden ist. So wie der Verfasser selbst als einer, der Verfolgungsleiden erlitten hat, eben dadurch in besonderer Weise befähigt, aber auch bevollmächtigt ist, zu den anderen Ältesten und zu den Gemeinden zu reden, so legitimiert das Martyrium des Petrus diesen Apostel, zur Kirche – und nun insbesondere zu den bedrängten Gemeinden in dem für den Verfasser überschaubaren Umkreis zu reden, an die er die Enzyklika hinausgehen läßt. Nicht der allgemeine Gedanke an eine »apostolische Autorität« läßt den Verfasser also gerade auf diesen Namen kommen. Dennoch wäre es nicht einmal völlig abwegig, von einem »Primat« des Petrus zu reden, wenn auch in einem anderen Sinne und vor allem mit anderer Begründung, als dieser Begriff sonst verwandt wird. Der »Primat« des Petrus hat seinen Grund im Martyrium. Das zeichnet ihn aus und gibt ihm »Vollmacht«. Als μάρτυς τῶν τοῦ Χριστου παθημάτων will sich der Verfasser (nun vom Rahmen aus exegesiert) als einer verstehen, der (mit den bedrängten Christen zusammen) in der »Leidens-Tradition« des Petrus steht.

Zugleich geht es um einen »Romprimat«, denn der Orientierung am Märtyrer Petrus korrespondiert die Tatsache, daß die weltweite Verfolgung, die über die kleinasiatischen Gemeinden gekommen ist, ihren Ausgangspunkt in Rom genommen hat. Die dortige Gemeinde nennt der Verfasser nun sehr reflektiert eine »mit-auserwählte« (Gemeinde). Wenn im brieflichen Rahmen von ihr (aus Babylon) Grüße bestellt werden (5,13), heißt das, daß mit »Pe-

[59] Ich bin mir klar darüber, daß ich mich jetzt in einem Zirkel bewege. Nimmt man sonst durchweg (auch) den 1Petr als *Beleg* für das Wissen von einem Aufenthalt des Petrus in Rom, benutze ich dieses historische Ergebnis als *Voraussetzung* für meine Erklärung. Doch ist dieser Zirkel bei historischer Arbeit sachgemäß. Die Frage ist, ob sich mit meiner Voraussetzung arbeiten läßt.

trus« zusammen die Gemeinde in der Welthauptstadt Anteil nimmt am Geschick der bedrängten kleinasiatischen Gemeinden. Beiden ist dasselbe widerfahren.

Es spricht also alles dafür, daß nicht nur der Name Petrus, sondern daß der ganze Rahmen einschließlich der Ortsangabe in 5,13 zur pseudepigraphischen Fiktion gehört. Dazu in Kürze noch einige Bemerkungen.

Die meist vertretene Ansicht, Rom sei Abfassungsort des 1Petr[60], hat (abgesehen von den vorgetragenen Argumenten) ohnehin bestenfalls den Wert einer Vermutung[61]. Es gibt nun aber gewichtige Gegengründe[62]. Da der 1Petr ohne Zweifel »vom Osten her in den Kirchen bekanntgeworden ist«[63] und da »pseudonyme Schriften des NT meist dort entstanden sind, wo sie zuerst auftauchen, bzw. bei Briefen: wohin sie adressiert sind«[64], spricht nichts gegen die von H. Lietzmann aufgestellte Behauptung, daß das Schreiben in »Gemeinden Kleinasiens entstanden und laut Adresse für einen Leserkreis dieses Gebietes bestimmt« ist[65].

In diese pseudepigraphische Fiktion des Verfassers lassen sich nun durchaus auch die Namen Silvanus und Markus einfügen[66]. Man muß diese keineswegs von vornherein (fast) ausschließlich mit Paulus in Verbindung bringen, wie man aus großer Entfernung leicht annimmt und dabei unsere historischen Kenntnisse als damals vorhanden und verbreitet unterstellt. N. Brox hat darauf hingewiesen, daß man die (immer noch nicht völlig aufgehellte) damalige Praxis der Pseudepigraphie viel stärker berücksichtigen muß, als es meist geschieht. So sind »die brieflichen Personalnachrichten in den frühchristlichen Pseudepigrapha nicht vom Interesse diktiert . . ., Informatio-

[60] Auf die Diskussion, ob ein anderes Babylon gemeint sei, oder ob Babylon überhaupt keine konkrete Ortsangabe bezeichnet, sondern (etwa) »Ort der Diaspora« bedeutet, gehe ich hier nicht ein.

[61] 1Petr »kann« in Rom geschrieben sein (W. G. Kümmel, aaO. [A 30], 374).

[62] Der 1Petr ist relativ früh im Osten, lange Zeit aber nicht im Westen bekannt. Polykarp zitiert ihn zwar nicht ausdrücklich, muß ihn aber (wie 1,3; 8,1; 10,2 nahelegen) benutzt haben. Entsprechendes gilt für Papias (vgl. Euseb KG III 39,17). Dagegen kennt ihn der 1Clem nicht; und selbst im Kanon Muratori wird er Ende des 2. Jahrhunderts noch nicht erwähnt. – Darüber hinaus hat C.-H. Hunzinger gezeigt, daß Babylon als Deckname für Rom im Osten entstanden ist, und zwar erst nach 70 p.Chr. (Babylon als Deckname für Rom und die Datierung des 1.Petrusbriefes [in: H. Graf Reventlow (Hg.), Gottes Wort und Gottes Land. Festschrift für H. W. Hertzberg, 1965, 67–77]).

[63] W. G. Kümmel, aaO. (A 30), 375.

[64] Ph. Vielhauer, aaO. (A 31), 588.

[65] Petrus römischer Märtyrer, 1936, 10 (= SPAW. PH 29, 1936, 399).

[66] Vgl. dazu vor allem N. Brox, aaO. (A 24), der das überzeugend zeigt. Das schließliche Ergebnis bei Brox ist m. E. dadurch belastet, daß er den Rahmen des 1Petr mit 5,1 kombiniert. Seine Ausführungen zur Pseudepigraphie sind aber von dieser Kombination unabhängig.

nen über diese Personen unterzubringen, sondern sie dienen direkt der Durchführung der Fiktion und müssen darum als literarische Mittel analysiert werden«[67]. Genau das ist aber in unserem Fall möglich. Daß der Brief »durch Silvanus« geschrieben sein soll (5,12) nimmt ein Motiv auf, das Apg 15,22f.30–32 begegnet und ihn als zuverlässigen »Übermittler apostolischer Botschaft in konkrete kirchliche Problemsituationen hinein« kennt[68]. Das kommt dann in der immer wieder als eigentümlich empfundenen Charakterisierung des Silvanus als, »wie ich meine, treuen Bruder« (5,12) zum Ausdruck. Vorgestellt ist er also als Überbringer, nicht jedoch als Schreiber des Briefes. – Daß es sodann Traditionen gab, die von einer Beziehung des Markus zu Petrus wissen, ist aus der Papiasnotiz bekannt[69], aber auch aus Apg 12,12.

Solche Traditionen[70] hat der Verfasser bei der Konstruktion des Briefrahmens in Dienst genommen. Durch diese pseudepigraphische Fiktion möchte er sachlich erreichen, daß seine eigene Zeugenschaft auf dem Hintergrund des Martyriums des Petrus gesehen werden kann. Daß der Verfasser in spätpaulinischer Theologie lebt und denkt, zeigt das Dokument. Wie weit ihm das bewußt ist, kann man kaum sagen. Daß er aber darin einen Gegensatz oder auch nur eine Spannung zu Petrus empfindet, ist denkbar unwahrscheinlich, darum auch, daß er zwischen beiden einen Ausgleich herstellen will. Und daß der Verfasser paulinische Missionsgemeinden unter die Autorität gerade des Petrus stellen will, ist eine Behauptung, die man nur von außen an den 1Petr herantragen kann, für die es im Dokument selbst aber keinen Anhalt gibt.

VI

Abschließend komme ich auf den Anfang zurück. Erich Dinkler hat in seinem Forschungsbericht 1Clem 5,4–6 als die Stelle bezeichnet, »wo μαρτυρεῖν martyrologisch« wird, wo also der »Schritt vom ›Zeugnis ablegen‹ zum ›Blutzeugnis geben‹ eingeleitet« worden ist[71]. Nach dem Vorgetragenen stellt sich nun die Frage, ob man das nicht (schon) vom 1Petr sagen muß[72]. Der

[67] AaO. (A 24), 85.

[68] N. Brox, aaO. (A 24), 89.

[69] Euseb, KG III 39.

[70] Daß es sie gegeben haben muß, zeigen etwa die Pastoralbriefe. Sie setzen fiktiv Situationen voraus, die z. T. mit solchen der Apg übereinstimmen und dennoch in Spannung stehen mit dem, wie die Apg den Weg des Paulus zeichnet und was wir historisch über diesen Weg wissen.

[71] AaO. (A 1), 211.

[72] »Schon« kann hier nur unter der Voraussetzung gesagt werden, daß der 1Petr älter als der 1Clem ist. Sicher ist das nicht. Eine Entscheidung darüber, ob der μάρτυς 5,1 die briefliche

Bedeutungswandel der Begriffe μαρτυρεῖν bzw. μάρτυς *in Richtung* auf den technischen Sinn der Worte geschieht zwar unterschiedlich, führt aber in beiden Fällen zum gleichen Ergebnis. Im 1Clem erfolgt der Schritt durch Interpretation. Zunächst wird μαρτυρεῖν nicht technisch gebraucht (οὕτω μαρτυρήσας faßt die vorher pauschal genannten πόνοι zusammen, die Petrus erduldet hat[73]). Die nachfolgende Bemerkung (ἐπορεύθη εἰς τὸν ὀφειλόμενον τόπον τῆς δόξης) führt den Begriff aber in die technische Bedeutung von Blutzeugnis hinein. Im 1Petr geschieht prinzipiell dasselbe, hier jedoch durch Rahmung. Die nichttechnisch zu verstehende Selbstaussage des Verfassers, er sei μάρτυς, wird durch die Ausweitung auf Petrus (und Rom) ebenfalls in Richtung auf die technische Bedeutung des Begriffs weitergeführt. Als Märtyrer-Apostel redet Petrus zu den Gemeinden.

Diese martyrologisch begründete »Vollmacht« des Petrus hat dann einen ökumenischen (und für den Verfasser des 1Petr wahrscheinlich auch grundsätzlichen) Aspekt. Denn in der »Nachfolge« des Märtyrers Petrus, in die die Leser nun gestellt werden, und in der Solidarität mit der mit-auserwählten Gemeinde der Welthauptstadt steht die Bruderschaft der Christen in der ganzen Welt immer dann, wenn sie ihre Leiden, denen sie als Christen nicht entgehen kann, als παθήματα Χριστοῦ auf sich nimmt und so κοινωνὸς τῆς μελλούσης ἀποκαλύπτεσθαι δόξης bleibt.

Rahmung selbst vorgenommen hat (wobei auch das [A 48] Gesagte zu bedenken ist), oder ob das ein anderer tat, muß offenbleiben. Ich halte es zumindest nicht für ausgeschlossen, daß 1,3–4,11 schon in den späten 80er Jahren entstanden ist, 4,12–5,11 aber (wegen 5,1 und 5,9) erst gegen Ende der Regierungszeit Domitians vom gleichen Verfasser angefügt wurde. Die Abfassungszeit des (gerahmten) 1Petr kann erheblich später liegen. Aber auch wenn er relativ jung sein sollte, wird das grundsätzliche Problem davon nicht tangiert.

[73] Hinter den an dieser Stelle erwähnten πόνοι des Petrus steht keine Tradition, die von vielfach erlittenen Leiden des Apostels weiß. Der 1Clem formuliert hier »rhetorisch und darum wenig konkret« (M. DIBELIUS, Rom und die Christen im ersten Jahrhundert [in: DERS., Botschaft und Geschichte II, 1956, 177–228], 194). Durchgehend kommt es ihm auf das Motiv Eifersucht an (vgl. O. CULLMANN, aaO. [A 2], 2. Aufl., 111 A 2). Wie er vorgeht, wenn er Traditionen von erlittenen Leiden kennt, zeigt die völlig parallel aufgebaute Darstellung der Leiden, des Zeugnisses und des Martyriums des Paulus (5,5–7).

The Crucified World: The Enigma of Galatians 6,14

PAUL SEVIER MINEAR

The title of this Festschrift drew my attention to the verse in Galatians in which Paul explicitly linked the crucifixion of Christ to the crucifixion of the world. »Far be it from me to glory except in the cross of our Lord Jesus Christ, by which the world has been crucified to me, and I to the world« (6,14) (RSV). To assert that the world has been crucified is surely an enigma, that is, »a puzzling or inexplicable occurence or situation« (Random House Dictionary). The assertion is obviously metaphorical, and few Pauline analogies can be more baffling. Recent treatments of this Epistle yield scant help, for the verse has attracted less attention than it deserves[1]. The neglect is surprising in view of the central importance of this letter in the Pauline theologia crucis[2], and all the more surprising when we consider that Galatians has been considered the Magna Carta of Christian freedom[3]. For whatever reason, the fact remains that Gal 6,14 has fallen through the mesh of most exegetical sieves. We have been quite uncertain concerning the precise meaning of the phrase and its logical force in Paul's argument. In this essay I want to explore this enigma, hoping that renewed attention may recover important but neglected nuances in Paul's thinking.

---

[1] Typical of recent neglect is the fact that IZBG lists only one essay addressed to this verse in the years from 1951 to 1974. In the latest study of Paul's relation to Judaism (E. P. SANDERS, Paul and Palestinian Judaism, 1977, 467) there is only a single reference, as also in J. MOLTMANN, The Crucified God (Tr. R. A. Wilson & J. Bowden, 1974, 56). I have been unable to locate any reference in Professor DINKLER's impressive volume, presumably because he was concerned with visual signs rather than historical events (Signum Crucis, 1967). In the essay which follows I want to express my warm affection and deep respect for Erich Dinkler by adding a modest footnote to his exegetical and archaeological work.

[2] One reason for the neglect may be surmised: although Paul could assume a close association between theologia crucis and cosmologia crucis, his modern interpreters have presupposed an almost total disjunction between theology and cosmology. In this they have followed the pioneer of Protestant exegesis, Martin Luther. We may grant that LUTHER was astute in dealing with many other aspects of Pauline thought, but we must recognize that he was much less perceptive in this case. He was content with a simplistic assertion: Paul here »expressed his hatred of the world«. »›The world is crucified to me‹ means that I condemn the world« (Commentary on Galatians, 3rd. ed., tr. by T. GRAEBNER, 249). This way of reading the verse avoids the problem of defining what Paul meant in this context by kosmos.

[3] B. RINALDI, C. P., La Presenza della Croce nell'Epist. ai Galati (La Scuola Cattolica I, 1972, 16–47).

I.

Solution of the enigma requires that we attempt to define the core meaning of the term kosmos. For such a definition the evidence provided by syntax and context is quite adequate[4]. Consider first the syntax and the inferences which follow from the grammar of the sentence in question. Paul's affirmation has to do centrally with the ground and object of his boasting. There are two alternatives to glorying in the cross: a person can boast either in the kosmos or in the self. Yet to Paul those alternatives have been ruled out, inasmuch as both of them have been crucified. Of the three related crucifixions, the latter two are seen to be secondary to the first. The tense of the verb is the perfect: though occuring in the past, presumably at the time of Christ's death, that past action still determines the present situation. The voice of the verb is passive: the two entities (the kosmos, I) have been acted upon. Neither the world nor the self has initiated its own crucifixion. That action has been taken either by God or by Jesus, the former being the more likely (the relative clause δι' οὗ permits κυρίου as antecedent, though σταυρῷ is more probable[5]). The two parallel clauses suggest that there is a subtle interaction between the two derived crucifixions: the kosmos has been crucified to Paul, and Paul has been crucified to the kosmos. We infer that these two events are in some sense simultaneous and interdependent, yet they are not identical. It is the reciprocal relation of the two entities that has been terminated. Neither death can be telescoped into the other, yet neither is fully intelligible alone[6]. We also infer that, although Paul was speaking for himself, he believed that the same assertion should apply to every believer. He believed also that it did not as yet apply to some of his readers. It may be that those readers had ex-

---

[4] I have also examined the evidence in my book To Die and To Live: Christ's Resurrection and Christian Vocation, 1977, 66–88.

[5] The support for this decision is summarized in H. SCHLIER, Der Brief an die Galater (KEK 7), 1949[10], 208. Cf. also P. BONNARD, L'Épître de Saint Paul aux Galates (CNT[N] IX), 1953, 130: »The words δι' οὗ ›through which‹ refer to the cross which has become once for all the instrument of condemnation of the world and of spiritual egoism. Paul is not writing of an interior psychological experience but of an objective fact to which he subjects himself in faith.«

[6] In most recent exegesis the death of the kosmos is seen as a way of describing the inner experience of Paul himself. So J. H. ROPES: »Paul has become detached from every worldly aim« (The Singular Problem of the Epistle to the Galatians, 1929, 42). So also G. S. DUNCAN: »All the things in life which to the natural man are imposing and attractive . . . have become dead things« (The Epistle to the Galatians, 1934, 191). Especially regrettable is this oversimplification in W. BAUER's influential lexicon: »The Christian is dead as far as this world is concerned« (A Greek-English Lexicon of the N. T., tr., ed. by W. F. ARNDT, F. W. GINGRICH, 1957, 447). Not only do these interpretations assign any change to Paul alone; they also assume a concept of kosmos that is foreign to the Galatians context.

pressed their faith in Christ's cross but had not yet recognized the two derived crucifixions. Refusal to do so had cast doubt on the authenticity of their faith. The function of this sentence of Paul's, therefore, is one of persuasion: to reinforce his rebuke of the recipients and to summarize his appeal for a change. He wanted his Galatian converts to move toward an unreserved acceptance of the crucifixion of their kosmos. So much for clues provided by the syntax. This analysis may eliminate some possible definitions of kosmos, but it does not in itself provide an adequate definition of the noun nor a lucid exposition of how that kosmos had been crucified. For help on those points we must look to the context.

The surrounding paragraph is quite decisive in setting the boundaries of meaning, and readers must allow their former conceptions of world to be modified by those boundaries. Verse 15 provides both synonymous and antithetical parallels to v. 14. Here it is made clear that the crucifixion of the world is an event that marks the total devaluation of both circumcision and uncircumcision. Kosmos is a realm where people set a high value on those distinctions. It is with the destruction of those distinctions that the new creation emerges[7]. Where kosmos ends, καινὴ κτίσις begins. The two are mutually exclusive realities. Verse 16 provides still another antithesis by centering attention upon two communities. One community walks by the rule as expressed in v. 15; the other does not. The community that so walks is the Israel of God; the other presumably is not[8]. It is this Israel, governed by this rule (κανόνι), that is implicitly identified with the new creation, and set over against the world that has been crucified[9]. The character of the kosmos is

---

[7] M. WARREN caught the point when he wrote that every meeting in the synagogue emphasized the absoluteness of these distinctions but every meeting in the church emphasized their destruction. However, had that been actually true of the Galatian churches, this Epistle would never have been written (cf. The Gospel of Victory, 1955, 75).

[8] In his study of Pauline prayers, G. P. WILES has noted contrasts between the ending of Galatians and the liturgical patterns in the other letters: »The various greetings and the kiss of peace are lacking. The summarizing wish-prayer has been contracted from a warm intercession for all the readers, to a formal blessing . . . restricted to those who accept the apostle's exposition of the gospel« (Paul's Intercessory Prayers, 1974, 125f). Paul used the curse in 1,8 and the blessing in 6,16 »as a twin lightning rod to discharge in one double flash all the conflicting forces that have been generated« (op. cit. 134).

[9] W. D. DAVIES reminds us that Paul derived the concept of a new creation from rabbinic thought, where it referred to making a proselyte to Judaism: e.g., Gen.Rab.39,4: »Whoever brings a heathen near to God and converts him is as though he had created him.« (Paul and Rabbinic Judaism [SPCKLP 5], 1970[3], 119). In Gal 6,15, however, Paul repudiates this identification of the act of creation with the circumcision of a proselyte and makes it instead the very antithesis of circumcision. To redefine the term in his debate with Judaizers represented the

further reflected in vv. 12 and 13. The people to whom the world has not yet been crucified are those for whom circumcision retains its earlier significance. This is why such persons insist on performing or on receiving circumcision. Here appears a third alternative to glorying in the cross of Jesus: these adversaries glory »in the flesh«. Paul traces this glorying to two specific desires; the desire to obey the Law and the desire to avoid persecution »for the cross of Christ«[10]. Thus we find in the paragraph a composite profile of that kosmos which had been crucified to Paul. Positively it is constituted by reliance on circumcision, on the flesh, on the Law, and on the covenant community which is bound by those standards. Negatively, this kosmos is constituted by its opposition to the new creation, its avoidance of persecution for the sake of Christ, and its rejection of »the Israel of God« that walks by the new rule. When we allow this context to define kosmos there is nothing inherently enigmatic about Paul's use of the term. What makes the sentence puzzling is our own habit of using the term world to refer to other entities[11].

The unit of thought here is neither the clause nor the sentence, but the entire paragraph of 6,12–16, and this paragraph constitutes a powerful epitome of the entire letter. In his rebuke to his Galatian converts Paul maintains the same basic point of reference. It was by this kosmos, so defined, that Christ had himself been crucified; accordingly Paul located in the cross of Jesus the crucifixion of this kosmos. Only by recognizing the triple crucifixion could a person be freed from bondage to the Law. When a person was crucified with Christ, he died to the Law, with its system of blessings and curses. Simultaneously that Law died to him (2,19). If Israel could have been saved through the Law, Christ would have died to no purpose (2,21). To refuse to recognize that this kosmos had been crucified meant that bondage to it was as

---

strongest kind of irony. Similar irony may be detected in the similarity between 6,16 and the traditional petitions in the Kaddish and the Shemoneh Esre: ». . . peace and mercy upon us and upon your people Israel.« In using the same prayer Paul identified Israel by a *canon* opposite that by which the Judaizers walked (cf. Bill. III, 578f). In this respect what J. L. MacKenzie has said of the modern church must have been true in Paul's day: »The Epistle is really too radical for the twentieth century church« (cited in Q. Quesnell, The Gospel of Christian Freedom, 1969, vii).

[10] It is probably intentional that Paul should stress the contrast between those who crucify the flesh in 5,24 and those who glory in the flesh in 6,13. There may also be an ironic connection between his call for the latter to mutilate themselves in 5,12 and his reminder of the στίγματα on his own body in 6,17.

[11] This habit is based in part on our reliance on lexicons to provide the full range of possible denotations. In their efforts to provide unambiguous equivalents, lexicographers cannot take full account of the ironic and invidious use of such phrases as *new creation* and *Israel of God.* In this respect it is as difficult to define all the Pauline uses of kosmos as to define all his uses of νόμος. In many texts, contexts are more reliable than lexical definitions.

yet unbroken. In Paul's view the Judaizers, in avoiding the σκάνδαλον of the cross, had shifted to another Gospel entirely. The Gospel liberates only those who accept the reality of this world's crucifixion[12].

We have noted that in Gal 6,15 Paul stressed the enmity between the kosmos, where circumcision retains its importance, and the new creation, where it does not. The same sharp antithesis underlies his definition of sonship to Abraham in 3,6ff and the two lines of descent in 4,21ff. One lineage comes from a slave woman, the other from a free. Coinciding with these two lineages are two mountains, two covenants, two Jerusalems. Thus Paul traces back to Abraham the antithesis between kosmos and new creation. From the first, the children of the flesh have persecuted the children of the Spirit. This ancestral hostility justifies the command to cast out the slave and her son, especially since in the new creation the boundary between Jew and Gentile has been obliterated (3,28). We can safely infer that wherever that boundary becomes obsolete, the sovereignty of that kosmos has been terminated. But where Judaizers, in their abhorrence for the works of the flesh, insist on circumcision they illustrate a kind of glorying in the flesh that demonstrates continued bondage to the kosmos (3,1–6). To them Christ still stands under the curse of the Law, while to Paul it is they who are as yet unredeemed from its curse (3,13). In fact, the kosmos represents the realm that is governed by that system of curses and blessings which had been destroyed in the cross of Christ.

Such a line of argument is fully congruent with the bitter irony that emerges in the discussion of τὰ στοιχεῖα τοῦ κόσμου in 4,1–11. Those »elemental spirits« had held them all in bondage and had denied them all the promised freedom of sons. Before faith came to Paul and to his Jewish colleagues, they had confused these no-gods with God. This confusion had taken the form of observing the sacred calendar of festivals and holy days. We infer that the kosmos of 6,14 is coterminous with the effective sovereignty of these στοιχεῖα. To recognize the gift of sonship in Christ was to recognize

---

[12] Because the religious use of kosmos is so frequently pejorative and invidious, it is easy for interpreters to assume that in Gal 6,14 the term represents a realm wholly evil, »the epitome of unredeemed creation«. In this case, however, Paul is dealing with a realm which both he and the Judaizers had considered to be divinely sanctioned and governed up until the time that God, through the σκάνδαλον of the cross, had placed that world under his judgment. Liberation from this kosmos proved baffling because it represented liberation from the good. What Paul wrote in Rom 7 about the Law is applicable to what he says in Galatians about the world. This was not a world that he had hated prior to his conversion; its crucifixion to Paul, with Paul's resultant liberation, presupposes Paul's prior attachment to it as an authentic mode of worshipping the God of Israel.

the crucifixion of that sovereignty. To return to the weak and beggarly στοιχεῖα was to cut themselves off from Christ, i. e., from the new creation (5,4; 6,15)[13].

Again we note that the shift from kosmos to καινὴ κτίσις was correlated not only with the movement of persons from bondage to freedom but also with alterations in language patterns indigenous to the kosmos. Powers which had been worshiped as gods had been demoted to impotent beggars. That Israel which supposed itself to be the People of God had become branded as servants of the flesh and of the στοιχεῖα. The mark of sonship to Abraham, circumcision (Gen 17,9–14), had become instead a sign of hostility to God. In fact, Paul's reference to bearing the στίγματα of Jesus (6,17) may have been intended as an ironic antithesis to the good showing which his opponents wished to make ἐν σαρκί by circumcision, thereby avoiding the persecution which had come to Paul (6,12). This same apostle, however, identified himself as one who, before faith had come, had stood with the Judaizers in the same bondage (4,3). Then he had been as far from hating this kosmos as he had been from hating himself as a son of Abraham. It is only when we give proper weight to this revolution in his own religious world and its sacred language that we can fathom what Paul was driving at in his reference to the triple crucifixion of 6,14[14]. When we allow the syntax and context to guide our perception of Paul's meanings, the enigma is resolved, at least in part.

II.

We may well remain puzzled, however, in deciding how much weight to attach to Paul's use of language. For one thing, in the assertion that the world has been crucified, the verb is quite plainly a metaphor. What had happened to the world is both like and unlike what had happened to Christ. It had *in*

[13] N. A. DAHL has well described the irony in this appeal to the στοιχεῖα: »What was meant to complete the conversion from the false gods of paganism is branded by Paul as a return to slavery under the στοιχεῖα – the heavenly bodies and other powers of mythological nature« (The Epistle to the Galatians, unpub. ms., Yale Divinity School Library, 33).

[14] The extent of this reversal is clear when we recall that to many Jews kosmos had come to signify mankind outside Israel. (This is of course characteristic of the language of virtually every religious community – the world is equivalent to the outsiders.) The two nouns *world* and *Gentiles* had become interchangeable. Paul himself, in addressing fellow-Jews, on occasion accepted this practice (Rom 11,12.15). In Galatians his argument derives its force from his reversal of this habit, for here the crucified world is the world of the Judaizers themselves, as in the aphorism of the pot calling the kettle black. The same kind of polemic underlies the Gospel of John, where the evangelist, the pot, uses kosmos to refer to hostile Jews in synagogues and temple (18,20) and the Pharisees, the kettle, use the same expletive to disparage Christ's followers (12,19).

some sense been killed, even though it had not been executed as a criminal. But in what sense? How seriously must such a metaphor be taken? Many readers, on recognizing the presence of a figure of speech, immediately downgrade its value. Is this the proper procedure in this case? The issue reactivates furious unresolved debates over the respective merits of literal and analogical language, debates cutting across the academic boundaries between linguistics, aesthetics, the natural sciences, philosophy, theology. I stand among those who stress the fact that all language is analogical in character and that all theological language is figurative to a special degree since its ultimate reference is to God. I believe that in contexts like Galatians literal meanings are less valuable indicators of truth than are the metaphorical. However I have no wish to debate those issues here, but simply to observe features in Gal 6,14 that enhance the »specific gravity« of this metaphor.

In this case, the whole force of the argument rests upon the actuality of the crucifixion of Jesus, a fact accepted by apostle and adversaries alike. Paul considered the world's crucifixion to be a necessary implicate, a divinely willed consequence, of that undoubted event. The statement may be metaphorical, but the event was historical. Moreover, each reader must reckon with an autobiographical happening to which the author was simply giving witness. Paul was appealing to his own story, in which this radical change had taken place[15]. He was not playing with trivial figures of speech in describing his own crucifixion to the world, and no more playful in describing the world's crucifixion to himself. The experience was so overwhelming that he was impelled to use figurative language to do justice to it. The truth at stake was the truth of a particular story. Furthermore, this was not Paul's story alone. His thought revolved around an event that had become the center of many stories – of Jesus, of himself, of the world, of every reader of the Epistle. With the fusion of these various stories around a common center came a fusion of horizons[16]. Paul's logic was controlled by the truth implicit in this story of Jesus, a story which provided a common retrospect and a common prospect for the other stories. The God of Jesus and of Abraham had acted within the story of Jesus to redefine the center and horizons of the other stories. Finally, we must credit Paul with enough forensic ability to choose arguments which would carry weight with his opponents. Had they

[15] In calling attention to the story element I have in mind the important study by a former student of Professor Dinkler: H. W. FREI, The Eclipse of Biblical Narrative, 1974.

[16] In speaking of the fusion of horizons accomplished by the location of a common center, I have in mind inter alia the work of a colleague of Professor Dinkler, H. GADAMER, Truth and Method, 1975, esp. 350–357.

been able to refute his case by appealing to the metaphorical character of his appeal to the crucifixion of the world, that case would have been fatally flawed. What determined their response was not his use of figural rather than literal language, but the whole range of substantive issues he raised: e.g., the covenant with Abraham, the boundaries of Israel, the jurisdiction of the Torah. Was it true that this world had been crucified to them?

It may be, however, that it is not so much the figural as the ironic character of Paul's language that baffles the exegete. It is entirely clear that the whole letter constitutes a highly rhetorical rebuke to its recipients[17]. In it we witness a quite savage explosion of sarcasm. To penetrate his adversaries' defences, the apostle relies upon a strongly ironic argumentum ad hominem. As we have seen, this irony was present in the choice of the word kosmos, a word used pejoratively by the Judaizers, an expletive which Paul was turning into a boomerang, so fashioned that it would curve back and strike them[18]. Paul meant one thing by kosmos; his enemies another. Can we adopt either of those meanings as normative, with an intrinsic content independent of that ancient battle? We find here a linguistic parallel to William Blake's wry comment: »Both read the Bible day and night, but you read black where I read white.« There is more here, however, than sarcasm and irony; Paul's objective was agreement. He wished to win over his audience to his own understanding of the situation. He wanted them to see that their world had, in actual fact, been crucified to them, and this insight entailed a basic acceptance of his assertion concerning kosmos. This reality was as ordered as the system of traditions, customs and laws that had become enshrined in the Torah[19]. This mode of ordering social behavior had persisted over many centuries and through many cultural changes. Kosmos was as cohesive as the ethnic group that accepted the sovereignty of Jahveh, as pervasive as the distinction between Jew and Gentile, as elemental as the observance of sacred geographies and calendars, as universal as the desire for internal and external securities, as deeply rooted as divisions between sexes and classes. Wherever people accepted the importance of such divisions, there could be discerned the pres-

---

[17] In his study already cited above, N. A. Dahl has shown the kinship between Galatians and other letters of rebuke in the ancient world.

[18] Paul's use of irony is by no means limited to kosmos in Gal 6,14. Many other pejorative shibboleths are turned against the Judaizers: uncircumcision, curse, flesh, στοιχεῖα, slavery, sin. In similar fashion Paul parodied some of their favorite clichés: circumcision, justification, the Law, the promises, Sinai, Abraham, Israel, the new creation.

[19] In his essay on kosmos H. Sasse traced the origin of the word to the notion of order and ordering. He observed that the etymological roots do not appear in the N. T. (ThWNT III, 883). It may be possible, however, in Gal 6,14 to discern traces of the original meaning.

ence of this kosmos. It existed at the point where the στοιχεῖα claimed sovereignty and that sovereignty was accepted. This kosmos was grounded in primordial religious traditions, structured by perennial religious needs, articulated in elaborate liturgies and fealties. The language, to be sure, was metaphorical in form and invidious in use, but the entity referred to was wholly substantial, not only in Paul's mind but in the behavior of his readers. The very vigor of his attack and of their probable defence justifies our contention that this kosmos constituted their true habitat. In fact, one may well wonder whether any word other than kosmos would have conveyed more adequately both the irony and the actualities involved. The hyperbolic and figurative character of the language served to enhance rather than to diminish the substantial character of the crucifixion of the world.

III.

Why is the notion of a crucified world so puzzling? Two answers have now been ventilated. In the first instance, we have tried to pin down the precise meaning of the phrase by searching the syntax and the context. In the second instance, we have evaluated the weight to be assigned to the metaphorical and ironic components of the language. A third answer awaits exploration. It is this: although Paul's ancient cosmology permitted the concept of a crucified world, modern cosmologies exclude it. Can we speak intelligibly of a cosmic event that cannot be located on the map of contemporary cosmologies? It would seem that our own intellectual inheritance forces us to separate theologia crucis from any conceivable cosmologia crucis. One is intelligible; the other is not. Three statements from H. Sasse present the dilemma. »Cosmology is no part of the gospel.« »There are no distinctive N. T. cosmological conceptions.« »The differences make it quite impossible to present a coherent cosmology.«[20] In such statements Sasse is quite obviously defining cosmology in accordance with our contemporary academic rubrics. But we must ask whether such a definition is inescapable. If it is, the enigma of Gal 6,14 remains insoluble.

It is true, of course, that Paul's thought in that verse does not impinge directly on many conceptions of kosmos. For instance, he was not asserting the crucifixion of the heavens and the earth, the physical universe, τὰ πάντα. Nor did he have in mind the earth as the stage of history and the home of mankind. If we restrict the referent of kosmos to non-human nature, it would

[20] Op. cit. 887.

be foolish to insert that referent into this verse. Nor did the apostle refer here to all the inhabitants of the earth: men and women, Jews and Gentiles; his thought had a much narrower focus. Too broad a reference reduces to nonsense the two qualifying phrases *to me* and *to the world.* Two other equivalents of kosmos are sometimes assigned to this assertion. In one, the reference is to all the outsiders, the non-members, of a religious community; we have seen however that Paul was addressing insiders, using himself as an example. In the other, kosmos is identified with that realm of sin and death which is ruled by invisible powers, »the epitome of unredeemed creation«, »the enemy of God«[21]. Actually it had been this pious identification of world with worldliness that had impelled adversaries of Paul to insist on circumcision and obedience to the Torah. In any case, after surveying these concepts of kosmos that are *not* embodied in the crucifixion of 6,14, we conclude that there is, in fact, a chasm between Paul's ideas and modern cosmology.

It is the recognition of this chasm, I think, that explains the current tendency to reduce the three crucifixions of 6,14 to two, by interpreting the crucifixion of the world to Paul as simply an alternative way of expressing Paul's crucifixion to the world. G. Schneider, for example, stresses the supernatural transformation that takes place in the Christian's soul[22]. R. Bring appears satisfied with this kind of explanation: »The world was dead to Paul. He was not bound by it, nor by the desire for recognition and honor connected with it . . . He was as separated from it as if he had died.«[23] It is not strange that this should be the tendency in R. Bultmann's exegesis:

> »Für sie ist im Kreuze Christi der κόσμος gekreuzigt und sie sind es für ihn (Gl 6,14). Für sie sind die στοιχεῖα τοῦ κόσμου, unter die sie einst geknechtet waren, als die ἀσθενῆ καὶ πτωχὰ στοιχεῖα entlarvt worden (Gl 4,9). Sie werden deshalb einst Richter über den κόσμος sein (1.Kr 6,2f.). All das gilt, weil sie faktisch neue Menschen (καινὴ κτίσις 2.Kr 5,17) geworden sind.«[24]

In a subtle way the subjective factor swallows any objective reference. Kosmos is placed in italics (K. Grobel set it in inverted commas), thus stressing its metaphorical character, though the same device is not used in speaking of Paul's crucifixion. Paul is made to assert that the world is crucified *for* the Christian, even though it is hard to preserve the balance by saying that the

---

[21] SASSE, op. cit., 894.

[22] Die Idee der Neuschöpfung beim Apostel Paulus und ihr religionsgeschichtlicher Hintergrund (TThZ 68, 1959, 257–270).

[23] R. BRING, Commentary on Galatians, tr. E. Wahlstrom, 1961, 284.

[24] Theologie des Neuen Testaments, 1958³, 258. I have also followed the translation by K. Grobel, 1951, I, 257.

Christian is crucified *for* the world. The word *faktisch* is stressed (»in point of fact« [K. Grobel]) in speaking of the new man, but is not used similarly in connection with the kosmos.

Professor Bultmann's interpretation is clearly consistent with his existentialism; I think it is also a function of his modern cosmology. That cosmology presupposes a radical disjunction between human freedom and cosmic process, or between human history and non-human nature. This is an issue which I raised with him a decade or more ago[25]. I observed that this disjunction »springs from a primal perception of reality that is dualistic in form« (p. 77). This basic dualism encourages the use of various antitheses (nature vs. history, being vs. existence, cosmology vs. anthropology), and such antitheses impel an interpreter to choose between »two mutually exclusive propositions«. Accordingly, to choose the historical is to exclude the cosmological. This tends to reduce the options to two: either an objectivistic cosmology or an existentialist anthropology.

In his reply to my analysis, Professor Bultmann candidly conceded that he was operating with categories and methods drawn from current academic disciplines in the natural sciences and in history. »Natural science views nature in an objectivizing way«, but man's historicity is expressed in a freedom from such objectifying attitudes[26]. Although man cannot deny his connection to nature, his freedom in authentic existence requires that he abandons any trace of cosmological eschatology and contents himself with a fully historicized eschatology. Here is a sharp either-or choice that has profound consequences. Unless this dualism is modified, I believe that Paul's idea of a crucified world will remain an enigma to us.

As a reading of Gal 6,14, I find A. Oepke's exegesis more defensible:

»Nicht bloß das eigene Ich, sondern der ganze diesseitige Kosmos ist durch das Kreuz gekreuzigt . . . Beide bedeuten für Pls *disqualifizierte Kreatürlichkeit*, dh etwa dasselbe wie σάρξ . . . Man darf die Meinung nicht reduzieren wollen auf psychologische Erfahrungen, die Pls unter dem Eindruck des Kreuzes gemacht hat. Er meint, was er sagt, in erster Linie objektiv.«[27]

These assertions of objectivity, however, though unambiguous, do not resolve the puzzle. A better resolution may, perhaps, be found by the recovery

[25] C. W. KEGLEY (ed.), The Theology of Rudolf Bultmann, 1966, 65–82. BULTMANN's reply appears in the same volume, 265–268.

[26] Op. cit. (cf. n. 25), 266.

[27] A. OEPKE, Der Brief des Paulus an die Galater (ThHK 9), 1957², 161; cf. also G. P. WILES who defines the καινὴ κτίσις as »the divine eschatological act of creating man and nature completely anew in Christ« (op. cit. 130, n.2); cf. also R. TANNEHILL, Dying and Rising with Christ (BZNW 32), 1966, 70.

of an ontology that is more congenial to Paul's, one in which both cosmology and anthropology are subordinated to theology. As P. Stuhlmacher insists, only some form of ontological exegesis will do justice to Paul's thought regarding the kosmos[28]. Only ontological categories can bridge the chasm between history and nature.

There can be little doubt that for Paul these two realms were interdependent aspects of creation. God is One by whom and to whom all things exist. The crucified and risen Lord is one through whom and for whom all things have been made[29]. To jettison all cosmological dimensions from God's action in Christ's death would in Paul's thought have been to deny the sovereignty of God's grace. Likewise, to have limited the sovereignty of the στοιχεῖα to the human community would have belied the stubbornness, subtlety and strength of those forces. For this apostle, the Law, sin, the flesh, and that final enemy death are realities that pervade all things; and, although their sway over humanity is normally the focus of his thought, he would have found entirely alien the later efforts to separate history from nature. The story that included the long lineage of the children of Abraham (Gal 4,21–30) could not be disjoined from all other history. Nor could the recurrent treacheries of the »children of the flesh« be arbitrarily disjoined from forces operating in »non-human nature«. So, too, *we* go astray if we limit the new creation of 6,15 to the subjective experience of individual believers. A bondage that is grounded in archetypal forces cannot be broken without a direct victory over those forces. Neither God nor his demonic adversaries could be constrained to observe the boundaries that modern curricula establish for research into nature or history, or, for that matter, were they constrained to instruct men and women concerning all the ways in which nature and history intersect in their lives. It might even be true that modern scholars, in their unquestioned loyalty to an ontology implicit in those curricula, illustrate a form of bondage not unrelated to that of the Galatian Judaizers.

---

[28] P. STUHLMACHER, Erwägungen zum ontologischen Charakter der καινὴ κτίσις bei Paulus (EvTh 27, 1967, 1–35).

[29] 1Cor 8,6. The primordial, archetypal significance of Jesus' death is not the primary point in Gal 6,14, but it is strongly set forth in other Pauline passages; e.g., »One died for all, therefore all have died« (2Cor 5,14); »The last enemy to be destroyed is death. For God has put all things in subjection under his feet« (1Cor 15,26.27); »To this end Christ died and lived again, that he might be Lord both of the dead and of the living« (Rom 14,9). The cross as the means of reconciliation of all things to God is directly linked in Col 1,15–20 to the pre-existence and the preeminence of Jesus. In this respect Paul's thought is not alien to the apocalyptic insight concerning the Lamb that had been slain from the foundation of the world (Rev 13,8). Such convictions concerning the ultimate significance of Jesus' death presuppose an ontology in which, as Professor Bultmann wrote, »there is no dualism« between nature and history.

Professor Bultmann was, of course, too good a Paulinist to imprison the apostle within these modern categories.

For Paul »›this‹ world . . . is finished for the one who by faith . . . has become a new creature and has found freedom. (II Cor. 5:17, Gal. 5:1, . . .) In this sense Christ has subdued both nature and history . . . For faith there is no dualism.«[30]

These are extremely important recognitions. They imply that Paul's confession in Gal 6,14 is not ultimately an enigma that defies understanding. They imply that for faith there is no ultimate conflict between a *theology* of the cross and a *cosmology* of the cross. Finally, they indicate the need for a more comprehensive ontology that would make intelligible both a crucified kosmos and a new creation. With such an ontology we might not betray so thoughtlessly or so readily the legacy of Christian freedom.

[30] Op. cit. (cf. n. 25), 268.

The Worship of the Holy Cross in Saqqara: Archaeological Evidence

PAUL VAN MOORSEL

A study which is based upon a detail can quite easily, albeit unintentionally, give the reader the impression that there is nothing more important than this one detail. The best remedy, in such a case, is to place this detail in its context, so that an undesirable enlargement of scale is practically ruled out. In archaeology, however, this is seldom possible, since excavations cannot usually provide a complete picture of the total wealth, the total poverty, or any stage in between, which must have characterized the excavated sites in days of old. Thus, although in this article a modest attempt is made to place a small study of the representations of the Holy Cross found in the Jeremiah monastery of Saqqara within a larger whole, there can inevitably be no question of completeness, either in the part or in the whole.

On this festive occasion I may be forgiven for not going too deeply into the known facts concerning the history of the monastery at Saqqara. Founded at the end of the fifth century by Jeremiah and Enoch, it appears to have been abandoned in about 850[1]; it was excavated at the beginning of our century, in 1906–1910, by J. E. Quibell, who removed numerous pieces to Cairo, and proceeded with great haste to publish his discoveries[2]. Sixty years later P. Grossmann undertook a new architectural-historical investigation[3], and various others hope to publish in the near future studies devoted to the pictorial wealth of Saqqara, which, we hope, will succeed in conveying some modest impression of them[4]. In this contribution to a *Festschrift* for a researcher of

[1] See D.A.C.L. i.v. Chaqqara and P. Grossmann, Reinigungsarbeiten im Jeremiaskloster von Saqqara, Vorläufiger Bericht, M.D.I.K. 27 (1971), pp. 173–180 and Id., Reinigungsarbeiten im Jeremiaskloster bei Saqqara, Zweiter vorläufiger Bericht, M.D.I.K. 28 (1972), pp. 145–152.

[2] J. E. QUIBELL, Excavations at Saqqara II (1906–1907), Cairo, 1908, III (1907–1908), Cairo, 1909 and IV (1908–1909 and 1909–1910), Cairo, 1912. These publications will be referred to as: QUIBELL, Saqqara II, III and IV.

[3] See note 1.

[4] Due to appear soon: P. VAN MOORSEL and M. HUIJBERS, The preserved Wallpaintings of Apa Jeremiah and furthermore: M. M. RASSART-DEBERGH, La décoration picturale du monastère de Saqqara; Essai de Réconstitution; together with several shorter contributions on this subject. All of them are the fruit of the »Saqqara project« of the Dept. of Early Christian Art of Leiden University. They will be published in Acta ad Archaeologiam et Artium Historiam Pertinentia.

such merit (particularly in the field of the Christian art of the Nile region) as Professor Dinkler it is impossible to avoid anticipating these studies to some extent.

To the question of the place occupied by the Holy Cross in the life of the followers of Jeremiah in Saqqara, the first answer – and by no means a conclusive one – may be found in a remarkable document known as the ›List of wine for the festivals and the seasons and Sundays‹, from Saqqara[5], which names in the order of the church calendar the feasts upon which wine is provided, mentioning the *quantum*. The list is not, unfortunately, dated, so that we do not know which period of the years 500–850 is referred to here. Among the thirteen feastdays which are mentioned in this lengthy document the ›day of the Cross‹ does appear, but comparison with other days shows that it was not considered one of the most important festivals. The most wine was used on the festivals of the founders of the monastery and at the end of Lent (›five jars‹), followed by days of more moderate rejoicing such as the feast of the Baptism of Christ and the beginning of Lent (›two jars‹). Other feasts follow in order of importance, such as New Year's Day, the birthday of Our Lord, the feast of the Cross, the days of Apa Phib, Apa Patermoute and other ancient Fathers. Unfortunately it is no longer possible to say with any certainty how Holy Cross Day was celebrated liturgically at that time, because our source, the Alexandrian *Synaxarium*, is, in the earliest form in which it is known to us, too late to be reliable[6]. According to the tradition now current there are actually two feasts: one on the tenth day of Barmahat, which commemorates both the discovery of the Cross, here attributed to St. Helena, and the bringing back of the Cross by the emperor Heraclius; the other on the tenth day of Tût. This day, which coincided with the highest waterlevel of the Nile, very soon became *the* feast of the Holy Cross. This was the day (the day after the consecration of the Church of the *Anastasis*) when the Cross had first been carried in procession through the Church of the Sepulchre; it was also a better day for observing a feast, since the tenth of Barmahat falls in Lent. Incidentally, it would be principally wrong to limit the place of the Holy Cross in the old Coptic Liturgy to the feastdays mentioned here. The absence of more detailed information prevents us, however, from being more concrete.

---

[5] QUIBELL, Saqqara IV, inscr. 226, pp. 69–71.

[6] Cf. O. H. E. BURMESTER, On the Date and Authorship of the Arabic Synaxarium of the Coptic Church, Journal of Theological Studies 39 (1938), pp. 249–253. The informations relevant to the feasts of the Holy Cross are taken from Synaxarium Alexandrinum (transl. I. Forget), C.S.C.O., SS. Arabici, Series Tertia, Tom. 18, Rome, 1922, pp. 18–20 and 30–32.

We shall now try, on the basis of what we know of the pictorial arts in the Jeremiah monastery, to place the Holy Cross within the whole body of motifs which remain to us.

Although unfortunately little can be said in this respect that can give an idea of the decoration of the most important building, the ›Main Church‹[7], the rooms which surround it are quite a different matter. As was doubtless also the case in the church itself, in the cells the wall at the East, which was the direction of prayer, appears to have been considered the most important. We know which compositions decorated the apses in the walls of fourteen of the cells: in seven we find the double composition well-known from many apses in the Nile Valley[8], though found here in a more or less reduced form, and in seven other cases representations of Christ[9] or of his Mother[10]. Next to the Angels there are not, as is usually the case, Apostles, but local saints[11]. This last category is also found in compositions which appear to be less closely connected with the Divine Service, those outside the small apses, often even painted on another wall, with or without saints on horseback, personifications of virtues, crosses, the three young men in the fiery furnace, the sacrifice of Abraham, and motifs borrowed from the world of birds and flowers. More than once – we shall return to this later – the Cross is itself woven into floral motifs. From all this we may conclude that, as one might expect, the Cross is not represented in apses[12], but rather where other themes which had to do with devotion had also been found. It may be in the form of a Greek cross, a Latin cross, a Chi or St. Andrew's cross, a Maltese cross, or a cross with arms which are wider at the ends. Almost the same forms are found in the sculpture. The Cross may be bejewelled, or wreathed, or decorated with little bells; it may be placed on an estrade; above all it may be shown as blossoming, as can be seen from the short catalogue appended to this article, and in particular from fifteen of the twenty-two titles cited there. It should also be mentioned that this catalogue is limited to the representations which can be seen as more than pure decoration (whatever that may be)[13].

---

[7] But see also M. M. Rassart-Debergh, o. c. and our cat. 12.

[8] Cells B, D, F. 1719 (?), 1723, 1727 and 1733. Cf. P. van Moorsel, Some iconographical remarks on the absidal compositions in Apa Jeremiah: a Status Quaestionis, Acta ad Archaeologiam et Artium Historiam Pertinentia (in press) and the literature listed there.

[9] Cells 709, 733 and 1795.

[10] Cells A, 1724, 1725 and 1807–1808.

[11] Cells F, 719, 1715, 1727 and 1733.

[12] That is if we disregard the cross in the cross nimbus and the cross on the cross staff, etc.

[13] Cat. 22 is actually a borderline case. But see for a different interpretation: M. M. Rassart-Debergh, o. c.

The Cross as a tree: this Cross can be made up of elements which immediately give away the allegory, and it may, moreover, be surrounded by branches[14], or decorated with branches which sprout from the crossing of the two beams[15]; occasionally the flowering branches enclose small animals and angels' heads, although there is no real indication of the four apocalyptic beasts[16]. In one place the Cross is depicted standing upon foliage[17]; in another it is surrounded by foliage on both sides[18], or wreathed with leaves[19]. Even where the foliage is less profuse, as is true in two cases[20], yet in the light of the above it cannot be ignored. It is, moreover, so, that in many of the paintings several decorative forms are combined in one. Thus in several places the flowering Cross is Maltese in shape[21]. We also find the staff cross decorated with widening arms[22], and indeed even crosses crowning the rigging of a ship[23], which we have not so far mentioned. About the Cross on an estrade nothing very concrete can be said, in view of the damage which has taken place[24].

Anyone who commands a knowledge of the material is conscious of certain questions which occur to him, questions, for example, about the triple representation of the Cross. It is shown thus, among other places, on the East wall of cell 709[25] and on the North wall of cell A[26], but this does not seem the right moment to go into questions of this sort. We prefer to restrict ourselves to a few main lines, and come here to the provisional conclusion that among the paintings of the Holy Cross in Saqqara, of which there are a good many, those which show some kind of connection with the tree of life are in the ma jority[27].

Are there any other sources in Saqqara which may confirm this? So far, th only assistance we have is from inscriptions. As well as the usual inscriptions, such as IC XC[28], the letters A and ω[29], we also find in one case, written between the arms of the Cross and in a circular border CΩCON NIKA[30], and

[14] Cat. 1, 3 and possibly 14.

[15] Cat. 2, 4, 5, 6, 7 and 8.

[16] Cat. 6.

[17] Cat. 7 and 9.

[18] Cat 6 and 12.

[19] Cat. 2, 3, 7, 10, 11, 13, 16 (?), 17 and 19.

[20] Cat. 14 and 15 (?).

[21] Cat. 4, 6, 7, 10, 13, 18 and 19.

[22] Cat. 20.

[23] Cat. 22.

[24] Cat. 17.

[25] Cat. 14.

[26] Cat. 20. One may also note the three crosses on the ship of cat. 22.

[27] The places where they were found are rather spread out over the ground plan, and their position hardly allows us to draw any conclusions.

[28] Cat. 1 and 18.

[29] Cat. 18.

[30] Cat. 2. Cf. C. D. G. MÜLLER, Die alte koptische Predigt, Diss. Heidelberg, 1954, p. 135:

in another place ΔΟξΑ ΘΥ ΙC XC NIKA[31], followed by several names. Elsewhere, the names of a certain Schenute and a certain Mena are inscribed in the four corners of the Cross[32]. Apart from pictorial representations, the holy Cross is also mentioned by name, in a fragmentarily preserved inscription[33], where, after the four beasts of the Apocalypse[34] we find the four and twenty elders referred to, and then, (after a few words which have been lost) ›the Cross of the Son of God‹, followed immediately by a number of monks' names. Mention should be made here of a graffito which is difficult to decipher completely, which calls upon the reader to serve the (holy) wood[35], and also, finally, an inscription discovered inside the Main Church where we read this command CTAYPE BOHΘICON[36] inscribed on a stand for water-jars. This epigraphic material, however modest enables us to confirm the conclusion we have drawn from the iconography, that the Cross played a particular part in the devotional sphere. What was that part? According to what we read here, that of something or someone who brings salvation, offers help and gives victorious power. It may also have been seen as a source of safety[37]. The fact that it may then come to be seen as having an independent identity, as is apparant from the CTAYPE BOHΘICON will not come as a surprise to anybody who is acquainted with a recent publication of Professor Dinkler[38]. The Cross was, in fact, sometimes thought of as a person, a mode of thought which leads naturally to the devotional sphere referred to above.

We have seen that in the iconography the motif of the Cross as the tree of life enjoyed special popularity. Is it then possible to show a connection be-

---

»Sofort erschien der Erzengel in voller Pracht mit dem Zeichen des heiligen Kreuzes auf seinem Zepter. Der Teufel flehte den Erzengel sofort um Gnade an und versprach, nie wieder die Schützlinge des Erzengels zu belästigen.«

[31] Cat. 6.

[32] Cell 789 (Quibell, Saqqara III, p. 14).

[33] Cell 1723 (Quibell, Saqqara IV, inscr. 324, pp. 101–102).

[34] Here called »the powers of the Spirit«.

[35] Quibell, Saqqara II, Pl. 64,4. – With thanks to Dr. Jac. J. Janssen, Leiden.

[36] Quibell, Saqqara III, p. 108, Pl. 38,3.

[37] How else can the inscription of two names within a cross be explained? (see note 32).

[38] E. Dinkler, Beobachtungen zur Ikonographie des Kreuzes in der nubischen Kunst. K. Michalowski, Nubia, Récentes Recherches, Warsaw, 1975, pp. 22–30. Cf. C. D. G. Müller, o. c., p. 263: »So wie diese Kinder jetzt als Erstlinge der Heiligen unter den Menschen ausgewählt sind – so werden sie, wenn der Sohn Gottes . . . am letzten Tage kommt und die ganze Ökumene in Gerechtigkeit richten wird, als erste vor dem ganzen himmlischen Heer voranziehen und vor dem Kreuz unseres Herrn Jesus Christus und vor allen Mächten, während sie mit Lichtgewändern bekleidet sind und mehr als alle Sterne des Himmels leuchten.« See also proper names such as CTAYPOY (J. Maspéro–E. Drioton, Fouilles exécutées à Baouît, Cairo, 1931, inscr. 499. Cfr. Ibidem, inscr. 472, 500 and 510).

tween this fact and the epigraphy which speaks, among other things, of salvation and deliverance? The answer is partly found in a painting, found by Quibell in cell 712, of the Cross as the Tree of Life, with the inscription already quoted above, CΩCON NIKA. It is, then, understandable, that a graffito invites us to serve the *wood* of the Cross. It is apparently not impossible that the reason for the Cross being shown as the Tree of Life was that it was able to give salvation, victory and deliverance. Some caution is necessary, however, since so far the dating of all the pieces mentioned above is uncertain, so that we do not know whether the data used here is also relevant to the other, much more numerous, objects. We should be glad of more certainty here. This, however, is also true of other aspects of the history of Apa Jeremiah, so that we are by no means in an exceptional position in having to regard these conclusions as provisional. Let this be a comfort to the one in whose honour this article was written! The context within which we may place these tentative conclusions about our detail is, after all, characterized by many questions and unkown factors. We must therefore hope that the stimulus of Professor Dinkler and his wife, from which the present writer has benefitted, may encourage many, in the pursuit of their archaeological and art-historical *métier*, to devote some thought to the Christian art of the Nile Valley, the land of Jeremiah and other founders of monasteries. It is very well worth their while.

Appendix

Catalogue of representations of the Holy Cross in Saqqara[39]

1 Painting, cell 1888, QUIBELL, Saqqara IV, p. 27, Pl. 26,5. The cross is made up of round figures; from the foot of the cross branches bend upward on both sides towards the intersection. Two garlands, hung with little bells, hang down from above. Inscription: »[IC] XC.« Nearby two geometric motifs with a cross inside. Our Plate 1.

2 Painting, cell 712, QUIBELL, Saqqara III, p. 11: » a rather elaborate cross in a wreath, 0 m. 55 cent. in diameter, painted on the plaster. The wreath was of red colour and fastened with a tie below; leaves spring from the junction of the two crossbars . . .« Inscription: »CΩCON NIKA.«

3 Column found in cell 1979, QUIBELL, Saqqara IV, p. 138, Pl. 38,3. A tree-cross, wreathed with foliage, with a rose at the intersection. The whole is above a tall tree-cross. Both trees are flanked by acanthus. Our Plate 2.

[39] The writer wishes to thank Mrs. M. M. Rassart-Debergh for collecting the data for this catalogue.

4 Sculptured block, found in cell 1832, QUIBELL, Saqqara IV, p. 138, Pl. 41,3 left. Maltese cross, with branches sprouting from the intersection. Our Plate 3.
5 Sculptured block, found in cell 1832, QUIBELL, Saqqara IV, p. 138, Pl. 41,3 in the middle. Tall cross, with branches sprouting from the intersection.
6 Sculptured frieze, found in cell 789, QUIBELL, Saqqara III, p. 14 and IV, p. 139, Pl. 43,3. The cross, which resembles a Maltese cross, is tall, and has a bud at the intersection; from the intersection grows foliage, in the curves of which are seen (from left to right) an angel, an ox, a lion (?) and an angel. Inscription: ΔΟξΑ ΘΥ IC XC NIKA ΨΑ2 ΒΙΚΤΩΡΨΑΕΙΝΜΝΩΟΙΠΕqϣΗΡΕ ΑΜΗΝ. Our Plate 4.
7 Sculptured block, found between cells 1704 and 1706, QUIBELL, Saqqara III, p. 106, Pl. 33,3. A Maltese cross, filled in with a band of interlace, with branches sprouting from the intersection; wreathed, and standing on foliage. Our Plate 5.
8 Sculptured block, found in cell 712, QUIBELL, Saqqara III, p. 108, Pl. 38,5 left. Greek cross with five buds; branches sprout from the intersection.
9 Tympanum, found in cell 1823, QUIBELL, Saqqara IV, p. 138, Pl. 41,1. A Maltese cross with a bud at the intersection, standing on foliage; the curve of the tympan is decorated with foliage. Our Plate 6.
10 Capital, found near the oil-press, QUIBELL, Saqqara IV, p. 136, Pl. 32,5. A Maltese cross, wreathed with foliage.
11 Capital, QUIBELL, Saqqara IV, p. 136, Pl. 32,6. Greek cross, wreathed with foliage.
12 Sculptured frieze from the Main Church (?), QUIBELL, Saqqara IV, p. 138, Pl. 40,3. Wreathed Greek jewelled cross, combined with a cross of St. Andrew, between curves of foliage.
13 Capital, found in cell 1950, QUIBELL, Saqqara IV, p. 139, Pl. 35,1. A wreathed Maltese cross. Our Plate 7.
14 Painting in cell 709, QUIBELL, Saqqara III, p. 99, Pl. 10,2. Three jewelled crosses (of which only two remain), hung with ribbons and with plants at their sides.
15 Painting in cell 773, QUIBELL, Saqqara III, p. 100, Pl. 12,1. This cross is hypothetical and reminds in its form cat. 1, with exception, however, of the branches. On both sides are plants.
16 Sculptured *console*, found in cell 1704, QUIBELL, Saqqara III, p. 108, Pl. 40,1 right. An encircled (wreathed?) Greek cross between acanthus.
17 Sculptured fragment, found in cell 705, QUIBELL, Saqqara III, pp. 10 and 107, Pl. 38,1. A wreathed cross on an estrade.
18 Engraved cross, found in cell 773, QUIBELL, Saqqara III, inscr. 14, p. 33 and p. 110, Pl. 44,4, in the form of a Maltese cross with foliage. Inscriptions with »IC XC« and »AΩ«.
19 Sculpture, found in cell 712, QUIBELL, Saqqara III, p. 108, Pl. 38,5, right. A wreathed Maltese cross with foliage.
20 Painting in cell A, QUIBELL, Saqqara II, p. 64, Pl. 44. Three staff crosses with arms widening at the ends.
21 Painting in cell 1704, QUIBELL, Saqqara IV, p. 21: »On one (wall) were drawn in red paint a latin cross and a sketch of a palm tree.«
22 Painting in cell 782, QUIBELL, Saqqara III, p. 13, fig. 3: »the rude picture of a ship with crosses on mast and yard.«

1. A cross, made up of round figures, decorated with branches and garlands. Cat. 1.

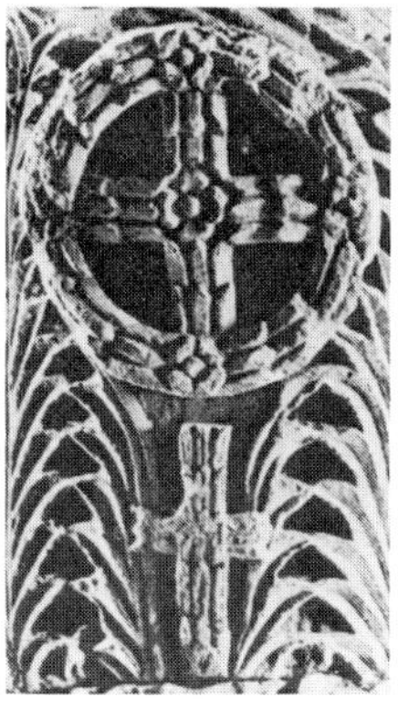

2. Two tree-crosses, flanked by acanthus. Cat. 3.

3. A Maltese cross, with branches sprouting from the intersection. Cat. 4.

4. Sculptured frieze with foliage, growing from intersection in the curves of which are angels and animals. Cat. 6.

5. A Maltese cross, wreathed, with branches sprouting from the intersection and standing on foliage. Cat. 7.

6. A Maltese cross standing on foliage. Cat. 9.

7. A wreathed Maltese cross. Cat. 13.

All photographs are taken from Quibell, *Saqqara*.

Die Worte vom leidenden Menschensohn

Ein Schlüssel zur Lösung des Menschensohn-Problems[1]

WALTER SCHMITHALS

I

Die unendlich oft verhandelte Frage[2] nach der (den) Traditionsgrundlage(n) der drei markinischen Leidensansagen Mk 8,31; 9,31; 10,32–34 und einer eventuell vorhandenen, dementsprechenden Priorität innerhalb der drei Ansagen ist eine Vexierfrage. Tatsächlich handelt es sich um drei *redaktionelle* Bildungen[3].

Das Motiv der Leidensansage als solcher war dem Evangelisten durch seine Traditionen vorgegeben; vgl. Mk 10,38f; 12,6ff; 14,22ff.27. Das vom Evangelisten im einzelnen verwendete Material stammt im wesentlichen aus der ihm vorliegenden Passions- und Ostererzählung sowie aus den verbreiteten Lehr- und Bekenntnisformulierungen der frühen Gemeinden.

Zu Mk 8,31

Zum christologischen Begriff ›leiden‹ (wie 9,12) vgl. Hebr 2,18; 5,8; 9,26; 1Petr 2,21.23. ›Viel leiden‹ ist eine bekannte Wendung (Ass Mos 3,11; Jos Ant 13,268.403) und findet sich auch Mk 5,26; 9,12; vgl. Mt 27,19; Barn 7,11. Adverbiales πολλά ist darüber hinaus überhaupt eine Lieblingswendung des Markusevangeliums.

---

[1] Der vorliegende Beitrag zieht seine Thematik in dem zur Verfügung stehenden Raum so prägnant wie möglich durch. Zu vielen dabei auftauchenden Fragen sowie zu der im Hintergrund stehenden Konzeption der urchristlichen Traditionsgeschichte verweise ich auf meine Auslegung des Markusevangeliums, ÖTK 2, 1979.

[2] Vgl. den instruktiven Forschungsbericht von G. HAUFE: Das Menschensohnproblem in der gegenwärtigen wissenschaftlichen Diskussion (EvTh 26, 1966, 130–141) und die Übersicht bei P. HOFFMANN, Mk 8,31. Zur Herkunft und markinischen Rezeption einer alten Überlieferung (in: Orientierung an Jesus. Für Josef Schmid, 1973, 170–204).

[3] Vgl. schon M. DIBELIUS, Die Formgeschichte des Evangeliums, 1959[3], 227ff; K. L. SCHMIDT, Der Rahmen der Geschichte Jesu, 1919, 218.

R. PESCH (Die Passion des Menschensohnes [in: Jesus und der Menschensohn. Für Anton Vögtle, 1975, 166–195]; Das Markusevangelium [HThK 2], II. Teil, 1977, z. St.) hält dagegen alle Worte vom leidenden Menschensohn für Bestandteile einer vormarkinischen Passionsgeschichte. Seine Argumentation hat mich an keiner Stelle überzeugt.

ἀποδοκιμασθῆναι geht auf den frühchristlichen Schriftbeweis (Ps 118,22 LXX) zurück, der Markus aus 12,10[4] bekannt war (vgl. Apg 4,11; 1Petr 2,4ff; Barn 6,4).

Älteste, Oberpriester und Schriftgelehrte sind die im Markusevangelium *stets* redaktionelle Trias der jüdischen Gegner Jesu in Jerusalem, nämlich der Mitglieder des Synedriums (11,27; 14,1.43.53.55; 15,1.31)[5].

Zu ἀποκτανθῆναι (wie 9,31; 10,34) vgl. Mk 12,7f; 14,1 und 1Thess 2,15[6]; zu ἀναστῆναι (wie 9,31; 10,34) vgl. Mk 9,9f[7] und Röm 14,9; 1Thess 4,14.

Das μετὰ τρεῖς ἡμέρας (wie 9,31; 10,34) gilt oft als Beleg für eine vormarkinische Traditionsschicht der Leidensansagen. Strecker z.B. erklärt, es stehe »im Widerspruch zu Mk 14,58; 15,29 (›innerhalb von drei Tagen‹) und – bei Voraussetzung einer ›griechischen‹ Zählung – auch zur Darstellung der markinischen Passionsgeschichte«[8]. Indessen darf man die ›griechische‹ Zählung zumindest für Markus nicht voraussetzen; denn der Evangelist folgt in den Leidensansagen – vielleicht bewußt archaisierend – wie in der gleichfalls redaktionellen[9] Angabe 14,1 der ›jüdischen‹ Zählweise, die er z.B. in 9,2 (vgl. Lk 2,46; Apg 25,1; 28,17) vorfand[10]. Die andere *Redeweise* (διὰ τριῶν ἡμερῶν Mk 14,58; ἐν τρισὶν ἡμέραις Mk 15,29) steht dazu um so weniger im Gegensatz, als sie sich im Munde der Gegner Jesu findet.

Das über Jesu Leiden und Auferstehen liegende δεῖ ist das göttliche ›Muß‹, das schon die vormarkinische Passionsgeschichte bestimmt (Mk 10,32a; 14,49b; 15,5 u.ö.): Nur scheinbar handeln die Menschen auf Jesu Leidensweg, der sich in Wahrheit nach Gottes in der Schrift angesagtem (1Kor 15,3f) Willen vollzieht. Auch in Mk 9,11 begegnet ein entsprechendes δεῖ aus der

---

[4] 12,10f gehört m.E. zur Vorlage des Markus; siehe im übrigen Anm. 1.

[5] Erst Markus führt das Synedrium in die Passionsgeschichte ein. Seine Vorlage kannte nur die Oberpriesterschaft als die Jesus zum Tod bringende Kraft. Vgl. E. WENDLING, Die Entstehung des Marcus-Evangeliums, 1908, 177ff; S. SCHULZ, Die Stunde der Botschaft, 1967, 131f. Siehe im übrigen Anm. 1.

[6] Es trifft nicht zu, daß Markus »statt ἀποκτείνειν für den Tod Jesu das Verb σταυροῦν bevorzugt« (G. STRECKER, Die Leidens- und Auferstehungsvoraussagen im Markusevangelium [ZThK 64, 1967, 16–39], 25). σταυροῦν begegnet nur traditionell (15,15.24.27; 16,6) und in unmittelbarer Aufnahme bzw. Wiederholung dieser Vorlagen (15,14.20b.25). Dagegen ist 14,1 (ἀποκτείνειν) redaktionell. Siehe im übrigen Anm. 1.

[7] Angesichts von Mk 9,9f kann der Verweis auf Mk 14,28 und 16,6 nicht die These tragen, Markus bevorzuge in redaktionellen Wendungen ἐγείρειν (so G. STRECKER [Anm. 6], 24f); denn 16,6 und 14,28 sind durch die traditionelle bekenntnishafte Wendung geprägt, die in 16,6 (trad.) zugrunde liegt, wie Mk 6,16 (red.) durch 6,14 (trad.).

[8] G. STRECKER (Anm. 6), 24f.

[9] Vgl. M. DIBELIUS (Anm. 3), 180; siehe im übrigen Anm. 1.

[10] Zur Sache vgl. G. DELLING, ThWNT II 951ff. Richtig urteilen z.B. E. GÜTTGEMANNS, Offene Fragen zur Formgeschichte des Evangeliums (BEvTh 54), 1970, 222; L. SCHENKE, Studien zur Passionsgeschichte des Markus (Forschung zur Bibel 4), 1971, 24.

Feder des Evangelisten; vgl. ferner Mk 13,10 (red.) sowie 13,7.14; 14,31 (trad.).

An dem markinischen Charakter der Einleitung von 8,31 kann kein Zweifel sein; vgl. Mk 6,2.34; 9,31.

Zu Mk 9,31

An traditionsgeschichtlich erheblichem Material bringt 9,31 nur das παραδίδοται εἰς χεῖρας ἀνθρώπων über 8,31 hinaus. Diese Wendung übernimmt der Evangelist (wie in 10,33) direkt der ihm vorliegenden Passionsgeschichte (14,41), die dabei ihrerseits älteste bekenntnishafte Überlieferung verwertet (Röm 4,25; 8,32; 1Kor 11,23; Gal 2,20; Eph 5,2; vgl. Mk 14,21.42.44; 15,1.15)[11]. Statt ›in die Hände der Sünder‹ wählt er dabei das gleichsinnige (Mk 8,33; Lk 24,7) ›in die Hände der Menschen‹, um wie in 2,27f und 14,21 (vgl. Mt 9,6.8) das Wortspiel ›Menschensohn – Mensch‹ zu gewinnen, das in einer noch zu klärenden Weise[12] auf die redaktionelle Bedeutung des Begriffs ›Menschensohn‹ in den Leidensansagen (und darüber hinaus) verweist.

Zu Mk 10,32–34

Vom Rahmen ist zunächst abzusehen.

In der eigentlichen Leidensansage sind gegenüber den beiden vorangehenden Stücken neu (a) die Erwähnung der Auslieferung Jesu durch Gott in die Hände der Oberpriester und Schriftgelehrten (eine Kombination aus schon in 8,31 und 9,31 verwendeten Motiven! Zur Sache vgl. Mk 14,10f. 18.21.41ff), (b) die Erwähnung des von diesen ausgesprochenen Todesurteils (vgl. Mk 14,64), (c) die Erwähnung der von ihnen vollzogenen Auslieferung Jesu an die Heiden (vgl. Mk 15,1.10) sowie (d) die Erwähnung der Verspottung durch die Heiden (vgl. Mk 15,15ff; vgl. 14,65). Alle vier Motive begegnen also auch in der markinischen Leidensgeschichte selbst, so daß sich die Annahme einer Sondertradition für 10,32ff erübrigt[13].

---

[11] Aus dem bekenntnishaften Charakter des παραδίδοται erklärt sich der auffällige Wechsel vom Präsens zum Futur in 9,31.

[12] Siehe unten. J. Jeremias (Neutestamentliche Theologie I, 1971, 268) hält 9,31 vor allem deshalb für die älteste Fassung der Leidensansagen, weil bei einer Rückübersetzung in das Aramäische das Wortspiel ›Mensch – Mensch‹ entsteht – ein in jedem Fall problematisches und dann ganz unzulässiges Argument, wenn sich zeigen läßt, daß wir auf ein ursprunghaft redaktionelles Wortspiel ›Menschensohn – Mensch‹ stoßen.

[13] Wenn H. E. Tödt (Der Menschensohn in der synoptischen Überlieferung, 1959, 159ff) geltend macht, die *Intention* von 10,33f stimme nicht mit der *Intention* der markinischen Pas-

Da der Rahmen der drei Leidensansagen redaktionell ist (s. u.) und der stereotype Menschensohn-Titel zumindest kein deutliches Indiz für eine Markus vorliegende Tradition hergibt (s. u.), spricht im einzelnen alles dafür, daß Markus die drei Leidensansagen selbst gebildet hat.

Diese Feststellung wird durch die ungewöhnliche Dreizahl der Ansagen unterstützt. Diese Trias weist als solche nämlich in jedem Fall auf ein hohes Interesse des Evangelisten an diesen parallelen Stücken hin; formal sind z. B. das dreifache Gebet Jesu in Getsemani und die dreifache Verleugnung durch Petrus zu vergleichen. Diese »Intensität der markinischen Redaktionsarbeit«[14] läßt sich mit einer redaktionellen Bildung der Stücke gut vereinen, zumal Tödt mit Grund zeigt, daß die Ansagen »in der *Komposition* des ältesten Evangeliums . . . eine große Bedeutung« haben[15].

Formgeschichtliche Erwägungen

Hält man dennoch an einer ursprünglich selbständigen Überlieferung einer Leidensansage fest, müßte man für diese eine ›Form‹ und einen ›Sitz im Leben‹ nachweisen. Die wie auch immer rekonstruierte traditionelle Grundlage unserer Ansagen besitzt beides nicht[16].

Die Leidensansagen sind, unter form*geschichtlichem* Aspekt betrachtet, formlos; denn es gibt diese Ansagen nur so und hier, auch Analogien sind unbekannt. Ihre ›Form‹ entstand offensichtlich *ad hoc* aufgrund der Passionsgeschichte und im Anschluß an entsprechende Bekenntnisformeln.

Dem Mangel an Form entspricht das Fehlen eines ›Sitzes im Leben‹. Dinkler[17] bestimmt den *Skopos* der Vorlage dahingehend, »das Ärgernis des Kreuzes durch eine Weissagung des Gottessohnes zu überwinden, das Kreuzesge-

---

sionsgeschichte überein, deshalb sei 10,33f älter als die Passionserzählung, so läßt sich dies Argument umkehren: Da die Passionsgeschichte im wesentlichen vormarkinisch ist, verrät die andere Intention von 10,33f die Hand des Evangelisten.

Daß von der Trias ἐμπτύω – ἐμπαίζω – μαστιγόω der Ausdruck μαστιγόω in der Passionsgeschichte nicht begegnet, kann natürlich keine selbständige Tradition für 10,33f begründen. Markus bringt die verschiedenen Termini für ›schlagen‹ (14,65; 15,15ff) in 10,34 auf *einen* Begriff. Nur wer verlangt, Markus hätte 10,33f in sklavischer Abhängigkeit von der Passionsgeschichte formulieren müssen, kann aufgrund dieses willkürlichen Postulats für 10,33f eine selbständige Tradition ansetzen (gegen Tödt, 159ff).

[14] G. Strecker (Anm. 6), 31.

[15] (Anm. 13), 134.

[16] Vgl. E. Güttgemanns (Anm. 10), 214ff, der in den Leidensansagen ein dankbares Objekt der Attacke gegen jene Kollegen gefunden hat, welche die Vorsicht, mit der K. L. Schmidt, M. Dibelius und R. Bultmann den Leidensansagen formkritisch gegenübertraten, außer acht gelassen haben.

[17] E. Dinkler, Petrusbekenntnis und Satanswort (in: Signum crucis, 1967, 283–312), 297.

schehen als von Gott gewollt soteriologisch zu legitimieren . . .«. Nun belegt ein Skopos noch keinen ›Sitz im Leben‹. Überdies fehlt den Leidensansagen gänzlich der von Dinkler mit Recht für unerläßlich gehaltene *soteriologische* Akzent, der von Anfang an das ›Muß‹ des Kreuzestodes Jesu trug (1Kor 15,3f). Tödt[18] macht aus dieser Not allerdings eine Tugend: Das Fehlen jeder soteriologischen Deutung weise auf das hohe Alter der Leidensansagen hin. Indessen gibt es keine Anzeichen dafür, daß die christliche Gemeinde in früher Zeit das δεῖ des Todes Jesu anders als christologisch und soteriologisch verstanden hätte[19]. Und wer wollte in den drei Ansagen den von Tödt[20] angegebenen Skopos finden: »Erweckt die Verwerfung und das Leiden den Anschein, als habe der Menschensohn seine Vollmacht verloren, so beweist die Auferstehung ihre Gültigkeit und Kraft«? Das δεῖ deckt unterschiedslos Leiden und Auferstehen ab; ein *Gegenüber* von Leiden und Auferstehen wird auch nicht ansatzweise angedeutet. Aber selbst wenn man Tödt den genannten Skopos und ein hohes Alter der Tradition der Leidensansagen konzedierte: Ein ›Sitz im Leben‹ dieser Ansagen wäre damit nicht gewonnen.

Nicht zufällig urteilt deshalb Dibelius[21] von den Leidensverkündigungen, daß »sie sicher vom Evangelisten stammen«, während Bultmann, freilich in eigenartiger Ignorierung der form*geschichtlichen* Aufgabe, nur konstatiert: »Ich verweile jedoch nicht bei den Leidens- und Auferstehungs-Weissagungen, die längst als sekundäre Gemeindebildungen erkannt sind.«[22] Diesem bemerkenswerten Verzicht, Form und ›Sitz im Leben‹ der vorliegenden Gemeindebildungen zu erheben, liegt aber vermutlich ein ähnliches Urteil wie das von Dibelius zugrunde, zumal Bultmann später[23] auf die »rein esoteri-

---

[18] (Anm. 13), 147.185f.197f.

[19] U. WILCKENS (Die Missionsreden der Apostelgeschichte [WMANT 5], 1961, 108ff; 136ff) verweist auf lukanische Stellen wie Lk 17,25; 24,7.20.26.46; Apg 1,3; 3,13.18; 17,3; 26,23 usw., die deutlich ein – nach Wilckens *noch* – unsoteriologisches Passionskerygma formulieren. Indessen stützt er sich für den *traditionellen* Charakter dieser Stellen auf die verwandten und seines Erachtens gleichfalls traditionellen Leidensansagen bei Markus (111ff). Ohne diese zerbrechliche Stütze erweisen sich die lukanischen Aussagen als redaktionell; vgl. H. CONZELMANN, Die Mitte der Zeit (BHTh 17), 1964⁵, 187f. Die Frage nach der *redaktionellen* Intention der *nicht mehr* soteriologischen Passionsdeutung bei Lukas hat freilich noch keine befriedigende Antwort gefunden. Dieser Sachverhalt belegt indessen nicht einen wesentlich traditionellen Charakter dieses auffälligen lukanischen Theologumenons, zumal auch die massive *Aufnahme* solcher Traditionen nach einer redaktionsgeschichtlichen Erklärung verlangte (vgl. WILCKENS, 216ff) und die *Eliminierung* soteriologischer Aspekte aus den Vorlagen des Lukas durch den dritten Evangelisten unübersehbar ist (vgl. z.B. Lk 22,27 mit Mk 10,45).

[20] (Anm. 13), 185.

[21] (Anm. 3), 232.

[22] Die Geschichte der synoptischen Tradition (FRLANT 29), 1957³, 163.

[23] Ebd. 357.

sche Belehrung« in 8,31; 9,30–32 und 10,32–34 verweist, also auf ein auch seiner Meinung nach eindeutig redaktionelles Motiv[24].

Beobachtungen zum Rahmen

Die formale Betrachtung der markinischen Leidensansagen legt also nahe, sie insgesamt als redaktionelle Bildungen anzusehen. Indessen stellt sich auch für den, der formgeschichtlich anders urteilt, die tendenzkritische Frage nach ihrer redaktionellen Intention, auf die der Evangelist den Leser mit Nachdruck schon durch die überlegte Dreizahl der Ansagen hinweist. Nirgendwo sonst hat Markus seine redaktionell wichtigen Aussagen mit einer entsprechend kräftigen Unterstützung dargeboten.

Andere redaktionskritische Beobachtungen treten hinzu. Alle drei Ansagen erfolgen im Rahmen einer *Jüngerbelehrung*. In 10,32 nimmt Jesus zu diesem Zweck ›die Zwölf‹ zu sich, in 9,31 lehrt er ›seine Jünger‹ und in 8,31 befindet sich Jesus (seit 8,27) gleichfalls mit ›seinen Jüngern‹ im Gespräch. Jüngerbelehrung ist bei Markus aber stets, wenigstens im Effekt, christologische Belehrung.

Von einer im engen Sinn esoterischen bzw. geheimen Belehrung kann freilich keine Rede sein. Es fehlt jegliches Schweigegebot. 8,32a (καὶ παρρησίᾳ τὸν λόγον ἐλάλει) vermag ich im Gegenteil nur als ausdrücklichen Hinweis auf eine Jüngerbelehrung zu verstehen, welche die Öffentlichkeit nicht scheut.

Eine bemerkenswerte Rolle scheint der Ort der Belehrungen zu spielen.

---

[24] Ebd. 371. G. STRECKER urteilt dementsprechend mit Grund, daß »die Existenz derartig formulierter, isolierter Leidensvoraussagen schwerlich zu verifizieren ist« ([Anm. 6], 29), und hält darum 8,31 (soweit Überlieferung) für Teil einer ursprünglichen Traditionseinheit, die sich aus 8,27–29.31.32b–33 zusammensetze. Damit verlagert er die formgeschichtliche Frage aber nur auf diese Traditionseinheit und macht sie damit erst recht unbeantwortbar. Denn diese Traditionseinheit ist schlechterdings formlos. Nicht von ungefähr begegnet dies rekonstruierte Stück bei Strecker deshalb einerseits als »literarische Einheit«, andererseits als »mündliche Überlieferung«. Als Skopos der »Perikope« gibt Strecker an: »Der ursprünglich politisch-jüdische Charakter des Begriffs (sc. Christus) ist durch die Beziehung auf den Leidenden entpolitisiert« (34). Aber der politische Charakter des Petrusbekenntnisses wird nicht im geringsten angedeutet, und einem entsprechenden *Widerspruch* Jesu in 8,31 hätte die Soteriologie nicht fehlen dürfen. Zudem ergibt auch solcher Skopos noch keinen ›Sitz im Leben‹, der selbst dann nicht gewonnen würde, wenn tatsächlich »dogmatische Reflexionen, christologische Debatten, als der eigentliche Entstehungsgrund« (34) der Überlieferungseinheit angenommen werden dürften; denn eine solche Beschreibung verweist viel eher auf literarischen Ursprung als auf eine mündliche Traditionsschicht mit ›Sitz im Leben‹. Eine »literarische Einheit«, bei der Streckers Skoposangabe zutrifft, dürfte also von der Hand des Markus stammen, zumal auch Strecker einräumt, daß »die gesamte Perikope markinisch stilisiert ist« (32).

Die erste und die dritte Ankündigung erfolgen außerhalb Galiläas. Die zweite findet zwar in Galiläa statt, aber in diesem Fall stellt der Evangelist ausdrücklich fest, daß Jesus *unerkannt* durch sein Heimatland reiste (9,30; vgl. 9,32). Offenbar handelt es sich bei den Leidensansagen nicht um eine Geheimlehre – anders die Messiasbekenntnisse –, wohl aber fanden sie in *Galiläa* keine Öffentlichkeit.

Schließlich wird anscheinend in allen drei Fällen das Unverständnis der Jünger konstatiert, freilich mit unterschiedlicher Deutlichkeit: In Mk 8,32f zeigt die Reaktion des Petrus, daß er Jesus nicht verstanden hat; in 9,32 führt (in Galiläa!) der Evangelist das Unverständnismotiv in ›klassischer‹ Gestalt ein; in 10,32 schließlich dient das ›Erschrecken‹ der Jünger zum Nachweis ihres Unverstandes: sie wissen jetzt zwar, was zu geschehen droht, da Jesus nach Jerusalem aufbricht, verstehen aber nicht, warum das, was sie befürchten, geschehen muß[25].

Zwar lassen sich diese verschiedenen Züge, zumal in ihrer Differenziertheit, nicht ohne weiteres deuten. Sie ordnen aber je für sich und vor allem insgesamt die Ansagen in intensiver Weise in das redaktionelle Gefüge des Evangeliums ein.

Der Schlüssel zum Verständnis der Leidensansagen liegt freilich in diesen selbst. Sie enthalten neben einer kurzen Beschreibung des Geschicks Jesu, wie es in den Bekenntnisformeln und in der Passions- und Ostererzählung beschrieben wird und der bisher unsere Aufmerksamkeit galt, auch den jeweils betont vorangestellten Begriff ›Menschensohn‹, der jenen Formeln und der ihnen entsprechenden Erzählung in ihrer ursprünglichen Fassung fremd ist.

II

Mk 8,31; 9,31; 10,32ff

Es fällt auf, wie schwankend jene Forscher, die mit vormarkinischen Leidensansagen rechnen, in der Frage urteilen, ob der Menschensohnbegriff zu der Vorlage bzw. zu den Vorlagen des Evangelisten gehört habe oder nicht. Das liegt daran, daß einerseits Worte vom leidenden Menschensohn in der vor- und außermarkinischen Tradition ganz fehlen oder doch ungewöhnlich sind, andererseits ein spezifisch redaktioneller Sinn dieses Begriffs nicht erkennbar zu sein scheint. Deshalb vermutet Strecker, »daß die Markus direkt

[25] Vgl. W. WREDE, Das Messiasgeheimnis in den Evangelien, 1901, 97.

voraufgehende Tradition, die in und unmittelbar außerhalb der markinischen Gemeinde lebende Überlieferung, diese Vorstellung geschaffen hat«[26]. Damit wird das Problem aus dem redaktionskritischen Licht in das traditionsgeschichtliche Dunkel transponiert, und was dort zu solcher begrifflichen Vorstellung Anlaß gegeben haben könnte, fragt Strecker nicht. Er meint allerdings, auch in Mk 10,45 und 14,21 Menschensohn-Sprüche aus dieser vormarkinischen Gemeindetradition finden zu können. Das ist indessen nicht der Fall. Beide Sprüche stammen in der vorliegenden Gestalt nicht aus der Gemeindetradition, sondern von Markus selbst; sie vermehren also die Zahl der redaktionellen Worte vom leidenden *Menschensohn* (s. u.).

Tatsächlich gibt es weder *vor* noch *neben* noch außerhalb der von Markus selbst herkommenden Tradition (Mt/Lk) *nach* Markus irgendeine Rede vom leidenden *Menschensohn.* In der ganzen Breite der erzählenden, der bekenntnishaften und der theologisch reflektierenden *theologia crucis* der frühchristlichen Zeit begegnet jenseits des markinischen Traditionsstrangs der Menschensohnbegriff überhaupt nicht. Umgekehrt kennt die alte Überlieferungsschicht der Menschensohnworte nach Ausweis der Spruchquelle Q das Leidens- und Auferstehungskerygma nicht – eine ebenso wichtige Beobachtung[27].

Das führt zu dem Schluß, daß Markus als erster vom ›leidenden Menschensohn‹ gesprochen hat.

Warum wählt er diese auffällige und neuartige Redeweise?

Wrede hat das mit dem christologischen Titel ›Menschensohn‹ gestellte Problem eigenartigerweise nicht bedacht. Er ordnet die Leidensansagen noch nicht eigentlich in die Problematik der Messiasgeheimnistheorie ein, sondern beurteilt sie unter dem Gesichtspunkt ›wirkliches Leben Jesu‹ oder ›Gemeindeanschauung‹. Er hält die Ansagen für »den nackten Ausdruck der Gemeindeanschauung« und urteilt: »Sie sind die genaueste Formulierung des Gedankens, daß Jesus die Leidensgeschichte, wie sie wirklich geschehen war, pünktlich vorausgewußt habe. Sie gehören demnach in das Kapitel von der altchristlichen Apologetik.«[28] Das ist eine traditionsgeschichtliche, keine redaktionsgeschichtliche Erklärung. Als traditionsgeschichtliche haben wir sie bereits zurückgewiesen; sie wäre auch nicht imstande, den Begriff ›Menschensohn‹ zu erklären. Es ist aber auch nicht möglich, sie in eine redaktions-

[26] G. Strecker (Anm. 6), 27; vgl. H. E. Tödt (Anm. 13), 134.

[27] Diese doppelte Beobachtung schließt aus, die Worte vom leidenden Menschensohn aus einer alten, zum Teil bereits palästinischen Tradition herzuleiten (gegen Tödt u. a.).

[28] W. Wrede (Anm. 25), 90.

geschichtliche umzuwandeln; denn die von Wrede beschriebene apologetische Tendenz ist dem Markus fremd und beantwortete auch bei ihm die Frage nach der betonten Verwendung des Begriffs ›Menschensohn‹ nicht.

Wrede ist u. a. eine Beobachtung entgangen, die Dinkler[29] trefflich wiedergibt und die alle Leidensansagen und mit ihnen den Begriff ›Menschensohn‹ in die christologische Thematik der markinischen Redaktion einordnet: In Mk 8,31 findet sich »die erste Leidensankündigung und der auffällige Sprung vom Christus-Titel im Petrus-Bekenntnis zum Menschensohn-Titel im Munde Jesu. Wie der Text heute bei Markus vorliegt, ist die Identität beider Titel vorausgesetzt . . .«. Da dieser Text aber zumindest in seiner vorliegenden Gestalt auf Markus selbst zurückgeht, geht es dem Evangelisten anscheinend um die Identifizierung von ›Christus‹ und ›Menschensohn‹ bzw. um die Einheit von christologischer Überlieferung und Menschensohntradition.

In diese Richtung weisen in der Tat auch die Leidensansagen selbst. Sie führen einerseits in sehr formaler und schematischer Weise die Daten der Passionsgeschichte vor, ohne diese irgendwie zu deuten. Markus verbindet mit diesen Daten im Zusammenhang der Leidensankündigungen also kein Interesse an der Soteriologie. Doch steht für jeden *Leser* fest, daß der, welcher das beschriebene Geschick erleidet, der Christus Jesus ist. Von niemand anders kann die Rede sein als von dem, dessen Leiden, Sterben und Auferstehen *so* in den Bekenntnissen der Gemeinde und in der Passionserzählung des Markus selbst beschrieben werden.

Andererseits aber wird er nicht ›Christus‹ (oder ›Sohn Gottes‹), sondern überraschenderweise ›Menschensohn‹ genannt. Darin zeigt sich (und verbirgt sich uns noch) die redaktionelle Absicht des Markus. Bevor diese Absicht aufgedeckt werden kann, müssen zunächst die anderen Worte vom leidenden Menschensohn im Markusevangelium daraufhin untersucht werden, ob sie die bisher gewonnenen Erkenntnisse bestätigen und ggf. weiterführen.

Mk 9,12b kann dabei unberücksichtigt bleiben. Ich halte dieses Einsprengsel mit Strecker und anderen für »eine nachmarkinische, aber vormatthäische Interpolation«[30], anscheinend eine Randbemerkung zu Vers 13, die von einem Schreiber stammt, der die auffällige Parallele zwischen dem Geschick des Täufers und Jesus vermerken wollte und die an einer wenig glücklichen Stelle in den Text geriet[31].

---

[29] (Anm. 17), 296.

[30] G. Strecker (Anm. 6), 29 Anm. 32.

[31] Vgl. E. Lohmeyer, Das Evangelium des Markus (KEK I/2), 1953[12], 183.

Mk 9,9b

9b will nicht, wie Wrede[32] unter Beifall vieler Forscher feststellte, den Termin angeben, zu dem das Messiasgeheimnis gelüftet werden darf; denn Jesus macht schon in 14,61ff seine Hoheit öffentlich bekannt[33]. Die Terminierung in 9,9b bezieht sich vielmehr nur auf das Schweigegebot in 9,9a und will anscheinend erklären, wieso eine Geschichte, die Markus zufolge *vor* Ostern geschah, als Ostergeschichte erzählt werden konnte; denn Markus hatte die Verklärungsgeschichte als Ostererzählung vorgefunden[34].

Jedenfalls steht der redaktionelle Ursprung von 9,9b außer Frage. Der Evangelist führt diese Terminangabe nach dem Beispiel der Leidensansagen aus, natürlich lediglich die Auferstehung erwähnend. Da damit nur die Auferstehung des Christus Jesus bzw. des Sohnes Gottes (Mk 9,7) gemeint sein kann, von diesem aber als von dem Menschensohn gesprochen wird, vollzieht Markus wiederum die Identifizierung von Menschensohn und Christus Jesus in der unmißverständlichsten Form.

Mk 10,45

Die unendlich oft behandelten Probleme von Mk 10,45 lösen sich, wenn man bereit ist, auch im Blick auf diesen Spruch eine Redaktion des Evangelisten anzunehmen[35].

Der Evangelist Markus setzt 10,45 aus vier ihm überkommenen Motiven zusammen.

a) Den Grundbestand bildet ein alter, ursprünglich judenchristlicher christologischer Bekenntnissatz, der den Tod Jesu als ein für ›die Vielen‹ (= alle) gezahltes Lösegeld versteht; vgl. vor allem 1Tim 2,6 und Tit 2,14[36]. Die vormarkinische Passionserzählung verwendet das Motiv des Lösegeldes nicht, legt auch diese Vorstellung ihrer theologischen Deutung des Passionsgeschehens nicht zugrunde.

b) Auch das ἦλθεν gehört zu den stereotypen christologischen Formulierungen, mit denen die Gemeinde das Werk Jesu rückschauend betrachtet[37]:

---

[32] (Anm. 25), 66ff.

[33] E. Sjöberg, Der verborgene Menschensohn in den Evangelien, 1955, 106.

[34] G. Volkmar, Die Evangelien oder Marcus und die Synopsis, 1870, 605ff; W. Schmithals, Der Markusschluß, die Verklärungsgeschichte und die Aussendung der Zwölf (ZThK 69, 1972, 379–411), bes. 394ff.

[35] J. Weiss, in: Die Schriften des Neuen Testaments, Erster Band, 1907², 174f; E. Wendling (Anm. 5), 133.

[36] Vgl. noch Mk 8,36; 14,24; 1Kor 11,24f; 15,3; 2Kor 5,21; Röm 3,25; 4,25; 1Petr 1,18; Hebr 9,12; Offb 1,5; 1Joh 3,16.

[37] Vgl. R. Bultmann (Anm. 22), 167.

Mk 1,38; 2,17; 12,6; 1Tim 1,15; Lk 19,10; Joh 18,37. Vielleicht floß dem Evangelisten dies Motiv in direkter Verbindung mit 45b zu: ›Jesus Christus ist gekommen, sein Leben als Lösegeld für viele zu geben‹ (vgl. 1Tim 1,15 mit Mk 2,17b), wenn er es nicht aus 2,17b übernommen hat. Für die letztere Vermutung – beides schließt sich indessen nicht aus – spricht die Beobachtung, daß er 10,45, 2,17 entsprechend, in der für Vers 45 wenig sinnvollen Form eines Alternativsatzes (nicht – sondern) gebildet hat.

c) Das Bild des Dienens (vgl. Polyk 5,2) stammt aus 10,43f und ermöglicht, V. 45 als eine theologisch tiefgreifende, an Paulus erinnernde (Röm 15,3; 2Kor 8,9; Phil 2,5ff) Begründung der ›Kirchenordnung‹ Mk 10,42–44 anzufügen. Der Übergang ist freilich hart und auch theologisch nicht unproblematisch, wie schon Wellhausen[38] bemerkte.

d) Vor allem aber gestaltet Markus das überlieferte und immerhin einigermaßen passend untergebrachte Sühne-Wort als *Menschensohn-Spruch* – eine singuläre *ad hoc* Komposition. »Hier ist also dieselbe Hand tätig, welche die Leidensweissagungen eingeschoben hat.«[39] In der starken christologisch-soteriologischen Aussage von der Dahingabe des Lebens als λύτρον, die der Leser auf niemand anders als auf den Christus Jesus beziehen *kann*, wird dieser absichtsvoll mit dem Menschensohn identifiziert. Mk 10,45 macht also *in sich* eine für die Redaktion des Markus anscheinend besonders wichtige Aussage. Um der genannten Identifikation willen hat Markus 10,45 auf der genannten Traditionsgrundlage als ein redaktionelles Logion formuliert.

Mk 14,21

14,21 beruht auf einem Spruch der Logienüberlieferung, wie die Dublette Mt 18,6f//Lk 17,1f zeigt; Markus hatte diesen Spruch bereits in 9,42 auszugsweise aufgegriffen. Die ursprünglich allgemein gehaltene Warnung davor, der Gemeinde bzw. in der Gemeinde Ärgernis zu bereiten, gestaltet Markus in 14,21 um und bezieht sie speziell auf das Ärgernis, das Judas bereiten wird.

Die ursprüngliche Einleitung des Wortes dürfte Lukas in 17,1 relativ gut aufbewahrt haben[40].

Markus formuliert das Wort für seinen Zweck zwanglos neu. Dabei ist ihm

---

[38] Das Evangelium Marci, 1909², 85; K. KERTELGE, Der dienende Menschensohn (Mk 10,45) (in: Jesus und der Menschensohn. Für Anton Vögtle, 1975, 225–239).

[39] E. WENDLING (Anm. 5), 133.

[40] Vgl. aber auch 1Clem 46,8 und dazu H. KÖSTER, Synoptische Überlieferung bei den Apostolischen Vätern (TU 65), 1957, 19.

die *Einführung* des Begriffs παραδιδόναι besonders wichtig. Einerseits wird unmittelbar auf den ›Verrat‹ des Judas Bezug genommen (14,10.18.41f). Andererseits greift Markus mittelbar auf älteste Bekenntnistradition zurück (Jes 53,6.12; Röm 4,25; 8,32; 1Kor 11,23; 2Kor 4,11; Gal 2,20; Eph 5,2.25). Damit wird wiederum die Identität dessen, von dem geredet wird, unmißverständlich angegeben: Jesus Christus, wie er im Bekenntnis der Gemeinde von Anfang an begegnet.

Das παραδιδόναι in 21c produziert in 21a das singuläre ὑπάγει.

Die Bezugnahme auf die Schrift gehört zu den Stereotypen der alten Tradition (1Kor 15,4; Mk 9,12f; vgl. Mk 8,31). Das – sogar doppelte – Wortspiel ›Menschensohn – Mensch‹ führt der Evangelist auch in 2,28 (s. u.) und 9,31 ein; vgl. auch 2,7.10 (s. u.).

Indem aber Markus den Christus Jesus in 21a ›Menschensohn‹ nennt, entsteht – diesmal auf der Basis der Spruchüberlieferung – eines der typischen redaktionellen Worte vom leidenden Menschensohn, deren Intention die Identifizierung des Menschensohns bzw. der Menschensohn-Traditionen mit dem Christus Jesus bzw. der christologisch-kerygmatischen Bekenntnistradition ist.

Mk 14,41

Zu 14,41 schließen sich viele dem Urteil Bultmanns an, mit ἦλθεν ἡ ὥρα »als dem eindrucksvollen Höhepunkt muß die Szene ursprünglich geschlossen haben«[41]. Dann hätte der Evangelist 14,41b–42 insgesamt selbst formuliert und damit eine Dublette zu 14,21 geschaffen: Der in die Hände der Sünder ›Ausgelieferte‹ bzw. durch Judas ›Verratene‹, also der Christus des kirchlichen Bekenntnisses, ist identisch mit dem ›Menschensohn‹ der Spruchtradition.

Indessen ist 42 eine deutliche *Dublette zu 41b*. In 41b wird zudem παραδιδόναι im Sinne der alten, auf Jes 53 beruhenden Bekenntnistradition verwendet (*Gott* liefert aus), in 42 dagegen auf den *Verrat* des Judas bezogen. Es liegt auch nahe, daß der ursprüngliche Erzähler die in 41a genannte Stunde näher charakterisierte, nämlich als die in Jes 53,6.12 angesagte Stunde, da ›der Herr ihn ausliefert für unsere Sünden‹[42]. Es spricht also einiges dafür, daß

---

[41] (Anm. 22),288.

[42] Vgl. K. G. Kuhn, Jesus in Gethsemane (EvTh 12, 1952/53, 260–285), 273; H. E. Tödt (Anm. 13), 184.

41b zur ursprünglichen Erzählung gehörte, die freilich statt ›Menschensohn‹ vermutlich das einfache ›ich‹ hatte, das Markus nach Vers 42 hinüberholt, während er in 41b das ihm wichtige ›Menschensohn‹ einsetzt. Dadurch wird die ihm bedeutungsvolle Identifizierung des jetzt auf seinen Leidensweg ausgelieferten Christus und des von Jesus selbst in seinen Logien erwähnten Menschensohns auf das direkteste vollzogen[43].

Wie immer man indessen das traditionsgeschichtliche Problem von Mk 14,41f im einzelnen beurteilt: 41b–42 ist in seiner jetzigen Fassung ein *redaktionelles* Wort vom ›leidenden Menschensohn‹.

Zusammenfassend läßt sich beobachten:

Wie für die drei ausdrücklichen Leidensansagen so gilt auch für die zuletzt besprochenen analogen bzw. parallelen Menschensohn-Worte des Evangelisten:

Stets handelt es sich um eine *Jünger*belehrung.

Nie erfolgt ein ausdrückliches Schweigegebot.

Alle Worte werden außerhalb Galiläas gesprochen.

Das Unverständnismotiv, das sich nur mit der in Galiläa gesprochenen zweiten Leidensansage deutlich verband, fehlt.

Vor allem aber zeigt sich in allen markinischen Worten vom ›leidenden Menschensohn‹ ein einheitliches Grundschema: Stets wird der einleitend genannte Menschensohnbegriff mit einer zentralen christologischen Bekenntnisaussage verbunden. (In 8,31; 9,9; [9,12]; 9,31 und 10,32ff mit den fundamentalen Daten des Kerygmas, in 10,45 mit einer soteriologischen Deutung dieser Daten, in 14,21.41bf mit dem Begriff παραδιδόναι; man erkennt also einen deutlichen Fortschritt in der Belehrung des Lesers.) Dieser einheitliche Zug weist alle genannten Stellen als insoweit redaktionell aus und hebt zugleich die (noch ungedeutete) redaktionelle Aussage als solche deutlich hervor.

Die auffällige Beobachtung, daß alle besprochenen Worte *nach* dem (esoterischen) Messiasbekenntnis Mk 8,29 stehen, dies also für ihr Verständnis anscheinend voraussetzen, unterstreicht den *christologischen* Inhalt der jeweils begegnenden Bekenntnisaussagen und erklärt zugleich vorläufig, daß die Leidensansagen ausnahmslos der *Jünger*belehrung angehören.

---

[43] Vgl. E. Wendling (Anm. 5), 206, der freilich (172) zu diesem Ergebnis kommt, indem er Vers 41b ganz als redaktionelle Einschaltung ansieht, Vers 42 aber für die ursprüngliche Erzählung festhält.

III

Die überlegte Stellung der redaktionellen Sprüche vom leidenden (usw.) Menschensohn *nach* dem Messiasbekenntis läßt auch für die beiden Worte »vom gegenwärtig wirkenden Menschensohn«[44] vermuten, daß sie nur unter redaktionskritischem Gesichtspunkt verständlich werden; denn sie nehmen »insofern eine Sonderstellung ein, als sie von den übrigen 12, die sich über die zweite Hälfte des Evangeliums verteilen, um ganze 6 Kapitel (über $^1/_3$ des Evangeliums) entfernt sind«[45].

Beide Stellen sind einander sehr ähnlich. Andererseits gehen sie »weit über den Formalismus der übrigen hinaus . . . Alles Jenseitige, alles Futurische ist abgestreift; der ›Menschensohn‹ ist hier einfach gleichbedeutend mit dem lebenden, gegenwärtigen Jesus«[46].

Mk 2,10 (ohne die drei letzten Worte) ist eine Einlage; der Satz sprengt syntaktisch und logisch die Einheitlichkeit der Erzählung vom Gichtbrüchigen.

Auffällig ist zunächst der ungeschickte Übergang von der direkten Anrede im Absichtssatz 10 zu dem erzählenden ›. . . λέγει τῷ παραλυτικῷ‹; ursprünglich folgte auf Vers 9 vermutlich einfach ein ›καὶ λέγει τῷ παραλυτικῷ‹ mit Fortsetzung in Vers 11[47].

Dazu kommt, daß Vers 10 auch den Gedankengang verwirrt. Vers 9 »ist eine Vexierfrage; den Gegnern muß die Erwiderung versagen«[48]. Gemeint ist in Vers 9: Beides Erfragte ist gleich schwer und bei den Menschen unmöglich. Jesus erwartet also keine Antwort auf seine Frage. Vers 10 legt die Frage in Vers 9 dagegen auf eine bestimmte Antwort derart fest, daß die Sündenvergebung durch die Heilung beglaubigt wird. Das zerstört nicht nur die theologische Pointe der ursprünglichen Erzählung; nun stört auch, daß die Schriftgelehrten keine Antwort auf die Frage von Vers 9 geben, obschon Jesus in Vers 10 eine solche Antwort (: Die Heilung ist schwerer) doch voraussetzt. Insofern hat Hay[49] recht, wenn er Vers 10 als redaktionelle Interpolation, die den *Leser* direkt anrede, in Parenthese setzen will.

[44] R. BULTMANN, Theologie des Neuen Testaments, 1965⁵, 31.

[45] E. WENDLING (Anm. 5), 204. [46] Ebd. 207.

[47] J. GNILKA (Das Elend vor dem Menschensohn [Mk 2,1–12] [in: Jesus und der Menschensohn. Für Anton Vögtle, 1975, 196–209], 205) meint, die Erzählung sei »aus dem Menschensohnwort generiert«; dagegen sprechen schon die syntaktischen Schwierigkeiten, die erst Vers 10 *in* der Erzählung schafft. Vgl. auch Anm. 50.

[48] M. DIBELIUS (Anm. 3), 63; vgl. E. WENDLING (Anm. 5), 210.

[49] L. S. HAY, The Son of Man in Mark 2,10 and 2,28 (JBL 89, 1970, 69–75). K. KERTELGE (Die Vollmacht des Menschensohnes zur Sündenvergebung [Mk 2,10] [in: Orientierung an Jesus. Festschrift Josef Schmid, 1973, 205–213], hier 211) versetzt Vers 10 in »das Stadium der Streitgesprächssammlung«.

Viele Forscher halten Vers 10 für ein ursprünglich ›freies‹ Logion[50]. Aber ein Logion des Inhalts, daß der Menschensohn Sünden vergeben kann, wäre ohne jegliche Analogie, und ersetzt man den Menschensohnbegriff durch ein ›Christus‹[51], erhält man ein Wort von seltener Banalität. Tatsächlich hat der Evangelist selbst *ad vocem* ›Vollmacht zur Sündenvergebung‹ (Vers 7) bei verunglückter Syntax und Logik *ad hoc* ein *Menschensohn*-Wort gebildet: *darauf* kam es ihm an.

Für den verwandten Vers Mk 2,28 gilt dasselbe[52]. Zwar bereitet der syntaktische Anschluß an 2,27 keine Schwierigkeit. Aber *sachlich* sagt Vers 28 (der *Menschensohn* ist Herr über den Sabbat) *anderes* als Vers 27 (der *Mensch* steht über dem Sabbat). Daß man beide Aussagen in eine sinnvolle theologische Verbindung bringen soll (: der Menschensohn bringt dem Menschen die Freiheit gegenüber dem Sabbat), ist nicht angedeutet; das ὥστε zu Eingang von Vers 28 stellt vielmehr eine (jedenfalls zunächst) ganz uneinsichtige logische Verbindung her (anders Mk 10,8). Matthäus und Lukas haben darum Vers 27 nicht von ungefähr gestrichen und damit einen logisch besseren Zusammenhang gewonnen. Anscheinend geht es Markus gar nicht um einen einsichtigen theologischen Zusammenhang von Vers 28 mit dem vorangehenden Apophthegma, sondern um Vers 28 selbst, dessen inhaltliche (sabbatkritische) Aussage aus 2,23–27 genommen und – darauf kommt es dem Evangelisten an – mit dem Begriff ›Menschensohn‹ verbunden wurde.

Dabei entsteht im Zusammenhang mit Vers 27 das bezeichnende Wortspiel Mensch/Menschensohn, das der Evangelist in 9,31 und 14,21 (hier doppelt) wiederholt, und zwar an diesen beiden Stellen ohne Anhalt an der Tradition, und das er indirekt schon in 2,10 (in Verbindung mit 2,7[53]) einführte.

Die beiden redaktionellen Sprüche vom gegenwärtig wirkenden Menschensohn sind anscheinend durch das auffällige καί in Vers 28 direkt und überlegt miteinander verbunden: Wie der Menschensohn »Sünden vergeben

---

[50] So schon E. Wendling (Anm. 5), 210; vgl. auch G. H. Boobyer, Mark II, 10a and the Interpretation of the Healing of the Paralytic (HThR 47, 1954, 115–120). Jedenfalls wird der syntaktische Bruch durch die Einführung von Vers 10 hervorgerufen, nicht durch die Einfügung des Streitgesprächs in die Heilungserzählung.

[51] So E. Lohmeyer (Anm. 31), 54.

[52] Vgl. E. Wendling (Anm. 5), 211.

[53] »Hier war im Urbericht der Begriff ›Mensch‹ allerdings nicht ausgesprochen. Aber der Ev(angelist) interpretierte den Einwand der Gegner ganz richtig so: ›Der *Mensch* kann doch keine Sünden vergeben!‹ und gab darauf in seiner Einschaltung die Antwort: ›Der *Mensch* kann es freilich nicht, wohl aber der Menschensohn‹.« (E. Wendling [Anm. 5], 211f). Mit Recht bemerkt Wendling (ebd.) auch: »Dieses Spielen mit den beiden Begriffen kann kein bloßer Zufall sein.«

kann, so ist er *auch* Herr über den Sabbat . . .; das καί weist direkt auf 2,10 zurück«[54].

Welche redaktionelle *Funktion* kommt beiden zusammenhängenden Menschensohnworten zu?

Es fällt auf, daß sie *öffentlich* gesprochen und darum natürlich nicht unter das Schweigegebot gestellt werden, dem die anscheinend doch verwandten Ausrufe der Dämonen (Mk 1,24f.34b) vor demselben Publikum in Kafarnaum unterliegen; das entspricht der Beobachtung, daß auch die Belehrung der Jünger über den leidenden (usw.) Menschensohn nicht geheimgehalten werden muß.

Schon die Tatsache der Öffentlichkeit weist darauf hin, daß Jesus in 2,10.28 nicht offen, sondern verhüllt von seiner messianischen Würde spricht; denn eine öffentliche Durchbrechung seines Messiasgeheimnisses zu dieser frühen Zeit wäre ganz unerhört.

In der Tat ist der Begriff ›Menschensohn‹ selbst und als solcher ein verhüllender Ausdruck. Er *kann* als messianischer Hoheitstitel verstanden werden, *kann* aber auch einfach ›Mensch‹ bedeuten. Natürlich weiß der *Leser* des Evangeliums z.B. durch die messianische Ankündigung des Täufers (Mk 1,7f), durch die Himmelsstimme bei der Taufe (Mk 1,11) und durch die Dämonenbekenntnisse, daß Jesus der ›Sohn Gottes‹ ist; *er* erfährt deshalb, daß Jesus in 2,10.28 (in der dritten Person) von sich selbst spricht und mit dem Titel ›Menschensohn‹ bewußt die Würde des messianischen Gottessohnes beansprucht. Aber er erfährt zugleich, daß die *Zeitgenossen* Jesus nicht in dieser Weise verstanden haben und verstehen sollten. Denn der Zeitgenosse, der vom Geheimnis der Person Jesu nichts weiß, kann 2,10 und 2,28 nur so (miß)verstehen, daß Jesus (in dritter Person!) *vom Menschen überhaupt* spricht.

Im Rahmen dieser Deutung wird auch das redaktionelle ὥστε zu Beginn von Vers 28 unmittelbar einleuchtend: es soll bei ›denen draußen‹ das Mißverständnis, in dem das Messiasgeheimnis Jesu gewahrt bleibt, geradezu provozieren. Und dementsprechend erfahren die Schriftgelehrten, die Vers 7 zufolge die Vollmacht zur Sündenvergebung nur *Gott* in seinem eschatologischen Urteil zusprechen, daß auch der *Mensch* solche Vollmacht besitzt, wie Matthäus in 9,8, das von Markus provozierte Mißverständnis manifest machend, ausdrücklich formuliert[55].

---

[54] E. WENDLING (Anm. 5), 210f.

[55] Insoweit richtig J. WELLHAUSEN (Anm. 38), 16.

Wenn moderne Forscher (seit Hugo Grotius)[56] die bewußte und verhüllende Zweideutigkeit der beiden Worte »vom gegenwärtig wirkenden Menschensohn« traditionsgeschichtlich auflösen, indem sie erklären, ein ursprünglich vom *Menschen* redendes Wort sei in der späteren Gemeinde *christologisch* mißverstanden oder umgedeutet worden, so hat Markus die Möglichkeit einer derart kuriosen Interpretation seiner redaktionellen Schöpfungen zweifellos nicht erwarten können. Dem Evangelisten ging es um die *verborgene Identifikation von Jesus und Menschensohn* – ähnlich wie in den drei Leidensansagen und den analogen Bildungen. Von da aus erklärt sich das wiederholte Wortspiel ›Menschensohn – Mensch‹ (vgl. Anm. 12. 53).

Die *Verborgenheit* gilt für die *Zeitgenossen Jesu*. Diese hören Jesus vom ›Menschen‹ reden, ohne den christologischen Sinn dieser Rede zu erfassen. Das entspricht dem Unverständnismotiv im Rahmen der Worte vom leidenden Menschensohn. Mit anderen Worten: Von Anfang an hat Jesus keinen Zweifel daran gelassen, daß er der Messias-Menschensohn sei. Aber er hat diesen Sachverhalt nicht offen und den Zeitgenossen verstehbar aussprechen wollen oder können.

Die *Identität* ergibt sich für die *Leser*. Sie wissen, daß Jesus als Sohn Gottes die Sünden vergibt und ›Herr‹ über den Sabbat ist. *Um dieser messianischen Tätigkeit willen hat er von sich auch als von dem ›Menschensohn‹ gesprochen*. Zu solcher für den Leser offensichtlich wichtigen Information führt Markus zu Beginn seines Evangeliums den Menschensohntitel grundlegend ein, und zwar in Verbindung mit den christologischen Passagen in 1,7f.11.24f.34b und in umfassender Bestimmung seiner Bedeutung. (Der Menschensohn ist der wirkende Jesus überhaupt.)[57]

---

[56] R. BULTMANN (Anm. 44), 31; (Anm. 22), 160; L. S. HAY (Anm. 49), 71ff; A. POLAG, Die Christologie der Logienquelle (WMANT 45), 1977, 102ff (: ›Menschensohn‹ war ursprünglich Umschreibung für ›Ich‹). J. WELLHAUSEN (Anm. 38), 16; C. COLPE, ThWNT VIII 433; vgl. auch J. JEREMIAS (Anm. 12), 249f (: Christologisches ›Menschensohn‹ ist Fehlübersetzung aus dem Aramäischen statt ›Mensch‹). Aber bei so eindeutig hellenistischen Erzählungen dürfte man auf ein aramäisches Original auch dann nicht zurückgreifen, wenn der redaktionelle Charakter der Logien weniger deutlich wäre. Zur Kritik jener Thesen vgl. im übrigen z. B. E. WENDLING (Anm. 5), 208ff; E. SJÖBERG (Anm. 33), 239; F. HAHN, Christologische Hoheitstitel (FRLANT 83), 1963, 23ff.

[57] Die Klassifikation ›gegenwärtig wirkender Menschensohn‹ für Mk 2,10.28 erweist sich unter diesem Aspekt als mißlich. Denn für die Leser handelt Jesus natürlich *überhaupt* als der Kyrios und als der, welcher Sünde vergibt, d. h. auch und vor allem als der Erhöhte. Das ›auf Erden‹ (2,10) meint also nicht ›als Irdischer‹, sondern ›schon inmitten der irdischen Wirklichkeit‹; es steht in Relation zu dem *eschatologischen* Handeln Gottes, an das die Schriftgelehrten (2,7) denken, schließt also das Handeln des Erhöhten (durch seine Gemeinde) ein.

Werfen wir unter diesem Aspekt einen vorläufigen Blick auf die beiden Worte vom *kommenden* Menschensohn (Mk 8,38; 13,26), so ordnen sich die drei Gruppen von Menschensohnwor-

IV

Das Menschensohn-Wort Mk 14,62 ist ein erster Schlüssel zur Deutung der bisherigen Beobachtungen.

14,62 gehört in den ersten, nämlich den redaktionellen Bericht von der Beratung des Synedriums (14,55–65), den Markus mit Hilfe von 14,53b(54) und 14,66 als ausführliche Dublette zu dem ursprünglichen Bericht (15,1) in seine Vorlage eingelegt hat[58].

Auch wer nicht diesen ganzen ersten Bericht auf den Evangelisten selbst zurückführt, rechnet doch für 14,61b–62, dem Höhepunkt der Darstellung, mit einem zumindest stark redigierenden Eingriff von der Hand des Markus[59].

Unzweifelhaft haben wir es ja in 14,61b–62 mit dem – nach 8,27ff – zweiten *redaktionellen* Gipfel des Markusevangeliums zu tun: Die dem *Leser* aus der *geheimen* Epiphanie schon bekannten Hoheitstitel ›Christus‹, ›Gottessohn‹ und ›Menschensohn‹ treten nun zusammen, und zwar in *offener* Epiphanie.

Die redaktionelle Intention dieser Szene ist komplex. Wir erfahren unter anderem, *warum* Jesus seine Messianität geheimhalten mußte: Weil er sonst nicht hätte wirken können; das *offene Messiasbekenntnis* wird nämlich unverzüglich mit dem Todesurteil beantwortet.

Zugleich bestätigen dies Todesurteil und seine Vollstreckung, *daß* Jesus sich öffentlich als der Messias-Menschensohn bekannt hat.

Für unsere Fragestellung interessiert indessen vor allem, daß mit 14,62 die Decke von allen vorhergehenden Menschensohn-Worten weggenommen wird: Hatte Jesus vom Menschensohn stets wie von einem anderen gesprochen, das Verständnis Menschensohn = Mensch geradezu provozierend (2,10.28), ein auch für die Jünger unverständliches Leiden und Auferstehen des ›Menschensohnes‹ angekündigt und im übrigen in traditioneller apokalyptischer Manier von dem kommenden Menschensohn geredet (8,38;

---

ten in ein dogmatisches Gefüge ein und decken das ganze Spektrum des *christologischen Kerygmas* ab: Der Menschensohn begegnet als wirkender und herrschender, als leidender und auferstehender, als wiederkommender und richtender. Dieses Gefüge kann nicht zufällig sein. Es bestätigt unsere Einsicht, daß der Menschensohn und der Christus der kirchlichen Bekenntnisse bzw. des christlichen Glaubens (zunächst verhüllt) miteinander identifiziert werden sollen.

[58] E. Wendling (Anm. 5), 177ff; H. Lietzmann, Der Prozeß Jesu (in: Kleine Schriften II [TU 68], 1958, 251–263), 262; P. Winter, Mk 14,53b.55–64. Ein Gebilde des Evangelisten (ZNW 53, 1962, 260–263); S. Schulz (Anm. 5), 131ff; G. Braumann, Markus 15,2–5 und Markus 14,55–64 (ZNW 52, 1961, 273–278); G. Schneider, Die Passion Jesu nach den drei älteren Evangelien (BiH 9), 1973, 59ff.

[59] Vgl. Ph. Vielhauer, Erwägungen zur Christologie des Markusevangeliums (in: Aufsätze zum Neuen Testament [TB 31], 1965, 199–214), 203f.

13,26), so wird nun, unter bewußter Beibehaltung der Redeform in der dritten Person, die Identität von Jesus und Menschensohn direkt proklamiert: ἐγώ εἰμι[60]. »Wenn 8,38 der zur Blindheit verurteilte ὄχλος noch allenfalls die dritte Person buchstäblich auffassen konnte, so wäre 14,62 ohne die Gleichung Jesus = Menschensohn geradezu sinnlos. Die künstliche Mache ist hier mit Händen zu greifen.«[61] Die bis zum Ende seines Wirkens um dieses Wirkens willen notwendige Verhüllung seines Selbstzeugnisses hebt Jesus am Ende dieses Wirkens selbst auf: Wo immer er vom Menschensohn sprach, hatte Jesus also von sich selbst als von dem Messias und Gottessohn gesprochen, der Sünden vergibt (2,10) und ›Herr‹ über den Sabbat ist (2,28), der in die Hände der Sünder ausgeliefert wird (14,21.41f), viel leiden und auferstehen muß (8,31; 9,9.31; 10,33) und sein Leben zu einer Bezahlung für viele hingibt (10,45) – und der wiederkommen wird zum Gericht (8,38; 13,26). Die Auflösung der *geheimen* Epiphanie bestätigt die geheime *Epiphanie!*

Dabei begegnen wir in 14,62 wiederum dem bereits beobachteten triadischen Gefüge des christologischen Kerygmas: Zu dem Zeitpunkt, da sich *Auslieferung, Leiden und Dahingabe* des Christus vollziehen, verweist der ›Sohn des Hochgelobten‹ auf sich selbst als den, der ἐκ δεξιῶν καθήμενον τῆς δυνάμεως *herrscht* und μετὰ τῶν νεφελῶν τοῦ οὐρανοῦ *wiederkommen wird. Unsere Stelle ist also der mit Bedacht hergestellte Schlüssel für alle Menschensohnworte des Markusevangeliums,* weshalb auch nach 14,62 kein solches Wort mehr folgt. Das redaktionelle Thema aller Worte ist demnach *die verborgene,* in Jerusalem aber von Jesus selbst offenbarte *Identität seiner Person, wie er im christologischen Bekenntnis der Gemeinde begegnet, mit dem Menschensohn seiner Lehre.*

Ist damit der *Inhalt* der markinischen Redaktion erhoben, so doch noch nicht ihr *Anlaß* festgestellt. Gelingt es, einen *entsprechenden* Anlaß auszumachen, wird auch die inhaltliche Analyse bestätigt.

V

Dazu müssen wir unsere Aufmerksamkeit auf die beiden Worte vom *kommenden* Menschensohn richten, die Markus überliefert (8,38; 13,26). Es handelt sich um die beiden einzigen nicht redaktionellen Menschensohnworte des Markusevangeliums; beide entstammen der Spruchüberlieferung.

---

[60] Vgl. PH. VIELHAUER, Gottesreich und Menschensohn in der Verkündigung Jesu (ebd., 55–91), 72.

[61] E. WENDLING (Anm. 5), 205.

Sie bilden demzufolge die Basis für die übrigen Menschensohnworte des Markusevangeliums[62].

Die Herkunft aus der Spruchüberlieferung belegt für Mk 8,38 (par Mt 16,27; Lk 9,26) die Dublette aus der Spruchquelle Q in Mt 10,32f // Lk 12,8f, die Lukas aufs Ganze gesehen besser überliefert als Matthäus und die zumindest im ersten Glied den Titel ›Menschensohn‹ enthielt[63].

Zu Mk 13,26 gibt es zwar keine Dublette. Aber es kann kein Zweifel daran bestehen, daß der Evangelist Vers 26 als Teil einer umfangreichen apokalyptischen Vorlage, die in 13,24–27 ihren Höhepunkt findet, vorgefunden hat; zumindest 13,24–27 enthält keine spezifisch christlichen Elemente. Will man keinen isolierten Traditionsstrang annehmen, gehört auch die ›Kleine Apokalypse‹ in Mk 13 (in welcher Abgrenzung auch immer) in die von Markus auszugsweise aufgenommene Traditionsschicht der Spruchüberlieferung[64].

13,26 denkt in seinem vormarkinischen apokalyptischen Kontext auf keinen Fall daran, daß der Sprecher – sei es Jesus oder ein anderer – mit dem Menschensohn identisch ist, und für den Leser ergibt sich »diese Gleichsetzung nur dann, wenn er 13,26 mit den anderen Stellen zusammenhält, wo Jesus die Bezeichnung ›Menschensohn‹ in mehr oder weniger nahe Berührung mit einem ›Ich‹ bringt«. »Hier schreibt der Ev(angelist) eine Quelle aus, in welcher der Ausdruck ›Menschensohn‹ mit deutlicher Bezugnahme auf die danielische Vision (7,12) des ὡς υἱὸς ἀνθρώπου ἐρχόμενος gebraucht war. In der Quelle war also υἱὸς ἀνθρώπου gewissermaßen in Anführungszeichen gedacht = die von Daniel angekündigte himmlische Erscheinung in Menschengestalt.«[65]

Aber auch Mk 8,38 deutet nicht im mindesten an, daß »nicht zwei Personen, sondern zwei *status* derselben Person« unterschieden werden[66]. So kann

---

[62] Vgl. die leider weitgehend in Vergessenheit geratene Untersuchung von E. Wendling (Anm. 5), 204–212. Wendling hält freilich nur 13,26 für die traditionelle ›Grundstelle‹ des Redaktors Markus, weil er Mt 10,32f (ἀρνήσομαι κἀγὼ αὐτόν) eigenartigerweise für ursprünglich gegenüber Mk 8,38 (der *Menschensohn* wird beschämen) ansieht. Dies Fehlurteil beeinträchtigt indessen das philologisch-stilistisch gewonnene Urteil nicht, daß erst Markus selbst auf der Basis der überkommenen Rede vom kommenden Menschensohn der Apokalyptik die christologischen Menschensohnworte gebildet hat.

[63] S. Schulz, Q. Die Spruchquelle der Evangelisten, 1972, 66ff; W. G. Kümmel, Das Verhalten Jesus gegenüber und das Verhalten des Menschensohns (in: Jesus und der Menschensohn. Für Anton Vögtle, 1975, 210–224), 215f; Ph. Vielhauer, Jesus und der Menschensohn (in: Aufsätze zum Neuen Testament [TB 31], 1965, 92–140), 101ff.

[64] Siehe im übrigen Anm. 1.

[65] E. Wendling (Anm. 5), 204.

[66] So Ph. Vielhauer (Anm. 63), 107 unter Berufung auf G. Iber und mit Zustimmung von S. Schulz (Anm. 63), 72 und A. Polag (Anm. 56), 114.

Die von Vielhauer gegen die Authentizität des Wortes vorgebrachten Gründe brauchen hier

man nur urteilen, wenn man die Identität beider Personen *voraussetzt*[67]. Dem aber steht der klare Wortlaut des (selbständigen) Spruches entgegen. Daß »Jesus beim Endgericht als Bürge bzw. Belastungszeuge auftritt, d.h. daß er seine künftige Menschensohn-Funktion ankündigt«[68], ist ein Satz, dessen beide (unterschiedlichen!) Aussagen keinen Anhalt an dem Logion haben, das sie erklären wollen. Vielmehr gilt: »Nur bei Voraussetzung dieser Unterscheidung ist es sinnvoll, Gegenwart und Zukunft in dieser *Entsprechung* aufeinander zu beziehen.«[69]

Conzelmann argumentiert freilich: Man hat in der Urchristenheit zwischen dem *Glauben* an das Heilswerk Jesu und der *Erwartung* seiner Parusie strikt unterschieden. »Aus diesem Verhältnis von ›Glauben‹ und Erwartung wird verständlich, warum der Menschensohntitel im Credo nicht gebraucht und warum er ausschließlich in Selbstaussagen Jesu versetzt wurde«, und zwar in der auffälligen Stilform einer Selbstaussage in der dritten Person[70]. Indessen könnte man eine solche präzise begriffliche und zugleich raffinierte stilistische Unterscheidung nur einem (wie Conzelmann) reflektierenden Theologen zutrauen und in seinem Umkreis ansetzen, nicht aber der in diesem Fall wirksamen, diffusen und breit gefächerten Gemeindetheologie. Außerdem müßten bei der von Conzelmann vorgetragenen Konzeption die Glaubensbekenntnisse und die Erwartungslogien in enger Beziehung aufeinander entstanden und überliefert worden sein. Der traditionsgeschichtliche Befund zeigt indessen: Im Umkreis der Glaubensbekenntnisse (z.B. bei Paulus) finden wir die apokalyptischen Menschensohn-Logien nicht; im Um-

---

nicht erörtert zu werden. Denn auch wenn das Wort nicht authentisch und ein ursprünglicher Prophetenspruch ist (E. KÄSEMANN, Zum Thema der urchristlichen Apokalyptik [in: Exegetische Versuche und Besinnungen II, 1970³, 105–131], 108), ist damit die Identität des Sprechenden mit dem Menschensohn noch keineswegs ausgesagt. Übrigens lassen 2Tim 2,12 und Offb 3,5 eine frühe Fassung des Logions vermuten, in dem der Vordersatz nur lautete: ›Wer vor den Menschen bekennt (bzw. verleugnet) . . .‹, nämlich die apokalyptische Ansage der Äonenwende. Gegen eine *mögliche* Authentizität einer solchen Fassung, in welcher nicht Jesus *in Person* Gegenstand von Bekennen und Verleugnen ist, gibt es keine Einwände.

[67] Außerdem ignoriert diese Erklärung, daß Jesus im Status der Erhöhung in der urchristlichen Bekenntnistradition *nie* den Titel ›Menschensohn‹ bekommt. Wie könnte dann jene Unterscheidung der *status* für die Menschensohnworte überhaupt und insgesamt ursächlich gewesen sein?

[68] M. HORSTMANN, Studien zur markinischen Christologie (NTA NS 6), 1969, 40.

[69] E. JÜNGEL, Paulus und Jesus (HUTh 2), 1962, 242. Unverständlich ist demgegenüber die Feststellung W. G. KÜMMELS ([Anm. 63], 220), »die Ankündigung der Reaktion des Menschensohns auf das Verhalten Jesus gegenüber (habe) nur dann einen argumentativen Sinn, wenn zwischen Jesus und dem Menschensohn eine personale Beziehung besteht«.

[70] Gegenwart und Zukunft in der synoptischen Tradition (in: Theologie als Schriftauslegung [BEvTh 65], 1974, 42–61), 47f. Zur Kritik dieser These vgl. G. HAUFE (Anm. 2), 135f.

kreis der frühen Menschensohn-Logien (z. B. Q) findet sich dagegen das Kerygma nicht. Der ›Stil‹ der Menschensohn-Worte darf also nicht vorschnell theologisch ›erklärt‹, sondern muß zunächst traditionsgeschichtlich gewürdigt werden.

Die beiden bei Markus tradierten Worte vom richtenden bzw. kommenden Menschensohn entstammen demzufolge einer noch unchristologischen Überlieferungsschicht. Das entspricht ihrer Herkunft aus der alten Logienüberlieferung.

Nun hat Polag in einer insoweit aufs Ganze gesehen überzeugenden Untersuchung[71] nachgewiesen, daß die alte Spruchüberlieferung (Q^1) überhaupt *unchristologisch* war: Jesus trägt keine christologischen Titel; das Bekenntnis zum Menschgewordenen bzw. zum Gekreuzigten und Auferstandenen fehlt; auch andere grundlegende Erfahrungen und Handlungen der frühen christologisch-kerygmatisch bestimmten Gemeinde wie Taufe, Abendmahl, Glaubensbekenntnis, Pneumatologie usw. begegnen nicht[72]. Erst die spätere Redaktion dieser Logienüberlieferung Q^1 unternimmt bei der Ausgabe der Spruchquelle Q eine gezielte Christologisierung des Überlieferungsgutes.

Diese Einsicht ließe sich durch den Nachweis bestätigen, daß sämtliche ›Dubletten‹, d. h. das gesamte dem Evangelisten Markus aus der Spruchüberlieferung Q^1 zugeflossene Material, vorchristlich und vorkerygmatisch, nämlich jüdisch-apokalyptisch ist.

Diese vom exegetischen Befund her seit jeher (Wrede!) naheliegende Analyse der Logientradition hat freilich ihre überlieferungsgeschichtlichen Schwierigkeiten. »Das Vorstellungsfeld der Primärtradition von Q in seiner eigentümlichen Abgrenzung ist als solches in der Geschichte der frühen Gemeinde nicht einzuordnen.«[73] In der Tat!

Aber so wenig es angeht, deshalb die Eigenart des beschriebenen Traditionsstrangs zu leugnen, so wenig kann der Versuch Polags überzeugen, den richtig beobachteten Sachverhalt durch einen frühchristlichen ›Historismus‹ zu erklären, von dem geleitet die Gemeinde ohne Beziehung zu ihrem akuten

---

[71] (Anm. 56).

[72] (Anm. 56), 180. Tödt hatte aus entsprechenden Beobachtungen geschlossen, das Passions- und Osterkerygma sei folglich nicht das ursprüngliche und fundamentale kirchliche Kerygma. Dagegen wendet sich mit Recht PH. VIELHAUER, Geschichte der urchristlichen Literatur, 1975, 326ff. Vielhauers eigene These, die Auferweckung und Erhöhung Jesu seien *vorausgesetzt*, »auch wenn diese Ereignisse nicht erwähnt werden« (319), trifft für die Redaktion der Spruchquelle Q zu, wird aber der alten Spruchüberlieferung Q^1 und damit auch Vielhauers richtiger Einsicht in den vielschichtigen Traditionsprozeß der Spruchüberlieferung nicht gerecht.

[73] A. POLAG (Anm. 56), 187.

Glauben Erinnerungen an Jesus als solche tradierte und konservierte[74]. Polag nimmt dazu eine »starke Applikationskraft der Hörer«[75] an, die Unchristologisches dennoch christologisch verstanden hätten, und er beruft sich dafür (zu Unrecht) auf den Vortrag des (schriftlichen und christologischen!) Alten Testaments als Analogie.

Tatsächlich kann, ersetzt man nicht die traditionsgeschichtliche durch eine unzureichende psychologische Erklärung, die kerygmatisch-christologische Gemeinde nicht Träger der unkerygmatischen und unchristologischen Logienüberlieferung Q^1 gewesen sein. Diese (wesentlich apokalyptisch-prophetische) Tradition muß einen anderen Gemeindeverband konstituiert haben und von ihm benutzt worden sein, wie (von anderen und unzureichenden Voraussetzungen aus) vor allem Siegfried Schulz richtig gesehen hat[76].

Diese Feststellung als solche muß hier genügen[77]. Nur eine umfassende Analyse der alten Logienüberlieferung Q^1 auf dem von Polag beschrittenen Weg könnte den Trägerkreis dieser Überlieferung präzise bestimmen, wobei man freilich den apokalyptischen Charakter der primären Logientradition nicht, wie Polag tut, minimalisieren dürfte.

In der Logienüberlieferung Q^1 finden sich nun aber – das entspricht dem zuletzt Gesagten – die Masse der apokalyptischen Worte vom kommenden bzw. richtenden Menschensohn. Diese Worte aus dem Munde Jesu – ob authentisch oder nicht, sei dahingestellt – reden ausnahmslos vom Menschensohn in der dritten Person und identifizieren ihn, interpretiert man nicht vom späteren christologischen Kontext der Spruchquelle Q bzw. des Matthäus und Lukas aus, *nicht* mit dem Sprecher: Lk 6,22; 11,30par[78]; 12,10par; 12,40par; 17,23fpar[79]. 26.30par; Mt 10,23; 19,28[80].

[74] A. POLAG ebd., 131. [75] A. POLAG ebd., 143.

[76] »Die sachgemäße Erforschung von Q wird demnach die folgenreiche Erkenntnis zu akzeptieren haben, daß hinter Q *eine* bestimmte Gemeinde als Traditionsträger steht« ([Anm. 63], 42).

[77] Vgl. aber W. SCHMITHALS, Das Bekenntnis zu Jesus Christus (in: Jesus Christus in der Verkündigung der Kirche, 1972, 60–79), 71f und im übrigen Anm. 1.

[78] Der Sinn ist: Die gegenwärtige Bußpredigt wird durch das in ihr angesagte Gericht des Menschensohns bestätigt werden, das gewiß kommt.

[79] Lk 17,23 rechnet schwerlich mit dem Auftreten von Messiasprätendenten, wie PH. VIELHAUER (Anm. 60), 75f meint. Dieses Verständnis ist aus dem sekundären Text Mk 13,21ff eingetragen. Für sich betrachtet warnt 17,23f davor, die Ankunft des Menschensohns als ein lokal begrenztes Kommen anzusehen; die Äonenwende erreicht den ganzen alten Äon mit einem Mal.

Steht es anders, so setzt 17,23 dennoch keine Identität von Messias und Menschensohn voraus (gegen VIELHAUER, 76), sondern warnt gerade davor, das Kommen des Menschensohns nach Analogie des Auftretens irdischer Messiasprätendenten zu verstehen. Eine solche Warnung verläßt noch nicht den Rahmen jüdischer Apokalyptik. Vgl. auch J. BECKER (Johannes der Täufer und Jesus von Nazareth [BSt 63], 1972, 90ff), der Vers 24 für ein ursprünglich selbständiges Logion hält. Unwahrscheinlich!

[80] A. POLAG (Anm. 56), 110 meint allerdings: »Die Vorstellung, daß parallel zu Jesus, der

VI

Auf diesem Stand unserer Überlegungen stellt sich die Erinnerung an Wredes großartiges Buch über ›Das Messiasgeheimnis in den Evangelien‹ ein (1901). Das Messiasgeheimnis verstand Wrede als eine Hilfshypothese, mit welcher die *frühe Gemeinde* einen Ausgleich zwischen den unmessianischen Erinnerungen bzw. Überlieferungen vom Leben und Lehren Jesu einerseits und dem christologischen Bekenntnis andererseits herstellen wollte. Das Motiv bzw. die Motive der Messiasgeheimnistheorie sind Markus mit seinen Traditionen zugeflossen. Sie müssen aber älter sein als die Masse der in diesen Traditionen befindlichen ursprünglich und offen christologischen Jesuserzählungen. Der Evangelist, Wrede zufolge ein wenig fähiger Schriftsteller[81], der »unbeholfen aus Gedanken Geschichte zu formen sucht« und der »vom einen Punkt seiner Darstellung thatsächlich nicht zum andern gedacht« hat[82], legt die vorhandenen Motive über seinen ganzen Stoff. »Historisch ist der Gedanke aus Markus unmittelbar noch gar nicht zu verstehen. Er ist fertig da, Markus steht unter seinem Zwange, so daß man nicht einmal von einer ›Tendenz‹ reden darf.«[83]

Die spätere Forschung hat das kritische Urteil Wredes über den Schriftsteller Markus nicht festgehalten. Form- und redaktionskritische Analysen kamen überdies zu dem Ergebnis, daß es sich bei der Messiasgeheimnistheorie

---

seine Botschaft von der Basileia verkündigt, im Himmel verborgen die Gestalt eines ›Menschensohnes‹ existiert, ist mit dem Verständnishorizont jener Herrenworte, die wahrscheinlich auf die Zeit vor der Kreuzigung Jesu zurückgehen, unvereinbar«; denn – so merkt Polag an –: »Der Ausschließlichkeitsanspruch Jesu in seiner Funktion für die Basileia läßt eine solche Vorstellung nicht zu.« Aber abgesehen davon, daß Jesus schwerlich Dan 7 aus seiner Bibel gestrichen hat: Von einem solchen Ausschließlichkeitsanspruch vermag ich in der alten Logienüberlieferung nichts zu entdecken, erst recht nicht von einer Vorstellung, welche die Gestalt eines himmlischen Richters ausschlösse.

Polag will die Menschensohnworte ganz aus dem apokalyptischen Horizont herausnehmen. Jesus gebrauche ›Menschensohn‹ als umschreibende Selbstbezeichnung im Sinne von ›ein bestimmter Mensch‹ (111ff). Dieser Gewaltstreich dürfte kaum Zustimmung finden; vgl. P. HOFFMANN, Studien zur Theologie der Logienquelle (NTA NS 8), 1972, 92ff.

[81] »Wünschenswert wäre es in der That im höchsten Grade, daß ein solches Evangelium nicht das älteste ist« (W. WREDE [Anm. 25], 148).

[82] W. WREDE ebd., 135.132.

[83] W. WREDE ebd., 145. Die Behauptung, daß *Markus* der Schöpfer der Messiasgeheimnistheorie sei, hat Wrede ausdrücklich bestritten, wurde ihm aber nicht selten mehr oder weniger deutlich unterstellt; vgl. R. BULTMANN (Anm. 22), 371; (Anm. 44), 33f; S. SCHULZ (Anm. 5), 13ff; H. THYEN, Der irdische Jesus und die Kirche (in: Jesus Christus in Historie und Theologie. Festschrift für H. Conzelmann, 1975, 127–141), 139; J. ROLOFF, Das Markusevangelium als Geschichtsdarstellung (EvTh 29, 1969, 73–93), 73f; J. SCHREIBER, Theologie des Vertrauens, 1967, 9ff. 19f; H. J. GENTHE, Kleine Geschichte der neutestamentlichen Wissenschaft, 1977, 240; G. SCHILLE, Offen für alle Menschen, 1973, 40ff.

um eine *redaktionelle* Tendenz handelt. Damit aber entfiel die Wredesche Deutung des Messiasgeheimnismotiv-Komplexes; denn daß die (von Wrede vorausgesetzte) *eine* christliche Gemeinde *bis zur Zeit des Markus* unchristologische Überlieferungen als solche tradierte und daß erst der Evangelist sie mit Hilfe *seiner* Geheimnistheorie mit den christologischen Traditionen amalgamierte, kann man unmöglich annehmen.

Anders steht es, wenn man erkennt, daß es einen bis in die Zeit des Markus reichenden *selbständigen* Strang unmessianischer Logienüberlieferung gegeben hat, der einen eigenen Trägerkreis hatte. Dann läßt sich die Wredesche Deutung des Messiasgeheimnismotiv-Komplexes mit den späteren redaktionskritischen Einsichten verbinden, und es ergibt sich, daß der Motivkomplex des Messiasgeheimnisses auf den Evangelisten Markus zurückgeht und dazu dient, die Existenz unmessianischer Jesusüberlieferung verständlich zu machen, ihren defizitären Charakter zu erweisen und ihre Träger für die *christliche* Gemeinde zu gewinnen[84].

Unter dieser Voraussetzung und also im Rahmen der umfassenden markinischen Theorie des Messiasgeheimnisses[85] stellt sich die frühe Entwicklungsgeschichte der Menschensohnworte folgendermaßen dar:

Die vom Passions- und Osterkerygma geleitete christliche Gemeinde aller theologischen Richtungen kannte bzw. benutzte den Titel ›Menschensohn‹ für Jesus überhaupt nicht[86]. Er begegnet deshalb nirgendwo außerhalb der

---

[84] Die von G. Strecker (Zur Messiasgeheimnistheorie des Markusevangeliums [StEv III 2, 87–104], 89) richtig und scharf gestellte und (ohne Berücksichtigung von Q^1-Stoffen bei Markus und insofern mit Recht) *verneinte* Frage: »Ist es möglich, an der traditionsgeschichtlichen Erklärung Wredes festzuhalten, wenn ihre Basis, die vormarkinische Herkunft der Messiasgeheimnistheorie, abgelehnt wird? Läßt sich nachweisbar vermuten, daß der Evangelist bewußt eine Tradition verarbeitete, die das Leben Jesu als unmessianisch darstellte?« muß also bejaht werden.

[85] Und unter dem in Anm. 1 genannten Vorbehalt.

[86] Dies erklärt sich zwanglos, wenn Ph. Vielhauer recht haben sollte und Jesus selbst nur die kommende Gottesherrschaft, nicht aber den kommenden Menschensohn ansagte; (Anm. 60), 55ff; (Anm. 63), 92ff. Freilich müßten Vielhauers Argumente für die Nicht-Authentizität der Worte vom kommenden Menschensohn von der unzutreffenden Voraussetzung abgelöst werden, die Überlieferung bzw. Bildung der apokalyptischen Menschensohnsprüche sei in einer *christlichen* Gemeinschaft unter christologischem Vorzeichen erfolgt; sollte die frühe Überlieferung der Menschensohnworte nicht authentisch sein, so sind sie doch auch nicht Produkt einer *christlichen* Prophetie.

Indessen wäre auch verständlich, wenn das Christusbekenntnis im Rahmen des österlichen *Erfüllungs*geschehens von Anfang an den der Stufe der Heils*erwartung* angehörenden Titel ›Menschensohn‹ verdrängte. Bekannte nämlich die österliche Gemeinde, Jesus sei der *Christus*, so war damit offenbar stets mehr gesagt als nur, daß Jesus selbst die Rolle des von ihm erwarteten Menschensohns spielen werde. Damit aber wurde der Titel ›Menschensohn‹ als christologischer Titel für Jesus angesichts dessen, *wie* Jesus vom Menschensohn (als von einem anderen) gesprochen hatte, unbrauchbar.

Traditionslinien ›Q^1 – Markus – spätere Evangelien‹ bzw. ›Q^1 – Q – spätere Evangelien‹.

Die Gestalt des Menschensohns gehört der frühen Spruchüberlieferung Q^1 an, die auf Jesu Verkündigung zurückgeht, freilich auch aus anderen apokalyptischen Traditionen gespeist wird. Diese Überlieferung nimmt von Ostern, dem entsprechenden Kerygma von der Menschwerdung bzw. von der Dahingabe Jesu, sowie von der damit verbundenen Christologie keine Notiz. Die Träger der Q^1-Tradition sind außerhalb der *christlichen* Gemeinde zu suchen.

Nach 70 begegnet Markus diesen Traditionen und ihren Trägern. Von seinem Standpunkt des christologisch-kerygmatischen Bekenntnisses zu Jesus aus löst er das Rätsel der nur prophetisch-apokalyptischen Jesusüberlieferung, deren Authentizität er nicht bestreitet, mit Hilfe des Messiasgeheimnismotiv-Komplexes – zweifellos in missionarischer Absicht. Die einzelnen Motive extrapoliert er – mit welchem Recht auch immer – weitgehend aus den ihm vorliegenden christologischen sowie unchristologischen Traditionen.

Dabei spielt der Menschensohnbegriff eine wesentliche Rolle.

Markus ist überzeugt, daß Jesus den in der Spruchüberlieferung Q^1 begegnenden Titel ›Menschensohn‹ als verhüllende Selbstbezeichnung gebraucht hat, um sein Wirken nicht vorzeitig beenden zu müssen[87], von den Trägern dieser Überlieferung aber *dauerhaft* mißverstanden wurde, weil er sein Geheimnis erst in Jerusalem öffentlich enthüllt hat. Erst in Mk 14,62 nämlich wird vor dem Synedrium öffentlich sichtbar, daß der kommende Menschensohn in Wahrheit der wiederkommende ist (vgl. 13,26).

In diesem Zusammenhang sind noch zwei redaktionelle Ergänzungen des Wortes vom kommenden Menschensohn in Mk 8,38 beachtlich. Markus schreibt, seine Vorlage ergänzend: ›Wer sich meiner *und meiner Worte* schämt . . .‹ (vgl. 8,34). Damit ordnet er Verkündigung und Person Jesu einander so zu, daß Jesus *selbst in Person* der Inhalt *seiner Verkündigung* – also auch der Ansage des Menschensohns – ist, wie es der kirchlichen Christologie entspricht. Eine entsprechende Intention bestimmt auch die andere Ergänzung, nämlich das nur an dieser Stelle auf den Menschensohn bezogene ›seines Vaters‹. Heißt Gott der *Vater* des Menschensohns, so ist der Menschensohn nicht mehr nur der eschatologische Richter, sondern zugleich und vor allem der *Sohn* des Vaters, nämlich der Gottessohn (Mk 1,11; 13,32; 9,7). Die

[87] Die Unterscheidung, die »zwischen Jesus und dem kommenden Menschensohn gemacht wird, bedeutet das Messiasgeheimnis« (J. SCHNIEWIND, Das Evangelium nach Markus [NTD 1], [1936], 1963^{10}, 122).

in Mk 14,61f vor dem Synedrium öffentlich und direkt verkündigte Gleichung Jesus/Christus/Gottessohn = Menschensohn gehört somit nach Ausweis von 8,38 *verborgen* bereits der Verkündigung in Galiläa an.

Deutlicher als in den übernommenen ›Basisworten‹ vom kommenden (= wiederkommenden) Menschensohn wird die Identität des Menschensohns der Verkündigung Jesu mit Jesus selbst als dem Christus des kirchlichen Bekenntnisses in den eingangs besprochenen, von Markus selbst zum Erweis dieser Identität gebildeten Worte vom leidenden und auferstehenden und vom herrschenden Menschensohn sichtbar; denn in den Worten dieser beiden Kategorien werden dem Menschensohn Funktionen bzw. Geschicke zugeschrieben, die, aus der österlichen Optik gesehen, nur von Jesus selbst ausgesagt werden können. Nicht von ungefähr benutzt Markus dabei in 14,21 ein Logion der Spruchüberlieferung als Basis der redaktionellen Bildung: Er will den eigentlichen Sinn dieser von ihren Tradenten mißverstandenen Überlieferung diesen Tradenten gegenüber erheben[88].

Bei allen seinen Neubildungen hält Markus selbstverständlich an der Rede in dritter Person fest, weil nur in dieser Redeweise das Messias-Menschensohn-Geheimnis gewahrt bleibt. Damit entsteht definitiv die stereotype Redeweise in der dritten Person, die nur Lukas einmal außerhalb seines Evangeliums (in Apg 7,56) durchbricht.

Wenn Markus die Worte vom ausgelieferten, leidenden und auferstehenden Menschensohn nur innerhalb der Jüngerbelehrung und außerhalb Galiläas (bzw. während eines Inkognito-Aufenthaltes in Galiläa: 9,31) gesprochen sein läßt, so deckt sich dies einerseits mit der Beobachtung, die auch Markus gemacht haben muß, daß die Logienüberlieferung Q^1 von Passion und Ostern schweigt: Jesus kann also nicht öffentlich von seinem Leiden, Sterben und Auferstehen gesprochen haben. Zum anderen legt jene Tatsache für uns die Vermutung nahe, der Trägerkreis der Logienüberlieferung Q^1 sei in Galiläa beheimatet und auf Galiläa beschränkt gewesen.

Damit bestätigt sich, was schon Wendling im wesentlichen richtig gesehen hat[89]: *Vor Markus, d.h. vor ca. 75, gab es in der ›kirchlichen‹ Tradition den*

[88] »Die beiden Typen – Auferstehungs- und Parusieweissagungen – stehen also unverbunden nebeneinander, wie besonders an dem unausgeglichenen Nebeneinander von Mk 8,31 und 8,38 zum Bewußtsein kommt« (R. BULTMANN, Die Frage nach der Echtheit von Mt 16,17–19 [in: Exegetica, 1967, 255–277], 276). Nach der Intention des Evangelisten soll allerdings dies Nebeneinander als *Mit*einander gerade die Einsicht in die *Einheit* aller Menschensohnworte im Bewußtsein der Leser provozieren, nämlich die in allen Worten begegnende Identität von (kommendem) Menschensohn und (leidendem) Jesus Christus. Vgl. auch H. E. TÖDT (Anm. 13), 135f.

[89] Vgl. schon W. BRANDT, Die evangelische Geschichte und der Ursprung des Christentums, 1893, 566; E. WENDLING (Anm. 5), 204ff.

Menschensohnbegriff überhaupt nicht. Erst Markus führt ihn in Übernahme der Sprüchüberlieferung Q^1 ein, und zwar als zunächst verborgenen bzw. verhüllenden, in 14,62 dann auch offenen christologischen Hoheitstitel; als solcher begegnete er in der Spruchüberlieferung nicht.

Nach Markus[90] wird die Spruchüberlieferung, vermehrt durch anderes Gut, in Gestalt der Spruchquelle Q herausgegeben, und zwar in einer christologischen Redaktion[91]. Ob Q das Markusevangelium *direkt* voraussetzt oder ob der Redaktor und Herausgeber von Q gar mit Markus identisch war, sei hier dahingestellt[92]. Jedenfalls gehören der christologischen Redaktion in Q die beiden Worte von Jesus als dem irdischen Menschensohn an, welche sich in der Spruchquelle finden (Lk 7,34 par; Lk 9,58 par) und welche die der markinischen Redaktion analoge Funktion haben, die zahlreichen Q^1-Worte vom kommenden Menschensohn unter das christologische Vorzeichen zu stellen[93]. Auch diese beiden Worte halten darum die Redeweise in der dritten

---

90 J. WELLHAUSEN, Einleitung in die drei ersten Evangelien, 1905, 73ff; A. JÜLICHER-E. FASCHER, Einleitung in das Neue Testament, 1931⁷, 344ff; R. BULTMANN, Die neutestamentliche Forschung 1905–1907 (MPTh 5, 1908, 124–132. 154–164),127.

91 A. POLAG (Anm. 56), passim. Die Christologisierung erfolgt ›dezent‹; der *Titel* ›Christus‹ wird nicht aufgegriffen.

92 Lk 10,22–24par (Q) enthält die *markinische* Geheimnistheorie. Den Täufererzählungen in Q liegt die Täufererzählung zugrunde, die wir auch bei Markus lesen.

93 Die rhetorische Frage H. E. TÖDTS (Anm. 13), 109: »Welches Interesse sollte auch die hellenistische Gemeinde an der Übertragung dieses aramäischen Namens auf Jesus gehabt haben«, läßt sich, als echte Frage formuliert, also beantworten.

Lk 9,58par steht in einem ›Apophthegma‹. Die Form des Apophthegmas gehört überhaupt der christologischen Redaktion der Spruchquelle an (vgl. besonders Lk 4,1–13par; 7,18–23par), unbeschadet der Möglichkeit, daß bei der Bildung dieser Apophthegmen ältere Sprüche, die indessen nicht der Spruchüberlieferung Q^1 angehört haben müssen, benutzt wurden; vgl. R. BULTMANN (Anm. 22), 27; PH. VIELHAUER (Anm. 63), 125. »Das Wort ist nur als zusammenfassender Rückblick auf das gesamte Wirken Jesu, also als dogmatische Aussage verständlich« (H. CONZELMANN, Grundriß der Theologie des Neuen Testaments [EETh 2], 1967, 153). Der Menschensohntitel wird nicht mehr apokalyptisch, sondern gänzlich christologisch gebraucht. Vgl. noch R. BULTMANN (Anm. 22), 64; PH. VIELHAUER (Anm. 63), 123ff; H. E. TÖDT (Anm. 13), 114; S. SCHULZ (Anm. 63), 437ff; P. HOFFMANN (Anm. 80), 137.

Lk 7,33f ist eine (möglicherweise sekundäre; vgl. P. HOFFMANN, 224ff) Deutung des vorausgehenden Gleichnisses. Diese Deutung wird aus der Optik der Gemeinde gesprochen, die (in dritter Person!) über den Täufer und Jesus redet. Die nicht qualifizierende Parallelisierung beider spricht dafür, daß wir es mit einem noch nicht christologischen Wort aus der Q^1-Gemeinde zu tun haben, das in Vers 34 doppelt christologisiert wurde, als es in der Spruchquelle Q Aufnahme fand:

1. Durch den formal wie sachlich überschießenden, in Q singulären Zusatz φίλος τελωνῶν καὶ ἁμαρτωλῶν. Er entstammt Mk 2,15–17, wo Jesus bei Zöllnern und Sündern ein opulentes Mahl einnimmt. Die hier harmonische Verbindung von Mahl und Mahlgemeinschaft wird künstlich auf Lk 7,34par übertragen, wo ursprünglich das ›Essen und Trinken‹ Jesu nicht sote-

Person fest; die geheime Epiphanie bleibt gewahrt. Seitdem – *erst* seitdem – ist die »Identität des Irdischen mit dem Erhöhten . . . in Q überall vorausgesetzt«[94].

Die weitere innersynoptische Geschichte der Menschensohn-Titulatur ist bekannt und wird durch die vorliegenden Ausführungen nicht wesentlich modifiziert. Zur Redaktion des Matthäus gehören Mt 13,37.41; 16,13.28; 25,31; 26,2; zur Redaktion des Lukas sind Lk 17,22.25; 18,8; 19,10; 21,36 und 24,7 zu zählen.

Der Traditionsweg der Menschensohnworte ergibt sich also aus dem folgenden erweiterten Schema der Zwei-Quellen-Hypothese:

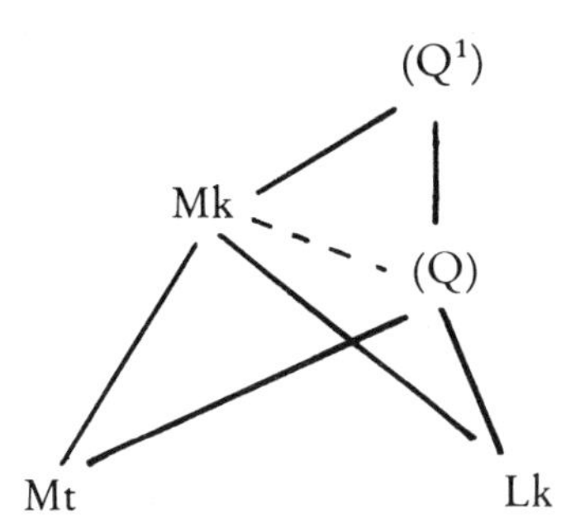

Die johanneischen Menschensohnsprüche sind an dies Schema, besonders an Lukas, anzuhängen; sie enthalten m. E. kein[95] vorjohanneisches Überlieferungsgut. »Die Abweichungen des Johannes von den Synoptikern lassen sich als beabsichtigte Überarbeitung durch den Verfasser des vierten Evangeliums verstehen.«[96]

riologisch gefüllt war, sondern nur den Gegensatz zu der asketischen Lebensweise des Täufers beschrieb. Vgl. Anm. 90.92 und im übrigen Anm. 1.

2. Durch die Umwandlung eines vermutlich ursprünglichen ὁ Ἰησοῦς (kaum eines ›Ich‹; so G. Bornkamm, Jesus von Nazareth [UB 19], 1956, 209) in den Titel ὁ υἱὸς τοῦ ἀνθρώπου, der ohne erkennbare apokalyptische Relation (gegen S. Schulz [Anm. 63], 381ff u. a.) Jesus als den Sünderheiland des christologischen Kerygmas beschreibt; vgl. Ph. Vielhauer (Anm. 63), 127. Damit (erst) gewinnt auch das vermutlich ursprüngliche ἦλθεν in Mt 11, (18).19 seinen christologischen Klang (vgl. R. Bultmann [Anm. 22], 167). Siehe im übrigen H. E. Tödt (Anm. 13), 108f; P. Hoffmann, 227f.

Indessen ist auch nicht auszuschließen, daß Lk 7,33fpar nicht christologisch redigiert wurde, sondern als Ganzes eine Bildung der christologischen Redaktion von Q ist.

[94] Ph. Vielhauer (Anm. 72), 319.

[95] Anders S. Schulz, Untersuchungen zur Menschensohn-Christologie im Johannesevangelium, 1957; O. Cullmann, Die Christologie des Neuen Testaments, 1957, 186ff.

[96] H. Conzelmann (Anm. 93), 156.

Das kritische Wort vom Kreuz und die Christologie bei Athanasius von Alexandrien

Martin Tetz

Wer nach dem athanasianischen Kreuzesverständnis fragt, wird sich wohl zunächst und vor allem an die bekanntesten dogmatischen Schriften des alexandrinischen Bischofs, Contra gentes – De incarnatione und die sog. Arianerreden, halten[1]. Mit meinem Beitrag zu dieser Festschrift möchte ich mir jedoch erlauben, die Frage in anderer Weise aufzunehmen, indem ich statt der genannten, relativ frühen Schriften des Athanasius das wahrscheinlich letzte seiner dogmatischen Schreiben, die *Epistula ad Maximum philosophum*[2], in den Mittelpunkt der Untersuchung stelle. Angesichts des Streits, der in der Frage der Christologie spätestens seit 362 (Synode von Alexandrien) die Geister bewegte[3] und der namentlich auch eine Konsollidierung der nicänischen Kräfte erheblich behinderte, betont hier nämlich der ›Vater der Orthodoxie‹ zur Kritik christologischer Konzeptionen des nicänischen Lagers in überraschender Zuspitzung das Wort vom Kreuz, nachdem er vorher in der Stellungnahme zum christologischen Problem sich und andere keineswegs immer in so pointierter Weise an das Kreuz erinnert hatte. Der auffäl-

[1] In dieser Weise nehmen sich zwei jüngere Untersuchungen des bis dahin völlig vernachlässigten Problems von Kreuz und Auferstehung bei Athanasius an. Georg Kretschmars weitgreifende, gehaltvolle Studie: Kreuz und Auferstehung in der Sicht von Athanasius und Luther, in: Der auferstandene Christus und das Heil der Welt. Studienheft 7. Hg. vom Kirchl. Außenamt der EKiD. Witten 1972, 40–82. – Charles Kannengiessers, in manchem überraschender Beitrag: Le mystère pascal du Christ selon Athanase d'Alexandrie, in: RSR 63, 1975, 407–442.

[2] Migne, PG 26,1085–1090. – Der Text ist in 21 griechischen Hss. überliefert. Hinzu kommt eine lateinische Version, von der mir 6 Hss. bekannt sind, und eine syrische Version, die von Robert W. Thomson ediert ist (CSCO 272,37–41; englische Übersetzung CSCO 273,31–34). Vorläufige Mitteilungen zur Textüberlieferung des Briefes: M. Tetz, Zur Edition der dogmatischen Schriften des Athanasius von Alexandrien, in: ZKG 67, 1955/56, 18–20; ZNW 66, 1975, 216 n. 69. – Ähnlich wie in der Überlieferung von Contra gentes – De incarnatione ist auch hier gegenüber der ›antiochenischen‹ Tradition, die einen überarbeiteten und etwas verkürzten Text bietet und die schon relativ früh durch dogmatische Florilegien bezeugt ist, die Überlieferungsgruppe, auf die sich die Edition Montfaucons bzw. Mignes stützt, die zuverlässigere. Über die Textgeschichte der EpMax werde ich in anderem Zusammenhang berichten. Für den vorliegenden Beitrag benutze ich die obengenannten Hss., zitiere aber nach der verbreiteten Edition von Migne.

[3] Vgl. Alois Grillmeier, Christ in Christian Tradition, Vol. 1, ^{2}1975. – M. Tetz, Über nikäische Orthodoxie, in: ZNW 66, 1975, 208ff.

lige Sachverhalt hat bisher noch keine Beachtung gefunden. Daher sei hier der Versuch unternommen, zur Erklärung dieser nachdrüchlichen Erinnerung des Athanasius an das Wort vom Kreuz Zusammenhänge und Voraussetzungen des Briefes an den Philosophen Maximus zu klären.

I

Mit der Epistula ad Maximum philosophum (= EpMax) beantwortet Athanasius eine Schrift des Maximus, die dieser ihm zur Beurteilung und wohl mit der Bitte um Unterstützung im theologischen Streit zugesandt hatte.

(1) An sich, meint Athanasius, sei in dem von Maximus vorgetragenen Falle, ob seiner Evidenz, Schweigen das Angemessene. Das lerne man vom Herrn selber; denn er habe auf die Verleumdungen der damaligen Juden hin Pilatus nicht mehr geantwortet, sondern durch dessen Frau gewirkt, damit nicht ἐν λόγῳ, sondern ἐν δυνάμει geglaubt werde, der Gerichtete sei Gott; auch Kaiphas habe er auf falsches Zeugnis hin nicht mehr geantwortet, sondern mit seiner Verheißung (Mt 26,64) alle zur Erkenntnis geführt. – Erst nach längerem Zögern und angesichts der Wortattacken der anderen Seite, gebe er nun dem Eifer des Maximus für die Wahrheit nach; er erwähne jedoch nur das, was dieser selber geschrieben habe, in der Hoffnung, daß dadurch die anderen überzeugt würden und nicht mehr mit den damaligen Juden den *Gekreuzigten* schmähten (Mt 27,40). Andernfalls solle Maximus sich an die apostolische Weisung von Tit 3,10–11 halten.

Seien die Gegner also Heiden oder Juden, sollten sie das *Kreuz* Christi für ein Ärgernis bzw. eine Torheit ansehen; gäben sie aber vor, Christen zu sein, sollten sie Kenntnis nehmen vom *gekreuzigten* Christus, der der Herr der Herrlichkeit wie auch Kraft und Weisheit Gottes sei. (2) Bestritten sie jedoch, daß er auch Gott sei, sollten sie an Thomas erinnert werden, der den *Gekreuzigten* mit Händen berührt und ihn als Herrn und Gott bekannt habe. Ja, der Herr habe sich selber vor seinen Jüngern als ihren Herrn bezeichnet (Joh 13,13). In dem Leib, in dem er gewesen, als er ihnen die Füße gewaschen habe, seien von ihm unsere Sünden an das *Holz* hinaufgetragen (1Petr 2,24) und sei er durch Sonnenfinsternis u. ä. als Herr der Schöpfung bezeugt worden; selbst die Henker hätten erkannt, daß der *Gekreuzigte* wahrhaft Gottes Sohn sei. Nicht in irgendeines Menschen, sondern in Gottes Leib habe er, auch als er *gekreuzigt* worden sei, Tote erweckt.

Die gegnerische These lautet: »Der Logos Gottes ist in irgendeinen heiligen Menschen gekommen (ἐγένετο).« Athanasius lehnt sie ab, weil sie so gehalten sei, daß sie auch auf jeden der Propheten und der anderen Heiligen zutreffe; und weil es nicht den Anschein haben dürfe, daß der Logos in jedem von ihnen geboren werde und sterbe. Vielmehr sei er *einmal* am Ende der Äonen zur Vergebung der Sünden selber Fleisch geworden und aus der Jungfrau Maria als Mensch, gleich uns, hervorgegangen; als Beleg hierfür wird auch das an die Juden gerichtete Wort (Joh 8,40) zitiert: »Was sucht ihr mich, einen Menschen, zu töten . . .« Nicht weil der Logos am Leibe irgendeines Menschen teilhatte, sondern weil er selber einen Leib nahm, werden wir vergottet[4].

(3) Eine weitere – vielleicht nur von ihrem Bestreiter konstruierte – These der Gegner lautet nach Maximus: »Er wurde in Übereinstimmung mit der Natur (φύσεως ἀκολουθίᾳ) Mensch.« Athanasios erinnert demgegenüber an die Jungfrauengeburt. Als wahrer Gott sei der (φύσει) Logos und die Weisheit des Vaters σωματικῶς Mensch geworden, zu unserem Heile, zur Erlösung von der Knechtschaft der Todesfurcht. Nicht irgendein Mensch habe sich für uns hingegeben, da jeder Mensch nach Gen 3,19 dem Tode unterworfen sei; aber auch kein anderes der Geschöpfe habe dies getan, weil ein Geschöpf veränderlich sei. Der Logos hat seinen eigenen Leib für uns dargebracht, damit der Glaube und die Hoffnung sich nicht auf einen Menschen, sondern auf den Gott Logos richten sollten. Nachdem er Mensch geworden sei, sähen wir laut Joh 1,14 seine Herrlichkeit: »Denn was er durch seinen Leib erduldete, ebendas verherrlichte er als Gott.« Wenn jemand über seinem leiblichen Verhalten (Hungern, Fragen, Kindsein, Älterwerden, Wachsen, Essen, Trinken, Leiden) zum Irrtum verführt werde, solle er sich im Glauben daran halten, was Christus als Gott wirke. Mit ablehnendem Spott über seine leiblichen Eigenschaften laufe man schließlich Gefahr, seine unsertwegen geschehene Ankunft abzulehnen. Sei er nicht in Übereinstimmung mit der Natur Mensch geworden, so sei es allerdings angemessen gewesen, nach der Annahme des Leibes dessen Eigenschaften aufzuweisen: gegen den Manichäismus; andrerseits dabei aber auch die Eigenschaften der Gottheit nicht zu verbergen: gegen die Behauptung des Samosatenismus, er sei als Mensch neben dem Gott Logos ein anderer.

(4) Der Ungläubige solle, alles dies bedenkend, lernen, daß der Säugling in der Krippe es war, der, von den Magiern angebetet, sich diese untertan machte; daß der Knabe in Ägypten dem Götzendienst ein Ende bereitete[5] und daß der am Fleische *Gekreuzigte* Tote erweckte. Es sei erwiesen, daß er das alles nicht seinet-, sondern unsertwegen erduldet habe, daß wir durch seine Leiden Leidenslosigkeit und Unverweslichkeit anziehen und ewig leben sollten.

(5) Athanasius sagt zum Schluß noch einmal, das Voranstehende sei in kurzer Zusammenfassung nur Wiedergabe der Ausführungen des Maximus, ohne weitere Zusätze – abgesehen freilich von der Erinnerung an τὸ περὶ τοῦ θείου σταυροῦ, damit die Unachtsamen in ebendem, wodurch sie zum Irrtum verführt worden seien, anders belehrt würden und den *Gekreuzigten* anbeteten. Maximus wird ermahnt, die Ungläubigen ohne Verfälschung der Lehre zu gewinnen; und auch wenn die Maximus-Schrift hinreichend sei, halte Athanasius es doch für angebracht, jenes (Wort vom *Kreuz*) gegen die Streitsüchtigen zusätzlich in Erinnerung gebracht zu haben, nicht damit sie beschämt würden, sondern damit sie die Wahrheit nicht vergessen sollten. Denn (!) das *Bekenntnis der Väter zu Nicäa* solle gelten, weil es rechtgläubig und ge-

[4] An dieser Stelle hat offenbar schon früh Sakramentsdenken auf die Überlieferung eingewirkt. Der Satz: οὐκ ἀνθρώπου τέ τινος μετέχοντες σώματος, ἀλλὰ αὐτοῦ τοῦ Λόγου σῶμα λαμβάνοντες θεοποιούμεθα, ist bei Athanasius singulär; s. G. Müller, Lexicon Athanasianum, 1952, Sp. 1400 s. v. σῶμα II,4. *DZ*, denen ich folge, lesen μετέχοντος und λαβόντος.

[5] Vgl. Ps.-Mt 22,2–24.

eignet sei, jede Häresie zu Fall zu bringen – besonders die arianische, die gegen den Logos Gottes lästere und sich so mit Notwendigkeit auch gegen den hl. Geist gottlos verhalte.

Athanasius hebt gegen Anfang (c. 1) und Schluß (c. 5) seines Briefes hervor, daß er sich für seine theologischen Darlegungen weithin an die Maximus-Schrift halte. Nur τὸ περὶ τοῦ θείου σταυροῦ habe er, so erklärt er in c. 5 wiederholt, hinzufügen müssen. Da sein kritischer, das Kreuz betreffender Zusatz nicht nur die Gegner, sondern zu bestimmtem Teile auch den Adressaten des Briefes trifft, besteht kein Anlaß, Athanasius in jenem Punkte nicht beim Wort zu nehmen. Demnach sind zumindest alle Passagen der *Epistula ad Maximum*, in denen τὸ περί τοῦ θείου σταυροῦ vorkommt, athanasianischer Herkunft; die übrigen theologischen Teile (einschl. Leidensaussagen) sind für die vorauszusetzende Maximus-Schrift in Betracht zu ziehen, d.h. also der Abschnitt c. 2 (Mitte) – c. 4[6]. Die einzige problematische Stelle dieses Maximus-Teiles des Briefes in c. 4, ἐσταυρωμένος[7], ist, wie sich noch ergeben wird, besonders bezeichnend für die neue Akzentuierung des Kreuzes bei Athanasius.

II

Das athanasianische Referat der *Maximus-Schrift* nennt zwei christologische Sätze der Gegner des Philosophen: 1. »Der Logos Gottes ist in irgendeinen heiligen Menschen gekommen.« 2. »Er ist in Übereinstimmung mit der Natur Mensch geworden.« Während der erste Satz als Wort der Gegner erscheint[8], ist der Charakter des zweiten undeutlicher, jedenfalls läßt seine Einführung[9] nicht klar erkennen, ob hier ein Zitat geboten werden soll oder ob es sich um ein Produkt polemischer Konsequenzmacherei handelt. Gilt der erste Satz der (›samosatenischen‹) Lehre, die Christus als einen inspirierten Menschen versteht[10], zielt der zweite auf die ausdrücklich als samosatenisch apostrophierte christologische Lehre, daß neben dem Gott Logos der Mensch ein anderer sei[11]. Diese beiden irrigen christologischen Lehren und

6 1088.20–1089.28.

7 1089.23; s. unten S. 461.

8 αὐτῶν τόλμημα τὸ λέγον, 1088.21.

9 ἐννοῆσαι τετολμημήκασιν, 1088.34.

10 S. unten S. 460f.

11 . . . ἵνα μὴ ὁ Σαμοσατεὺς πρόφασιν εὕρῃ ἄνθρωπον αὐτὸν λέγων ὡς ἄλλον ὄντα παρὰ τὸν θεὸν Λόγον (1089.16–18). Bezeichnenderweise ist in der ›antiochenischen‹ Überlieferung ἄνθρωπον . . . Λόγον ausgelassen; vgl. ZNW 66, 1975, 216 n. 69.

ihre Kombination dürften für Athanasius nichts Neues bedeutet haben; sie begegnen in seinen eigenen Schriften und werden von ihm bekämpft: *Oratio III contra Arianos cc. 30ff; Tomus ad Antiochenos c. 7; Epistula ad Epictetum c. 2 und cc. 11f.* Ja, in EpMax 2–4 und *Oratio III contra Arianos cc. (29) 30–35* gibt es eine solche Fülle von Parallelen, daß ein Abhängigkeitsverhältnis angenommen werden kann[12]. Der 3. Arianerrede kommt die Priorität m. E.

[12] Als Belege hierfür zitiere ich mit Blick auf EpMax 2–4 (1088.20–1089.28) folgende Passagen aus *Oratio III contra Arianos:*

c. 30: . . . ὥσπερ . . . εἰς ἕκαστον τῶν ἁγίων ἐγίνετο, οὕτω καὶ νῦν εἰς ἄνθρωπον ἐπεδήμησεν ὁ Λόγος ἁγιάζων καὶ τοῦτον, καὶ φανερούμενος ὥσπερ καὶ ἄλλοις (vgl. 1088.21–24).

C. 31: Πάλαι μὲν οὖν πρὸς ἕκαστον τῶν ἁγίων ἐγίνετο καὶ ΗΓΙΑΖΕ ΜΕΝ ΤΟΥς γνησίως δεχομένους αὐτόν · οὔτε δὲ γεννωμένων ἐκείνων εἴρηται ὅτι αὐτὸς γεγένηται ἄνθρωπος, οὔτε πασχόντων ἐκείνων εἴρηται 'πέπονθεν αὐτός'. ὅτε δὲ ἐκ Μαρίας ἐπεδήμησεν »ἅπαξ ἐπὶ συντελείᾳ τῶν αἰώνων εἰς ἀθέτησιν ἁμαρτίας« (vgl. 1088.24–27), οὕτω γὰρ εὐδοκήσας ὁ Πατὴρ (vgl. 1088.37) »ἔπεμψε τὸν ἑαυτοῦ υἱὸν γενόμενον ἐκ γυναικὸς . . .«, τότε εἴρηται ὅτι σάρκα προσλαβὼν γεγένηται ἄνθρωπος καὶ ἐν ταύτῃ πέπονθεν ὑπὲρ ἡμῶν, ὡς εἶπεν ὁ Πέτρος, »Χριστοῦ οὖν παθόντος (ὑπὲρ ἡμῶν) σαρκί« · – . . . ὕστερον καί δι' ἡμᾶς γέγενεν ἄνθρωπος καὶ »σωματικῶς« (vgl. 1088.39), ὥς φησιν ὁ ἀπόστολος, »κατήκησεν ἡ θεότης« ἐν τῇ σαρκί · ἴσον τῷάναι, θεὸς ὢν (vgl. 1088.38) ἴδιον ἔσχε σῶμα (vgl. 1088.48) . . . – . . . τὰ μὲν ἴδια ταύτης (vgl. 1089.9 u. 13) αὐτοῦ λέγεται, ἐπειδὴ ἐν αὐτῇ ἦν οἷά ἐστι τὸ πεινῆν, τὸ διψῆν, τὸ πάσχειν, τὸ κοπιᾶν καὶ τὰ ὅμοια (vgl. 1089.7–9) . . . – . . . ὑπευθύνους πάλιν τοῦ θανάτου τοὺς ἀνθρώπους (vgl. 1088.43–44) . . .

c. 32: ». . . τοῖς ἔργοις πιστεύετε . . .« (vgl. 1089.4–5). – ἀνθρωπίνως – θεϊκῶς (vgl. 1089.3 u. 5f). – ἐπὶ δὲ τοῦ Λαζάρου φωνὴν μὲν ὡς ἄνθρωπος ἀνθρωπίνην ἠφίει, θεϊκῶς δὲ ὡς θεὸς τὸν Λάζαρον ἤγειρεν ἐκ νεκρῶν (vgl. 1089.5–6). ταῦτα . . . ἐδείκνυτο, ὅτι μὴ φαντασίᾳ, ἀλλὰ ἀληθῶς ἦν ἔχων σῶμα (vgl. 1089.12–13). – εἰ μὲν οὖν ἑτέρου ἦν τὸ σῶμα, ἐκείνου ἂν λέγοιτο καὶ τὰ πάθη . . . ἀκολούθως καὶ πρεπόντως οὐκ ἄλλου, ἀλλὰ τοῦ κυρίου λέγεται τὰ τοιαῦτα πάθη (vgl. 1089.14–18). – . . . μηδένα τῶν γενητῶν, μηδὲ κοινόν τινα ἄνθρωπον . . . (vgl. 1088.42). –

c. 33: . . . οἱ ἄνθρωποι θνητοὶ καὶ φθαρτοὶ . . . – . . . ἀθάνατοι καὶ ἄφθαρτοι ἀεὶ διαμένουσιν (vgl. 1089.27f). – . . . μηκέτι ὡς γῆ μόνη ὄντες εἰς γῆν ἀπέλθωμεν . . . – . . . ἐκ γῆς ὄντες πάντες ἐν τ῀ Ἀδὰμ ἀποθνήσκομεν (vgl. 1088.43–45).

c. 34: . . . Πέτρου . . . »Χριστοῦ οὖν παθόντος ὑπὲρ ἡμῶν σαρκί.« – . . . λεχθείη ἂν ἀκολούθως ἐφ' ἑκάστου, Χριστοῦ οὖν πεινῶντος καὶ διψῶντος ὑπὲρ ἡμῶν σαρκί (vgl. 1089.2 u. 23). – μὴ τοίνυν ἐκ τῶν ἀνθρωπίνων τις σκανδαλιζέσθω . . . (vgl. 1089.3f). – ὡς γὰρ ὁ κύριος ἐνδυσάμενος τὸ σῶμα γέγονεν ἄνθρωπος, οὕτως ἡμεῖς οἱ ἄνθρωποι παρὰ τοῦ λόγου τε θεοποιούμεθα προσληφθέντες διὰ τῆς σαρκὸς αὐτοῦ καὶ λοιπὸν ζωὴν αἰώνιον κληρονομοῦμεν (vgl. 1088.31f; 1089.28).

c. 35: – ἐὰν δέ τις θεϊκῶς τὰ παρὰ τοῦ Λόγου γινόμενα βλέπων ἀρνήσηται τὸ σῶμα ἢ καὶ τὰ τοῦ σώματος ἴδια βλέπων ἀρνήσηται τὴν τοῦ Λόγου ἔνσαρκον παρουσίαν (vgl. 1089.9–10) . . . ὁ τοιοῦτος ὡς μὲν Ἰουδαϊκὸς . . . σκάνδαλον νομίσει τὸν σταυρόν, ὡς δὲ Ἕλλην μωρίαν ἡγήσεται τὸ κήρυγμα . . . (Da in diesem Passus σταυρός und κήρυγμα unter 1Kor 1,23 einander zugeordnet sind, ist diese Athanasiusstelle eine wichtige Vorstufe zu De synodis c. 34,1–2, EpEpict 1 sowie EpMax 5 und deren Verbindung von Kreuz und Nicaenum. Vgl. daneben noch *Vita Antonii c. 74:* περὶ τοῦ κηρύγματος τοῦ θείου σταυροῦ; Migne, PG 26,945 B) – οὐκοῦν ἔδει καὶ τὰ θεϊκὰ βλέποντας αὐτοὺς ἔργα τοῦ Λόγου ἀρνήσασθαι τοῦ σώματος αὐτοῦ τὴν γένεσιν καὶ λοιπὸν καὶ Μανιχαίοις ἑαυτοὺς συγκαταριθμεῖν (vgl. 1089.9–14).

schon darum zu, weil trotz der Dichte der Parallelen sich in cc. 30–35 weder der zweite, von Maximus angeführte christologische Satz noch eine ausdrückliche Zuspitzung auf Paul von Samosata findet. Athanasius hat in der Maximus-Schrift offenbar den zugrunde liegenden Abschnitt der 3. Arianerrede herausgehört, und man sieht nun im rechten Lichte, weshalb er sich in seinem Brief auf eine einfache Zusammenfassung der Maximus-Schrift beschränken konnte: der Philosoph hatte die Argumentation seiner athanasianischen Vorlage in Auswahl wiederholt; deshalb denn auch die gewiß nicht unfreundliche, aber doch – etwa im Vergleich zur Epistula ad Adelphium – distanziert wirkende Aufnahme durch Athanasius sowie die kritische Ergänzung der Ausführungen des Maximus.

Wer ist nun der *Philosoph Maximus?* Ist es der alexandrinische Kyniker dieses Namens[13]? Dann wäre er identisch mit jenem zwielichtigen christlichen Philosophen, der unter dem »Arianer« Lucius aus Alexandrien vertrieben wurde und in Konstantinopel Gregor von Nazianz derart von sich einzunehmen wußte, daß dieser ihm sogar vor versammelter Gemeinde eine Lobrede (Oratio 25) hielt[14]. Die Rede ist, wenn man *Hieronymus (De viris il-*

Neuerdings hat nun freilich Kannengiesser in seinem oben (Anm. 1) genannten Beitrag die *Unechtheit* der 3. Arianerrede behauptet. Sind für ihn im »chapitre principal« (cc. 26–58) dieser Schrift cc. 30–34 die »sequence centrale« (S. 435f), müßte gerade hier der unathanasianische Charakter am deutlichsten hervortreten. Es kann hier nicht nebenbei noch dargelegt werden, mit welchen großen Schwierigkeiten besonders in unserem Abschnitt eine solche Auffassung zu kämpfen hätte. Wie Kannengiesser zu seinem Verständnis gekommen sein mag, geht vielleicht aus Anm. 33 seines Beitrages hervor, in der er die Datierungsfrage anspricht. Er bemerkt, daß das christologische Thema der 3. Arianerrede (Ἄνθρωπος δὲ γέγονε, καὶ οὐκ εἰς ἄνθρωπον ἦλθε.) in c. 30 ganz ähnlich wie bei Apolinarius behandelt wird, und zieht daraus den Schluß: »L'identité des perspectives et du vocabulaire suffit à ›dater‹ CA III.« Er übersieht, daß Apolinarius aus *Tomus ad Antiochenos* (c. 7) zitiert, der seinerseits von der 3. Arianerrede abhängig ist; s. ZNW 66, 1975, 214ff. Übrigens erachtet Kannengiesser den Abstand zwischen Athanasius und »Ps.-Athanasius« als nicht groß und greift deshalb zu einer *Sekretärshypothese*. Das Verdienst seiner Fragestellung sehe ich darin, daß zwischen den beiden ersten Arianerreden einerseits und der dritten andrerseits differenziert wird. Die Differenz ist m. E. durch den *Wechsel der Themastellung* gegeben. Athanasius hatte zu Anfang seines zweiten Exils die beiden ersten Schriften verfaßt und hatte sich unter den besonderen Umständen gegen Ende desselben Exils mit den aufsehenerregenden christologischen Thesen auseinanderzusetzen, die von *Photin* in die Diskussion eingeführt worden waren. D. h. die 3. Arianerrede wäre dann *ca. 346* entstanden.

[13] Zum Kyniker Maximus: J. Sajdak, Quae ratio inter Gregorium Nazianzenum et Maximum Cynicum intercedat, in: Eos 15, 1909, 18–48. – Ensslin, in Pauly-Wissowa RE Suppl. 5,1931, Sp. 676f (109). – P. Gallay, La vie de Saint Grégoire de Nazianze. 1943, 159–173. – A.-M. Ritter, Das Konzil von Konstantinopel und sein Symbol. 1965, 49–52. – M.-M. Hauser-Meury, Prosopographie zu den Schriften Gregors von Nazianz. (Theophaneia 13) 1960, 119–121. – Unbegründete Vermutungen über eine Identität von Maximus, Heron, Euagrius Antiochenus und Euagrius Ponticus äußerst R. Weijenborg, Is Euagrius Ponticus the author of the longer recension of the Ignatian letters? in: Antonianum 44, 1969, 339–347.

[14] Migne, PG 35, 1197–1226.

lustribus 117) glauben soll, dann schon früh von der Überlieferung auf den Namen Heron ›umgewidmet‹ worden, weil Maximus es mit Unterstützung des Petrus von Alexandrien unternommen hatte, den Thronos von Konstantinopel zu okkupieren, und er sich damit natürlich die Feindschaft seines ehemaligen Lobredners und die der Verehrer Gregors zugezogen hatte[15]. Doch trug Maximus wohl den *Beinamen Heron*[16].

Zwar hatten schon Mauriner – übrigens mit inakzeptablen Gründen[17] – eine Identifikation der beiden Maximi abgelehnt[18], aber durchschlagende Argumente dagegen meint erst Sajdak gefunden zu haben[19]. Maximus philosophus sei vor 371 bekannt gewesen, da er durch Schriften, die auch von Athanasius sehr geschätzt worden seien, die wahre Lehre Christi verbreitet habe. Von Athanasius zur Lehre angespornt, werde er zweifellos seine Arbeit nicht aufgegeben haben. Im Falle der Identität dieses Philosophen mit dem Kyniker hätte Gregor gewiß gegen den Vorwurf, mit einem Unbekannten die Gemeinschaft aufgenommen zu haben, auf dessen Eintreten für die wahre Lehre sowie auf dessen Freundschaft mit Athanasius hingewiesen. Außerdem habe Gregor sich über die Aufnahme der Schriftstellerei durch den Kyniker sehr verwundert geäußert. Sajdaks Argumentation hält jedoch nicht Stich: 1. In puncto Unbekanntheit des Maximus und Nichterwähnung der Freundschaft mit Athanasius verhält sich Sajdak zumindest methodisch inkonsequent. Da wo es ihm gilt, den Adressaten eines Briefes des Gregorfreundes Basilius von Cäsarea, nämlich ebenfalls einen Philosophen Maximus, mit dem Kyniker desselben Namens zu identifizieren[20], wertet er die Nichterwähnung des Kontaktes Basilius–Maximus bei Gregor keineswegs zuungunsten seiner These; er verwehrt also im Falle Athanasius–Maximus, was er in dem vergleichbaren Falle Basilius–Maximus zugesteht. Zudem ist nicht ausgemacht, daß es Maximus hätte opportun erscheinen müssen, Gregor auf die athanasianische Epistula ad Maximum hinzuweisen. Sie war ja nicht unbedingt ein Ruhmesblatt des Philosophen; das wird dieser deutlicher

---

[15] Gallay, aaO. (Anm. 13), 162ff.

[16] So B. Wyss nach Gregors In invidos v. 14–15 (PG 37, 1338), mitgeteilt von Hauser-Meury, aaO. (Anm. 13), 120 n. 231.

[17] Sajdak, aaO. (Anm. 13), 34.

[18] Migne, PG 35, 1195–1196 (III).

[19] Sajdak, aaO. (Anm. 13), 32ff, wendet sich gegen die Meinung Montfaucons (Migne, PG 26, 1083–1086, II), die in neuerer Zeit aber auch noch von Enßlin vertreten wird (aaO.; Anm. 13). Doch scheint Sajdaks Argumentation so zu beeindrucken, daß in den jüngeren Beiträgen zur Maximus-Prosopographie jenes Problem gar nicht mehr berührt wurde und daß es daraufhin selbst dem Bemühen Weijenborgs entgehen konnte.

[20] Sajdak, aaO. [Anm. 13], 35ff.

als jeder andere gewußt haben[21]. 2. Die Belege Sajdaks für die Verwunderung Gregors angesichts der Schriftstellerei des Kynikers stammen alle aus dem *Carmen adversus Maximum*[22]. Der Nazianzener reagiert hierin scharf auf eine verlorene Maximus-Schrift, die in *Gedichtform* auf die gegen den Kyniker gerichteten Invektiven in Gregors *De vita sua* geantwortet hatte. Die Aufnahme *dieser* Form von Schriftstellerei gibt also den Anlaß zu Gregors Äußerungen der Verwunderung. Dann aber ist eine andere, von Maximus schon vorher wahrgenommene Art der Schriftstellerei nicht ausgeschlossen. – Hiermit sind allerdings nur die Argumente für Sajdaks Ablehnung der Identifizierung entkräftet. Ein positiver Gegenbeweis ist kaum möglich. Zwar bezeichnet Gregor in seiner Lobrede auf Heron-Maximus c. 11 Athanasius als τὸν τῆς σῆς ὁμολογίας καθηγητὴν καὶ διδάσκαλον τοῖς ἑαυτοῦ περὶ τῆς εὐσεβείας ἀγῶσι[23], jedoch ist das ein zu pauschal gehaltener Hinweis, als daß man die athanasianische EpMax ohne weiteres für jene Belehrung des Philosophen heranziehen dürfte. Interessant ist für unsere Frage aber auch ein überlieferungsgeschichtlicher Befund. Der codex Ambrosianus gr. 235[24], dessen Tradition durch ein dogmatisches Florileg aus der Zeit der aphthartodoketischen Streitigkeiten bezeugt wird[25], liest auf fol. 156^{v} statt Maximus: Γερμανός (vgl. die Änderung Maximus–Heron!); offenbar wollte man damit – wie evtl. in der Gregor-Überlieferung – den alexandrinischen Kyniker der damnatio memoriae anheimfallen lassen, d.h. aber der Adressat des Athanasius-Briefes galt hier (im antiochenischen Bereich) als der Rivale Gregors von Nazianz. Wie die sonstige Athanasius-Überlieferung zeigt und wie man auch kaum anders erwarten mag, sah man dagegen in Alexandrien keinen Grund, den Kontakt Athanasius–Maximus zu verschleiern.

Können wir über den Adressaten des Athanasius-Briefes nur sagen, daß seine Identität mit dem später berüchtigten Kyniker Maximus nicht mehr als ausgeschlossen gelten muß, ist es um die Datierungsfrage etwas günstiger bestellt. Seit Montfaucon die EpMax mit der *Epistula ad Epictetum* (= EpEpict)

---

[21] Es lassen sich nur die Fragen stellen, ob die athanasianische Korrektur der Maximus-Schrift mit im Spiele war; ob sich aus der Frontstellung des Maximus gegen Samosatenismus = Photinianismus (s. u. S. 461f) der Eindruck eines Apolinarismus, wie er dem Kyniker von Theodoret hist. eccl. V,8,3 zugesprochen wird, ergeben konnte und ob Maximus durch Verschweigen seiner Korrespondenz mit Athanasius lieber gar nicht erst Anlaß zu solchem Eindruck geben wollte. Immerhin ist uns taktisches Schweigen des Kynikers über sein gespanntes Verhältnis zu Petrus von Alexandrien aus der Zeit seines Aufenthaltes im Westen bekannt.

[22] Migne, PG 37, 1339–1344.

[23] Migne, PG 35, 1213.2–4.

[24] Vgl. H.-G. Opitz, Untersuchungen zur Überlieferung der Schriften des Athanasius, 1935, 81–87; vgl. Tetz, aaO. (Anm. 2), 5ff.

[25] Tetz, ebd., 18.

und der *Epistula ad Adelphium* zusammengestellt und auf ca. 371 datiert hatte[26], hält man diese Briefe zumeist für Spätschriften des Athanasius. Dabei wird die Frage ihres Verhältnisses zueinander gewöhnlich nicht näher untersucht[27]. Vergleicht man die drei Briefe miteinander, ist wohl der Abstand der *Epistula ad Adelphium* zu den beiden anderen am auffälligsten; denn – um nur die beiden wichtigsten Differenzen zu nennen – in ihr ist weder das Kreuz betont noch das Nicaenum erwähnt geschweige denn als suffizientes Bekenntnis gegen alle Häresie verstanden. Der Brief an Adelphius wird m. E. früher anzusetzen sein, weil zumindest seit 362 die Entscheidung von Nicäa bei Athanasius in deutlich zunehmendem Maße als suffiziente Autorität im theologischen Streit angesehen und auch angesprochen wird. Mithin darf hier wohl von der Epistula ad Adelphium abgesehen werden; und die Datierungsfrage stellt sich als Frage nach dem Prioritätsverhältnis zwischen den eng benachbarten Briefen an Epiktet und an Maximus.

III

Da in EpMax *Kreuz und Nicaenum* auf besondere Weise den athanasianischen Anteil bestimmen, ist auch die Lösung der Frage des Prioritätsverhältnisses vor allem an eine Untersuchung der Auffassung von Kreuz und Nicaenum in den beiden Briefen gebunden. Hierfür setze ich ein bei dem auffallenden Befund in *EpMax 5*. Athanasius begründet dort seine ausdrückliche Erinnerung an τὸ περὶ τοῦ θείου σταυροῦ mit dem Hinweis auf die Geltung des Nicaenums[28]. Das Kreuz oder der Gekreuzigte werden nun aber in dem nicänischen Bekenntnis überhaupt nicht genannt. Inwiefern kann Athanasius dann so argumentieren?

Bei der Aufforderung an Maximus, die Ungläubigen ohne Verfälschung der Lehre zu gewinnen, bemerkt Athanasius, daß die Maximus-Schrift hierfür hinreichend (αὐτάρκη) sei. Gleichwohl hält er den Zusatz über das Kreuz für notwendig; durch die Erinnerung hieran soll einem Vergessen der Wahrheit begegnet werden. Das Zugeständnis, das dem Adressaten zunächst gemacht wird, ist nicht lediglich eine gewinnende Höflichkeitswendung. Immerhin konnte Maximus sich für seinen Teil auf den athanasianischen *Tomus*

---

[26] MIGNE, PG 26, 1049 (91); 1071 (77); 1085 (21).

[27] A. STÜLCKEN, Athanasiana, 1899, 67–70 und 79. – J. ROLDANUS, Le Christ et l'homme dans la théologie d'Athanase d'Alexandrie, 1968, 394f. – Vgl. aber schon E. WEIGL, Untersuchungen zur Christologie des heiligen Athanasius, 1914, 28f.

[28] 1089.31–46. Daß Athanasius das Wort vom Kreuz und das Nicaenum nicht einfach additiv einander zuordnet, zeigt der Verbindungspunkt: ἀλήθεια (Z. 41). Vgl. unten S. 464f.

ad Antiochenos von 362 berufen[29]. In diesem ›Synodalprotokoll‹ hatte der alexandrinische Bischof nach einer Auseinandersetzung nicänischer Parteien in der christologischen Frage selber mit Zustimmung zwei Erklärungen festgehalten, die ebenfalls an *Oratio III contra Arianos cc. 30ff* orientiert sind[30], aber das Kreuz nicht erwähnen. Einen Zusatz über das Kreuz hatte Athanasius seinerzeit offenbar nicht für notwendig erachtet; vielmehr galt sein Bemühen der Aufgabe, die auseinanderstrebenden nicänischen Kräfte an das Nicaenum zu binden[31]. Dem Zugeständnis an Maximus war also schon 362 ein gleiches ›Zugeständnis‹, und zwar in offiziellem Rahmen, voraufgegangen.

Schaut man nun auf die dem *Tomus ad Antiochenos (c. 7)* und der *Maximus-Schrift* gemeinsame athanasianische Vorlage von *Oratio III contra Arianos cc. 29–35*, ist in der Tat zu konstatieren, daß hier schon das *Kreuz* seinen bestimmten Platz hat: durch Zitat von Phil 2,6–8 in c. 29 durch Aufnahme von 1Kor 1,23.24 in c. 35, durch Aufnahme von 1Petr 2,24 in c. 31 und durch direkte Nennung in c. 32[32]. Dabei hat das *paulinische* Wort vom Kreuz im Rahmen des relativ geschlossenen Abschnittes, der den σκοπός der hl. Schrift und deren διπλῆ . . . ἐπαγγελία über den Erlöser[33] sowie den σκοπὸς τῆς πίστεως[34] zum Thema hat, sein besonderes Gewicht: Ist von Menschwerdung die Rede, muß vom Tod am Kreuz (Phil 2,8) gesprochen werden, um nicht jüdischer oder hellenischer Verkennung (1Kor 1,23) des Menschgewordenen Raum zu geben – eine Gefahr, die auch christlicher Theologie im judaisierenden ›Samosatenismus‹ (›Ebionitismus‹)[35] bzw. im hellenisierenden Doketismus (›Manichäismus‹) droht. Das Wort vom Kreuz hat also bei Athanasius seinen Platz in der Kontroverse mit Juden und Heiden, aber auch mit Christen, die judaisierendem bzw. hellenisierendem Irrtum ausgesetzt oder erlegen sind. Die Blickrichtung auf diese verschiedenen Gruppen entspricht dem wahrgenommenen Aufgabenbereich des alexandrinischen Bischofs; sie ist um so mehr gerade auch den Nichtchristen zuge-

---

[29] Migne, PG 26, 796–809.

[30] Tetz, aaO. (Anm. 3), 214ff.

[31] Dies gilt nicht nur für die trinitarische, sondern auch für die christologische Frage; s. Schlußsatz von Tomus ad Ant. c. 7, in dem περὶ τῆς σαρκώσεως καὶ ἐνανθρωπήσεως dem σαρκωθέντα, ἐνανθρωπήσαντα des Nicaenums entspricht, auch wenn dieses nicht ausdrücklich genannt wird (Migne, PG 26,805.9f).

[33] 385.8. Zu σκοπός bei Athanasius s. den trefflichen Beitrag von H. J. Sieben, Herméneutique de l'exégèse dogmatique d'Athanase, in: Politique et Théologie chez Athanase d'Alexandrie. Ed. par. Ch. Kannengiesser. 1974, 195–214.

[34] 400.9.

[35] Gemeint ist hier wohl schon der Photianismus; vgl. unten S. 461.

wandt, als Athanasius selber vermutlich heidnischer Herkunft ist[36] und wohl auch deshalb nicht – wie so mancher Theologe des 4. Jahrhunderts, der von Kindheit an in christlicher Tradition aufgewachsen ist – das Kreuz als erbauliche Größe voraussetzen oder übergehen kann. Das Wort vom Kreuz steht bei ihm mithin nicht für Esoterik, sondern für *Exoterik* christlichen Glaubens und christlicher Theologie. Doch wird man sagen müssen, daß es in der 3. Arianerrede noch keineswegs wie in EpMax pointiert begegnet. Dies mag denn auch ein Grund dafür gewesen sein, daß man es in den Erklärungen von *Tomus ad Antiochenos c. 7* vernachlässigen zu können meinte. Und das Kreuz ist dort auch noch nicht in Beziehung gesetzt zu dem *Nicaenum;* ja, dies Bekenntnis kommt in der 3. Arianerrede noch gar nicht vor. Der *Tomus ad Antiochenos* aber rückt es dann in eine, die christologische Frage allerdings noch nicht explizit beherrschende Stellung, während er das Wort vom Kreuz auf bestimmte Weise völlig zurücktreten läßt.

IV

In einer erhellenden Untersuchung hat H.-J. Sieben »Werden und Eigenart der Konzilsidee des Athanasius« dargestellt und dabei fünf Phasen unterschieden[37]: Nicäa I. »als ›ökumenische‹ Verurteilung (krisis) des Arius von nicht schlechterdings eindeutiger Endgültigkeit«; II. »als formulierter Urteilsspruch (horisthenta, lexis) von weiterhin andauernder Geltung«; III. »als ›autarke‹ Bekenntnisformel (pistis) der Orthodoxen«; IV. »als der de facto geglaubte, göttliche‹ Glaube der katholischen Kirche als solcher«; V. »als Wort Gottes, das in Ewigkeit bleibt‹ (Is 40,8)«. Aufs ganze gesehen darf ich es unter meinem Thema mit diesem Hinweis bewenden lassen und muß nur auf den Bereich der Siebenschen Darstellung eingehen, der EpMax betrifft.

---

[36] Gegenüber der verbreiteten, biographisch aber völlig wertlosen Geschichte über den im kindlichen Spiel taufenden und dabei von Bischof Alexander ›entdeckten‹ Knaben Athanasius, die zuerst von Rufin (hist. ecc. X,15) berichtet wird, trägt keineswegs unwahrscheinliche Züge der kaum bekannte Bericht über den jungen Mann Athanasius in der Geschichte der Patriarchen von Alexandrien des SEVERUS IBN AL-MUQAFFA, der für sein Werk auf alte alexandrinische Lokaltradition zurückgreifen kann (Patrologia Orientalis I,4,407f, B. EVETTS). Nach dieser Überlieferung war Athanasius der herangewachsene Sohn einer reichen heidnischen Witwe. Als er dem bürgerlichen Leben (Ehe und Verwaltung der väterlichen Besitzungen) nicht gewonnen werden konnte, weil seine Neigung zum Christentum zu stark war, führte ihn die Mutter zum Bischof Alexander, der dann beide tauft und Athanasius nach dem Tode der Witwe wie einen Sohn hält. – Ich werde in anderem Zusammenhang die Frage der heidnischen Herkunft des Athanasius ausführlicher untersuchen.

[37] H.-J. SIEBEN, Zur Entwicklung der Konzilsidee, in: Theologie und Philosophie 45, 1970, 353–389.

Aufgrund einer gewissen Systematisierung erscheint dort EpMax zusammen mit EpEpict unter IV im Anhang. Die letzte Phase des athanasianischen Verständnisses von Nicäa sieht Sieben unter dem Aspekt ›Nicaenum und hl. Schrift‹ (vgl. Titel von V) in der *Epistula episcoporum Aegypti et Libyae* von 369 erreicht[38]. EpEpict und EpMax, die auch für ihn »aus den Jahren nach 369« stammen[39], sind gleichwohl der voraufgehenden Phase zugeordnet. Indem ich die Epistula episcoporum trotz ihrer trinitarischen Fragestellung für das Folgende mit einbeziehe, meine ich unter der Frage ›Kreuz *und* Nicaenum in der Christologie‹, die durch EpMax 5 gestellt ist, einen Aspekt zu gewinnen, unter dem einerseits keine Umstellungen erforderlich werden, welche der – auch von Sieben vertretenen – Chronologie der athanasianischen Schriften widerstreben, und andrerseits vor allem die Tendenzen der letzten Stellungnahmen des Athanasius zur christologischen Frage deutlicher erkennbar werden.

In der *Epistula episcoporum Aegypti et Libyae* findet sich kein klares Zeugnis über eine Verbindung von Kreuz und Nicäa, doch stoßen wir in ihr auf einen bemerkenswerten Vorgang, der schon die in De synodis c. 34,1–2 unter 1Kor 1,23 (bei trinitarischer Fragestellung) vorgenommene Koordinierung des Kreuzes und der »Worte der Väter« (= Nicaenum) voraussetzt[40]. Athanasius hatte sich über die Anzahl der Konzilsväter von 325 in seinen früheren Schriften nur vorsichtig mit Angabe einer runden Zahl (ca. 300) geäußert[41], d.h. er wußte, obwohl er als Diakon seinen Bischof Alexander nach Nicäa begleitet hatte, nichts Genaues. Gegen Ende seines Lebens nennt er hier nun ein einziges Mal – wenn auch nicht als erster – eine präzise Zahl[42]: *318,* die Zahl der *siegreichen* Knechte Abrahams (Gen 14,14), die in der alten Kirche verschiedentlich als Zeichen des *Kreuzes Jesu* verstanden wurde[43]. Auch wenn diese Auslegung für Athanasius nicht bezeugt ist, darf man sie doch wohl bei ihm als bekannt voraussetzen. Da er sich aber über sein Verständnis nicht näher ausläßt, kann nur vermutet werden, daß bei der Aufnahme der Zahl 318 vor allem der Sieg über ›alle und insbesondere die arianische Häresie‹ gemeint ist, der freilich im Zusammenhang mit dem Sieg Jesu am Kreuz steht; denn der Sieg über alle Häresie wird impliziert durch den Sieg über den

[38] Ebd., 380ff.

[39] Ebd., 378f.

[40] Athanasius Werke, II, 261,21ff Opitz.

[41] S. hierzu M. AUBINEAU, Les 318 serviteurs d'Abraham (Gen XIV,14) et le nombre des Pères au Concile de Nicée (325), in: DERS., Recherches patristiques, 1974, 267–305, besonders 271.

[42] Ebd., 279: zu Epistula episcoporum c. 2 (MIGNE, PG 26,1032.16).

[43] S. AUBINAU, aaO. (Anm. 41), 12f.

Urheber der Häresie, den Teufel, dessen Macht ein für allemal am Kreuz gebrochen ist.

Erheblich weiter ist Athanasius in *EpEpict*[44]. Mit diesem Brief beantwortet er das Protokoll einer korinthischen Synode, in dem eine Reihe umstrittener, aus nicänischen Kreisen hervorgegangener[45] christologischer Sätze aufgeführt worden war und das Epiktet dem alexandrinischen Bischof übersandt hatte[46]. Athanasius teilt in c. 2 die Sätze dem Wortlaut nach mit[47], um sie dann im folgenden zu widerlegen. Davon sind für die Maximus-Schrift die beiden letzten irrigen Lehren von Interesse; für EpMax aber sowie für unser Thema kommt neben den beiden letzten Lehren (Sätze 10–11)[48] der drittletzten (Satz 9)[49] besondere Bedeutung zu. Doch bevor ich auf diesen Komplex näher eingehe, ist zunächst noch das Einleitungskapitel des Briefes zu berücksichtigen.

Athanasius beginnt seinen Brief: »Ich nahm an, daß jedes leere Geschwätz aller Häretiker, so viele es nur gibt, von der in Nicäa gehaltenen Synode an aufgehört habe. Denn der Glaube, der auf ihr von den Vätern gemäß den göttlichen Schriften bekannt wurde, ist hinreichend (αὐτάρκης), jede Gottlosigkeit zu Fall zu bringen, den frommen Glauben an Christus aber aufrechtzuerhalten.« Zeichen dessen seien »die in Gallien, Spanien und im großen Rom abgehaltenen Synoden«, auf denen einmütig die heimlichen Anhänger des Arius anathematisiert worden seien und von denen auch allenthalben Schreiben ergangen seien, »daß in der katholischen Kirche keine Synode außer der in Nicäa mehr genannt werden solle, da sie ein τρόπαιον über jede Häresie, besonders die arianische ist, derentwegen die Synode seinerzeit vor allem versammelt wurde. Wie wagen es danach nun noch einige zu streiten und Fragen aufzuwerfen? Gehören sie zu den Arianern, ist nichts Verwunderliches daran, wenn sie die gegen sie geschriebenen Worte (γραφέντα sc. Nicaenum) verleumden, wie auch die Griechen,

---

[44] Ich benutze die kritische Ausgabe von G. LUDWIG, Athanasii epistula ad Epictetum. Jenae, 1911. – Von erheblicher Wirkung für die Sicht der Überlieferungsgeschichte der Athanasiana (apolinaristische Überarbeitungen) war und ist z. T. noch der Beitrag von J. LEBON, Altération doctrinale de la »Lettre à Épictète« de Saint Athanase, in: RHE 31, 1935, 714–761. Die überzeugende Untersuchung von R. Y. EBIED–L. R. WICKHAM, A note on the syriac version of Athanasius' Ad Epictetum, in: JThS NS 23, 1972, 144–154, entzieht der Lebonschen These den Boden. – Zuletzt ausführlicher über diesen Athanasius-Brief: ELIE D. MOUTSOULAS, La lettre d'Athanase d'Alexandrie à Epictète, in: Politique et théologie . . . (s. Anm. 33), 313–333. MÉTHODIOS PHOUGIAS, When was the Ad Epictetum written, in: Ekklesiastikos Pharos 58, 1976, 193–197; Verf. sucht, ohne neue Argumente einzubringen, seine bzw. Ravens unhaltbare These über die Frühdatierung des Briefs (vor der Synode von Alexandrien 362) gegen Moutsoulas zu verteidigen.

[45] C. 3 (Ludwig 6.5–6).

[46] C. 2 (Ludwig 4.6–7) und c. 3 (Ludwig 6.3).

[47] . . . τὰ παρ' ἐκείνων, ὡς εἴρηται, ἐγγραφῆναι γυμνῶς πεποίηκα τῇ ἐπιστολῇ . . . (Ludwig 6.11f).

[48] Ludwig 5.16–6.2.

[49] Ludwig 5.14–16.

die hören müssen: ›Die Götterbilder der Heiden sind Silber und Gold, Werke von Menschenhänden‹ (ψ 113,12), τὴν περὶ τοῦ θείου σταυροῦ διδασκαλίαν für Torheit halten. Wenn aber diejenigen, die durch Untersuchungen die Frage neu aufwerfen wollen, zu denen gehören, die rechtgläubig zu sein und die Kundgabe der Väter (sc. von Nicäa) zu schätzen scheinen, so tun sie nichts anderes, als daß sie . . . ohne jeglichen Nutzen oder zum Verderben der Unverdorbenen einen Wortstreit führen.«

Neu bei Athanasius ist an diesem Abschnitt nicht die Erklärung von der fortdauernden Geltung und der Suffizienz des Nicaenums, auch nicht der Gedanke an »den de facto in der Ökumene geglaubten Glauben«[50] von Nicäa, der durch Wortgezänk (in seiner Unveränderlichkeit) in Frage gestellt ist. Neu ist vielmehr die Bezeichnung der Synode von Nicäa als τρόπαιον[51]; dabei ist offenbar zunächst an ein »dauerndes Siegeszeichen«[52] gedacht, das – wie der folgende Kontext ausweist – dann aber auch die Aufnahme von 1Kor 1,23 einleitet. Nicht ganz neu, aber gegenüber De synodis c. 34,1–2 um einiges selbstverständlicher wirkt die Zuordnung von Nicaenum und Lehre vom Kreuz in dem Vergleich der Arianer, die ihr *Verdammungsdokument von Nicäa* schmähen, mit den götzendienerischen Griechen, die die *Lehre vom Kreuz* für Torheit halten.

In c. 2 zitiert Athanasius die fraglichen Sätze, die er im ›Protokoll‹ des Epiktet gelesen hatte. Hier beanspruchen, wie schon gesagt, besonders die drei letztgenannten Lehren unsere Aufmerksamkeit. Sie stehen gegenüber den vorher genannten in einem bestimmten Kontrast. Während die Sätze 1–8 die Menschheit Christi zugunsten seiner Gottheit verzeichnen und vielleicht aus apolinaristischer Lehre erwuchsen[53], wird in den Sätzen 9–11, die aus einem entgegengesetzten nicänischen Lager stammen[54], die Menschheit Christi überbetont. Im ersten Lehrkomplex sowie in dessen Bekämpfung durch Athanasius hat das Kreuz keine nennenswerte Bedeutung und wird jedenfalls beiderseits nicht explizit eingebracht. Der zweite Komplex enthält folgende Lehren: 9. »Der dem Fleische nach leidende und *gekreuzigte* Christus ist

[50] Sieben, aaO. (Anm. 37), 378.

[51] S. G. Müller, Lexicon Athanasianum, 1952, Sp. 1452, s. v. τρόπαιον. In De incarnatione ist einige Male das Kreuz so bezeichnet. – Zur Literatur über den Begriff s. E. Dinkler: ThR NF 27, 1961, 41ff. vgl. C. Andresen, Erlösung, in: RAC 6, 178ff.

[52] A. R. Neumann in: Der Kleine Pauly, Bd. 5, 1975, Sp. 987.

[53] Vgl. Moutsoulas, aaO. (Anm. 44), 322–325.

[54] Moutsoulas denkt mit Lebon an »Arianer«. Dagegen ist zunächst an die Bemerkung des Athanasius von EpEpict 3 über die Väter der in c. 2 festgehaltenen Sätze des Protokolls zu erinnern: . . . διεκρίνοντο καὶ διεμάχοντο πρὸς ἀλλήλους οἱ αὐχοῦντες ἐπὶ τῇ ὁμολογίᾳ τῶν πατέρων τῇ ἐν Νικαίᾳ γενομένῃ (Ludwig 6,5f). Außerdem sind für die Sicht des Athanasius die Grenzen zwischen den Vertretern des Unglaubens und der Häresie offen, so daß sich aus der Sicht des Historikers klare Abgrenzungen vielfach nicht ohne weiteres vornehmen lassen.

nicht Herr, Erlöser, Gott und Sohn des Vaters.« 10. »Der Logos ist in einen heiligen Menschen wie auch auf einen der Propheten gekommen, und er ist nicht Mensch geworden, indem er aus Maria den Leib nahm, vielmehr ist Christus einer und der Logos Gottes, der vor Maria und vor den Äonen ist, ein anderer.« 11. »Ein anderer ist der Sohn und ein anderer der Logos Gottes.« Die beiden letzten Lehren sind uns schon mit leichten Varianten in *Oratio III contra Arianos cc. 30ff*, in *Tomus ad Antiochenos c.7* und in der *Maximus-Schrift* begegnet. Bemerkenswert ist hier nun auch die auffällige Übereinstimmung mit dem, was man laut *Expositio fidei ad Athanasium* des markellianischen Diakons Eugenius 371 in Alexandrien den Markellianern zum Vorwurf gemacht hat[55]; es handelt sich demnach wohl um *Photinianismus*, die Lehre des ehemaligen Markell-Schülers Photin von Sirmium, von der sich die Markellianer von Ankyra distanzieren. In der direkten Auseinandersetzung mit jenen beiden Lehren ist nun das Kreuz weder in *Tomus ad Antiochenos c. 7* noch in EpEpict, aber auch nicht in der markellianischen *Expositio fidei* angesprochen. Allein Satz 9 aus dem ›Synodalprotokoll‹ des Epiktet von Korinth nennt den Gekreuzigten, und Athanasius geht hierauf in EpEpict 10 explizit ein.

In den Editionen von EpEpict[56] wird übersehen, daß Satz 9 mit einem freien Zitat von 1Petr 4,1 einsetzt, das durch καὶ ἐσταυρωμένον erweitert wird[57]. Diese Schriftstelle kennen wir schon aus *Oratio III contra Arianos cc. 30ff* und *Tomus ad Antiochenos c. 7*, wo sie ausdrücklich als Petrus-Wort eingeführt wird[58], aber jedesmal ohne jene Erweiterung. In EpEpict 10 nimmt Athanasius das Zitat nicht auf, sondern redet dort nur vom Gekreuzigten[59]. In EpMax 4 heißt es einfach ἐσταυρωμένος σαρκί[60]; vermutlich hat Athanasius, wenn nicht aus c. 4 noch mehr von ihm stammen sollte, das παθὼν σαρκί der Maximus-Schrift in ἐσταυρωμένος σαρκί umgeschrieben. Damit hätte er ein Schriftzitat, das auch von ihm bis dahin mehrfach aufgenommen und ausgelegt worden war, zugunsten einer Präzisierung von παθών zu ἐσταυρωμένος umformuliert; ein Vorgang, der in Satz 9 von EpEpict 2 eine Vorstufe hat. Veranlaßt durch diesen Satz 9 der irrigen Lehren, sehen wir also Athanasius in der christologischen Frage, wie sie sich nun bedrängend stellt, wieder vom Gekreuzigten reden.

---

[55] C. 2,2: ZNW 64, 1973, 79; c. 4.1: 81–82. – S. auch die Erklärung des Eustathianers Paulinus von Antiochien zum *Tomus ad Antiochenos c. 11* (Migne, PG 26,809). – In beiden Dokumenten setzt man sich beiderseits ausdrücklich von Photin ab.

[56] MIGNE, PG 26,1053.27; Ludwig 5,14f.

[57] Χριστοῦ οὖν παθόντος σαρκί . . . (1Petr 4,1): τὸν Χριστὸν τὸν σαρκὶ παθόντα καὶ ἐσταυρωμένον . . . (Ludwig 5,14–15).

[58] MIGNE, PG 26, 384,4f; 805.6. [59] Ludwig 16.4. [60] 1089.23.

EpEpict 10: »Demzufolge werden ferner auch die schweigen, die einst sagten: ›Der aus Maria hervorging, ist nicht selbst Christus und Herr und Gott.‹ Denn wenn er nicht Gott im Leibe war, wie würde er gleich, als er aus Maria hervorging, Immanuel genannt werden, ›d. h. übersetzt: mit uns ist Gott‹? Wie hat auch Paulus, wenn nicht der Logos im Fleische war, den Römern geschrieben: ›Aus denen Christus nach dem Fleische stammt, der Gott, der über allem ist, gelobt in Ewigkeit. Amen‹? Es mögen nun auch diejenigen, die vorher ablehnten, daß der *Gekreuzigte* Gott sei, ihren Irrtum eingestehen und den göttlichen Schriften glauben, vor allem aber Thomas, der, nachdem er an ihm die Nägelmale gesehen hatte, ausrief: ›Mein Herr und mein Gott!‹ Denn der Sohn war Gott und Herr der Herrlichkeit und war im Leibe, der *schmachvoll angenagelt und verunehrt* wurde; der Leib litt, als er *am Holze* durchstochen wurde, und aus seiner Seite floß Blut und Wasser, aber als Tempel des Logos war er von der Gottheit erfüllt. Daher zog zwar die Sonne, als sie ihren Schöpfer in seinem mißhandelten Leibe aushalten sah, ihre Strahlen zusammen und verfinsterte die Erde; der Leib selber aber mit seiner sterblichen Natur erhob sich über seine Natur, weil der Logos in ihm war, und seine natürliche Vergänglichkeit hatte ein Ende, als er den über den Menschen erhabenen Logos anzog und unvergänglich wurde.«

Satz 9 und dessen Bekämpfung durch Athanasius in EpEpict 10 zeigen eine auffällige Nähe zu EpMax 2 (Anfang): Bestreitung der Gottheit des Gekreuzigten[61]; Hinweis auf Thomas und sein Bekenntnis; Sonnenfinsternis bei der Kreuzigung. Hinzu kommen noch Stellung und Reihenfolge dieser Elemente in Kombination mit den Lehren der Sätze 10/11. Dabei ist die *Priorität der EpEpict vor der EpMax* aus folgenden Gründen gegeben: Mit Satz 9 des Epiktet-›Protokolls‹ wird eine Lehre in die christologische Diskussion eingeführt, die bei Athanasius vorher noch nicht zusammen mit den beiden anderen ihm bekannten und von ihm schon früher bekämpften Lehren der Sätze 10/11 erschien. Der alexandrinische Bischof hat also Satz 9 erst durch Epiktet von Korinth kennengelernt. In EpMax gehört der Problemkreis von Satz 9 in den Teil τὸ περὶ τοῦ θείου σταυροῦ, der nach Angaben des Athanasius noch nicht in der Schrift des Maximus gestanden haben kann. (Die Maximus-Schrift setzt demnach EpEpict noch nicht voraus, kann aber in einem gewissen Zusammenhang mit der Markellianer-Delegation vom Sommer/Herbst 371 entstanden sein[62].) Zudem ist die Lehre von Satz 9 den athanasianischen Darlegungen von EpMax 1 so eingefügt, daß sie als eine Möglichkeit neben anderen erscheint[63], während die von Maximus angeführten Sätze seiner Gegner bei Athanasius ganz anders referiert werden[64]. In EpMax bestimmt

[61] 1088.3–15.

[62] M. TETZ, Markellianer und Athanasios von Alexandrien, in: ZNW 64, 1973 117–121.

[63] 1085.34–1088.6: εἰ μὲν γὰρ Ἕλληνες ἢ τῶν Ἰουδαϊζόντων εἰσὶν . . . εἰ δὲ ὑποκρίνονται ὡς Χριστιανοί . . . εἰ δὲ ἀμφιβάλλουσιν, ὅτι καὶ θεός ἐστιν . . .

[64] . . . ἐκεῖνο αὐτῶν τόλμημα τὸ λέγον . . . (1088.21); . . . κἂν ἐννοῆσαι τετολμήκασι . . . (1088.33f).

τὸ περὶ τοῦ θείου σταυροῦ von vornherein so sehr die Komposition des Briefes, und auch selbst die Nennung von Kreuz und Kreuzigung ist so gesteigert, daß m. E. der Schluß unausweichlich ist: Athanasius hat seinen Brief an Maximus unter dem unmittelbaren Eindruck seiner gerade geführten Auseinandersetzung mit den christologischen Thesen, über die ihm Epiktet berichtet hatte, verfaßt[65]. Er war hier auf ein Verständnis des Gekreuzigten gestoßen, das ihn wohl eher nur veranlaßt denn gezwungen hatte, selber das Wort vom Kreuz wieder ernsthafter für die Christologie in Betracht zu ziehen. Hierbei ist er in EpMax einen deutlichen Schritt weiter als in EpEpict. Die Bedeutung der Maximus-Schrift für diesen von Athanasius eingeschlagenen Weg ist wohl darin zu sehen, daß sie den alexandrinischen Bischof dazu brachte, seine früher eingehaltene, hier nicht genauer nachzuziehende ›Linie‹, die über die *Vita Antonii*, die *Oratio III contra Arianos* und die *beiden ersten Arianerreden* bis zu *Contra gentes – De incarnatione* zurückreicht, bewußt fortzuführen, nachdem er sie bei der ersten Durchsetzung des Nicaenums in der christologischen Frage vorübergehend hatte außer acht lassen können.

Ich breche meine Untersuchung ab. Es ist hier nicht mehr der Raum, die Ergebnisse ausführlich zusammenzufassen und nach ihren Konsequenzen zu erörtern. Statt dessen seien zum Schluß nur mehr einige Momente hervorgehoben, die im Zusammenhang mit dem weiteren Umfeld dieser Untersuchung von Bedeutung sind.

V

Es lag nicht nur an jener Durchsetzung des Nicaenums, das immerhin schon 361 in *De Synodis c. 34,1–2* mit dem Kreuz in Korrelation gebracht worden war; es war die christologische Frage selber, die bei ihrem Aufkommen so stark durch die Blickrichtung ihrer Initiatoren bestimmt war, daß selbst bei Athanasius, der in dieser Hinsicht am wenigsten gefährdet zu sein schien, das Kreuz aus dem Blickfeld geraten konnte. Die theologischen Erklärungen in *Tomus ad Antiochenos c. 7*[66], die die nicänischen Initiativen in der christologischen Frage zum Zeitpunkt des ersten Aufflackerns des Streites um die Christologie repräsentieren, vermitteln ein deutliches Bild: Beide

[65] Wenn EpEpict auf Ende 371/Anfang 372 anzusetzen ist (s. TETZ, aaO. [Anm. 61], 120), kommt man für EpMax auf Anfang des Jahres 372.

[66] MIGNE, PG 26,804.15–24 und 25–805.7. Dazu TETZ, aaO. [Anm. 3]), 208–216; ich möchte hier als weiteres Argument für meine gegen Mühlenberg gerichtete These, daß es sich in Tom. ad Ant. 7 um zwei Bekenntnisse und nicht um eines handelt, anführen: beide Erklärungen schließen ab mit Aussagen über die Erweckung von den Toten.

streitenden Parteien, sowohl die Eustathianer, die eine Christologie nach dem Schema ›Wort–Mensch‹ vertraten, als auch die Apolinaristen, die ihre Christologie im Schema ›Wort–Fleisch‹ konzipierten, konnten es unterlassen, in ihrem Bekenntnis vom Gekreuzigten oder vom Kreuz zu sprechen. Auch die Markellianer von Ankyra, die sich im Jahre 371 vor allem an *Tomus ad Antiochenos c. 7* orientieren, halten es nicht anders. Durch eine Rückfrage bei den theologischen Führern dieser Gruppen, gewinnt man kein anderes Bild. Nicht Apolinarius von Laodicea und auch nicht Markell von Ankyra lassen ihr theologisches Reden unmittelbar durch das Wort vom Kreuz bestimmen. Ist es zuviel gesagt, wenn ich die Vermutung ausspreche, daß dieser auffallende theologiegeschichtliche Befund seine Ursache in dem Bemühen jener Theologen – bis hin namentlich auch zu Photin von Sirmium – zu haben scheint, sei es die Trinitätslehre, sei es die Christologie von der Anthropologie her verständlich zu machen? Markell und Photin suchen ihre Auffassung der Einheit der göttlichen Dreiheit durch Vergleich mit Stellung und Funktion von Logos und Pneuma im Menschen zu verdeutlichen. Apolinarius läßt noch viel klarer erkennen, daß er bemüht ist, die Einheit der Person Christi durch Rezeption philosophischer Anthropologie herauszustellen und verstehbar zu machen. So kann hier – auf hohem theologischem Niveau – von Geburt, Leiden und Tod Christi gesprochen werden. Doch der schmachvolle Tod am Kreuz ist unter jener anthropologisch bestimmten Fragestellung kaum faßbar und gerät darum aus dem Blickfeld dieser Theologen.

Am ehesten noch scheint auf nicänischer Seite Jesus als der Gekreuzigte dort ernsthafter wahrgenommen werden zu können, wo man eine Christologie nach dem Schema Wort–Mensch lehrt oder zumindest auf eine solche zugeht. Das war auf der Synode von Alexandrien (362) bei den Eustathianern offenbar noch nicht der Fall. Aber im Jahre 371 muß es Nicäner jener theologischen Richtung, zu der auch die Eustathianer und Markellianer irgendwie gerechnet werden konnten, gegeben haben, die 1Petr 4,1 durch die zusätzliche Nennung des Gekreuzigten präzisierten[67]. Athanasius kann das Stichwort sofort aufnehmen; denn es gemahnt ihn an seine eigene theologische Linie, die er, im Kampf um die Durchsetzung des Nicaenums auch in der aufkommenden christologischen Frage, vorübergehend außer acht gelassen hatte. In *Oratio III contra Arianos c. 35* waren schon – durch 1Kor 1,23 vermittelt – Kreuz und Kerygma einander zugeordnet gewesen. Dann waren in *De*

[67] S. oben S. 460f. – In diesen Kreisen ist denn wahrscheinlich auch jenes Interesse zu Hause, das zu einem Rückgriff auf die athanasianische Doppelschrift Contra gentes – De incarnatione und zu der Modifikation der Kreuzesaussagen in der sog. »kurzen Rezension« von De incarnatione führte.

synodis c. 34,1–2 (bei trinitarischer Fragestellung) und in *EpEpict 1* ebenfalls noch unter 1Kor 1,23 Lehre vom Kreuz und Nicaenum verbunden worden. In *EpMax 5* schließlich sind das Wort vom Kreuz und das Nicaenum eine sozusagen selbstverständliche Verbindung eingegangen. Athanasius beantwortet hier den Eifer des Maximus für die Wahrheit (c. 1) mit der Erinnerung an die – apostolische – Wahrheit (c. 5), die sich im Wort vom Kreuz und im Nicaenum manifestiert. Namentlich auf 1Kor 1,24 gründet sich seine feste Zuversicht, daß die apostolische Wahrheit für den Glaubenden sieghafte Evidenz hat und Kraft zum Siege ist. Der gekreuzigte Christus – den Juden ein Ärgernis, den Heiden eine Torheit – ist der Herr der Herrlichkeit; darum ist er als Gekreuzigter auch zugleich der, der die Toten erweckt. Christi Sieg über den Tod ist auch der Sieg über den Teufel, dessen gegenwärtige Anhänger diesen Sieg durch Verachtung des Gekreuzigten zu ignorieren suchen, selber aber ebenfalls längst besiegt sind durch das Bekenntnis von Nicäa. Weil durch das Nicaenum, das qua apostolischer Glaube[68] mit dem Wort vom Kreuz in Korrelation steht, bereits alle und insbesondere die arianische Häresie zu Fall gebracht worden ist, muß der Sieg über sie nicht erst noch errungen werden, wie auch der Sieg Christi nicht erst zu erringen ist. Deshalb werden diejenigen, in deren Christologie bisher der Gekreuzigte mißkannt oder umgangen wurde, durch das letzte Votum des Athanasius zum christologischen Problem mit behutsamer, aber nachdrücklicher Kritik an das Wort vom Kreuz »erinnert«.

> Ἀξιῶ τοίνυν προηγουμένως τὴν σὴν εὐλάβειαν καὶ δεύτερον τοὺς ἀκούοντας μετὰ συνειδήσεως ἀγαθῆς ταῦτα δέξασθαι, καὶ εἰ μέν τι πρὸς εὐσέβειαν λείπει, τοῦτο διορθώσασθαι καὶ δηλῶσαί μοι· εἰ δ' ὡς παρ' ἰδιώτου τοῦ λόγου μὴ κατ'ἀξίαν μηδὲ τελείως γέγραπται, συγγνῶναι πάντας τῇ ἡμετέρᾳ περὶ τὸ λέγειν ἀσθενείᾳ. (mit Athanasius EpEpict 12)

[68] Vgl. Sieben, aaO. (Anmh 37), 365ff.

»Niemand hat größere Liebe als die, daß er sein Leben für seine Freunde hingibt« (Joh 15,13)

Das johanneische Verständnis des Kreuzestodes Jesu

Hartwig Thyen

»Der Spruch (sc. Joh 15,13) bringt eine allgemeine Wahrheit zum Ausdruck. Menschlicher, nicht christlicher Heroismus wird umschrieben. Es ist kein Zufall, daß dies Wort an den Gräbern der im Kriege Gefallenen mehr als einmal erklungen ist; und nicht nur bei uns; auch auf dem Grab des Unknown Warrier in der Westminster-Abbey steht: ›Greater love hath no man than this.‹ In der Tat hängt das Ethos des Spruches nicht in besonderem Maß mit dem Geist des Johannes-Evangeliums zusammen; ja die weitreichende Wirkung des Wortes beruht gerade darauf, daß hier nicht nur der Christ zustimmt.« Mit diesen bezeichnenden Sätzen beginnt M. Dibelius seine von Joh 15,13 ausgehende »Studie zum Traditionsproblem des Johannes-Evangeliums«[1].

Dibelius kommt zu dem Resultat, bei dem Abschnitt Joh 15,13–15 handele es sich um einen Fremdkörper im Johannesevangelium. Es liege hier sowohl formal als auch der Sache nach eine »midraschartige Abschweifung« vor, die um den überlieferten vorjohanneischen Spruch 15,13 zentriert sei und den Zusammenhang der Verse 12 und 16 unterbreche (170f). Denn während »Liebe« bei Johannes ebenso wie in den Hermetica, in den Mandaica, bei Pseudo-Apuleius u.ö. im streng »religiösen« Sinn einzig die »Wesensgemeinschaft« des Offenbarers mit der Gottheit bezeichne, habe das Wort »Liebe« hier – und an wenigen anderen Stellen im Johannesevangelium – die gemeinchristlich-ethische Bedeutung von »Liebesgesinnung«: »Denn in der Tat hat die Liebe, von der hier die Rede ist, mit Wesensgemeinschaft gar nichts zu tun, sondern bezeichnet den heroischen Liebesaffekt, der zum Opfer des Lebens führt« (181f).

Seit ihrem Erscheinen im Jahre 1927 hat diese Studie kaum etwas von ihrer einstigen Aktualität und provozierenden Kraft eingebüßt. Daß sie aufgrund

---

[1] M. Dibelius, Joh 15,13. Eine Studie zum Traditionsproblem des Johannes-Evangeliums (in: Festgabe für A. Deißmann, 1927, 168–186), 168.

ihrer scharfsinnigen exegetischen und religionsgeschichtlichen Beobachtungen ein gewichtiger Beitrag zum johanneischen »Traditionsproblem« geblieben ist, zeigt nicht nur die Johannesinterpretation von E. Käsemann, sondern auch die jüngste Monographie über das Thema der »Liebe« im Johannesevangelium von M. Lattke. Während Käsemann, ohne sich dafür freilich auf Dibelius zu beziehen, Joh 15,13 ebenfalls für ein überkommenes urchristliches Traditionsrudiment hält und ausdrücklich betont, dies sei »eben nicht die charakteristisch johanneische Weise, von Liebe zu sprechen«[2], macht sich Lattke bei seinem Versuch, Käsemanns Johannesauslegung exegetisch zu fundieren, ganz ausdrücklich und mit Emphase zum Apologeten von Dibelius[3].

Gegen die spezielle These von Dibelius, bei Joh 15,13–15 handele es sich um eine den Zusammenhang störende »midraschartige Abschweifung« unjohanneischen Charakters, hat namentlich R. Bultmann gravierende Einwände erhoben[4]. Doch statt sich mit diesen konkreten exegetischen Beobachtungen *auseinanderzusetzen*, setzt sich Lattke leider mit der ebenso beliebten wie nichtssagenden Floskel, Dibelius habe »überzeugend nachgewiesen . . .«[5] darüber hinweg. Den notwendigen Dialog mit dem *Exegeten* Bultmann glaubt er in Gestalt eines reichlich allgemeinen Exkurses durch einen Angriff gegen den *Systematiker* Bultmann ersetzen zu können[6]. Deshalb bleibt die Auseinandersetzung mit Dibelius trotz des Vorliegens von Lattkes umfangreicher Monographie eine unerledigte und wichtige Aufgabe.

Doch ich kann die Lösung dieser umfangreichen Aufgabe hier nicht in Angriff nehmen, sondern muß sie späteren Untersuchungen und namentlich einem Johanneskommentar vorbehalten. Nach Lage des Forschungsstandes erfordert sie nämlich das Beschreiten dieses doppelten Weges: *Einmal* ist

---

[2] E. KÄSEMANN, Jesu letzter Wille nach Johannes 17, 1971³, 127. – Vgl. zur Auseinandersetzung mit Käsemanns m. E. unangemessenem Verständnis von »Liebe« bei Johannes: H. THYEN, ». . . denn wir lieben die Brüder« (1Joh 3,14) (in: Rechtfertigung. Festschrift E. Käsemann, ed. J. FRIEDRICH, W. PÖHLMANN, P. STUHLMACHER, 1976, 527–542).

[3] M. LATTKE, Einheit im Wort. Die spezifische Bedeutung von ἀγάπη, ἀγαπᾶν und φιλεῖν im Johannesevangelium (StANT 41),1975, vgl. besonders 176ff.

[4] R. BULTMANN, Das Evangelium des Johannes (KEK 2), 1959¹⁶, 415ff.

[5] M. LATTKE (s. o. Anm. 3), 177 Anm. 4.

[6] M. LATTKE (s. o. Anm. 3), 154–161. – In dieser Sache bin ich mit P. RICOEUR (Hermeneutik und Strukturalismus. Der Konflikt der Interpretationen I, 1973, 193f) der Meinung, daß eine Untersuchung, »die Bultmanns tatsächliche Exegese mit deren Darstellung in seinen theoretischen Schriften konfrontierte«, ein wesentliches Desiderat ist. Denn oft steht das, was Bultmann als die im Moment der »Entscheidung« anzueignende »Bedeutung« beschreibt, in erheblicher Spannung zu dem, was der glänzende Exeget zuvor als den »objektiven Sinn« des Textes erkannt hat.

dazu eine erneute kritische Analyse und Interpretation aller um das Wortfeld »Liebe« zentrierten johanneischen Texte auf der *diachronischen* Ebene ihrer Redaktionsgeschichte notwendig. Dabei darf auch das Zeugnis der Johannesbriefe keinesfalls ausgeklammert werden. Denn darüber, daß sich auch in ihnen das johanneische Christentum zu Wort meldet, besteht ja kein Zweifel, ganz unabhängig davon, wie man die Fragen ihrer Verfasserschaft und ihres Verhältnisses zum vierten Evangelium auch beurteilen mag. Wer darum behaupten will, Texte wie Joh 15,13 oder auch Joh 1,29; 3,16; 10,17f u. a. seien lediglich Fossilien urchristlicher Überlieferung unjohanneischen Charakters und ohne spezifisches Gewicht für den Evangelisten, der muß ja immerhin erklären können, warum dann ausgerechnet diese, durch den Evangelisten in einem neuen »johanneischen« Geist aufgehobene Tradition innerhalb des gleichen johanneischen Christentums plötzlich wieder derart virulent und bestimmend zu werden vermochte.

Und *zum anderen* bedarf es zur Überprüfung der These von Dibelius *zugleich* einer textlinguistischen Auslegung, die sich auf *synchronischer* Ebene an Aufbau und Struktur des überlieferten Johannesevangeliums orientiert. Denn nur der Blick auf das Ganze eines literarischen Gebäudes vermag Gewicht und Funktion einzelner Bausteine wirklich zu ermessen. Dabei setze ich freilich voraus – und darüber scheint sich mir in der gegenwärtigen Johannesforschung ein Konsensus anzubahnen –, daß unser viertes Evangelium in seiner überlieferten Gestalt und Textfolge von Joh 1,1 bis zu Joh 21,25 eine kohärente literarische Einheit ist, deren »objektiver Sinn« allein aus ihren Zeichen und deren Konstellation entschlüsselt werden kann[7]. Damit bestreite ich, daß das überlieferte Johannesevangelium des neutestamentlichen Kanons ein bloßes Zufallsprodukt ist oder der mehr schlecht als recht gelungene Versuch eines »kirchlichen Redaktors«, eine ungeordnete Masse überlieferter Fragmente einigermaßen zu reorganisieren und sie trotz ihrer häretischen Tendenz durch seine Bearbeitung für eine »orthodoxe Großkirche« tragbar zu machen[8]. Das bedeutet aber, daß ich als den Gegenstand der Johannesinterpretation und also auch als den *Kontext* von Joh 15,13 dasjenige *Werk* ansehe, das uns der Autor von Joh 21 hinterlassen hat. Deshalb

---

[7] Zur Notwendigkeit, zwischen »Sinn« und »Bedeutung« zu unterscheiden, vgl. E. D. HIRSCH, Prinzipien der Interpretation (UTB 104), 1972; und P. RICOEUR (s. o. Anm. 6), 193ff.

[8] Vgl. dazu H. THYEN, Aus der Literatur zum Johannes-Evangelium (ThR 39, 1974, 1–69. 222–252. 289–330; 42, 1977, 211–270 und Fortsetzung 43, 1978); DERS., ». . . denn wir lieben die Brüder« (s. o. Anm. 2); DERS., Entwicklungen innerhalb der johanneischen Theologie und Kirche im Spiegel von Joh 21 und der Lieblingsjüngertexte des Evangeliums (in: M. de Jonge [Hg.12, L'Évangile de Jean. Sources, rédaction, théologie [BEThL XLIV], 1977, 259–299).

habe ich auch vorgeschlagen, *ihn* und nicht den mutmaßlichen Verfasser einer Vorlage, die ja doch nur höchst hypothetisch zu rekonstruieren wäre, den »vierten Evangelisten« zu nennen[9]. Es sei hier nur noch hinzugefügt, daß die Aspekte der Diachronie und der Synchronie einander natürlich nicht ausschließen, sondern in einem komplementären Verhältnis zueinander stehen. Das heißt, daß das überlieferte Johannesevangelium als synchrones »System« zugleich redaktionsgeschichtlich als Spiegel der bewegten Geschichte des johanneischen Christentums gelesen werden will.

Schließt aber ein derart kompliziertes Verfahren die Überprüfung der These von Dibelius an diesem Ort aus, dann bleibt mir hier nur die Möglichkeit, ihr zunächst eine Antithese entgegenzustellen und sodann deren größere Wahrscheinlichkeit und damit ihre bessere Eignung als Arbeitshypothese vorläufig zu begründen. Indem ich die von Dibelius m. E. auf den Kopf gestellten johanneischen Traditionsverhältnisse wieder auf die Füße zu bringen versuche, setze ich dazu seinen eingangs zitierten Sätzen nun die folgende Behauptung entgegen:

Selbst wenn Joh 15,13 ein Stück urchristlicher Überlieferung sein sollte – was mir freilich keineswegs sicher oder auch nur wahrscheinlich, sondern im Gegenteil höchst zweifelhaft erscheint –, so bringt doch dieser Spruch weder lediglich eine »allgemeine Wahrheit zum Ausdruck«, noch kann von ihm gesagt werden, sein »Ethos« liege dem »Geist des Johannes-Evangeliums« fern. Der mit seinem Kontext unlösbar verbundene Satz, »Niemand hat größere Liebe als die, daß er sein Leben für seine Freunde hingibt«, hat vielmehr *zentrale* Bedeutung für das gesamte überlieferte Johannesevangelium und muß als *Schlüssel* für dessen Verständnis der Sendung und des Todes Jesu angesehen werden. Zugleich stellt das vierte Evangelium damit aber eine wesentliche Prämisse des Urteils von Dibelius in Frage. Denn hier wird tatsächlich *vermittelt*, was mit Dibelius ganzen Theologengenerationen schlechterdings unvermittelbar erschien, nämlich *menschliche* und *christliche* Liebe, Eros und Agape. Von aller Fragwürdigkeit kriegerischer Auseinandersetzungen abgesehen und unter dem Vorbehalt: »Abusus non tollit usum« trägt das Grabmal des Unknown Warrier in Westminster-Abbey insofern zu Recht die Inschrift: »Greater love hath no man than this.«

Ich möchte ausdrücklich notieren, daß ich in diesen antithetischen Sätzen als *Exeget* mit freudiger Zustimmung die Grundthese des *Systematikers* H.

---

[9] AaO. (Anm. 8), 296 und H. THYEN, Joh 13 und die »Kirchliche Redaktion« des vierten Evangeliums (in: Tradition und Glaube, Festgabe K. G. Kuhn, ed. G. JEREMIAS, H.-W. KUHN, H. STEGEMANN, 1971, 343–356), 356.

Timm aufnehme. Seiner Untersuchung des »Geistes der Liebe« verdanke ich zahlreiche Anregungen, und als »Ein Forschungsprogramm zur Aktualisierung der johanneischen Theologie«, wie der Untertitel der ursprünglichen Habilitationsschrift lautete, sei sie der Aufmerksamkeit der exegetischen Fachgenossen nachdrücklich empfohlen[10].

Sachlich einleuchtend begreift Bultmann die Rede vom »Wahren Weinstock« (Joh 15,1–17!) als Auslegung des »Neuen Gebots« der Bruderliebe (Joh 13,34f)[11]. Durch seine rigorose Neuordnung des Textes schließt er die Weinstockrede als »Kommentar« dem Neuen Gebot als ihrem »Text« aber auch *formal* unmittelbar an. Der von ihm hergestellte Kontext hat folgende Gestalt: Joh 8,30–40 + 6,60–71 + 12,37–43 + 13,2–30 + 13,1 (!) + 17,1–26 + 13,31–35 + 15,1–27 + 16,1–33 + 13,36–38 + 14,1–31 + 18ff. Über Problematik und Diskussion der Textfolge des Johannesevangeliums und insbesondere über Bultmanns Theorie der Neuordnung des Textes durch einen »kirchlichen Redaktor« habe ich andernorts ausführlich referiert[12]. Obgleich Bultmann sachliche Zusammenhänge und theologische Intentionen häufig schärfer erkennt als viele seiner Kritiker, ist seine literarische Theorie jedoch unhaltbar[13]. Zwar dürfte Joh 18,1ff ursprünglich tatsächlich einmal unmittelbar auf 14,31 gefolgt sein, doch ist die überlieferte Textfolge nicht das Resultat der unzureichenden Rekonstruktion eines zerstörten oder unvollendeten Werkes, sondern das kohärente Produkt einer »johanneischen Redaktion«, die ihre eigene Überlieferung aus aktuellem Anlaß reinterpretiert. Diese Redaktion hat nicht nur den Zusammenhang zwischen Joh 14,31 und 18,1ff durch die Einfügung der Kapitel 15–17 unterbrochen, sondern schon Joh 13 und 14 zeigen ebenso wie die nachfolgende Passions- und Ostergeschichte tiefreichende Spuren ihrer Bearbeitung[14]. Ein *vor* dieser Redaktion

---

[10] H. Timm, Geist der Liebe. Die Ursprungsgeschichte der religiösen Anthropotheologie (Johannismus), 1978; vgl. besonders ebd. 25ff und 88ff. – Die Untersuchung wurde unter dem Titel »Geist der Liebe – Geschichte und Freiheit. Ein Forschungsprogramm zur Aktualisierung der johanneischen Theologie« 1975 von der Theologischen Fakultät Heidelberg als Habilitationsschrift angenommen.

[11] AaO. (Anm. 4), 406.

[12] ThR 39, 1974, 289ff.

[13] Vgl. D. M. Smith, The Composition and Order of the Fourth Gospel. Bultmann's Literary Theory (YPR 10), 1965; ferner H. Thyen, ThR 39, 1974, 289ff.

[14] Vgl. besonders G. Richter, Studien zum Johannes-Evangelium (BU 13), 1977, 42–57; 66ff und 171f; ders., Die Fußwaschung im Johannesevangelium. Geschichte ihrer Deutung (BU 1), 1967, 287ff; ferner H. Thyen, Joh 13 (s. o. Anm. 9); ders., Joh 21 (s. o. Anm. 8), 276ff; ders., ThR 42, 1977, 211ff; J. Becker, Die Abschiedsreden Jesu im Johannesevangelium (ZNW 61, 1970, 215–246); W. Langbrandtner, Weltferner Gott und Gott der Liebe. Der Ketzerstreit in der johanneischen Kirche. Eine exegetisch-religionsgeschichtliche Untersuchung mit Berücksichtigung der koptisch-gnostischen Texte aus Nag Hammadi (BBETh 6), 1977, 50ff.

liegendes »viertes Evangelium«, das man methodisch kontrollierbar von seiner »Bearbeitung« abheben oder gar gegen sie ausspielen könnte, ist uns unerreichbar. Zwar können wir *partiell* vielleicht hier und da noch die Konturen einer »Grundschrift« und damit auch Tendenzen ihrer Bearbeitung erkennen. Doch als *Ganze* ist sie unwiderruflich durch das überlieferte Evangelium und in ihm *aufgehoben*. Als Grundsatz muß gelten, daß alle sprachlichen Signale auf den überlieferten Text in seiner gegebenen Folge zu beziehen und in semantischer wie in pragmatischer Hinsicht als dessen Strukturmomente zu begreifen sind. Jeder, der von dieser Regel abweicht, hat folgende Konsequenzen zu bedenken: Statt eines vorgegebenen »Textes« mit der Widerständigkeit seiner sprachlichen Zeichen und des in ihnen verschlüsselten »objektiven Sinnes« als dem Maß aller Interpretation macht er ein bloß hypothetisches Konstrukt zum Gegenstand seiner Auslegung. Für die Evidenz dieses gleichsam selbsterschaffenen Textes hat er darum allein die volle Beweislast zu tragen und muß zusehen, wie er sich wirksam davor schützen kann, zum *Meister* seines Textes zu werden, dem er doch als Interpret *dienen* sollte[15]. Und daß das methodisch erst nach dem Scheitern aller Versuche zulässig ist, in dem überlieferten Dokument irgendeinen vernünftigen Gedankengang zu erkennen, hat C. H. Dodd zu Recht bemerkt[16]. Also nicht schon der Umstand, daß sich so ein *besserer* Sinn ergibt, sondern erst der Nachweis, daß die überlieferte Textfolge sinnlos und zufällig ist, legitimiert zu einer Neuanordnung einzelner Textteile.

Fraglos wirkt die überlieferte Einleitung der Szene, da Jesus beim letzten gemeinsamen Mahl seinen Jüngern die Füße wäscht, schwerfällig und überladen (Joh 13,1–4). In ihrer grammatischen Konstruktion fällt sie aus dem Rahmen des bei Johannes Erwartbaren. Aber dennoch berechtigt nichts dazu, dieses vermeintliche Übel durch eine *literarkritische* Operation zu beseitigen und hier zugleich die versprengte »ursprüngliche Einleitung« des »Hohepriesterlichen Gebetes« von Joh 17 wiederfinden zu wollen[17]. Was immer auch ihre *Genese* sein mag[18], *sachlich* hängt die Struktur dieser Einlei-

[15] Das war schon der frühe Einwand E. Käsemanns gegen Bultmanns Johannesinterpretation, der mir immer gravierender erscheint: »Umgekehrt ist jedoch zu fragen, ob solche, jeglicher Tradition von vornherein kritisch begegnende Haltung nicht die unaufgebbaren Grenzen exegetischer Selbstbeschränkung durchbricht, wenn sie ihre sachlichen Einsichten grundsätzlich den historischen Gegebenheiten vorordnet und die letzteren gleichsam bloß als Bausteine einer erst von ihr zu schaffenden, historisch nicht mehr ausreichend verankerten Systematik benutzt.« (Rezension von Bultmanns Kommentar [VF (3), 1942/46 (1946/47), 182–201]; ebd. 185).

[16] C. H. Dodd, The Interpretation of the Fourth Gospel, 1968[8], 289f.

[17] So verfährt R. Bultmann, Joh (s. o. Anm. 4), 348ff und 371f. Vgl. dazu aber G. Richter, Studien (s. o. Anm. 14), 42ff; und H. Thyen, Joh 13 (s. o. Anm. 9).

[18] Richter und ich (s. Anm. 17) erklären die Struktur der Einleitung daraus, daß der Bearbei-

tung unlösbar mit der Struktur der folgenden Erzählung zusammen. In ihrer merkwürdigen Doppelung entspricht sie genau der doppelten Deutung der Fußwaschung und weist wie diese über sich selbst hinaus auf ihre Vollendung im Tode Jesu. Muß ihr Autor hier darum nicht geradezu ausbrechen aus den Konventionen der Grammatik und stammelnd wieder neu einsetzen, weil doch das *Geschehen*, das hier beschrieben werden soll, nämlich der Sklavendienst des vorweltlichen Logos, die Fußwaschung der *Jünger* durch ihren *Meister*, um nichts weniger aus dem Rahmen dessen fällt, was erwartbar und üblich ist?

Die sachliche Affinität von Joh 13,1f und Joh 17 sieht Bultmann zweifellos richtig. Doch sie beruht darauf, daß der von Bultmanns »Evangelisten« zu *unterscheidende* Autor von Joh 15–17 hier durch seine Vorausdeutung[19] das Widerlager für einen Spannungsbogen schafft, der im »Hohepriesterlichen Gebet« gipfelt und im Sterben Jesu an sein Ziel kommt. Für eine willkürliche Verkürzung dieses Bogens durch einen literarkritischen Eingriff sehe ich keinen Rechtsgrund. Mit Joh 13,1 beginnt das »Kirchenbuch« des Evangeliums, die Sammlung, Unterweisung und Sendung der Jünger. Bultmann überschreibt diesen Evangelienteil bekanntlich mit »Die Offenbarung der δόξα vor der Gemeinde«[20]. Als integraler Teil des vierten Evangeliums – und keineswegs als bloßer »Nachtrag« eines Epigonen – folgt ihm mit Joh 21 ein »Epilog«, so wie dem ersten Teil der »Prolog« voransteht[21].

»Vor dem Passafest aber, als Jesus erkannt hatte, daß seine Stunde nun gekommen war, aus dieser Welt hinüberzuschreiten zum Vater, da begann er die Seinen zu lieben, die in der Welt sind, ja er liebte sie bis zur Vollendung« (13,1). Das ist das Grundmotiv der johanneischen Passionsgeschichte in ihrer überlieferten Gestalt. Die betonten letzten Worte εἰς τέλος ἠγάπησεν αὐτούς spannen einen Bogen, der in dem τετέλεσται von Joh 19,30 endet. Denn das ist das hohe Passafest und die Stunde Jesu, da der fleischgewordene Logos als das wahre Passalamm stirbt[22]. In dem τετέλεσται vollendet sich die Liebe Jesu zu den Seinen[23].

---

ter schon hier seine Neuinterpretation der Fußwaschung als den Liebesdienst der Lebenshingabe für seine Jünger in den Versen 12–20 vorbereitet hat.

[19] Vgl. zu den »Vorausdeutungen« als »Bauformen des Erzählens« E. LÄMMERT, Bauformen des Erzählens, 1972[5], 139ff.

[20] R. BULTMANN, Joh (s.o. Anm. 4), 348.

[21] Das habe ich vor allem in dem oben (Anm. 8) genannten Beitrag »Joh 21« begründet. Mein Hauptargument dafür ist dieses: Alle Lieblingsjünger-Texte des Evangeliums stammen aus der Feder des Autors dieses Epilogs und kommen erst in ihm zu ihrem Ziel. Vgl. auch ThR 42, 1977, 211ff.

[22] Vgl. ebd. 250f und THYEN, Joh 21, 286ff.

[23] Vgl. H. TIMM (s. o. Anm. 10): ». . ›eis telos ägapäsen‹. Programmatisch wird der spekula-

Doch bleiben wir zunächst noch bei Joh 13! Auch wenn die an die synoptische Überlieferung erinnernde, ja womöglich direkt aus Lk 22,27 herausgesponnene *zweite* Deutung der Fußwaschung *traditionsgeschichtlich* vielleicht *älter* sein mag als die erste (Joh 13,6–11)[24], so ist sie doch *literarisch* als deren *jüngere* Reinterpretation zu beurteilen[25]. Wie schon Vers 1 vorausgedeutet hatte, wird jetzt die Fußwaschung, Symbol der Lebenshingabe Jesu, als die *exemplarische* Tat seiner Liebe interpretiert: »Wenn nun ich, der Lehrer und Herr, euch die Füße gewaschen habe, dann müßt ihr auch einander die Füße waschen! Ich habe euch ein Beispiel gegeben, damit ihr nun einander tut, was ich euch getan habe« (13,14f). Zugleich und absichtsvoll ist damit schon hier das »Neue Gebot« (13,34f) szenisch vorabgebildet.

Die Kommentatoren haben seit langem notiert, daß dieses Gebot der Bruderliebe in erheblicher Spannung zu seinem Kontext steht. Bultmann leitet gerade daraus das Recht ab, den ganzen Block Joh 13,31–35 als deren »Text« unmittelbar vor die Weinstockrede zu versetzen[26]. Doch auch abgesehen davon, daß seine »Lösung« einer kleinen Aporie eine sehr viel größere erst erzeugt, nämlich die Frage nach der Genese des überlieferten Textes, ist seine Neugliederung hier willkürlich. Denn an die symbolische Notiz »Es war aber Nacht« (13,30) schließt Jesu triumphales Wort »Jetzt ist der Menschensohn verherrlicht . . .« (13,31) in betontem Kontrast gut und unmittelbar an. Wenn überhaupt, dann liegt nicht hier, sondern zwischen den Versen 33 und 34 ein »Bruch«. Darum muß das an die Thematik der Johannesbriefe und des redaktionellen Kapitels 15 erinnernde »Neue Gebot« auf die johanneische Redaktion zurückgehen[27]. Dann aber ist der vermeintliche »Bruch« nicht das Symptom eines Unfalls oder der Unbeholfenheit des Redaktors, dem mit einer literarkritischen Operation beizukommen wäre, sondern ein literarisches Signal, das die Aufmerksamkeit des Lesers herausfordert: ». . . Doch was ich schon den Juden gesagt habe, das sage ich nun auch euch: ›Wo ich hinge-

---

tive Doppelsinn von Ende und Fülle angeschlagen, wie er nachher im Kreuzeswort gipfelt. Es soll eine Liebe sein, die sich als abschließende Versammlung des Ganzen ins Ziel bringt.« (93)

[24] R. Bultmann, Die Geschichte der synoptischen Tradition (FRLANT 29), 1964[6], 49; ders., Joh (s. o. Anm. 4), 352. Zur wahrscheinlichen Verwendung des LkEvs durch die johanneische Redaktion vgl. H. Thyen, Joh 21 (s. o. Anm. 8), 263. 282. 289.

[25] Vgl. G. Richter, Fußwaschung 287ff; ders., Studien 42ff (s. o. Anm. 14); H. Thyen, Joh 13 (s. o. Anm. 9); ders., Joh 21 (s. o. Anm. 8), 276ff; W. Langbrandtner (s. o. Anm. 14), 50ff.

[26] S. o. S. 471 und vgl. R. Bultmann, Joh (s. o. Anm. 4), 349f und 401ff.

[27] So schon J. Wellhausen, Das Evangelium Johannis, 1908, 61; vgl. E. Hirsch, Studien zum vierten Evangelium. Text, Literarkritik, Entstehungsgeschichte (BHTh 11), 1936, 103f; J. Becker, Abschiedsreden (s. o. Anm. 14), 220; H. M. Teeple, The Literary Origin of the Gospel of John, 1974, 221; W. Langbrandtner (s. o. Anm. 14), 55; G. Richter, Studien (s. o. Anm. 14), 63ff; 378.385; H. Thyen, Joh 21 (s. o. Anm. 8), 276ff.

he, dahin könnt ihr nicht gelangen.‹ – Ein neues Gebot gebe ich euch . . .« (13,33ff). In die Doxa des Erhöhten können die Jünger als solche, die in der Welt sind (13,1), sowenig gelangen, wie die Juden. Wenn darin kein Unterschied besteht, dann muß es gerade die Gabe des »Neuen Gebots« sein, die die Seinen auszeichnet, die sie von der Welt trennt und unterscheidet und als »Jünger« jedermann sichtbar macht (13,35). In gewissem Sinn scheint also das Gebot der Bruderliebe die Lücke ausfüllen zu sollen, die der scheidende Jesus hinterläßt. Weil er ihnen als Liebesobjekt unerreichbar wird, werden sie aufgefordert, fortan *einander* zu lieben. Einzig so aber werden sie auch in Zukunft *ihn* lieben (14,15ff). »Kernstück der Abschiedsreden ist die Übergabe der Liebesformel, eine literarische Einbettung, die den Gedankensprung am sinnenfälligsten zum Ausdruck bringt. ›Ein neues Gebot gebe ich euch: . . .‹ *Neu* ist die Bekundung hinsichtlich der bloß propädeutischen Offenbarungsstufe der vorangehenden Symbolhandlungen und -reden. Nicht etwa in Beziehung auf das AT, als dessen radikalisierende Überbietung die Propria des synoptischen Jesus eingeführt werden. Nirgends steht Deut 6 oder Lev 19 im Blick. Nicht um Erfüllung eines anderwärts vorgegebenen Gesetzes geht es, vielmehr um ein überschwengliches Sinnangebot, dessen intellektuelle Wahrnehmung die lebenspraktischen Auflagen wie freudige Selbstverständlichkeiten erscheinen läßt. Liebe meint keinen Bestandteil des Evangeliums neben anderen. Sie ist die einigende Einsicht des Ganzen.«[28]

Ursprünglich schloß Joh 14,1ff wohl unmittelbar an Joh 13,33 an: ». . . dahin könnt ihr nicht gelangen. Doch euer Herz erschrecke nicht . . .« Die »johanneische Redaktion« hat hier nun aber nicht nur das »Neue Gebot« eingefügt, sondern zugleich mit ihm auch noch die Ankündigung der Petrusverleugnung (13,36–38), die ihr aus der synoptischen Überlieferung (Lk 22,31ff!) geläufig war[29]. Damit sind nicht nur die beiden ebenfalls *redaktionellen* Szenen 18,15–18 und 25–27 vorbereitet, sondern so ist vor allem die notwendige Voraussetzung für die endliche Restitution des Petrus durch die dreimalige Frage seines Herrn nach seiner *Liebe* und seine dreifache Einsetzung zum Gemeindeleiter im »Epilog« des Evangeliums geschaffen (Joh 21,15ff). Neben Petrus, der schließlich, wie sein Herr, als ein guter *Hirte* sein Leben für seine Schafe lassen wird, steht dabei am Anfang (13,21ff), in der

---

[28] H. Timm (s.o. Anm. 10), 94f.

[29] Vgl. W. Langbrandtner (s.o. Anm. 14), 56; *formal* (ohne daß es jedoch *sachlich* im kosmologischen Dualismus begründet wäre, wie stets in der Grundschrift) benutzt der Redaktor dazu ein »Mißverständnis«: Petrus versteht nicht das neue Gebot und seine Funktion, er überhört es, bleibt beim Thema des Weggangs und meint, »Nachfolge« (vgl. 21,20ff!) sei eine Frage von Heroismus.

Mitte (18,15ff) und am Ende (21,7f. 20ff) der Jünger, den Jesus liebte, als der treue, wahrhaftige und bleibende *Zeuge.* Dabei geht es nicht um irgendeine Rivalität, sondern um das konstitutive und bleibende Angewiesensein der Hirten auf das Zeugnis des Zeugen, dessen *Grundthema* schon an seinem schillernden Pseudonym, »Der Jünger, den Jesus liebte«, festgemacht ist[30].

Ehe wir uns nun wieder Joh 15 zuwenden, dürfte jedenfalls so viel deutlich sein: Das Thema der Liebe, die sich in der Hingabe des Lebens für die Freunde vollendet, ist keineswegs eine bloß zufällige Randerscheinung in Joh 15,13, sondern zentrales Motiv und Strukturprinzip der johanneischen Passionsgeschichte und Christologie. Das wird schon aus Joh 13 und den von da aus einerseits bis in den »Prolog« zurückreichenden[31] und andererseits bis in den »Epilog« vorausweisenden Erzählzügen deutlich. Angesichts dieses Befundes kann man auch Joh 3,16 unmöglich als ein für das Johannesevangelium unwesentliches Stück bloß mitgeschleppter Tradition ansehen, wie das Käsemann tut[32]. Dieser Satz wird vielmehr seit alters völlig zu Recht als eine Quintessenz johanneischer Theologie zitiert. Höchstens insofern beruht Käsemanns Urteil auf einer richtigen Beobachtung, als man weder Joh 3,16 noch Joh 1,29; 6,51b oder 10,17 aus deren *Ursprungsmilieu* in der kultischen Sühne- und Opferpraxis erklären darf[33]. Alle diese Aussagen müssen vielmehr als Momente der johanneischen Sprache begriffen werden, von der Humboldts Satz gilt: »Es gibt nichts einzelnes in der Sprache, jedes ihrer Elemente kündigt sich als Teil eines Ganzen an.«[34] Dieses »Ganze« aber, von dem her die genannten Sprüche als dessen »Teile« ihre spezifisch johanneische Determination und Deutung erfahren, wird erst sichtbar in der esoterischen Situation des Abschieds, in dem sich die Liebe des Vaters im Werk des Sohnes vollendet.

Nicht als Erfüllung apokalyptischer Notwendigkeit oder als gehorsame Übernahme des von der Schrift geweissagten messianischen Leidensge-

[30] Den Nachweis für den redaktionellen Ursprung *aller* Lieblingsjüngerszenen habe ich in dem Anm. 8 genannten Beitrag »Joh 21« geführt. In Auseinandersetzung mit der neueren Literatur ist auch dort und ThR 42, 1977, 213ff die Frage nach dem Sinn der Petrus-Lieblingsjünger-Konstellation behandelt. Für das Thema der »Liebe« im Johannesevangelium sind diese Texte von großem Gewicht. Dibelius hat sie zu Unrecht ebenso vernachlässigt wie jetzt wieder M. LATTKE (s. o. Anm. 3). Ich muß mich hier auf diese Andeutung des Zusammenhangs beschränken.

[31] Vgl. nur Joh 13,23 mit Joh 1,18.

[32] E. KÄSEMANN, Jesu letzter Wille (s. o. Anm. 2), 124f; vgl. auch M. LATTKE (s. o. Anm. 3), 64ff.

[33] Das wird sehr klar von J. T. FORESTELL, The Word of the Cross. Salvation as Revelation in the Fourth Gospel (AnBib 57), 1974, herausgestellt; vgl. besonders ebd. 193ff.

[34] W. VON HUMBOLDT, Gesammelte Schriften 4 (ed. Preußische Akademie der Wissenschaften, 17 Bde., 1903–1936), 1905, 14f.

schicks, sondern als Jesu eigene Tat der Liebe zu seinen *Freunden* deutet die Weinstock-Allegorie[35] seinen Abschied: ». . . Wie mich der Vater geliebt hat, so liebe ich euch. Bleibt in meiner Liebe. Wenn ihr meine Gebote halten werdet, dann bleibt ihr in meiner Liebe, so wie ich die Gebote des Vaters gehalten habe und in seiner Liebe bleibe. Das habe ich euch gesagt, euch mit meiner Freude zu erfüllen und eure Freude so vollkommen zu machen. Mein Gebot aber ist dies: Liebt einander, wie ich euch geliebt habe! Niemand hat größere Liebe als die, daß er sein Leben für seine Freunde hingibt. Ihr seid meine Freunde, wenn ihr tut, was ich euch befehle. Nicht als zu Sklaven rede ich zu euch. Denn der Sklave weiß ja nicht, was sein Herr tut. Zu euch aber habe ich als zu meinen Freunden geredet. Denn alles, was ich von meinem Vater gehört habe, das habe ich euch wissen lassen.« (Joh 15,9–16)

H. Timm sieht ganz richtig, daß diese Sätze im Johannesevangelium strukturell an der Stelle stehen, »die bei den Synoptikern von den Leidensweissagungen eingenommen wird«[36]. Daraus folgt aber: »Zuvor war die höhere Notwendigkeit des Todes, das ›dei‹, aus Gottes transzendentem Plan im autoritär beglaubigten AT abgelesen worden. Es stand geschrieben. Jetzt wird sie immanent aus der analytischen Evidenz eines höchsten Begriffs entwikkelt. Die superlativische Idee der Agape impliziert Hingabe an Leid und Tod. Es ist ihre Passion, ihr Kreuz, ihr Abschied – um der österlichen Freundschaft willen. Der Logos muß vergehen, sich von sich, von seiner individuellen, selbsthaften Erscheinung trennen, um im Geiste, dem universalen Durch-, Für- und Miteinander aller wiederzukommen. Erniedrigung und Erhöhung sind durch die selbstnegatorische Verfassung der Liebe präfiguriert. Wer liebt, geht nicht nur gelassen seinem faktisch kommenden Ende entgegen. Er nimmt Leid und Tod vorweg, als die höchste Möglichkeit überdauernder Lebensgemeinschaft mit dem Vertrauten, eine Gewißheit, die sich aus allem zufällig Gegebenen und Genommenen heraussetzt, den Existenzgrund der faktischen Individuation zurücktreibend in eine vorgängig verbindende Gemeinschaft.«[37]

Als *heuristisches Prinzip* zur Aufklärung der Genese des Johannesevangeliums und der historischen Situation seiner Adressaten hat sich die von G. Richter[38] und W. Langbrandtner geübte Praxis, die »Theologie der Redak-

---

[35] Zum redaktionellen Charakter dieser als Allegorie aus dem Rahmen der grundschriftlichen ›ego-eimi-Worte‹ herausfallenden Rede vgl. W. LANGBRANDTNER (s. o. Anm. 14), 61ff.

[36] H. TIMM, Geist der Liebe (s. o. Anm. 10), 100.

[37] Ebd. 101.

[38] Das zeigt sich in fast jeder der in dem Band »Studien« (s. o. Anm. 14) gesammelten Untersuchungen; vgl. nur 58ff.

tion« möglichst scharf von derjenigen ihrer »Vorlage« abzuheben, fraglos glänzend bewährt. Gerade dieser unstreitige Erfolg aber läßt beide Autoren leider übersehen, daß ihre Unterscheidung für die *Interpretation* des Johannesevangeliums ein denkbar ungeeignetes Instrument ist. Denn wer aus der Analyse der literarkritisch isolierten, wahrscheinlich redaktionellen Partien des Evangeliums so etwas wie eine »Theologie der Redaktion« rekonstruieren will, der jagt einem Phantom nach. Er erliegt der Suggestion, diese Partien hätten je für sich bestanden, und übersieht, daß sie die Vorlage in einer neuen Einheit aufgehoben haben. Die Frage, ob man mit zureichender methodischer Sicherheit je hinter diese Einheit zurück zum »objektiven Sinn« einer »Grundschrift« und ihrer konkreten historischen Situation wird gelangen können, beurteile ich mit zunehmender Skepsis. *Jedenfalls* aber kann man von Theologie und Absicht der johanneischen Redaktion nur reden aufgrund einer Interpretation des *gesamten* Johannesevangeliums in seiner überlieferten Gestalt. Wenn Richter z. B. zu den beiden Deutungen der Fußwaschung erklärt: »In der ersten Deutung . . . hängt das Heil davon ab, daß Jesus die Fußwaschung (= Hingabe in den Kreuzestod) vollzieht . . . In der zweiten Deutung aber hängt das Heil davon ab, daß die Jünger das Beispiel Jesu (= Hingabe des Lebens aus Liebe zu den Seinen) nachahmen . . .«[39], so trennt er, was nicht getrennt werden darf. Der »ursprüngliche Evangelist« als Autor der ersten Deutung wird so zum rechtgläubigen Vertreter eines »sola gratia«, der Redaktor aber erscheint im Licht eines Höchst bedenklichen Synergismus.

Diese Antithese verdeckt jedoch, daß in Joh 13 als der Vorabbildung der gesamten johanneischen Passionsgeschichte gerade die glückliche *Vermittlung* dessen geleistet ist, was Richter nun wieder auseinanderreißt. Denn die Liebe, die der in seinem Scheiden verherrlichte Christus hier »fordert«, hat ihren Grund und ihre Möglichkeit weder in der *Heteronomie* eines ihr äußerlichen »Gebotes« noch auch in der *Autonomie* eines dem Menschen von sich her möglichen »Werkes«, sondern einzig darin, daß die zu ihr Geforderten vorgängig als Freunde erwählt und als Brüder verbunden sind. Weil in der Synthesis solcher Liebe die Antithese von »Glaube« und »Werken« aufgehoben ist, spielt bei Johannes die paulinische Rechtfertigungsproblematik keine Rolle. Die einzige Gegenüberstellung von »Gesetz« und »Gnade« (Joh 1,17) erfolgt in einem synthetischen, und nicht in antithetischem Parallelismus: Das »von Mose gegebene Gesetz« ist aufgehoben und zum Ziel gekommen im »neuen Gebot« der Bruderliebe.

---

[39] Ebd. 65.

Sofern nun Joh 15,1–17 eben diese Struktur der Liebe noch einmal expliziert und ihr Jenseits der Alternative weltloser Heteronomie und gottloser Autonomie näher bestimmt, ist der Abschnitt tatsächlich mit Bultmann als »Kommentar« zu Joh 13 zu begreifen; freilich als Kommentar des gesamten Kapitels und nicht eines amputierten Teils. Gerade die Weinstock-Allegorie mit ihrer botanischen Metaphorik, ihrer Rede vom Weinstock, seinen Reben und der in ihm gründenden Fruchtbarkeit verdeutlicht unüberhörbar, daß die Liebe, von der hier die Rede ist, primär gerade *nicht* eine »Dimension des Sollens . . ., sondern ein Phänomen des Seins« ist[40]. Darüber darf man sich durch die imperative Aussageform nicht hinwegtäuschen lassen. Der Imperativ »Bleibet in meiner Liebe!« und die Bindung solchen »Bleibens« an das »Halten der Gebote Jesu«, die im »Neuen Gebot« koinzidieren, fordert nicht die gespannte Anstrengung des Werkes, sondern die gelöste Hinnahme einer bergenden »Bleibe«, deren »Bewohner« an der todüberwindenden Kraft der Liebe des Offenbarers und an seiner Freude teilgewinnen[41]. In diesem Imperativ, der das Geforderte allererst selbst gewährt, sind darum »Können« und »Sollen« ebenso wie Rezeptivität und Spontaneität glücklich miteinander versöhnt. Ja, durch das folgende selbstevidente – und darum nicht zufällig als Inschrift am Grabmal des Unknown Warrier gewählte – Wort Jesu von der Vollendung der Liebe in der Lebenshingabe für die Freunde sind auch menschliche und göttliche Liebe so vermittelt, daß sie einander wechselseitig interpretieren. Denn die gnomische Formulierung – ganz einerlei, ob sie dem Autor vorgegeben war oder von ihm ad hoc gebildet wurde – signalisiert deutlich, daß hier nicht nur an irdische Erfahrung erinnert wird, sondern daß solche Erfahrung ganz ausdrücklich als Offenbarung der Liebe Gottes *in Anspruch* genommen wird. Gerade an der Begegnung mit dem geschichtlichen Offenbarer kommt jedoch heraus, daß die Menschen die Finsternis mehr lieben als das Licht (Joh 3,19). Das zeigt sich darin, daß selbst die beglückende Erfahrung der Liebe ständig von dem Mißverständnis bedroht ist, als »menschlicher Heroismus« und damit als eine »Leistung« begriffen zu werden, die der Mensch sich selbst verdankt. Das ist jedoch nicht

---

[40] E. JÜNGEL, Gott als Geheimnis der Welt, 1977³, 437. Vgl. ebd. »§ 20. Der Gott, der Liebe ist. Zur Identität von Gott und Liebe« (430–453), wo Jüngel die Absurdität der Alternative von Eros und Agape am Phänomen der Liebe aufweist. Zugleich stellt er sehr schön die »Todesdimension« der Liebe heraus, deren Ereignis »Leben und Tod zugunsten des Lebens« vereinigt (446); vgl. auch ebd. 453–470.

[41] Vgl. J. HEISE, Bleiben. Menein in den johanneischen Schriften (HUTh 8), 1967, 80ff. Trotz ihrer allzu engen Bindung an das Vorkommen des Wortes »Bleiben« und an Bultmanns literarische Theorie – zweier Umstände, die wesentliche Zusammenhänge verdecken –, ist die Untersuchung reich an trefflichen Beobachtungen.

allein eine phänomenal aufweisbare Korruption der Liebe, sondern zugleich die Abweisung der Lebenskraft des Logos, die alles Geschaffene erhält (Joh 1,4). Denn nicht nur von der Logik der Sprache her ist der Satz »Gott ist die Liebe« (1Joh 4,16) umkehrbar, sondern seine Umkehrung ist auch von der Logik der Sache gefordert[42]. Dabei geht es nicht um eine Repristination »natürlicher Theologie«, sondern um die Aufgabe einer theologischen Durchdringung des Natürlichen, darum, die »Welt als Gleichnis« zu begreifen[43].

Auf die Synonymität von ἀγαπᾶν und φιλεῖν im Corpus Johanneum ist schon oft hingewiesen worden[44]. Doch die Frage nach der *Bedeutung* dieses doch immerhin auffälligen synonymen Gebrauchs von »Liebe« und »Freundschaft«, der Johannes »sowohl hinsichtlich des Gottesverhältnisses wie in der zwischenmenschlichen Relation« geläufig ist, hat erst H. Timm gestellt: »Die Freunde sind Gottes Geliebte. Die sprachliche Eigentümlichkeit indiziert das Novum. Liebe ist zum Namen einer Intersubjektivität geworden, die sich durch Erkenntnis ihres transzendenten Ermöglichungsgrundes ins freiheitlich-freundschaftliche Miteinander einzuschwingen vermag. Kraft solchen Wissens umeinander besteht vollkommene Symmetrie. Einander lieben heißt wechselseitig der eine den anderen und der andere den einen lieben, ein reziprokes Sichbedingen von Selbstbezug und Fremdichbeziehung, synchron und gleichursprünglich. Damit hat die alttestamentliche Rede von Herr(gott) und (Gottes-)Knechtschaft ihre Legitimation verloren. Die Liebeserkenntnis alteriert das dominante Gottesprädikat des überkommenen Glaubens, weil sie keine Herrschaft und keinen blinden Gehorsam mehr zuläßt. ›Denn Furcht ist nicht in der Liebe. Die vollkommene Liebe treibt die Furcht aus.‹ (1Joh 4,18)«[45].

Daß der Kreuzestod Jesu und das τετέλεσται (Joh 19,30) tatsächlich im Sinne der sich im Tod für die Freunde vollendenden Liebe Jesu gedeutet werden muß, macht auch die johanneische Verhaftungsszene evident (Joh 18,1–12): In beabsichtigtem Kontrast zu der folgenden *dreifachen* Verleugnung Jesu durch Petrus ergreift hier Jesus mit seinem *dreifachen* Bekenntnis »Ich bin es!« (18,5.6 und 8) die Initiative. Seinem letzten »ἐγώ εἰμι« schließt er die Bitte für seine Freunde an: »Wenn ihr denn *mich* sucht, dann laßt *diese*

---

[42] Vgl. E. JÜNGEL, (s. o. Anm. 40), 453ff und K. E. LØGSTRUP, Systematische Theologie I (Rezension von R. Bultmann, Glauben und Verstehen II) (ThR 23, 1955, 259–293); bes. 279ff.

[43] Vgl. C. LINK, Die Welt als Gleichnis. Studien zum Problem der natürlichen Theologie (BEvTh 73), 1976, namentlich 286ff. Siehe auch K. E. LØGSTRUP, Auseinandersetzung mit Kierkegaard, 1968, 85ff (Kritik von Kierkegaards »Leben und Walten der Liebe«) und 149ff.

[44] Vgl. nur M. DIBELIUS (s. o. Anm. 1), 173.

[45] H. TIMM (s. o. Anm. 10), 95.

ziehen!« (18,8). Um die ihm wesentliche Bedeutung und Aktualität dieser Bitte zu unterstreichen und zu verhindern, daß sie überlesen wird, unterbricht der Erzähler hier, im Augenblick der höchsten Spannung, den Fluß der »erzählten Zeit« durch eine »evaluative« Reflexion: »Auf daß erfüllt werde das Wort, das er gesagt hatte: ›Ich habe keinen von denen verloren, die du mir anvertraut hast‹« (Joh 18,9). Damit bringt er zugleich seine eigene »Erzählzeit« zur Geltung. Denn der Leser soll nicht nur Sinn und Hintergrund des *damaligen* Geschehens begreifen, sondern zugleich angesichts der *aktuellen* häretischen Bedrohung festen Stand gewinnen in der Fürbitte seines Herrn[46]. Dieser für die johanneische Redaktion typische Umgang mit Jesusworten der eigenen Überlieferung (Joh 17,12) als mit »Reflexionszitaten« resümiert im Grunde das gesamte Hohepriesterliche Gebet. Mit seinem »Ich bin es« und »Laßt diese ziehen!« beginnt sich sein Gebet ». . . damit die Liebe, mit der du mich geliebt hast, in ihnen sei und ich in ihnen« (Joh 17,26) dramatisch zu erfüllen. Nach der Szene mit der Mutter und dem Lieblingsjünger unter dem Kreuz (Joh 19,25–27)[47] erreicht das Geschehen in dem Wort »Es ist vollendet« und dem Bericht »Er neigte das Haupt und gab den Geist hin« seine Klimax. Dieser weder als blutiges Sühnopfer noch als Gehorsam gegenüber einer apokalyptischen Notwendigkeit, sondern gänzlich unmythisch als freie Tat der Liebe begriffene Tod wird dann die Verheißung des Parakleten in Kraft setzen und den Geist der Liebe unter den Freunden auf den Plan rufen.

[46] Vgl. E. LÄMMERT (s. o. Anm. 19), 86ff, und W. LABOV/J. WALETZKY, Erzählanalyse: mündliche Versionen persönlicher Erfahrung (in: J. IHWE [Hg.], Literaturwissenschaft und Linguistik 2, Fischer-Athenäum 2016, 1973), 114ff.

[47] Vgl. H. THYEN, Joh 21 (s. o. Anm. 8), 281ff.

Der Fluch der Gekreuzigten

Deuteronomium 21,23 in der Deutung Justinus des Märtyrers

Willem Cornelis van Unnik †

Zu der paulinischen Aussage in 1Kor 1,23, das Kreuz sei für die Juden ein Ärgernis, führen Kommentatoren wie Hans Lietzmann – Werner Georg Kümmel und Hans Conzelmann als Illustration eine Stelle aus Justinus Martyr, Dialogus cum Tryphone 32 an[1]. Darin wird verwiesen auf Dtn 21,23 (»Verflucht ist jeder, der am Holz hängt«), ein Schriftwort, das bekanntlich auch von Paulus selbst in Gal 3,13 zitiert wird[2].

Diese Stelle bei Justin formuliert in klaren Worten die polemische Reaktion eines jüdischen Lehrers. Wie hat der christliche Philosoph in Rom, der etwa ein Jahrhundert nach Paulus sein Leben im Namen Christi hingab, in seinem Gespräch mit den Juden diesen Anstoß zu beseitigen versucht?

Selbstverständlich konnte Justin nicht umhin, auf diesen aus der Schrift legitimierten Widerspruch zu antworten. Das Kreuz war für ihn mit den »Erinnerungen der Apostel«, auf die er sich des öfteren beruft, gegeben, und in seiner Apologie 55,2 sagt er: »Betrachtet alles, was in der Welt ist, ob es ohne diese Figur (sc. des Kreuzes) gehandhabt werden oder Zusammenhang haben kann«[3], und dann wird dafür eine Anzahl von Beispielen geboten (55,3ff). Hier hat man fast den Eindruck, das Kreuz sei etwas allgemein Vorkommendes und nichts Besonderes. Aber dieses friedliche Bild wird doch durch die Zitation des Schriftwortes zerstört. Und deshalb ist er zu einer Antwort gezwungen.

Wie hat er sich diese Schwierigkeit vom Halse geschafft? Das Wort aus Dtn 21,23 hat in den Auseinandersetzungen zwischen Juden und Christen eine bestimmte Rolle gespielt, und das lag auf der Hand, denn wie konnte der Jude besser den Anspruch Jesu, der Messias zu sein, abweisen als mit dem Hinweis auf dieses Wort der Tora, die auch von den Christen angenommen

---

[1] H. Lietzmann-W. G. Kümmel, An die Korinther I/II (HNT 9), 1969[5], 9–10; H. Conzelmann, Der erste Brief an die Korinther (KEK V), 1969, 63.

[2] F. F. Bruce, 1 and 2 Corinthians (NCeB 7), 1971, 35.

[3] Übersetzung von G. Rauschen, Die beiden Apologien Justins des Märtyrers (in: Frühchristliche Apologeten und Märtyrerakten Bd. I [BKV], 1913, 55–155), 69.

war? Ob es schon Paulus (Gal 3,13) als polemisches Argument der Juden kennt, läßt sich nicht beweisen; es ist natürlich möglich, aber im Galaterbrief ist es nicht in einem polemischen Kontext, sondern in einer positiven Beweisführung als Stütze für die eigene Argumentation des Paulus aufgenommen: Christus ward ein Fluch, um die Verfluchten von ihrer Last zu befreien. Aber bei einigen frühchristlichen Schriftstellern ist es anders[4].

Tertullianus[5] (Adversus Judaeos 10,1) sagt ausdrücklich, daß die Juden mit den Christen über den Ausgang von Jesu Passion disputieren, »negantes passionem crucis in Christum praedicatam et argumentantes insuper non esse credendum, ut ad id genus mortis exposuerit deus filium suum«, mit Berufung auf Dtn 21,23. Dieser Auffassung begegnet Tertullian mit dem Hinweis auf den Kontext, vor allem auf die Einleitung dieser Stelle: »Si autem fuerit in aliquo delictum ad iudicium mortis.« Damit habe Gott einen Unterschied gemacht: Nur der des Todes Schuldige, der ans Holz gehängt ist, stehe unter diesem Fluch (10,2–3). Bei Christus sei es ganz anders, denn er habe nicht gesündigt. Deshalb ist der Schluß Tertullians: »quae quidem omnia ipsa perpessus non pro actu suo aliquo malo passus est, sed ut scripturae implerentur de ore prophetarum«, die nicht in offener, sondern verhüllter Rede gesprochen haben, »ut difficultas intellectus gratiam a deo quaereret« (10,5). Hier wird also vom Juristen Tertullian die Schwierigkeit sehr einfach eliminiert durch genaue Textlesung: In diesem Fall ist das Gesetz nicht auf Jesu Leben anwendbar; damit ist der Schwierigkeit der Boden entzogen, und das Kreuz muß in einer anderen Optik gesehen werden[6].

---

[4] Vgl. M. MALININE, H. C. PUECH, G. QUISPEL, W. TILL, R. KASSER, Epistula Jacobi Apocrypha, 1968, 13 (deutsche Übersetzung von Till): »Ich nahm für euch den Fluch auf mich, damit ihr gerettet werdet.« In ihrem Kommentar (aaO. 71) führen Puech und Quispel die wörtliche Übersetzung von Till an: »Ich gab mich für euch unter Fluch«; sie verweisen auf Gal 3,13 und die 2. Apokalypse des Jakobus (in: Koptisch-gnostische Apokalypsen aus Codex V von Nag Hammadi, ed. A. BÖHLIG-P. LABIB, 1963, 69), wo Jakobus seinen Tod ankündigt: »Beides, was mich erwartet, ist vorausverkündet durch die Schrift ...: ›Man wird ihn richten mit (den Übel-)tätern ..., der gelebt hat (ohne) Fluch, ist gestorben im Fluch, ...«, wobei Jes 53,12 und Gal 3,13 als Zitate angegeben werden.

[5] Die Echtheitsfrage ist ausführlich besprochen von H. TRÄNKLE, Q.S.F. Tertulliani Adversus Iudaeos, 1964, XI–LXXXVIII.

[6] Tertullian geht noch einmal auf die umstrittene Stelle ein (Adv. Marcionem III 18,1): »non esse credendum, ut in id genus mortis exposuerit creator filium suum quod ipse maledixerat. Maledictus, inquit, omnis qui pependerit in ligno. Sed huius maledictionis sensum differo, dignae sola praedicatione crucis, de qua nunc maxime quaeritur, quia et alias antecedit rerum probatio rationem.« Über das Verhältnis vgl. TRÄNKLE, aaO. XLII. – Andere Stellen, wo Tertullian aus Dtn 21,23 zitiert, sind: Adv. Marcionem I 11,8; V 3,10; Adv. Praxean 29,3; De Patientia 8,3; De Fuga 12,3, aber diese sind gegen eine andere Front geschrieben und für unseren Zweck nicht ergiebig.

Ein ganz anderer Weg zur Lösung des Problems wurde eingeschlagen in der Didascalia Apostolorum[7]. In dieser Schrift, wahrscheinlich im 3. Jahrhundert in Syrien entstanden, wird die Stelle im 26. Kapitel angeführt. Allerdings macht sie dem Verfasser (den Verfassern?) keine große Schwierigkeit, denn Dtn 21 gehört zu dem Teil des Gesetzes, der dem Volk nach dem Götzendienst des goldenen Kalbes (Ex 32) auferlegt wurde; diese »Wiederholung des Gesetzes« ist eine Strafe, die das abtrünnige Israel zu Gott zurückführen soll, aber nicht das eigentliche göttliche Gesetz; mit dem Erscheinen Christi ist die Strafe zu ihrem Ende gekommen. In diesem Zusammenhang ist es wohl überflüssig, diese Deuterosislehre in ihrer Besonderheit genauer zu erörtern[8]. Für unseren Zweck ist es jedoch gut, den entscheidenden Passus wörtlich anzuführen: die Juden blieben nicht bei der einen Sünde, »sondern sie erzürnten den Herrn abermals, darum hat er ihnen bei der Wiederholung des Gesetzes eine Blindheit, würdig ihrer Werke, dazugegeben und hat also gesagt«: (Es folgt das Zitat von Dtn 21,22–23) »Auf daß, wenn Christus kommen würde, sie sich nicht zu ihm halten könnten, sondern glauben müßten, er wäre zum Fluche verdammt.«[9] Später heißt es noch: »Denn wenn du die Wiederholung des Gesetzes aufrichtest, so bekräftigst du auch den Fluch gegen unsern Heiland, und bist in den Banden verstrickt und hast Weh verdient, als Feind Gottes des Herrn.«[10] Mit dieser Deuterosis ist Israel also nicht nur in Banden, sondern auch in Blindheit verstrickt; es verflucht den Heiland, aber empfängt dadurch selbst den Fluch an Stelle der Segnungen, die Christus schenkt. Der Fluch wirkt wie ein Bumerang für die, die ihn aussprechen, weil sie den wahren Sinn in Gottes Heilsordnung (die Wiederholung des Gesetzes und ihre Abschaffung) nicht erkennen. Man sieht, wie hier im Rahmen der besonders ausgeprägten Gesetzeslehre das Problem ohne weiteres verschwindet, ja, der Text gegen die Juden gewendet wird.

Nachdem wir also zwei Weisen verfolgt haben, in denen christliche Theologen das Problem bewältigten, kommen wir auf Justin zurück. Unser Rückgriff auf Tertullian und die Didaskalia geschah nicht ohne Grund. Zwar sind diese später als Justin, aber es bestehen doch Verbindungslinien. Ob der Afrikaner Justins Dialog gelesen hat oder nicht, ist umstritten[11]; jedenfalls ist

[7] W. C. van Unnik, RGG³ II 189.

[8] W. C. van Unnik, De beteekenis van de Mozaische Wet voor de kerk van Christus volgens de Syrische Didascalie (in: Nederlandsch Archief voor Kerkgeschiedenis, N.S. XXXI, 1939, 65–100).

[9] H. Achelis-J. Flemming, Die Syrische Didaskalia übersetzt und erklärt (Die ältesten Quellen des orientalischen Kirchenrechts, 2. Buch), 1904, 131.

[10] Achelis-Flemming, aaO. 135, auch 138 und 142.

[11] Vgl. dazu Tränkle, aaO. LXXIXff.

auch hier die Tradition der »Testimonia adversus Judaeos«[12] deutlich. Und was das syrische Buch anbelangt, muß darauf hingewiesen werden, daß auch bei Justin die Geschichte aus Ex 32 ein Wendepunkt für Israel ist[13]. Hat nun der römische Lehrer in der einen oder anderen Richtung den Späteren vorgearbeitet? Oder findet man bei ihm einen völlig anderen Weg?

Die erste von uns zu berücksichtigende Stelle (Dial 32) wurde schon erwähnt; sie steht in folgendem Kontext: Justin hat in c. 31 die Prophetie vom Menschensohn in Dan 7,9–28 vollständig zitiert. Sein Kontrahent stimmt zu und erklärt, daß auch die Juden diesen erwarten; aber er verwirft die Identifikation von Jesus mit dem Menschensohn: »Dieser euer sogenannter Christus aber ist ohne Ehre und Herrlichkeit gewesen, so daß er sogar dem schlimmsten Fluch verfiel, den das Gesetz Gottes verhängt: er ist nämlich gekreuzigt worden« (ἄτιμος καὶ ἄδοξος γέγονεν, ὡς καὶ τῇ ἐσχάτῃ κατάρᾳ τῇ ἐν τῷ νόμῳ τοῦ θεοῦ περιπεσεῖν· ἐσταυρώθη γάρ)[14]. Obwohl der Text nicht wortwörtlich angeführt wird, spielt Trypho, wie allgemein angenommen wird, auf Dtn 21,23 an. Beachtenswert dabei ist, daß Trypho nicht einfach vom »Fluch« spricht, sondern diesen qualifiziert als ἔσχατος[15], was der mit dem Hinweis auf die Kreuzigung begründet. Hier wird nicht angegeben, weshalb dieser Fluch schlimmer ist als andere Flüche, wie man sie z. B. in Dtn 27,15ff und Dtn 28 findet. Folgende Antwort legt sich nahe: Dieser Fluch kommt nach dem Tode, und deshalb besteht keine Möglichkeit der Umkehr, der Buße und der Versöhnung mehr, während diese in den anderen Fällen wohl noch offen steht[16].

Noch eine Bemerkung dürfen wir dieser Äußerung des Rabbiners hinzufügen. Er hat den Text in Dtn 21,23 deutlich so gelesen, daß (von Gott) ein Fluch über den Gekreuzigten ausgesprochen wird. Das ist auffallend, denn die übliche Exegese in der jüdischen Tradition faßt die Verbindung qillat-èlohim als einen genitivus objectivus auf, vgl. Mischna Sanhedrin VI 5a: »Alle Gesteinigten werden gehängt. Das die Worte Rabbi 'Eli'ezers. Die Weisen aber sagen: Gehängt wird nur der Lästerer und der fremden Dienst treibt« (= Götzendienst)[17]. Es ist also ein Mensch gemeint, der Gott ver-

---

[12] Vgl. P. PRIGENT, Justin et l'Ancien Testament (EtB), 1964, 203–215.

[13] Vgl. Dial 19,5ff; 132,1 und meinen Aufsatz, 89f.

[14] Texte nach E. J. GOODSPEED, Die ältesten Apologeten, 1914; in der deutschen Übersetzung bin ich meistens gefolgt: PH. HAEUSER, Des heiligen Philosophen und Märtyrers Justinus Dialog mit dem Juden Tryphon (BKV), 1917. An einigen Stellen, wo er den Sinn des griechischen Textes nicht richtig wiedergibt, habe ich geändert.

[15] H. G. LIDDELL-R. SCOTT-H. STUART JONES, A Greek-English Lexicon, 1940⁹, 699, s. v. »utmost, last, worst«.

[16] Vgl. dazu, was Justin in Dial 139 über den Segen und Fluch Noahs schreibt.

[17] S. KRAUSS, Sanhedrin-Makkôt, 1933, 195, z. St. und Bill. III, 544f. Vgl. auch die Überset-

flucht. Diese Auffassung findet sich auch bei Josephus, Ant IV 202: ὁ δὲ βλασφημήσας θεὸν καταλευσθεὶς κρεμάσθω δι' ἡμέρας καὶ ἀτίμως[18] καὶ ἀφανῶς θαπτέσθω. Nur an einigen Stellen wurden die hebräischen Worte als genitivus subjectivus gedeutet, aber in diesem Falle nicht als »Fluch Gottes«, sondern als eine Umschreibung für Schmerz[19]. Dagegen bietet die Septuaginta eine ganz andere Interpretation: ὅτι κεκατηραμένος ὑπὸ τοῦ θεοῦ πᾶς κρεμάμενος ἐπὶ ξύλου. Hier ist also klar der Fluch durch Gott angesprochen. In dieser Linie steht mithin Trypho nach dem Bericht des Justin, und nicht in der Tradition der Rabbinen, wie wir sie aus den Talmudim usw. kennen und der sich bezeichnenderweise auch Josephus angeschlossen hat.

Kehren wir jetzt wieder zum Dialog zurück. Justins Antwort auf diesen Angriff ist merkwürdig, denn er sagt nur etwas über den ersten Teil von Tryphons Kritik: In den von beiden Seiten angenommenen prophetischen Schriften wird über das Kommen des Messias in zweifacher Weise geredet, erst mit Schmach und in der Zukunft in Herrlichkeit; er argumentiert also von der Lehre der doppelten Parusie des einen Christus her[20]. Aber mit keinem Wort wird das, man möchte fast sagen: tödliche, Argument von Kreuz und Fluch besprochen. Das ist doch erstaunlich! Wie konnte Justin das übergehen? Hat nicht Trypho den Sieg davongetragen?

Dieser Schluß kann selbstverständlich nicht gezogen werden, weil der Dialog vom Christen Justin geschrieben ist. Aber was macht der Jude weiter aus diesem Punkt? Zunächst äußert er nicht – wie man erwarten könnte – etwa folgenden Einwand: »Du hast die Sache des Fluches unbesprochen fallen lassen.« Nein, erst viel später, am nächsten Tag (78,6; 85,4.6)[21], nachdem viele andere Themen und Schriftstellen behandelt sind, bringt Trypho das Problem wieder zur Sprache (c. 89,2). Diese Tatsache ist um so merkwürdiger, als Justin in den Kapiteln zwischen c. 32 und c. 89 des öfteren über das Gekreuzigtsein Jesu spricht[22] und es nahezu naiv, ohne eine Schwierigkeit zu

---

zung des Symmachos: ὅτι διὰ τὴν βλασφημίαν τοῦ θεοῦ ἐκρεμάσθη. Hieronymus, Ad Gal II 3, PL 26,387b teilt eine Übersetzung der Ebioniten mit: ὅτι ὕβρις θεοῦ ὁ κρεμάμενος und auch, daß in dem (verlorenen) Dialog zwischen Jason und Papiskos der Text mit: Λοιδορία θεοῦ ὁ κρεμάμενος wiedergegeben war. Leider erfahren wir nichts über den Zusammenhang.

[18] Justinus, Dial 32, oben S. 486.

[19] Stellen bei Bill. III, 494.

[20] Für diese Lehre bei Justinus, vgl. Apol 52,3; Dial 14,8; 36,1 und viele andere Stellen in tabellarischer Übersicht bei P. L. SCHOONHEIM, Een semasiologisch onderzoek van Parousia, 1953 (Dissertation Utrecht), 57–70.

[21] Noch andere Stellen bei A. L. WILLIAMS, Justin Martyr, The Dialogue with Trypho, 1931, xviiif.

[22] Vgl. die vielen Stellen, wo Justinus von σταυρός und σταυροῦσθαι spricht, bei E. J. GOODSPEED, Index Apologeticus, 1912, 254f.

empfinden, darstellt als ein Faktum, vorhergesagt in der Schrift; aber nirgendwo erwähnt er oder sein Gesprächspartner dabei den Fluch. Dieses Thema wurde auch nicht in dem Teil des Dialogs, der verlorengegangen ist[23], diskutiert, denn in c. 89ff wird es neu aufgenommen und nirgends bemerkt, daß man schon darüber verhandelt hat. Und, wie gesagt, jetzt ist es wieder Trypho, der auf diesen Stein des Anstoßes hinweist.

Trypho hat zugegeben, daß das jüdische Volk den Christus erwartet und daß die von Justin angeführten Schriftstellen sich auf Jesus beziehen. Jedoch, damit ist noch nicht alles geklärt: »Aber daran zweifeln wir[24], ob es notwendig war, daß Christus in so schmachvoller Weise (ἀτίμως[25] οὕτως) am Kreuze starb; denn verflucht ist nach dem Gesetze, wer gekreuzigt wird (ἐπικατάρατος γὰρ ὁ σταυρούμενος ἐν τῷ νόμῳ λέγεται εἶναι). Dies ist also eine Lehre, von der ich mich momentan nicht überzeugen kann. Das ist zwar klar, daß die Schrift einen leidenden Christus (παθητὸν μὲν τὸν Χριστὸν . . . φανερόν ἐστιν) verkündet[26]. Wissen möchten wir aber, ob du auch das beweisen kannst (ἀποδεῖξαι), daß Christus ein im Gesetz verfluchtes Martyrium erleidet (διὰ τοῦ ἐν τῷ νόμῳ κεκατηραμένου πάθους).« (89,2) Hier wird also die Frage ganz genau zugespitzt. An sich ist Trypho bereit, die Auffassung, das *Leiden* des Christus sei in der Schrift vorhergesagt, anzunehmen. Das war natürlich schon eine bedeutsame Konzession, da doch die Lehre von einem leidenden Messias damals noch nicht im Judentum vorkam; man erwartete einen siegreichen König[27]. Aber wenn Trypho hier zustimmt, ist das möglich, weil man diese Auffassung auf einer Linie mit der des leidenden Gerechten sehen konnte[28]. Die Identifikation von diesem Christos-Messias mit Jesus – und das war für die Christen der springende Punkt[29]

[23] Williams, aaO. xviif.

[24] Das Wort ἀποροῦμεν ist typisch für eine wissenschaftlich-philosophische Auseinandersetzung, vgl. Liddell-Scott, aaO. 214, s.v. ἀπορέω 2. Man kann auch übersetzen: »Hier empfinden wir eine Schwierigkeit.« Vgl. später: ἀποδεῖξαι = beweisen.

[25] Vgl. oben S. 487 bei Josephus und unten S. 489.

[26] Auch zugegeben in Dial 36,1. Von Justin wird παθητός sehr oft gebraucht, vgl. Goodspeed, Index, 209 s.v.

[27] Das Material, mit dem diese Sätze zu belegen sind, ist wohlbekannt. Ich zitiere hier nur aus P. Volz, Die Eschatologie der jüdischen Gemeinde im neutestamentlichen Zeitalter, 1934², 228: »Von einem *Leiden* des Messias ist in unserer Periode nicht oder kaum die Rede . . . Im großen ganzen bleibt die Anschauung vom Leiden des Messias auch späterhin vereinzelt. Der Gemeindeglaube hält an der uneingeschränkten Herrlichkeit und Herrscherhoheit des Davididen fest.« Vgl. auch die Übersicht des Materials bei A. S. van der Woude-M. de Jonge, ThWNT IX 500ff, vor allem 512ff.

[28] Zum Thema L. Ruppert, Der leidende Gerechte. Eine motivgeschichtliche Untersuchung zum Alten Testament und zwischentestamentlichen Judentum (FzB 5), 1972.

[29] Vgl. die doppelte Themastellung in Apg 17,3 und meine Bemerkungen dazu: The Purpose of St. John's Gospel (in: Sparsa Collecta I [NT Suppl. 29], 1973, 35–63), 47ff.

– läßt sich jedoch auf diese Weise nicht vollziehen, weil Jesus eben am Kreuz gestorben war, somit unter dem Fluch des Gesetzes stand und unmöglich der Gesalbte Gottes sein konnte.

Jetzt ist Justin also gezwungen zu antworten, aber wieder lenkt er auf die Linie des Leidens zurück mit dem Verweis auf Jes 53. Für ihn ist das klar: »Jeder, der die Worte der Propheten kennt, wird, sobald er hört, Jesus sei gekreuzigt worden, sagen, er ist Christus und kein anderer« (τοῦτον φήσουσιν, οὐκ ἄλλον, εἰ μόνον ἀκούσειαν ὅτι οὗτος ἐσταυρωμένος) (89,3). Damit hat er seine früheren Aussagen wiederholt, aber nicht »bewiesen«, daß Jesus, obwohl er am Kreuz gestorben und deswegen mit dem Fluch belastet ist, doch der Messias ist. Aber so leicht kann er jetzt nicht davonkommen, denn Trypho sagt: Nun gut, er leidet. »Beweisen mußt du uns jedoch, ob er gekreuzigt werden und eines so schmachvollen und ehrlosen, im Gesetze verfluchten Todes sterben sollte (εἰ δὲ καὶ σταυρωθῆναι καὶ οὕτως αἰσχρῶς καὶ ἀτίμως[30] ἀποθανεῖν διὰ τοῦ κεκατηραμένου ἐν τῷ νόμῳ θανάτου, ἀπόδειξον ἡμῖν); denn so etwas können wir uns nicht einmal denken (ἡμεῖς γὰρ οὐδ' εἰς ἔννοιαν τούτου ἐλθεῖν δυνάμεθα).« (90,1)

Justin kann nach dieser erneuten Fragestellung nicht umhin, auf diesen Punkt einzugehen. Vor seiner Antwort jedoch schaltet er eine Zwischenbemerkung ein über etwas, das Trypho auch zugegeben hat: »daß die Propheten alles, was sie sprachen und wirkten, in Gleichnissen und Typen offenbart haben (παραβολαῖς καὶ τύποις ἀπεκάλυψαν[31]), so daß das meiste nicht von jedem leicht erkannt wird. Die darin liegende Wahrheit haben sie verborgen, damit der, welcher sie finden und wissen will, sich anstrenge.« (90,2) Über dieses hermeneutische Prinzip[32] hat man sich in 68,6–7 geeinigt, und das wird hier noch einmal bestätigt. Für Justin ist damit der Hebel gegeben, um den Stein des Anstoßes aus dem Wege zu schaffen, denn: »Moses war nämlich der erste, welcher durch die Zeichen, welche er tat, diesen anscheinenden Fluch von Ihm offenbarte« (πρῶτος ἐξέφανεν αὐτοῦ ταύτημ τὴν δοκοῦσαν κατάραν δι' ὧ ἐποίησε σημείων). (90,3)[33] Die Taten von Moses waren also

[30] Vgl. oben S. 486 und S. 488.

[31] Die Übersetzung von HAEUSER (aaO. 149): »in Gleichnissen und Typen verhüllten« ist unrichtig; denn was Justin sagt ist dies, daß die Propheten des Alten Bundes Offenbarungen gegeben haben, aber nicht direkt, sondern indirekt in Typen und Gleichnissen, die nur für die Einsichtigen verständlich waren. Deshalb soll man nach Einsicht streben.

[32] So auch bei Tertullianus, Adv. Judaeos 10,5.

[33] Die deutsche Übersetzung von HAEUSER (aaO. 149) hat hier den Sinn nicht richtig wiedergegeben: »Moses war nämlich der erste, welcher durch Symbole zu erkennen gab, was von dem Fluche, den er verhängt, zu halten ist.« G. ARCHAMBAULT, Justin, Dialogue avec Tryphon, 1909, Bd. II, 83: »C'est Moise le premier qui, par les signes qu'il a donnés, promulgue ce qui pa-

Zeichen, menschliche Hinweise auf die Wirklichkeit Gottes[34]. Gerade der in dieser Antwort für Justins Anschauung bezeichnende Begriff δοκοῦσαν wirkt wohl zunächst erstaunlich. Was ist gemeint mit dem, was nur ein Fluch zu sein *scheint*?

Im Laufe seiner Darlegung wird Justin das genauer erklären (vgl. vor allem 95,2). Erst gibt er auf Wunsch von Trypho einige Beispiele solcher »Zeichen«: Moses, der seine Arme ausstreckte im Kampf gegen die Amalekiter (Ex 19,7ff)[35]; Segen des Moses über Joseph (Dtn 33,13ff), wobei das Einhorn als Kreuzeszeichen genannt wird[36]; Schlange in der Wüste (Num 21,9, vgl. Joh 3,14ff). Durch diese Handlungen und Worte ist Segen gekommen auf Israel und die Völker.

Dabei hat Justin noch nicht über den Fluch gesprochen. Er hat die andere Seite des Kreuzes gezeigt, nämlich den Segen, den man im recht verstandenen Alten Testament angezeigt findet. Deshalb formuliert er noch einmal seine hermeneutische Grundlage: »Wenn nun einer nicht mit Hilfe der großen Gnade Gottes imstande ist, das, was von den Propheten gesagt und getan ist, zu verstehen, so wird es ihm nichts nützen, daß er scheint, die Worte und Taten herzusagen (τὸ τὰς ῥήσεις δοκεῖν λέγειν ἢ τὰ γεγενημένα), wenn er darüber nicht auch Rechenschaft geben kann. Werden denn nicht diese Worte und Taten, wenn sie von Leuten, die sie nicht verstehen, hergesagt werden, dem großen Haufen[37] geradezu verachtungswürdig erscheinen?« (εὐκαταφρόνητα δόξει τοῖς πολλοῖς) (92,1). In dieser Aussage treffen wir auf das zweimalige δοκεῖν-δόξει. Wenn die Worte und Taten der Propheten in ih-

raît comme sa malédiction«; das ist m. E. die richtige Wiedergabe. WILLIAMS (aaO. 192) faßt αὐτοῦ als einen Verweis auf Christus auf: »For Moses was the first to exhibit this apparent curse of Him by the typical acts he performed«; das wäre grammatisch natürlich möglich, aber in dem Zusammenhang äußerst unwahrscheinlich. – Für ἐκφαίνω = offenbaren, vgl. LIDDELL-SCOTT, aaO. 524 s. v.

[34] Für den Gebrauch von σημεῖον bei Justin, vgl. die angegebenen Stellen bei GOODSPEED, Index, 251 s. v.

[35] Seit Barn 12,2–3 wird diese Geschichte gerne in diesem Sinne verwendet, vgl. H. WINDISCH, Der Barnabasbrief (HNT Erg. Bd. 3), 1920, 369–370; auch von Justin, Dial 91,3; 97,1; 111,1f; 112,2. – Justinus bemerkt noch dazu, daß Moses auf einem Stein = Christus saß, vgl. dazu auch Dial 70,1; 76,1; 86,3 und R. HARRIS, Testimonies, 1916, Bd. I, 29ff.

[36] Justin sagt, »daß die Hörner des einhörnigen Rindes einzig und allein den Typus auf das Kreuz darstellen. Denn der eine Balken (des Kreuzes) ist senkrecht, und auf ihm liegt, wenn der andere Balken angefügt ist, der obere Teil quer herüber wie ein Horn; die beiden Arme (des Querbalkens) sehen aus, wie wenn zwei Hörner zu einem einzigen verbunden wären. Der Holzpflock, welcher in der Mitte (des senkrechten Balkens) befestigt ist und auf welchem die Gekreuzigten sitzen, tritt ebenfalls wie ein Horn hervor« (91,2). Also ein sehr anschauliches Bild von einem Kreuz.

[37] Nicht nur »die meisten«, sondern οἱ πολλοί in der geringschätzigen Weise, in der die Verbindung sehr häufig in der griechischen Literatur gebraucht wird.

rem rechten, von Gott gemeinten Sinne verstanden werden, zeugen sie von einer anderen, göttlichen Wirklichkeit als es den Anschein hat für den großen Haufen. Justin schließt sich in dieser Betrachtung der im Altertum so weit verbreiteten »allegorischen« Interpretation an.

Dann folgt in 92,2–93,4 ein langes Zwischenstück, in dem Justin »um derentwillen, welche erst heute gekommen sind«[38] wiederholt, was er früher schon gesagt hat, nämlich daß die jüdischen Gesetze dazu dienen, das Volk von dem Götzendienst und der Ungerechtigkeit abzuhalten. Jesus Christus hat das doppelte Liebesgebot gegeben, und das haben die Juden übertreten: sie waren Götzendiener, haben selbst den Christus getötet und verfluchen diejenigen[39], »welche beweisen (ἀποδεικνύντων s. oben, S. 488), daß der von euch gekreuzigte Jesus der Christus ist«. Und dann kommt Justin plötzlich zum Entscheidenden: »Nicht genug, ihr wollt sogar dartun (ἀποδεικνύναι), daß Jesus gekreuzigt wurde, weil er ein Feind Gottes und ein Verfluchter gewesen sei (ὡς ἐχθρὸν θεοῦ καὶ κατηραμένον . . . ἐσταυρῶσθαι), während doch die Kreuzigung ein Werk eures Unverstandes ist. Denn obwohl die durch Moses gegebenen Zeichen euch die Erkenntnis nahelegen, daß er der Christus ist, wollt ihr nicht Verstand annehmen.« Sie möchten gerne mit den Christen disputieren und wähnen, sie leicht zum Schweigen zu bringen, während sie selbst um Argumente verlegen sind, wenn sie einem geschulten Christen begegnen[40] (93,4–5).

Als Beispiel und Beweis für diese These führt Justin die Geschichte von der ehernen Schlange (Num 21,8ff) an: Die von Schlangen gebissenen Israeliten baten um Vergebung, und auf den Befehl Gottes richtete Moses das Bild einer Schlange auf, damit sie dahin aufblickten und gerettet würden. Seit Joh 3,11ff und vor allem Barn 12,5ff ist diese Geschichte ein berühmter Typ für Tod

---

[38] Vgl. oben S. 488.

[39] Justin sagt, daß sie »bis jetzt in ihrer Ungerechtigkeit verharren« καταρωμένους καὶ τῶν τοῦτον τὸν ἐσταυρωμένον ὑφ' ὑμῶν ἀποδεικνύντων εἶναι τὸν Χριστόν. Über diesen Fluch, s. unten S. 497.

[40] Griechischer Text: ἡμᾶς ἀλογεῖν δύνασθαι ὑπολαμβάνοντες, συζητεῖτε ὅπερ ὑμῖν συμβαίνει, καὶ ὑμεῖς ἀπορεῖτε λόγων, ὅταν εὐτόνῳ τινὶ Χριστιανῷ συμβάλητε. – HAEUSER (aaO. 155) hat eine andere Übersetzung: »Welche Frage immer euch gerade in den Sinn kommt, die stellt ihr an uns und meint, wir seien es, die in Verlegenheit geraten könnten, während doch ihr die Sprache verliert, sobald ihr mit einem geschulten Christen zusammentrefft.« – Das Verbum ἀλογεῖν ist hier schwierig, denn die Bedeutungen: »to pay no regard«, »to be unreasonable«, »to be out of one's senses« (so LIDDELL-SCOTT, aaO. 72 s.v.), passen hier nicht; von G. W. H. LAMPE (A Patristic Greek Lexicon, 1961, 78 s.v.) wird vorgeschlagen: »deprive of arguments«, »make at a loss«, aber die einzige Belegstelle ist eben dieser Justintext. Natürlich besteht hier eine Gegenüberstellung zwischen ἀλογεῖν und ἀπορεῖν λόγων, wobei das erste Wort das stärkere ist.

und Wirken Jesu[41]. Wie bei Barnabas wird auch bei Justin, der diesen »Brief« wohl gekannt hat[42], hier eine Schwierigkeit aufgedeckt: Steht dieser Befehl Gottes nicht im Widerspruch zu dem Bilderverbot (Ex 20,4)? Darin wird ihm zugestimmt von einem jüdischen Hörer, der sagt, daß er niemals eine befriedigende Antwort von seinen Lehrern bekommen hat und daß dadurch die Lehren der Propheten in Mißkredit kommen[43] (94,4). Die Lösung liegt für Justin im »Mysterium«, das Gott hierdurch verkündigt hat: Vernichtung der Kraft der Schlange, die Adam verleitet hat, und Erlösung von den Schlangenbissen (= Götzendienst und anderes Unrecht) für »diejenigen, welche an Jesus glauben, welcher durch dieses Zeichen (vgl. oben, S. 490), das Kreuz, sterben wollte« (94,2). Und dann ist der Schluß, den Justin zieht, dieser: »Gleichwie nun Gott trotz des Befehles, die eherne Schlange, also ein Bild, zu errichten, nicht Anlaß zu einer Beschuldigung gibt[44], so ist nunmehr auch trotz des im Gesetz über die Gekreuzigten ausgesprochenen Fluches doch der Fluch nicht über den Christus Gottes verhängt; denn durch Christus erlöst Gott alle, welche Fluchwürdiges begangen haben« (οὐκ ἔτι δὲ καὶ κατὰ τοῦ Χριστοῦ τοῦ θεοῦ κατάρα κεῖται, δι'οὗ σώζει πάντας τοὺς κατάρας ἄξια πράξαντας) (94,5).

Eigentlich fallen alle Menschen, so führt Justin weiter aus, sowohl Juden als auch Heiden[45] unter den Fluch des Gesetzes, wobei er auf Dtn 27,26 hinweist: 'Επικατάρατος γὰρ εἴρηται πᾶς ὃς οὐκ ἐμμένει ἐν τοῖς γεγραμμένοις ἐν τῷ βιβλίῳ τοῦ νόμου τοῦ ποιῆσαι αὐτά.

Und dann folgt die Aussage, die der Kern seiner Darlegung ist: Nach dem Willen des Vaters des Alls (oder: aller Menschen)[46] – das Epitheton scheint

---

[41] Vgl. dazu den Kommentar von WINDISCH, aaO. 370f. – Justin verwendet die Geschichte auch in Dial 91,4; 112,1. Jüdisches Material bei Bill. II, 425f.

[42] WINDISCH, aaO. 307: »Wahrscheinlich ist indes Barn schon von Justinus M. . . . gelesen und benutzt worden.« Die Übereinstimmung ist tatsächlich sehr auffallend.

[43] Text: δι'ὧν καὶ τὰ τῶν προφητῶν διδάγματα συκοφαντητά ἐστι. – Im jüdischen Material bei Bill. (s. Anm. 41) findet sich keine Spur von dieser Schwierigkeit. Man könnte bei dieser Anklage an Marcioniten denken, aber bei A. MARMORSTEIN, The Background of the Haggadah, Part I: Marcion and the Jewish Religion (in: Studies in Jewish Theology, 1950, 1–47) wird diese Schwierigkeit nicht erwähnt.

[44] Gott ist ἀναίτιος, auch schon in der Fragestellung: ἀναίτιος ἀδικίας. Vgl. Plato, Republ x 716 E.

[45] Text Dial 95,1: εἰ δὲ οἱ ὑπὸ τὸν νόμον τοῦτον ὑπὸ κατάραν φαίνονται εἶναι, διὰ τὸ μὴ πάντα φυλάξαι, οὐχὶ πολὺ μᾶλλον πάντα τὰ ἔθνη φανήσονται ὑπὸ κατάραν ὄντα, καὶ εἰδωλολατροῦντα καὶ παιδοφθοροῦντα καὶ τὰ ἄλλα κακὰ ἐργαζόμενα;

[46] Griechischer Text: ὑπὲρ τῶν ἐκ παντὸς γένους ἀνθρώπων ὁ πατὴρ τῶν ὅλων τὰς πάντων κατάρας ἀναδέξασθαι. Die Umschreibung für Gott: πατὴρ oder ποιητὴς τῶν ὅλων findet sich bekanntlich sehr häufig bei Justin, vgl. GOODSPEED, Index, 189 s. v.; der Genitiv ist natürlich doppeldeutig: masc. oder neutr. Meistens wählt man letzteres in der Wiedergabe; jedoch scheint

mir in diesem Zusammenhang mit deutlicher Absicht gewählt – hat sein Christus durch Kreuzigung und Tod für die Menschen den Fluch auf sich genommen, und dabei wußte Gott (im voraus), daß er ihn auferwecken würde. Deshalb besteht auch kein Anlaß, ihn, »der dem Willen des Vaters entsprechend erduldete, das zu leiden«, als einen Verfluchten zu betrachten (95,2)[47]. Das bedeutet aber nicht, daß die Juden hier einen Grund zur Entschuldigung finden könnten, als hätten sie Gottes Beschluß ausgeführt, so daß »durch seine Striemen Rettung« für das menschliche Geschlecht zustande kam (dieser Verweis auf Jes 53,5 ist für Justin Kronzeuge für das Resultat der Passion, Dial 17,1; 137,1; vgl. Dial 13,2–9; Apol 50,3–11). Wenn sie das aussprechen mit Buße und Anerkennung Christi, werden sie Vergebung empfangen (vgl. Dial 44,4; 47,2). Falls sie jedoch fortfahren, Christus und die an ihn Glaubenden zu verfluchen und wenn möglich zu töten, dann wird der Tod Jesu an ihnen als Sündern und Verständnislosen gerächt werden (95,4).

Was ist dann die Bedeutung dieses Textes im Gesetz: »Verflucht ist jeder, der am Holze hängt«? Mit diesen Worten: 'Επικατάρατος πᾶς ὁ κρεμάμενος ἐπὶ ξύλου wird zum ersten Male der Text von Dtn 21,23 vollständig zitiert (vgl. auch 89,2 ἐπικατάρατος . . . ὁ σταυρούμενος), aber nicht in der Version der Septuaginta: ὅτι κεκατηραμένος ὑπὸ θεοῦ πᾶς κρεμάμενος ἐπὶ ξύλου. In den anderen Stellen wird darauf nur angespielt. Es ist merkwürdig, daß Justins Lesart genau mit der des Paulus, Gal 3,13, übereinstimmt. Beide sind einig im Gebrauch von ἐπικατάρατος, der wohl feststeht durch 89,2, und noch auffallender durch die Fortlassung der Worte »durch Gott«[48]. Diese längere Lesart kann Justin nicht gekannt haben, weil er niemals versucht, sie in irgendeiner Weise zu »erklären« (Trypho hat ihn auch niemals dazu aufgefordert!) und sie sogar, wie wir sehen werden, expressis verbis verwirft. Ist Justin hier abhängig von Paulus? Smit Sibinga hat den Sachverhalt ausführlich besprochen, konnte aber nicht weiter kommen als zu der Erklärung: »the evidence is indecisive«[49]. M. E. ist doch die Möglichkeit zu er-

---

mir HAEUSER (aaO. 157) recht zu haben, wenn er hier »Vater aller« übersetzt, weil der Zusammenhang das nahelegt.

[47] Griechischer Text Dial 95,2: ὡς κεκατηραμένου τοῦ ὑπομείναντος κατὰ τὴν τοῦ πατρὸς βουλὴν ταῦτα παθεῖν . . . ὁ πατὴρ αὐτοῦ καὶ αὐτὸς παθεῖν ταῦτα αὐτὸν ὑπὲρ τοῦ ἀνθρωπείου γένους ἐνήργησεν . . .

[48] Vgl. J. SMIT SIBINGA, The Old Testament Text of Justin Martyr, I: The Pentateuch, 1963, 97 Anm. 1–2 über die Fortlassung von ὑπὸ θεοῦ. Er bemerkt sehr richtig, daß Targumim und syrischer Text »seem to avoid the idea that God is the one who curses or is cursed« (sie lesen: vor Gott). Er hat ganz recht, wenn er die Auffassung von WILLIAMS (aaO. 202 Anm. 1) bestreitet, der meint, Justin habe doch die zwei Worte in seinem Text gelesen, wie aus dem Zusammenhang hervorgehe.

[49] SMIT SIBINGA, aaO. 96–99; das Zitat 98.

wägen, daß es im griechischen Judentum eine Verfluchungsliste im Anschluß an Dtn 27,15ff gegeben hat, in der auch dieser Text aufgenommen war[50] (vgl. auch die Formel in Dtn 28,6ff). Wohl gehörte das Wort zum Gesetz (Gottes, fügt Trypho [Dial 32,1] hinzu), aber wie war es gemeint? Für Justin ist das Wort nicht Hindernis oder Belastung für den Glauben an Jesus als Messias, sondern eine Stärkung für die Hoffnung der Christen, die vom Gekreuzigten abhängt (beachte das Wortspiel: ὁ κρεμάμενος . . . ἐλπίδα ἐκκρεμαμένην). Es ist nicht so, als spräche Gott den Fluch aus über diesen Gekreuzigten (οὐχ ὡς τοῦ θεοῦ καταρωμένου τούτου τοῦ ἐσταυρωμένου), sondern Gott hat in diesem Worte vorausgesagt, was die Juden und ihre Genossen tun würden, die das ewige Wesen dieses Gekreuzigten nicht durchschauten[51]. Und jetzt sieht man die Erfüllung dieser Prophetie, weil die Juden die Christen verfluchen, und die übrigen Völker diesen Fluch wirksam machen (96,1–2). Die Christen jedoch verleugnen den Namen Christi nicht, sondern ziehen es vor, getötet zu werden »in der Überzeugung, daß Gott uns durch Christus all das Gute, das er versprochen hat, geben wird«. Und nicht nur das, sie beten sogar für ihre Feinde[52], wie Christus sie gelehrt hat. Dabei werden Worte angeführt, die stark an Lk 6,35f; Mt 5,45 erinnern, damit allerdings nicht identisch sind[53] (96,3). Dabei fällt besonders auf, daß Justin nicht, wie man erwarten möchte, Lk 6,28 zitiert: εὐλογεῖτε τοὺς καταρωμένους ὑμᾶς (in Mt 6,44 var.), denn dieses Wort Jesu wäre doch sehr »to the point«! Ich muß bekennen, daß ich mir diese merkwürdige Tatsache, die bei Bellinzoni u.a. nicht besprochen wird, nicht anders erklären kann, als durch die Annahme, daß Justin den Text des gesonderten Lukas-Evangeliums nicht gekannt hat.

Schließlich spricht Justin noch ganz kurz über eine Bestimmung dieses Gesetzes: ταφῇ θάψετε ἐν τῇ ἡμέρᾳ ἐκείνῃ. Er zitiert sie nicht wortwörtlich, aber spielt darauf an in 97,1 (μέχρις ἑσπέρας)[54]. In der evangelischen Leidensgeschichte wird erzählt, daß Jesus vor Tagesende vom Kreuz abgenommen war und das Petrusevangelium hat diese Tatsache noch unterstrichen mit dem ausdrücklichen Zitat von Dtn 21,23[55]. Justin sieht das prophetisch vor-

---

[50] Solch eine Liste z.B. auch in Bill. IV 1,309ff.

[51] Griechischer Text Dial 96,1: μὴ ἐπισταμένων τοῦτον εἶναι τὸν πρὸ πάντων ὄντα καὶ αἰώνιον τοῦ θεοῦ ἱερέα καὶ βασιλέα καὶ Χριστὸν μέλλοντα γίνεσθαι.

[52] Vgl. auch Dial 133,6.

[53] Vgl. die Diskussion dieses Verhältnisses bei A. J. BELLINZONI, The Sayings of Jesus in the Writings of Justin Martyr (NT. Suppl. 17), 1967, 8–14.

[54] Auch bei Philo, Spec Leg III 152 und Josephus, Ant IV 202 ist das unterstrichen.

[55] Vgl. Mt 27,57 parr. und EvPetr 5,15 und 23, wo dieser Termin eine große und wohl apologetisch notwendige Rolle spielt, vgl. L. VAGANAY, L'Évangile de Pierre (EtB), 1930², 209f, 215f und J. DENKER, Die theologiegeschichtliche Stellung des Petrusevangeliums, 1975, 76.

gebildet in der Mosesgeschichte, die er schon des öfteren als Andeutung des Kreuzes gebraucht hat (s. oben, S. 489f): in Ex 17,12 wird gesagt, daß Moses segnend seine Hände ausbreitete und so Israel den Sieg brachte, ἕως δυσμῶν ἡλίου. Auch in dieser Hinsicht besteht die Entsprechung zwischen Prophetie und dem Leben Jesu.

Danach zitiert Justin noch eine Anzahl von Stellen aus den Psalmen und Jesaja, die auf Leiden, Kreuz und Auferstehung abzielen (Ps 3,5f; Jes 65,2; 57,2; 53,9) und die zum traditionellen christlichen Schriftbeweis gehören (97,1–2). Diese Texte werfen kein Licht auf das uns hier beschäftigende Problem und müssen deshalb ebenso außer Betracht bleiben wie die daran anschließende, sehr ausführliche Auslegung von Ps 21(22) (97,3–106,3). Noch einmal kommt er ganz kurz in einer thesenartigen Zusammenfassung auf das Problem zurück in Dial 111,2: »Unser Christus also, der gelitten hat und gekreuzigt wurde, ist nicht durch das Gesetz verflucht, sondern er machte deutlich, daß er allein diejenigen retten wird, welche von dem Glauben an ihn nicht abfallen« (wieder im Anschluß an die Geschichte aus Ex 17, vgl. auch 112,3)[56].

Justin wurde von seinem Opponenten herausgefordert, die schwierige Frage zu beantworten, wie die Kreuzigung Jesu, den die Christen als ihren Herrn und Heiland (93,2), als Christus bekennen, sich reimen läßt mit der Verfluchung aus Dtn 21,23, denn das Faktum der Kreuzigung war nicht zu leugnen und wurde nicht geleugnet. Wir haben gesehen, daß er in 32,1 die Anfrage zu überhören scheint (S. 487). War er damit in die Enge getrieben?

---

[56] Hierzu sei noch verwiesen auf Dial 137,1–2: μὴ δή, ὦ ἀδελφοί, κακόν τι εἴπητε εἰς ἐκεῖνον τὸν ἐσταυρωμένον, μηδὲ χλευάσητε αὐτοῦ τοὺς μώλωπας, οἷς ἰαθῆναι πᾶσι δυνατόν, ὡς καὶ ἡμεῖς ἰάθημεν . . . 2 συμφάμενοι οὖν μὴ λοιδορῆτε ἐπὶ τὸν υἱὸν τοῦ θεοῦ, μηδὲ Φαρισαίοις πειθόμενοι διδασκάλοις τὸν βασιλέα τοῦ Ἰσραὴλ ἐπισκώψητέ ποτε, ὁποῖα διδάσκουσιν οἱ ἀρχισυνάγωγοι ὑμῶν, μετὰ τὴν προσευχήν.

Diese letzten Worte »»*nach* dem Gebet«« sind »eine singuläre Angabe des Justin« (so A. HARNACK, Judentum und Judenchristentum in Justins Dialog mit Trypho [TU 39], 1913, 80; auch HAEUSER, aaO. 223, Anm. 5). Harnack fügt hinzu: »der aber gewiß auch etwas Tatsächliches zugrunde liegen wird«. Dabei ist nicht die »Verfluchung über die Minim« (s. unten S. 497) gemeint, da diese, wie schon E. SCHÜRER (Geschichte des jüdischen Volkes im Zeitalter Jesu Christi, 1907[4], Bd. II, 544 Anm. 161) bemerkt, nicht *nach*, sondern *in* dem Gebet ausgesprochen wurde. Dabei ist deutlich an Unterweisung (διδάσκουσιν) gedacht, die auch einen festen Bestandteil des Gottesdienstes in der Synagoge ausmachte. Die »Lehrer« der Juden werden in diesem Dialog des öfteren erwähnt (vgl. HARNACK, aaO. 55ff), z. B. wie sie ihre Exegese von »messianischen« Texten geben und der christlichen Bedeutung, wie sie von Justin vorgetragen wird, widersprechen. Es ist verständlich, daß in der Zeit, in der die Auseinandersetzung zwischen Juden und Christen noch so intensiv war, wie man sie in diesem Dialog widergespiegelt sieht, auch die Juden das Bedürfnis hatten, die Anhänger ihrer Religion gegen die Argumente der Christen zu wappnen. Es versteht sich auch, daß Justin dies als Spott und Verhöhnung betrachtet.

Hatte er keine Lust, darüber zu diskutieren? Diese Fragen müssen offen bleiben, weil keine Andeutung auf Justins Reaktion im Text vorliegt. Wenn jedoch Trypho später auf diesen Punkt zurückkommt, gibt Justin ausführlich Auskunft mit der Schlußfolgerung: »Unser Christus ist nicht vom Gesetz verflucht; er ist am Kreuz gestorben, um Heil zu schaffen«.

Wir sind ihm bewußt auf den verschlungenen Wegen seiner Argumentation gefolgt. Es könnte zuweilen den Anschein haben, als verliere er sein Ziel aus dem Auge, aber bei näherem Zusehen ist das nicht der Fall. Seine Beweisführung ist von einer Gesamtanschauung getragen. Die Antwort auf die aufgeworfene und entscheidende Frage war nicht leicht zu geben, denn die Christen hatten die klaren Schriftworte gegen sich.

Es ist merkwürdig, daß in der Vergangenheit diesem Teil der Disputation so wenig Aufmerksamkeit geschenkt worden ist. Denn im Kreuz lag die wesentliche Crux! Für Justin und seine Zeitgenossen war die Kreuzesfrage nicht ein Stück des christlichen Lehrgebildes, sondern eine sehr existentielle Frage. Ich habe oft den Eindruck, daß man als Christ so daran gewöhnt ist, daß Jesus am Kreuz gestorben ist, daß man nicht mehr das Skandalon verstehen kann, das hier vorlag.

Wir sollten bedenken, daß für Justin und seine Zeitgenossen der Fluch an sich eine schreckliche Realität bedeutete, nicht nur für Juden und Christen, sondern auch für ihre »heidnischen« Mitbürger[57]. Es wäre falsch anzunehmen, daß der Fluch im 2. Jahrhundert zu einer »primitiven« Kulturstufe gehörte und nicht mehr in seiner Kraft empfunden wurde[58]. Dieser Fluch hatte soziale Folgen, aber vor allem bedeutete er ein elendes Leben und einen schrecklichen Tod; für Juden und Christen eine bleibende Trennung von Gott, dem Lebensspender (und Gott war für sie nicht eine Idee oder Chiffre!). Nur Buße und Versöhnung konnten diese Scheidung aufheben; das aber ist nach dem Tode nicht mehr möglich.

Wenn also Trypho und Justin sich mit diesem Problem auseinandersetzen, geht es um viel mehr als um eine rein exegetische oder historische Frage. Das Leben mit Gott stand auf dem Spiel. Es handelt sich nicht um eine kleine Differenz zwischen religiösen Gemeinschaften, sondern um einen »articulus stantis aut cadentis ecclesiae«. Den *leidenden* und gestorbenen Messias kann Trypho eventuell wohl annehmen, aber nicht den *gekreuzigten* = verfluch-

---

[57] Vgl. den ausführlichen Artikel von W. SPEYER, RAC VII 1160–1288.

[58] M. E. ist das falsche Bild entstanden, weil wir als aufgeklärte Menschen die Bedeutung des Fluches nicht mehr kennen und mitempfinden können. Außerdem müssen wir uns bewußt sein, daß die uns zur Verfügung stehenden Quellen aus dem Altertum lückenhaft sind und oft aus bestimmten gesellschaftlich »höheren« Kreisen stammen.

ten. Und für Justin hat eben dieser Messias den Fluch zunichte gemacht und die Verbindung mit Gott, die Rettung, hergestellt!

Und schließlich kommt noch hinzu, daß dieser Fluch über Jesus durch die Juden nicht nur ein Faktum ist, das sich auf eine historische Person bezieht, sondern sich auch gegen die Christen in der Gegenwart richtet. Immer wieder kommt Justin darauf zu sprechen, daß die Juden in ihren Synagogen die Christen verfluchen[59]. Es fällt auf, daß diese Tatsache in unserem Passus dreimal erwähnt wird und daß dabei auch gesagt wird, wie dieser Fluch Konsequenzen für das Leben der Christen hatte, da die Heiden das Urteil vollstreckten. Wir haben also nicht zuviel gesagt, als wir betonten, daß es sich hier für Justin um eine sehr existentielle Frage handelt!

Wie hat Justin diesen Stein des Anstoßes in Dtn 21,23 beseitigt? Das Wort steht – das ist klar – im Gesetz, aber wir haben schon bemerkt (s. oben, S. 493), daß Justin in seinem Text nicht die Worte »von Gott« las. Diese Lesart, die wir auch bei Paulus finden[60], wurde auch von Trypho akzeptiert, weil er daran nichts auszusetzen hat. Das bedeutet eine wesentliche Erleichterung, die er sich – das sollte man wohl bedenken – nicht selbst geschaffen hat, sondern vorfand.

Jedoch stand das Fluchwort über den Gekreuzigten im Gesetz. Deshalb ist Justins Auffassung des alttestamentlichen Gesetzes von Wichtigkeit und das große Zwischenstück in c. 91–92 nicht eine Abschweifung, sondern ein notwendiges Glied in der Argumentation. Hier wird das Gesetz als Mittel gesehen, um den Götzendienst und andere Sünden abzuwehren und Israel im Gehorsam Gott gegenüber zu halten. Aber daneben gilt noch ein anderer und wichtigerer Gesichtspunkt: das Gesetz ist von Moses, dem Propheten, gegeben worden, und wie alle Bücher der Propheten ist es voll von Typen und Geheimnissen, die in verhüllender Form die Wahrheit enthalten; nur Menschen, die ernsthaft suchen, werden sie finden und die Geheimnisse verstehen. Im Anschluß an die christliche Tradition sieht Justin an verschiedenen Stellen das Kreuz als Zeichen von Segen und Heil angesprochen, wobei vor allem die Geschichten von Moses Sieg über Amalek und von der ehernen Schlange für ihn wertvoll sind.

In dieser Weise wird das, was im Gesetz steht, nicht abrogiert, sondern in eine neue Beleuchtung gerückt. So soll sein Wort vom »scheinbaren Fluch«

---

[59] S. Dial 16,4; 47,4; 93,4; 95,4; 96,2; 108,3; 117,3; 123,6; 133,6. – Justin spricht hier von der Birkat-ha-Minim, die wohl am Ende des 1. Jahrhunderts im Gebet Schemone-Ezre aufgenommen war. Vgl. SCHÜRER, aaO. Bd. II, 544 Anm. 16 und K. G. KUHN, Achtzehngebet und Vaterunser und der Reim, 1950, 18–21.

[60] Vgl. auch S. 493f. für die Auffassung der Rabbinen.

verstanden werden (s. oben, S. 490f). Das ist natürlich nicht »doketisch« gemeint, noch ist es ein Scheinfluch. Das δοκεῖν gilt aber nur für die Menschen, die den Sinn des Gesetzes und Gottes Wirklichkeit nur von außen sehen, aber nicht zum wirklichen Verständnis der Bedeutung gekommen sind. Hier in Dtn 21,23 spricht nicht Gott den Fluch, sondern er prophezeit, daß die Juden Jesus und die Christen verfluchen werden.

Durch das Kreuz wird der Fluch weggenommen, wie die Geschichte von der ehernen Schlange lehrt. Darin zeigt sich auch, wie Gott seine eigenen Wege geht. Menschen denken, der Gekreuzigte sei verflucht, aber Gott wußte im voraus, daß er seinen Sohn auferwecken würde. Denn für Justin und seine Mitchristen ist natürlich Jesu Tod nicht das Ende; sie wußten durch die Erinnerungen der Apostel auch von der Auferstehung, und die war unlöslich mit der Kreuzigungsgeschichte verbunden, ein sicheres Zeichen, daß Jesus *nicht* durch den Kreuzestod von Gott auf ewig geschieden war. Im Gegenteil!

In diesem Zusammenhang ist natürlich c. 95,1–2 von höchster Wichtigkeit. Hier führt Justin an Hand von Dtn 27,26 aus, daß *alle* Menschen unter dem Fluch stehen: die Juden, weil sie das Gesetz nicht genau innehalten, die Heiden wegen ihrer Abgötterei und anderer Sünden. Dies ist die Realität, und damit ist auch der Fluch eine Wirklichkeit. Weil Christus anders ist als alle Menschen, weil er ewig verbunden ist mit Gott, deshalb konnte er diese schreckliche Wirklichkeit auf sich nehmen zugunsten von allen (ὑπέρ zweimal!)[61], denn ihm konnte der Fluch nicht beikommen; somit ist seine Wirksamkeit gebrochen. Die Juden verstehen das nicht, aber wenn sie den Christus Jesus anerkennen, werden sie Vergebung empfangen. Trotzdem beharren sie bei ihrer Haltung und verfluchen Christus und seine Jünger.

Vor allem in diesem letzten Passus weist Justin deutliche Parallelen mit Paulus in Gal 3,10ff auf, sowohl in den Schriftstellen und ihrer Verbindung als auch im Gebrauch von ὑπέρ. Jedoch gibt es auch bestimmte Unterschiede: der Kontext ist anders, denn bei Justin steht nicht die Rechtfertigung im Mittelpunkt, sondern durch die Frage seines Kontrahenten der Fluch des Kreuzes. Justin hat die Wirkung von Dtn 27,26 nicht nur auf die Juden, sondern auf Juden und Heiden bezogen – er sagt nicht, daß Jesus »zum Fluch geworden ist«, sondern daß er ihn auf sich genommen hat, und das bedeutet hier etwas anderes, denn das Kreuz schien den Verständnislosen ein Fluch. Justin bringt Tod und Auferstehung hier zusammen und spricht nicht nur vom Tod. M. E. kann man nicht sagen, daß Justin von Paulus »abhängig« ist;

[61] W. BAUER, WB 1658–1659 s. v.

beide sind einer Tradition verpflichtet, die hervorgegangen ist aus der Diskussion mit den Juden über die Beziehung zwischen der Tatsache des Kreuzes Jesu, seiner Messianität und dem Wort aus Dtn 21,23, das natürlich so ausgezeichnet polemisch gegen die Christen zu verwenden war.

Das »Signum Crucis« war für Justin nicht ein blasses Symbol, sondern ein wirkliches Zeichen dafür, daß die Realität des Fluches, der auf der Menschheit lastet, durch den Messias Jesus gebrochen und ein neues Leben mit Gott geschenkt ist. Daraus hat er gelebt, das hat er gelehrt, und dafür hat er sein Leben geopfert als Zeuge: Justinus Martyr.

Zu 1Kor 2,1–16[1]

Ulrich Wilckens

1. Stellung im Kontext und Disposition

1.1 Unser Abschnitt hängt eng mit den voranstehenden Ausführungen in 1,18ff zusammen; und in diesen wiederum begründet Paulus inhaltlich seine Warnung vor den Spaltungen in der Gemeinde (1,10–16). In 1,17 vollzieht er den Übergang.

Daß die Erörterung über den Gegensatz zwischen menschlicher und göttlicher Weisheit mit der Warnung vor den Spaltungen sachlich zusammengehört, zeigt sich auch in der Fortsetzung in 3,1–3, wo Paulus in 3,3 zu dem Thema ζῆλος καὶ ἔρις zurückkehrt. Am Beispiel des Verhältnisses zwischen seinem eigenen Wirken zum Aufbau der Gemeinde und dem nachfolgenden Wirken des Apollos in Korinth (vgl. 1,12) sucht er deutlich zu machen, daß es die eine Gemeinde als Gottes Tempel ist, an deren Bau beide Apostel je zu ihrem Teil beizutragen haben. Darum vergreift sich am Werk Gottes, wer die Einheit der Gemeinde zerstört (3,16f). In 3,18–23 faßt Paulus daraufhin die ganze Erörterung zusammen, indem er die Weisheits-Thematik direkt mit der Gruppen-Situation in Korinth verklammert. Der Anspruch jedwedes Menschen auf Weisheit wird bei Gott zur Torheit verkehrt, und seine Worte sind vor Gott nichtig, sofern der Weise sich seiner selbst rühmt, statt der Gemeinde als ganzer zu dienen, die wiederum selbst zu Christus gehört, wie Christus zu Gott.

Daraus wird deutlich: »Der Weisheit des Wortes« (1,17) bestreitet der Apostel einen Kompetenz-Anspruch von Verkündigung, nach welchem der Missionar bzw. Lehrer die Gemeinde als sich zugehörig reklamiert (vgl. 2Kor 1,24; 4,5). Daraus kann nur eine Rivalität zwischen menschlichen Autoritäten entstehen, die faktisch zur Spaltung der Gemeinde in Personen-ge-

---

[1] Dem folgenden Beitrag liegt ein Referat zugrunde, das ich auf dem VI. Colloquium Paulinum in Rom gehalten habe. Ich danke dem verehrten Jubilar für die freundschaftliche Kritik, mit der er mir sehr geholfen hat, meine dort vorgetragene Revision meiner früheren Auslegung von 1Kor 2 zu präzisieren. Wenn auch in dieser Gestalt mancher Dissensus in unserer Auffassung bestehen bleibt, so bitte ich um seine freundliche Nachsicht dafür, daß ich ihm diesen Aufsatz in dieser Festschrift widme: Im Widerspruch gedeiht kritische Einsicht – und ebenso die Freiheit und Wärme freundschaftlichen Gesprächs, die er mir während der letzten Jahre in reichem Maß geschenkt hat.

bundene Gruppen führt. Solches καυχᾶσθαι (3,21 vgl. 1,31) zerstört die Einheit der Gemeinde, die als solche allein Christus als dem Einen Kyrios gehört, so daß in den σχίσματα, die solche Menschenweisheit bewirkt, der Christus selbst »zerteilt« ist (μεμέρισται 1,13). Der Kampf gegen die Spaltungen wird so inhaltlich zum Kampf *gegen* jegliche Menschenweisheit und der Kampf für die Einheit der Gemeinde zum Kampf *für* eine Weisheit, die nicht dem Weisen selbst zukommt, sondern allein Gott (2,6f) und also zum Gegenteil menschlicher Weisheit, zur Torheit, werden muß (3,18f).

1.2 Was den Zusammenhang zwischen 2,1ff und dem Voranstehenden betrifft, so ist zunächst deutlich, daß 1,26–31 und 2,1–5 parallele Argumentationen sind. Paulus faßt den Vorgang der Mission in Korinth in den Blick: Wie Gott in den Korinthern nicht Weise, Starke und Edle, sondern vielmehr in ihnen »das Törichte, Schwache und Unedle der Welt« erwählt hat, »das Nichtseiende, um das Seiende zuschanden zu machen« (1,27f vgl. 2Kor 5,16), so war es auch bei der Verkündigung des Paulus nicht seine eigene Wort-Weisheit, die *er* bei der Mission zum Zuge gebracht hätte; sein eigenes Auftreten war vielmehr selbst das eines schwachen Menschen »in viel Furcht und Zittern«. Sein Wort zog seine Überzeugungskraft nicht aus seiner eigenen Weisheit. Wie es vielmehr im Blick auf die Gemeinde *Gott* ist, »aus« dem allein die Korinther alle »in Christus Jesus« sind (1,30), so daß sich darin das Schriftwort Jer 9,22 erweist: »Wer sich rühmt, rühme sich des Herrn« (1,31), so bestand auch die Missionsverkündigung des Paulus allein in dem »Erweis des Geistes und der Kraft« (2,4), so daß der Glaube der Korinther nicht auf der Weisheit von Menschen, sondern allein auf Gottes Kraft beruht (2,5).

So sind sowohl die Gemeinde als auch Paulus, ihr Missionar, Paradigmata dessen, daß es in der Kirche Christi nicht auf die Weisheit von Menschen und auf das Vermögen von Menschen ankommt, sondern auf die Weisheit und die Kraft Gottes, und daß darum Menschenweisheit dort zur Torheit und Menschenkraft zur Schwachheit werden muß, wo durch Menschen Gottes Weisheit und Kraft zur Wirkung kommt. Das Jeremia-Zitat in 1,31 steht so sachlich genau in der Mitte zwischen beiden parallelen Argumentationen.

1.3 In 1,26–31 und 2,1–5 führt Paulus aus, was er zuvor in 1,18–25 grundsätzlich vorangestellt hat. In diesem Abschnitt entfaltet er die These 1,18: negativ, sofern das Wort vom Kreuz den Verlorenen zur Torheit wird (1,19–22); positiv, sofern es »uns als den Geretteten« Gottes Kraft ist (1,23–25). Entscheidend ist, daß es eben die verlorenen Juden und Griechen sind, die als durch das Wort vom Kreuz Berufene Christus als *Gottes* Kraft und *Gottes* Weisheit erfahren (1,24). So wird deutlich, daß der formale Dualismus der These in 1,18 nicht zwei verschiedene Menschenklassen unterscheidet, sondern höchst paradoxer Art ist, indem der Dualismus *Gottes* Handeln in seiner κλῆσις *selbst* betrifft, der die Verlorenen, deren Weisheit er selbst zur Torheit gemacht hat, durch die Torheit der Verkündigung rettet (1,21). Mit dieser μωρία τοῦ κηρύγματος ist der Inhalt der Verkündigung gemeint, nämlich Gottes Rettungshandeln im Kreuz Christi (1,24; 2,2). Dies spitzt Paulus in der paradoxen Formulierung von 1,25 zu: Gottes Handeln im Kreuz Christi ist *selbst* töricht und schwach – nämlich gemessen an dem, was Weisheit und Kraft der *Welt* bedeuten –; aber gerade darin, daß *Gott* in weltlicher Torheit und Schwachheit gehandelt hat, daß es das *Kreuz* Christi ist, in dem Gott seine *Weisheit* und *Kraft* zur Wirkung gebracht hat, eben darin liegt die *überlegene Wirkung* seines Handelns zur *Rettung der Verlorenen:* Gottes Torheit ist darin weiser als *die Menschen* und seine Kraft stärker als *die Menschen*[2]. Im Kreuz Christi, der ἐξ ἀσθενείας ἐσταυρώθη (2Kor 13,4), hat Gott die darin *definitive* Verlorenheit derer, die sich vergeblich ihrer eigenen Weisheit und Kraft rühmen, ihrerseits *aufgehoben,* also die Negation ihrer Weisheit und Kraft an eben diesem Ort der Negation negiert. Wie der Gekreuzigte selbst aus dieser paradoxen Kraft Gottes lebt (2Kor 13,4), so *sind* die Christen, als τὰ μὴ ὄντα (1,28), »aus Gott« in Christus Jesus (1,30); und so ist auch die Kraft der Verkündigung des menschlichen Missionars nicht die seiner eigenen Wort-Weisheit, sondern ganz diejenige Gottes, Erweis seines Geistes und seiner Kraft (2,4f).

1.4 Sehr schwierig und darum exegetisch umstritten ist nun der Anschluß der folgenden Ausführungen in 2,6ff. Doch läßt sich, was die Zielrichtung betrifft, deutlich eine Fortsetzung des bisher ausgeführten Gegensatzes erkennen: Nach 2,6f ist der Inhalt der Verkündigung des Paulus gleichwohl (δέ) Weisheit, nämlich insofern sie nicht Weisheit dieses Aion (vgl. 1,21; 2,5), sondern *Gottes* Weisheit ist, und so auch ihre Erkenntnis nicht von Menschen aus zu gewinnen (2,9), sondern durch Gottes Geist offenbart ist (2,10), nicht durch das Pneuma des Menschen bzw. der Welt, sondern durch

---

[2] Erich Dinkler bestritt in der in Anm. 1 genannten Diskussion meine damalige Formulierung, daß Gott mit dem Gekreuzigten *identisch* geworden sei: mit Recht, sofern darin das (in den letzten Jahren verbreitete) fatale Mißverständnis eines im Kreuz begründeten Atheismus nicht ausgeschlossen ist, dessen Konsequenz eine Reduktion der Christologie auf eine heillose ›Jesulogie‹ ist. Aber der Satz ist gerade als *christologischer* Satz gemeint und als solcher m. E. wahr und von zentraler Bedeutung. Denn er definiert die Gottheit Gottes christlich als Liebe. Von Gottes Macht über den Tod, die er in der Auferstehung des Gekreuzigten zur Wirkung gebracht und in der er sich von der Ohnmacht des Gekreuzigten *unterscheidet,* kann im Sinne der paulinischen theologia crucis nur gesprochen und gedacht werden als von der überlegenen Macht der *Liebe* Gottes, in der er *sich selbst* mit dem Gekreuzigten in der Tat vollauf identifiziert hat, so daß in Christi Tod für uns Gott ewig mit uns ist. Vgl. dazu jetzt die großartige Studie von E. JÜNGEL, Gott als Geheimnis der Welt, 1977.

das Pneuma aus Gott (2,11–13), und der Christ nicht als Psychiker, sondern nur als Pneumatiker erkennen kann (2,13–15), was Gott geschenkt hat (2,12). Der nach 2,11 zu verneinenden Frage des abschließenden Zitats 2,16a tritt so die paradoxe positive Antwort von 2,16b gegenüber.

Es ist also deutlich: Die antithetische Struktur der Argumentation von 1,18ff hält sich in 2,6ff durch. Wie dort, so geht es auch hier weiterhin um denselben Gegensatz zwischen menschlicher und göttlicher Weisheit und Kraft. Insofern führt 2,6ff das 2,1ff Gesagte fort: Neben die paradoxe Tatsache, daß der *verkündigende* Apostel in seiner Person nicht durch eigene Weisheit und Überzeugungskraft wirkt, sondern Gottes Weisheit und Kraft zur Wirkung kommen läßt, tritt die Tatsache, daß entsprechend auch die *Erkenntnis* dieser Weisheit, die ihre menschlichen Verkündiger reden, nicht aus menschlichem Erkenntnisvermögen, sondern aus einer durch Gottes Geist geschenkten Einsicht allein zu gewinnen ist.

2. *Zur Exegese von 2,1–16*

2.1 Zu 2,1–5

Wie die Korinther in ihrer Torheit und Schwachheit von Gott erwählt worden sind, so geschah auch die Missionsverkündigung des Paulus selbst (κἀγώ 2,1)[3]. Nicht in der (über andere menschliche Verkündiger) überlegenen Kraft (seiner eigenen menschlichen) Rede oder Weisheit hat er den Korinthern »das Zeugnis Gottes«[4] verkündigt. Die Formulierung λόγου ἢ σοφίας könnte zwei verschiedene Arten christlicher Rede zusammenfassen, Missionsverkündigung (λόγος) und charismatische Weisheitsrede (σοφία), so daß 1,5 zu vergleichen wäre: ἐν παντὶ λόγῳ καὶ πάσῃ γνώσει; 2,6ff wäre dann mit σοφίαν δὲ λαλοῦμεν eine über die Missionsverkündigung des Anfangs hinausgehende Mysterienlehre gemeint, entsprechend der Unterscheidung von γάλα und βρῶμα in 3,2. Doch spricht 2,4 dagegen, wo Paulus deutlich 2,1 aufnimmt; ebenso 1,17. Weder auf die Unterscheidung zweier

---

[3] Κἀγώ ist nicht zu übersetzen: »Und ich« (so H. CONZELMANN, Der erste Brief an die Korinther [KEK V], 1969[11], 69); ἐγώ ist betont und tritt so neben das »Ihr« in 1,26ff.

[4] Die aeg. Lesart μυστήριον ist wohl doch von 2,7 her sekundär eingedrungen; vgl. G. ZUNTZ, The Text of the Epistles, 1953, 101ff. μυστήριον gebraucht Paulus sonst durchweg im apokalyptischen Sinn, darum zumeist im plur., vgl. 4,1; 13,2; 14,2. Der sing. bezeichnet immer eines dieser Mysterien, vgl. 15,51; Röm 11,25. Erst im Kol/Eph (und so Röm 16,25) wird der sing. τὸ μυστήριον zur pauschalen Bezeichnung des Inhalts apostolischer Verkündigung im ganzen. Dagegen steht τὸ μαρτύριον τοῦ Χριστοῦ in 1,6 als traditioneller terminus technicus der Verkündigung der Apostel als der »Zeugen« Christi (vgl. den Sprachgebrauch der Lukasschriften). In diesem Sinn ist 2,1 zu verstehen.

genera dicendi, noch auf zwei verschiedene Rede-Inhalte kommt es Paulus an, sondern auf die Entgegensetzung von menschlicher und göttlicher Weisheit und menschlicher und göttlicher Sprachkompetenz. λόγος und σοφία gehören also zu einem Paar zusammen.

οὐ γὰρ ἔκρινά τι εἰδέναι 2,2 besagt: »Ich beschloß, nichts zu wissen außer.«[5] εἰδέναι meint das Wissen des Missionars im Blick auf den Inhalt seiner Verkündigung: »Jesus Christus, und zwar ihn als den Gekreuzigten« (vgl. Gal 3,1)[6]. Seine Verkündigung als λόγος τοῦ σταυροῦ (1,18) ließ ihn selbst bei den Korinthern so auftreten, wie er den Gekreuzigten verkündigt: Auch Paulus (κἀγώ) war »in Schwachheit« (vgl. 2Kor 13,4!)[7]. Damit Christus in ihm bzw. durch ihn redet (2Kor 13,3), muß alle eigene Kraft aufhören. »In viel Furcht und Zittern« steht der Missionar als schwacher Mensch vor denen, die selbst töricht, schwach und unedel sind (1,26–28); in nichts also ist er als Apostel von ihnen unterschieden.

φόβος καὶ τρόμος konkretisieren die ἀσθένεια. Vielleicht aber liegt darin noch ein spezieller Hinweis auf den Verkündiger in seinem eigenen Verhältnis zum Inhalt seiner Verkündigung. »Furcht und Zittern« nämlich sind die topische Reaktion des Menschen, dem eine Epiphanie wiederfährt. Die unmittelbare Berührung mit der offenbar werdenden Wirklichkeit Gottes läßt die unendliche Machtdifferenz zwischen Mensch und Gott erfahren[8]. Der besondere Skopos in 2,3 ist dann der, daß nicht nur die Adressaten der Verkündigung gegenüber der Vollmacht des Apostels Furcht und Zittern erfahren (vgl. 2Kor 7,15), sondern auch der Apostel selbst gegenüber der in seiner Verkündigung offenbar und wirksam werdenden Macht des Geistes.

ἀπόδειξις 2,4 ist ein Terminus der Rhetorik[9], gehört von Haus aus also zu σοφία λόγου. Paulus reklamiert die »Beweiskraft« seines λόγος τοῦ σταυροῦ hier aber für das πνεῦμα und seine δύναμις. πνεύματος καὶ δυνάμεως ist also nicht gen. obj., so daß Geist und Kraft durch die eigene rhetorische Sprachkompetenz des Paulus erwiesen werden, sondern gen. subj.: Der Geist erweist selbst seine Kraft; καὶ δυνάμεως tritt epexegetisch neben

---

[5] Vgl. dazu CONZELMANN, aaO. 69 Anm. 8 und 70f.

[6] καὶ τοῦτον ἐσταυρωμένον präzisiert epexegetisch Ἰησοῦν Χριστόν; vgl. F. BLASS-A. DEBRUNNER-F. REHKOPF, Grammatik des neutestamentlichen Griechisch, 1976[14], § 442,6 mit Anm. 18.

[7] Κἀγώ in 2,3 hat also einen anderen Bezugspunkt als κἀγώ in 2,1; gegen CONZELMANN, aaO. 71 (»Variation von V. 1«).

[8] Vgl. Dan 7, 1.15.28 und danach vielfach in apokalyptischen Visionsberichten. Vgl. die Belege bei L. SCHOTTROFF, Der Glaubende und die feindliche Welt (WMANT 37), 1970, 184 Anm. 2.

[9] Vgl. die Belege bei CONZELMANN, aaO. 72 Anm. 26.

πνεύματος. Denn sein Kerygma beruht eben nicht auf der Überzeugungskraft seiner eigenen Weisheit und der ihr entsprechenden Rhetorik[10], sondern der Inhalt seiner Verkündigung erweist selbst, von sich aus, seine eigene Kraft und Weisheit: die Gottes (vgl. 1,24f), des Geistes. Dem entspricht 2,5 auch die Wirkung seiner Verkündigung. Die πίστις der Korinther[11] beruht nicht auf Menschenweisheit, weder also seiner eigenen noch der irgendeines anderen in Korinth wirksamen Verkündigers, sondern allein auf Gottes Kraft. Ihr Christsein ist darum nicht auf jener, sondern auf dieser gegründet.

2.2 Zu 2,6–16

Ist σοφία in 2,1–5 als Menschenweisheit (2,5) negativ gewertet, so tritt nun in Gegensatz dazu (δέ) in 2,6 σοφία positiv als Inhalt apostolisch-charismatischer Rede hervor. Viele Exegeten sehen darin einen Bruch; Paulus spreche nun auf einmal genauso, wie er in 2,1 abgelehnt habe zu reden, er vollziehe also einen abrupten »Frontwechsel«[12]. Dagegen ist zu beachten, daß Paulus bereits in 1,24 Christus »Gottes Kraft und Gottes Weisheit« genannt hat und ganz entsprechend in 2,6b die Weisheit, die er wie alle christlichen Verkündiger (»wir«) redet, als Gottes Weisheit scharf gegen die Weisheit dieses Aion abhebt (vgl. 1,20f). So fügt sich 2,6f vollkommen in den antithetischen Skopos des Voranstehenden ein. Paulus reklamiert nun jedoch den σοφία-Begriff ebenso für die Offenbarung Gottes wie zuvor den Korrelatbegriff δύναμις. Weisheit steht so direkt gegen Weisheit (wie vorher in 1,22.24f). Insofern verschärft sich jetzt die Antithetik.

Eine zweite Beobachtung bestätigt den Rückbezug von 2,6ff auf 2,1–5. ἐν τοῖς τελείοις 2,6a nimmt deutlich ἐν ὑμῖν 2,2 auf[13], präzisiert nun jedoch, und darin liegt eine unüberhörbar kritische Note: Hat Paulus in 2,2 die Korinther in ihren rivalisierenden Weisheitsansprüchen damit konfrontiert, daß es doch der eine Jesus Christus als der Gekreuzigte war, den er »unter ihnen« verkündigt hat, so macht er sie jetzt in 2,6 darauf aufmerksam, daß er vom Kreuz Christi als Gottes Weisheit nur »unter Vollkommenen« reden kann:

---

[10] Ob man mit H. LIETZMANN (An die Korinther I. II. [HNT 9], 1969[5], 11) ἐν πειθοῖς σοφίας λόγοις liest oder mit ZUNTZ, aaO. 23ff ἐν πειθοῖ σοφίας, ist für den Sinn des Satzes unerheblich. Jedenfalls steht die Wendung in opp. zu ἐν ἀποδείξει πνεύματος καὶ δυνάμεως. Mit πειθοῖς bzw. πειθοῖ ist also die menschliche Überzeugungskraft im Gegensatz zum Selbsterweis des Geistes und seiner Kraft gemeint.

[11] ἡ πίστις ist substantiviertes πιστεῦσαι und bezeichnet das Christsein der zum Glauben Gekommenen; vgl. z.B. Röm 1,8; 1Thess 1,8; 1Kor 15,14.17.

[12] So U. WILCKENS, Weisheit und Torheit (BHTh 26), 1959, 60. Ebenso zuletzt M. WINTER, Pneumatiker und Psychiker in Korinth (MThSt 12), 1975, 209.

[13] Das wird in den Kommentaren zumeist übersehen; vgl. z.B. C. K. BARRETT, A Commentary on the First Epistle to the Corinthians (BNTC), 1968, 68f.

Sind also die Korinther solche »Vollkommene«? In 3,1–3 macht er hernach die darin implizierte Kritik an den Korinthern ausdrücklich: Wo Eifersucht und Streit »unter ihnen« ist, so daß sie κατὰ ἄνθρωπον wandeln, erweisen sie, daß sie noch nicht die geeigneten Adressaten für diese wahre Weisheitsrede, die der Weisheit *Gottes*, sind. Zwar haben sie bereits in der ersten Missionsverkündigung nichts anderes zu hören bekommen als das Kreuz Christi als Erweis der Weisheit und Kraft Gottes; doch ihr gegenwärtiges Verhalten erfordert eine theologische Explikation dieser Verkündigung, ein λαλεῖν σοφίαν, das ihnen die Bedeutung dieses gehörten Kerygma allererst erkennbar werden läßt, und es fordert »Vollkommene« als Hörer, die sie aber offensichtlich noch nicht sind[14].

Nach 3,1 liegen in dem Begriff τέλειοι zwei verschiedene Bedeutungsnuancen. Einmal ist der Gegenbegriff νήπιοι; demnach sind die τέλειοι die ›Erwachsenen‹, die nicht mehr mit Säuglingsmilch ernährt werden müssen, sondern selbst als »fertige« Menschen feste Nahrung zu sich nehmen können. Zugleich jedoch wird τέλειοι von 2,6 in 3,1 durch πνευματικοί aufgenommen und von σάρκινοι abgehoben. Die »Vollkommenen« sind demnach die, die den Geist haben, um den geistlichen Inhalt der Verkündigung als Weisheitsrede verstehen zu können, und ihn nicht als fleischlichen mißverstehen. Diese Bedeutung von ἐν τοῖς τελείοις wird in 2,10ff ausgeführt, wo die Erkenntnis der Weisheitsrede als Offenbarungserkenntnis durch den Geist Gottes von aller menschlichen Erkenntnis durch des Menschen eigenen Geist scharf unterschieden (2,11) und in diesem Sinn die Pneumatiker als die allein Verstehensfähigen den unwissenden, verstehensunfähigen »Psychikern« (2,14f) entgegengestellt werden. So ergibt sich die Gleichung: τέλειοι = πνευματικοί und ψυχικοί = σάρκινοι = νήπιοι.

2,6 führt also den Gedanken von 2,1–5 durch eine zweifache Fortführung der Antithetik (2,6a und b) fort. 2,6a benennt die *Adressaten* der (wahren) Weisheitsrede und grenzt sie implizit gegen die korinthischen Adressaten ab, sofern diese Menschenweisheit zum Kriterium machen (2,5); der Ton liegt auf ἐν τοῖς τελείοις. 2,6b präzisiert den *Inhalt* der (wahren) Weisheitsrede, indem diese als Gottes Weisheit von jeglicher Weisheit dieses Aion abgegrenzt wird. Dementsprechend ist das Folgende chiastisch gegliedert: 2,7–9 explizieren 2,6b, 2,10–16 2,6a[15].

In 2,6b sind nun zwei Zusätze zu beachten. 1. Neben τοῦ αἰῶνος τούτου

---

[14] Vgl. dazu K. NIEDERWIMMER, Erkennen und Lieben. Gedanken zum Verhältnis von Gnosis und Agape im ersten Korintherbrief (KuD 11, 1965, 75–102), hier 86.

[15] Damit präzisiere ich die von CONZELMANN (aaO. 74) vorgeschlagene Gliederung: »a) Weisheit (V. 6–9); b) (Weisheit) unter den Vollkommenen (V. 10.16).«

tritt τῶν ἀρχόντων τοῦ αἰῶνος τούτου τῶν καταργουμένων. In 1,20f ist αἰὼν οὗτος synonym mit κόσμος und fungiert als Oberbegriff für die Weisen und Einsichtigen 1,19f. Die Weisheit der Welt ist die Summe der Weisheit der Weisen und Einsichtigen dieses Aion. Entsprechend ist in 2,5 generalisierend von Menschenweisheit die Rede. Von daher legt es sich nahe, 2,6 entsprechend aufzufassen. Dann ist die »Weisheit dieses Aion« die Summe der Weisheit seiner Archonten, und diese sind menschliche Machthaber.

Dieser ›geschichtlichen‹ Auslegung steht nun aber seit der Alten Kirche ein ›dämonologisches‹ Verständnis der Archonten gegenüber. Dafür wird angeführt: 1. Die Näherbestimmung τοῦ αἰῶνος τούτου findet sich in 2Kor 4,4 als Bezeichnung des Satans. Ähnlich heißt der Satan in Joh 12,31; 14,30; 16,11 ἄρχων τοῦ κόσμου τούτου (vgl. Eph 2,2 ἄρχων τῆς ἐξουσίας τοῦ ἀέρος). Demnach wäre 1Kor 2,6.8 eine plurale Variante des sonst singularen Topos; die Archonten wären die ›Trabanten‹ Satans als des »Herrschers dieses Aion«[16]. In späteren gnostischen Quellen ist vielfach durchweg in diesem Sinn von den Archonten (plur.)[17] die Rede – freilich ist dabei die Kenntnis des 1. Korintherbriefs und also ein Einwirken von 1Kor 2,6.8 – z. T. nachweisbar – in Rechnung zu stellen. 2. Der Zusatz τῶν καταργουμένων bezeichnet die eschatologische Vernichtung, die nach apokalyptischer Gerichtserwartung vorzüglich den satanischen Mächten zuteil werden wird (vgl. bei Paulus 1Kor 15,24). Zu beachten ist jedoch, daß dasselbe Schicksal nach Bar 3,16ff auch die ἄρχοντες τῶν ἐθνῶν erwartet[18].

Eine Entscheidung läßt sich nur von 2,8 her fällen. Hier versagt die dämonologische Interpretation. 1. ist die Aussage, daß die Archonten Christus *gekreuzigt* haben, nur im Kontext der urchristlichen Passionstradition bezeugt und auch nur in diesem Kontext verständlich. Hier ist häufig von den ἄρχοντες als den jüdischen Sanhedristen die Rede, vgl. Lk 23,13.35; 24,20; Apg 4,5.8.26; 13,27 sowie besonders Apg 3,17, wo von der ἄγνοια der Archonten die Rede ist. Ins Gewicht fällt in diesem Zusammenhang die Tatsache, daß Paulus außer in 1Kor 2,8 nur noch an einer weiteren Stelle von denen spricht, die Jesus getötet haben: 1Thess 2,15, und hier liegt der gleiche passionsgeschichtliche Kontext zugrunde wie in der Apostelgeschichte. Dagegen findet

---

[16] So z.B. CONZELMANN, aaO. 79.

[17] Vgl. z.B. die Schrift »Das Wesen der Archonten« (Codex II von Nag Hammadi) (in: J. LEIPOLDT, H. M. SCHENKE, Koptisch-gnostische Schriften aus den Papyrus-Codices von Nag-Hamadi, 1960 [ThF 20], 71–78).

[18] Darauf hat A. FEUILLET, Les ›Chefs de ce siècle‹ et la Sagesse divine d'après 1Cor 2,6–8 (in: SPCIC 1961 [AnBib 17.18], 1963, 383–393) hingewiesen. Parallelen aus apokalyptischer Literatur lassen sich vielfältig beifügen.

sich die Aussage, daß *Dämonen* Jesus getötet haben, in gnostischen Texten nirgendwo[19]. – 2. Daß die Archonten Christus nicht erkannt haben, ist in der Tat ein Topos im späteren gnostischen Schrifttum. Doch hat dieser seinen festen Ort im Zusammenhang des Descensus des Erlösers, wovon in 1Kor 2 nichts verlautet[20], – nirgendwo aber, wie in 1Kor 2,8, im Blick auf den gekreuzigten Christus. Der Skopos des Paulus ist der, daß die Nichterkenntnis Christi die Schuld der Archonten ist, die sich eben darin auswirkte, daß sie ihn gekreuzigt haben. Das ist nur sinnvoll im Blick auf die jüdischen Führer, die nach der Passionstradition in Jesus einen Gotteslästerer zu vernichten meinten; hätten sie dagegen anerkannt, daß er wirklich der Messias ist, hätten sie ihn nicht zum Tode verurteilt. Der Skopos des gnostischen Topos dagegen ist der einer Überlistung der dämonischen Weltherrscher durch Verkleidung des herabkommenden Erlösers, in der er ihnen als einer der Ihrigen erschienen sei, so daß sie ihn arglos passieren ließen – nicht aber: ihn deswegen kreuzigten, weil sie ihn in seiner Verkleidung nicht erkannt hätten! – 3. Im übrigen ist darauf hinzuweisen, daß die Vorstellung, daß die Dämonen Christus nicht erkannt hätten, Paulus wie dem gesamten Urchristentum fremd ist. Wie in der Apokalyptik denkt das Urchristentum das Verhältnis der Dämonen zu Christus und zu Gott nicht als Unwissenheit, sondern als offene, aktive Feindschaft. Im Markusevangelium sind die Dämonen die ersten, die Jesus als Sohn Gottes erkennen! – 4. Schließlich: Der Plural ἄρχοντες steht im Neuen Testament sonst nirgendwo als Bezeichnung von Dämonen, die in ihrer Pluralität vielmehr durchweg als ἀρχαί bzw. ἐξουσίαι benannt werden.

Sind die ἄρχοντες in 1Kor 2,6.8 also sehr viel wahrscheinlicher im gemeinchristlich-passionsgeschichtlichen als in gnostisch-dämonologischem Sinn aufzufassen[21], so dient die Aussage in 2,8 Paulus als Argument dafür, daß menschliche Weisheit und Macht schlechterdings unfähig sind, Gottes Weisheit im Kreuz Christi zu erkennen und anzuerkennen. Daß Paulus hier eine

[19] Es ist z. B. sehr bezeichnend, daß in Asc Jes 11,19f von der Kreuzigung Jesu nicht durch Dämonen, sondern durch die Juden die Rede ist, die der Widersacher lediglich zu ihrem Tun »aufreizt«; vgl. ähnlich ebd. 9,14. Weitere Belege aus christlicher Gnosis bei K. KOSCHORKE, Die Polemik der Gnostiker gegen das kirchliche Christentum, Diss. Heidelberg (Typoscript) 1976, 23.

[20] Es ist verwunderlich, wie selbstverständlich und ohne jeden Beleg bis in die Gegenwart hinein diese gnostische Vorstellung in den Text von 2,8 eingetragen wird; vgl. z. B. CONZELMANN, aaO. 80f. Von einem »mythischen Hintergrund der geschichtlichen Kreuzigung« (ebd. 83) ist eben nicht die Rede.

[21] Damit kommt die Auslegung von J. SCHNIEWIND, Die Archonten dieses Äons, 1Kor 2,6–8 (in: Nachgelassene Reden und Aufsätze, 1952, 104–109) wieder zu ihrem vollen Recht. Die verschiedentlich vertretene Auskunft, es sei beides zugleich gemeint, menschliche wie dämonische Machthaber, ist nichts als ein Kompromiß, der mehr Schwierigkeiten schafft als löst.

gnostische Vorstellung aus Korinth aufgegriffen habe oder an dieser Stelle gegen bestimmte Lehren bzw. Parolen polemisierte, die in Korinth en vogue gewesen seien, ist auszuschließen. Seine Front ist hier dieselbe wie von 1,18ff an. Er will den Personen-zentrierten, rivalisierenden Weisheitsanspruch der korinthischen Gruppen mit dem einen Argument treffen, daß deren vermeintliche Weisheit nichts anders als Menschen- und Weltweisheit sei, die zur Erkenntnis der Weisheit Gottes nichts, gar nichts tauge.

Kehren wir zu 2,6 zurück und betrachten kurz den zweiten Zusatz ἐν μυστηρίῳ[22]. Damit ist in apokalyptischem Sinn (רָז) eine endzeitliche Wirklichkeit gemeint, die bei Gott im Himmel von Ewigkeit her existiert, aber in voreschatologisch-irdischer Zeit absolut unzugänglich ist und von Gott bei Anbruch der Endereignisse offenbar gemacht und zur Wirkung gebracht wird[23]. In diesem Sinn charakterisiert Paulus die Weisheit Gottes in 2,7. Sie ist von Gott von Ewigkeit her dazu bestimmt, den Christen – als Gottes Erwählten im Sinne von 1,26ff – an der endzeitlichen Herrlichkeit teilzugeben (vgl. Röm 8,17f; ferner besonders 1Petr 1,11.21 mit 4,13; 5,1). Sie ist damit also als ein zentrales endzeitliches Heilsgut charakterisiert[24]. Daß Gott im Kreuz Christi, dem Ort der Schwachheit und Verlorenheit, den Verlorenen und Schwachen endzeitlich-vollkommenes Heil als Teilhabe an seiner ewigen Herrlichkeit geschaffen hat, ist eine für menschliche Einsicht verborgene Wirklichkeit. Sie ist so verborgen, daß nicht einmal die Mächtigen unter den Menschen, die Herrschenden im Bereich dieses Aion, sie aus eigener Weisheit erkannt haben. Im Gegenteil, durch die Kreuzigung des »Herrn der Herrlichkeit« haben sie erwiesen, daß ihre Weisheit – und damit die Weisheit der Welt schlechthin – gerade dort zunichte wurde (1,19–21), wo sie ihre vermeintliche Kraft voll zur Wirkung gebracht hat (vgl. 1,25). Das apokryphe Zitat von 2,9 aus weisheitlich-apokalyptischer Tradition[25] unterstreicht den Skopos des Paulus. Kein menschliches Auge, kein Ohr, kein Herz hat die Inhalte der göttlichen Weisheit je erfaßt – außer den Geliebten Gottes, denen er sie berei-

[22] ἐν μυστηρίῳ ist wahrscheinlich zu σοφίαν zu ziehen. Denn im folgenden wird ja die Verborgenheit der Weisheit expliziert, während die Beziehung zu λαλοῦμεν darauf abhebt, daß die Weisheitsrede als Mysterium (im Sinne von 1Kor 15,51) vorgetragen werde, was im Duktus des Kontextes keine Rolle spielt.

[23] Zu der Vorstellung der Qumrangemeinde, daß diese endzeitlichen Geheimnisse den Frommen der Gemeinde bereits in der Gegenwart enthüllt seien, vgl. z.B. B. RIGAUX, Révélation des mystères et perfection à Qumran et dans le Nouveau Testament (NTS 4, 1958, 237–262).

[24] An dieser Interpretation von 2,7f (WILCKENS, aaO. 70f) halte ich fest. Die Vorstellung eines göttlichen Heilsplans ist nicht in σοφία, sondern in προώρισεν ausgedrückt.

[25] Daß das Zitat vielfach in gnostischer Literatur vorkommt, beweist nicht seinen gnostischen Ursprung, sondern – wenn nicht Kenntnis der Stelle 1Kor 2,9 – die Verbreitung apokalyptischer Tradition in der Gnosis.

tet hat. Dieser Schluß des Zitats leitet zum folgenden Abschnitt über, in dem Paulus nun von der wunderbaren, durch Offenbarung des Geistes eröffneten Erkenntnis der Weisheit Gottes spricht (2,10ff). Damit führt er 2,5 aus: »Wir« – die Christen – sind die Geliebten Gottes aus dem Zitat (2,10a γάρ); denn »uns« hat Gott Offenbarung zuteil werden lassen durch seinen Geist.

2,10b–12 wird diese These von V. 10a expliziert (γάρ V. 10b), zunächst in 2,10b–11 im Blick auf die Erkenntnis des Geistes Gottes im Unterschied zu der des menschlichen Geistes; sodann in 2,12 im Blick auf die den Christen durch die Gabe des Geistes eröffnete Erkenntnis des »uns« geschenkten Heils.

τὰ ὑπὸ τοῦ θεοῦ χαρισθέντα ἡμῖν ist die christliche Präzisierung dessen, was das Zitat in 2,9 allgemein formuliert. Zweifellos ist das christliche Heil im ganzen gemeint, also eben die Inhalte der Weisheit Gottes von 2,6f – nicht Inhalte besonderer, über das Kerygma hinausgehender, speziell-charismatischer Erkenntnisse. Die ἡμεῖς in 2,12 und 2,10 sind alle Christen. Paulus schließt sich hier nicht mit irgendeiner Elite von Pneumatikern zusammen, aus der die gewöhnlichen Christen ausgeschlossen wären.

In 2,13 kehrt Paulus zu 2,6 zurück. Von diesem Heil als Gottes Geschenk *reden* wir. So kommt hier der Skopos von 2,1–5 wieder zum Tragen. Während man in Korinth die Weisheitsreden der verschiedenen Autoritäten rivalisierend gegeneinander zur Geltung zu bringen sucht, geschieht wahre christliche Weisheitsrede nicht in Worten, die aufgrund menschlicher Weisheit gelehrt werden können (vgl. 2,4), sondern in solchen Worten, die der Eine Geist Gottes lehrt.

Nicht ganz klar ist die angefügte Partizipialbestimmung in 2,13b. συγκρίνω ist hier wohl in der Bedeutung »deuten, interpretieren« zu fassen. πνευματικοῖς ist entweder neutrisch, so daß es um die hermeneutische Regel geht, daß geistliche Inhalte nur durch geistliche Erkenntnismittel interpretiert werden können. Man kann aber πνευματικοῖς auch maskulin auffassen. Dann entspricht der Satz der Anfangsthese in 2,6a:

2,6		2,13
σοφίαν	≈	πνευματικά
λαλοῦμεν	≈	συγκρίνομεν
ἐν τοῖς τελείοις	≈	πνευματικοῖς

Da Paulus in 2,14f mit der Gegenüberstellung des πνευματικός und des ψυχικός fortfährt und damit auf jeden Fall das Stichwort ἐν τοῖς τελείοις von 2,6a aufgreift, scheint mir die maskulinische Deutung in 2,13b näherzuliegen. Die Partizipialbestimmung leitet also zu 2,14f über.

2,14f wiederholen der Sache nach 2,10f. Doch was dort vom Unterschied zwischen dem menschlichen und dem göttlichen *Geist* gesagt ist, wird nun hier auf das Gegenüber zwischen dem pneumatischen und dem psychischen *Menschen* angewandt. Der πνευματικός kann nach 2,13 nur der Christ sein, der in der Taufe den Geist empfangen hat und durch ihn alle im Himmel bereitliegenden Heilsgaben erkennt. Wie der Geist »alles erforscht« (2,10), so beurteilt der Geistliche »alles« (2,15); und wie τὰ τοῦ θεοῦ nur vom Geist erkannt wird (2,11), so wird auch der Geistliche selbst »von niemandem beurteilt« (2,15 vgl. Joh 3,6–8), nämlich von keinem der bloßen Psychiker. Denn der Psychiker ist unfähig, τὰ τοῦ πνεύματος τοῦ θεοῦ zu fassen bzw. anzunehmen; es ist für ihn Torheit (vgl. 1,18.23), er *kann* es gar nicht erkennen, weil es nur πνευματικῶς erkannt wird, das heißt: durch den Geist und also so, wie nur ein Pneumatiker erkennen kann.

Da aber »wir« es sind, die den Geist empfangen haben (2,10.12f), kann die Antwort auf die provozierende Frage der Schrift (2,16a): *Wer* es sei, der sagen könne, er habe den Sinn des Herrn erkannt, nur lauten: ἡμεῖς. Die Frage des Zitats verlangt nach entsprechender weisheitlicher Tradition eigentlich eine negative Antwort. Darum ist die triumphierend-positive Antwort in 2,16b mit δέ adversativ eingeführt. Wo es von den Menschen her niemanden gibt, der den Sinn des Herrn zu erkennen vermag, haben wir Christen ihn erkannt: als den Sinn Christi, den wir »haben«, weil wir den Geist empfangen haben (2,13). Wie Paulus hier den κύριος des Zitats christologisch versteht, so den νοῦς pneumatologisch.

2.3 Rückblickend auf den ganzen Gedankengang in 2,6–16, muß nun noch einmal die Frage nach dem Verhältnis zu 3,1–3 aufgegriffen werden. Einerseits – so sahen wir – bestreitet Paulus in 3,2 den Korinthern einen Erkenntnisfortschritt vom Status des νήπιος zu dem des τέλειος als πνευματικός und sieht sie immer noch auf der Stufe von σάρκινοι; darum habe er zu ihnen noch nicht als zu πνευματικοί reden können (3,1). ἠδυνήθην läßt sich nach 2,1–5 nur auf die Anfangssituation der Mission in Korinth beziehen, so daß der Sinn zu sein scheint: ›Was ich euch gerade in 2,6–16 als Weisheitsrede unter Vollkommenen vorgetragen habe, gehört zu einer höheren Stufe christlicher Erkenntnis, die ihr damals noch nicht hattet, ja, die ihr auch jetzt noch immer nicht habt, wie eure Rivalitäten und Streitereien erweisen.‹ Hinter dieser Argumentation steht eine urchristliche Tradition, die von einer schrittweise fortschreitenden christlichen Erkenntnis weiß vom Anfangsstadium elementarer Glaubensüberlieferung bis hin zum λόγος τέλειος vertiefter, vollkommener Erkenntnis: vgl. besonders Hebr 5,11–6,3. – Von daher erscheint 2,6–16 als eine »Vollkommenheitslehre« solcher Art, die in 2,6 mit dem Stichwort ἐν τοῖς τελείοις stilgemäß eingeführt wird. Das ist der stärkste

Grund für das verbreitete Urteil, Paulus wolle in 2,6ff den Weisen in Korinth nun doch beweisen, daß er sehr wohl eine Weisheitslehre kenne, – wodurch er aber in Widerspruch zum Voranstehenden gerate.

Andererseits läßt der Gedankengang in 2,6–16 ebenso eindeutig ein graduelles Verhältnis zwischen τέλειος und πνευματικός sowie zwischen πνευματικός und ψυχικός nicht zu, weil es hier um den ausschließenden Gegensatz zwischen menschlicher Erkenntnisfähigkeit und göttlicher, durch den Geist eröffneter Offenbarungserkenntnis geht. Paulus spricht hier im übrigen von der Erkenntnis der Christen als Christen, die sie durch die Gabe des Geistes bei der Taufe empfangen haben und deren pneumatischer Charakter diese Erkenntnis von jeglicher Menschen- und Weltweisheit unterscheidet.

Nun ist aber die paränetische Abzweckung von 3,1–3 nicht zu verkennen. Paulus will die korinthischen Weisen beschämen. Statt weise zu sein, wie sie vorgeben und einander streitig machen, erweisen sie eben damit vielmehr nur, daß sie von der wahren Weisheit, der Weisheit Gottes, noch nichts begriffen haben. Darum sind sie keineswegs Erwachsene, sondern pure Säuglinge, ja mehr: statt πνευματικοί sind sie nichts anderes als σάρκινοι! Die graduelle und die antithetisch-ausschließende Vorstellung gehen in 3,1–3 ineinander über – und das ist in Hebr 5f durchaus ebenso! Das Bild von Milch und fester Nahrung in 5,13f steht hier kurz vor der nachfolgenden Warnung vor dem Verlust der in der Taufe erlangten Gabe des Geistes, der die »einmal Erleuchteten« am himmlischen Heil teilhaben läßt (6,4–6). Offenbar gehört diese Spannung zum traditionellen paränetischen Gebrauch des Topos hinzu, dessen sich Paulus hier bedient. Dann aber darf man die beiden Spannungselemente nicht exegetisch gegeneinander ausspielen. Der Skopos bei Paulus wie im Hebräerbrief ist, die Adressaten einerseits durch vertiefende Lehre über das bloße Anfangsstadium der Bekehrung hinaus zu notwendigem ›Fortschritt‹ zu führen, andererseits sie zugleich zu warnen, bei Nichterreichen dieser höheren Erkenntnisstufe die Grundlage selbst und damit den ganzen Heilsstand zu verlieren.

Von da aus erweist sich nun der ganze Abschnitt 2,6–16 einerseits in der Tat als eine vertiefende Interpretation des anfänglichen λόγος τοῦ σταυροῦ, die Paulus den Korinthern *so* bislang noch nicht vorgetragen hat. Andererseits begründet er das tadelnd damit, daß sie ausweislich ihres Weisheitsstreits zur wahren Weisheitserkenntnis noch gar nicht fähig sind. 2,6ff ist also keineswegs ein apologetisches Einschwenken des Apostels auf die Argumentationsebene seiner Gegner, sondern nichts anderes als Interpretation des λόγος τοῦ σταυροῦ in gerader Fortführung des antithetischen Skopos der voranstehenden Argumentation. Der Tadel, der sich in 2,6 andeutet und in 3,1–3 explizit wird, dient keineswegs dazu, den korinthischen Weisheitsstreit durch die Darlegung seiner eigenen Weisheitslehre zu übertrumpfen, sondern dazu, die Korinther zur Einsicht in die verkehrte Zielrichtung ihres Weisheitsstreits zu bringen, durch den die Gemeinde als Bauwerk Gottes zerstört wird. 2,6ff ist nicht Übernahme korinthischer Weisheitslehren, sondern des Paulus eigene Position gegenüber den miteinander konkurrierenden korinthischen Gruppen.

2.4 Stellt sich so – entgegen verbreitetem Urteil – die Integration des Abschnitts 2,6–16 im Kontext der Erörterung des Weisheitsthemas in c. 1–3 heraus, so ist nun noch auf eine wichtige Unterscheidung einzugehen. Auf der einen Seite wird im λόγος τοῦ σταυροῦ 1,18–25 der Dualismus zwischen ἀπολλύμενοι und σῳζόμενοι dadurch aufgehoben, daß es gerade die Verlorenen sind, die Gott im Kreuz Christi rettet. Auf der anderen Seite ist in den Aussagen über den ψυχικός und den πνευματικὸς ἄνθρωπος in 2,14f ein Dualismus wirksam, der als solcher nicht aufgehoben wird. Kann darum, wie wir sahen, der Gedanke in 1,18–25 nicht durch das jüdische und spätere gnostische Modell eines ausschließenden Gegensatzes zweier Menschenklassen[26] begriffen werden, so scheint dies in 2,14f durchaus der Fall zu sein. Es war vor allem diese theologische Differenz zwischen beiden Abschnitten, die Rudolf Bultmann zu einer ›sachkritischen‹ Interpretation von 2,6–16 nötigte[27]. Der Unterschied läßt sich aber aus dem Zusammenhang des Textes so erklären, daß die theologische Einheit des Gesamtabschnitts nicht nur davon nicht berührt, sondern als solche in einer wichtigen Hinsicht noch präziser verstanden werden kann.

Bei dem Gegensatz zwischen ψυχικός und πνευματικός in 2,14f geht es um den in der Tat ausschließenden Gegensatz im Blick auf den Verstehenszugang zur Weisheit Gottes im Kreuz Christi. Der ψυχικός kann sie nicht erkennen, weil er τὰ τοῦ θεοῦ οὐ δέχεται. Der πνευματικός dagegen kann sie allein deswegen erkennen, weil es nach 2,11 der Geist Gottes in ihm ist, der τὰ τοῦ θεοῦ erkennt. Psychiker und Pneumatiker unterscheiden sich also nicht auf der anthropologischen Ebene voneinander, wie nach der Grundanschauung der späteren Gnosis die Bedingung der Möglichkeit der Erkenntnis des Pneumatikers darin liegt, daß das Pneuma sein eigentliches Selbst ist, das zwar nur durch das Widerfahrnis der Erlösung zum Erkennen gebracht werden kann, dessen Erlösung aber nichts anderes als die Reaktivierung der in

[26] Darüber berichtet WINTER, aaO. pass.

[27] R. BULTMANN, Karl Barth, »Die Auferstehung der Toten« (in: Glauben und Verstehen I, 1972[7], 38–64), 43f.

seinem pneumatischen Selbst ursprünglich angelegten Erkenntnismöglichkeit ist. Paulus dagegen denkt in dieser Hinsicht jüdisch; seine Aussagen in 2,10ff haben ihre nächste »Parallele« im späteren weisheitlichen Schrifttum (Weish) und in Philos Anschauung von der Erkenntnis Gottes durch Inspiration[28]. Zwar sieht im Unterschied zu Philo, nach dem die Inspiration den Menschen als Widerfahrnis von oben her je und je gleichsam überfällt, Paulus die Inspiration sozusagen als dauernde Möglichkeit des Christen, weil sie in der Taufe begründet ist, in der die Christen den Geist empfangen haben (2,12). Aber Paulus wie Philo verstehen die Erkenntnis nicht als anthropologisch begründete Wirklichkeit, sondern als dem Menschen von oben geschenktes Widerfahrnis. Das Organ der Erkenntnis ist nicht das pneumatische Selbst des Menschen, sondern der von Gott her empfangene Geist (2,11). Insofern kann eben *nicht* von der gnostischen Anschauung zweier Menschenklassen in 2,10ff gesprochen werden.

So besteht eine völlige Entsprechung zwischen der Weisheit Gottes selbst und der Bedingung ihrer Erkenntnis: Als ϑεοῦ σοφία ist die wahre christliche Weisheit dadurch *charakterisiert*, daß sie *nicht* σοφία ἀνϑρώπων (2,5), grundsätzlich nicht σοφία τοῦ αἰῶνος τούτου (2,6) ist. Auch darin besteht ein ausschließender Gegensatz, der 2,6–16 mit 2,1–5 verbindet, aber darüber hinaus auch mit 1,18–25. Denn auch hier ist von einem ausschließenden Gegensatz sowohl zwischen der Weisheit, die die Griechen suchen (1,23), und der Weisheit Gottes (1,24), als auch zwischen dem Urteil der ἀπολλύμενοι und σῳζόμενοι (1,18) die Rede. Für jene ist der λόγος τοῦ σταυροῦ Torheit, σκάνδαλον und μωρία (1,23), für diese Kraft Gottes und Weisheit Gottes (1,24).

Die Aufhebung des Gegensatzes zwischen ἀπολλύμενοι und σῳζόμενοι (1,21.23) geschieht nun aber nicht durch Rückführung auf irgendeine gemeinsame obere Ebene, sondern durch das, vom Menschen aus gesehen, paradoxe Rettungshandeln Gottes, der seine Kraft und Weisheit im Kreuz Christi als dem Ort vollendeter Torheit und Schwachheit zur Wirkung gebracht hat. Darin ist, wie wir sahen, das definitive Urteil Gottes über die Weisheit der Weisen und Einsichtigen (1,19f) vollauf vorausgesetzt; durch dieses Urteil Gottes wird ihre Weisheit vernichtet und außer Geltung gesetzt (1,19) und als Nicht-Erkenntnis der Welt erwiesen (1,21a). Gott bringt seine Weisheit nicht auf der Ebene menschlich-weltlichen Urteils als Weisheit zur Geltung, sondern als Torheit, διὰ τῆς μωρίας τοῦ κηρύγματος (1,21b). Und die *Erkenntnis* dieser Torheit Gottes als Weisheit (1,25) ist nur im *Glauben*

[28] Vgl. dazu E. BRANDENBURGER, Fleisch und Geist (WMANT 29), 1968, 135f.

möglich (1,21b); sie widerfährt *allen* Verlorenen, Juden wie Griechen, durch Gottes *Berufung* (1,24).

Nun ist andererseits der Inhalt der Weisheit, die die Apostel nach 2,6 »reden«, kein anderer als die im Kreuz Christi eröffnete Heilswirklichkeit; und die Torheit der Weisen dieses Aion konzentrierte sich darin, daß die Archonten als die Machthaber dieses Aion den κύριος τῆς δόξης gekreuzigt haben (2,8). Wenn dann in 2,10ff die Erkenntnis dieser Heilswirklichkeit als Offenbarungserkenntnis durch den Geist charakterisiert wird, so kann dies nur als Explikation der Erkenntnis der Glaubenden nach 1,21 verstanden werden. Denn auf der Ebene der Urteilsmaßstäbe der Welt ist ja der λόγος τοῦ σταυροῦ Torheit. Daß die Verlorenen diese Torheit Gottes als Weisheit verstehen, die weiser ist als die Menschen (1,25), bedingt eine radikale Änderung ihrer Urteilsmaßstäbe, nämlich die Anerkennung dessen, daß Gott 1. ihre Weisheit zur Torheit gemacht (1,20b) und eben darin zugleich 2. die als Toren Erwiesenen gerettet hat. Diese Änderung des Urteils geschieht in der πίστις; und sowohl die Möglichkeit der Erkenntnis des Glaubens als auch deren Inhalt ist Gabe Gottes, Offenbarung durch Gottes *Geist*. Der paradoxe Charakter des Handelns Gottes im Kreuz Christi und seiner Erkenntnis im Glauben ist also in 2,6–11 keineswegs aufgegeben. Er ist vielmehr der eigentliche, der entscheidende Grund dafür, daß zwischen der Erkenntnis des Menschen als ψυχικός und der Erkenntnis des Menschen als πνευματικός ein so radikal ausschließender, unaufhebbarer Gegensatz besteht.

Auch von daher gesehen, erweist sich also 1,18–2,16 als theologisch geschlossener, bruchloser Gedankenzusammenhang.

3. Zum Problem des korinthischen Selbstverständnisses von σοφία λόγου

3.1 Der paulinische Text bleibt solange historisch abstrakt, als nicht die Abzielung der Erörterung des Apostels auf die Situation der Adressaten für uns dadurch plastisch wird, daß wir nach den Anschauungen und Motiven in der korinthischen Gemeinde fragen, die in ihren Gruppenrivalitäten zur Wirkung gekommen sind und die Paulus darum in seinem Gedankengang ständig im Blick hat. Die Schwierigkeit besteht aber darin, daß wir über die ›korinthische Theologie‹ nur durch den Brief des Paulus unterrichtet sind; und was er explizit sagt, ist einzig die Tatsache der Spaltungen in 1,12. Weil jedoch die Erörterung des Weisheitsthemas direkt darauf bezogen ist, kann man in ihr zweifellos mit Recht implizite Hinweise auf Motive und Vorstellungen der Korinther finden.

Die exegetische Literatur zeigt jedoch, daß auf diese Weise sehr divergente

Bilder ›korinthischer Theologie‹ entstehen können. Das ist vor allem darin begründet, daß man den religionsgeschichtlichen Vergleich als Hilfsmittel zum ›audiatur et altera pars‹ benutzt, das heißt zu dem Versuch, die Vorstellungen und Anliegen der Korinther nicht nur durch die Brille der paulinischen Entgegnung, sondern in ihrem eigenen Selbstverständnis zu hören. Je nachdem nun aber, welche Bereiche der damaligen religionsgeschichtlichen Umwelt man dazu herangezogen hat, erscheinen die Adressaten, sei es als christliche Vertreter hellenistisch-jüdischer Religionsphilosophie, sei es als pneumatische Enthusiasten, sei es als frühchristliche Gnostiker. Und je nach dem so vorausgesetzten religionsgeschichtlichen Gesamtbild lassen sich in verschiedener Weise korinthische Züge im paulinischen Kontext herausheben. Es bedarf hier dringend einer methodisch-kritischen Besinnung, deren Voraussetzung ist, daß man sich zunächst einmal von der Fixierung auf bestimmte religionsgeschichtliche Modelle löst, um unbeeinflußt von diesen die Frage stellen und verfolgen zu können, *welche Kriterien* es denn zur Ermittlung ›korinthischer Theologie‹ gibt.

Ich nenne vier solcher Kriterien: Zunächst sollte 1. eine immanente Exegese des zu erklärenden Textes allen religionsgeschichtlichen Vergleichen vorausgehen, damit mögliche Fehlerquellen in der religionsgeschichtlichen Auswertung des Textes nach Möglichkeit vermieden werden[29]. 2. sollte bei dem gewiß notwendigen Versuch, ein Gesamtbild ›korinthischer Theologie‹ aus beiden Korintherbriefen zu entwerfen[30], eine ebenso nötige Vorsicht dort walten, wo daraus Rückschlüsse auf das Gegenüber in 1Kor 1–3 gezogen werden, die nicht einwandfrei aus der Exegese dieses Abschnitts gedeckt sind. 3. sollte bei dem Ausgreifen über die korinthische Gemeinde hinaus zunächst das Urchristentum in den Blick gefaßt werden und erst danach außerchristliche Quellen, damit beim Vergleich nicht bestimmte christliche Eigentümlichkeiten nivelliert werden. Schließlich sollte 4. die gleiche Vorsicht auch im Blick auf das Verhältnis der außerchristlichen Zeugnisse untereinander geübt werden, damit nicht Bilder einheitlicher religionsgeschichtlicher Größen und Zusammenhänge auf Kosten der Differenzierung der einzelnen

[29] Darauf hat mit Recht C. Colpe, Religionsgeschichtliche Interpretation paulinischer Texte? (MPTh 52, 1963, 487–494) hingewiesen mit seiner provozierenden Frage, »warum ein neutestamentlicher Text auch dann richtig verstanden werden kann, wenn der ›religionsgeschichtliche Hintergrund‹, von dem man ihn abheben möchte, falsch bestimmt ist«. (494) Doch ist dieser Satz nur als überspitzte Korrektur methodischen Mißbrauchs, nicht als ernstgemeinte These zu halten.

[30] Vgl. dazu vor allem W. Lütgert, Freiheitspredigt und Schwarmgeister in Korinth, 1908; W. Schmithals, Die Gnosis in Korinth (FRLANT 66), 1969[3].

Phänomene entstehen, die wiederum einen geschlossenen Zusammenhang suggerieren, in dem die ›korinthische Theologie‹ stehe[31].

3.2 Was nun das *erste* Kriterium betrifft, so wird in der neueren Exegese m. E. zu wenig mehr beachtet, daß Paulus zweimal Apollos hervorhebt: 3,4 expliziert er seine Schelte von 3,1–3, indem er auf die Paulus- und Apollosgruppe von 1,12 abhebt. An dem Verhältnis zwischen seiner eigenen Mission und dem nachfolgenden Wirken des Apollos in Korinth will er grundsätzlich herausstellen, daß jeder, der am Aufbau der Gemeinde arbeitet, auf dem Grunde weiterbauen muß, der durch seine Mission gelegt ist; und jeder wird sich für seinen Teil am Gemeindeaufbau vor dem zukünftigen Gericht des Kyrios zu verantworten haben (3,5–17). In 4,6 resumiert er alles Voranstehende: Er habe es auf sich und Apollos angewandt ausgeführt, um die Korinther dazu zu bewegen, mit ihren Rivalitäten im Namen ihrer Autoritäten aufzuhören.

Nach Apg 18,24 war Apollos ein alexandrinischer Gelehrter bzw. Rhetor (ἀνὴρ λόγιος). Es liegt von daher nahe, zu vermuten, daß die als σοφία λόγου bekämpfte Position in Korinth in besonderer Weise von den Apollos-Leuten vertreten worden ist. Nun kann man dies zwar nicht in der extremen Form behaupten, daß es nur die Apollos-Gruppe sei, an die speziell sich Paulus in 1Kor 1–4 wende; denn der Text zeigt eindeutig, daß er durchweg die Gemeinde als ganze anspricht. Aber 3,4ff und 4,6 müssen nun doch in dem Sinn ernst genommen werden, daß Paulus die korinthischen Streitigkeiten insgesamt in einer paradigmatischen Auseinandersetzung mit dem σοφία-Anspruch der Apollos-Gruppe bekämpft. Und daraus läßt sich sehr wohl schließen, daß es die Motive dieser Gruppe gewesen sind, die den Streit verursacht haben, so daß nun alle Gruppen miteinander mit gleichartigem Anspruch höherer Weisheit miteinander rivalisierten (vgl. 4,6 ἵνα μὴ εἷς ὑπὲρ τοῦ ἑνὸς φυσιοῦσθε κατὰ τοῦ ἑτέρου). Diese Situation läßt sich historisch recht einfach erklären. Nach der Anfangszeit der paulinischen Mission in Korinth sind einerseits Christen aus dem petrinischen Missionsbereich dort zugezogen; andererseits hat Apollos, der von Ephesus aus nach Korinth kam, eine offenbar stark ausstrahlende Wirksamkeit begonnen, durch die er nicht nur einen Kreis von Anhängern an sich zog, sondern auch gewisse Maßstäbe christlicher Bildung gesetzt hat, die die anderen Gruppen sozusagen in Zugzwang brachten, so daß nun auch sie ›Weisheit‹ zu haben beanspruchten und als deren Autoritäten Paulus bzw. Petrus ins Feld führten. So erklärt

---

[31] Das gilt außer für meine eigene Dissertation besonders im Blick auf SCHMITHALS, aaO., sowie zuletzt SCHOTTROFF, aaO.

sich, warum Paulus den Korinthern *insgesamt* im Blick auf das Streitthema der σοφία λόγου die Leviten liest, dies aber im Blick auf die Motive der *Apollos*gruppe ausführt. Er selbst beurteilt, wie wir sahen, die Weisheitsansprüche in Korinth als Ansprüche *menschlicher* Weisheit und Redegabe und bestreitet diese mit der *Gegen*these (2,1–5), er selbst habe keineswegs aufgrund eigener Weisheit und eigener rhetorischer Macht das Wort vom Kreuz in Korinth verkündigt, sondern allein als *Gottes* Weisheit und in der Kraft des *Geistes.* Und er expliziert dies in 2,6ff im Blick auf jegliche christliche Weisheitsrede[32].

Wie er die Menschenweisheit der Korinther auffaßt, geht einerseits aus der Parallele zwischen 1Kor 1,26ff mit Röm 1,14, andererseits aus der Parallele zwischen 1Kor 1,18ff mit Röm 1,18–22 hervor. Demnach ist die Weisheit der Korinther 1. ein Bildungsanspruch, der in Widerspruch steht zu der sozialen Universalität des Evangeliums, das keinerlei Bildungsprivilegien kennt. Und so sind 2. die rivalisierenden Weisheitsansprüche in Korinth nichts anderes als jene Verirrungen, die Paulus in seiner Missionspredigt den Heiden anlastet, die φάσκοντες εἶναι σοφοὶ ἐμωράνθησαν (Röm 1,22). Gott selbst ist es, der diese anmaßende Menschenweisheit als Weisheit der Welt, dieses Aion, zur Torheit macht (1Kor 1,19f).

3.3 Was nun das *zweite* Kriterium betrifft, so ergibt sich aus dem Voranstehenden, daß man vorsichtig sein muß, die korinthische σοφία λόγου von 1Kor 12–14 her als pneumatisch-enthusiastische Mysterienrede aufzufassen, wie dies seit W. Lütgert und R. Reitzenstein üblich geworden ist. Zwar ist in 12,8 λόγος σοφίας neben λόγος γνώσεως eine bestimmte Weise charismatischer Rede; und Paulus zielt hier ähnlich wie in 4,8 darauf, einem rücksichtslosen Gebrauch der Geistesgaben im Sinne pneumatischer Machtansprüche bestimmter Charismatiker über andere zu wehren (12,14ff) und die Korinther davon zu überzeugen, daß das bestimmende Kriterium in der Wirkung aller verschiedenen Charismen die Liebe sein muß (13,1ff), in der die Stärkeren den Schwächeren aufhelfen (12,22–26), so daß das Ziel die Förderung der Einheit der Gemeinde als des Leibes Christi ist (12,12f.27). Der Skopos in 12–14 entspricht also in der Tat dem in c. 1–4; und von c. 8–10 und von 11,17–34 läßt sich ähnliches sagen[33]. Doch muß beachtet werden: Der λόγος σοφίας in Korinth wird in c. 12–14 nirgendwo als Geistesgabe in Frage ge-

---

[32] Der Übergang von der 1. pers. sing. von 2,1–5 zur 1. pers. plur. in 2,6 zeigt die generelle Bedeutung des zunächst nur im Blick auf seine eigene Person Gesagten an; vgl. die konkrete Ausführung in 3,5ff.

[33] Vgl. dazu H. von Soden, Sakrament und Ethik bei Paulus (in: Urchristentum und Geschichte I, 1951, 239–275); ferner besonders Niederwimmer, aaO.

stellt und auch dort nicht als bloß menschliche Weisheitsrede kritisiert, wo Paulus einem faktischen Mißbrauch der Charismen wehrt, im Gegenteil: Er fordert dort die Korinther auf: ζηλοῦτε δὲ τὰ χαρίσματα τὰ μείζονα und zeigt ihnen nur die Liebe als die καθ' ὑπερβολὴν ὁδόν (12,31). Die ganze Erörterung in c. 12–14 steht durchaus unter der Überschrift der lobenden Anerkennung des pneumatischen Reichtums der Korinther, wie Paulus sie ihnen im Proömium ausspricht (1,4–6).

Die σχίσματα der korinthischen Gruppen (1,12) dürfen darum nicht als Hintergrund der Paränese von c. 12–14 und diese wiederum nicht als Horizont der Kritik der korinthischen Weisheit in c. 1–4 postuliert werden. Bei den Spaltungen handelt es sich um eine weitaus schlimmere Gefahr als bei dem zu Rücksichtslosigkeit neigenden pneumatischen Überschwang der korinthischen Pneumatiker. Nichts spricht dafür, die in c. 1–4 bekämpfte σοφία λόγου als pneumatisch-charismatischen λόγος σοφίας von 1Kor 12,8 und den Gruppenstreit als pneumatischen Machtkampf aufzufassen, in dem sich pneumatische Charismatiker über bloße ›Psychiker‹ überheben. Stünde es so, so würde weder die polemische Charakterisierung der korinthischen Weisheit als *Menschen*-Weisheit in 2,5 noch die Entgegensetzung wahrer Weisheitsrede als Weisheit *Gottes* gegen die Weisheit *dieses Aion* in 2,6f und ihre Erkenntnis als pneumatische Offenbarungserkenntnis in 2,10ff den Weisheitsanspruch der Korinther in deren Selbstverständnis treffen. Nirgendwo kritisiert Paulus hier die Korinther deswegen, weil sie zu Unrecht einen pneumatischen Weisheitsanspruch erhöben. Zwar könnte 3,1, für sich genommen, in diesem Sinn ausgelegt werden; doch das ist deswegen unmöglich, weil ὡς πνευματικοῖς sich auf 2,14f zurückbezieht, dort aber nicht ein korinthischer Pneuma-Anspruch aufgenommen und an die Korinther polemisch verkehrt zurückgegeben, sondern die Gegenthese des Paulus selbst gegen die menschlichen Erkenntnisansprüche der korinthischen Weisen auf ihre Spitze gebracht wird. Es ist ein methodisches πρῶτον ψεῦδος, in 1Kor 2,6–16 eine polemische Aufnahme korinthischer pneumatischer Weisheitslehre zu sehen, statt, wie der Text klar und eindeutig lautet, die Entfaltung der Gegenthese des Paulus gegen die Menschen- und Weltweisheit der Korinther. Die Fehlerquelle liegt in einer falschen Verquickung des Abschnitts c. 1–4 mit dem in c. 12–14. *Dort* spricht der Pneumatiker Paulus zu den Korinthern als Pneumatikern und zeigt ihnen den weitaus besseren Weg der Liebe als des Kriteriums der Geistesgaben. Hier dagegen polemisiert der Pneumatiker Paulus gegen die Korinther als solche, die in ihrer menschlichen Weisheit σάρκινοι sind.

3.4 So sehr also zwischen der von Paulus bekämpften Menschenweisheit der Korinther und ihrem Charismen-Reichtum, den er lobt, aber zurechtweist, zu unterscheiden ist, so wenig darf man nun andererseits beides auseinanderreißen, als hätte im faktischen Leben der jungen Gemeinde das eine mit dem andern nichts zu tun gehabt. Die Frage, wie beides in ein und derselben Gemeinde nebeneinander bestehen kann, betrifft zugleich auch das *dritte* Kriterium.

Zweifellos war der Pneumatismus das hervorstechendste Merkmal urchristlichen Lebens; und die Erkenntnis des Unterschieds zwischen Geist und Vernunft war – neben der Entdeckung der zentralen Bedeutung der Eschatologie – die wichtigste historische Einsicht, die die Religionsgeschichtliche Schule für die Exegese des Neuen Testaments gewonnen hat. Gleichwohl war es kurzschlüssig, den urchristlichen Pneumatismus als durch und durch irrational zu beurteilen[34]. Der Empfang des heiligen Geistes in der Taufe war zwar gewiß die Erfahrung einer Verbindung der irdischen Existenz der Christen mit dem erhöhten Christus und durch ihn mit der oberen, pneumatisch-jenseitigen Wirklichkeit der zukünftigen Heilswelt, deren Frieden die Vernunft überragt (Phil 4,7). Das Pneuma schloß das christliche Leben gleichsam an deren Kraftstrom an, dessen Impulse in den Charismen erfahren wurden. Zu diesen Impulsen zählte auch die pneumatische Erkenntnis der »Tiefen Gottes« und deren Mitteilung sowohl in den rationalen Charismen des λόγος σοφίας und λόγος γνώσεως als auch im irrationalen Charisma der Glossolalie. Daß im Zusammenhang solcher Erfahrungen ein enthusiastisches Selbstbewußtsein aufbrach, das leicht zu einem sacro egoismo und jenen Rivalitäten führen konnte, wie sie Paulus in Korinth bekämpfen mußte, ist sehr verständlich.

Man darf jedoch nicht unbeachtet lassen, daß die durch den Geist vermittelte Erkenntnis nicht nur in einer solcherart enthusiastischen Orientierung nach ›oben‹ bestand, sondern zugleich damit auch das irdische Leben der Christen selbst und nicht zuletzt ihre gesamte Welterfahrung durchgreifend umwandelte. Was das letzte betrifft, so bedeutet die Erkenntnis des Erhöhten für die zum Christentum bekehrten Heiden vor allem die Erfahrung einer ungeheuren, seit Ostern in Gang befindlichen Revolution, die von oben herab die Welt als ganze betrifft: die Entmachtung der Götter und Dämonen und die Machtergreifung des Kyrios. εἷς θεός und εἷς κύριος, das waren Parolen, die ein völlig neues Weltbild eröffneten. Die Taufhymnen Phil 2,6–11

[34] Vgl. dazu T. Koch, Theologie unter den Bedingungen der Moderne. Wilhelm Herrmann, die ›Religionsgeschichtliche Schule‹ und die Genese der Theologie Rudolf Bultmanns, Habil-S. München 1969, 81–146, der die in der exegetischen Arbeit wirksamen theologischen Interessen sichtbar macht.

und Kol 1,15–20 geben davon ein ebenso eindrückliches Zeugnis wie die γνῶσις von 1Kor 8,1–6, ὅτι οὐδεὶς θεὸς εἰ μὴ εἷς. Die entgötterte Welt als ganze war integriert in die allumfassende Herrschaftsordnung des Einen Gottes, ἐξ οὗ τὰ πάντα καὶ ἡμεῖς εἰς αὐτόν, und des Einen Kyrios, δι' οὗ τὰ πάντα καὶ ἡμεῖς δι' αὐτοῦ.

Was lag da näher, als diese urchristliche Grunderfahrung alsbald kosmologisch und anthropologisch zu explizieren? Bereits die Liturgie zeigt deutliche Ansätze in dieser Richtung; und am Beispiel des Kolosserhymnus läßt sich sehr schön zeigen, wie es Motive jüdischer Weisheitstradition waren, die Leitlinien dafür zur Verfügung stellten, und zudem auch keinerlei Hemmungen empfunden wurden, Einzelmotive hellenistisch-philosophischer Provenienz in diesem Zusammenhang aufzunehmen. Dem hatte das hellenistische Judentum in großer Breite vorgearbeitet[35]. Denn das εἷς-Θεός-Motiv ist jüdischen Ursprungs; und seine durchaus rationale Explikation im Kontext hellenistischer Philosophie aufgrund der tiefen Überzeugung, im Glauben an den Einen Gott die eigentliche, lebendige Wahrheit der abstrakten philosophischen Gotteslehre für die gebildete Umwelt herausstellen und so gerade die Gebildeten durchaus rational überzeugen zu können, war seit langem im Umkreis der hellenistischen Synagoge zu einer kraftvoll-optimistischen Tradition jüdischer Gebildeter geworden. ›Weisheit‹ war der Sammelbegriff solcher Glaubensbildung.

Es ist darum keineswegs verwunderlich, daß es im Urchristentum Männer wie Apollos gab, die, aus diesem jüdischen Bildungsreservoir schöpfend, die *geistigen* Möglichkeiten jener *geistlichen* Erfahrung faszinierend zur Geltung brachten. Es ist auch keineswegs abwegig, zu vermuten, daß ein *solcher* λόγος σοφίας in Korinth wie selbstverständlich zu den pneumatischen Charismen zählen konnte und daß die intellektuell Begabteren in der Begeisterung an solcherart christlicher Weltanschauung *diesem* Charisma einen besonderen Rang zusprachen und sich unter ihnen ein Elitebewußtsein bildete, hinter dem die anderen Gruppen keineswegs zurückbleiben wollten. Daß die gleichen Korinther unter den Charismen gottesdienstlicher Rede der irrationalen Glossolalie den Primat zusprachen, ist keineswegs ausgeschlossen. In dieser Hinsicht zeigt z. B. Philo, wie es damals durchaus möglich war, eine rationale philosophische Theologie mit Motiven ekstatischer Gotteserfahrung zu verbinden.

Die Polemik des Paulus gegen ein εὐαγγελίζεσθαι ἐν σοφίᾳ λόγου (1,17) bedeutet nun keineswegs eine antirationale Kampagne, wie es J. Weiß sah.

---

[35] Vgl. dazu zuletzt E. SCHWEIZER, Der Brief an die Kolosser (EKK), 1976, 50ff.

Paulus hat den νοῦς als solchen durchaus positiv eingeschätzt[36]. Achtet man genau auf die Situationsbezogenheit seiner Polemik, so ist es die Tendenz intellektueller Selbstüberhebung, die zu Spaltungen führt und Spaltungen legitimiert, ist es das καυχᾶσθαι dieser neuen christlichen Bildungsansprüche, das er bekämpft. Nicht darauf zielt Paulus, der Rationalität der korinthischen Weisheitslehren die Irrationalität pneumatischer entgegenzustellen, sondern der die Einheit der Gemeinde sprengenden Selbstsucht der korinthischen Weisheit setzt er eine Weisheit entgegen, die, am Kreuz Christi orientiert, *Gott* alle Weisheit zuspricht und statt auf das eigene intellektuelle Vermögen auf die Kraft Gottes, die Kraft des Geistes setzt.

Unter diesem Gesichtspunkt sind die sozialen Implikationen des Gruppenstreits in Korinth wie der paulinischen Polemik zu beachten[37]. Nicht umsonst sind es soziale Motive, die Paulus in 1,26ff den Elitetendenzen des korinthischen Bildungsstrebens entgegenstellt. Gottes Berufung hat »nicht viele Weise nach dem Fleisch, nicht viele Mächtige, nicht viele Hochgeborene« erreicht, – wie soll es da jetzt umgekehrt zugehen, daß die wenigen Weisen, Mächtigen und Hochgeborenen in der Gemeinde die Ersten sein wollen? In seiner Berufung hat Gott vielmehr die Weisen, Mächtigen und Hochgeborenen zuschanden gemacht, indem er die Törichten, Schwachen und Deklassierten erwählte, – sollte es da nun eine christliche Weisheit geben können, die sich als Menschenweisheit etwa nicht selbst zuschanden machen ließe durch Gottes Weisheit, wie er sie im Kreuz Christi erwiesen hat? Wenn es also in Korinth einen Reichtum an Erkenntnis und Weisheit gibt, so darf dieser nicht darin zur Wirkung kommen, daß die Weisen sich über die Törichten erheben, sondern darin, daß sie die Einheit der wenigen Gebildeten mit der Masse der Ungebildeten unter *Gottes* Weisheit erkennen und fördern. Es ist die Sozialpflichtigkeit christlicher Bildung, die Paulus fordert, indem er die sozial zerstörerische Wirkung des korinthischen Bildungsstrebens verurteilt.

3.5 Was das vierte Kriterium betrifft, so haben wir bereits mit dem Hinweis auf die hellenistisch-jüdische Weisheitstradition den Umkreis des Urchristentums überschritten. Weil aber das Urchristentum – auch dasjenige der heidenchristlichen Missionsgemeinden des Paulus – aus dem Judentum hervorgegangen ist und sich in dessen Nähe selbst entwickelt hat, ist urchristliche Rezeption jüdischer Überlieferung durchweg und vielfältig festzustellen. Hellenistische Traditionen sind dem Urchristentum zunächst weitge-

[36] Dazu vgl. G. BORNKAMM, Glaube und Vernunft bei Paulus (in: Studien zu Antike und Urchristentum [Gesammelte Aufsätze Bd. II], 1970, 119–137).

[37] Dazu vgl. besonders G. THEISSEN, Soziale Schichtung in der korinthischen Gemeinde (ZNW 65, 1974, 232–272).

hend in jüdisch rezipierter Gestalt begegnet. Früher herrschende Theorien einer selbständig-unmittelbaren Aufnahme hellenistisch-paganer Traditionen sind inzwischen entsprechend korrigiert worden. Umstritten ist jedoch gegenwärtig, ob es im damaligen Judentum nicht Frühformen einer Gnosis gegeben hat, die sich ihrerseits jüdischer Tradition bemächtigt und in dieser Gestalt auch Eingang in das Urchristentum gefunden hat. Im Blick auf diese Hypothese eines Einflusses früher jüdischer Gnosis auf das Urchristentum bedarf es sorgfältiger und differenzierter Prüfung der verschiedenen Quellen; denn mit der einfachen Arbeitshypothese einer vorchristlichen gnostischen Religion, die aus dem Osten in den Vorderen Orient eingedrungen sei, kann heute keinesfalls mehr gearbeitet werden.

Die Meinungen sind gegenwärtig sehr kontrovers. Wir können hier nicht zum Gesamtproblem Stellung nehmen, sondern müssen uns auf die wichtigsten Beobachtungen beschränken, aufgrund derer man von der korinthischen σοφία λόγου als einer Frühform christlicher Gnosis sprechen zu können meint.

4. Zum Problem gnostischer Herkunft der Motive in 1Kor 2,6–16

Aus dem Voranstehenden ist bereits deutlich, daß aus 1Kor 2,6–16 jedenfalls über die Anschauungen in Korinth nichts zu ermitteln ist, weil es die Gegenposition des Paulus gegen die Menschenweisheit der Korinther ist, die er hier entfaltet. *Wenn* also gnostische Motive in diesem Abschnitt nachweisbar sind, so betreffen sie allein die Argumentation des Paulus[38].

Gnostischer Einfluß wird vor allem im Blick auf die folgenden vier Elemente des paulinischen Textes behauptet: 1. der σοφία-Begriff in 2,6f; 2. die Rede von den Archonten in 2,6.8; 3. den mit πνευματικός synonymen Gebrauch von τέλειος in 2,6; und 4. das Gegensatzpaae ψυχικός–πνευματικός in 2,14f.

4.1 Was das Erste betrifft, so ist meine eigene Hypothese, daß σοφία in Korinth als christologische Bezeichnung gebraucht und im Kontext der gnostischen Vorstellung der Erlösergestalt verstanden worden sei, mit Recht kritisiert worden[39]. Zwar bezieht Paulus entgegen der korinthischen ›Weisheit‹

---

[38] So R. SCROGGS, Paul: Σοφός and Πνευματικός (NTS 14, 1967/68, 33–55), 54; zuletzt SCHOTTROFF, aaO. 171.216.

[39] Vgl. dazu besonders H. KOESTER (Gnomon 33, 1961, 590–595); COLPE, aaO.; NIEDERWIMMER, aaO. 78–80 Anm. 11; K. PRÜMM, Zur neutestamentlichen Gnosis-Problematik. Gnostischer Hintergrund und Lehreinschlag in den beiden Einleitungskapiteln von 1Kor? (ZKTh 87, 1965, 399–442; 88, 1966, 1–50).

σοφία als Weisheit Gottes auf das Kreuz; und es ist nicht unwahrscheinlich, daß das Kreuz in den Argumentationen der korinthischen Gruppen gegeneinander keine Rolle gespielt hat. Aber die Zielrichtung der paulinischen Polemik, nach der die Weisheit, die die Korinther zur Geltung zu bringen suchen, Menschen- und Weltweisheit sei, und Gottes Weisheit widerstreite, läßt die Annahme nicht zu, die Korinther ihrerseits hätten die Weisheit, von der sie sprachen, als göttliche, pneumatische Weisheit aufgefaßt, nämlich als Bezeichnung Christi in der Funktion des gnostischen erlösten Erlösers[40]. Im übrigen hat die Σοφία in den meisten gnostischen Quellen gar nicht die Funktion des Salvator, sondern repräsentiert vielmehr die Salvandi bzw. ist die Gabe des Erlösers als Offenbarers – vom Erlöser selbst ist sie durchweg unterschieden[41].

Aber auch die geläufige Hypothese, die korinthische σοφία sei im Sinne jener erlösenden ›Erkenntnis‹ des Pneumatikers gemeint[42], widerstreitet dem Skopos des paulinischen Textes. Denn auch bei dieser Hypothese muß ja vorausgesetzt werden, daß σοφία im Sinne der Korinther als pneumatische Weisheit sehr wohl göttlicher Art, also als θεοῦ σοφία ἐν μυστηρίῳ aufgefaßt und vertreten worden sei. Die paulinische Gegenthese in 2,6ff würde so wiederum die korinthische Position gar nicht treffen bzw. sie müßte so interpretiert werden, daß Paulus den Anspruch der Korinther, eine pneumatisch-göttliche Weisheit zu haben, bestreite und diese als bloße Menschen- und Weltweisheit degradierte – eine Behauptung, die nicht nur keinen Anhalt am Text findet, sondern seinem Wortlaut auch durchgehend widerspricht. Es ist auch eine in sich höchst unwahrscheinliche Annahme, ein Polemiker übernehme die Argumentation seines Gegners wörtlich-komplett und könne so erwarten, daß diese sie überhaupt als Polemik verstehen. Im übrigen müssen die Vertreter dieser Auslegung postulieren, Paulus selbst habe die von den Gnostikern übernommene Weisheitslehre durchweg anders verstanden, als seine Sätze lauten; und sie sind froh, darauf hinweisen zu können, daß wenigstens in der Formulierung von 2,12 τὰ ὑπὸ τοῦ θεοῦ χαρισθέντα ἡμῖν original-paulinische Theologie sozusagen durchschlage. Dies alles zeigt, daß das ganze Auslegungsmodell falsch angesetzt ist. Man muß 2,6ff als paulinische Argumentation gegen die Menschenweisheit der Korinther und die in

[40] Das hat SCROGGS (aaO.) mit Recht gegen meine Dissertation eingewandt, was wiederum SCHOTTROFF (aaO. 193) zu Unrecht bestreitet.

[41] Das gilt auch von den Texten, die SCHOTTROFF (ebd. 59ff; 78ff) zur Unterstützung und Präzisierung meiner früheren These auswertet.

[42] Dies ist auch teilweise die Meinung meiner Kritiker, vgl. COLPE, aaO. und KOESTER, aaO.

2,6f als die von ihm selbst vertretene christliche Weisheit ernst nehmen. Dann aber muß 2,6f als Explikation von 1,24f interpretiert werden.

4.2 Zur Interpretation der Archonten in 2,6.8 vgl. oben S. 508.

4.3 Was das Wort τέλειοι betrifft, so läßt es sich zwar vielfach in gnostischen Quellen als Bezeichnung für den erlösten Pneumatiker, der im Vollbesitz der Erkenntnis seiner Zugehörigkeit zur oberen Welt ist, nachweisen[43]. Es handelt sich jedoch – mit Ausnahme von Corp. Herm. IV,4 – um *christliche* Belege aus wesentlich späterer Zeit, in denen z.T. der Text von 1Kor 1f zugrunde liegt[44]. Daß darin gleichwohl Traditionen fortwirken, die ihrerseits in das erste Jahrhundert zurückreichen, darf nicht postuliert, sondern muß im einzelnen nachgewiesen werden.

Bei Paulus wie überhaupt im Urchristentum überwiegt die jüdische, eschatologisch-ethische Bedeutung des Wortes. τὸ τέλειον ist sowohl die eschatologische Heilswirklichkeit selbst (1Kor 13,10) als auch die sittliche Forderung, ihr im christlichen Handeln zu entsprechen (Röm 12,2). Christen sollen in diesem Sinn »vollkommen« sein (Phil 3,15; vgl. Mt 5,48; 19,21; Jak 1,4; 3,2). Wie es darum in 1Kor 14,20 heißt: τῇ κακίᾳ νηπιάζετε, ταῖς δὲ φρεσὶν τέλειοι γίνεσθε, so ist auch in 3,1f der Gegenbegriff zu ἐν τοῖς τελείοις von 2,6 πνευματικοῖς.

Und wie in 14,20 die Unterscheidung zwischen einem Kind und einem Erwachsenen nicht im Sinne eines allmählichen Reifungsprozesses ausgewertet wird, sondern die Christen im Blick auf Bekehrung und Taufe als erwachsen Gewordene angesprochen werden, die das Böse abgelegt haben und darum im Verhältnis zum Bösen nicht auf die Stufe von Kindern zurückfallen dürfen, so füllt Paulus auch in 3,1 das Bild vom Erwachsenen inhaltlich durch den Begriff πνευματικός: Wer in der Taufe das πνεῦμα empfangen hat (2,12), ist Pneumatiker geworden, der sich, was die gewonnene Erkenntnis betrifft, vom Psychiker unterscheidet (2,14f). *Handelt* er gleichwohl – wie die Korinther – dem Geist zuwider, κατὰ ἄνθρωπον, so verhält er sich als σαρκικός (3,3).

Nun setzt Paulus freilich in 3,2 (οὔπω) die in Hebr 5,14 bezeugte Unterscheidung zwischen anfänglichem Elementarunterricht für ›Säuglinge‹ und nachfolgender Lehre für ›Vollkommene‹ voraus. Doch ist zu beachten, daß er die Korinther tadelt: Er habe zu ihnen noch nicht als zu Pneumatikern sprechen können. ἠδυνήθην in 3,1 muß nach 2,1ff auf den ersten Missionsaufenthalt des Paulus in Korinth bezogen werden. Der Tadel betrifft nicht die

[43] Vgl. dazu die Belege bei Wilckens, aaO. 53–60; zuletzt Winter, aaO. 157ff pas.

[44] Z. B. Hipp. ref. V 6,4.

Tatsache, daß die Korinther seit jenem Anfang immer noch nicht reif geworden seien zum Empfang von Weisheitslehre, sondern er zielt darauf, daß sie es am Anfang nicht waren (ἐδύνασθε) und so auch jetzt noch nicht sind (οὐδὲ ἔτι νῦν δύνασθε!). Dem entspricht, daß statt τέλειος von 2,6 in 3,1 vielmehr πνευματικός steht und νήπιοι durch σάρκινοι präzisiert wird. Daß der Geistempfang der Korinther bei ihrer Taufe und ihre geistliche Erkenntnisfähigkeit so sehr auseinanderklaffen, ist ein Skandal. Es liegt nicht etwa daran, daß der Geist seine Erkenntnisse stufenweise gäbe, so daß die Korinther dadurch entschuldbar wären, sondern einzig daran, daß sie sich mit ihrem ζῆλος καὶ ἔρις wie Kinder, nein: als Sarkiker benehmen. Dem sakramentalen Kriterium pneumatischer Erkenntnis entspricht bei ihnen nicht das sittliche Kriterium des Pneumatikers als τέλειος – *das* ist der Skopos des paulinischen Tadels. Der Topos der Differenzierung zwischen Anfangsunterricht für νήπιοι und Weisheitslehre für τέλειοι kommt hier als solcher also gerade nicht zum Tragen.

Darin unterscheidet sich das paulinische Verständnis von τέλειος vom späteren gnostischen. Dort nämlich spielt das sittliche Kriterium keinerlei Rolle; allein entscheidend ist das Kriterium pneumatischer Erkenntnis, und diese wird nicht allen Christen als Getauften, sondern nur einer pneumatischen Elite zugesprochen. Das Christentum wird analog einem hellenistischen Mysterium aufgefaßt, dessen Anfangsstufe von der Stufe der höchsten Weihe, der τελείωσις in diesem Sinn, unterschieden ist: τέλειοι sind nur die Gnostiker[45]. Nun dürfte zwar bereits hinter dem urchristlichen Topos von 1Kor 3,1f und Hebr 5,14 die gleiche Mysterien*sprache* stehen. Doch während im Urchristentum als die entscheidende Pneumatiker-›weihe‹ die Taufe gilt, so daß es innerhalb von Christentum und Kirche keinerlei Unterschied zwischen Pneumatikern und Noch-Nicht-Pneumatikern als zwischen νήπιοι und τέλειοι gibt und geben darf, hat sich in der späteren Gnosis die Mysterienvorstellung verselbständigt und ist im Verständnis und in der Beurteilung von Christentum und christlicher Vollkommenheit dominant geworden. Die Gnosis zeigt sich gegenüber dem Urchristentum nicht nur zeitlich, sondern auch sachlich als ein späteres Stadium im Hellenisierungsprozeß des Christentums.

Bestätigt wird dieses Urteil im Blick auf Philo[46], bei dem sich einerseits eine Vorstellung vom τέλειος im Kontext der stoischen Konzeption von Fortschritt und Vollendung findet, das entscheidende Kriterium der Voll-

---

[45] Vgl. z. B. Corp. Herm. IV 4; Hipp. ref. V 8,9 (vgl. ebd. 8,44, wo dasselbe von den Pneumatikern gesagt wird).

[46] Vgl. dazu zuletzt WINTER, aaO. 96ff.

kommenheit aber andererseits die Gotteserkenntnis ist, die eigentlich allein durch das Widerfahrnis des göttlichen Geistes gewonnen wird, so daß sich in Philos Verständnis vom τέλειος auch Motive aus hellenistischer Mysteriensprache einmengen. Zwar läßt sich bei Philo die Gleichung τέλειος = πνευματικός so direkt wie bei Paulus nicht nachweisen, doch zielt sein Denken deutlich in diese Richtung.

Wollte man nun die philonische und paulinische Anschauung als »prägnostisch« bezeichnen, sollte eingesehen werden, daß die traditionsgeschichtlichen Verhältnisse dabei sehr einseitig vom Aspekt der späteren Gnosis aus beurteilt werden. Gnostisch sind weder Philo noch Paulus (noch die Korinther), sofern der erstere im τέλειος den vollkommenen Schüler Moses meint und seine Vollkommenheit darum im sittlichen Sinn als vollkommene Tugend versteht, während Paulus im τέλειος den Christen meint und seine Vollkommenheit als Entsprechung seines christlichen Lebens in der Gemeinde zu der eschatologischen Wirklichkeit neuen Lebens versteht, zu der der Geist den je aktuellen Zugang öffnet. Der Gegensatz zur Gnosis besteht hier wie dort im sittlichen Kriterium der Vollkommenheit; darüber hinaus aber darin, daß der Unterschied zwischen Pneumatiker und Nichtpneumatiker keine Rolle spielt im Blick auf die Verhältnisse innerhalb der Religionsgemeinschaft. Dieser Gesichtspunkt taucht bei Philo gar nicht auf, weil er im Zusammenhang seiner Interpretation der jüdischen Religion für die Gebildeten seiner Zeit den Zugang zur Gotteserkenntnis als ein allgemeines Phänomen von Erkenntnisgewinn darlegt. Bei Paulus ist er ausgeschlossen durch den Aspekt von Bekehrung, Taufe und christlicher Gemeinde. Was Paulus, Philo und die Gnosis verbindet, sind lediglich gewisse hellenistische Mysterienvorstellungen, die aber eine dominierende Wirkung allein in der Gnosis gewonnen haben.

4.4 Schwierig ist eine religionsgeschichtliche Zuordnung der Antithese ψυχικός–πνευματικός in 2,14f[47]. Wieder ist zunächst festzustellen, daß sie in gnostischen Quellen mehrfach begegnet und dort im Kontext gleichartiger kosmogonisch-anthropogonischer Spekulationen einen festen hermeneutischen Horizont hat. Die Entstehung der Welt und der irdischen Menschen wird hier als ein katastrophaler Vorgang in mythischer Vorzeit gesehen. In der Harmonie der in sich geschlossenen göttlich-pneumatischen Welt entstand eine Abfallbewegung, durch die außerhalb ihrer eine materielle Gegenwelt entstand, in der die abgesprengten Pneuma-Partikel gefängnishaft eingeschlossen und ihrem oberen Ursprung entfremdet wurden. Das irdische

---

[47] Vgl. dazu zuletzt WINTER, ebd. 157ff pass.

Dasein der Menschen in ihrer Leib-Seele-Konstitution ist also nichts anderes als ein Gefängnis der darin versklavten Pneuma-Teilchen. σῶμα/σάρξ und ψυχή zusammen sind also vom πνεῦμα *wesenhaft* unterschieden. Nur der Geist wird erlöst und kann erlöst werden, indem ihm eine Reaktivierung der ausgelöschten Erkenntnis seines himmlischen Ursprungs widerfährt. Indem das pneumatische Selbst des Pneumatikers diesen Ursprung erkennt, löst er sich damit aus der Umklammerung durch Körper und Seele und zieht sie aus wie ein Kleid. Bei seinem Aufstieg nach droben (dem mythischen Symbol der Entstehung pneumatischer Erkenntnis) bleiben Körper wie Seele als der unteren, materiellen Welt zugehörig zurück und verfallen deren Nichtigkeit. Pneumatiker ist von daher der Mensch, dessen Pneuma-Selbst sich seiner bewußt und frei geworden ist, ›Psychiker‹ dagegen der Mensch, in dem die Seele den Geist noch niederhält. Ein solcher ψυχή-πνεῦμα-Dualismus[48] ist in den gnostischen Quellen freilich nur selten rein anzutreffen. Ungleich häufiger findet sich eine trichotomische Anthropologie, in der die Seele zwischen Körper und Geist eine vermittelnde Funktion hat. Diese wurde überall dort vertreten, wo die platonische Leib-Seele-Differenz durch die gnostische Pneuma-Lehre lediglich überboten werden sollte[49]; und dadurch war zugleich die Möglichkeit einer Standortbestimmung der pneumatischen Gnostiker in der Kirche gegeben, in dem diese sich als die vollkommenen Christen von den Psychikern als den noch unvollkommenen Christen unterscheiden[50].

Nun handelt es sich auch hier zumeist um christliche Texte, in denen der 1. Korintherbrief bekannt und z. T. sogar explizit benutzt worden ist[51]. Deshalb kann ohne überzeugende Nachweise nicht behauptet werden, es handle sich um gnostisches Traditionsgut, das im Ursprung vorchristlich und also von Paulus bzw. den Korinthern übernommen worden sei.

---

[48] Pointiert vor allem in der sog. Naassener-Predigt (Hipp. ref. V 8,44), wo Gen 28,17 so gedeutet wird: αὕτη γάρ, φησίν, ἐστὶν »ἡ πύλη τοῦ οὐρανοῦ« καὶ οὗτος (ὁ) »οἶκος θεοῦ«, ὅπου ὁ ἀγαθὸς θεὸς κατοικεῖ μόνος, εἰς ὃν οὐκ εἰσελεύσεται, φησίν, ἀκάθαρτος οὐδείς, οὐ ψυχικός, οὐ σαρκικός, ἀλλὰ πηρεῖται πνευματικοῖς μόνοις, ὅπου δεῖ γενομένους βαλεῖν τὰ ἐνδύματα καὶ πάντας γενέσθαι νυμφίους ἀπηρσενωμένους διὰ τοῦ παρθενικοῦ πνεύματος.

[49] Vgl. dazu besonders die valentinianische Lehre (Ir. adv. haer. I 6,1f; 7,5 u. a. St.), wo es 7,5 heißt, das Psychische müsse wie das Irdische zugrunde gehen, wenn es nicht »das Bessere wähle«, nämlich das Pneuma.

[50] Vgl. besonders Ir. adv. haer. I 6,2: ἐπαιδεύθησαν γὰρ τὰ ψυχικὰ οἱ ψυχικοὶ ἄνθρωποι, οἱ δι' ἔργων καὶ πίστεως ψιλῆς βεβαιούμενοι καὶ μὴ τὴν τελείαν γνῶσιν ἔχοντες; ähnlich die von A. Dihle (ThWNT IX 658) genannten Stellen aus dem Apokryphon Johannis (Cod. IV 40,21ff; Cod. II 26,8ff).

[51] Das ist z. B. der Fall in der Naassenerpredigt (Hipp. ref. V 8,26), bei den Basilidianern (ebd. VII 26,3) und den Valentinianern (Ir. adv. haer. I 8,2.4; Hipp. ref. VI 34,8). Sehr häufig erscheint das Zitat von 1Kor 2,9, vgl. Wilckens, aaO. 76–80.

Zunächst gibt es im außerpaulinischen Schrifttum des Neuen Testaments zwei Stellen, wo der Gegensatz ψυχικός–πνευματικός wie in 1Kor 2 vorkommt. In Jak 3,13ff wird gegen eine σοφία polemisiert, die ζῆλος und ἐριθεία anrichte und der Wahrheit widerspreche. Der Verfasser kennzeichnet sie in 3,15 so: οὐκ ἔστιν αὕτη ἡ σοφία ἄνωθεν κατερχομένη, ἀλλὰ ἐπίγειος, ψυχική, δαιμονιώδης. ›Seelisch‹ steht hier in einer Linie mit ›irdisch‹ und ›dämomonisch‹; der Gegensatz dazu ist ›vom Himmel herabkommend‹, was sachlich zweifellos gleichbedeutend ist mit pneumatisch. Gnostisch ist nun aber weder die Argumentation des Verfassers, der vielmehr deutlich aus weisheitlicher Tradition schöpft, noch aber auch die von ihm bekämpfte Weisheit; denn daraus, daß er sie »irdisch, seelisch und dämonisch« nennt, darf man nicht flugs schließen, daß die hier bekämpften Gegner ihrerseits eine gnostische, pneumatische σοφία-Lehre vertreten hätten, die der Verfasser im Gegensinn gegen sie kehre[52]. Aber die Gleichsetzung von ›seelisch‹ mit ›irdisch‹ und ›dämonisch‹ fällt aus dem Umkreis weisheitlicher Überlieferung heraus und bedarf einer Erklärung.

Dasselbe gilt für Jud 19, wo ebenfalls Gegner, die Spaltungen verursachen, als ψυχικοί, πνεῦμα μὴ ἔχοντες bekämpft werden. Der sonst ganz unoriginelle Verfasser kann hier unmöglich aus Eigenem schöpfen. Nichts spricht aber auch hier dafür, daß es Stichworte gnostischer Gegner sind, die er einfach gegen sie kehrte. Es scheint, daß er von einer fest gewordenen Kampfthese kirchlicher Ketzerbekämpfung Gebrauch macht: Ketzer sind eo ipso geistlose Psychiker, denen jede Einsicht fehlt und die darum nur Schädliches anrichten. Wie diese Kampfthese entstanden ist, zeigt sich in den verschiedenen Zeugnissen in 1Kor 2 und Jak 3, wo weisheitliche Motive den Hintergrund bilden.

Doch findet sich der Gegensatz ψυχικός–πνευματικός selbst nicht in der Weisheit; wie läßt sich seine Entstehung erklären? Dazu gibt es einen Hinweis in 1Kor 15,44ff, der einzigen Stelle bei Paulus, wo derselbe Gegensatz nochmals auftaucht[53]. Paulus hat seine Antwort auf die Frage aus Korinth: πῶς ἐγείρονται οἱ νεκροί (15,35) zunächst vorbereitet durch eine Kette von Argumenten, die auf die Existenz verschiedener σώματα bzw. σάρκες hinweisen (15,36ff). Das wendet er 15,42–44a auf die Totenauferstehung an: Wie der Saat »in Schwachheit« die Auferstehung »in Kraft« entgegenwirkt, so der Saat des σῶμα ψυχικόν die Auferstehung des σῶμα πνευματικόν. Daß es das eine wie das andere *gibt,* (15,44b), belegt er sodann aus Gen 2,7: Der erste

---

[52] Gegen WILCKENS, aaO. 91.

[53] Zum Folgenden U. WILCKENS, Christus, der ›letzte Adam‹ und der Menschensohn (in: Jesus und der Menschensohn, Festschrift A. Vögtle, 1975, 387–403).

Mensch wurde εἰς ψυχὴν ζῶσαν, – der ›letzte‹ Mensch dagegen – fügt Paulus hinzu – εἰς πνεῦμα ζωοποιοῦν (15,45). Damit nimmt Paulus offenbar die Mitteilung des Textes, Gott habe Adam πνοὴν ζωῆς eingehaucht, recht gewaltsam aus dem Kontext der Schöpfung des ersten Menschen heraus und macht sie zum Spezifikum des ›letzten‹ Menschen, der als »Leben-*schaffender*« Geist Adam als »*lebendiger* Seele« gegenübertritt. Dieses Leben Adams ist vergänglich, weil er ἐκ γῆς χοϊκός ist wie alle seine Nachkommen, während das Leben, das der Geist schafft, unvergänglich ist, weil der »zweite Mensch« ἐξ οὐρανοῦ und ἐπουράνιος ist (15,47f). Das Irdische vermag als Vergängliches das himmlisch-Unvergängliche von sich aus nicht zu erreichen, allein das Unvergängliche selbst hat die Kraft, Vergänglichkeit aufzuheben und in Unvergänglichkeit zu »verwandeln« (15,50f). Und diese Kraft der Auferstehung der Toten wird Christus, der zweite Adam, in der Endzeit zur Wirkung bringen, wie Paulus es bereits thetisch in 15,21f gesagt hat.

Dieser – eigenartig gewaltsam aus Gen 2,7 heraus entwickelte – Gedanke wird nun in einer unverkennbar polemischen Zielrichtung vorgetragen. Die angegriffene Position tritt in 15,46 hervor: Nach ihr ist das Pneumatische das *Erste* und das Psychische das *Zweite*. Was damit gemeint ist, läßt sich in wünschenswerter Klarheit aus der Genesis-Exegese Philos erhellen. Philo interpretiert nämlich zunächst dieselbe Stelle Gen 2,7 so, daß Gott dem aus Erde gemachten sterblichen Menschen seinen Geist eingehaucht habe, durch den allein er Gott erkennen könne (All I,37f). Von daher ist der Mensch ein »Grenzwesen« (μεθόριον) zwischen sterblicher und unsterblicher Natur und hat jeweils, soviel wie nötig, an beiden Anteil, so daß er sterblich ist κατὰ τὸ σῶμα, unsterblich jedoch κατὰ δὲ τὴν διάνοιαν (Op 135). So strahlend von daher das Bild Adams als des Stammvaters der Menschen ist (ebd. 136), so notwendig erscheint Philo nun jedoch auch, die Einschränkungen in der Formulierung von Gen 2,7 auszuwerten: Von πνοή sei die Rede, nicht vom πνεῦμα selbst. Insofern ist der irdische Mensch mitsamt seiner lebendigen Seele zu unterscheiden von dem κατὰ τὴν εἰκόνα γεγονὼς καὶ τὴν ἰδέαν νοῦς, d. h. dem Menschen von Gen 1,26f: Dieser allein hat am πνεῦμα selbst teil, jener nur an dessen flüchtiger Aura (All I 42). Der doppelte Schöpfungsbericht in Gen 1,26f und 2,7 läßt nämlich, meint Philo, zwei verschiedene Menschenarten erkennen: ὁ μὲν γάρ ἐστιν οὐράνιος ἄνθρωπος, ὁ δὲ γήϊνος. Der erste hat, weil nach Gottes Bild erschaffen, keinerlei Anteil am vergänglich-erdhaften Wesen, von dem dagegen der zweite Mensch durch und durch bestimmt ist (ebd. 31 vgl. Op 134). Der erste Mensch ist also nichts anderes als die himmlische Idee des zweiten, irdischen Menschen, und dieser kann jenem nur dadurch entsprechen, daß Gott ihm durch die Einhauchung jener Pneuma-Aura die Möglichkeit gegeben hat, über sich hinauszugehen. Philo will also keineswegs – wie die spätere Gnosis – darauf hinaus, daß es unter den irdisch vorhandenen Menschen zwei verschiedene Menschenklassen gebe, Psychiker und Pneumatiker, sondern er zielt darauf, daß die irdischen Menschen die Gabe des Geistes in Gotteserkenntnis und Tugend wahrnehmen können und sollen, um ihrem himmlischen Urbild zu entsprechen. Daß Philo darin eine frühgnostische Anthropologie abmildernd aufgenommen habe, ist weder notwendig, noch auch sinnvoll anzunehmen. Man versteht die Texte m. E. zutreffend, wenn man das Interesse wahrnimmt, in der Auslegung des doppelten biblischen Schöpfungsberichts in Analogie zur platonischen Ideenlehre eine Anthropologie darzulegen, in der sowohl die Vernunft als Erkenntnisorgan als auch das πνεῦμα als das Mittel der Gotteserkenntnis zur Geltung kommen und aufeinander bezogen sind.

Obwohl Philo in diesem Kontext weder vom ψυχικὸς ἄνθρωπος noch vom πνευματικός spricht, läßt sich von dem Ansatz seiner Exegese aus die Kontroverse in 1Kor 15,44ff verständlich machen. Paulus polemisiert hier offenbar gegen eine ähnliche Deutung von Gen 2,7 aufgrund der Unterscheidung von Gen 1,26f, nach der die Einhauchung des ›Lebenshauchs‹ dem Menschen die Möglichkeit wahrer Erkenntnis der himmlisch-göttlichen Natur gebe, an der sein himmlisch-pneumatisches Urbild wesensmäßig teilhabe. Ob Paulus diese Auslegung nun in jüdischer Gestalt oder in christlicher Rezeption vor Augen hat, mag hier offenbleiben. Das letztere wäre historisch immerhin vorstellbar, wenn man voraussetzen dürfte, daß man in Korinth, angeregt durch den Alexandriner Apollos, im erhöhten Christus – im Sinne der liturgischen Tradition von 1Kor 8,6; Kol 1,15ff usw. – jenen himmlischen Urmenschen gesehen und aus der Teilhabe der Christen an ihm die Erkenntnisfähigkeit christlicher ›Weisheit‹ begründet hätte. Von da aus wäre auch die korinthische These, es gebe keine Auferstehung der Toten (1Kor 15,12) und die abwehrende Frage, wie, in welchem Leib denn die Toten auferstehen sollen (15,35), gut verständlich; ihre Voraussetzung wäre das Argument Philos, daß das Vergängliche am Menschen keinerlei Zugang zur unvergänglich-himmlischen Natur habe, den nur der Geist gewähre, durch dessen Vollbesitz (durch die Taufe) Christen eben doch bereits an der Unsterblichkeit teilhätten. Da Paulus jedoch die Totenauferstehung als eschatologisches Ereignis versteht, begründet er sie, statt in jener protologischen, vielmehr in einer eschatologischen Christologie. Von daher vermeidet er jeden Hinweis auf Gen 1,26f, weil für ihn der auferstandene Christus als der *»letzte* Adam« der κατ' εἰκόνα geschaffene Mensch von Gen 1,26f ist (2Kor 4,4), dessen Bild die Christen in der zukünftigen Auferstehung tragen *werden*

(1Kor 15,49 vgl. Röm 8,29); und er eliminiert aus Gen 2,7 die Einhauchung der πνοὴ ζωῆς, weil der lebenschaffende Geist der Geist Christi (vgl. 2Kor 1,22; 5,5; Röm 8,2ff) und die pneumatische Existenz der Christen »neue Schöpfung« ist (2Kor 5,17).

Die Entstehung der Antithese von 1Kor 2,14f läßt sich nun m. E. nur aus dem Traditionszusammenhang der hellenistisch-jüdischen Auslegung von Gen 2,7 erklären, wie sie im selben Brief in 15,44ff bekämpft wird. Wie Paulus dort die von Philo intendierte protologische Begründung der Gotteserkenntnis des irdischen Menschen in der pneumatisch vermittelten Teilhabe an seiner himmlisch-pneumatischen Idee bestreitet und ihr die eschatologische Begründung der Gotteserkenntnis des getauften Christen in der pneumatisch vermittelten Teilhabe am endzeitlichen Leben des auferstandenen Christus entgegensetzt, so setzt er hier dem menschlichen Weisheitsanspruch der Korinther die Weisheit Gottes in Christus entgegen. Und wie er dort gleichsam alle Brücken vom irdischen Menschen zum himmlischen abbricht, indem er diesen nicht als das himmlische Ideal hinter dem irdischen Menschen, nicht in diesem Sinn als den ersten vor dem zweiten Adam, sondern vielmehr als den zweiten nach dem ersten und das Verhältnis zwischen beiden »Menschen« nicht im Urbild-Abbild-Schema, sondern als Auferstehung der Toten, als schlechthin wunderbare Verwandlung von Schwachheit in Macht und von Vergänglichkeit in Unvergänglichkeit begreift, so bestreitet er hier jede Kompetenz menschlich-weltlicher Weisheit zur Erkenntnis der pneumatisch-göttlichen Wirklichkeit, indem er die christliche Weisheit unter das Gesetz des Kreuzes stellt, d. h. der Vernichtung menschlicher Weisheit durch Gottes Weisheit und der Rettung der Törichten und Schwachen durch eben diese Macht und Weisheit Gottes, so daß Verkündigung, Glaube wie Erkenntnis allein durch die Macht des Geistes geschehen und jede Brücke zwischen menschlichem und göttlichem Geist abgebrochen wird. In diesem Zusammenhang paulinischer Argumentation gewinnt darum das Verhältnis zwischen dem Menschen als ψυχή nach Gen 2,7 und der πνοὴ ζωῆς, die Gott ihm eingehaucht habe, jenen Charakter eines Gegensatzes zwischen ›Psychischem‹ und ›Pneumatischem‹, der in der philonischen Konzeption so schroff nicht vorhanden sein kann. Denn Philo liegt – bei allem Gegensatz zwischen der vergänglichen und der unvergänglichen Natur des Menschen – an der *Kontinuität* zwischen der geistlichen Erkenntnisfähigkeit des Menschen und dem erkennenden πνεῦμα selbst. Und da die Seele des Menschen für ihn der anthropologische Ort geistlich vermittelter Gotteserkenntnis ist, kann es zwischen Psychischem und Pneumatischem keinen ausschließenden Gegensatz geben. Für Paulus dagegen liegt das Wesen des Pneuma in seinem Charakter als πνεῦμα ζωοποιοῦν und darum das Wesen alles Pneumatischen im Widerfahrnis der ἀνάστασις νεκρῶν. Von daher gewinnt das Psychische den Charakter des Toten, das auferweckt werden muß, um zu leben, des Vergänglichen, das Unvergänglichkeit nicht *erreichen,* sondern nur durch Verwandlung *erfahren* kann. Psychisches und Pneumatisches müssen darum in Gegensatz zueinander stehen, einem Gegensatz, der nicht einfach zwei verschiedene Wirklichkeitsbereiche voneinander unterscheidet, sondern das Pneuma als die Macht begreift, die die radikale Schwachheit des Psychischen *aufhebt,* und das Psychische entsprechend als die radikale Schwachheit, die allein durch die Kraft des Geistes aufgehoben werden kann. In 1Kor 15 wird so der Grund sichtbar, der die Voraussetzung der gnoseologischen Antithese in 1Kor 2 ist: Die Welt der ϑεοῦ σοφία ist dem vergänglichen Menschen unzugänglich, weil seine Wirklichkeit jene Auferstehungskraft Gottes ist, die das Vergängliche, Tote nicht von sich aus erreichen, sondern nur erfahren kann. Christliche Weisheit hat so den Charakter des Widerfahrnisses, in dem der Vollzug der Erkenntnis dem Wesen des zu Erkennenden entspricht. Das πνεῦμα ζωοποιοῦν ist nur durch es selbst zu erkennen; der Mensch als ψυχή nach Gen 2,7 vermag aus sich selbst, als ›Psychiker‹, nichts zu erkennen, da *sein* Pneuma nur τὰ τοῦ ἀνϑρώπου, nicht τὰ τοῦ ϑεοῦ erkennen kann. »Das Göttliche« erkennt er nur durch den Geist Gottes, als Pneumatiker.

So sehr also die bei Philo greifbare jüdische Auslegungstradition der biblischen Schöpfung des Menschen die *Voraussetzung* der paulinischen Argumentation in 1Kor 15 und in 1Kor 2 ist, so sehr läßt sich die paulinische *Antithese* zwischen Psychischem und Pneumatischen nur von dem eschatologisch-christologischen Ansatz *des Paulus* her erklären. Mag man in Korinth jene jüdische Auslegungstradition gekannt und im Schema einer protologischen Christologie christlich rezipiert haben, so spricht doch alles dafür, daß hier so wenig wie bei Philo ein *Gegensatz* zwischen Psychischem und Pneumatischem behauptet worden ist.

Im Sinne eines ausschließenden Gegensatzes ist das Verhältnis zwischen Psychischem und Pneumatischem jedoch auch in der späteren Gnosis verstanden worden. Wichtig ist vor allem, daß die Antithese in gnostischen Texten vielfach im Kontext einer Urmenschenlehre vorkommt, die traditionsgeschichtlich deutlich die gleiche hellenistisch-jüdische Auslegung von Gen 2,7 voraussetzt wie Paulus. Man kann daraus deutlich sehen, welches Gewicht diese gnostisch rezipierte jüdische Auslegungstradition im Gesamtkontext gnostischer Lehren gehabt hat. Durchweg aber findet sich eine ähnliche prinzipielle Entgegensetzung von ψυχή und πνεῦμα, ψυχικός und πνευματικός wie bei Paulus.

Der Skopos der gnostischen Lehre ist aber durchweg von dem des Paulus unterschieden. Geist und Seele werden als Substanzen gedacht, an denen die Menschen als Pneumatiker bzw. Psychiker verschieden teilhaben, so daß *von daher* die einen Erkenntnis haben und die andern nicht. Die religionsgeschichtliche Frage ist nun die, ob darin eine von Paulus und der urchristlichen Tradition unabhängige, spezifisch gnostische Rezeption jener jüdischen Auslegungstradition zu erkennen ist, oder ob die Gnosis die urchristliche Tradition voraussetzt und ihre Entstehung innerhalb des überlieferungsgeschichtlichen Zusammenhangs des Christentums zu erklären ist.

Nun darf man auch nicht so einfach über die Tatsache hinweggehen, daß alle Belege, in denen ψυχικός als opp. zu πνευματικός vorkommt, aus *christlicher* Gnosis stammen. Es fällt in diesem Zusammenhang auf, daß relativ häufig 1Kor 2,14 zitiert wird oder anklingt, und auch sonst im unmittelbaren Kontext neutestamentliche Stellen angeführt werden. Angesichts dieses Quellenbefundes ist es keineswegs so leicht möglich, die christlichen Traditionsmomente als sekundäre Schicht von einem voraufgehenden Stadium rein gnostischer Tradition abzuheben. Wieweit, um ein Beispiel zu nennen, der in der refutatio Hippolyts (V 7,3–9,9) zitierte Text der sog. Naassenerpredigt tatsächlich eine Primärschicht enthält, die vorchristlichen Ursprungs ist, wie seit Reitzensteins Analyse vielfach behauptet wird, scheint mir eine Frage zu sein, die nochmals genau zu prüfen wäre. Was die vier Belege für ψυχικός angeht (8,26.34.44.45), so sind zumindest zwei (8,26.45) durch die nicht herauslösbaren neutestamentlichen Zitate sowie der einzige Beleg, wo der Gegensatz zwischen Psychikern und Pneumatikern explizit auftaucht (8,44), vom Inhalt her sehr wahrscheinlich original christlich-gnostisch zu beurteilen, während 8,34 mit der Benennung der Phryger als ψυχικοί einen über die innerchristliche Unterscheidung zwischen Gnostikern und kirchlichen Christen hinausgehenden, allgemeinen Sprachgebrauch zeigt.

Andererseits wäre es hinsichtlich der Quellenlage insgesamt wiederum sehr einseitig, wollte man von daher behaupten, der gnostische Gebrauch der Antithese ›Psychiker–Pneumatiker‹ sei allein aufgrund des 1. Korintherbriefs entstanden. Die Dinge liegen komplizierter. Denn der Vorstellungszusammenhang der gnostischen Urmenschlehre, in dem die Antithese ganz überwiegend auftaucht und die der Kontext ist, von dem her sich der Gebrauch der Antithese allein erklärt, setzt eine breite gnostische Rezeption jener jüdischen Auslegungstradition von Gen 2,7 voraus, die als solche nicht einfach durch den Paulustext vermittelt ist. Interessant ist z.B. die Auslegung von Gen 2,7 in der Schrift »Vom Wesen der Archonten«: »Er (Gott) blies in sein Gesicht, und der Mensch war seelisch (ψυχικός)« (136,3f; vgl. 137,10f). Nun ist die Anthropologie in dieser Schrift – wie offenbar durchweg in den Nag-Hammadi-Texten – trichotomisch, so daß diese »seelische« Konstitution des Menschen als eine gewisse Voraussetzung für diejenige der Pneumatiker aufzufassen ist, sofern der ›beseelte‹ Mensch sich vom erdhaften Wesen seines zunächst geschaffenen Körpers unterscheidet. Doch gilt gleichwohl – im Unterschied zu Philo – eine radikale Unterscheidung des Psychischen vom Pneumatischen, sofern nur der Pneumatiker, nicht der Psychiker Erkenntnis hat und Erlösung erfährt. Zugleich aber ist auch eine deutliche Differenz des Skopos von dem des Paulus zu erkennen. Denn die Existenz des Pneumatischen wird durchweg protologisch, nicht eschatologisch begründet, so daß die paulinische Differenz zwischen der radikalen Schwachheit des Pneumatikers als *Menschen* und dem Widerfahrnis der Kraft des Pneuma *Gottes* im gnostischen Kontext keinerlei Ort haben kann. Man sollte von daher die folgende Erklärung prüfen: Voraussetzung der Gnosis ist zunächst die urchristliche Geisterfahrung, die im Kontext der Bekehrung in schroffem Gegensatz gesehen wurde zu der vorchristlichen Existenz als »Fleisch«. Diese Antithese ψυχή–πνεῦμα ist nun aber in der Gnosis durchweg als Gegensatz zweier ›Substanzen‹ gedacht worden; und das läßt sich nur erklären, wenn man als hermeneutischen Horizont hellenistisches, popular-philosophisches Substanzdenken erkennt. Dann aber ist die christliche Antithese zwischen Fleisch und Geist in ihrer gnostischen Rezeption nichts anderes als eine christliche Radikalisierung der Leib-Seele-Differenz aus platonischer Tradition. Die Abwertung des Körperlichen wird nun – im Kontext der Auslegung von Gen 2,7 – auf die Leib-Seele-Konstitution des ›natürlichen Menschen‹ übertragen, und die Funktion der Seele kommt dem Pneuma zu. Die in der Gnosis verbreitete trichotomische Anthropologie zeigt noch deutlich diesen Vorgang der Verschmelzung platonischer und urchristlich-biblischer Tradition, während sich in der dichotomischen einfachen Entgegensetzung von Pneuma und Sarx das urchristliche Modell abseits von philosophischer Rezeption spiegelt. Wenn man nun aufgrund von 1Kor 15 annimmt, daß die jüdische Auslegungstradition von Gen 2,7 und 1,26f in Korinth – vielleicht unter dem Einfluß des Apollos – im Kontext einer protologischen Christologie übernommen und vertreten worden ist, so ließe sich die spätere gnostische Urmenschlehre mitsamt der Antithese ›psychisch-pneumatisch‹ als popularphilosophisch-hellenistische Umdeutung solcher protologischen Konzeptionen im Urchristentum erklären, wobei die Umdeutung darin besteht, daß die Gnostiker innerhalb der protologischen Konzeption den urchristlichen Fleisch-Geist-Gegensatz eintrugen. So ergab sich die Möglichkeit einer dualistischen Kosmo- und Anthropogonie, nach welcher der Pneumatiker teilgewinnt an dem pneumatischen Wesen des Urmenschen, indem sein Pneuma-Selbst seine Ursprungszugehörigkeit zum Urmenschen reaktiviert, das irdische Gefängnis von Körper und Seele sprengt und in pneumatischer Gnosis zurückkehrt in seine ursprüngliche Wesenseinheit mit dem himmlischen Urmenschen.

Man kann darum vielleicht sagen, daß die Gnosis die Ansätze jener von Paulus bekämpften protologischen Christologie und Anthropologie aufgenommen und ›gnostisch‹ umgedeutet habe. Aber weder die korinthische noch die paulinische Theologie sind gnostisch beeinflußt gewesen. Die Gnosis ist vielmehr überlieferungsgeschichtlich eine spätere Bewegung, in der zweifellos sowohl die urchristliche Tradition wie auch die breit rezipierte jüdische massiv hellenisiert worden sind.

Christogramm und Staurogramm in den lateinischen Inschriften altkirchlicher Zeit

Wolfgang Wischmeyer

I

Mit der Feststellung, »daß älter als jedes ›christliche‹ Bild, älter als die christianisierte oder auch schöpferisch-christliche Ikonographie, das Zeichen der Christen für *das* Heilsereignis, für das Kreuz Christi ist«, hat Erich Dinkler seine magistrale kritische Sichtung der »Ältesten christlichen Denkmäler« geschlossen. Dafür verweist er besonders auf die Staurogramm-Kontraktion, wie sie in der frühesten neutestamentlichen Textüberlieferung schon begegnet[1]. »Das Symbol für das Kreuz Christi ist also älter als das für den Namen«[2], welch letzteres in seinen verschiedenen Formen, zum Teil in Verbindung mit dem Kreuz, seit frühkonstantinischer Zeit weit verbreitet ist. Diese Feststellung wurde anhand der neutestamentlichen Paläographie getroffen. Ihre Bedeutung für die Geschichte der christlichen monumentalen Überlieferung ist evident. Wir wollen daher diese Fragestellung aufgreifen und untersuchen, wie sich das Verhältnis von Staurogramm und Christogramm in den altchristlichen lateinischen Inschriften darstellt.

Unsere älteste datierte Inschrift mit dem Christogramm[3], datiert durch die Namen der Konsuln des Jahres 323, fand sich unter dem Fußboden von S. Lorenzo f. l. m. in Rom: fecer· parentes in pace ☧. Für die Sonderform des Chrismon ⳩ können wir auf eine 268 oder 279 zu datierende Inschrift verweisen, die aus S. Callisto stammt, heute aber leider verloren ist[4]. Dort finden wir: filio benemerenti ⳩ DN fec(eru)nt, zu lesen als: filio benemerenti (in) I(esu) Ch(risto) D(omino) N(ostro) fec(eru)nt. Für das Staurogramm ⳨ bewegen wir uns, zumindest was die epigraphischen Quellen angeht, auf durchaus nicht so sicherem Boden[5]. Vorkonstantinisches Vorkommen ist

[1] E. Dinkler, Signum Crucis, 1967, 178.

[2] LCI 2,571 s.v. Kreuz (E. Dinkler).

[3] BAC 1863,22 (G. B. de Rossi); de Rossi, Inscriptiones 1 S 1, 1915, (I. Gatti), nr. 1415; Diehl 3257. – Zur Formel vgl. die Beispiele Diehl 3251–3264. Zu lesen ist hier, wie Diehl 3383–3384B zeigen: in pace et in Christo, oder aber: in pace Christi, so nach Diehl 3385, 3288B, 1357, 1543, 3211B.

[4] De Rossi, Inscriptiones 1, 1861, 16f: nr. 10; de Rossi, Inscriptiones 1 S 1, 1915, (Gatti), nr. 1383 (eher für 268); Diehl 3315; ICUR 8716.

[5] Vgl. F. Grossi Gondi, I monumenti cristiani dei primi sei secoli 1: Trattato di epigrafia cristiana latina e greca del mondo occidentale, 1920, 64f.

möglich[6], aber nicht gesichert, häufig erscheint das Staurogramm in Rom in der 2. Hälfte des 4. und der 1. Hälfte des 5. Jh.s[7], in den westlichen Provinzen gern noch später.

Da X aber auch als + hat geschrieben werden können[8], ist in der epigraphischen Tradition die Unterscheidung von Christogramm und Staurogramm nicht konsequent durchzuführen. So finden wir in Inschriftenformularen, in denen eindeutig die Nennung des Namens Christi oder ein Christogramm zu erwarten wäre, das Staurogramm: ⳨ dns[9], Xϱς ⳨ hic est[10], in ⳨ resurges[11], in ⳨ Iης deb(ositus)[12], suscepta . . . in ⳨ [13]. Auch in pace ⳨ müssen wir wohl hier erwähnen[14].

II

Wir untersuchen dies Material nun auf drei mögliche Tendenzen hin und fragen:

Dominierte der symbolische Hinweis auf das Heilsereignis? Oder dominierte vielmehr der Hinweis auf den Heilsbringer? Oder aber läßt sich eine Parallelität und Konflation beider Symbole feststellen? Ist also im inschriftlichen Material die chronologische Priorität des Staurogramms, wie sie in der neutestamentlichen Textüberlieferung vorliegt, bewahrt, oder wurde sie durch den symbolischen Hinweis auf den Namen Christi ersetzt[15]?

---

[6] BAC 1892, 128 (DE ROSSI); RQ 1906, 14 (J. WILPERT).

[7] BAC 1892, 123. – Da wir uns in diesem Beitrag auf die westlichen Inschriften beschränken, können wir die verschiedenen Kreuzformen in kleinasiatischen, bzw. phrygischen Inschriften beiseite lassen, dazu zuletzt AnSt 5, 1955, 33–35 (A. W. CALDER); MAMA 7, 1956, XXXIX (CALDER); JHSt 77, 1957, 337f (CALDER). Vgl. dazu zustimmend: RÉG 1959, 156: Bull. ep. nr. 32 (L. ROBERT). Als vorzügliche Materialsammlungen sind immer noch zu nennen: O. ZÖCKLER, Das Kreuz Christi, 1875, G. LEFEBVRE, Recueil des inscriptions grecques chrétiennes d'Égypte, 1907, XXXIIIf, V. GARDTHAUSEN, Das alte Monogramm, 1924, und Byzantion 2, 1925, 337–448 (M. SULZBERGER); vgl. auch ThZ 12, 1956, 505–525 (W. MICHAELIS) und Byzantion 40, 1970, 105–117 (R. H. STORCH).

[8] S. REINACH, Traité d'épigraphie grecque, 1885. 194, 198; vgl. auch JbAC 3, 1960, 5–14 (F. J. DÖLGER †) und M. GUARDUCCI, Epigrafia Greca 1, 1967, 405.

[9] Diehl 1617 adn. aus Salerno.

[10] Diehl 1619.

[11] Diehl 1683, besser: S. GSELL, Inscriptions latines d'Algerie, 1922, 2966. Vgl. IGL Syrie (Hrsg. L. JALABERT/R. MOUTERDE) 1191A, 746B, 1676.

[12] Diehl 3953A.

[13] Diehl 3344A.

[14] Diehl 3263A.

[15] Die meist unzureichende Veröffentlichung der Symbole in den Inschriftenpublikationen erschwert ihre Verwendung zu präzisen Datierungen sehr. Aus demselben Grunde ist es auch unmöglich, von Formvergleichen auszugehen. Für einen nordafrikanischen Ort besitzen wir neuerdings eine Studie, die ihr Augenmerk auf das Detail der Symbole in vorbildlicher Weise

Zur Klärung der Bedeutung und inhaltlichen Differenzierung beider Symbole bietet es sich an, von den in den Inschriften begegnenden Verbindungen mit der signum-Formel und parallelen Wendungen auszugehen. Sie bilden die beste authentische Interpretationshilfe für diese Symbole.

Die christliche Formulierung ›signum crucis‹ muß vor dem Hintergrund des breiten Wortfeldes ›signum‹ in der außerchristlichen Latinität gesehen werden. Allgemein steht hinter unserem Ausdruck seit dem 4. Jh. sicher der Siegesgedanke, der »die Passion verklärt, ja sublimiert«[16], dies um so mehr, wenn man die von Dinkler aufgenommenen Beobachtungen von M. R. Alföldi zum Text des Trierer Panegyricus von 313 mit in die Überlegungen einbezieht[17]: merito igitur tibi, Constantine, et nuper senatus signum dee et paulo ante Italia scutum et coronam, cuncta aurea, dedicarunt. Bei dem »signum deae« handelt es sich, wie Frau Alföldi gezeigt hat, um ein Göttinnenbild: die Statue der Victoria. Auf Victoria führt im Falle Constantins der historische Kontext. Im übrigen entspricht der Deutung von ›signum‹ auf eine Statue ein breiter Sprachgebrauch[18].

In den lateinischen Inschriften finden wir Wendungen wie »templum cum signo[19], aedem et signa[20], signum cum base[21], ara et signum[22], signum cum aedicula«[23]. Diese Formulierungen begegnen nicht etwa nur für die Göttin des Sieges[24], sondern ebenso für alle anderen Gestalten des Pantheon, einschließlich der orientalischen Gottheiten[25]. Seltener ist der Fall, daß einem vergöttlichten Kaiser ein signum dediziert wird[26]. Das Material dieser Götterstatuen ist manchmal angegeben[27]. Während ›simulacrum‹ Statue oder

---

richtet: N. Duval, Recherches Archéologiques à Haïdra 1: Les inscriptions chrétiennes, Coll. de l'école du Rome 18, 1975, bes. 234–342. Vgl. dagegen den schon relativ vorzüglichen Index von CIL 8 S 5,2,240f.

[16] Dinkler, Signum Crucis, 73.

[17] JbNGG 11, 1961, 21 (M. R. Alföldi) zu Panégyriques Latins, hg. E. Galletier 2, 1952, 143, vgl. Dinkler, Signum Crucis, 64f.

[18] DS 3,402 s. v. imago (E. Courbaud). Eine Schlüsselstelle für den Sprachgebrauch: Plin. ep. 9,34,4, BT, 1958, 306, 7–9 (Schuster).

[19] D 5449. (D = Dessau).

[20] D 106.

[21] D 2104.

[22] D 2107.

[23] D 2349.

[24] D 2107.

[25] Vgl. D 3, 898.

[26] Doch vgl. D 3208 und 9357.

[27] De marmore signum: D 3529; signum marmoreum: D 6804 und 7213; signum dei cum equo ex aere: D 5441; signa ahenea: D 5437; templum cum signo aereo: D 5449; signum argenteum: D 4536; sign arg VI et imagine ex aur p II: D 5471[a].

Gemälde eines Gottes bedeuten kann, ist hier ›signum‹ der präzise Begriff für Götterstatue.

Daneben zeigen sich eine Reihe davon klar zu unterscheidender Bedeutungen in den lateinischen Inschriften. Die Akten der Arvalbrüder verwenden die Grundbedeutungen des Substantivs: Zeichen, z. B. das Zeichen zu Beginn eines Wagenrennens[28], oder Siegel[29]. Von der Grundbedeutung ›Zeichen‹ kam es zur Verwendung des Wortes für Tierkreiszeichen[30]. Spät und selten ist etwa die Wendung ›signum loci‹ für das Grab[31]. Sehr oft dagegen begegnet signum innerhalb des Namens als Hinweis auf das supernomen[32], etwa Trebius Iustus signo Asellus[33], Anicius Gorgonius sig Gregorius[34] oder der bekannte Iunius Bassus signo Theotecnius[35]. Der Brauch der signa-Namen dauerte, wie die Beispiele zeigen, bis in christliche Zeit hinein an. Schließlich ist als weiterer Bedeutungsbereich der militärische der Feldzeichen hinzuzunehmen[36].

In der altchristlichen Literatur finden wir früh bei Tertullian mit der Aufnahme des ihm schon in seiner lateinischen Bibelübersetzung aus Ez 9,4 vorgegebenen ›signum tau‹[37] eine ganz spezielle Verwendung, der aber die allgemeine Bedeutung ›Zeichen‹ zugrunde liegt. Daneben bietet der Afrikaner die berühmte Stelle über das signaculum crucis[38], abgeleitet von dem genannten tau-Zeichen des Propheten und in typologischer Exegese appliziert auf die tägliche Stirnbekreuzigung der Christen[39]. Von dieser Stirnbekreuzigung als »unsterblichem Zeichen« schreibt dann auch Laktanz in De mortibus persecutorum[40], der im selben Werk später von dem himmlischen Zeichen Gottes, dem Chi Rho, spricht[41]. Das Zeichen Christi, das Kreuz, ist – und dafür

---

[28] D 5037.

[29] D 5028.

[30] Diehl 4377 und 4379.

[31] Diehl 3518 und 3630.

[32] Vgl. I. KAJANTO, Supernomina, Soc. Scient. Fenn. Comm. Hum. Lit. 40, 1966, 6. 42–90.

[33] Diehl 1631a.

[34] AE 1936, 122.

[35] MAH 74, 1962, 622–626 (Évrard).

[36] D 2557 und 9127. Hier verdient auch der Grad des »signifer« Beachtung.

[37] Tert. Iud. 11.

[38] Tert. adv. Marc. 3,22.

[39] Zum Kreuzzeichen bei Tertullian: JbAC 1, 1958, 5–13 (F. J. DÖLGER †). – Epigraphisches Zeugnis für die Bekreuzigung von Stirn und Brust: die späte Inschrift Diehl 1625 (8. Jh.?), die jedoch nach E. W. E. HÜBNER, Inscriptiones Hispaniae Christianae (repr. 1975) 10, und F. BUECHELER, Carmina latina epigraphica (1897ff), 920, eine alte Vorlage besitzen soll; zuletzt J. VIVES, Inscriptiones cristianas de la España Romana y Wisigoda, 1969, 340, der ›signu‹ liest.

[40] Lact. de mort. pers. 10,2.

[41] Ebd. 44. – Hier kann nicht auf die Diskussion dieser Stelle und ihres Verhältnisses zu Eus. Vit. Const. 1,31f eingegangen werden.

ist Laktanz der Zeuge aus frühkonstantinischer Zeit – mit dem Namen Christi, genauer mit der Abbreviatur seines Namens verbunden.

So finden wir auch in den Inschriften den zur allgemeinen religiösen Gnome gewordenen Spruch: in hoc (signo) vinces ☧ [42], und auf dem Probusdiptychon des Jahres 406 heißt es dann in der Anrede an den Kaiser Honorius: in nomine X̅P̅I̅· vincas semper· [43]. Folglich schreiben die Inschriften dann auch vom signum Christi[44], signum domini ☧ [45], signum Dei[46] oder eben kurz signum ☧ [47].

III

Die Bedeutung, die ›signum‹ in allen angeführten Beispielen zugrunde liegt, ist also die Grundbedeutung ›Zeichen‹ im Sinne von Zeichen für eine Person – gleich: Name –, wobei eine Konnotation von ›Sieg‹ mitschwingt.

In den Beispielen ist signum immer mit dem Namen Christi verbunden. Daß bei diesen signum-Verbindungen das Christogramm so häufig ist, daß also das Zeichen für den Christusnamen dominiert, ist wohl nicht ganz unabhängig davon, daß es sich gut zu Abbreviaturen eignete, sei es nun etwa für ein in pace positus ☧ to[48] oder für ein cum XPO[49], sei es für ein in deo et ☧[50]. Diese Abbreviatur konnte nun sozusagen ligiert in der Form des Christogramms geschrieben werden[51] oder aber – unligiert – mit den beiden griechischen Buchstaben X und P auch im lateinischen Text[52], wobei manchmal ein X genügte[53]. Dabei kann es, wie die Inschrift einer fenestella confessionis

---

[42] Diehl 1620, vgl. 1621 und 1622, weiter 1621adn (CIL 8,14117 und 27337). Vgl. auch IGL Syrie (Hrsg. L. Jalabert/R. Mouterde) 1984, und S. Gsell, Inscriptions Latines, 278.

[43] Diehl 1625.

[44] 1. NS 1901, 487 (O. Marrucchi), danach AE 1902, 74; andere Ergänzung und Lesung: »gratiam Christi« bei de Rossi, Inscriptiones 1S1, 1517; Diehl 1529adn. 2. CIL 8, 2334, vgl. 951, vgl. Diehl 2093.

[45] Diehl 1545adn.

[46] Diehl ebd.

[47] Diehl 1544. 1545.

[48] Aus Tauriana, vgl. Verf., Die archäologischen und literarischen Quellen zur Kirchengeschichte von Apulia et Calabria, Lucania et Bruttii bis zum Jahr 600, Diss. theol. Heidelberg, 1972, 82–84 und 20*.

[49] CRAI 1945, 208–216 (G. Picard), AE 1946, 115 (Mosaikinschrift aus Maktar).

[50] Aus Mesarfelta = El Outaya: CRAI 1932, 87; AE 1932, 37.

[51] Aus Waldeck-Rousseau: vivat in ☧ to, AE 1954, 134; dazu vgl. Diehl 1623 in hoc signo vivere.

[52] Albenga, S. Vittore: AE 1961, 284: coiuro bzw. adiuro te per XP ne aperias locum istum.

[53] MAH 44, 1927, 110 (J. Gagé), AE 1928, 105, zeigt beide Möglichkeiten: + ecce locus inquirendi d̅n̅m̅ ex toto corde amen X̅P̅e̅ +/+ in isto vaso sco congregabuntur menbra X̅I̅ +.

aus Aioun-Berich zeigt, zu seltsamen Mischformen kommen: in nomine domini IH XPTI[54]. In diesen Zusammenhang gehören auch Lampeninschriften wie c⳩v = cum Christo[55]. Ersatz der Christogramm-Abbreviatur durch eine Staurogramm-Abbreviatur ist selten und spät[56]. Die X–P-Abbreviatur kann – und das zeigt ihre außerordentliche Beliebtheit – darüber hinaus auch etwa für Christiani stehen: MARTXPORUM = Martyrum Christianorum[57], ja das X des Christogramms kann mit anderen Buchstaben ligiert werden: ⳩ VARTUR LIANI = (m)artur (Iu)liani[58], wobei die Konnotation martur (Christi) vorliegt[59].

IV

Die wichtigste parallele Wendung zur signum-Formel wäre der Ausdruck ›tropaeum‹. Dabei ist nun aber auffallend, daß tropaeum in der Verbindung mit Staurogramm oder Christogramm epigraphisch nicht belegt ist. Von den drei älteren Belegen der lateinischen Inschriften für das Wort in einem spezifisch christlich religiösen Sinn[60] meint die Damasusinschrift aus der Papstgruft von S. Callisto[61] das Siegeszeichen des Martyriums des Bischofs Sixtus und seiner Diakonen, ähnlich die Mosaikinschrift des 4. Jh.s aus Tabarka für die Konfessorinnen Privata und Victoria[62], wohingegen nicht eigentlich

---

[54] CahArch 9, 1957, 73–88 (J. Baradez–M. Leflay), AE 1958, 19.

[55] RPARA 3,30/1, 1957/9, 205–221 (M. Guarducci), AE 1961, 44. Vgl. auch M. Guarducci, Epigrafia Greca 3, 1975, 543. Vgl. auch das Amulett im Louvre mit der Inschrift IESV⳩STVS: BAC 1,7,62 (de Rossi).

[56] Vgl. etwa die Mosaikinschrift aus Tabarka CIL 8,17389, Diehl 1112adn. und die Wendung der bekannten Inschrift vom Anfang des 5. Jh.s aus Concordia:⳩is tabernaculo = Christi tabernaculo; hier ist das ›s‹ Abkürzungszeichen, Epigraphica 12, 1950, 135 (P. L. Zovatto), AE 1951, 91, AE 1952, 57.

[57] Diehl 1549 nach Epigraphica 15, 1953, 151–153 (S. Grasso), AE 1956, 69.

[58] So liest A. Berthier, Les vestiges du Christianisme antique dans la Numidie centrale, 1942, 160, die seit BullArch Comité 1920, 337 (S. Gsell) bekannte Inschrift, vgl. AE 1946, 252.

[59] Vgl. allg. zu diesem Zusammenhang die Unsicherheit in der Lesung der Architravinschrift aus der christlichen Baugruppe in Ostia, MAH 70, 1958, 307 (P.-A. Février), Dinkler, Signum, 147 (Lit.), BSNAF 1966, 160–165 (H. I. Marrou), AE 1967, 76. Lag dort eine entsprechende Ligatur vor?

[60] Darum scheiden wir hier Diehl 103 aus, wobei wir die Frage offenlassen, ob dies neutralreligiöse Grabepigramm aus Rom, S. Lorenzo f. l. m., das wir nur aus Abschriften kennen, aufgrund der letzten Zeile: 1.14 »aeterna in libris nam tibi vita viget«, unter Umständen doch christlich zu verstehen wäre; zum Thema: L. Koep, Das himmlische Buch in Antike und Christentum, 1952. Mit den trophaea jedenfalls (L.9: exulta tantis vir semper amande trophaeis) sind die Tugenden des Verstorbenen gemeint, besonders seine politische Beredsamkeit und Aktivität.

[61] Diehl 1986.

[62] Diehl 2032, A. Merlin, Inscriptions Latins de la Tunisie, 1944, 1689.

deutlich wird, wie das tropaeum fidei vorzustellen ist, mit dem in der Mosaikinschrift des Constantinus aus Maktar[63] aus dem 6. Jh. die Wut der Feinde besiegt wird. Erst im Spanien des 8. Jh.s finden wir eine Bauinschrift für eine Kirche in Cangas de Onis (Asturias)[64] von 737, die freilich beansprucht, Abschrift einer dreihundert Jahre älteren Inschrift zu sein, und wo es L. 3ff heißt: oc templum obtutibus sacris/ demonstrans figuraliter signaculum alme crucis/ sit $\overline{\text{XPO}}$ placens ec aula sub crucis tropheo sacrata[65].

Aus diesen wenigen Inschriften läßt sich kein Aufschluß für die Deutung von Christogramm und Staurogramm gewinnen.

V

Da weitere parallele formalisierende Wendungen ausfallen, sind wir einerseits wieder auf die Interpretation der signum-Formel zurückverwiesen, andererseits müssen wir die frömmigkeitsgeschichtliche Entwicklung des Kreuzeskultes stärker in Betracht ziehen.

Es scheint nun evident, daß der häufige Gebrauch des Zeichens für den Christusnamen in den lateinischen Inschriften offenbar nicht unabhängig ist von der Anerkennung des Christentums durch den Staat und der fortschreitenden Christianisierung des Reiches. In signo ☧ begegnet zuerst in einer datierten römischen Sepulkralinschrift aus dem Jahre 331 n. Chr.[66], hier ohne einen eindeutigen syntaktischen Zusammenhang zwischen der Lebensalterangabe und der Konsulardatierung. Eine Inschrift aus Narbonne kann die

[63] CRAI 1945, 208–210 (G. Picard), AE 1946, 115. L. 5ff: Rabiem inimicorum / tropeo fidei vincens / cum $\overline{\text{XPO}}$ fidelis per se / cula regnaturus. – Vgl. »signum fidei« Diehl 1546, womit das Christentum gemeint sein wird, ähnlich auch Diehl 1546 adn. – »Signum fidei« kann sich hier noch nicht auf das Symbol = Glaubensbekenntnis beziehen; dies ist erst mittelalterlich, vgl. E. Dinkler–v. Schubert, Der Schrein der Heiligen Elisabeth zu Marburg, 1964, 77.

[64] Vives, Inscriptiones, 315. – Generell läßt sich in der spanischen Epigraphik vom Ende des 5. Jh.s an ein stärkeres Vorkommen von Kreuzen, besonders von Staurogrammen feststellen, vgl. Hübner, Inscriptiones, Index s. v., 157.

[65] Zur Vorgeschichte der Motive dieser spanischen Inschrift gehört auch die Gründungsinschrift des Ambrosius für SS. Apostoli e Nazaro Maggiore, Mailand, von 395, Diehl 1800, Le epigrafi e le iscrizioni della basilica dei SS. Apostoli e Nazaro Maggiore, Archivio Ambrosiano 20, 1976, 19–21, die in der Lorscher Sylloge, Rom, Bibl. Vat., cod. pal. 833, überliefert ist und von der 1947 zwei Fragmente gefunden wurden. Vgl. besonders L. 3f: »forma crucis templū est templū victoria $\overline{\text{XPI}}$/ sacra triumphalis signat imago locum.« – Die Inschrift, die Serena in derselben Kirche hat setzen lassen, um mit ihrer Beteiligung am Bau eine glückliche Heimkehr ihres Mannes Stilicho zu gewährleisten, Diehl 1801, Arch. Ambr. 20, 1976, 93f, ist in ihrer Motivik teilweise eng verwandt und wohl auch zeitlich nicht sehr weit entfernt. Zum Motiv der Kirche als Kreuz vgl. auch Diehl 1644, 20.

[66] Diehl 1545.

[67] Diehl 1544. Am Ende der Inschrift hier zusätzlich eine in-pace-Formel.

Wendung ergänzen: in signo ☧ pausanti[67], und die Vorstellung vom Ruhen unter dem Namenszeichen Christi weist wohl weiter auf das Ruhen im Frieden Christi[68]. So kann in einer sehr allgemeinen Redeweise »signum christianum« geschrieben werden. Gemeint ist damit das Zeichen für den Namen Christi, wie andererseits in derselben Inschrift pauschalisierend von den »nomina marturu« gesprochen wird[69].

VI

Verehrung der »crux invicta«, wie Damasus das Kreuz nennt[70], der crux sc̄a, die im Gericht helfen soll[71], das Motiv, daß man das Kreuz sucht[72], – all das steht im Zusammenhang mit den Kreuzesreliquien. Ihr sich steigernder und sich immer stärker verbreitender Kult scheint der Grund dafür zu sein, daß nun stärker wieder zum Christusnamenzeichen das Kreuzzeichen tritt, wobei sich dann inhaltlich auch nicht mehr in allen Fällen eine scharfe Trennung der beiden Symbole aufrechterhalten läßt.

Eine 359 datierte mensa-Inschrift aus der Umgebung von Ras el Oued (Sitifensis) in Algerien bildet für die Geschichte der Kreuzesreliquien zwischen Cyrill von Jerusalem[73] und Ambrosius[74] ein wichtiges Datum[75]. Es wird hier

---

[68] RivAC 50, 1973, 121–144 (E. DINKLER), bes. 142. Der »von liebender Hoffnung getragene Wunsch für Geborgenheit und Schutz des Verstorbenen«, RAC 8, 486 s. v. Friede (E. DINKLER), soll durch das Namenszeichen Christi eine zusätzliche Garantie erhalten. Wenn schon in vorkonstantinischer Zeit in Inschriften mit der Formulierung in pace »zurückgegriffen wurde auf den bereits mit Christus semasiologisch, weil eben theologisch verbundenen Begriff aus dem Bereich des christlichen Gottesdienstes« (RivAC aaO. 142), vgl. auch E. DINKLER, Eirene, SbAWH phil.-hist. Kl., 1973, 1,43, so wird dies jetzt durch den Verweis auf das Namenszeichen Christi explizit gemacht. Die Vorstellung vom Ruhen im Frieden kann, wie DINKLER, RAC aaO., deutlich macht, sehr wohl mit stärker vulgäreschatologischen Vorstellungen verbunden werden, ob damit jedoch ein »Entrücktsein in den Himmel«, RAC aaO., ausgesprochen ist, mag dahingestellt bleiben, vgl. auch Verf., Die Tafeldeckel der christlichen Sarkophage konstantinischer Zeit in Rom, Habil. theol. Heidelberg, 1977, 209, 213: Vorabbildungen des Heils, dessen der Verstorbene teilhaftig werden soll.

[69] Diehl 2093.

[70] Diehl 1987.

[71] Diehl 2355.

[72] Diehl 1041.

[73] Cyrill Hier., Catech. 10,19. – Die ökumenische Verbreitung von Kreuzespartikeln, von der Cyrill spricht, ist also – wie die Inschrift von 359 zeigt – keine rhetorische Übertreibung des Bischofs von Jerusalem; so schon CRAI 1889, 417 (L. DUCHESNE). Wir möchten vielmehr fragen, ob nicht auch das etwa gleichzeitig aufkommende Triumphkreuz der Passionssarkophage in einem vielleicht stärkeren Maße als bisher angenommen eine Wurzel in der Kreuzesreliquienfrömmigkeit hat. Anders akzentuiert mit Betonung der theologischen Konzeption: Dinkler, Signum, 65.

[74] Ambros., de ob. Theodosii, PL 16, 1463ff, bringt zuerst Helena in Verbindung mit der inventio crucis, dazu Saeculum 27, 1976, 211–222 (J. VOGT).

außer lokalen afrikanischen Märtyrern und den beiden Apostelfürsten Petrus und Paulus ein Stück vom Kreuz Christi[76], das aus Palästina kommt[77], verehrt. In spätkonstantinischer Zeit, kurz nach der Mitte des 4. Jh.s, können wir also schon einen Kult von Kreuzesreliquien im Inneren Nordafrikas nachweisen, was zumindest für die Mitte des Jahrhunderts eine weite Verbreitung zur Voraussetzung hat. Dieser Kult des historischen Kreuzes, das für die Zeit natürlich auch zugleich das eschatologische und darum auch der Parusie vorausgehende ist, verbreitet sich zunehmend im Laufe der Spätantike[78] und geht, wo immer es möglich ist, in die besonders durch Konstantinopel bestimmte Kreuzverehrung des frühen Mittelalters über, aufgewertet durch den Bilderstreit, in dem das Kreuz das »einzig mögliche Bild«[79] war. Abgesehen vom Osten – wie exemplarisch das vatikanische Justinuskreuz als repräsentatives kaiserliches Geschenk an den Patriarchen des Westens zeigt[80] – erfreuten sich, wie schon gesagt, das Kreuz und Kreuzesreliquien auch im äußersten Westen bei den Westgoten Spaniens einer großen Beliebtheit[81].

Beiden ist eine apotropäische Funktion zu eigen, ein wesentlicher Grund des Interesses am Kreuz. Diese Wirkung des Kreuzes zeigt eine späte metrische Inschrift aus La Gayolle für den früh verstorbenen Knaben Theodosius[82], wahrscheinlich aus dem Umkreis des Magnus Felix Ennodius[83], also aus der Zeit um 500 oder aus dem Anfang des 6. Jh.s. In dieser Inschrift be-

---

[75] Diehl 2068. Im Louvre (marbres antiques nr. 3023).

[76] Dabula < tabula, im Sinne von Balken, vgl. A. BLAISE, Dictionnaire latin-français des auteurs chrétiens, 1954, s. v. tabula.

[77] De terra promissionis (Hebr 11,9) ubi natus est Christus, ist hier wohl eher attributive Hinzufügung, die auf die Herkunftsbezeichnung der Kreuzreliquie weist, als ein besonderes Devotional mit Erde von den heiligen Stätten, wie es DUCHESNE, aaO., und A. SCHWARZE, Untersuchungen über die äußere Entwicklung der afrikanischen Kirche, 1892, 90. 180–182, meinen. Daß AUGUSTIN, CD 22,8,3, von Dämonen abwehrender und Heil bringender Erde aus Jerusalem berichtet, die bei Hippo verehrt wurde, muß nicht unbedingt mit unserer ein halbes Jahrhundert älteren Inschrift zusammenhängen. Die Lesart in Recueil des notices et mémoires de la soc. arch. de départment de Constantine 46, 1912, 190, (JAUBERT) überzeugt nicht.

[78] Afrikanische Kreuzesreliquien des 5. Jh.s: Diehl 1822 und 2069.

[79] LCI 2,581 (E. DINKLER–V. SCHUBERT).

[80] Diehl 1954, vgl. Anz. phil.-hist. Kl. Österr. AW 96, 1959, 182–192 (R. EGGER).

[81] Etwa Diehl 1817 von 652, vgl. auch VIVES, Inscriptiones, 272 (die Inschrift für die im Zeitraum von 602 bis 636 nacheinander verstorbenen Geschwister Leander, Isidor und Florentina aus Sevilla), 339 (aus Cordoba) und 349 (die Inschrift, die Martin v. Braga für Martin von Tours setzte, vgl. Greg. Tour. Hist. Franc. 5,38).

[82] Diehl 1512. – Vgl. die syrischen Inschriften mit der Schutzfunktion des Kreuzes gegen Neid und bösen Blick, IGL Syrie (Hg. L. JALABERT–R. MOUTERDE) 1909, 1969, und allgemein zum »Kreuzzeichen als Schutz von Haus, Dorf, Feldmark usw.« JbAC 7, 1964, 23–34 (F. J. DÖLGER †).

[83] Vgl. JbAC 3, 1960, 112 (Th. KLAUSER).

gegnet außer im vorgesetzten griechischen Kreuz das Thema des Kreuzes noch zweimal. Am Anfang heißt es, der ungerechte Tod habe den kleinen Theodosius geraubt »insegnem genetum cruces munimine septum«. Theodosius starb ungetauft – Grund genug, die Schutzfunktion der Bekreuzigung um so stärker hervorzuheben. Gott[84], heißt es dann weiter, hat aber dem Leib des Knaben eine Ruhestatt dort bereitet, wo das »nobile signum cruces« dargestellt ist, so daß Theodosius Christi Erbe genannt werden wird[85].

Wir finden also hier am Anfang des 6. Jh.s eine Reihe von Motiven wieder: ein einfaches Kreuzzeichen, den frommen Brauch der Bekreuzigung, hier mit explizit apotropäischer Absicht, die Abbildung des signum crucis, die bekannte X-P-Abbreviatur[86], hier in einer Wendung gebraucht, die den Verstorbenen als Erben Christi bezeichnet. Bei der Beantwortung der Frage, wie denn hier nun das »signum crucis« vorzustellen sei, als Kreuz, Staurogramm oder Christogramm, bleibt eine Unsicherheit. Nur mit Zurückhaltung möchte ich vorschlagen, daß vielleicht hier doch auch ein Christogramm gemeint sein könnte: das Namenszeichen, weil der Name Anteil am Erbe gibt.

In der Spätzeit verbinden sich die verschiedenen Vorstellungen. Die Eigentümlichkeiten des einen Symbols können auf das andere übergehen[87], wie auch die verschiedenen Kreuzesformen nebeneinander gestellt[88] und zunehmend gehäuft werden können[89].

VII

Wir versuchen nun, eine Antwort auf die Ausgangsfrage zu geben. Der Geschichte und der Entwicklung von Christogramm und Staurogramm in konstantinischer und nachkonstantinischer Zeit sind einige Faktoren vorgegeben: aus der vorkonstantinischen Frömmigkeit der oft geübte, hochgeschätzte Brauch der Bekreuzigung, aus den neutestamentlichen Handschriften die Kontraktion ⳨ in der Schreibform der Worte σταυϱοῦν, σταυϱός, – die älteste christliche Symbolschöpfung und Zeichenbildung –, ferner die

[84] Zu ›summi rector Olympi‹ vgl. Arator, de act. Apost. 1,37; Paulinus v. Aquileia, Hymn. 50 (Drewes).

[85] Vgl. Vulgata Röm 8,17.

[86] XPI vocavetor eres.

[87] Vom Siegescharakter des Christogramms (in hoc signo vinces) führt eine breite Brücke zum apotropäischen Kreuz.

[88] Etwa Diehl 4003B: + und ☧; Diehl 260: +⳨; Diehl 1617adn., 2169, 2310: ☧ und ⳨; Diehl 1830 (datiert 377/88): ☧++⳨.

[89] Diehl 4169B aus Tropea, vgl. Verf., Quellen, 93.25*: je drei vor- und nachgestellte Staurogramme; Diehl 3557: drei vorgestellte griechische Kreuze; Diehl 1509A aus Rom: drei Christogramme.

verbreitete vorchristliche Abbreviatur ⳩[90], die doch wohl eine Uminterpretation zur Christusnamen-Abbreviatur nahelegte.

Im überkommenen epigraphischen Material der vorkonstantinischen Zeit finden wir von beiden Symbolen nur einen ganz geringen Niederschlag. Anders wird es gleich in frühkonstantinischer Zeit. Wir müssen wohl damit rechnen, daß das Symbol des Namens Christi, das auch als persönliches Heilszeichen des sich durchsetzenden Kaiserhauses hat interpretiert werden können, sich stürmisch verbreitete. Die Freiheit, die das Christentum nun in der Öffentlichkeit genießt, ermuntert, das Symbol des Namens Christi zu schreiben. Die allgemeine Rezeption des Symbols in allen Provinzen des Reiches, die überaus reiche Verwendung des ins Symbol ligierten oder des abgekürzten Christusnamens zeigt eine gewisse Freude, in aller Öffentlichkeit aussprechen zu können, was lange unmöglich war – das Bekenntnis zum Christusnamen. Dieser Name ist das Zeichen dessen, von dem sich eine immer größer werdende Zahl von Menschen in dem toleranten und sich langsam christianisierenden Staat das Heil erhofft.

Das Zeichen für das Heilsereignis, das Kreuz, in besonderer Weise das Staurogramm, kann in der alten, durch Paulus geprägten theologischen Bedeutung in diesem allgemeinen Christianisierungsprozeß keine entsprechende Attraktivität entwickeln. Und auch der Kreuzesgedanke der vorkonstantinischen Kirche des immer wieder erlebten Martyriums ist in der reichskatholischen Kirche nicht mehr aktuell. Bald aber findet die reichskatholische Kirche einen Ersatz in der neuen Welle der Märtyrer- und Reliquienfrömmigkeit. Wenn man nicht mehr Märtyrer werden kann[91], wenn man nicht Mönch werden will, so kann man doch die Märtyrer verehren. Und dieser Form der Frömmigkeit liegt es auch nicht fern, sich dem Heilsereignis, dem Kreuz, zuzuwenden. Das Kreuz wird zum historischen Kreuz von Golgatha gleichsam rehistorisiert[92] und kann damit zur Reliquie werden mit dem Erfolg einer ökumenischen Verehrung und Verbreitung seit der Mitte des 4. Jh.s.

---

[90] Vgl. DINKLER, Signum, 30A.18, E. G. TURNER, Greek Manuscripts of the Ancient World, 1971, 17.

[91] Der vorkonstantinische Wunsch, Märtyrer zu werden, findet sich wohl in einigen Circumcellionenkreisen, wird aber von der donatistischen Kirche abgelehnt, die ihrerseits von glühender Märtyrerfrömmigkeit geprägt ist, vgl. TRE 1,683.675f (A. SCHINDLER). Die angesprochenen Circumcellionenkreise zeigen, daß in extremen Gruppen sehr wohl Beides vereinbar war; vgl. die mortifikatorische Askese syrischer Mönche, von der Theodoret von Cyrrhus berichtet, die er aber kirchlich einbindet.

[92] Diese im 4. Jh. zu beobachtende Historisierung, – dazu auch Verf., Sarkophagdeckel, 118A.31 –, zeigt sich in der »Vorrede« für seine Kirchengeschichte, die Euseb in HE 1 gegeben hat.

Nun findet das Staurogramm in den Inschriften eine entsprechend weite Verbreitung wie zuvor das Christogramm. Signum Christi und signum crucis erfreuen sich nun der gleichen Beliebtheit, ja, ihre Grenzen verschwimmen, und das eine Symbol kann Konnotationen des anderen aufnehmen, dies um so leichter, als ja die Bekreuzigung immer zugleich Zeichen des Kreuzes und Zeichen Christi gewesen war und blieb[93]. Die zunehmende Bedeutung der Kreuzesverehrung, ihre zunehmende Höherbewertung, an der dann auch wieder das Christogramm Anteil hat, entspricht dem steigenden Vertrauen auf die apotropäische Kraft des Kreuzes, in die man seine Hoffnung setzt. Die wachsende Unsicherheit der irdischen Existenz in der Spätantike findet so in der reichskatholischen Kirche eine Antwort in der Form des Reliquienkultes. Dem Kreuz ist damit theologiegeschichtlich der neue Bereich der Kreuzesfrömmigkeit zugewachsen – keine Fortsetzung der paulinischen Kreuzestheologie, wohl aber eine Möglichkeit, in der reichskatholischen Kirche die δύναμις τοῦ σταυροῦ in ganz neuer Weise zum Ausdruck zu bringen.

Die in den lateinischen Inschriften reichlich begegnenden Kreuzzeichen, besonders Christogramm und Staurogramm, sind also mehr als Datierungshilfen für den Epigraphiker, mehr als lästige, weil schwer wiederzugebende Beifügungen, sondern bezeugen eine wichtige Linie der Frömmigkeit der Alten Kirche in ihren historischen Wandlungen[94].

---

[93] So kann es etwa vom Segen heißen: signare aliquem in nomine Christi, Blaise, 759.

[94] Nachtrag: Der Hinweis von B. Brenk, Spätantike und Frühes Christentum, Propyläenkunstgeschichte S 1, 1977, 25, auf das »älteste Christusmonogramm mit Alpha und Omega« in einer Inschrift aus den Jahren 308–312 aus der anonymen Katakombe der Villa Doria Pamphili in Rom bezieht sich auf RivAC 35, 1959, 29–31 (A. Nestori), ein Graffito, das zu sehr zerstört ist, als daß man ihm präzise Angaben abgewinnen könnte (fig. 21f); zudem ergänzt Nestori selbst in seiner Umzeichnung (fig. 20) ein Staurogramm.

Bibliographie Erich Dinkler
1932–1979

Auf der Grundlage eines von Bernd Diebner zum 60. Geburtstag zusammengestellten und von Erika Dinkler-v. Schubert fortgeführten Verzeichnisses

erstellt von Jens-W. Taeger

1932

Der adamitische Mensch bei Augustin, Diss. Teildruck, Stuttgart 1932, 30 S.

1933

Rez.: H. von Schubert, Große christliche Persönlichkeiten, 3. Aufl. 1933. ChW 47, 1933, 1146.

1934

Die Anthropologie Augustins, FKGG 4, Stuttgart 1934, 287 S.

1936

Gottschalk der Sachse. Ein Beitrag zur Frage nach Germanentum und Christentum. Mit lateinischen Hymnen Gottschalks und einer Übertragung ins Deutsche von E. Wißmann, Stuttgart/Berlin 1936, 79 S.

Art.: Ticonius, PRE VI A,1, 849–856.

Rez.: H. Lietzmann, Geschichte der Alten Kirche II, 1936. ChW 50, 1936, 225–226.

Rez.: H. Barth, Die Freiheit der Entscheidung im Denken Augustins, 1935. ChW 50, 1936, 1042–1043.

1937

Kapitel XIX. »Zeitenwende«, in: H. v. Schubert, Grundzüge der Kirchengeschichte. Ein Überblick, 10. Auflage, hg. und erg. v. E. Dinkler, Tübingen 1937, 292–333.

Adolf Jülicher zum 80. Geburtstag, Westdeutsche Akademische Rundschau 7, 1937, Nr. 7.

Art.: Pelagius, PRE XIX, 1, 226–242.
Art.: Petilianus, PRE XIX, 1, 1132–1136.
Rez.: W. Elliger, Zur Entstehung und frühen Entwicklung der altchristlichen Bildkunst, 1934. ChW 51, 1937, 34–35.
Rez.: E. Schwartz, Publizistische Sammlungen zum acacianischen Schisma, 1934. HZ 155, 1937, 340–343. Dazu: Entgegnung [auf die Berichtigung von J. Haller]. HZ 156, 1937, 228.

1938

Rez.: F. Gerke, Der Sarkophag des Junius Bassus, 1936. ThBl 17, 1938, 62–64.
Rez.: H. Lietzmann, Petrus römischer Märtyrer, 1936. DLZ 59, 1938, 689–691.

1939

Die ersten Petrusdarstellungen. Ein archäologischer Beitrag zur Geschichte des Petrusprimates, Marburger Jahrbuch für Kunstwissenschaft 11, 1939, 1–80, 30 Abb. VII Tab.
Handschriftenentdeckungen in der Biblioteca Vaticana, Gn. 15, 1939, 399.
Art.: Optatus (v. Mileve), PRE XVIII, 1, 765–771.
Rez.: Neuere Arbeiten zur Archäologie und Topographie von Byzanz. ThBl 18, 1939, 18–20.
Rez.: W. Koehler, Dogmengeschichte, 1938. DLZ 60, 1939, 617–621.

1941

Das Bema zu Korinth. Archäologische, lexikographische, rechtsgeschichtliche und ikonographische Bemerkungen zu Apostelgeschichte 18, 12–17, Marburger Jahrbuch für Kunstwissenschaft 13, 1941, 12–22, 9 Abb. = Signum Crucis 118–129 (mit einem Nachtrag 129–133).

1948

Sind wir noch evangelisch?, Kirche und Mann 1, 1948, 3.

1949

Art.: Parmenianus, PRE XVIII, 4, 1549–1553.

1950

Bibelautorität und Bibelkritik, SGV 193, Tübingen 1950, 33 S.
Als Aufsatz erschienen in: ZThK 47, 1950, 70–93.
= Signum Crucis 179–203.
Kapitel XIX. »Zwischen den Zeiten«, in: H. v. Schubert, Grundzüge der Kirchengeschichte. Ein Überblick, 11. Auflage, hg. und erg. v. E. Dinkler, Tübingen 1950, 292–331.
Das älteste Denkmal der Christenheit?, UWT 50, 1950, 502–503.
Med.: Quasimodogeniti. Joh. 20,19–31, GPM 4, 1949/50, 130–133.
Med.: 20. Sonntag nach Trinitatis. Mt. 22,1–14, GPM 4, 1949/50, 269–274.
Rez.: B. Schweitzer, Die spätantiken Grundlagen der mittelalterlichen Kunst, 1949. Gn. 22, 1950, 412–413.

1951

Zur Geschichte des Kreuzsymbols, ZThK 48, 1951, 148–172.
= Signum Crucis 1–25 (mit einem Nachtrag 25).
Englisch: Comments on the History of the Symbol of the Cross, in: J. M. Robinson et al., The Bultmann School of Biblical Interpretation: New Directions?, JTC 1, Tübingen/New York 1965, 124–146.
Med.: Sonntag nach Neujahr, 1.Petr. 4,12–19, GPM 5, 1950/51, 33–36.
Med.: Gründonnerstag. 1.Kor. 11,23–32, GPM 5, 1950/51, 91–95.
Med.: 4. Sonntag nach Trinitatis. Röm. 8,18–23, GPM 5, 1950/51, 150–152.
Med.: 18. Sonntag nach Trinitatis. 1.Kor. 1,4–9, GPM 5, 1950/51, 199–201.

1952

Rechtsnahme und Rechtsverzicht bei Paulus. Zur Exegese von 1.Kor. 6,1–11, in: Essays and Studies in Honour of Prof. Ken Ishiwara, Litt. D. On the Occasion of his 70th Birthday, Journal of Theology (Tokyo), 1952, 259–298.
Unter dem Titel: Zum Problem der Ethik bei Paulus. Rechtsnahme und Rechtsverzicht (1.Kor. 6,1–11), ZThK 49, 1952, 167–200.
= Signum Crucis 204–239 (mit einem Nachtrag 239–240).
Existentialist Interpretation of the New Testament, JR 32, 1952, 87–96.
Med.: 3. Adventssonntag. Mt. 3,1–11, GPM 6, 1951/52, 11–13.
Med.: 4. Sonntag nach Trinitatis. Mt. 7,1–12, GPM 6, 1951/52, 166–169.
Med.: Vorletzter Sonntag im Kirchenjahr. Mt. 25,14–30, GPM 6, 1951/52, 260–263.
Rez.: R. Bultmann, Das Urchristentum im Rahmen der antiken Religion, 1949. VF [5] (Theol. Jahresbericht 1949/50), 1951/52, 67–75.

1953

Ein Literaturbericht zur Christlichen Archäologie (1938–1953), ThR 21, 1953, 318–340.

Christmas behind barbed wire, Encounter I,2 (Philadelphia, December 1953), 1–3; reprint: V,2 (St. Louis, December 1957), 1–4.

Med.: 1. Sonntag nach Weihnachten. 2.Tim. 4,5–8, GPM 7, 1952/53, 27–30.

Med.: Palmarum. Hebr. 12,1–6, GPM 7, 1952/53, 85–89.

Med.: Sonntag Trinitatis. Eph. 1,3–14, GPM 7, 1952/53, 135–139.

Med.: Reformationsfest. 1.Petr. 2,1–10, GPM 7, 1952/53, 238–243.

1954

Jesu Wort vom Kreuztragen, in: Neutestamentliche Studien für Rudolf Bultmann, BZNW 21, Berlin 1954, 110–129.
2. Auflage 1957.
= Signum Crucis 77–98.

Med.: 5. Sonntag nach Epiphanias. 2.Kor. 4,1–6, GPM 8, 1953/54, 60–64.

Med.: Judika. 1.Kor. 4,9–16, GPM 8, 1953/54, 90–93.

Med.: 13. Sonntag nach Trinitatis. 1.Joh. 4,7–12, GPM 8, 1953/54, 216–218.

Rez.: M. Goguel, The Birth of Christianity, 1953. AAAPS 1954, 197–198.

1955

Earliest Christianity, in: The Idea of History in the Ancient Near East, ed. R. C. Dentan, AOS 38, New Haven 1955, 169–214.
3. Auflage 1966.
Unter dem Titel: The Idea of History in Earliest Christianity
= Signum Crucis 313–349 (mit einem Nachtrag 349–350).

Augustins Geschichtsauffassung – zum 1600. Geburtstag des Kirchenvaters, Schweizer Monatshefte 34, 1954/55, 514–526.
= Signum Crucis 351–364 (mit einem Nachtrag 364).

Med.: 1. Ostertag. Mk. 16,1–7, GPM 9, 1954/55, 106–111.

Med.: 9. Sonntag nach Trinitatis. Lk. 16,1–9, GPM 9, 1954/55, 200–203.

1956

Martin Heidegger, in: Christianity and the Existentialists, ed. C. Michalson, New York 1956, 97–127. 192–194.

The Historical and the Eschatological Israel in Romans Chapters 9–11. A Contribution to the Problem of Predestination and Individual Responsibility, JR 36, 1956, 109–127.
(Deutsche Neubearbeitung: s. 1957).
Principles of Biblical Interpretation, JRT 13, 1955/56, 20–30.
Rez.: Der Brief an die Galater – Zum Kommentar von Heinrich Schlier. VF [7] (Theol. Jahresbericht 1953/55), 1956, 175–183.
=Signum Crucis 270–280 (mit einem Nachtrag 281–282).
Rez.: E. C. Colwell – E. L. Titus, The Gospel of the Spirit: A Study in the Fourth Gospel, 1953. JBL 75, 1956, 251–252.

1957

Die Handschriftenfunde vom Toten Meer und das Spätjudentum, Schweizer Monatshefte 36, 1956/57, 268–278.
Die Handschriftenfunde vom Toten Meer und die Anfänge des Christentums, aaO., 358–366.
Prädestination bei Paulus. Exegetische Bemerkungen zum Römerbrief, in: Festschrift für Günther Dehn, hg. v. W. Schneemelcher, Neukirchen 1957, 81–102.
= Signum Crucis 241–266 (mit einem Nachtrag 266–269).
Hans von Sodens Vorträge und Aufsätze, ThLZ 82, 1957, 253–256.
Art.: Altchristliche Kunst, RGG³ I 276–280.
Art.: Bibelkritik II. NT, RGG³ I 1188–1190.
Art.: Cadbury, Henry J., RGG³ I 1578.
Med.: Jubilate. Mt. 22,23–33, GPM 11, 1956/57, 130–133.
Med.: 8. Sonntag nach Trinitatis. Mk. 4,26–29, GPM 11, 1956/57, 198–200.

1958

Art.: Dura Europos III. Bedeutung für die christliche Kunst, RGG³ II 290–292.
Art.: Geschichte und Geschichtsauffassung II. Das christliche Geschichtsverständnis A. Neutestamentlich, RGG³ II 1476–1482.
Art.: Hermeneutics, in: A Handbook of Christian Theology, London/Glasgow 1958, 164–166.
Art.: Myth (Demythologizing), aaO., 238–243.
Med.: Exaudi. Apg. 1,10–14, GPM 12, 1957/58, 142–144.
Med.: 22. Sonntag nach Trinitatis. Röm. 7,14–25a, GPM 12, 1957/58, 265–271.

1959

Rudolf Bultmann als Lehrer und Mensch, KiZ 14, 1959, 257–261.
Die Petrus-Rom-Frage. Ein Forschungsbericht. 1. Die Diskussion der literarischen Quellen. 2. Die Diskussion des archäologischen Befundes, ThR 25, 1959, 189–230. 289–335.
Max Planck und die Religion, ZThK 56, 1959, 201–223.
Art.: Heinrici, C. F. Georg, RGG^3 III 205–206.
Art.: Holtzmann, Heinrich Julius, RGG^3 III 436–437.
Med.: 2. Sonntag nach Weihnachten. Mt. 7,13f., GPM 13, 1958/59, 40–43.
Med.: 9. und 10. Sonntag nach Trinitatis. 1. Korinther 10,1–13 und 12,1–11, in: Herr, tue meine Lippen auf, hg. v. G. Eichholz, Band 2, 1959^2, 393–400.
Rez.: Th. Klauser, Die römische Petrustradition im Lichte der neuen Ausgrabungen unter der Peterskirche, WAAFLNW 24, 1956. ByZ 52, 1959, 126–128.

1960

Die Handschriftenfunde vom Toten Meer, Schweizer Monatshefte 39, 1959/60, 135–142.
Art.: Korintherbriefe, RGG^3 IV 17–23.
Art.: Kreuz II. In der christlichen Kunst, RGG^3 IV 46–47.
Art.: Malerei und Plastik I. Spätantike, RGG^3 IV 630–639.
Med.: 5. Sonntag nach Epiphanias. 2.Kor. 3,12–18; 4,6, GPM 14, 1959/60, 77–83.
Med.: Exaudi. 2.Kor. 4,7–18, GPM 14, 1959/60, 176–182.

1961

Die Petrus-Rom-Frage. Ein Forschungsbericht. 3. Zusammenfassende Bemerkungen zum römischen Märtyrer Petrus und zur Frage seines Grabes, ThR 27, 1961, 33–64.
Der Ertrag des Kirchenkampfes für die theologische Wissenschaft, KiZ 16, 1961, 221–226.
Unter dem Titel: Der Ertrag des deutschen Kirchenkampfes . . . = Signum Crucis 365–379.
Art.: Petrus, Apostel, RGG^3 V 247–249.
Art.: Petrustradition, RGG^3 V 261–263.
Art.: Planck, Max, RGG^3 V 404–405.

Art.: Prädestination II. Im NT, RGG[3] V 481–483.
Art.: Sator arepo, RGG[3] V 1373–1374.
Art.: Schubert, Hans von, RGG[3] V 1549–1550.
Med.: Ostermontag. Lk. 24,13–35, GPM 15, 1960/61, 124–128.

1962

Das Wort Gottes, die Bibel und die wissenschaftliche Methode. Einleitende Bemerkungen zur exegetischen Arbeit, in: Fragen der wissenschaftlichen Erforschung der Heiligen Schrift (aus dem Protokoll der Landessynode der Evangelischen Kirche im Rheinland, Januar 1962), 1962, 5–9.
Das Kana-Wunder (Joh. 2,1–12), aaO., 47–61.
Die Taufterminologie in 2Kor 1,21f, in: Neotestamentica et Patristica. Eine Freundesgabe Oscar Cullmann zu seinem 60. Geburtstag überreicht, NT. S 6, Leiden 1962, 173–191.
= Signum Crucis 99–117.
Kreuzzeichen und Kreuz. Tav, Chi und Stauros, JAC 5, 1962, 93–112.
= Signum Crucis 26–52 (mit einem Nachtrag 52–54).
Art.: Soden, Hans Freiherr von, RGG[3] VI 114.
Art.: Taufe II. Im Urchristentum, RGG[3] VI 627–637.
Art.: Totentaufe, RGG[3] VI 958.
Art.: Tradition V. Im Urchristentum, RGG[3] VI 970–974.
Art.: Versiegelung, RGG[3] VI 1366–1367.
Art.: Weltbild III. Im NT, RGG[3] VI 1618–1621.
Art.: Apostasy, IDB I 170.
Art.: Evil One, The, IDB II 183.
Art.: Hebrews, Letter to the, IDB II 571–575.
Art.: Heresy, IDB II 583.
Art.: Myth, in the NT, IDB III 487–489.
Art.: Principality, IDB III 891.
Art.: Spirits in Prison, IDB IV 434.
Art.: Form Criticism on the New Testament, PCB 596a–597d.
Med.: Septuagesimae. 1.Kor. 9,24–27, GPM 16, 1961/62, 106–110.

1963

Der Dienst am Worte Gottes. Bibelarbeit über 2Kor. 4,1–12, in: Bibelarbeiten und Berichte auf der Rheinischen Landessynode 1963, Beiheft zum Protokoll, 1963, 93–112.
Art.: Baptism, DB(H)[2] 87–89.

Art.: Corinthians, First Letter to the, DB(H)[2] 177–180.
Art.: Corinthians, Second Letter to, DB(H)[2] 180–182.
Med.: Karfreitag. Luk. 23,33–48 (39–43), GPM 17, 1962/63, 161–167.

1964

Das Apsismosaik von S. Apollinare in Classe, WAAFLNW 29, Köln/Opladen 1964, 136 S. XIX Taf.
Grußwort an Rudolf Bultmann, in: Zeit und Geschichte. Dankesgabe an Rudolf Bultmann zum 80. Geburtstag, im Auftrage der Alten Marburger und in Zusammenarbeit mit H. Thyen hg. v. E. Dinkler, Tübingen 1964, VII.
Petrusbekenntnis und Satanswort. Das Problem der Messianität Jesu, aaO., 127–153.
= Signum Crucis 283–312.
Englisch: Peter's Confession and the »Satan« Saying: The Problem of Jesus' Messiahship, in: Essays in Honour of Rudolf Bultmann. The Future of Our Religious Past, ed. J. M. Robinson, London 1971, 169–202.
Bemerkungen zum Kreuz als ΤΡΟΠΑΙΟΝ, in: Mullus. Festschrift Theodor Klauser, hg. v. A. Stuiber und A. Hermann, JAC. E 1, Münster 1964, 71–78.
Kritischer Rückblick auf die 4. Weltkonferenz für Glauben und Kirchenverfassung in Montreal, ÖR 13, 1964, 83–93.
Med.: Pfingstsonntag. Röm. 8,1–11, GPM 18, 1963/64, 200–206.

1965

Theologische Aufgaben der ökumenischen Arbeit heute, ÖR 14, 1965, 116–132.
Das Kreuz als Siegeszeichen, ZThK 62, 1965, 1–20.
= Signum Crucis 55–74 (mit einem Nachtrag 74–76).

1966

Die Petrus-Rom-Frage. Ein Nachtrag, ThR 31, 1966, 232–253.
L'annuale sessione della ›Novi Testamenti Studiorum Societas‹, RSLR 2, 1966, 156–158.
Rez.: Chr. Ihm, Die Programme der christlichen Apsismalerei vom vierten Jahrhundert bis zur Mitte des achten Jahrhunderts, FKGCA 4, 1960. ThR 31, 1966, 182–187.

1967

Signum Crucis. Aufsätze zum Neuen Testament und zur Christlichen Archäologie, Tübingen 1967, VIII + 404 S. XV Taf.
[Darin erstmals: Älteste Christliche Denkmäler. Bestand und Chronologie, 134–178].
Einleitung, in: Rudolf Bultmann, Exegetica. Aufsätze zur Erforschung des Neuen Testaments, ausgew., eingel. und hg. von E. Dinkler, Tübingen 1967, IX–XXIII.
Theologische Wissenschaft und Kirche, in: Protestantische Texte aus dem Jahre 1966, Stuttgart 1967, 129–143.
Auch (leicht verändert): KiZ 22, 1967, 2–6.
Antrittsrede, in: Jahrbuch der Heidelberger Akademie der Wissenschaften 1966/67, 135–138.
Rez.: C. Schneider, Geistesgeschichte des antiken Christentums, 1954. Eras. 19, 1967, 526–532.

1968

Deutsche Nubienunternehmung 1967. Vorbericht. A. Aufgabe – Durchführung – Ergebnis, AA 1968, 717–719.
Die Verkündigung als eschatologisches Geschehen. Bibelarbeit über 2.Kor. 5,14–6,2, in: Bibelarbeiten gehalten auf der Rheinischen Landessynode 1968, 14–26.
Bemerkungen zu zwei ökumenischen Arbeitsthemen. Das Problem der biblischen Hermeneutik – Die Kirche und das jüdische Volk, ÖR 17, 1968, 276–287.
Med.: 2. Weihnachtstag. Hebr. 1,1–6, GPM 22, 1967/68, 42–47.
Rez.: W. Marxsen, Der Exeget als Theologe, 1968. ThR 33, 1968, 366–368.
Rez.: J. Märki-Böhringer – F. W. Deichmann – Th. Klauser, Frühchristliche Sarkophage in Wort und Bild, 1966. ThR 33, 1968, 368–370.

1969

Die neutestamentlichen Taufaussagen und die exegetische Basis von Karl Barths Tauflehre, in: Verhandlungen der Landessynode der Ev. Landeskirche in Baden (Okt. 1969), 44–51. 54–56.
Die ökumenische Bewegung und die Hermeneutik, ThLZ 94, 1969, 482–490.

1970

Der Einzug in Jerusalem. Ikonographische Untersuchungen im Anschluß an ein bisher unbekanntes Sarkophagfragment. Mit einem epigraphischen Beitrag von H. Brandenburg, Arbeitsgemeinschaft für Forschung des Landes Nordrhein-Westfalen, Geisteswissenschaften, 167, Opladen 1970, 95 S. 53 Abb. X Taf.
Die Verkündigung als eschatologisch-sakramentales Geschehen. Auslegung von 2Kor 5,14–6,2, in: Die Zeit Jesu, Festschrift für Heinrich Schlier, hg. v. G. Bornkamm und K. Rahner, Freiburg/Basel/Wien 1970, 169–189.
Die deutschen Ausgrabungen auf den Inseln Sunnarti, Tangur und in Kulb, in: Kunst und Geschichte Nubiens in christlicher Zeit. Ergebnisse und Probleme auf Grund der jüngsten Ausgrabungen, hg. v. E. Dinkler, Recklinghausen 1970, 259–272, Abb. 243–284.
Art.: Friede A/C, RAC VIII 434–493.
Art.: Kreuz I–II C 2, LCI II 562–569.
Med.: Vorletzter Sonntag des Kirchenjahres. 2.Kor. 5,1–10, GPM 24, 1969/70, 438–444.
Rez.: H. Conzelmann, Der erste Brief an die Korinther, KEK V, 1969. LR 20, 1970, 111 (LW 394–395).
Rez.: G. Q. Reijners, The Terminology of the Holy Cross in Early Christian Literature, 1965. JAC 11/12, (1968/69), 1970, 189–191.
Rez.: A. Hahn, Es gibt einen lebendigen Gott, 1969. ThR 35, 1970, 368.

1971

Nachruf auf Gerhard Gloege, in: Mitteilungen der Rheinisch-Westfälischen Akademie der Wissenschaften 1971/I, 10–13.
Erinnerungen an Walther Koehler, Der Aufbruch VII/1, 1971, 8.
Die Taufaussagen des Neuen Testaments. Neu untersucht im Hinblick auf Karl Barths Tauflehre, in: Zu Karl Barths Lehre von der Taufe, Veröffentlichung des Taufausschusses der EKU, hg. v. F. Viering, Gütersloh 1971, 60–153.
2. Auflage 1972.
(Mit P. Grossmann) Deutsche Nubien-Unternehmung 1968, AA 1971, 122–146.
Rez.: W. G. Kümmel, Das Neue Testament. Geschichte der Erforschung seiner Probleme, 1970; ders., Das Neue Testament im 20. Jahrhundert. Ein Forschungsbericht, 1970. ThR 36, 1971, 378–379.

1972

(Mit M. Scharabi und J. Zänker) Deutsche Nubien-Unternehmung 1969, AA 1971, (1972), 456–491.
Der Schwarze Bischof von Faras. Die Rettungskampagnen in Nubien. Neue Faras-Galerie in Warschau, FAZ Nr. 225 (28.9.72), 14.
Die Freiheit der Theologie und ihre Grenze, in: Christliche Freiheit – im Dienst am Menschen, Festschrift Martin Niemöller, hg. v. K. Herbert, Frankfurt 1972, 29–40.
Art.: Holtzmann, Heinrich, NDB IX 560–561.
Rez.: E. Lohse, Umwelt des Neuen Testaments, GNT 1, 1971. LR 22, 1972, 101–102 (LW 401–402).

1973

Eirene. Der urchristliche Friedensgedanke, SHAW.PH 1973/1, Heidelberg 1973, 48 S. III Taf.
(Mit M. Rodziewicz) Die Keramikfunde der Deutschen Nubienunternehmungen 1968/69, AA 1972, (1973), 643–713.
Rez.: C. H. Ratschow, Die eine christliche Taufe, 1972. EK 6, 1973, 435–437.

1974

Schalom – Eirene – Pax. Jüdische Sepulkralinschriften und ihr Verhältnis zum frühen Christentum, RivAC 50, 1974 (= Miscellanea in onore di L. De Bruyne e A. Ferrua S. J. III), 121–144.
Begründung der Ablehnung des Votums des Theologischen Ausschusses der Evangelischen Kirche der Union, in: Zum politischen Auftrag der christlichen Gemeinde (Barmen II), Veröffentlichung des Theologischen Ausschusses der EKU, hg. v. A. Burgsmüller, Gütersloh 1974, 259–276.
Antwort auf die »Erklärung« [abgegeben im Auftrage der Mehrheit des Ausschusses zur »Begründung der Ablehnung des Votums« durch Prof. D. Erich Dinkler], aaO., 281–282.
Röm 6,1–14 und das Verhältnis von Taufe und Rechtfertigung bei Paulus, in: Battesimo e Giustizia in Rom 6 e 8, ed. Lorenzo di Lorenzi, Serie Monografica di »Benedictina«, Sezione biblico-ecumenica 2, Roma 1974, 83–126.
Deutsche Ausgrabungen im Sudanischen Niltal 1967/1969, HdJb 18, 1974, 1–21.
Zum Nachlaß von Wilhelm Bousset, ThR 38, 1974, 335–336.

1975

Rudolf Bultmann zum 90. Geburtstag. Veröffentlichungen von Rudolf Bultmann (1967–1974), ThR 39, 1975, 89–93.

Martin Heidegger and his Influence on Christian Theology, in: Humanities, Christianity and Culture X, Tokyo 1975, 21–38.

Philippus und der ANHP AIΘIOΨ (Apg 8,26–40). Historische und geographische Bemerkungen zum Missionsablauf nach Lukas, in: Jesus und Paulus, Festschrift für Werner Georg Kümmel zum 70. Geburtstag, hg. v. E. E. Ellis und E. Gräßer, Göttingen 1975, 85–95.

Beobachtungen zur Ikonographie des Kreuzes in der nubischen Kunst, in: Nubia. Récentes Recherches, Actes du Colloque Nubiologique International au Musée National de Varsovie 19.–22. 6. 1972, Varsovie 1975, 22–30. [Dazu Corrigenda in: Études et Travaux IX, Warszawa 1976]

Rez.: W. O. Moeller, The Mithraic Origin and Meanings of the ROTAS-SATOR-Square, 1973. ThR 40, 1975, 381–382.

Rez.: E. Kirschbaum, Die Gräber der Apostelfürsten, 3. Auflage mit einem Nachtragskapitel von E. Dassmann, 1974. ThR 40, 1975, 391.

1976

Vorwort und Einleitung des Herausgebers, in: Rudolf Bultmann, Der zweite Brief an die Korinther, hg. v. E. Dinkler, KEK Sonderband, Göttingen 1976, 9–12.

New Questions Concerning King Ezana of Axum, in: Études et Travaux IX, Warszawa 1976, 5–15.

(Mit den anderen Herausgebern und dem Verleger der ThR) Rudolf Bultmann †, ThR 41, 1976, 293–294.

Rez.: E. Kirschbaum, Die Gräber der Apostelfürsten . . . (s. 1975). ZKG 87, 1976, 345–346.

1977

Die christliche Wahrheitsfrage und die Unabgeschlossenheit der Theologie als Wissenschaft. Bemerkungen zum wissenschaftlichen Werk Rudolf Bultmanns, in: Gedenken an Rudolf Bultmann, hg. v. O. Kaiser, Tübingen 1977, 15–40.

Hans v. Soden (1881–1945), Neutestamentler und Kirchenhistoriker, in: Marburger Gelehrte der ersten Hälfte des 20. Jahrhunderts, hg. v. I. Schnack, Marburg 1977, 501–522.

König Ezana von Aksum und das Christentum. Ein Randproblem der Geschichte Nubiens, in: Ägypten und Kusch, SGKAO 13, Berlin 1977, 121–132, I Taf.

Zum Gedenken an Prof. D. Dr. Ken Ishiwara, in: Theological Studies in Japan 16, Tokyo 1977, 11–20.

Rez.: J. Neusner, ed., Christianity, Judaism and Other Greco-Roman Cults II: Early Christianity, 1975. ThR 42, 1977, 72–75.

1978

Der Salomonische Knoten in der nubischen Kunst und die Geschichte des Motivs, in: Études Nubiennes, Colloque de Chantilly 2.–6. Juillet 1975, Le Caire 1978, 73–86, Taf. XIV–XXI.

Hans Freiherr von Soden (1881–1945), in: Hessisches Pfarrerblatt 5, Okt. 1978, 146–155.

1979

Christus und Asklepios. Neue Untersuchungen zu den polychromen Fragmenten im Thermenmuseum zu Rom, Gesta (New Haven, Conn.) [im Druck].

Abbreviated Representations in Early Christian Art, in: Catalogue to the Exhibition »Age of Spirituality. Late Antique and Early Christian Art. Third to Seventh Century«. The Metropolitan Museum New York, Nov. 19, 1977–Febr. 12, 1978, New York [im Druck].

Neues Testament und Rassenfrage. Zum Gutachten der Neutestamentler im Jahre 1933, ThR 44, 1979, 70–81.